U0612535

现代果蔬工业系列丛书

现代枣工业

吴茂玉　宋　烨　和法涛　主编

中国农业出版社
北　京

图书在版编目（CIP）数据

现代枣工业 / 吴茂玉，宋烨，和法涛主编. —北京：中国农业出版社，2023.11

（现代果蔬工业系列丛书）

ISBN 978-7-109-31410-8

Ⅰ.①现… Ⅱ.①吴… ②宋… ③和… Ⅲ.①枣-水果加工-食品工业-工业企业管理-研究-中国 Ⅳ.①F426.82

中国国家版本馆 CIP 数据核字（2023）第 213505 号

中国农业出版社出版

地址：北京市朝阳区麦子店街 18 号楼

邮编：100125

责任编辑：丁瑞华　黄　宇

版式设计：杨　婧　　责任校对：吴丽婷

印刷：北京通州皇家印刷厂

版次：2023 年 11 月第 1 版

印次：2023 年 11 月北京第 1 次印刷

发行：新华书店北京发行所

开本：787mm×1092mm　1/16

印张：20

字数：486 千字

定价：198.00 元

编委会名单

主　　编： 吴茂玉　宋　烨　和法涛

副 主 编： 朱风涛　赵　岩　马　超　郑晓冬　杨相政　张　鑫
初　乐　张　明　贾连文　闫新焕　刘雪梅　东莎莎

参编人员（按姓氏笔画排序）：

于素素　马　迪　马艳蕊　马寅斐　王　达　王　丽
王　彬　王文生　王文敏　王永斌　王崇队　王甜甜
尤陈浩　石　磊　石守华　吕绪强　任紫烟　刘光鹏
江水泉　安容慧　孙　芳　孙梦雪　杜文瑜　李　岩
李　根　李学震　李继兰　连　欢　张一鸣　张博华
陆奎荣　陈　静　范　祺　周大森　孟　园　姚旖旎
顾翠琴　倪立颖　高　玲　曹　宁　葛邦国　谭梦男
潘少香　魏雯雯

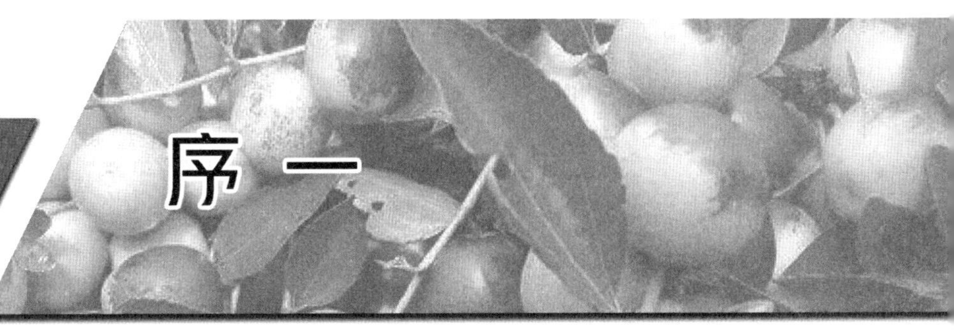

序 一

枣是我国最具代表性的中华民族传统特色果品之一，与桃、杏、李、栗一起并称为古代“五果”。枣耐旱、耐瘠薄，果实除鲜食外，可加工成多种产品，被誉为“铁杆庄稼”。作为典型的药食同源果品，枣具有补中益气、养血安神等功效，用途广泛。近年来，枣产业的快速发展，对助力我国以新疆为代表的西部果业脱贫攻坚起到显著的推动作用。

党的二十大报告提出，要树立大食物观。我国居民饮食理念已从“吃得饱”向“吃得好”“吃得健康”转变。研究枣的营养功能成分、风味特征、贮藏和加工利用技术，深度利用枣资源，开发营养化、多元化、方便化的产品，对于枣产业的振兴发展，推动中华传统果品产业文化走向世界具有重要意义。

当前，枣产业链各个环节之间的衔接仍相对不足，采后商品化处理、多元化加工、梯度综合利用、质量控制等技术的应用推广还存在短板，加强采后环节的发展并通过市场反馈来促进栽培技术提升，对枣产业可持续发展具有重要意义。

中华全国供销合作总社济南果品研究所是专业从事果蔬采后工程技术研究的国家级科研机构，围绕枣的品质、贮藏、加工共性关键技术开展了卓有成效的研究，创新链条完整，制定一系列国家、行业等相关标准，与国内优势企业开展成果转化，并依托中国果蔬贮藏加工技术研究中心先进的中试示范条件面向行业开展推广，为我国枣产业技术发展做出了贡献。

本书由吴茂玉研究员组织团队编写，聚焦我国枣采后全产业链，对生产、加工、贮藏、运输、销售、品牌、标准化等整个垂直链条作了系统深入的论述，内容丰富，理论联系实际，总结了来自科研院所、高校、企业的先进经验，对拓宽枣产业垂直理论的深度，带动产业全环节升级、全链条增值，有很高的技术参考价值。

很高兴看到这部枣采后产业科学著作，希望这本书总结的理论和经验能为我国枣产业发展提供系统的理论和技术支撑！

中国工程院院士 

序二

枣是我国第一大干果，品种多，种植历史悠久，枣产业是我国极富优势的传统特色果品产业之一，已发展成一个年产值超过千亿元的大产业，尤其成为援疆的支柱产业。

枣富含多糖、黄酮类化合物、萜类化合物、环磷酸腺苷、维生素C等营养物质，具有很高的营养价值和保健价值。目前，我国枣产业从育种、栽培，向商品化处理、精深加工、综合利用、吃干榨净延伸，为农业增效、农民增收做出了巨大贡献。当前，我国正在加快建设农业强国，枣产业正进入由传统转变为现代，我国由枣生产大国转变为产业强国的重要历史时期。消费者对健康的高度重视，为枣产业转型升级和提质增效带来了巨大机遇。但是对于枣的综合利用还需要将传统工艺与现代贮藏、加工技术结合，实现科技赋能，通过新品种、新技术、新产品和新装备的创新与应用引领产业链进一步延长，打造优质区域和企业品牌，推动现代枣工业不断发展。

针对枣资源的高效高值综合利用已开展了大量研究，但亟待从实验室走向产业化。因此，总结和凝练我国枣工业的发展现状、存在问题和努力方向，对发挥产业基础优势、着力补足产业短板、实施科技成果产业转化，提升产业整体效能具有十分重要的意义。

中华全国供销合作总社济南果品研究所吴茂玉研究员及其团队多年来在枣采后技术研究与产业化应用方面取得显著成效，制定了干制红枣、红枣贮藏、枣片等多项国家、行业标准，为枣产业的发展起到很好的指导作用。

本书是作者团队将多年取得的研究成果结合我国枣采后产业发展现状和趋势进行了详实的整理、总结与凝练，论述详细，兼具科学性和实用性，是一部价值很高的科学论著。非常高兴看到我国现代枣工业科技的长足进展，也希望这本书能为我国枣工业的高质量发展、为服务枣产区乡村振兴提供强有力的科技支撑！

故乐为之序。

中国工程院院士 单杨

前言

枣是我国原产的重要果树，是我国第一大干果。近年来，枣种植面积快速增长，已发展成一个年产值超千亿元的大产业，成为助力脱贫攻坚和推动乡村振兴的重要产业。我国传统枣主产区为山东、河北、山西与河南等地，但新疆地区后来居上，已成为国内红枣最重要的产区，种植面积与产量均居全国首位。目前，太行山旱薄山区的阜平大枣和赞皇大枣、山西与陕西黄河两岸黄土高原的木枣、河南豫中平原黄河故道区的灰枣与扁核酸枣以及山东的长红枣和圆铃枣，产量之和可占全国总产量的60%以上。

本书鉴于我国枣贮运和加工产业发展需求，查阅了大量文献资料，并总结了自主研发和企业产业化的技术经验，系统阐述了枣采后贮运加工全产业链技术方法、原理，并介绍了标准化与品牌建设、市场贸易的相关进展。本书共八章，其中第一章为概述，介绍了世界及中国枣生产概况、主栽品种种质资源及优良产区分布、枣化学组成与营养价值、枣保健功能；第二、三章为枣的商品化处理及贮藏保鲜技术，详述了枣的采收、分级、采后生理特性、贮藏保鲜技术、冷链流通技术和装备；第四、五章介绍了枣的加工技术、设备及资源综合利用；第六、七章为枣的质量安全检测控制及体系构建；第八章为枣标准化与品牌。编写内容力求全面反映我国及世界枣贮运加工产业发展现状，以期对从事枣采后贮运加工科研、教学、产业经营、组织管理和生产的从业者有一定的参考价值。

本书作者均为多年从事枣科研、生产、教学和管理的资深工作者，通过广集资料、审慎取材，完成了《现代枣工业》的编写工作。在本书的编写过程中，得到好想你健康食品股份有限公司、山东百枣纲目生物科技有限公司等单位相关专家和技术人员的大力支持。中国工程院孙宝国院士、单杨院士在百忙之中为本书作序。在此，向关心支持本书出版的各界专家表示由衷的感谢！

尽管作者在编写中竭尽所能，疏漏和不妥之处在所难免，敬请读者和同行专家不吝赐教。

编　者

2023年5月

目录

序一
序二
前言

第一章 概述 …… 1
第一节 世界和中国枣生产概况 …… 1
一、世界枣生产概况 …… 1
二、中国枣生产概况 …… 2
第二节 主栽品种种质资源及优良产区分布 …… 3
一、种质资源分布 …… 3
二、优良产区布局 …… 7
第三节 枣的化学组成与营养价值 …… 8
一、基础营养素 …… 8
二、生物活性物质 …… 14
第四节 枣的保健功能 …… 17
第二章 枣商品化处理 …… 21
第一节 枣的采收 …… 21
一、采收依据 …… 21
二、采收时间 …… 21
三、采收方式 …… 22
第二节 枣的分级 …… 23
一、分级标准 …… 23
二、分级方法 …… 27
第三章 枣贮藏保鲜技术 …… 31
第一节 枣采后生理特性 …… 31

一、呼吸作用 …… 31
二、成熟衰老 …… 32
三、主要病虫害 …… 32
第二节 枣贮藏保鲜技术 …… 34
一、干枣贮藏技术 …… 35
二、鲜枣贮藏技术 …… 36
第三节 枣冷链流通技术与装备 …… 43
一、预冷技术与装备 …… 44
二、贮藏技术与装备 …… 49
三、冷链运输技术与装备 …… 51

第四章 枣加工技术 …… 55

第一节 枣汁加工技术 …… 55
一、概述 …… 55
二、枣汁加工过程中化学成分变化 …… 56
三、枣汁关键加工技术与设备 …… 59
四、枣汁加工工艺 …… 87
第二节 枣发酵技术 …… 92
一、概述 …… 92
二、枣发酵过程中营养成分变化 …… 96
三、枣发酵关键技术与设备 …… 100
第三节 枣干制技术 …… 120
一、概述 …… 120
二、枣干制过程中理化性质变化 …… 121
三、枣干制关键技术与设备 …… 125
四、枣干制加工工艺 …… 133
第四节 枣糖渍技术 …… 140
一、概述 …… 140
二、枣糖渍加工过程中化学成分变化 …… 140
三、枣糖渍关键技术与设备 …… 141
四、枣糖渍加工工艺 …… 142
第五节 其他加工技术 …… 146
一、概述 …… 146
二、枣果冻加工工艺 …… 146
三、其他枣加工技术 …… 148
第六节 枣加工工厂设计 …… 149
一、厂址选择 …… 149
二、总平面设计 …… 150
三、生产工艺及车间设计 …… 152

四、辅助部门…………………………………………………………………………… 155
五、设计案例：年产 1.8 万 t 浓缩枣汁的工厂设计 …………………………………… 156

第五章　枣资源综合利用 ………………………………………………………… 166

第一节　枣功能成分提取与开发……………………………………………………… 166
一、概况…………………………………………………………………………… 166
二、枣膳食纤维制备技术及应用…………………………………………………… 167
三、枣多酚类物质制备技术及应用………………………………………………… 171
四、枣环核苷酸类制备技术及应用………………………………………………… 172
五、枣多糖制备技术及应用………………………………………………………… 175
六、枣色素制备技术及应用………………………………………………………… 179
第二节　枣核综合利用技术及应用…………………………………………………… 180
一、概况…………………………………………………………………………… 180
二、活性炭的主要物理化学结构组成……………………………………………… 180
三、枣核活性炭制备及应用………………………………………………………… 182
四、枣核其他综合利用途径………………………………………………………… 182
第三节　枣叶综合利用技术及应用…………………………………………………… 183
一、概况…………………………………………………………………………… 183
二、枣叶加工过程中营养品质变化………………………………………………… 183
三、枣叶综合利用技术……………………………………………………………… 184
四、枣叶其他典型应用……………………………………………………………… 185
第四节　酸枣综合利用技术及应用…………………………………………………… 185
一、概况…………………………………………………………………………… 185
二、酸枣仁油制备技术及应用……………………………………………………… 186
三、酸枣仁皂苷制备技术及应用…………………………………………………… 189
四、酸枣仁其他功能成分综合利用………………………………………………… 193
第五节　枣综合利用加工设备………………………………………………………… 197
一、代表性前处理设备……………………………………………………………… 197
二、代表性提取设备………………………………………………………………… 199
三、代表性纯化设备………………………………………………………………… 201

第六章　枣质量安全控制 ………………………………………………………… 211

第一节　枣质量安全检测与评价……………………………………………………… 211
一、农药残留检测技术……………………………………………………………… 211
二、重金属检测技术………………………………………………………………… 217
三、添加剂检测技术………………………………………………………………… 219
第二节　枣营养功能成分检测评价…………………………………………………… 221
一、基础营养成分分析……………………………………………………………… 221
二、生物活性物质分析……………………………………………………………… 225

第三节 枣及制品特征香气分析…… 229
一、枣及制品香气成分研究概述…… 229
二、枣及制品香气成分研究进展…… 230
三、枣香气形成与影响因素…… 235
四、枣香气物质提取与检测分析技术…… 238

第七章 枣质量安全控制体系 …… 248

第一节 HACCP在枣干制中的应用…… 248
一、枣干制生产过程中的危害分析…… 248
二、关键控制点监控及纠偏措施…… 249
三、建立HACCP工作计划表…… 250
四、HACCP监控记录…… 250
第二节 HACCP在枣粉生产中的应用…… 250
一、枣粉生产过程中的危害分析…… 250
二、关键控制点监控及纠偏措施…… 252
三、建立HACCP工作计划表…… 252
四、HACCP监控记录…… 253
第三节 HACCP在枣浓缩汁生产中的应用…… 253
一、枣浓缩汁生产过程中的危害分析…… 253
二、关键控制点监控及纠偏措施…… 258
三、建立HACCP工作计划表…… 259
四、HACCP监控记录…… 259
第四节 HACCP在枣醋、枣酒生产中的应用…… 259
一、枣醋生产过程中的危害分析…… 259
二、关键控制点监控及纠偏措施…… 261
三、HACCP工作计划…… 261
四、HACCP监控记录…… 263

第八章 枣标准与品牌 …… 264

第一节 枣产业标准体系…… 264
一、枣产业标准体系现状…… 264
二、枣产业标准体系存在的问题…… 267
三、我国枣产业的标准化发展方向…… 267
第二节 枣产品品牌建设…… 268
一、枣品牌建设现状…… 268
二、枣品牌建设策略…… 278
三、枣产业品牌建设特点及发展建议…… 280
第三节 枣市场与贸易…… 284
第四节 枣产业与中华文明…… 286

一、枣产业与古代农业科技…… 286
二、枣产业与药食同源文化…… 288
三、枣产业与中华民俗传承…… 290

附录 …… 296
附录 A 《食品安全国家标准　食品中农药最大残留限量》（GB 2763—2021）、《食品安全国家标准　食品中 2，4 -滴丁酸钠盐等 112 种农药最大残留限量》（GB 2763.1—2022）中涉及鲜枣的农药残留项目及限量等要求 …… 296
附录 B 《食品安全国家标准　食品中农药最大残留限量》（GB 2763—2021）中涉及干枣的农药残留项目及限量等要求 …… 302

第一章　概　述

枣（*Zizyphus jujuba* Mill）为鼠李科（Rhamnaceae）枣属（*Zizyphus* Mill）植物的成熟果实，又名中华大枣、大枣、华枣，原产于中国，是我国特有的果品之一，与李、杏、栗、桃并称为我国的“五果”，至今已有3 000多年的栽培历史。随着经济社会的发展，枣的营养价值受到世界的广泛推崇，进入高速发展期，并为主产地区的农民带来了可观的经济效益。

第一节　世界和中国枣生产概况

一、世界枣生产概况

枣原产于中国，世界各国栽培的枣都是直接或间接从中国引入。西汉时期，枣树就传入了朝鲜、日本等中国的亚洲邻国，约公元1世纪沿“丝绸之路”经叙利亚传入地中海沿岸和西欧，19世纪由欧洲传入北美，现已遍及亚、非、欧、美及大洋洲的30多个国家和地区。但由于种种原因，仅韩国、澳大利亚形成了一定的栽培规模，美国、泰国、乌克兰、意大利、以色列等有少量的实验性栽培，其他国家大多数仅限于庭院栽培或种质保存。

韩国枣产业发展较早，自西汉时期从我国引种至韩国，至今已完成地方品种优选，实现了良种化、苗木嫁接化和栽培矮密化，加工方面则以枣汁等精细加工为主。在韩国，枣树主要分布在中南部的全罗南道、忠清北道和庆尚南道，主栽品种是从地方品种中优选出的绵城、无等、月出、红颜、福枣等。枣树较一般果树管理省工，加之枣果价格高，销路好。20世纪80年代至90年代初，枣在韩国曾一度发展十分迅速，1985—1994年的十年间栽培面积由851 hm^2扩大到4 676 hm^2，增长了4.5倍，此后韩国枣栽培面积一直稳定在4 600 hm^2左右。尽管如此，目前韩国的枣产量尚供不应求，每年需从我国大量进口原枣和枣的初级加工品。韩国气候接近我国东部产区，鲜食枣品种品质良好，但制干品种品质一般。随着世界农产品市场的开放和我国优质价廉的枣产品不断出口至世界各地，韩国枣产业受到严重冲击，近年来产量出现大幅下滑现象。

澳大利亚枣产业发展较晚，仅有极少数果园有近20年的枣树栽培经验，大多数果园是在2010年后从我国引种栽培临猗梨枣和冬枣等鲜食品种。澳大利亚枣产业集中在其西部、南部地区，当地枣树栽培者还在西澳大利亚州、南澳大利亚州建立了枣树种植协会，以促进当地枣产业发展。澳大利亚市场以鲜食枣为主，相比枣中可溶性糖等营养指标，当地人更看重枣中的维生素C含量。由于澳大利亚季节与我国相反，且澳大利亚暂时还未放开鲜枣进口，当地的枣产业蓬勃发展。据西澳大利亚枣树种植协会统计，该州枣产业从业者在2018—2020年的3年内增加了50%，部分鲜食枣品种在当地超市可卖到8～30美元/kg的价格。虽然澳大利亚市场多以鲜食枣为主，但2019年以来由于全球新冠疫情肆虐等因素，当地鲜食枣产业销路欠佳，部分企业被迫向加工产端转型升级，较成熟的产品为枣酿啤酒和枣酿食醋。

日本在奈良和平安时代，枣树栽培也曾一度非常普及，但后来随着其他果树的大量引进，尤其是苹果、梨、桃、葡萄和柑橘的迅猛兴起，枣树的栽培大大减少。美国西部加利福尼亚州等，也零星栽培蜂蜜罐枣、梨枣等品种。

虽然世界上种植枣树的国家和地区有30多个，但由于缺少枣种质，其他国家和地区虽然深入研究，但难以出现与枣相关产品的开发企业和成熟商品。我国是世界上最大的枣生产国和唯一的枣产品出口国，在国际市场上，我国枣产品具有显著的竞争优势。

二、中国枣生产概况

枣树原产于我国黄河下游地区，是我国最具代表性的果树之一。几千年来，枣产业一直长盛不衰，并深深融入了中华民族的药食文化和风俗习惯之中。

（一）中国枣产量情况

2007—2019年，我国枣产量稳步增长，从2007年的303.0万t，增长至2019年的746.4万t，增量达443.4万t，增幅为146.34%，年均复合增长率约为12.20%。2019—2020年期间，枣产量无明显变化。2021—2022年，由于棉花价格大幅上涨，枣树种植前期投入成本较大，新疆弃种改种面积进一步增加，枣产量开始下降。2022年，新疆地区因枣树坐果期持续高温、少水导致枣落果现象较往年严重，导致新疆枣减产近40%。

（二）中国枣进出口情况

据海关统计数据显示，我国枣出口以红枣为主，2017年以来，我国枣出口量稳步上升，直至2021年略有回落，2021年出口红枣2.04万t，占总出口量的99%以上，同比增加22.19%，较疫情前2019年同期增加52.20%。从出口的国家和地区来看，主要为我国港澳地区及日本、韩国、新加坡、马来西亚等亚洲市场，占出口总量的80%～90%。其次为英国、美国、澳大利亚等欧美和大洋洲市场，且市场需求量很大。枣的主要消费群体是外籍华人，其消费量占国际市场的90%以上。随着中国文化走向世界的步伐加快，中国特色枣的营养保健功能和药用价值也逐步得到全世界人民的认可，消费市场将逐步扩大。近年来中东裔、地中海裔等亚裔之外的人群也逐渐接受了冬枣等鲜食品种。如2001年，枣曾在埃及的斋月销量大出风头。还有国内各冬枣产区山东沾化、山西临猗、陕西大荔等连续举办的冬枣节，也使得中国枣在世界的知名度不断上升。

我国红枣在2019年以前进口量几乎为零，随着“一带一路”倡议提出后红枣产业不断推进壮大，我国红枣进口量也在逐年上升，2021年，我国进口红枣量大约在1 256 t。

（曹宁　郑晓冬）

第二节 主栽品种种质资源及优良产区分布

一、种质资源分布

（一）我国枣种质资源分布

作为我国分布最广的果树栽培品种之一，枣树分布在我国东经76°—124°、北纬23°—42°范围内的平原、沙滩、盐碱地、山丘及高原地带。北起内蒙古的包头，南达广东郁南，东抵辽宁本溪，西至新疆喀什，以及台湾均有枣树的分布，垂直分布多在1 500 m以下，最高可达2 000 m（郭满玲，2004）。其中，新疆、河北、山东、山西、陕西、河南是我国枣产量排名前六的省（自治区），对全国枣产量的贡献率达90%以上。

枣按食用方式的不同，可分为鲜食枣和兼用枣。郭满玲（2004）将《中国果树志：枣卷》上261个鲜食枣品种和159个兼用枣品种以及近几年新选育的优良品种在各省区的分布情况进行了统计分析，结果见表1-1。

表1-1 我国枣品种资源

单位：个

北方	河北	陕西	河南	山西	山东	辽宁	甘肃	内蒙古	新疆	宁夏	合计	总计
鲜食枣	60	46	28	25	44	13	7	2	0	2	227	218
兼用枣	23	30	30	33	17	3	8	0	5	2	151	145
合计	83	76	58	58	61	16	15	2	5	4	378	363
南方	湖北	湖南	福建	浙江	广西	江苏	安徽	四川	广东	云南	合计	总计
鲜食枣	11	11	2	7	2	7	5	1	3	1	50	43
兼用枣	4	3	0	1	2	0	2	0	0	2	14	14
合计	15	14	2	8	4	7	7	1	3	3	64	57

注：此表以《中国果树志：枣卷》上261个鲜食枣品种和159个兼用枣品种进行统计；河北数据包括了北京和天津；有些品种跨省区分布，统计按实有品种在各省区的分布，因此合计数大于总计实有品种数。

（二）枣品种及其原产地

枣品种可以分为普通枣、毛叶枣、酸枣三个大类。

1. 普通枣 普通枣在我国有着广泛的分布，品种按照用途可分为加工（制干/蜜枣）、鲜食、兼用和观赏4大类。当前的主栽品种有河北沧州金丝小枣、山东沾化冬枣、新疆和田玉枣、陕西黄河滩枣、浙江义乌大枣、河南新郑大枣、新疆若羌灰枣、山西板枣、江苏泗洪大枣、安徽宣城尖枣、湖南鸡蛋枣等，不同品种的原产地及分类见表1-2。

表1-2 我国普通枣主栽品种

分类	品 种	原 产 地
加工	相枣	山西省运城市北相镇
	灵宝大枣（灵宝圆枣）	河南省灵宝市
	黄河滩枣	山西省与陕西省的黄河交界地区
	圆铃枣	山东省茌平区、东阿县、齐河县、济阳县等

（续）

分类	品　种	原 产 地
加工	和田玉枣	新疆和田地区
	宣城尖枣	安徽省宣城水东、孙埠、杨林等乡镇
	稷山板枣	山西省运城市稷山县
鲜食	枣庄脆枣（铃枣）	山东省枣庄市溻口镇、周村镇
	长枣	宁夏灵武市
	冬枣	陕西省、山西省、河北省、山东省等
	泗洪大枣	江苏省泗洪县
	梨枣	山西省运城
	大马牙枣	山东省滕州市、邹城市、青州市、临朐县等
	磨盘枣	陕西省关中地区
	茶壶枣	山东省
	朝阳大枣	辽宁省朝阳市朝阳县
兼用	阜平大枣	河北省保定市阜平县
	长红枣	山东省枣庄市
	骏枣	山西省交城县边山镇
	金丝小枣	鲁冀交界地区，河北省沧州市、山东省德州市、山东省滨州市等
	赞皇大枣	河北省石家庄市赞皇县
	灰枣	河南省新郑市
	湖南鸡蛋枣	湖南省溆浦县、麻阳县、衡山县等地
	壶瓶枣	山西省晋中市太谷区
	狗头枣	陕西省延安市
观赏	龙爪枣	河北省、河南省、山东省、陕西省等
	胎里红	河南省
	磨盘枣	陕西省关中地区
	茶壶枣	山东省

注：茶壶枣、磨盘枣为鲜食兼观赏品种。

2. 毛叶枣　毛叶枣一般指滇刺枣。产于云南，四川、广东、广西、福建和台湾也有引种栽培。生于海拔 1 800 m 以下的山坡、丘陵、河边湿润林中或灌丛中。斯里兰卡、印度、阿富汗、越南、缅甸、马来西亚、印度尼西亚、澳大利亚及非洲也有分布。

现在国内市面上的毛叶枣主要有高朗 1 号和二十一世纪两个品种。高朗 1 号果实一般呈长椭圆形，果实较大，单果重一般可以达到 100～160 g。果实外皮颜色鲜绿，看起来十分光滑，肉质细嫩，果肉洁白，味道十分清甜，汁水较多，属于早熟品种，在华南地区，一般在 11 月上旬到翌年的 2 月中旬成熟。毛叶枣品种二十一世纪是近年来由台湾引种推广的新品种，果实比高朗 1 号更大，成熟期更早，其他特性与高朗 1 号相近，基本可认定为高朗 1 号的替代品种。

3. 酸枣　酸枣别称棘子、野枣、山枣、葛针等，原产中国华北，中南各省亦有分布，主产区位于太行山一带。酸枣按照形态可分为圆酸枣、长酸枣、扁酸枣、尖嘴酸枣、牛奶酸枣、秤砣酸枣等。

圆酸枣是酸枣的基本类型，分布较广，是药用枣仁的主要品种，极丰产。果实圆形，果柄短，皮厚肉薄，味酸；核大圆形，种仁饱满。包括大圆酸枣、圆铃酸枣、圆酸枣、小铃铛酸枣等。

长酸枣和圆酸枣相似，但果实呈长圆形。出仁率中等，果核呈长圆形或纺锤形。包括长酸枣、马莲酸枣、仿铃酸枣、大长甜酸枣等。

扁酸枣果实扁圆形，大小不等，成熟时呈红棕色，核小肉多，适合食用。包括算盘子酸枣、砘子酸枣、扁酸枣、小扁酸枣等。

尖嘴酸果实长椭圆形，果柄中长，果点多、果皮厚、味酸甜、核长圆形。包括尖嘴酸枣、尖酸枣、甜辣椒酸枣等。

牛奶酸枣果实卵形或桃形，果柄长，成熟时呈棕红色，肉薄质脆，味酸。果核呈长圆形或纺锤形。包括牛心酸枣、牛奶酸枣、鸡心酸枣等。

秤砣酸枣果实倒卵形，形似秤砣，果实较小，熟时黄棕色，果肉较厚，果柄较长，味酸甜，可以食用。包括秤砣酸枣、蒜头酸枣、白酸枣等。

（三）主栽及特色品种

1. 灰枣 灰枣也称为新郑灰枣，原产地为河南新郑，后引种于全国各地，尤其在新疆广泛种植，是市场流通最广泛的制干品种，也是我国红枣期货的交割品种。目前，灰枣种植面积大和产量高的地区包括新疆若羌、阿拉尔地区及原产地河南新郑。灰枣一般 4 月中旬萌芽，5 月下旬开花，9—10 月成熟采收。灰枣个头不大，果实长倒卵形，胴部稍细，略歪斜；平均单果重 12.3 g，最大单果重 13.3 g；果肩圆斜，较细，略耸起；梗洼小，中等深。果顶广圆，顶点微凹；果面较平整；果皮为橙红色；核小肉厚，肉质致密有弹性；口味甘甜爽口，不带酸味，不腻人。干制后一级枣（期货交割基准品）长度 2.5 cm 左右，单果重 4 g 左右。灰枣具有丰富的营养成分，富含较多的蛋白质、糖类，还有人体生长所需要的 17 种氨基酸。灰枣果实在生长发育期间，白熟期之前果皮由绿变灰，进入白熟期之后由灰变白，俗称“挂灰儿”，但成熟后的鲜枣和干制后枣的色泽通红。

2. 骏枣 骏枣原产自山西省交城县边山一带，栽培历史悠久，后经移植到新疆，是主要的制干品种之一。骏枣现主要栽培区域为新疆和田及阿克苏地区、山西交城县。骏枣一般 4 月萌芽，5 月开花，8 月开始上色，9—10 月成熟采收。骏枣鲜枣光滑，呈瓶状或圆柱形，上宽下窄，果实个大、皮薄、核小，可食率达 95%以上，果皮为深红色，果肉厚，白色或绿白色，质地细，较松脆，味甜。干制后肉厚、颜色好、干而不皱；一级骏枣长 4.3～4.6 cm，平均单果重 15.2 g。骏枣维生素 C 含量较高，是苹果的七八十倍，碳水化合物含量比各种蔬菜和其他水果都高，是很好的食补品。和田由于位于塔克拉玛干沙漠的南边，干旱少雨，光照时间长，昼夜温差大，枣树树龄也长，所以产自和田的骏枣品质最优。

3. 金丝小枣 金丝小枣为小枣的一个系列，是由酸枣演进而来，原产于鲁冀交界地区。掰开半干的小枣，可清晰地看到由果胶质和糖组成的缕缕金丝粘连于果肉之间，拉长 3～6.5 cm 不断，在阳光下闪闪发光，金丝小枣由此得名。金丝小枣现在我国河北省沧县、献县、交河县、玉田县，北京郊区及山东乐陵县、无棣县、庆云县、平度市等地均有栽培。其生长周期与其他品种类似，5 月开花，6 月幼果膨大，9 月白熟，10 月上色脆熟。乐陵培育的晚熟品种傲雪可延迟成熟期 50 多天，延长了金丝小枣生产周期。金丝小枣多为椭圆形和鹅卵形，平均单果重 5～7 g。核小皮薄，果肉丰满，肉质细腻，鲜枣呈鲜红色，肉质清脆，甘甜而略具酸味；干枣果皮呈深红色，肉薄而坚韧，皱纹浅细，利于储存和运输。

4. 冬枣 冬枣原产地是我国北方一带，是华北地区的一个优质晚熟鲜食品种，也是我国栽培面积最大的鲜食枣品种。目前冬枣在国内分布的几个主要产地：陕西大荔、山东沾化、山西临猗、宁夏灵武、云南、新疆等。正常条件下，冬枣 4 月开花，10 月果实成熟，但部分产区如运城临猗采用地坑棚、棉被双膜棚、钢架单膜棚、遮雨棚、露天多个温度阶梯式种植模式，极大拓展了冬枣的采收期，可确保从 5 月下旬至 10 月上旬一直有新鲜冬枣上市。冬枣果大、皮薄、核小、汁多、肉质细嫩酥脆，色泽鲜艳，富含钙、铁、锌等多种矿物质，每百克维生素 C 含量约 410 mg，食用价值和商品价值极高。但冬枣采后在自然状态下极易失水皱缩、变软或霉烂，并伴有大量的维生素 C 损失，营养价值降低，鲜食品质逐渐丧失。随着贮藏和运输条件的改善、人们对鲜食枣果营养价值的认同，冬枣消费量逐年增加。

5. 黄河滩枣 黄河滩枣也叫河畔枣，俗称滩枣，学名木枣，是山西四大名枣之一。滩枣生长在距黄河 50～1 500 m 范围内的沙滩上，环境优雅、空气清新、日照充足、昼夜温差大，是母亲河源源不断滋养孕育的精华，是华北、陕北地区特有的珍品。其特点是果大核小，皮薄肉厚，质脆丝长，汁多味甜，甘美醇香，含糖量高，色泽鲜红，水分较少，贮藏期长，品质优良，俗称“人参果”。山西陕西黄河交界，山西临县丛罗峪，陕西清涧县、延川县、佳县都是有名的黄河滩枣之乡。

6. 义乌大枣 义乌大枣系浙江省义乌市的传统名果之一，也是我国南方一带枣的主要栽培品种。其白熟生育期 95 d，8 月下旬可采收加工，适宜制作蜜枣，品质极上。义乌大枣果实多为圆柱或长圆形，果大、核小，其品质优良，甘甜可口，营养丰富，富含大量维生素 C、葡萄糖、蛋白质、胡萝卜素和多种氨基酸，具有治病强身、健脾补血和缓解维生素 C 缺乏症等功效。义乌大枣耐旱，耐涝，成熟期抗风力差。

7. 鸡心枣 鸡心枣主产于河南新郑地区。鸡心枣果形有鸡心形、倒卵性、长圆形，果个较小，单鲜果重 4.5 g 左右。果皮薄，深红色，有光泽，果肉中厚，绿白色，汁中多，质细致密，味很甜，干果果肉占 90.8%，每 100 g 含糖量 60 g。因品质优良，而畅销国外，是上乘佳肴和礼品，颇受东南亚和欧美诸国欢迎。果实呈倒卵形，胴部稍细，略歪斜，平均果重 12.3 g，果肉绿白色，质地致密，较脆，汁液中多，含可溶性固形物 30%，可食率 97.3%，适宜鲜食、制干和加工。

8. 稷山板枣 稷山板枣距今栽植已有上千年的历史，素以“皮薄、肉厚、核小”著称于世。稷山板枣产区主要在山西稷峰镇的陶梁、姚村、平陇、加庄、吴城、马村、南阳、化峪镇的胡家庄、东段、西段、新庄等村。板枣果实为扁圆形，略带上宽下窄状。成熟后为黑红色/紫褐色，果肉白绿色，色泽红润、味道甘美、营养丰富、含糖量 74.5%，可以拉出金黄的亮丝，可食率 96.3%，维生素和矿物质含量高，堪称“中华枣中之王”。因其历史悠久，药用价值极高，在古代成为历代皇室“贡品”。

9. 狗头枣 狗头枣是陕北地区优良鲜食枣品种。果实大，卵圆形，纵径 4.1～

4.8 cm，横径 2.9～3.1 cm，平均单果重 18.2 g，最大果重 22.7 g，大小不均匀。果顶平，柱头遗存，梗洼窄深。果皮中厚，深红色，果面平滑。果点小，圆形，分布密。果肉厚，绿白色，肉质致密细脆，味甜，汁中，品质上等，适宜鲜食和制干。

10. 酸枣　酸枣树一般生长在山地，对贫瘠、少水的环境有较强的适应能力，可以适应干旱、寒冷等气候，多野生，常为灌木，也有的为小乔木；是我国北方地区的优势野生果树和重要的药用植物。其枝、叶、花的形态与普通枣相似，但枝条节间较短，托叶刺发达，除生长枝各节均具托叶刺外，结果枝托叶也成尖细的托叶刺。其适应性较普通枣强，花期很长，可为蜜源植物。果皮红色或紫红色，果肉较薄、疏松，味酸甜。酸枣在太行山脉栽植较多，以河北南部的邢台为主，素有“邢台酸枣甲天下”之美誉，是中国最大的酸枣产业基地。酸枣果小、多圆或椭圆形、果皮厚、光滑、紫红或紫褐色，肉薄，味大多很酸，适宜药用。

二、优良产区布局

中国枣划分为南枣和北枣两个生态区，地理位置是以秦岭、淮河为界。北方栽培区划分为：黄河、淮河中下游冲积土栽培区、黄土高原丘陵栽培区、西北干旱地带河谷丘陵栽培区；南方栽培区划分为江淮河流冲积土栽培区、南方丘陵栽培区、云贵川栽培区。北枣适宜干制，南枣适宜生产蜜枣。

（一）优良产区

根据我国优良枣品种及生产现状，结合枣栽培的区划依据，适宜规模化生产的优良枣产区分别是：①新疆环塔里木盆地沿线枣产区；②敦煌哈密和河西走廊枣产区；③靖远-中宁黄河上游枣产区；④陕晋黄河沿岸黄土丘陵枣产区和山西汾河上游交城、太谷枣产区；⑤山西南部、陕西东部、河南北部黄河中游枣产区；⑥黄河下游山东、河北冬枣产区；⑦冀、鲁交界小枣产区；⑧鲁、豫、皖、苏交界枣产区等。其中，最优的是黄河下游山东、河北冬枣产区和山西南部、陕西东部、河南北部黄河中游枣产区；其次是陕晋黄河沿岸黄土丘陵枣产区和山西汾河上游交城、太谷枣产区；新疆环塔里木盆地沿线枣产区，敦煌哈密和河西走廊枣产区，靖远-中宁黄河上游沿岸枣产区有其发展红枣产业的特殊性，有一定的发展潜力；山东南部、河南东部和苏皖北部区域枣产区主要是选择抗裂果的品种，可适当发展。

（二）各产区主栽品种

各产区主栽品种见表 1-3。

表 1-3　各主产区主栽品种

产　区	主栽品种
新疆环塔里木盆地沿线枣产区	和田玉枣、骏枣、灰枣
敦煌哈密和河西走廊枣产区	骏枣、灰枣、哈密大枣
靖远-中宁黄河上游枣产区	长枣、宁县晋枣
陕晋黄河沿岸黄土丘陵枣产区和山西汾河上游交城、太谷枣产区	黄河滩枣、稷山板枣、冬枣、梨枣、壶瓶枣、狗头枣
山西南部、陕西东部、河南北部黄河中游枣产区	相枣、灵宝大枣（灵宝圆枣）、黄河滩枣、稷山板枣、梨枣

（续）

产　区	主栽品种
黄河下游山东、河北冬枣产区	枣庄脆枣（铃枣）、冬枣、大马牙枣、阜平大枣、长红枣、赞皇大枣
冀、鲁交界小枣产区	圆铃枣、金丝小枣
鲁、豫、皖、苏交界枣产区	灵宝大枣（灵宝圆枣）、泗洪大枣、宣城尖枣、灰枣

（曹宁）

第三节　枣的化学组成与营养价值

一、基础营养素

（一）水分

一般水果的水分含量在80%以上，鲜枣的水分含量低于大部分水果的含量，一般在60%以上。经晾、晒或烘烤干制而成的干枣含水量一般在22%～26%。水分含量与新鲜水果的脆性、韧性等质构特性高度关联，直接影响水果的新鲜度和贮藏加工性。枣采摘后，水分供应被切断，呼吸作用会带走枣中的一部分水分，造成枣表面萎蔫，使机体酶活性增加，加快其体内营养物质的损耗，从而降低枣的耐贮性和抗病性，引起品质劣变。

另一方面，水的存在状态也会影响枣的贮藏特性。水在枣中的存在状态主要有两种：结合水和自由水。结合水是与蛋白质、多糖类胶体微粒结合在一起的水，水分子处于束缚状态，不能为微生物生长发育所利用。自由水主要存在于枣组织的液泡中，占水分比例很大，溶解了枣中的水溶性成分，具有普通液态水完全相同的性质，可以自由流动，很容易被蒸发掉。

衡量枣中自由水、结合水的存在比例，可以用水分活度（Aw）这一指标来表示，它是食品表面的蒸汽压 P 与纯水蒸汽压 P_0 之比。纯水的水分活度1.0，水分活度越小，自由水所占比例越小，结合水所占比例越大。水分活度值的大小与食品是否容易受微生物侵染直接相关，一般水分活度在0.85以上的食品需要冷藏或其他措施来控制病原体生长；水分活度为0.60～0.85的食品为中等水分食品，这些食品不需要冷藏控制病原体，但由于主要酵母菌和霉菌引起的腐败，要有一个限定货架期；而水分活度在0.6以下的食品，有较长的货架期，不需冷藏。食品中主要微生物类群生长的最低 Aw 值范围见表1-4。大部分水果和蔬菜的水分活度高于0.85。阿胶枣（东阿阿胶品牌）的水分活度值为0.635；水分含量为15%～18%的红枣，水分活度值为0.66～0.68。

表1-4　枣中主要微生物类群生长的最低 Aw 值范围

微生物类群	最低 Aw 值范围	微生物类群	最低 Aw 值
大多数细菌	0.90～0.99	嗜盐性细菌	0.75
大多数酵母菌	0.88～0.94	耐高渗酵母	0.60
大多数霉菌	0.73～0.94	干性霉菌	0.65

（二）碳水化合物

枣干物质中最主要的成分是碳水化合物。以鲜枣为例，每100 g鲜枣可提供约430 kJ

热量，其中碳水化合物含量为 23.2 g，可提供 394.4 kJ 的热量，占到总热量的 90%以上。碳水化合物作为枣生长发育提供能量的物质，也是枣中提供能量的主要物质。

碳水化合物类物质中含量最高的是糖类物质，其中可溶性糖含量占到鲜果质量的 25%～30%，或干质量的 70%～75%。可溶性糖包括蔗糖、果糖、葡萄糖等物质（分子结构式见图 1-1），在调节植物代谢过程和防御反应中起重要作用，同时也是影响枣香气的重要因素。如枣碳水化合物中的果糖和葡萄糖含量最高，占总糖量的 80%～90%，所以枣的甜度很高。西北农林科技大学的张春梅（2016）研究发现，在枣果实的发育成熟过程中，糖分不断积累，发育早期糖分积累以葡萄糖和果糖为主，随着进一步成熟，枣果实中的蔗糖含量迅速上升，成为枣果实的主要糖成分。因此，从果实糖积累类型来分，枣属于蔗糖积累型果实，蔗糖积累时期开始于枣白熟期。

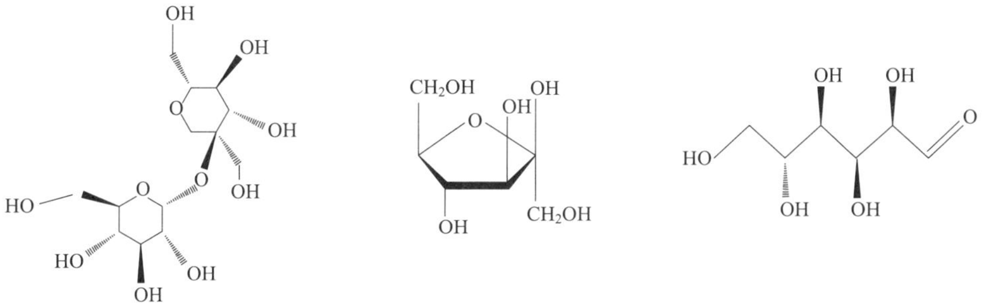

蔗糖　　果糖　　葡萄糖

图 1-1　蔗糖、果糖、葡萄糖分子结构式

（三）酸类物质

枣中的酸类物质以有机酸为主，主要包括柠檬酸、奎宁酸、苹果酸、琥珀酸等（分子结构式见图 1-2）。成熟果实中的有机酸组成和含量差别较大，根据主要有机酸的种类，可将果实积累酸的类型分为柠檬酸积累型、酒石酸积累型和苹果酸积累型。枣的有机酸组成，以苹果酸含量最高，柠檬酸次之，琥珀酸最少，因此枣属于苹果酸积累型。枣中的有机酸种类及含量对枣果实风味及口感影响较大，而且不同产区及品种枣中的有机酸的组成与含量差异较为明显。

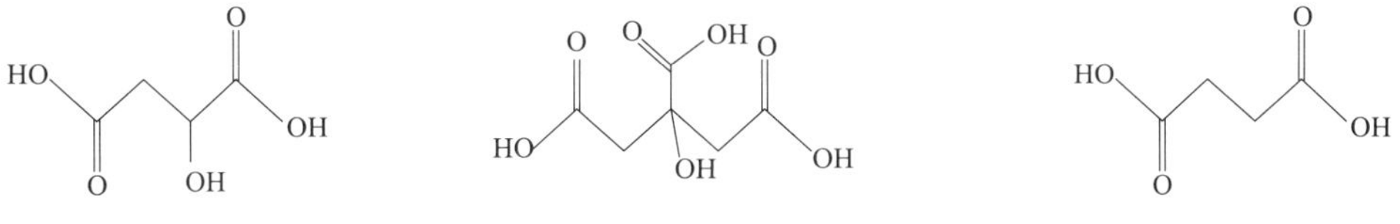

苹果酸　　柠檬酸　　琥珀酸

图 1-2　苹果酸、柠檬酸、琥珀酸分子结构式

（四）蛋白质和氨基酸

枣中含有蛋白质 1.2%～3.3%，人体所必需的 24 种氨基酸中，枣含有 17 种，如天门冬氨酸、苏氨酸、丝氨酸、谷氨酸、甘氨酸等，这些氨基酸一部分合成蛋白质，另一部分随血液进入各个组织器官，维持人体正常的代谢平衡，是身体必不可少的营养素。

蛋白质是构成细胞的基本有机物，人体内的蛋白质，都是由 20 多种氨基酸组成的，它们之间以“脱水缩合”的方式组成多肽链，再经过盘曲折叠形成具有特定空间结构的蛋白质。人类摄入的蛋白质，在体内经过消化被水解成氨基酸而被吸收。因此，蛋白质作为人体所需的重要营养物质，在食物中的质和量，及其所含氨基酸的比例，关系到人体蛋白质合成的量，尤其是与青少年的生长发育、孕产妇的优生优育、老年人的健康长寿有着密切的关系。根据能否在人体内合成，将氨基酸分为必需氨基酸和非必需氨基酸。必需氨基酸共有9种，即赖氨酸、色氨酸、苯丙氨酸、甲硫氨酸、苏氨酸、异亮氨酸、亮氨酸、缬氨酸和组氨酸，其中组氨酸为婴幼儿所必需（图1－3）。

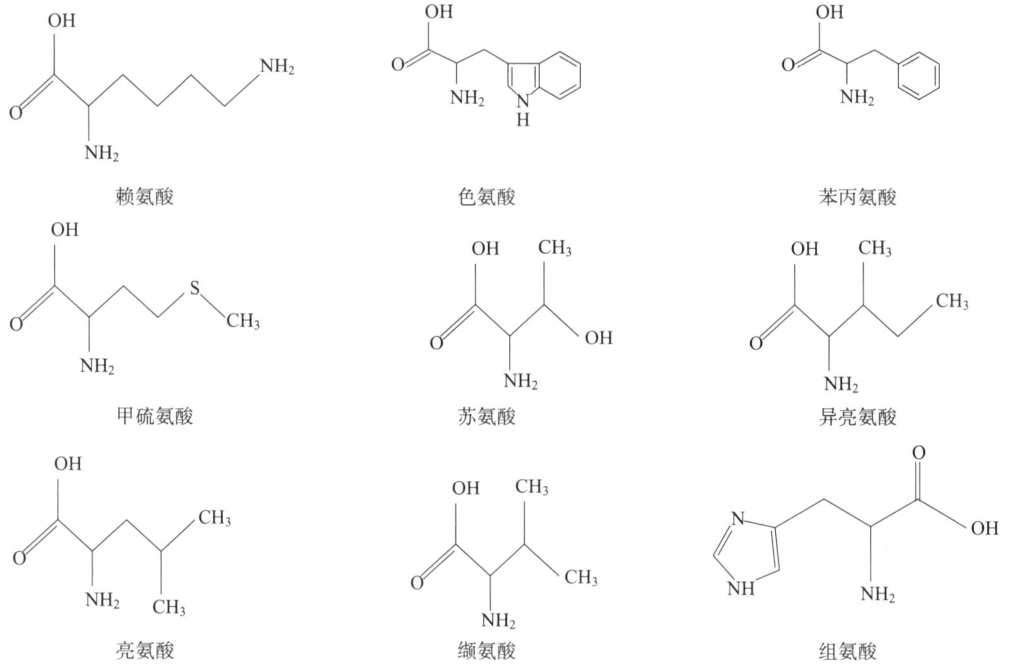

赖氨酸　色氨酸　苯丙氨酸

甲硫氨酸　苏氨酸　异亮氨酸

亮氨酸　缬氨酸　组氨酸

图1－3　必需氨基酸分子结构式

除此之外，氨基酸比值系数（ratio coefficient of amino acid，RC）也可以评价食物的氨基酸组成，它是指与模式蛋白氨基酸相当量的一份食物氨基酸的比值，通过计算出的RC值，可以看出食物中的氨基酸组成和含量与模式氨基酸的偏离程度，若RC>1，该必需氨基酸相对过剩；若RC<1，则该必需氨基酸相对缺乏。FAO/WHO模式及全鸡蛋蛋白模式中的必需氨基酸含量见表1－5。

表1－5　FAO/WHO模式及全鸡蛋蛋白模式中必需氨基酸含量

单位：%

模式	异亮氨酸	亮氨酸	赖氨酸	甲硫氨酸＋半胱氨酸	苯丙氨酸＋酪氨酸	苏氨酸	缬氨酸
FAO/WHO	4.0	7.0	5.5	3.5	6.0	4.0	5.0
全鸡蛋蛋白	5.4	8.6	7.0	5.7	9.3	4.7	6.6

王成等（2019）通过对新疆11个产区及山西交城地区的共计60份骏枣样品的研究分析发现，对于9种必需氨基酸，骏枣蛋白质的FAO/WHO模式、全鸡蛋蛋白模式贴近度基本一致。骏枣蛋白的FAO/WHO模式贴近度为0.50～0.86，均低于大豆蛋白（FAO/

WHO 模式贴近度 0.896）和猪瘦肉蛋白（FAO/WHO 模式贴近度 0.919）。这些地区中，新疆麦盖提县的骏枣贴近度最高，FAO/WHO、全鸡蛋蛋白两种模式的贴近度分别为 0.86、0.83，该产区的骏枣在氨基酸组成上营养价值最高。

除此之外，氨基酸是一种重要的呈味物质。其侧链 R 基团的疏水性与其呈味密切相关，当疏水性较大时，则主要呈现苦味，如苯丙氨酸、赖氨酸、亮氨酸等。苦味在红枣干制品如红枣片、红枣粉等中，是非常重要的感官评判指标。姜雪等（2016）以新疆哈密大枣、骏枣、灰枣三种主栽品种为研究对象，研究了不同干制条件（热泵干燥、自然晒干、阴干）下，红枣氨基酸干制前后的含量变化，发现较之于鲜枣，干制后的红枣苦味氨基酸总含量均出现显著增加，以哈密大枣为例，自然阴干条件下，苦味氨基酸总含量达到了鲜样含量的 7 倍；红枣制品的苦味评分与苦味氨基酸的含量间呈显著正相关，进一步印证了氨基酸含量是影响红枣及制品风味品质的关键物质。

（五）脂肪

枣中脂肪含量较低，每 100 g 鲜枣中含 0.2 g 左右，每 100 g 干枣中含 0.5 g 左右。含量占比相对较少，因此脂肪含量不多。减肥时适量吃红枣，可以为机体补充营养物质，适量吃不会引起体内脂肪过剩。枣脂肪中含有丰富的脂肪酸，红枣的果肉、果皮、果核中的脂肪酸成分包括饱和脂肪酸、不饱和脂肪酸、饱和烷烃、不饱和烃、酰胺类和苯系 6 大类物质。枣各部位脂质含量及组成见表 1－6 和表 1－7（游凤等，2013）。共有肉豆蔻酸、棕榈酸、亚油酸、油酸、月桂酸和硬脂酸等 6 种脂肪酸，枣肉与枣皮的脂肪酸组成相近，枣核部位的脂肪酸组成明显不同。油酸是枣肉和枣皮中最主要的脂肪酸，相对含量分别占 25.27%、25.00%。

表 1－6　枣各部位脂质分析结果

结构类型	化合物名称	分子式	分子量	峰面积相对百分比/%		
				枣肉	枣皮	枣核
不饱和脂肪酸	肉豆蔻酸	$C_{14}H_{26}O_2$	226.36	—	1.74	1.09
	棕榈酸	$C_{16}H_{32}O_4$	254.41	10.92	17.15	7.77
	亚油酸	$C_{18}H_{32}O_2$	280.44	2.57	10.17	0.40
饱和脂肪酸	油酸	$C_{18}H_{34}O_2$	282.47	25.72	25.00	4.04
	月桂酸	$C_{12}H_{24}O_2$	200.32	—	1.16	0.74
	硬脂酸	$C_{18}H_{36}O_2$	284.48	2.74	2.76	—
饱和烷烃	十七烷	$C_{17}H_{36}$	240.47	—	—	1.91
	十八烷	$C_{18}H_{38}$	254.50	—	—	7.26
	二十烷	$C_{20}H_{42}$	282.55	2.03	—	—
	二十一烷	$C_{21}H_{44}$	296.57	—	—	1.51
	二十四烷	$C_{24}H_{50}$	296.57	—	—	2.16
	二十五烷	$C_{25}H_{52}$	352.68	2.42	—	—
	二十六烷	$C_{26}H_{54}$	366.71	—	—	2.41
	二十七烷	$C_{27}H_{56}$	380.72	—	—	2.38

（续）

结构类型	化合物名称	分子式	分子量	峰面积相对百分比/%		
				枣肉	枣皮	枣核
不饱和烃酰胺	角鲨烯	$C_{36}H_{50}$	410.718	4.13	13.95	—
	十六酰胺	$C_{16}H_{33}NO$	255.44	—	—	0.60
	油酸胺	$C_{18}H_{35}NO$	281.48	13.47	7.99	1.42
	芥酸酰胺	$C_{22}H_{43}NO$	337.59	12.34	—	—
苯系	邻苯二甲酸	$C_8H_6O_2$	278.35	1.54	—	—
	邻苯二甲酸二辛酯	$C_{24}H_{38}O_4$	390.55	2.30	—	10.58
	邻苯二甲酸二丁酯	$C_{16}H_{22}O_4$	278.34	2.16	1.74	15.13

表 1-7 枣各部位脂质含量及组成

部位	脂质		苯系化合物/%	饱和烷烃/%	不饱和烃/%	不饱和脂肪酸/%	饱和脂肪酸/%	酰胺/%	含量合计/%
	化合物个数	含量/%							
果肉	12	2.4±1.5	6.00	4.45	4.13	13.49	28.46	25.81	82.34
果皮	9	6.0±2.5	1.74	0	13.95	29.06	28.92	7.99	81.66
果核	5	13.5±3.6	25.71	17.63	0	9.26	4.78	2.02	59.40

（六）矿质元素

枣中含有丰富的微量元素和矿物质，如钙、镁、钾、钠、磷、氯、硫、铁、锌、硒等（表 1-8）。每 100 g 枣肉中含钙约 41 mg，磷 23 mg，铁 0.5 mg，这些元素都是人体骨骼、血液及多种酶的组成成分。经常吃枣可以使体内无机盐达到平衡。

矿物质是人体必需的七大类营养素之一，与维生素一起被称为微量营养素。矿物质根据其在体内的含量分为两类，一类是在机体的含量小于体质量的 0.01%，被称为微量元素，包括铁、锌、碘、硒、铜等；另一类在人体内含量较高，超过了体质量的 0.01%，被称为常量元素，如钙、镁、钾、钠、磷、氯、硫等 7 种元素。每一种微量元素在机体内是有各自的作用，卫生标准《WS/T 578.2—2018 中国居民膳食营养素参考摄入量 第 2 部分：常量元素》规定了健康人群常量元素钙、磷、钾、钠、镁、氯的膳食参考摄入量，中国居民膳食常量元素参考摄入量见表 1-9。

表 1-8 红枣中部分微量元素的含量

种 类	含 量	种 类	含 量
磷	0.09%～1.27%	钙	0.03%～0.06%
钾	0.65%～1.05%	铜	2.45～5.88 mg/kg
锰	4.37～7.82 mg/kg	镁	0.03%～0.05%
铁	11.5～65.5 mg/kg	锌	2.12～14.98 mg/kg

表 1-9　中国居民膳食常量元素参考摄入量

单位：mg/d

年龄（岁）/生理状况	钙			磷			镁		钾	钠	氯
	EAR	RNI	UL	EAR	RNI	UL	EAR	RNI	AI	AI	AI
0～	—	200[a]	1 000	—	100[a]	—	—	20[a]	350	170	260
0.5～	—	250[a]	1 500	—	180[a]	—	—	65[a]	550	350	550
1～	500	600	1 500	250	300	—	110	140	900	700	1 100
4～	650	800	2 000	290	350	—	130	160	1 200	900	1 400
7～	800	1 000	2 000	400	470	—	180	220	1 500	1 200	1 900
11～	1 000	1 200	2 000	540	640	—	250	300	1 900	1 400	2 200
14～	800	1 000	2 000	590	710	—	270	320	2 200	1 600	2 500
18～	650	800	2 000	600	720	3 500	280	330	2 000	1 500	2 300
50～	800	1 000	2 000	600	720	3 500	280	330	2 000	1 400	2 200
65～	800	1 000	2 000	590	700	3 000	270	320	2 000	1 400	2 200
80～	800	1 000	2 000	560	670	3 000	260	310	2 000	1 300	2 000
孕妇（1～12 周）	650	800	2 000	600	720	3 500	310	370	2 000	1 500	2 300
孕妇（13～27 周）	810	1 000	2 000	600	720	3 500	310	370	2 000	1 500	2 300
孕妇（≥28 周）	810	1 000	2 000	600	720	3 500	310	370	2 000	1 500	2 300
乳母	810	1 000	2 000	600	720	3 500	280	330	2 400	1 500	2 300

注：“—”表示未制定；“[a]”表示 AI 值。

除提供营养外，矿质元素还与果实的生长发育有关，研究证明，K、Mg、N、B、Ca 含量与裂果有一定的关系。例如，适当的 K 含量可增加果皮的硬度，有利于减轻裂果现象的发生。但是 K 含量过多会造成果实角质层较厚，易遭受不良环境的侵袭，产生裂果，丰富的 K 元素有利于果肉后期的生长发育，施用过量的 K 元素会加速降低裂果细胞溶质，遇雨后会加大果实吸水速度使果实体积膨大，导致裂果发生。

（七）维生素类

枣中含有丰富的维生素，其中维生素 C 的含量最高，每 100 g 鲜枣中含 400～600 mg。维生素 C 广泛存在于水果、蔬菜中，枣是维生素 C 含量最丰富的水果之一，鲜枣中抗坏血酸含量远高于苹果、梨、桃等水果。维生素 C 性质很不稳定，结构有 *L*-型和 *D*-型两种立体构型，但 *D*-型没有生物活性。极易溶于水，稍溶于丙醇和低级醇，不溶于脂和其他有机溶剂。枣抗坏血酸主要在果实发育早期合成，成熟期已趋于稳定，且果实的含量远高于其他组织。

此外，枣中还含有维生素 A、维生素 B_1、维生素 B_2、维生素 E、维生素 P 和烟酸等维生素，被誉为“天然的维生素丸”。

（八）膳食纤维

每 100 g 鲜枣中膳食纤维含量约为 1.9 g，每 100 g 干枣中膳食纤维含量约为 6.2 g。枣中膳食纤维包括可溶性膳食纤维（SDF）和不溶性膳食纤维（IDF）。枣中膳食纤维的研究主要集中在残次裂枣、枣渣的综合利用方面，山西省农业科学院果树研究所的梁志宏等（2019）应用碱法、酶法、发酵法和超声辅助酶法提取残次裂枣中的膳食纤维，并对其理化特性和功能特性进行分析。研究发现，发酵法的总膳食纤维提取率最高，超声辅助酶法所得的总膳食纤维的理化特性（包括持水力、膨胀力、持油力）最好，在阳离子交换能力、NO_2^-清除能力、胆固醇吸附能力、葡萄糖吸附能力等功能特性也显著高于枣粉及其他提取处理方式。

二、生物活性物质

近几年随着人们对枣功能成分和药理作用的深入研究，发现枣中除了含有前述的基础营养素外，还含有一些其他水果中没有或含量很少的、但具有很高生理活性的特殊生物活性成分，包括黄酮类、环核苷酸类、皂苷类、萜类和甾体化合物、多糖等物质，这些成分是枣具备诸多保健功能的物质基础。

（一）黄酮类物质

枣中含有丰富的黄酮类物质，其中芦丁、当药黄素等的含量相对较高，结构见图 1-4。研究发现，在枣肉、枣核以及枣叶中均有黄酮的存在，枣中的黄酮含量大部分集中在1.60～14.18 mg/g之间。王蓉珍等（2012）发现陕西佳县油枣中黄酮含量 2.97 mg/g，其中芦丁含量最高。因生长地区和枣品种的不同，总黄酮含量的差异很大。苗利军等（2006）对 60 多个品种大枣中总黄酮的含量进行了测定，不同枣品种间总黄酮含量差别较大，凌枣含量最高，为 7.04 mg/g，总黄酮含量较高的枣品种还有连县木枣（4.90 mg/g）、婆枣(4.54 mg/g)、临猗梨枣（4.09 mg/g）、临汾团枣（3.95 mg/g）、冬枣（3.50 mg/g）、稽山板枣（3.47 mg/g）等。

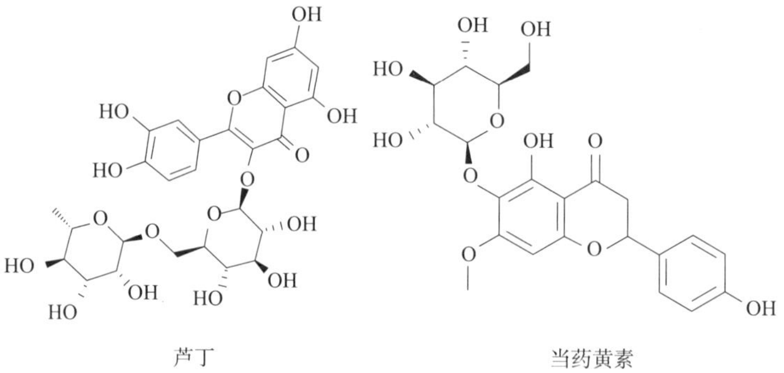

芦丁　　当药黄素

图 1-4　芦丁和当药黄素分子结构式

张玲等（2018）以木枣、板枣、灰枣、赞皇和壶瓶枣 5 个品种成熟鲜枣冻干粉为原料，分析测定各品种黄酮的含量。结果表明：木枣中总黄酮含量最高，为 7.35 mg/g；壶瓶枣最低，为 5.34 mg/g；其余品种为板枣＞赞皇＞灰枣。兰文忠等（2021）研究了冬枣汁和金丝小枣汁中总黄酮的含量，研究发现，冬枣汁中总黄酮含量为（4.62±0.162）mg/g，约为金丝小枣汁中含量的 2 倍。李希等（2020）的研究发现，稷山板枣和骏枣成熟过程中，总黄酮含量从白熟期到完熟期呈现持续下降趋势，但干枣时含量有所增加，且在果皮中含量高于果肉，稷山板枣含量高于骏枣，不同成熟阶段总黄酮含量见表 1-10。王迎进等（2021）采用 HPLC 法测定骏枣果肉中芦丁、槲皮素和异鼠李素的含量，结果表明骏枣中芦丁含量最高为 205.6 μg/g。

表 1-10　枣果实成熟过程中果皮和果肉总黄酮的含量

单位：mg/g

成熟阶段	稷山板枣		骏枣	
	果皮	果肉	果皮	果肉
白熟期	85.41±0.53^{a}	2.73±0.05^{a}	73.07±2.40^{a}	1.98±0.10^{a}
初红期	70.14±3.38^{b}	2.48±0.08^{b}	54.75±0.29^{b}	1.62±0.05^{b}
半红期	39.18±0.86^{c}	2.02±0.09^{c}	30.66±1.22^{c}	1.42±0.06^{c}
全红期	21.14±1.09^{d}	1.46±0.12^{d}	18.25±1.86^{d}	1.18±0.10^{d}
完熟期	4.11±0.15^{e}	1.01±0.04^{e}	3.17±0.09^{e}	0.86±0.01^{e}
干枣	5.00±0.25^{e}	1.53±0.03^{d}	3.95±0.26^{e}	0.98±0.08^{e}

注：同一行中不同小写字母表示差异显著（$P<0.05$）。

（二）环核苷酸类

枣中含有丰富的环核苷酸类物质，具有重要的开发利用价值。1980 年，Cyong 等发表在 *Phytochernistry* 上的 Cyclic adenosine mono phosphate in fruits of *Ziziphus jujuba* 一文中，首次提到红枣中含有动物体内存在的环磷酸腺苷。枣中的环磷酸腺苷含量是目前已知 180 多种天然植物中最高的，达 100～600 nmol/g，是大米、生菜、向日葵、松树等植物的 1 000 倍甚至数万倍。2020 年，中国科学院兰州化学物理研究所的李辉等研究发现，来自我国北方不同产地、不同品种的 16 种红枣中，高效液相色谱法测得的环磷酸腺苷含量，以新疆地区含量最高（355～372 μg/g），甘肃红枣含量最低（83 μg/g），红枣在环磷酸腺苷含量上地区差异明显。王蓉蓉等（2017）采用高效液相色谱法对梨枣、灰枣、木枣、相枣、金丝小枣、哈密大枣 6 个品种枣果实中的环核苷酸含量进行了测定，哈密大枣中 cAMP 含量均显著高于其余枣果，金丝小枣中 cGMP 含量显著高于其余 5 种枣果。环磷酸腺苷结构见图 1-5。

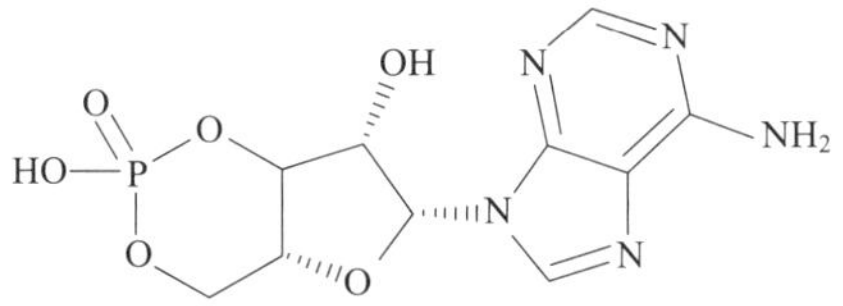

图 1-5　环磷酸腺苷分子结构式

（三）萜类化合物

枣中的萜类化合物主要是三萜类化合物，具有较高的脂溶性，分子量一般为 400～600 Da。三萜类化合物是由数个异戊二烯去掉羟基后首尾相连构成的物质，大部分为 30 个碳原子，少部分含 27 个碳原子。根据分子所含碳原子数可分为 C_{30}、C_{27}、C_{24} 三大类；根据其所含功能团和侧链的不同，可分成 7 种基本骨架，常见的功能团和取代基有羧基、羟基、酮基、甲基、乙酰基和甲氧基等。研究表明，枣中的三萜类化合物主要以五环三萜的结构存在，主要包括齐墩果酸、熊果酸、山楂酸和桦木酸，结构见图 1-6。

山西农业大学果树研究所李登科团队（2021）于 2018—2019 年从国家枣种植资源圃

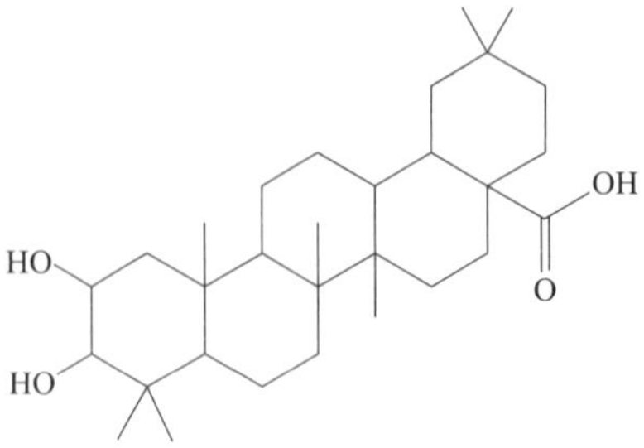

图 1-6　山楂酸、齐墩果酸、熊果酸和桦木酸分子结构式

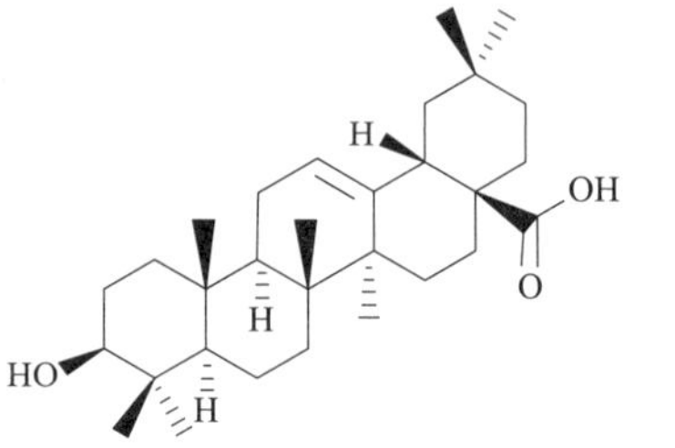

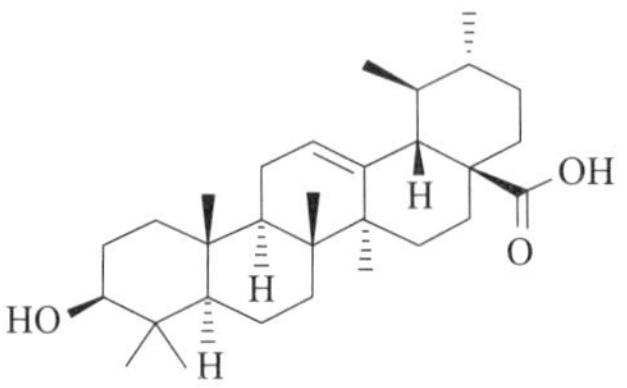

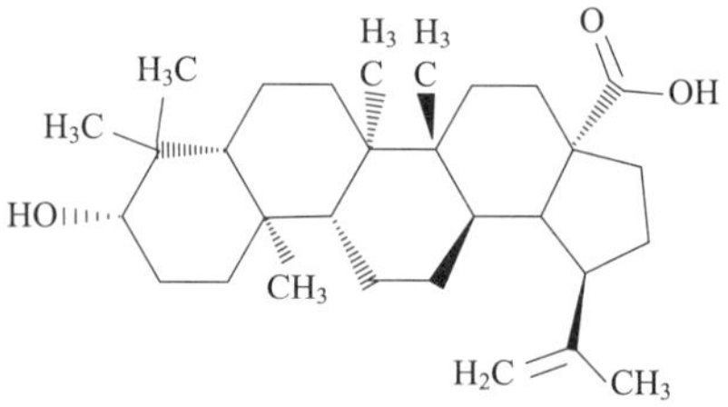

采集了包括大荔晋枣、新郑灰枣等 219 份种质资源脆熟期果实，建立了高效液相色谱法同时测试山楂酸、桦木酸、齐墩果酸、熊果酸 4 种成分的方法，测试分析枣三萜酸组分含量。结果表明，219 份枣种质果实总三萜酸含量范围在 95.72～737.82 μg/g，高于平均含量的种质有 107 份，低于平均含量的种质有 112 份，最高含量是最低含量的 7.71 倍。在三萜酸组成上，219 份种质资源枣果实中，均检出山楂酸、桦木酸，除河北脆枣外的 218 份种质资源枣果实检出齐墩果酸，193 份种质资源枣果实中检出熊果酸。根据 219 份种质资源枣果实的测试结果，山楂酸、桦木酸、齐墩果酸、熊果酸的含量均值分别为 199.51±75.19 μg/g、57.06±17.21 μg/g、25.09±9.99 μg/g、28.69±17.43 μg/g，以平均值来看，4 种组分占总三萜酸百分比见表 1-11，山楂酸占比最高，其次为桦木酸、熊果酸和齐墩果酸，不同品种中含量顺序不同。

表 1-11　三萜酸组分占总三萜酸的百分比

三萜酸组分	占比/%
熊果酸	9.24
齐墩果酸	8.08
桦木酸	18.39
山楂酸	64.29

(四) 功能性糖类

枣中糖含量丰富，占干物质的 60%～80%，按聚合度不同可分为单糖、低聚糖和多糖。枣果中的活性糖成分主要包括低聚糖和多糖。

低聚糖（oligosaccharide）又称寡糖，是由 2～10 个单糖结合而成的小分子糖，相对分子量为 300～2 000 Da。由于在单糖分子结合位置和糖苷键类型的不同，直接影响了低聚糖的功能性质，按此可将低聚糖分为功能性低聚糖和普通低聚糖。普通低聚糖包括蔗糖、麦芽糖、乳酸糖、海藻糖和麦芽三糖等，它们可以被机体消化吸收，一般只作为甜味剂使用；功能性低聚糖是指对人、动物、植物等具有特殊生理作用的一类寡糖，它的甜度一般只有蔗糖的 30%～50%。因人体肠道内没有水解功能性低聚糖（除异麦芽酮糖外）的酶系统，因而它们不被消化吸收而直接进入大肠内，优先被双歧杆菌所利用，可以作为双歧杆菌的增殖因子。低聚糖的提取常采用水提的方法，先把可溶性固形物提取出来，再用醇沉的方式沉淀多糖，离心或过滤后得低聚糖和单糖的混合物。山西大学蒋梅峰（2009）采用膜分离技术对大枣中的功能性糖分进行分离发现，采用截留分子量为 50 kDa 的膜能将枣多糖、蛋白质等大分子物质截留，截留分子量为 800 Da 的膜对以低聚糖为主的成分进行截留；通过比较离子交换树脂法和葡聚糖凝胶纯化效果发现，Sephadex G - 15 能较好地分离纯化大枣低聚糖；采用高效液相色谱法测定了大枣低聚糖的平均分子量，为 3 951 Da；进一步采用红外光谱、气相色谱-质谱联用仪分析了大枣低聚糖的结构和单糖组成，结果表明大枣低聚糖中的单糖组分为阿拉伯糖、核糖、半乳糖、鼠李糖、甘露糖和葡萄糖。

多糖是由糖苷键结合的糖链，至少要超过 10 个的单糖组成的聚合糖高分子碳水化合物。多糖是十分复杂的大分子化合物，结构分为一级结构和高级结构。多糖一级结构的分析是多糖结构研究的基础。多糖已成为研究的热点，在提取技术方面既有水提醇沉法、稀酸提取法、稀碱提取法等传统方法，也有超声波法、酶解法等新技术。提取得到的粗多糖混合物，经脱除蛋白质、色素，以及进一步的纯化，再利用仪器分析的方法进行多糖结构的鉴定。华中农业大学戴艳（2013），以骏枣为研究对象，经过提取、脱除蛋白、脱色处理得到了骏枣粗多糖，通过离子交子柱层析粗分离，得到 5 种糖组分；根据回收率选择了 JuSP2b、JuSP4c 两种多糖组分进行了进一步的凝胶柱层析和透析冻干；采用高效凝胶渗透色谱进行多糖组分的纯度鉴定和相对分子质量的测试发现，两种多糖的相对分子质量分别为 25 575 Da、14 524 Da；通过紫外光谱、红外光谱、气相色谱、HNMR 等仪器手段分析其结构，发现 JuSP2b 中含有少量的蛋白质，由鼠李糖、阿拉伯糖、木糖、甘露糖、葡萄糖、半乳糖组成；JuSP4c 中不含蛋白质，有 α-吡喃环、β-吡喃环结构，由鼠李糖、阿拉伯糖、木糖、甘露糖、半乳糖组成。

（刘雪梅　郑晓冬）

第四节　枣的保健功能

枣被称为“药食同源”的果品，药用价值早在《名医别录》《日华子本草》《本草纲目》等书中就有记载。在《齐民要术》《本草纲目》《百病秘方》和《神农草本经》等也对枣的一些功能做了阐述。如在《本草纲目》记载：“大枣味甘，无毒，安中养脾，平胃气，通九窍。”

中医中药理论认为，枣具有补虚益气、养血安神、健脾和胃等作用，是脾胃虚弱、气血不足、倦怠无力、失眠多梦等患者良好的、天然的药食同源食品，对人体保健，防治冠心病、高血压、动脉硬化、贫血等具有很好的食疗作用，并可使人精力旺盛、轻身长寿。目前，枣已被《中华人民共和国药典》作为常用中药收入。枣的保健功能主要表现在以下几个方面：

1. 抑制癌细胞 枣中的cAMP（环磷酸腺苷）和cGMP（环磷酸鸟苷）的含量丰富而稳定。现已证明白血病和实体肿瘤细胞的cAMP的含量是下降的，若在体外肿瘤细胞的培养过程中加入cAMP或其衍生物，或提高细胞内cAMP的含量，均能抑制肿瘤细胞的增殖，并诱导其成熟分化。枣富含三萜类化合物和二磷酸腺苷，三萜类化合物大都具有抑制癌细胞的功能，其中尤以山楂酸的作用最强，超过了常用的抗癌药氟尿嘧啶。二磷酸腺苷虽不具有抑制癌细胞的能力，但却有调节细胞分裂的作用。二者协同作用可以使异常增生的癌细胞分裂趋向正常（刘润平，2009）。动物试验证明，在同样饲喂致癌物的情况下，加饲大枣喂养10个月，该动物组（大鼠）的消化道恶性肿瘤发生率为38.4%，对比于未服枣的动物组患癌率高达71.4%（张艳红，2007）。

2. 增强免疫力 枣中多糖能促进淋巴细胞增殖，有明显的止咳、祛痰、行血止血、增强免疫等功效。有研究者筛选了6种对人血细胞中环核苷酸有影响的中药方剂，测试发现，含枣的三种方剂有增加白细胞内cAMP的作用，因此推测枣可增加白细胞内cAMP的数量。石丽霞等（2005）用枣煎剂灌胃小鼠，能明显提高其巨噬细胞吞噬功能，15 d时，对环磷酸腺苷所致的白细胞、血小板和血红蛋白含量减少均有增加和恢复作用，对骨髓造血功能也有保护作用。

3. 防治心血管疾病 据报道，常服枣煎汁，可降血压、降低血中胆固醇。枣中含有的烟酸，具有扩张血管、降低胆固醇含量等作用，因而可防治心绞痛、高脂血症及动脉粥样硬化。枣中含有的维生素C具有维持毛细血管的弹性，降低其通透性，防治脑出血及毛细血管出血的作用。枣中还含有丰富的芦丁，能增强体内维生素C的作用，促进维生素C在体内的积蓄，使人体血脂降低，防止血管硬化；还可以降低毛细血管的通透性和脆性，因而是预防和治疗高血压的有效成分。另外，枣中含有的环磷酸腺苷（cAMP）具有增强心肌收缩、扩张冠脉血管、改善心肌营养、抑制血小板凝集的作用。张清安等（2003）通过给高脂小鼠饲喂不同浓度的枣汁，发现中剂量的枣汁（15%）有明显降血脂和降低动脉硬化指数的作用。枣在高血压和心脑血管疾病的预防和治疗上也具有一定的作用。

4. 抗过敏抗变态 食用枣可使白细胞内cAMP和cGMP的比值增高，提高抗过敏性，抑制白三烯释放，起到抑制变态反应的作用（刘润平，2009）。枣中所含的小檗碱可抑制多种细菌而具有抗菌作用，如枣可治疗皮肤瘙痒症、脚气病等，红枣散可治疗脓包疮。研究表明，枣水提物有明显的抗变态反应作用，可以调节内分泌系统。在体外实验中，致敏者外周血嗜性粒细胞在未加任何刺激剂时，即自发性释放时，白三烯的产量极少，用抗体氮的抗IgE刺激时，白三烯释放增加。当加入枣提取液时，白三烯的释放与采用抗体氮时大致相同，说明枣提取物能较好地对抗IgE刺激的作用。其抑制作用与枣所含的cAMP有关，其易透过白细胞膜而作用于化学介质释放的第二期，抑制白三烯的释放，因而与抑制变态反应有关。研究发现，枣的乙醇提取物乙基-α-果糖苷对IgE抗体的产生有特异性抑制作用，对5-羟色胺和组胺也有一定的拮抗作用。给鼠投以枣的乙醇提取物100 mg/（kg·d），可呈现出与硫唑嘌呤（免疫抑制剂）同样的效应（雷昌贵等，2006）。

5. 养脾护肝 血清蛋白主要是在肝脏合成的，红枣对实验性肝病变家兔血清蛋白有明显的增加作用。研究者以雄性家兔为研究对象，以四氯化碳腹腔注射方法构造轻度肝脏病变模型，以肝脏对注射一定剂量的硫喷妥钠解毒能力衡量肝脏是否病变。用30 mL/kg

(9 g/kg) 红枣煎剂喂食前腹腔注射1周后，结果显示，血清总蛋白由治疗前4.6 g/100 g增加为4.90 g/100 g；白蛋白由2.46 g/100 g增加为3.00 g/100 g。血清蛋白和总蛋白均有所增加，说明红枣有较好的保护肝脏作用。刘润平（2009）研究表明，枣黄酮粗品可显著抑制小鼠体内氧自由基的生成，从而使SOD酶活性下降，并可显著降低小鼠体内丙二醛的生成，还可降低小鼠血液和肝脏中过氧化氢酶的活性。

临床报道，急慢性肝炎或肝硬化引起血清转氨酶（SGPT）升高的患者，服用红枣花生汤（红枣、花生、冰糖各30 g）能降低血清谷丙转氨酶水平。若用枣熬成稠粥食之，对肝炎患者护肝、养肝大有裨益。台湾一药物研究所利用枣提取天然植物酸，观察对乙肝表面抗原以及对肝细胞的作用，结果发现药效显著。因此在临床上枣可作为辅助食品用于急慢性肝炎和肝硬化患者（王金玺等，2012）。

6. 延缓衰老 枣中含有的铁、锌、钙、硒等均直接参与人体的代谢循环，可清除体内自由基，延缓人体衰老。有研究者用枣提取物对小鼠红细胞、血浆、肝组织中的超氧化物歧化酶（SOD）及丙二醛（MDA）含量进行的实验结果表明，小鼠自由饮用不同浓度的枣提取物，30 d后红细胞内的SOD活性显著增高，同时血浆中的MDA含量显著降低，而其他指标均无明显变化，这说明枣提取物具有清除自由基和增强机体抗脂质过氧化作用的能力（志文，1999）。另外，枣多糖可明显减轻衰老模型小鼠免疫器官的萎缩及大脑的老化，表明枣多糖具有抗衰老的作用（刘润平，2009）。

7. 补气养血 中医学认为，气血乃人体之本。人体缺铁将会引起雀斑、皱纹增多、头晕目眩等一系列贫血症状。枣含有丰富的铁质等矿质成分，且铁的吸收利用率较高，可作为缺铁性贫血的食疗补血，对贫血、腹泻、倦怠无力、抑郁症、心悸失眠者有很好的补益作用。此外，枣含有丰富的营养成分，对贫血、腹泻、倦怠无力、躁郁症、哭泣不安、心悸失眠者有很好的补益作用。

8. 美容护肤 俗语说："一日食三枣，青春永不老。"在人体内，维生素C常作为体内酶激活剂和物质还原剂参与激素合成活动，能促进肾上腺分泌的激素与皮肤相结合，使皮肤抵抗力和弹性增加；还能防止皮肤血管出血，降低黑色素的代谢与合成，促进胶原的形成，使皮肤洁白细嫩，富有弹性，延缓衰老。枣中含有丰富的维生素C，是养颜、益寿的佳品。据报道，用枣甘麦汤煎服，能很好地改善妇女进入更年期后表现出的烦躁、喜怒无常等症状，并对神经衰弱、失眠、支气管哮喘、慢性肾炎、脾胃不和等病症具有保健作用，具有安神益气和养颜作用。

9. 其他功能 研究表明，枣中的苯甲醛糖苷、柚质、黄酮-双-葡萄糖苷等对中枢神经有一定的抑制作用，具有降低血压、镇静安神、抗惊厥等功效。在常复发型原发性系膜增生性肾炎肾病综合征激素减量过程中加用黄芪、枣治疗，可以减少泼尼松的副作用，降低复发率，对远期的复发率降低更加明显；枣能增强激素的疗效，对系膜增生性肾小球肾炎肾病综合征的疗效更佳。枣还具有增强肌力、抗疲劳的作用。另外，常吃枣还可防治脱发（刘润平，2009）。

（刘雪梅）

参考文献

戴艳，2013. 骏枣多糖的提取纯化，结构分析及抗氧化活性研究［D］. 武汉：华中农业大学.

郭满玲，2004. 我国鲜食枣品种资源及分布研究 [D]. 杨陵：西北农林科技大学.
姜雪，2016. 枣品种及干制条件与苦味形成关系的研究 [D]. 乌鲁木齐：新疆农业大学.
蒋梅峰，2009. 大枣低聚糖的分离纯化及结构研究 [D]. 太原：山西大学.
兰文忠，冀利，贺晓芳，等，2021. 冬枣汁与金丝小枣汁总酚、总黄酮含量及抗氧化性能的比较研究 [J]. 食品与发酵科技，57 (1)：90-94.
雷昌贵，陈锦屏，卢大新，等，2006. 红枣的营养成分及其保健功能 [J]. 现代生物医学进展 (3)：56-57，62.
李辉，赵亮，李建贵，等，2020. 高效液相色谱法测定我国北方红枣中环磷酸腺苷的含量 [J]. 分析测试技术与仪器，26 (1)：42-48.
李希，2020. 枣果实类黄酮含量动态变化及相关基因的功能研究 [D]. 杨陵：西北农林科技大学.
梁志宏，尹蓉，张倩茹，等，2019. 提取方式对枣膳食纤维理化及功能特性的影响 [A]. 中国食品科学技术学会 (Chinese Institute of Food Science and Technology). 中国食品科学技术学会第十六届年会暨第十届中美食品业高层论坛论文摘要集 [C]. 中国食品科学技术学会 (Chinese Institute of Food Science and Technology)：中国食品科学技术学会，2.
刘润平，2009. 红枣的营养价值及其保健作用 [J]. 中国食物与营养 (12)：50-52.
苗利军，2006. 枣果中三萜酸等功能性成分分析 [D]. 保定：河北农业大学.
石丽霞，张振家，2005. 复方大枣口服液对小鼠免疫机能的影响 [J]. 吉林医药学院学报 (1)：41-42.
王成，吴东峰，何伟忠，等，2019. 新疆骏枣氨基酸营养价值评价 [J]. 中国农业科技导报，21 (1)：108-116.
王金玺，刘慧瑾，2012. 红枣的营养保健功能及开发利用研究进展 [J]. 价值工程，31 (23)：290-292.
王蓉蓉，丁胜华，胡小松，等，2017. 不同品种枣果活性成分及抗氧化特性比较 [J]. 中国食品学报，17 (9)：271-277.
王蓉珍，赵子青，林勤保，等，2012. 大枣功效成分检测的研究进展 [J]. 食品工业科技，33 (4)：423-426.
薛晓芳，赵爱玲，王永康，等，2021. 219 份枣种质资源果实三萜酸含量分析 [J]. 西北植物学报，41 (3)：480-492.
游凤，黄立新，张彩虹，等，2013. 红枣不同部位的脂溶性成分分析 [J]. 食品与发酵工业，39 (11)：241-244.
张春梅，2016. 枣糖酸代谢及其驯化的分子机制研究 [D]. 杨陵：西北农林科技大学.
张玲，杨春，丁卫英，等，2018. 不同品种枣的黄酮含量及其体外抗氧化性特征 [J]. 贵州农业科学，46 (10)：119-121.
张清安，陈锦屏，李建科，等，2003. 红枣汁降血脂保健作用研究 [J]. 食品科学 (4)：138-140.
张艳红，2007. 红枣中营养成分测定及质量评价 [D]. 乌鲁木齐：新疆大学.
CYONG J C，HANABUSA K，1980. Cyclic adenosine monophosphate in fruits of *Zizyphus jujuba* [J]. Phytochemistry，19 (12)：2747-2748.

第二章　枣商品化处理

我国传统的枣业流通中，采后商品化处理重视不足，采收下来的枣大多以原始状态销售，无分级、包装、预冷环节，精准贮藏、控温运输设备不完善，无法实现冷链流通，因此鲜枣采后短时间内容易失水萎蔫、转色、软化褐变，不耐贮藏，造成人力、物力和财力的极大浪费。当前，随着人民生活水平和消费水平的提高，对枣的消费观念从数量型向质量型转变。因此，以提高枣产品质量为中心的采后商品化处理，最大限度地减少采后损失、提高产品附加值和资源利用率，实现枣产业向专业化、规模化、标准化转型，是产业发展提质增效的重要手段。采后商品化处理主要包括挑选、分级、预冷、包装等内容（南晋刚，2010），其中采收、分级是实现红枣商品化的重要环节，本章将着重介绍相关技术和装备。

第一节　枣的采收

一、采收依据

枣果采收工作是枣树栽培上的最后一道环节，也是枣果商品化处理的初始环节，枣果的采收期、采收成熟度和采收方法对枣果的产量、质量及采后贮运性能影响很大。采收过早，枣果发育不充分，大小、质量未达到适宜采收标准，内部营养物质不丰富，色香味欠佳，达不到鲜食、贮藏、加工的要求。采收过晚，容易落果，果肉松散发绵，机械损伤严重，不耐贮藏、运输。因此，应根据不同的枣品种特点、地域特点和采后用途（直接上市、贮藏、运输、加工等）确定采收标准。

二、采收时间

(一) 鲜枣

根据枣采后不同用途，枣果成熟期可分为白熟期、脆熟期和完熟期。

1. 白熟期　果皮褪绿发白至着色前这一段时期。此期果实已基本长到该品种应有的大小，果皮叶绿素减少，肉质较松，汁液少，含糖量低。适宜加工蜜枣。

2. 脆熟期　果实着色至全红这一段时期。此期果实已长到该品种应有的大小，果肉呈绿白色或乳白色，含糖量高，汁液多，质地脆。适宜鲜食流通和加工乌枣、南枣和醉枣用的枣果（常晓芬等，2014）。

3. 完熟期　脆熟期之后到生理上完全成熟的一段时期。此期果皮红色加深，果肉变软，果实失水皱缩。此期采收适宜干制红枣。

不同品种枣果的成熟期存在很大差异，具体的采收日期应依品种特性而定。此外，还应考虑天气、贮藏加工和市场的要求等。一般采前落果严重的，可适当早采；为提高耐贮性，鲜食用的枣可在半红期采收；制干用且不易裂果和采前落果轻的，可尽量晚采；对于遇雨易裂果的品种，可根据天气预报情况，适当提前采收。此外，鉴于枣树同一品种的不同树及同一树上不同枣果成熟期存在较大差异（可达 2 周以上），特别是鲜枣，以分期采收为宜（常晓芬等，2014）。

（二）干枣

为提高枣品质，人为推迟枣果收获期，使枣在树上挂果，完成自然干燥的过程，这主要见于新疆枣品种，如吊干灰枣、吊干骏枣和吊干冬枣等。这得益于当地日照时间长、降水量低的气候特点，有利于枣果在树上自然风干。影响吊干枣采收的因素包括：果实形状、果实大小、色泽浓淡、果皮厚薄、皱纹深浅、果肉和果核比例以及肉质风味等。

三、采收方式

（一）人工采收

人工采收包括手工采摘和振落采收。

1. 手工采摘 主要适用于鲜销和长期贮藏的鲜食枣以及用于加工成乌枣、南枣、醉枣等枣果的采收。这类枣果若借助工具击落，果实易受损伤，果皮、果肉破裂，不利于运输、贮藏及加工，还容易造成树枝断枝落叶，影响后续坐果结果。手工采摘可以做到轻拿轻放，灵活性强，机械损伤少，保证枣果的优良品质；同时枣果生长情况复杂，成熟度一致的，可以一次采收；成熟度不一致的，要分期采收。手工采摘，可针对每个个体进行成熟度鉴定，既不影响质量，又不会减少产量（常晓芬等，2014）。

2. 振落采收 主要适用于制干枣果的采收。一般是用竹竿或木棍振荡枣枝，在树下撑（铺）以布单接枣，以减少枣果破损和节省捡枣用工。采用此法采收，应注意保持树体。每年的振动部位应相对固定，以尽量减少伤疤，尤其要避免“对口疤”。另外，下杆的方向不能对着大枝延长的方向，以免打断侧枝（常晓芬等，2014）。

枣果采收需由掌握熟练技术的工人进行精细的操作，采用合理的采果器皿，尽可能避免机械损伤。采收过程应注意以下事项：①采收适宜在晴天、傍晚或者阴凉天采收，其中晴天上午露水干后采摘最好。阴雨、露天采收，果皮太脆，果面水分多，易造成裂果，继而易受病菌侵染。晴天的中午或午后气温高的时候采果，枣果的温度过高，易造成烂果。②应避免采收前灌水。采前 5～7 d 应停止灌水，否则容易造成采后果实腐烂。③在采收前，必须将所需的人力、果箱、果剪及运输工具等事先准备充分，必要时，可对采收工人进行采前培训和示范。④采收人员要剪平指甲，最好戴手套，在采收过程中做到轻拿轻放，轻装轻卸，以免造成碰压伤。⑤采果应按先下后上、先外后内的顺序逐渐进行，即采收时先从树冠下部和外部开始，然后再采收内膛和树冠上部的果实。否则，常会因上下树或搬动梯子而碰掉果实，降低其等级和品质。⑥采收时必须剔除受伤果，不可包装入箱，并在运输装卸中继续防止受伤带来的损失。⑦采收后要避免日晒和雨淋，迅速加工成件，运到阴凉场所散热或贮藏库内贮藏。

(二) 机械采收

机械采收可以节约大量劳动力，适用于枣果实在成熟时果梗与枝间形成离层的种类。枣果机械采收主要是利用振动原理实现果实脱落，一般通过给予枣树树干或树枝固定频率的振动来强迫枣树振动，使果实受到的惯性力大于果枝的结合力从而实现枣果脱落，脱落后的枣果由下方伞形装置或收集网收集（董云成等，2022）。机械采收前常喷洒果实脱落剂或催熟剂（如乙烯利）。如采收前使用乙烯利，一般在果实采收前 5～7 d，全树喷施一次 200～300 mg/L 的乙烯利水溶液，之后 3～5 d，果柄离层细胞逐渐解体，只有维管束组织保持果梗与枝条的连接，因此，机械采收时轻松振动树枝，果实即能脱落，可大大提高采收效率，降低劳动强度。然而，对于一些皮薄、早熟的生食脆枣则不宜使用乙烯利，否则容易造成果肉发绵。

枣果采收机收获目标为鲜枣，按振动方式和位置不同可分为抱摇式、骑跨式、激振式、拍振式四种。抱摇式采收用夹持装置夹持枣树树干，固定后用偏心装置以固定频率振动枣树树干致枣果脱落；骑跨式机具骑跨于枣树上方，通过工作杆拍打或滚筒旋转等方式振动枣枝击落枣果；激振式利用曲柄连杆装置撞击树干，树干受撞击后产生自激振动，使枣果脱落；拍振式在树冠顶部插入拍打杆，利用曲柄滑块和曲柄连杆机构对树冠进行振动拍打，致枣果脱落，四种方式均能使枣树产生受迫振动从而达到采收目的（董云成等，2022；杨凯等，2022）。

枣果捡拾机收获目标是干枣，主要通过机械或气力（气吸、气吹）的方式捡拾地面的枣叶混合物，可分为机械式枣果捡拾机和气力式枣果捡拾机两种。机械式通过刷子或梳齿等直接接触手段强迫枣叶混合物位移完成捡拾作业，在捡拾完毕向后输送的同时进行清选，清选完毕后装箱。气力（气吸、气吹）式是通过大功率风机产生压力差将地表的枣叶混合物吸起（或气吹至输送装置）清选后装箱（董云成等，2022）。

（杨相政　任紫烟）

第二节　枣的分级

枣在生长过程中受到各种自然条件的影响，品质间存在着很大的差异，采收后产品的大小、质量、形状、色泽、成熟度等方面很难达到一致的要求。枣果分级，就是按照枣果质量标准或合同要求，采用一定的方法，把同一品种的枣果分成若干等级的过程。分级的主要目的是使产品达到商品标准化，按等级定价，便于收购、贮藏、销售和包装，有利于优质优价，推动枣树栽培管理技术的发展和提高产品质量。通过挑选分级，剔除有病虫害和机械伤的枣果，减少贮藏损失；此外，可将级外品及时加工处理，以降低成本和减少浪费。分级是枣采后贮运流通、深加工、提高产品档次和附加值、实现产业化的关键节点。

一、分级标准

枣果的质量标准是对商品枣果进行分级的主要依据。缺少国家和地方标准时，企业要制订企业标准。有了国家和地方标准后，企业也可制订严于国家或地方标准的企业标准。

目前现行的鲜枣国家标准为《GB/T 22345—2008 鲜枣质量等级标准》，该标准规定了鲜枣的定义、要求、检验方法、检验规则、标志、标签、包装、运输和贮存，适用于鲜枣的质量等级划定。枣的分级标准一般是在果形、新鲜度、颜色、品质、病虫害和机械损伤等方面符合要求的基础上，再按大小进行分级。不同的品种标准有所不同。该标准按照鲜枣果实大小、色泽等指标划分为特级、一级、二级、三级 4 个等级，分级标准见表 2-1。未列入以上等级的果实为等外果。

表 2-1　GB/T 22345—2008 鲜食枣质量等级标准

项目		等级			
		特级	一级	二级	三级
基本要求		脆熟期采收。品种纯正，果形完整，果面光洁，无残留物。果肉脆、适口，无异味和不良口味。无或几乎无尘土，无不正常的外来水分，基本无完熟期果实，最好带果柄			
果实色泽		色泽好	色泽好	色泽较好	色泽一般
着色面积占果实面积的比例		1/3 以上	1/3 以上	1/4 以上	1/5 以上
果个大小		果个大，均匀一致	果个较大，均匀一致	果个中等，较均匀	果个较小，较均匀
可溶性固形物		⩾27%	⩾25%	⩾23%	⩾20%
缺陷果	浆烂果	无	⩽1%	⩽3%	⩽4%
	机械伤	⩽3%	⩽5%	⩽10%	⩽10%
	裂果	⩽2%	⩽3%	⩽4%	⩽5%
	病虫果	⩽1%	⩽2%	⩽4%	⩽5%
	总缺陷果	⩽5%	⩽10%	⩽15%	⩽20%
杂质含量		⩽0.1%	⩽0.3%	⩽0.5%	⩽0.5%

注：品种间果个大小差异很大，每千克果个数不作统一规定，各地可根据品种特性，按等级自行规定。冬枣、梨枣的果实大小分级见表 2-2。

表 2-2　冬枣和梨枣果实大小分级标准

品种	单果重/（g/个）			
	特级	一级	二级	三级
冬枣	⩾20.2	16.1～20	12.1～16	8～12
梨枣	⩾32.1	28.1～32	22.1～28	17～22

GB/T 22345—2008 仅对冬枣、梨枣的果实大小设置了分级标准，具有局限性。在此基础上，廖继水（2021）研究制定了新的分级标准（表 2-3），判断依据如下：有无缺陷（记为 d），若有缺陷，d 为 0；反之，d 为 1；以着色面积占果实面积的比例（即着色面积比，记为 m）作为颜色的分级指标；以鲜枣的面积作为大小分级指标（记为 s）；以横径和纵径的比值（记为 c）作为形状的分级指标；最后分级结果记为 g；以颜色 0.5、大小 0.3、形状 0.2 的阈值进行分级，方法如式（2-1）所示，g 值为 0 的鲜枣直接剔除。

$$g=d\times(0.5\times m+0.3\times s+0.2\times c) \tag{2-1}$$

表 2-3 鲜食枣分级标准

项目	等级			
	特级	一级	二级	三级
基本要求	脆熟期采收。品种纯正，果形完整，果面光洁，无残留物。果肉脆适口，无异味和不良口味。无或几乎无尘土，无不正常的外来水分，基本无完熟期果实，最好带果柄			
着色面积比	2/3 以上	1/3 以上	1/4 以上	1/5 以上
果个大小/mm^2	>1 000	850～1 000	600～850	<600
果形	>0.90	0.83～0.90	0.71～0.83	<0.71
缺陷	0 或 1	0 或 1	0 或 1	0 或 1
最终分级	>300.5	255.4～300.5	180.4～255.4	<180.4

作蜜枣用时，鲜枣采收期为白熟期，等级划分标准如表 2-4 所示，未列入等级的果实为等外果。

表 2-4 GB/T 22345—2008 鲜枣质量等级

项目	等级		
	特级	一级	二级
基本要求	白熟期采收。果形完整，果实新鲜，无明显失水，无异味		
品种	品种一致	品种基本一致	果形相似品种可以混合
果个大小	果个大，均匀一致	果个较大，均匀一致	果个中等，较均匀
缺陷果	≤3%	≤8%	≤10%
杂质含量	≤0.5%	≤1%	≤2%

对干制枣的分级，目前有《GB/T 5835—2009 干制红枣》《GB/T 40634—2021 灰枣》《GB/T 40492—2021 骏枣》3 项国家标准，主要对枣的果形、大小、肉质等级规格作出了规定。将不同品质与大小的枣果进行分级，便于后续枣果深加工、包装、贮藏和运输，提高枣的附加值。干制枣外观和内在品质缺陷主要有霉变、不熟果、浆头、油头、破头、虫果、病果、干条果等，根据果形和果实大小、品质、损伤和缺陷、含水率等相关指标将干制后的小红枣划分为特级、一级、二级、三级等四个标准如表 2-5 所示，大红枣划分为一级、二级、三级等三个标准如表 2-6 所示。

表 2-5 GB/T 5835—2009 干制红枣等级规格要求

项目	果形和果实大小	品质	损伤和缺陷	含水率/%	容许度/%	总不合格果百分率/%
特等	果形饱满，具有本品种应有的特征，果大均匀	肉质肥厚，具有本品种应有的色泽，身干，手握不粘个，总糖含量≥75%，一般杂质不超过 0.5%	无霉变、浆头、不熟果和病虫果。允许破头、油头果两项不超过 3%	≤28	≤5	≤3
一等	果形良好，具有本品种应有的特征，果实大小均匀	肉质肥厚，具有本品种应有的色泽，身干，手握不粘个，总糖含量≥70%，一般杂质不超过 0.5%，鸡心枣允许肉质肥厚度较低	无霉变、浆头、不熟果和病虫果。允许虫果、破头、油头果三项不超过 5%	≤28	≤5	≤5

（续）

项目	果形和果实大小	品质	损伤和缺陷	含水率/%	容许度/%	总不合格果百分率/%
二等	果形良好，具有本品种应有的特征，果实大小均匀	肉质肥厚，具有本品种应有的色泽，身干，手握不粘个，总糖含量≥65%，一般杂质不超过0.5%	无霉变、浆头。允许病虫果、破头、油头果和干条四项不超过10%（其中病虫果不得超过5%）	≤28	≤10	≤10
三等	果形正常，具有本品种应有的特征，果实大小较均匀	肉质肥厚不均，允许有不超过10%的果实色泽稍浅，身干，手握不粘个，总糖含量≥60%，一般杂质不超过0.5%	无霉变果。允许浆头、病虫果、破头、油头果和干条五项不超过15%（其中病虫果不得超过5%）	≤28	≤15	≤15

表2-6　GB/T 5835—2009 干制大红枣等级规格要求

项目	果形和果实大小	品质	损伤和缺陷	含水率/%	容许度/%	总不合格果百分率/%
一等	果形饱满，具有本品种应有的特征，果大均匀	肉质肥厚，具有本品种应有的色泽，身干，手握不粘个，总糖含量≥70%，一般杂质不超过0.5%	无霉变、浆头、不熟果和病果。虫果、破头果两项不超过5%	≤25	≤5	≤5
二等	果形良好，具有本品种应有的特征，果实大小均匀	肉质较肥厚，具有本品种应有的色泽，身干，手握不粘个，总糖含量≥65%，一般杂质不超过0.5%	无霉变果。允许浆头不超过2%，不熟果不超过3%，病虫果、破头果两项不超过5%	≤25	≤10	≤10
三等	果形正常，果实大小较均匀	肉质肥瘦不均，允许有不超过10%的果实色泽稍浅，身干，手握不粘个，总糖含量≥60%，一般杂质不超过0.5%	无霉变果。允许浆头不超过5%，不熟果不超过5%，病虫果、破头果两项不超过10%（其中病虫果不得超过5%）	≤25	≤15	≤20

注：干制枣品种繁多，各品种果实大小差异较大，本标准对干制枣每千克果数不作统一规定，产地可根据当地品种特征，按等级要求自行规定，主要品种干制枣的果实大小分级标准如表2-7所示。

表2-7　干制红枣主要品种果实大小分级标准

品种	每千克果粒数/（个/kg）				
	特级	一级	二级	三级	等外果
金丝小枣	<260	260～300	301～350	351～420	>420
无核小枣	<400	400～510	511～670	671～900	>900
婆枣	<125	125～140	141～165	166～190	>190
圆铃枣	<120	120～140	141～160	161～180	>180
扁核酸	<180	180～240	241～300	301～360	>360

（续）

品种	每千克果粒数/（个/kg）				
	特级	一级	二级	三级	等外果
灰 枣	120～180	181～230	231～290	291～350	>350
赞皇大枣	<100	100～110	111～130	131～150	>150

在满足基本要求和理化要求的基础上，干制灰枣（表2-8）、骏枣（表2-9）根据质量要求分为特级、一级、二级、三级。

表2-8 GB/T 40634—2021 灰枣等级规格要求

项目		等级			
		特级	一级	二级	三级
基本要求	感官要求	具有灰枣应有的特征，呈椭圆形，果皮红色至紫红色，肉质肥厚，核小，无霉烂果			
	均匀度允差/%	≤60			
	杂质含量/%	≤0.1			
	残次果率/%	≤5			
理化要求	水分/%	15～25			
	总糖/%	≥70			
粒数/（粒/kg）		120～180	181～230	231～290	291～350

表2-9 GB/T 40492—2021 骏枣等级规格要求

项目		等级			
		特级	一级	二级	三级
基本要求	感官要求	具有骏枣应有的特征，果实大，果皮红色至紫红色，肉质肥厚，稍具酸味，无霉烂果			
	均匀度允差/%	≤60			
	杂质含量/%	≤0.1			
	残次果率/%	≤5			
理化要求	水分/%	15～25			
	总糖/%	≥70			
粒数/（粒/kg）		60～83	84～111	112～142	143～200

二、分级方法

分级前应该先进行挑选，将外观品质和内在品质不符合等级果要求的先行剔除，再根据内在品质优良程度、外观完好程度和果实大小（质量）情况，将枣果分成不同的等级（常晓芬等，2014）。

挑选分为内在品质和外观品质。枣内在品质包括果肉营养成分的含量、口感和风味，以及果实的重金属含量和农药残留量等指标，一般由质检部门鉴定。首先，抽样测定重金属含量和农药残留量，超标的确定为不可食用果，进行集中销毁或作其他处理。然后，再抽样鉴定果实的内在品质（如含糖量、含水量等），不符合等级果要求的定为非等级果，另作他用；符合要求的等级果再进行外观品质挑选（常晓芬等，2014）。

外观品质主要包括果实的大小、色泽、洁净度、病虫果率、机械伤情况和杂质含量等。首先，将鲜枣中病虫、日灼、碰压、裂果等果面损伤严重，枣中干条、破头、浆头、病虫害等损伤较重，外观缺陷明显不符合等级指标要求的果实剔除，余者再进行分级。对枣果分级包括人工分级、机械分级以及机器视觉分级等，其中，人工、机械设备主要依据枣果大小进行分级，机器视觉分级是近年来新兴的分级技术，相较传统的人工、机械分级适用范围更广、准确率和效率更高（常晓芬等，2014）。

（一）人工分级

人工分级是国内目前普遍采用的方法，根据枣果外观品质（大小、颜色、缺陷等）进行分级，一般借助选果台进行。这种方法受个人主观判断影响较大，而且效率低下，不能适应枣市场需求，再者劳动强度较大，增加了人工成本，不能应用在大规模的枣果生产加工领域（余游江，2022）。

（二）机械分级

机械式分级设备中的滚筒式分级机和滚杠式分级机的技术最为成熟，是依据枣果大小进行设计的。机械式枣果分级机分级原理是利用筛网孔大小或滚杠间隙的不同，使得大小不一的果实在筛网孔或滚杠间隙中选择性掉落，完成大小等级的分级。但是这种设备具有一定的局限性，一方面，分级机械设备的间隙设置是依据所要分级枣果的品种及其标准制定的，分级间隙是固定不变的，一旦分级品种或分级标准发生变化，分级设备便不再适合，从而影响普遍推广；另一个方面，滚筒孔式枣果分级机的滚筒表面摩擦系数很小，果实很容易在滚筒表面滑动，进而使得体积较小的果实从较大的筛孔中分级出去；此外，这些简易机械设备容易对枣果造成二次伤害，且容易串级和卡枣，导致分级精度不高，影响枣果分级的准确率。因此，实现枣果无损、快速、高精度、自动化的分级显得越来越重要（朱丽娟，2022；王俊杰，2020）。

（三）机器视觉分级

1. 基本情况 干制枣除了对大小、颜色等外部特征有要求外，其他品质特征如破头、浆头、不熟、病果、畸形、外皮褶皱等同样是现货市场关注的重点，也是红枣期货交割的重要感官指标。其中，褶皱程度可以反映枣干制程度，并间接影响食用口感；病害、破损程度会影响品相及口感，降低商品价值。对于这些较为复杂的外部缺陷分级，人工、机械设备分级准确率不高且费时费力。针对这一现状，基于机器视觉的无损分级技术应运而生（王俊杰，2020；许建平，2016；梁宁，2019）。

机器视觉又被称为计算机视觉，其分级系统是首先通过相机获取枣果的图像，然后将图像传入计算机中并进行一系列处理，从而提取枣果的外部品质信息并对信息进行分析，依据分析结果对枣果进行分级。计算机视觉融合了计算机科学、农业信息化、图像处理等多门科学技术，对果品进行图像采集、模型建立、三维重构、自动分级，具有自动化程度高、可以在不接触果品的情况下完成果品的分级、分级效率高等优势（徐文龙，2019；王丽丽，2013；朱丽娟，2022）。

（1）基于机器视觉的枣果大小分级步骤（李运志，2016）。

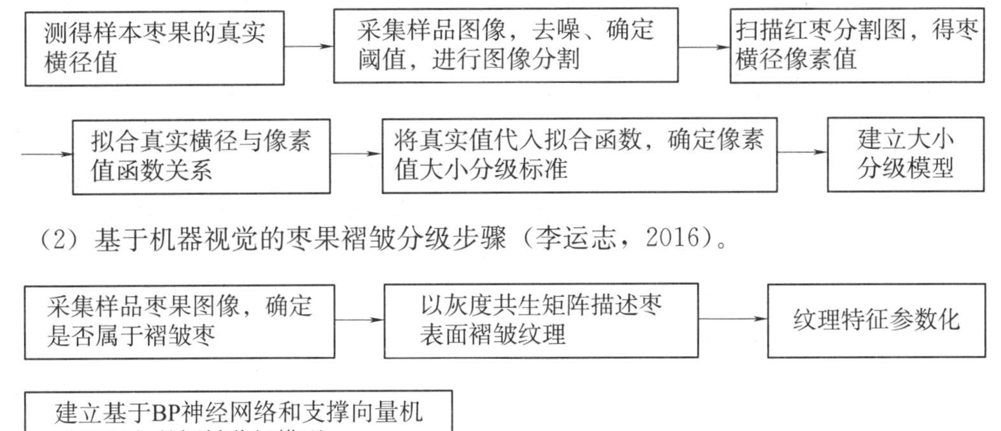

（2）基于机器视觉的枣果褶皱分级步骤（李运志，2016）。

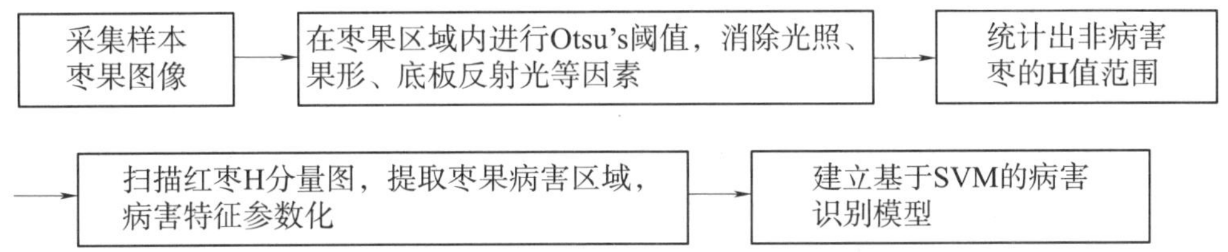

注：灰度共生矩阵是反映图像像素的灰度值的分布与相关关系的特征，是分析图像纹理特征应用广泛的二阶统计法，具有很好的纹理图像区分能力。

（3）基于机器视觉的枣果表面病害识别步骤（李运志，2016）。

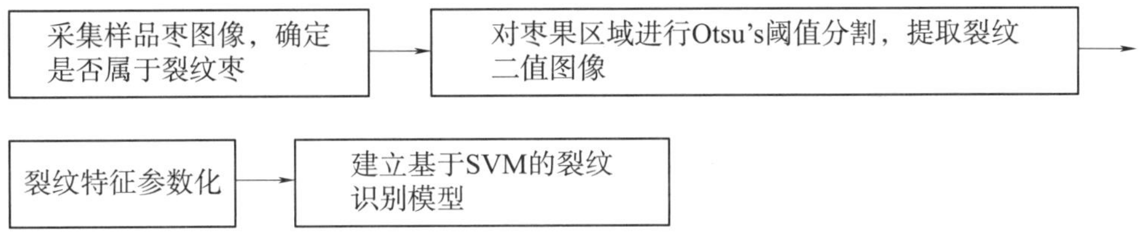

注：Otsu's 是最大类间方差法，被认为是图像分割中阈值选取的最佳算法；H 值为色调。

（4）基于机器视觉的枣果表面裂纹识别步骤（李运志，2016）。

采集样品枣图像，确定是否属于裂纹枣 → 对枣果区域进行Otsu's阈值分割，提取裂纹二值图像 →

裂纹特征参数化 → 建立基于SVM的裂纹识别模型

2. 产业应用——红枣期货交割品感官指标检测仪

（1）设备研发背景。长期以来，枣外观品质检验主要以人工检验为主，受主观因素影响较大，难以实现标准化检验。为进一步优化枣感官指标检验水平，提升检验过程的公正性和客观性，降低人为误差，济南果品研究所质量控制标准化创新团队联合沧州沧科智能科技有限公司、郑州商品交易所研发了一套分选设备——红枣期货交割品感官质量检验仪。

（2）设备基本情况。利用机器视觉原理，基于病果、浆头、破头、畸形等外观质量特征程度渐变实物特征，通过卷积神经网络算法对枣外观质量特征进行分析检验，准确识别并对枣缺陷进行分类。该设备有七个重要组成部分，分别为箱体、储存箱、获取单元、输送单元、驱动单元、检测单元、筛分单元。①箱体。中空结构，顶端有便于开启的端盖，周身为复合金属框架，改进了空间利用率，进行了结构缩化，体积变小，底部安装有万向轮，便于移动。②储存箱。位于端盖下方，底部设有导管，下部为锥形部，导管与锥形部小端连接。③获取单元。包括一对前后设置的驱动板以及驱动机构，驱动板包括与导管底部滑动连接的顶板、与顶板呈钝角夹角的侧板。④输送单元。包括一对前后设置的链传动机构以及链条之间等距设置的托杆，传送链可360°旋转，方便对样品进行全方位检查。⑤驱动单元。位于链条上下侧之间，驱动块的上表面为摩擦面，托杆移动至托块上方后与摩擦面接触，使得托杆转动。⑥检测单元。包括驱动块上方的摄像机以及与摄像机相连的控制器，摄像机获取的枣图像上传至控制器，控制器对枣图像与数据库中存储的枣图像进行比对辨别。⑦筛分单元。位于输送单元后端并与控制器信号连接，实现对枣的分类判别。

（3）创新点。相较国内大型分选设备，检验仪尺寸小（体积约 0.35 m^3），质量轻（约 60 kg），可灵活拆卸，移动便捷，易于操作，方便后续推广应用。

（4）检测认定情况。委托中国检验认证集团新疆分公司及河南分公司对检验仪进行应用效果验证，该设备对变形果、不熟果、裂果、浆头等典型外观缺陷的识别率达到97.6%、97.8%、98.5%和96.2%；检验速度达到3～4个/s，比人工检测速度提升3～4倍；商品化检测准确率达到97.3%；相对误差≤3%；检测成本降低30%～50%。检验结果符合各项技术要求，可以用于期货仓单质量检验判别。

（5）应用及取得的经济效益和社会效益。为进一步优化、推广检验仪，在60余家枣种植贸易流通企业进行宣传推介；收集枣三大地区（新疆、河南、河北）近1 000颗特征质量果对设备检验准确率及工作效率进行应用验收。同时，该设备已在国内14家红枣交割库企业得到推广应用。

该设备的推广应用有助于提高枣种植户、贸易商以及收贮运等环节验收效率，减少因对分级标准理解不统一及人工误差产生的争议；对检验检测机构来说，摆脱了完全依靠人工的窘迫局面，有利于减小实验误差，提高样本重现性；对行业来说，提升了产业整体加工分拣水平，有利于推动标准化与产品质量的整体发展。

（杨相政　任紫烟）

参考文献

常晓芬，高润莲，2014. 枣果的采收及采后处理 [J]. 现代农业科技（6）：134－135.

董云成，李斌，刘洋，等，2022. 新疆红枣收获机械的研究现状与发展建议 [J]. 新疆农机化（4）：25－29.

梁宁，2019. 基于机器视觉的红枣外观品质自动分选装置研制 [D]. 杨陵：西北农林科技大学.

廖继水，2021. 基于机器视觉的鲜枣检测分级方法研究 [D]. 天津：天津工业大学.

李运志，2016. 基于机器视觉的红枣外观品质分级方法研究 [D]. 杨陵：西北农林科技大学.

南晋刚，2010. 红枣的商品化处理与货架期保鲜 [J]. 农产品加工（9）：26－27.

尚梦玉，2019. 红枣外部品质分类及分级方法研究 [D]. 银川：宁夏大学.

王俊杰，2020. 基于深度学习的红枣缺陷检测分级技术研究 [D]. 西安：陕西科技大学.

王丽丽，2013. 基于计算机视觉的哈密大枣无损检测分级技术及分级装置研究 [D]. 石河子：石河子大学.

许建平，2016. 基于彩色线阵CCD的红枣视觉检测与分级系统设计 [D]. 合肥：合肥工业大学.

徐文龙，2019. 基于卷积神经网络的红枣外观品质分级方法研究 [D]. 天津：天津工业大学.

杨凯，杨蕊，马少辉，2022. 红枣机械化采收技术现状 [J]. 农业机械（4）：91－93.

余游江，2022. 基于视觉注意机制的红枣分级方法研究 [D]. 阿拉尔：塔里木大学.

第三章 枣贮藏保鲜技术

鲜枣营养丰富，甜脆多汁，具有极高的营养及药用价值。然而，鲜枣贮藏难度大，采后在自然状态下营养物质极易流失，并失水皱缩或发霉，常温贮藏24 h失水率约5%，果肉很快软化褐变。随着贮藏时间的延长，鲜枣的维生素C逐渐被破坏，直至全部被氧化，丧失原有的鲜食价值。而干枣是鲜枣经脱水干制后的枣，组织内水分含量低，所以贮藏相对容易。

枣在中国栽培历史悠久，是我国特有的经济树种，在国外仅有零星的栽培，国外对枣的采后生理特性及其贮藏保鲜技术的研究也很少。我国很早就有研究，清宫档案中有冰窖保存鲜枣的记载，然而贮存不足1个月。20世纪80年代，研究人员开始对枣采后生理特性及其贮藏保鲜技术进行研究，目前在枣的呼吸类型、生理病害、贮藏条件、物理化学处理、包装等方面取得了诸多成果。了解枣采后成熟衰老的生理变化规律，寻求枣贮藏保鲜的有效技术与方法，以减少经济损失，提高其营养价值及商品价值，对促进我国枣资源开发，实现枣的产业化有着极为重要的意义。

第一节　枣采后生理特性

一、呼吸作用

枣采后虽然脱离了枣树的营养供给，但仍然是活的生命有机体，继续进行着呼吸作用。呼吸作用是果蔬生命活动中最重要的生理特性之一，了解枣的呼吸类型和呼吸强度对其采后保鲜贮藏具有十分重要的意义。

枣的呼吸类型可分为两种：一种是呼吸跃变型，另一种是非呼吸跃变型。呼吸跃变型是指在枣的保藏过程中，出现了较为明显的呼吸高峰，并且催熟剂乙烯也出现了高峰，对于跃变型果实，通过控制呼吸高峰的出现和乙烯的生物合成即可有效地延长贮藏期，抑制完熟过程。而非呼吸跃变型则指在枣的整个贮藏过程中，并没有出现较为明显的呼吸高峰，并且催熟剂乙烯也没有出现呼吸高峰，果实完熟和衰老相对而言是一个渐变的过程。关于鲜枣属于哪种呼吸类型，众多学者并没有一个统一的认识，如有研究指出原产于山东和河北的冬枣呼吸为非跃变型，也有少数人认为是跃变型。但大量的研究结果表明：多数鲜枣为非跃变型果实，少数鲜枣如陕西的狗头枣、大荔圆枣、山东的圆铃枣采后具有明显的呼吸和乙烯生成高峰，属呼吸跃变型果实。

呼吸强度用来表示果蔬呼吸作用的强弱，指1 kg果蔬在1 h内放出二氧化碳或吸收氧气的量（毫克数或毫升数）。果蔬的呼吸强度越大表明呼吸代谢越旺盛，营养成分消耗越快，衰老变质快，严重缩短贮藏寿命。已有研究指出鲜枣属于高呼吸强度的果实，在 0 ℃左右的低温条件下，鲜枣的呼吸强度大于 10 mg/（kg・h），是苹果、梨的 2～3 倍，这也是鲜枣不耐贮藏的原因（魏天军，2005）。

干枣与鲜枣的呼吸作用有所不同，由于干枣水分含量大大降低，使生命活动变得微弱且呼吸强度低，乙烯释放量减少，具有非呼吸跃变型果实的特征。温度、气体等贮藏环境的改变对其生理活动的影响程度变弱，而且水分含量越低，这种现象越明显，其果实越耐贮藏（王春生等，2000）。

二、成熟衰老

鲜枣采后随着成熟衰老的加剧，其果肉逐渐失水，并伴有软化褐变现象的发生。郎枣在 6～10 ℃、相对湿度 70%～80%的条件下贮藏 14 d，其失水率是红星苹果的 18.5 倍（陈祖钺等，1983）。灵武长枣在－1～0 ℃、相对湿度 80%下贮藏 45 d 后，失水率高达 8.35%，枣果表面有一定程度的皱缩，果肉失去硬脆状态。鲜枣对 CO_2 很敏感，如山西圆枣在 10% CO_2 条件下，果肉很快发生褐变（曲泽洲等，1987）。枣是一种高呼吸强度的果实，在密闭的缺氧条件下，会迅速转入无氧呼吸，影响果实的正常生理代谢，产生大量乙醇并促进果实变质（张培正等，1995）。王春生等（2004）研究表明采用人工气调技术可以减缓枣的成熟衰老，圆铃枣在 O_2 3%～5%、CO_2 小于 2%的贮藏气体组成条件下保鲜效果最佳，O_2 浓度小于 3%易引起果实无氧呼吸，导致发酵，O_2 浓度高于 10%，果实衰老加快。进一步气调试验证明了多种鲜枣品种在没有 CO_2 的条件下，能承受 15%的 O_2，且能保持较高的品质，无褐变和异味现象。因此，鲜枣在贮藏过程中，果肉组织细胞内不断积累 CO_2，造成果肉褐变、衰老和死亡，且可能进一步加剧组织内乙醇的积累，产生乙醇，导致果肉软化褐变。而干枣含糖量较高，具有较大的吸湿性和氧化性，在高温潮湿条件下，红枣易产生出浆的现象，如遇风吹易产生干缩现象。

果蔬体内激素分为促进细胞生长的激素如生长素（indole－3－acetic acid，IAA）、赤霉素（gibberellins，GA）等，另一类重要的激素是促进细胞成熟衰老，如乙烯、脱落酸（abscisic acid，ABA）等。尽管有些枣品种如冬枣，有人研究指出其呼吸为跃变型，但在采后成熟衰老过程中，内源乙烯含量低于 1 μL/（kg・h）。用 1 000 mg/kg 外源乙烯利处理青绿冬枣，提高了贮藏前期枣果内源 ABA 含量，促进了内源 IAA 和 GA 含量下降。但不论是呼吸跃变型的枣品种还是非呼吸跃变型的枣品种，其果实在生长发育、成熟衰老和软化进程中，起主导作用的是内源 ABA。冬枣在自然成熟过程中，当果皮颜色由青绿到全红时，内源 ABA 含量从 319.3 ng/g 上升到 633.0 ng/g，而内源 GA 从 1 010.9 ng/g 下降到 777.4 ng/g，内源 IAA 也从 620.1 ng/g 下降到 404.4 ng/g（李红卫等，2003）。类似的张有林等（2002）对木枣的研究也表明，低温贮藏可以延迟内源 ABA 高峰出现的时间，并降低其峰值。内源 ABA 含量达到高峰后迅速下降，同时伴随着好果率迅速下降。三碘苯甲酸处理的木枣，通过抑制贮藏期内源 ABA 含量的增加，从而极显著地提高了好果率。

三、主要病虫害

枣采后病害分为生理性病害和侵染性病害两种类型，另外虫害也影响着枣采后生理特性。生理性病害是指枣在贮藏过程中，由于生理活动受到不适宜的外界条件干扰或缺乏某种矿物质元素而造成；侵染性病害是由于病原微生物采前潜伏侵染或采后交叉感染，通过气孔或伤口侵入引起。

（一）生理性病害

与干枣相比，鲜枣含水量高，采后呼吸旺盛，自身易产生生理性病害，主要包括酒化、冷害、裂果等。

1. 酒化 枣果采后营养物质逐渐被消耗，随着组织的老化，细胞透氧能力降低，组织内部进行无氧呼吸，影响果实的正常生理代谢，从而导致了枣果实积累一定的乙醇、乙醛，致使果实发生酒化软化（李红卫等，2014）。鲜枣发生酒化时其组织中乙醇含量为0.28%～0.29%，此时枣果呼吸极其微弱，表明组织细胞大部分已经中毒死亡。随着鲜枣贮藏时间的延长和果实的逐步变软，乙醇含量呈逐渐上升的趋势。乙醇的积累是鲜枣贮藏失败的内在表现，其外部形态变化特征是果实变软。

2. 冷害 在一定温度范围内，低温贮藏能有效降低枣果的呼吸速率，延缓其衰老，但贮藏温度低于枣果果肉冰点温度时就会发生冷害和冻害现象，出现水渍状凹陷斑点，果皮色泽变褐变暗。有研究称这种凹陷斑点为凹斑病，是一种新的贮藏生理病害，直接表象为采后低温逆境生理代谢失调，但是病理、病因不明。低温高湿条件下发病严重，不同成熟度的果实表皮不同位置均可发病，呈片状，斑点数量不等，无异味，不影响口感，但严重影响枣的商品外观（王腾月，2014）。一般情况下，鲜枣贮藏温度不能低于－2 ℃（任玉锋等，2009）。如梨枣在－2～0 ℃低温贮藏的后期果肉开始呈褐色并变软，但没有出现冻害症状，所以推测应为冷害症状。

3. 缺硼、缺钙症 枣采前缺硼会引起枣表面凹凸不平，影响果实的美观，且缺硼易导致果实内部的维管组织出现木栓化和褐变的现象，影响枣的食用价值。其次，枣采前缺钙会引起果实底部发生褐变，或底部水渍状，极易导致枣发生病原菌感染。

4. 裂果病 在采收前期，如遇阴雨天气，许多枣会出现不同程度的开裂（含糖量高，果皮弹性降低），影响枣的品质，后期容易感染病菌，不易贮存（杨海波等，2011）；日烧、日灼也会造成裂枣；同时裂果与品种有关，果肉弹性大、角质层和果皮薄的品种易裂果，主要有冬枣、金丝小枣、梨枣、壶瓶枣、婆枣和相枣等。此外，还有研究指出裂果病与果实缺钙、缺钾或生长前期干旱等因素有关（段志坤，2015）。

5. 果锈病 果锈病与栽培管理水平关系较大，枣园多冷风、高湿、低温易引起果锈的发生（康卫华等，2011）。主要危害枣的果皮，形成点状或片状褐色斑点，影响外观品质。

（二）侵染性病害

侵染性病害是影响枣贮藏效果的主要因素，致病菌种类较多。不同品种、不同时期、不同地域的枣采后致病菌种类存在较大差异，优势致病菌也不尽相同，而且往往是多种病菌混合入侵所致，既有真菌侵染，也有细菌侵染，既有潜伏式侵染，也有伤口侵染。从侵染方式上看，大部分病原菌为弱致病菌，入侵方法主要以伤口为主，还有自然孔口侵入和表皮直接侵入（郝晶等，2017）。

枣果主要病害有枣缩果病、枣轮纹病、枣果腐病、枣黑腐病、枣炭疽病、枣霉烂病、枣黑斑病等，其中枣霉烂病包括枣软腐病、枣红粉病、枣曲霉病、枣青霉病、枣果木霉病五种病害，是常发性的干枣病害。新疆干枣的侵染性病害主要有 4 种，分别为软腐病、黑斑病、霉烂病和缩果病；骏枣侵染性病害有 4 种病害，软腐病、缩果病、黑斑病和霉烂病；灰枣侵染性病害有 3 种病害，软腐病、缩果病和霉烂病（魏天军等，2006；沙娜良尔·色买提，2016；肖黎斌等，2016）。冬枣贮藏期的侵染性病害主要有缩果病、黑斑病、霉烂病等（吴兴梅等，2003）。

1. 缩果病 有研究指出，在不同地区调查采样，鉴定出病原有 4 种真菌、2 种细菌。其中，对于链格孢菌的分离率比较高，多数地区的缩果病致病菌均为链格孢菌，地区差异性不大。病原侵染后病果出现淡黄色水渍状病斑，在成熟期前整个果肉呈木炭状，收获期病果外皮呈暗红色病害，果肉呈黄色，萎缩末期脱落。果柄颜色逐渐变为黑褐色或褐色。

2. 黑斑病 病原鉴定为烟草赤星病菌（链格孢菌）和一种细菌培养物。从幼果期即开始发生，表现为果面有黑褐色的圆形病斑，病斑处果肉组织坏死或腐烂，有时也危害叶片、枣吊和新梢，在上面形成坏死斑点。

3. 软腐病 病原菌是假单胞菌和黄单胞菌。该病在果实生长期和采后期均可发生，病原侵染果实表面变成湿润状红斑，随着枣果逐渐长大，果实病部也逐渐扩大，后期扩大为红棕色圆形轮纹状凹陷病斑。

4. 霉烂病 病原菌主要是根霉菌和青霉菌，多数从伤口侵入。病果主要出现在果实晾晒过程及储藏期，一般在采后晾晒期（10 月中、下旬）大量发生。病原菌侵入枣果后，受害部位变软，果肉淡褐色至褐色腐烂。

（三）虫害

鲜枣采后常见的虫害有枣瘿蚊、介壳虫、螨类、叶螨、蜗牛、蚜虫、绿盲蝽、红蜘蛛、斑潜蝇、黏虫、尺蠖、桃小食心虫等，干枣常见的虫害有米蛾、麦蛾、大谷盗等。其中干枣中蛾虫的危害比例最高，受到侵染后会出现虫蛀现象。若果实在生长期受到伤害，会增加贮藏期虫害蛀食危害的风险，不仅会加速干枣品质的劣变，还会危害干枣的食用安全性。沾化冬枣常见的虫害有枣瘿蚊、绿盲蝽、介壳虫、螨类、蜗牛等。

（四）病害防治

能够侵染枣的病原菌种类繁多，想完全避免几乎不可能，可以通过加强采前的田间管理，来减轻果实受病原菌侵染的程度，进而减少贮期果实的腐烂率，例如合理密植、合理用药、增施有机肥等。除此以外还应在采后贮藏阶段，采取相应措施抑制病原菌生长和繁殖。目前，常用的减少病原菌侵染与发病的防治措施主要依靠物理和化学两种方法。枣采后贮藏期常用的物理防治措施主要有气调贮藏、低温贮藏、减压贮藏等。这些主要是针对枣贮藏期的生理活动进行调节，同时对潜伏的病原微生物的新陈代谢活性也有一定抑制作用。而化学保鲜方法也被广泛地应用于枣果的采后保鲜技术中，常见的有臭氧处理、熏蒸、保鲜剂、化学杀菌剂等。这些方法多是通过直接杀死或者抑制枣表面潜伏病原菌的生长，进而达到预防枣果贮藏期出现腐烂现象的效果。

（安容慧　魏雯雯）

第二节　枣贮藏保鲜技术

枣采后极易失水、腐烂和发酵，不易长时间贮藏，严重影响枣的贮藏保鲜和流通，通常采取一些贮藏保鲜技术，来减缓枣采后的熟化过程。保鲜技术的关键是抑制枣的呼吸代谢和水分散失。

一、干枣贮藏技术

干枣贮藏相对较容易。低温、干燥是干枣贮藏的基本条件。低温是减少干枣中维生素C损失的主要方式，干燥环境条件不利于微生物的生长繁殖，只要有良好的贮藏环境并注意防止虫害和鼠害，一般干枣能贮藏1年以上。干枣贮藏方法主要有包装袋包装贮藏或缸藏、囤藏、棚藏等，这些贮藏方法比较简单，短期贮藏效果比较好。近年来，也有采用气调贮藏，塑料袋真空包装等较先进的贮藏方法，使干枣的贮藏期得到延长。

（一）小量贮藏

1. 塑料袋包装贮藏 塑料袋包装贮藏通常使用0.07 mm厚的聚乙烯薄膜制成的袋子，每袋装5 kg的干枣，密封后进行抽气，随后置于干燥凉爽的贮藏环境中。塑料袋包装贮藏法能保持干枣较好的品质，贮藏一年仍能保持较好的感官色泽，好果率在95%以上，而且投资小，技术简单。

2. 缸（坛）贮藏 贮藏前使用白酒均匀喷洒干枣，通常50 kg干枣使用0.4 kg白酒，入缸（坛）后，用聚乙烯薄膜密封，置于阴凉干燥处即可。

（二）大量贮藏

1. 冷库贮藏 干枣需大量贮藏时通常采用麻袋码垛或包装箱，放入冷库控温控湿贮藏。码垛时，袋与袋之间要留有空隙，以便通风，垛与墙间保持一定距离。当外界干燥、气温低时要排除库内空气，换进干燥空气，为了降低湿度，可在库房内设置石灰吸湿点。霉暑季节，为隔绝潮气，注意关闭库房门窗和通风孔。

2. 自发气调贮藏 ①选用无毒的聚乙烯薄膜制作大帐，帐子上下各留两个气孔，帐子的大小根据贮量和库房大小而定。②将地面整平并铺上一层塑料薄膜底布，上面铺上一层麻袋，并压上木板，将装好的干枣堆码在上面，拉好帐子，下端与底布一起卷紧密封，用土埋好，踏实即可。③用抽气机抽出帐内部分空气，随后注入N_2，反复数次，使帐内O_2达到适宜的浓度，O_2约2%，CO_2约5%。

3. 囤藏 囤藏是指将席子卷成囤，并将干枣置于其中，囤内需放置防潮、散热、吸湿的物质。

（三）干制枣贮藏技术规程要点

《GH/T 1160—2020 干制红枣贮存》规定了采用通风库和机械冷库贮藏干制枣的技术要求。

1. 贮存方式 干枣贮存一般采用机械冷藏库，条件适宜的地区短期贮存也可采用通风库。贮存时不与有毒、发霉、有污染、有异味、易潮解和易传播病、虫的商品混合贮存。

2. 贮前准备 入库前对库房、工具等进行消毒灭菌，及时进行通风换气。通风库具备凉爽干燥和良好的通风条件，库房门内应设不低于0.6 m高的插板，进气孔、排气孔、窗户应设置1 cm×1 cm钢铁纱网。入库前应将库内温湿度控制在干制枣适宜贮存的范围内。

3. 入库码垛 根据不同包装合理安排货位。码垛形式、高度、垫木方向和货垛排列方式、走向及间隔应有利于库内空气循环。按品种、等级分别码垛，并悬挂标识牌。有效空间贮存密度不超过 250 kg/m^3，货架和托盘码垛允许增加 10%～20%的贮量。货物堆放距墙壁不小于 0.3 m，库内通道宽度不小于 1.5 m，堆底高度不低于 0.2 m。

4. 贮存条件 通风贮存库贮存温度在 25 ℃以下，相对湿度 55%～70%。机械冷藏库贮存温度在 5 ℃以下，相对湿度 70%～80%。

5. 温湿度管理 当贮存库内温湿度高于规定范围或有酒化现象时，可结合库外自然风力通风，通风应在库内、库外温度接近时进行。当贮存的干制枣有软潮现象时，应检测含水率，含水率超过相应产品要求时，应及时采取晾晒、烘干等干燥处理。

6. 包装 包装材料要具有一定机械强度和保鲜性，可采用瓦楞纸箱或无毒塑料箱。塑料箱具有耐撕裂性、渗透性和化学稳定性好等特点，瓦楞纸箱具有质量轻、透气性好、折叠性能好、印刷性好等特点。

7. 贮存期 通风库贮存的干制枣贮存期宜在 8 个月以内，机械冷藏库贮存的干制枣贮存期宜在 24 个月以内。

8. 质量检验 同品种、同等级、同一批到货同时入库可作为一个检验批次。抽取样品应具有代表性，覆盖全批货物的不同部位，样品的检验结果适用于整个抽样批次，具体抽样数量按 GB/T 5835—2009《干制红枣》执行。

检验可分入库检验、贮存期检验、出库检验。入库前应对干制枣质量和包装等进行检验。贮存期间应定时取样，检测品质、果形、含水率、病虫果和腐烂损耗等，同时监测库内温湿度变化。出库时进行贮存期质量检验并统计好果率。

二、鲜枣贮藏技术

鲜枣果实脆甜可口，营养丰富，含水量高，但不耐贮藏，采后自然条件下放置，3～5 d 果实即失去新鲜状态，果肉疏松软化、易转色、口感差，营养价值大大降低。此外，枣果实含糖量高，采后呼吸旺盛，密闭或通风较差的贮藏环境，果实易发生无氧呼吸，易积累 CO_2 和乙醇，导致枣果实软化、酒化，果肉腐烂、褐变，因此，鲜枣采后需要合理的贮藏保鲜方法来延长其保鲜期。常用的鲜枣贮藏保鲜方法有简易贮藏、机械冷藏、冷冻贮藏和气调贮藏等。

(一) 简易贮藏

鲜枣采后短时间内贮藏，可采取湿沙贮藏、窖藏等简易贮藏方式，在提高果实贮藏品质的同时节约贮藏成本。

1. 湿沙贮藏 鲜枣的果皮结构蜡质层较少，保水性较差，采后常温贮存极易失水皱缩，加强保水措施是鲜枣贮藏的关键之一，因此，鲜枣采后可采取湿沙贮藏的简易贮藏方式。选择阴凉干爽的房间（也可用大箱、筐等容器），用生石灰进行消毒，在地面铺 3～5 cm 厚的细河沙，其上放一层鲜枣，再铺一层湿沙，如此堆高到 30～40 cm，要注意保持河沙湿润（可定期补浇少量清水），湿沙贮藏的鲜枣可保存 30 d 以上。

2. 窖藏 鲜枣采收后，挑选无伤枣果入窖，预冷 12 h。将鲜枣装入 0.03～0.06 mm 厚的聚乙烯薄膜袋中，袋中部两侧各打直径约 1 cm 的小孔，每袋容量不超过 2.5 kg。贮藏期间应注意窖温管理，定期观察袋中鲜枣的情况，当鲜枣原有红色变浅或有病斑出现时，说明鲜枣已开始变软或腐烂，应及时出库销售。此方法贮藏襄汾圆枣达 30～60 d，脆果率 70%以上；赞皇大枣、骏枣、郎枣等品种可贮藏 20～40 d。

（二）机械冷库低温贮藏

机械冷藏是鲜枣贮藏最常用的方法之一，机械冷藏过程中要注意冷库内温湿度的变化，机械冷藏的鲜枣贮藏期为 1～2 个月。

1. 温度 温度是影响鲜枣贮藏寿命最主要的环境因素，冰点以上的最低温度是多数枣品种贮藏的最佳温度。鲜枣在半红采收时，冰点均在－2 ℃以下，为了避免冻害，鲜枣的冷藏温度最好控制在－1 ℃左右，但有些品种，如梨枣在－2～0 ℃条件下长期贮藏，会出现凹陷斑等冷害现象。

入库时鲜枣数量不能超过总库的 10%，如一次入总库量太大，库温回升快，降温较难，易加快鲜枣的成熟衰老。待全部入库以后，库温略有提高，要以每 2～3 d 降低 1 ℃的速度逐步将库温降低至适温，切忌不可一次降温幅度太大，引起冬枣“出汗”现象。在冷藏过程中，冷库内的温湿度波动尽可能小。为了便于了解库内温度变化，要在库内不同位置安装温度计或遥测温度计，做好库内各处温度的观察和记录。出库时，应先将鲜枣果实温度缓慢升温至接近外界温度，以防果实结露，缩短货架期。

2. 相对湿度 鲜枣采后极易失水，枣果采收后在室内常温下单层存放 24 h 失水率达 5%以上，口感已不新鲜，鲜枣贮藏相对湿度应控制在 90%～95%之间。用 0.03～0.06 mm 的聚乙烯打孔塑料袋包装保湿效果良好。当库内湿度过高时，容易引起霉菌或其他微生物的大量侵染，可放干锯木屑或生石灰；当库内湿度过低时，则达不到良好的保湿效果，可适当洒水或铺湿草帘等。有研究指出，在库温 6～10 ℃、相对湿度 70%～80%的条件下，同时存放 14 d 的郎枣、红星枣的失水率分别为 22.2%和 1.2%，可见保持较高湿度对鲜枣贮藏的重要性。鲜枣贮藏的相对湿度一般控制在 90%～95%。

冷库冷却管表面经常结霜、除霜，导致库内相对湿度降低，因此，冷库顶棚可以安装超微喷头，直接向空气中加湿，或者将空气经加湿后在库内进行循环，也可采用在库内地面上洒水的方法提高库内湿度。除了机械加湿，生产中也可采用 0.03～0.06 mm 的聚乙烯薄膜袋包装调节鲜枣贮藏环境的湿度。

3. 通风 枣果实采后呼吸旺盛，呼吸释放的 CO_2 在密闭的冷库中积累，容易引起枣果实 CO_2 中毒，因此，枣果实机械冷藏过程中需做好通风换气的工作，一般可在库内安装鼓风机或者风扇，使库内空气流经石灰箱、活性炭洗涤器等 CO_2 吸收装置，去除 CO_2 和其他有害气体。在傍晚或气温较低时，定期打开库门通风换气。

4. 库内堆码 可采用打孔袋或用纸箱、木箱、塑料周转箱等内衬塑料袋等方法。堆垛时应留有足够的通风道，而且通风道走向与库内气体自然循环或强制循环方向一致。货架的长度方向与气流方向一致。货架顶部与库体顶棚间应留出 80 cm 以上的空间，箱与箱之间留有 10 cm 以上的间距。此外，库房中央走道的宽度一般不小于 1.2 m。

5. 库房消毒 在枣入库前和贮藏结束后应对贮藏库进行清扫与全面的消毒灭菌处理（可采用乳酸、过氧乙酸、6%漂白粉、2～6 mL/m^3 的福尔马林、1～2 倍高锰酸钾熏蒸或喷雾，或用臭氧灭菌），并检查所有的设备，使之处于良好的运行状态，并在鲜枣采收前 2～3 d 开机降温，使库温降至 0 ℃左右。此外，还应注意防治鼠害，可采用鼠夹、毒饵诱杀等方法进行防治。

（三）冷冻贮藏

鲜枣的冷冻贮藏是在其他食品冷冻贮藏的基础上发展起来的一项新技术，主要包括三大环节：①冷冻。在 30 min 内，将枣果的中心温度降到－30 ℃以下；②冻藏。冻枣包装后贮藏在低于－22 ℃的冷库中；③解冻。食用前，将冻枣在低温下自然解冻。冬枣和梨枣的冷冻贮藏研究表明，不同的枣品种冷冻贮藏效果不同；速冻冬枣的贮藏效果＞速冻梨枣＞慢冻梨枣；冻藏温度对枣果的品质影响明显；且冻藏 8 个月的冬枣，其综合品质超过了新上市的鲜枣（魏天军等，2002）。此外，采用预冷过的鲜枣，在－30 ℃以下的温度中冷冻处理，然后将冻枣保存在－20 ℃以下的冷库中，冬枣贮藏期可达一年。

（四）气调贮藏

气调贮藏是指在特定的气体环境中的冷藏方法。正常大气中 O_2 含量为 20.9％，CO_2 含量为 0.03％，而气调贮藏则是在低温贮藏的基础上，调节贮藏环境中 O_2、CO_2 的含量，降低 O_2 的含量，适当提高 CO_2 的含量，延缓贮藏期间枣果实生理代谢。气调贮藏能保持鲜枣新鲜度，减少损失，延长贮藏期，无污染，气调贮藏可分为两大类：可控气调贮藏和自发气调贮藏（张培正等，1995）。

1. 可控气调贮藏 可控气调贮藏是采用气调库将库内的空气全部置换成鲜枣所需的 O_2 和 CO_2 的安全有效浓度对其进行贮藏，此方法成本较高。不同品种枣果对气体成分的要求不同。根据《GB 26908—2011 枣贮藏技术规程》要求，鲜枣气调贮藏时 O_2 8％～12％，CO_2＜0.5％，温度应控制在－1～0 ℃、冬枣为－2～－1 ℃，相对湿度 90％～95％。气调贮藏可使襄汾圆枣、临汾团枣、永济蛤蟆枣、尖枣、北京西峰山小枣、冬枣、雪枣等耐藏品种贮藏 3.5～4 个月，金丝小枣、赞皇大枣、梨枣等贮藏 2～3 个月，脆果率 70％以上。

气调库贮藏时应加强贮藏期管理。气调贮藏用鲜枣应选择成熟度较低、无病虫害的果实，鲜枣采收后当天入库预冷，以保证果实的新鲜度。贮藏过程中定期检查库内气体、湿度等变化，及时进行调节。气调贮藏对技术要求比较高，操作不规范易造成损失。因此，建议采用全自动气调贮藏库，投资虽然偏高，但可以降低一些风险。此外，气调贮藏的鲜枣要求快速入库，出库时，最好一次出完或在短期内分批出完。

气调库贮藏鲜枣保鲜时间长，保鲜效果好，能很好地保持水果原有的外观形状、色泽、营养和风味，但是气调库投入大，收益小，所需资金较多，贮藏结束需要一次性或尽快出库，大规模的商业贮藏所需的设备材料、技术力量在短期内难以解决，因此，在生产实际中应用的较少。

2. 自发气调贮藏 自发气调贮藏是指鲜枣密封在具有特定透气性能的塑料薄膜制成的袋或帐中，利用鲜枣自身的呼吸作用和塑料薄膜的透气性能，在一定的温度条件下，自行调节密封环境中的 O_2 和 CO_2 含量，使之符合贮藏的要求，从而延长鲜枣贮藏期的贮藏方式。生产中鲜枣常用的自发气调包装方式主要有塑料大帐自发气调、小包装自发气调和硅窗袋自发气调等。

（1）塑料大帐自发气调。塑料大帐自发气调贮藏通常以每帐 1 000 kg 计量，便于控制帐内气体成分。当大帐封好后形成了密闭系统，装入鲜枣后一般有以下 2 种降氧方式。

快速降氧法：先用抽气机抽出帐内空气，随后充入 N_2，反复数次，使帐内 O_2 降至贮藏适宜的浓度。

配气充入法：把预先配制好适宜成分的气体，输入已抽出空气密封的帐中，以代替其中的全部空气，在以后的整个贮藏期间，始终连续不断地排出内部气体和充入人工配制的气体。

（2）小包装自发气调。鲜枣采收装入 0.03～0.06 mm 厚的聚乙烯膜制成塑料袋中，待果温降至 0 ℃时，扎紧袋口，并将其放入包装箱内，置于冷库中。一般每袋容积 10 kg 左右，若容积太小，起不到气调的作用；若容积太大，易出现缺 O_2 和 CO_2 中毒现象。要定期检测袋中的气体成分，需要时打开袋口进行通风换气，做到适时出库。该方法简单，操作方便，但效果不稳定。

（3）硅窗气调贮藏。硅窗气调是利用硅橡胶膜对 O_2、CO_2 的渗透比为 1∶6 的特性，在一定的冷藏条件下，在 PE 保鲜袋上镶嵌适宜面积的硅橡胶膜，贮藏过程中，鲜枣呼吸作用产生的过多 CO_2 可通过硅窗排出，当帐内 O_2 供应不足时，也可由硅窗透入，一定时间后保鲜袋内的 O_2 和 CO_2 的浓度自动调节到所需水平。一般贮藏 1 000 kg 鲜枣的大帐，在 0 ℃条件下，设定硅窗面积 0.6 m^2，可使 O_2 和 CO_2 维持在 3%～5%。硅窗气调技术的关键是选用硅窗膜、确定硅窗面积和适合的贮藏量及贮藏温度。但是，已有的研究表明，硅窗气调贮藏法对冬枣保鲜效果不理想，保鲜效果不如塑料薄膜打孔法。

（五）减压贮藏

减压贮藏又称低压贮藏、降压贮藏，它是在冷藏和气调贮藏的基础上进一步发展起来的一种特殊的气调贮藏方法。减压贮藏是将果蔬置于密闭容器内，抽出容器内部分空气，使内部气压降到一定程度，同时经压力调节器输送新鲜湿空气（RH 为 80%～100%），整个系统不断地进行气体交换，以维持贮藏容器内压力的动态恒定和保持一定的湿度环境。由于降低了空气的压力，也就降低空气中 O_2 的浓度，从而能够降低果蔬的呼吸强度，并抑制乙烯的生物合成。通过减压贮藏的枣，其乙醛、乙醇、乙烯等有害物质很容易从果实中分离出来，经过泵体从容器内排出来，从而在一定程度上延缓枣果实的成熟衰老（薛梦林等，2003；刘玉冬，2007）。郝晓玲等（2013）研究表明，冬枣在低压状态下，抑制了枣果脂氧合酶（LOX）和过氧化物酶（POD）活性、呼吸强度以及丙二醛（MDA）含量的积累，降低了相对电导率与总糖含量的增加速率，减缓了冬枣果实转红速率，延缓了维生素 C 的损失，推迟其衰老进程。

（六）臭氧贮藏

臭氧贮藏保鲜是把臭氧应用于冷库中，对鲜枣进行保鲜贮藏的一种方法。臭氧具有不稳定性和强氧化性，用于冷库杀菌、消毒、除臭和保鲜，无毒无害。40 mg/m^3 臭氧能明显降低细菌和霉菌的数量，抑制鲜枣的腐烂，使鲜枣的保鲜期达到 120 d（李梦钗等，2012）。韩海彪等（2007）研究表明，100 mg/m^3 臭氧能有效减缓鲜枣酸含量和还原糖含量的变化速率，贮藏 90 d 后商品果率达 95.3%。

（七）典型鲜枣产业化贮藏技术规程

1. 冬枣贮藏技术规程

（1）采收。

①采收期：采收前 10～15 d 果园停止灌水。在果面颜色初红至 1/3 红的脆熟期开始采收，根据成熟度分期采收。采收时避免露水期和雨天。

②采收方法：采取人工采摘的方法，选择无病虫害、无畸形、无烂斑的果实，且保留果柄；采摘人员要剪指甲或戴手套，采摘过程中轻摘、轻放，避免挤碰、摔伤；采收容器的内壁要光滑、无刺、柔软；采收后的冬枣放在阴凉处，避免阳光直晒；采后的包装运输用塑料周转箱，做到轻装、轻卸。

（2）贮藏前准备。

①库房消毒：冬枣贮藏前，对贮藏库进行彻底的清扫和全面的消毒灭菌处理。

②设备检修：冬枣贮藏前检修所有冷藏设备，使之处于良好的运行状态，并在鲜枣采收前开机，使贮藏库温度降至 5 ℃左右。

③分级：采收当天按照 GB 18740—2008《地理标志产品　黄骅冬枣》规定根据果实大小进行分级，剔除有机械伤的果实。冬枣分级后贮藏容器采用摞码式塑料箱，每箱容量不超过 20 kg。

④预冷：分级后及时入库降温预冷，预冷温度为 0～2 ℃。预冷时间以枣果温度降到预冷温度为准，一般不超过 24 h。

⑤包装：采用机械冷藏的果实预冷后及时包装，可在塑料贮藏箱内衬一层 0.02～0.03 mm 的鲜枣专用保鲜膜，袋口掩扎。每箱容量不超过 20 kg。

⑥入库：冬枣经过预冷或包装后及时入库贮藏，摞码方式和摞垛大小根据实际情况确定。堆垛的走向、排列方式与库内空气循环方向一致。堆垛时充分利用空间，堆垛间、垛与墙壁间留 0.3 m 的空隙，垛高离库顶 0.5～1.0 m，以利于通风散热。

⑦记录：入库后及时记录每垛质量等级、采收和入库时间等，填写货位标签和货位图。

（3）贮藏。

①贮藏方式选择：根据贮藏条件和贮藏期限选择贮藏方式，短期贮藏可采用机械冷藏方式；长期贮藏可采用气调贮藏方式。机械冷藏和气调贮藏要求达到的贮藏条件和贮藏期限见表 3-1。

表 3-1　两种贮藏方式的贮藏条件和贮藏期限

贮藏方式	温度/℃	湿度/%	气体成分/%	贮藏期限/月
机械冷藏	−1～0	90～95	—	2
气调贮藏	−2～−1	90～95	CO_2 8～12；O_2＜0.5	3～4

②贮藏管理：定时观测和记录贮藏温度、湿度、气体成分，维持贮藏条件在规定的范围内。贮藏库内的气流畅通，适时对库内气体进行通风换气。

③病害及防治：冬枣贮藏期间，通常由于缺乏钙、硼等营养元素而产生黑痘病或缩果病。采后侵染病害主要是在贮藏的过程中，受到细菌感染。大多数病原菌为弱致病菌，而真菌侵染途径以伤口为主，还会通过自然孔口侵入，造成冬枣感染真菌和细菌。

入库前要对全库及装枣用的容器等进行消毒。常用方法是用 1%左右的新洁尔灭或 4%漂白粉溶液对全库和库外周围环境喷洒。或直接用高锰酸钾气雾消毒，可减少周围环境的各种病原。

（4）出库、包装与运输。

①出库：根据市场情况及时出库。出库时要避免库内外温差过大。

②包装：出库销售前根据需要进行包装。包装材料具有保湿或保温作用，选择无毒塑料包装或泡沫包装。

③运输：中远距离运输销售的冬枣必须采用保温车、冷藏车或冷藏集装箱，运输温度以 0 ℃左右为宜。

2. 灵武长枣贮藏技术规程

（1）采收与分级。

①采收期：9 月中旬以后晴天采收为宜。灵武长枣是典型的晚熟鲜食品种，所以在果面大部分转红或全部转红，质地变脆，汁液增多，果皮变厚，果肉呈绿白色是灵武长枣采收的最佳时期。灵武长枣成熟期不集中，宜分批进行采摘。如运销外地，则需要适当早采。

②采收方法：人工采摘，轻摘轻放，避免挤碰、摔伤；枣果带有果柄，枣果与果柄间不能有拉伤，否则易感染病菌而使鲜枣腐烂。采摘时切忌用手揪拉果实，最好用一手托住枣果，另一手用疏果剪从果柄与枣吊连接处剪断，这样既能避免果与果之间的摩擦，也能保持果实的完整。最好露水干后进行采摘。

③分级：灵武长枣分为 3 级（表 3－2）。采收的果实分级时，应在平坦、阴凉处，地面铺上柔软、平滑的垫子，将枣果轻轻倒出，依分级标准细致挑选，分级包装。同时剔出的虫果、伤果、病果、畸级果作为等外果处理。

表 3－2　灵武长枣分级标准

等级	单果重/g	纵径/cm
特级	＞15	＞4.4
一级	12～15	3.6～4.4
二级	9～11	2.8～3.5

（2）贮藏前准备。

①库房消毒：灵武长枣贮藏前，对贮藏库进行彻底的清扫和全面的消毒灭菌处理。

②设备检修：灵武长枣贮藏前检修所有冷藏设备，使之处于良好的运行状态，并在鲜枣采收前开机，使贮藏库温度降至 5 ℃左右。

③预冷：灵武长枣可采用冷风机预冷，也可结合保鲜剂处理进行冷水冷却。贮藏前做好灭菌消毒处理。预冷温度为 0～2 ℃。预冷时间以枣果温度降到预冷温度为准，一般不超过 24 h。

④包装：将经过充分冷却的灵武长枣装入容积为 5～10 kg、厚 0.04～0.07 mm 的聚乙烯塑料打孔袋中（一般每 1 kg 枣果打 1～2 个 2～3 mm 的孔），包装物选用无毒材料制作，容器一般每件（箱）10～15 kg；箱体抗压、防水，以免因包装变形而损坏枣果；容器内壁光滑、柔韧，一般以高强瓦楞耐潮纸箱或无毒塑料周转箱比较适宜，箱体上带有透气孔或换气装置。

⑤入库：将包装好的枣果移入库内，单层排放于贮藏架上，每箱间要留有空隙。入库时每批进库数量不能超过库容量的 5%～10%，待库温降至 0 ℃时，分批入库。当枣果全部入库以后，要逐步将库温降低，一般 2～3 d 降低 1 ℃。

⑥记录：入库后及时记录每垛的质量等级、采收和入库时间等，填写货位标签和货位图。

（3）贮藏。

①贮藏方式选择：根据贮藏条件和贮藏期限选择贮藏方式，短期贮藏可采用机械冷藏

方式；长期贮藏可采用气调贮藏方式。机械冷藏和气调贮藏要求达到的贮藏条件和贮藏期限见表3-3。

表3-3　两种贮藏方式的贮藏条件和贮藏期限

贮藏方式	温度/℃	湿度/%	气体成分	贮藏期限/月
机械冷藏	-1～0	90～95	—	2
气调贮藏	-1～0	90～95	CO_2 6%～7%； O_2 4%～5%	3～4

②贮藏管理：经常通风换气，并定期定点抽样测定，出现果实变软，果皮颜色变浅，说明已积累过量CO_2致使温度回升太高，不易迅速降温而导致果品品质降低。一般不到贮期或无特殊需要不能出库，所以气调库适于一次出库投放市场销售。

③病害及防治：灵武长枣采后易受黑根霉、青霉、曲霉、交链孢霉和镰刀菌的侵染，而产生缩果病和霉烂病等病害。贮前用20%的氯化钙溶液浸果30 min后，再用30 mg/kg的赤霉素水溶液浸果5～10 min，也可用天然抗菌剂浸泡防止霉菌和其他污染菌滋生，还可用蜡膜、虫胶等涂被剂涂被，以抑制水分散发和呼吸作用，防止微生物侵入。

（4）出库、包装与运输。

①出库：根据市场情况及时出库。出库时要避免库内外温差过大。

②包装：出库销售前根据需要进行包装。包装材料具有保湿或保温作用，选择无毒塑料包装或泡沫包装。

③运输：中远距离运输销售的灵武长枣必须采用保温车、冷藏车或冷藏集装箱，运输温度以0 ℃左右为宜。

3. 狗头枣贮藏技术规程

（1）采收。狗头枣在果面1/2红时采收，选择晴天早晚、露水干后采收。应人工采摘，保留果柄。采收后的狗头枣放在阴凉处，并尽快入库、预冷。采后的运输包装宜采用塑料周转箱，采收和运输过程中应避免机械损伤。

（2）贮藏前准备、采后处理与入库。

①库房准备：贮藏前对贮藏场所和用具（如贮藏箱、托盘等）进行彻底的清扫（清洗）和消毒，并进行通风。检修所有的设备。在入库前开机降温，使库温降至0 ℃左右。

②预冷、入库：采收的狗头枣当天完成采后处理并入库降温预冷，预冷温度为0～2 ℃，预冷至果温接近库温，预冷时间不超过24 h。预冷时避免上层果实被冷风直吹。

③堆码：垛的走向、排列方式与库内空气循环方向一致，垛底加10～20 cm的垫层（如托盘等）。垛与垛间、垛与墙壁间留有40～60 cm间隙，码垛高度低于蒸发器的冷风出口60 cm以上。靠近蒸发器和冷风出口的部位应遮盖防冻。每垛标明采收及入库时间、果实质量等。

（3）贮藏。

①贮藏方式：根据贮藏条件和贮藏期限选择贮藏方式，短期贮藏可采用机械冷藏方式；长期贮藏可采用气调贮藏方式。机械冷藏和气调贮藏要求达到的贮藏条件和贮藏期限见表3-4。

表 3-4 两种贮藏方式的贮藏条件和贮藏期限

贮藏方式	温度/℃	湿度/%	气体成分/%	贮藏期限/月
机械冷藏	−1～0	90～95	—	2
气调贮藏	−1～0	90～95	CO_2 9～10；O_2 0～1	3～4

②贮藏管理：定时观测和记录贮藏温度、湿度、气体成分，维持贮藏条件在规定的范围内。贮藏库内的气流畅通，适时对库内气体进行通风换气。

（4）出库、包装与运输。

①出库：出库时狗头枣应基本保持其固有的风味和新鲜度，果实不应有明显的失水（皱缩）、发酵、褐变等现象。出库时要避免库内外温差过大。当外界气温超过 20 ℃时，出库后应在 10～15 ℃环境温度下回温 12 h 后再进行分选和包装处理。

②分选和包装：出库后销售前可根据需要按照质量要求进行分选、包装，剔除软烂果。包装材料应透气，防止果实失水。

③运输：中远距离（500 km 以上）运输销售的狗头枣采用保温车、冷藏车或冷藏集装箱运输，运输温度为 0 ℃左右。低温运输的狗头枣在出库时不需要回温处理。

（杨相政　安容慧　连欢）

第三节　枣冷链流通技术与装备

生鲜农产品从生产到消费的过程中，要保持高品质就必须采取冷链流通。冷链物流是指食品在生产、贮藏、运输、销售直至消费前的各个环节中始终处于适宜的低温环境中，以保证食品质量，减少食品损耗的一项系统工程。冷链物流是随着制冷技术的发展而建立起来的，它以食品冷冻工艺学为基础，以制冷技术为手段，是一种在低温条件下的物流现象。因此，要求把所涉及的生产、运输、销售、消费，经济性和技术性等各种问题集中起来考虑，协同相互间的关系。

枣中富含营养物质，易腐败变质，如果不能提供适宜的流通条件，会缩短货架寿命。因此，对枣采用科学的包装方式，提供适宜的保管、贮藏、运输、销售条件是非常必要的。流通温度对确保枣的质量有很大作用，从保证品质、促进销售的角度来说，流通离不开低温流通体系，即冷链物流。

发达国家在冷链储运技术装备方面已经具备先进技术与管理经验，如美国、日本以及一些欧洲国家从基于 5G 的冷链信息化技术入手，积极发展将智能化技术与传统冷库技术相结合的智慧冷库，构建生鲜农产品标准化、智能化的冷链装备研制体系，实现智能化、无人化、高效化生产经营管理。我国冷链储运技术装备发展依然面临着一些问题，比如：产地专业化预冷设施匮乏。我国果蔬预冷率约为 20%，其中绝大部分是通过冷库进行的。冷库不会配置专业化的预冷设施，且多数建在批发市场内，导致预冷不及时、预冷时间长、预冷效率低。预冷设备自动化程度低、能耗大、生产成本高，构成了制约预冷技术装备发展的主要原因。随着居民生活水平提高，对生鲜农产品品质的要求日益增长，相应冷藏运输需求增大。目前我国拥有冷藏运输车辆虽然保有量总量逐年递增，但相比发达国家在人均保有量方面仍有较大差距。随着生鲜农产品产销量的增长，冷藏运输行业将迎来高速发展机遇，发展生鲜农产品冷链储运技术装备，是贯彻新时代高质量发展的必然要求，也是实现健康中国的重要保障（王莉，2013）。

一、预冷技术与装备

预冷处理是提高枣果贮藏保鲜效果的必要环节，其目的是快速散去大量的田间热，减缓其新陈代谢活动，最大限度地保持枣果的品质，延长贮藏期，并减少入贮的冷负荷（BROSNAN T et al.，2001）。另外，预冷处理还可避免枣因立即进入冷贮状态而容易出现的冷害现象，对枣进行预冷是给保鲜枣创造良好温度环境的第一步（贺红霞等，2019）。为了保持枣的新鲜度和延长贮藏及货架期，从采收到预冷的时间越短越好，最好是在产地立即进行。此外，枣采摘后在常温中所处时间的长短，对其贮藏寿命有着至关重要的影响。一般枣果的预冷温度为 0～1 ℃。采摘后的枣最好在 24 h 内降温至 0 ℃左右（吴锦涛，2012）。预冷可在冷库中的预冷间进行或通过强制通风冷却，也可摊晾在通风阴凉处放置 2～3 d，使其温度降至接近贮藏室温度。目前适合于枣果实预冷的方法主要有冷库预冷、压差预冷、冷水预冷等（生吉萍，2010）。

（一）冷库预冷

冷库预冷又称冷库风冷却法，是将装有果蔬的容器放在冷库内，依靠冷风机吹出的冷风进行冷却。预冷库不同于常规的冷藏库，主要采用强制循环冷风对枣果进行冷却。预冷库制冷系统的制冷能力是冷藏库的 5～10 倍。该方法简单易行，其冷却原理是利用风机强制冷空气在果蔬包装箱之间循环流动，产品在冷空气的作用下进行冷却。预冷装置虽然比较简单，但应保证冷风机有足够的风量和风压。同时，产品在循环风流场内的水分蒸发量很大，为保持水果表面一定的湿度，必要时需要给产品洒水或者增加冷库环境相对湿度。系统原理如图 3-1 所示。冷库预冷是目前我国大多数的枣果实采用的预冷方式。

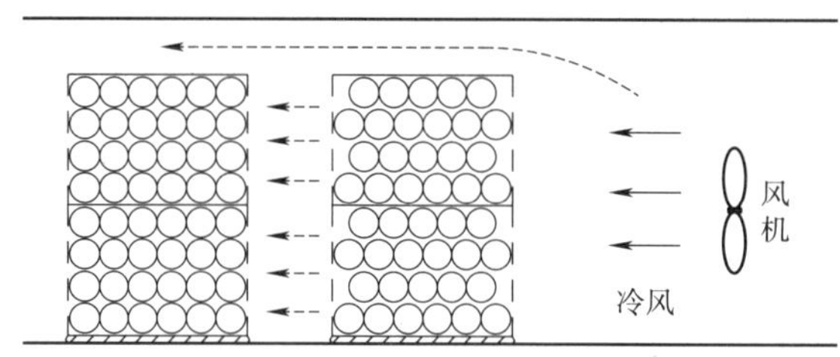

图 3-1　冷库预冷系统原理图

（二）压差预冷

压差预冷也需要一套独立的制冷冷库，但其在冷库预冷的基础上进行了一些优化改造，其主要的工作原理（图 3-2）：在冷库的基础上，将装有果蔬的货筐有规律地码放在冷风机两侧，货筐中间设计了多孔式空气流道。采用苫布盖在按一定方式摆放好的货筐上，在压差风机的作用下，两排货筐内侧形成低压、外侧变成高压，由此实现冷空气自发地由货筐外侧向货筐内侧的流动，冷空气穿过装有果蔬的货筐时，带走果蔬的热量。差压预冷时间为 4～6 h，预冷过程失水量可控制在 2%以下。压差预冷是目前一种使用范围较广的预冷方式，几乎适用于所有种类的果蔬，且设备投资较低。

压差预冷冷却时间通常为冷库预冷的 1/4，显著快于强制通风预冷，产品冷却无死角现象，比较均匀。隧道式差压通风预冷在一定时间内可以进行大批量的产品预冷，其通常

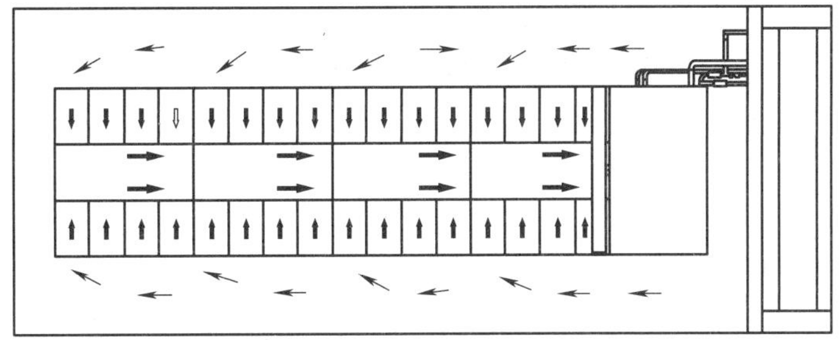

图 3 - 2　压差通风预冷原理图

在压差室安装传送装置，并且产品的输送可以自动完成。其成本低于真空预冷，由于需要加设差压风机等设备，因此初投资比强制通风预冷略高。枣在预冷时需要加湿装置，增加空气的相对湿度。

按照是否可移动，压差预冷设备可以分为固定式预冷设备和移动式预冷设备（图 3 - 3）。按照是否有自带冷源，可分为基于产地冷源的单元式压差预冷装置和自带制冷机组的压差预冷装置。

移动式预冷设备通常采用集装箱结构的预冷箱体，可通过产地间的移动实现果蔬等预冷对象的共享使用。

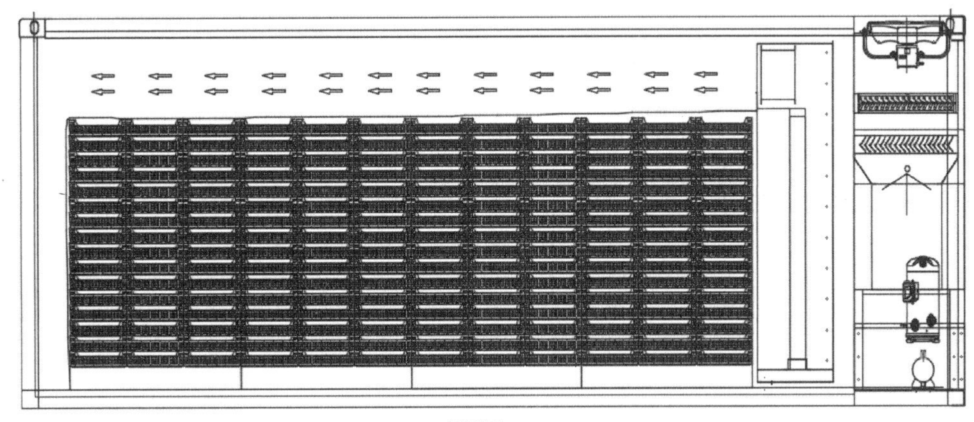

侧视图

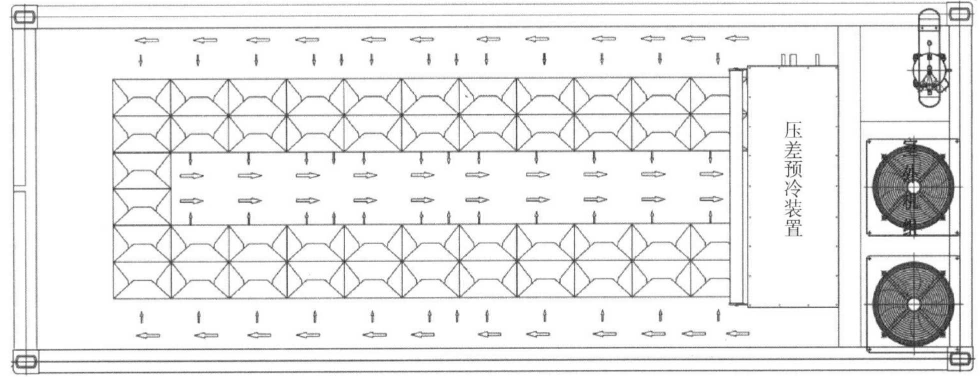

俯视图

图 3 - 3　移动式压差预冷设备图

单元式压差预冷装置可以利用现有产地冷库中的冷源实现压差预冷，解决现有冷库预冷中预冷不均匀、速度慢的问题。压差风机和特定的码垛及包装形式，形成局部的压差通风，实现节能高效的预冷（图 3－4）。

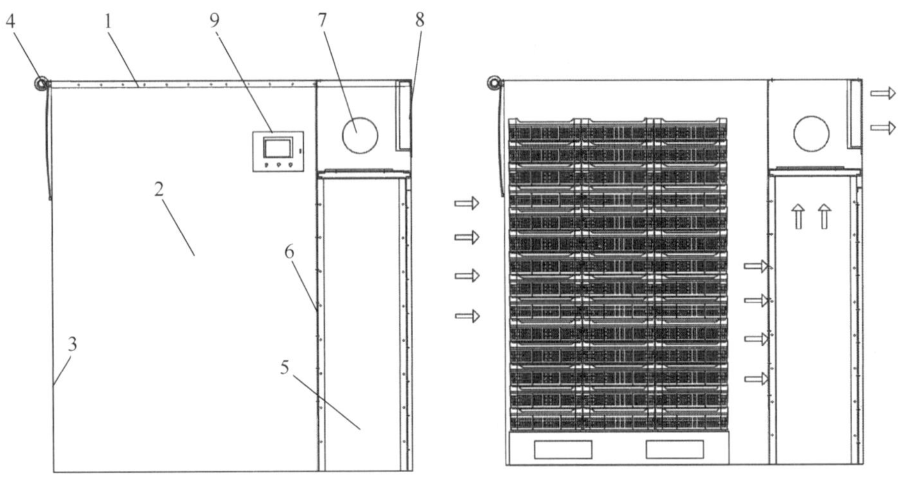

图 3－4　单元式压差预冷设备

1. 标准单元式箱体　2. 货物放置区　3. 密封条　4. 卷帘装置　5. 静压箱
6. 多孔板　7. 压力生成装置　8. 格栅出口　9. 控制系统

（三）冷水预冷

冷水预冷是将冷水作为换热介质直接与农产品表面接触，使其迅速降温的过程。预冷用冷水带走了农产品热量，经过冷却、过滤、杀菌后循环使用。由于水的换热系数远大于空气的换热系数，相同条件下水预冷比空气预冷的冷却速度更快。水温由制冷系统控制或者采用加冰块的方法。冷水冷却装置多为隧道式，枣果实依靠传送带或冷却水的流速来移动。为提高冷却水的利用率，可设置水处理装置，对冷却水进行循环利用。系统原理如图 3－5 所示。

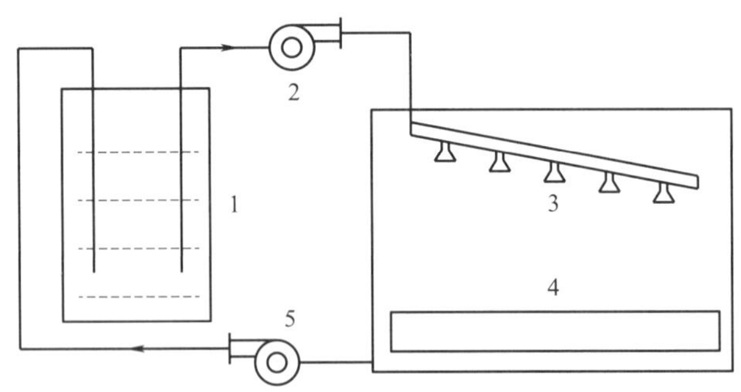

图 3－5　冷水预冷系统原理图

1. 冰水槽　2. 冷水泵　3. 喷头　4. 搁物台　5. 循环泵

根据农产品与冷水接触方式的不同，冷水预冷装置可分为喷雾式、喷淋式、浸泡式和组合式。不同形式水预冷装置特点及适用范围如表 3－5 所示。

表 3-5 不同形式水预冷装置特点

水预冷具体方式	优 点	缺 点
喷雾式 喷淋式	动力能耗小	易出现预冷“热点”，预冷不均匀
浸泡式 组合式（浸泡+喷淋）	预冷均匀、效率高，具有清洗功能	需要在预冷水中添加防腐剂，水质易污染

目前，市场上应用于水预冷的装置主要为喷淋式、浸泡式和组合式。其中组合式水预冷是将浸泡式和喷淋式进行组合，农产品在输送带的传送下浸入冷水中保持沉浸，直到倾斜的传送带逐渐将农产品从水中“捞出”，继续进行喷淋式冷却。其往往具有浸泡式与喷淋式预冷的综合优点，通过这种冷却技术可以快速获得冷水。典型喷淋式、浸泡式水预冷装置示意图如图 3-6、图 3-7 所示。

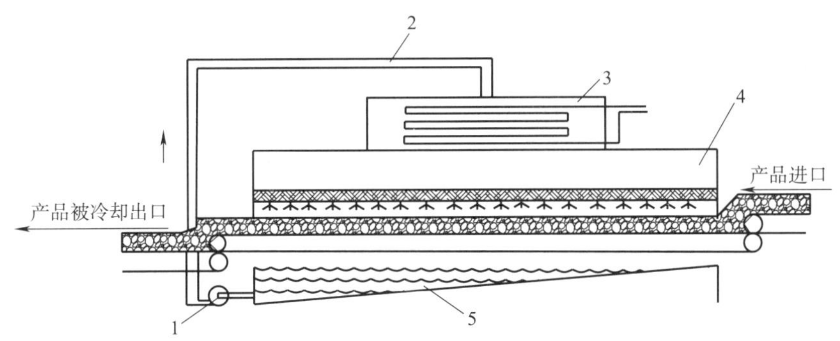

图 3-6 喷淋式水预冷装置原理示意图

1. 水泵 2. 循环水系统 3. 制冷系统蒸发器 4. 喷淋系统 5. 水箱

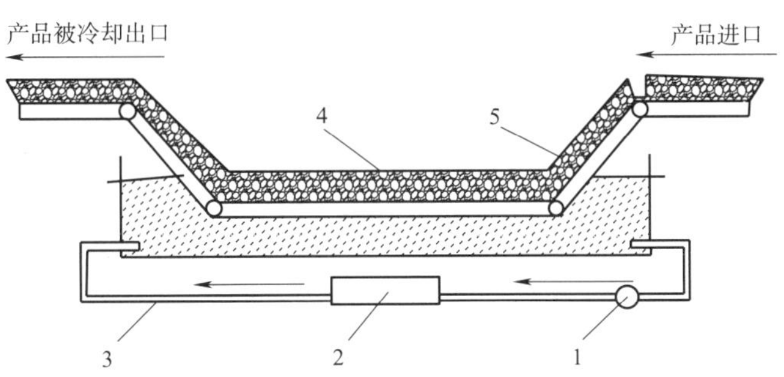

图 3-7 浸泡式水预冷装置原理示意图

1. 泵 2. 制冷系统蒸发器 3. 循环水系统 4. 浸泡槽 5. 输送带

冷却水的温度在不使产品受到伤害的情况下要尽量低一些，因为产品携带的田间热会使水温上升；由于冷却水循环使用，可能会有腐败微生物累积，使产品受到污染，所以在使用该方法将枣冷却时，水中要加一些化学药剂。水冷却在使产品快速降温的同时也将产品清洗干净。水冷却也可以在产品包装后进行，这要求包装容器要具有防水性能。同时，水冷却后要用冷风将产品或包装吹干。

(四) 流态冰预冷技术及装备

流态冰预冷是采用流动状态下的冰浆和果蔬进行接触使其快速降温的预冷方式，流态冰十分适合枣的预冷，适宜的预冷温度－1～0℃，相对于传统的冷水预冷方法，流态冰是一种液固混合的两相溶液，主要是通过冰晶粒子瞬间相变释放出大量的融化潜热，流态冰预冷具有时间短，能耗低、综合成本低等优点。

流态冰制取的核心是高含冰率、低生产能耗且不易冰堵，流态冰制取方法包括真空法、过冷法、刮削法、直接接触法等。其中过冷法和刮削法比较常见，过冷法流态冰预冷设备原理如图 3－8 所示：

食品在流态冰槽内（1）进行预冷，冰槽内有传送带（4），传送带配有变频控制器（6）和减速电动机进行调速（8），流态冰与食品同时进行显热和潜热交换后变成常态水，水经过过滤装置（3）进行过滤净化，然后经循环水泵、循环管路（11）进入过冷器（14）与制冷剂进行热交换被冷却至过冷状态，过冷状态是指冻结点温度以下的亚稳定液体状态。过冷器（14）同时和冷凝机组相连接（12），制冷剂入口（13）和制冷剂出口（15），过冷态的水被输送至解冷器（16）超声波发生槽进行解冷，转变为细小的冰晶，这里面的冰水混合物就是流态冰。制取出的流态冰被输送至流态冰槽中对食品进行预冷，以此循环。

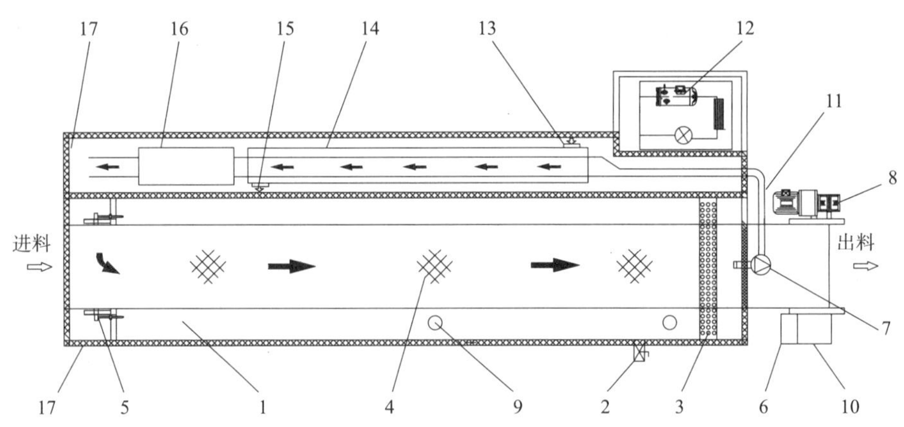

图 3－8　流态冰预冷装备原理图

1. 流态冰槽　2. 放水阀　3. 过滤装置　4. 传送带　5. 张紧装置　6. 变频控制器　7. 循环水泵　8. 减速电动机　9. 温度传感器　10. 显示屏　11. 循环管路　12. 冷凝机组　13. 制冷剂进口　14. 过冷器　15. 制冷剂出口　16. 解冷器　17. 维护结构　18. 盖子　19. 溢流口

(五) 枣预冷技术规程

1. 采收要求　鲜枣脆熟期采收，果面光洁，无裂果，无烂果、无病虫果，最好带果柄。按照 GB/T 22345—2009、GB/T 26908—2011 的规定进行分级。

2. 预冷包装方式　冷库自然预冷包装选用<10 kg 塑料周转箱。冷库差压预冷包装选用<10 kg 瓦楞纸箱或泡沫箱，箱体两侧对称开长方形孔。

3. 入库时间和入库量　枣采收后置于阴凉地，应在 12 h 内及时入库预冷，每次入库量不超过库容量的 20%～25%。

4. 码垛　①冷库自然预冷码垛。单箱垂直起高为一垛，顺冷风机出风方向码垛为一行，二行留一通道。垛间间隙≥0.1 m，行间间隙≥0.2 m，库内通道≥0.8 m，货物应保持离墙≥0.3 m，垛底应加用托盘，高度≥0.15 m。码垛高度不超过冷风机下沿，靠近蒸发器和冷风出口部位的应遮盖防冻。②冷库差压预冷码垛。鲜枣包装箱置于差压设备前，码垛要紧密，使包装箱有孔侧面垂直于进风风道，码垛后包装箱开孔应对齐。包装箱应对称摆放在风道两侧，高度相同，用油布或帆布平铺封闭中央风道。

5. 预冷要求 ①预冷温度。冷空气预冷温度为 0±0.5 ℃，测量温度的仪器，误差≤0.2 ℃。测温点的选择符合 GB/T 8559—2008 的要求。②预冷湿度。冷空气相对湿度为 85%～90%。测量显度的仪器，误差<5%。测湿点的选择与测温点相同。③预冷时间。鲜枣冷库自然预冷不超过 24 h，冷库预冷不超过 6 h。④定时检查。定时观测和记录预冷温度、湿度，维持预冷条件在规定的范围内。

二、贮藏技术与装备

目前枣采后的主要贮藏技术为低温机械冷藏和气调贮藏。

(一) 机械冷藏库

作为果蔬采后品质保持的主要设施之一，贮藏库应该做到功能清晰、布置合理、提高土地利用率。因此其在建设之初应当根据使用要求、工艺流程进行优化设计。

机械冷藏库是指以机械方法进行制冷的库房。库房的主要组成部分包括库体结构部分、制冷部分、保温部分、检测部分、加湿部分等。

库体结构部分：根据库房的建筑结构形式可分为土建式和组合式。土建式是以砖混结构为主体，形成具有一定贮藏空间的建筑物，结构需要具有较大的强度和刚度，可承受一定的应力，避免产生缝隙，破坏保温层，形成冷桥，该结构形式建设周期长、投资相对较高。

组合式是以钢架结构为主体，形成具有一定贮藏空间的建筑物，其要求与土建式结构相似，该形式具有结构简单、建设周期短、安装方便、拆除性强等特点。

制冷是指通过人工方式改变制冷剂形态吸收周围环境热量降低物体温度的方法，制冷系统一般由压缩机、冷凝器、节流阀、蒸发器四大部分组成，通过不断改变制冷剂的形态实现热量交换。常见的制冷方式有氨制冷、氟制冷和二氧化碳制冷（李光宪，2017）。

保温是一种节能措施，能减缓热量传导速度，主要通过保温材料来实现。冷库是指具有恒温特性的建筑体，温度波动的大小直接影响产品贮藏质量、能量消耗和结构寿命，因此对隔热保温材料的选取需要从以下几个方面进行充分考虑。

（1）热系数。导热系数是衡量保温材料导热性能的主要指标，不同的材料具有不同的导热系数。

（2）吸水率。影响保温效果的重要指标，吸水率越大保温效果越差。

（3）抗压强度。根据隔热保温层所处的位置不同，需设计不同的抗压强度。

（4）防火性能。按照国家标准要求，防火等级应为 B1 级以上。

（5）稳定性。选取尺寸结构稳定的材质，减少材质变形、变脆、粉化，延长使用寿命。

（6）环保型。生产过程中需添加发泡剂，受其挥发性能的影响，应采用环保无毒型。

（7）施工难易度。选取对保温效果影响小，施工工艺简单的原料。

目前，冷库常见的保温材料为聚氨酯、挤塑聚苯板，常见的施工方式为聚氨酯现场发泡或板材拼接。由于冷库内外温差较大，空气中的水蒸气分压不同，会引起水蒸气的渗透，因此应当在保温材料的两侧增设隔汽防潮层，阻止外界水蒸气与隔热保温层接触，施工过程中应当注意接缝处理，避免热胀冷缩产生裂缝，形成冷桥，引起热量散失。

温湿度监控部分：温度作为果品采后品质控制的主要因素之一，对品质保持贡献率达到 70%以上，温湿度检测布置点应根据冷库大小在不同位置按照标准要求进行多点布置，温度控制应采取小温差设置，实验证明，温度的波动范围越小越有利于品质保持，随着数字化时代的到来，温湿度控制也进入数字时代，实现了远程监控，达到精准控制效果。目前已建有成熟云仓，可与手机 APP 相连，对多个参数自动调节与控制，避免由于误操作引起损失。实现温湿度、气体、耗能等多类别大数据的云存储。

加湿是保障冷藏库内恒定湿度的装置，对枣失水起到关键作用，冷库的贮藏温度较低，水蒸气在低温情况下容易结露成冰，因此应当注意对加湿设备进行防冻处理，目前主要采用超声波加湿器，将加湿设备放置于库外，通过管道连接利用制冷设备风机实现库内加湿效果。湿度的控制采用定时加湿或湿度检测控制，加湿时应当做到风机运转，但不制冷。

（二）气调贮藏库

气调库的建设应综合考虑建库类型并进行选址、投资、建设规模、贮藏品种等总体规划，一般用来长期贮藏的水果宜在果蔬主产区建设气调库，并按工艺及使用要求进行规划设计（孙企达，2004）。

（1）气调库建筑平面设计。气调库建筑平面设计是气调库应用是否合理的关键步骤之一，其设计除应因地制宜、优化投资、提高工作效率等多方面综合考虑外，必须结合贮藏工艺要求对库房进行合理布置，减少能耗、降低碳排放。

气调库库房的平面设计应按照果品的入库、预冷、分选、包装、出库等工艺流程设计，对于中大型冷库（>5 000 t）附属实施的面积与气调库的面积之比应>1，对于枣可按照每吨货物占库容 4.5～5 m^3计算。

气调库宜设置二层技术走廊，将制冷设备、气调设备、监控系统放置于此，制冷系统、气调系统的管线以小于 80 m 为宜，技术穿堂的宽度不应小于 6 m，观察窗宜设置于二层技术穿堂之处。

气调库的平面布置形式宜采用“非”字形结构，库间不宜过大以每间 150～200 t 为宜。

（2）气调库结构设计。气调库由于具有保温和气密的特性，在其结构设计时必须考虑传热、隔气和耗能，恒定的库温和稳定的气调环境是果品贮藏品质保持的必要条件，也是气调库使用寿命长短的关键因素之一。

建筑围护是气调库贮藏空间形成的结构体，对耗能、隔气起到至关重要的作用，因此在隔热、隔气材料的选取上应当满足冷库、气调库设计标准要求，由于隔热材料多为易燃材质，在防火等级上必须满足消防要求。

制冷系统是气调库低温贮藏环境的创制者，主要包括制冷压缩机、冷凝器、节流装置、蒸发器等设备组成，压缩机制冷负荷可根据库容大小按表 3-6 计算热量。

表 3-6　压缩机制冷负荷热量计算表

分类	总储藏量 Q/t	压缩机冷负荷/（W/t）
大型库	Q≥10 000	110～130
中型库	3 000≤Q<10 000	130～150
小型库	1 000≤Q<3 000	150～180
微型库	200≤Q<1 000	180～230

气调系统是气调库微环境的调节主体，主要包括监控系统、制氮（脱氧）机、二氧化碳脱除机、乙烯脱除机等。

制氮机选型：按照气调库单间库体容积计算，在制氮机氮气出口浓度为 95%时 72 h 内共制取的氮气体积不低于气调库单间库容的 2 倍为宜，每套设备工作范围不宜多于 8 间气调库。

脱氧机选型：按照脱氧机的脱氧能力与气调库单间的库容作为参考来选取，一般选取与单间库容体积相当能力的脱除设备，脱氧机脱氧能力一般按照 100 m^3空间在 25 ℃环境下可在 48 h 内将氧气浓度从 20.9%降至 5%为标准。

二氧化碳脱除机选型：其脱除能力是在二氧化碳浓度恒定在 3%温度为 0 ℃的条件下 24 h 脱除二氧化碳的能力。其选型根据贮藏品种的呼吸强度和库容量来计算，如贮藏枣时其呼吸强度约为 7 mg CO_2/（kg・h），脱除量应为库容量×呼吸强度×24 h。

乙烯脱除机：乙烯脱除能力多以流过设备的气体流量来标识，设计采用一间或两间库配置设备一台，型号较为单一，多为 150 m^3/h 和 300 m^3/h 两种。

三、冷链运输技术与装备

冷藏运输是食品链中必不可少的一个重要环节，由冷藏运输设备完成。冷藏运输设备是指本身能提供并维持一定的低温环境，用以运输冷藏冷冻食品的设施及装置（郑永华，2006）。冷藏运输包括长途运输及短途送货，它应用于冷藏链中食品从原料产地到加工基地及商场冷藏柜之间的低温运输，也应用于冷藏链中冷冻食品从生产厂到消费地之间的批量运输，以及消费区域内冷库之间和消费店之间的运输。冷链运输系统是枣采后冷链流通的重要内容，其中冷链运输方式及工具和温度监控系统为其核心部分（杨天阳等，2021）。

（一）对冷藏运输设备的要求

①产生并维持一定的低温环境，保持食品的低温。

②隔热性好，尽量减少外界传入的热量。

③制冷装置在设备内所占用的空间尽可能地小。

④可根据食品种类或环境的变化调节温度。

⑤制冷装置质量轻，安装稳定，安全可靠，不易出事故。

⑥运输成本低。

（二）冷链运输方式

我国果蔬冷链运输方式主要由水路运输、航空运输、铁路运输和公路运输四种。各运输方式的优缺点比较见表 3-7。

表 3-7 各种运输方式的比较

	水路运输	航空运输	铁路运输	公路运输
运载工具	船舶、海轮	飞机	火车	汽车
运速	最慢	最快	较快	较快
运量	大	最小	较大	较小
运价	最低	最高	较低	较低
灵活性	受自然条件、风雨等影响	较灵活，技术条件高，受气候影响大	连续运输、运货量大	机动性强，比铁路运输灵活
评价	载运量大，成本低，能耗少，最便宜的运输方式；缺点是连续性差、速度慢，适于量大、长距离运输	送达速度为铁路的6～7倍，但运费高、运量小、能耗大，适用于经济价值较高的名优特果品和易腐果品	运量大、运价低、送达速度快、连续性强。适用于大宗果品中长距离运输	适应性强、机动灵活、速度较快，是我国最普遍的短途运输方式

(三) 冷链运输工具

我国果品运输所用的运输工具主要包括冷藏车、冷藏集装箱和通风隔热车等。

(1) 冷藏车。冷藏车车体隔热，车内有冷却装置，目前我国的冷藏车有加冰冷藏车、机械冷藏车和冷冻板冷藏车。加冰冷藏车车厢有较好的保温隔热效果，车厢内设有存放冰块的容器，温度控制靠冰融化时吸收车内果品释放的呼吸热来降温，在严寒地区或寒冷季节，车内可利用加温设备升温，以防枣果实遭受低温伤害。机械冷藏车采用机械制冷或加温，可在车内保持均匀的温度，能更好地保持易腐果品的质量，但是造价高、维修复杂、维修费用高。冷冻板冷藏车是一种低共晶溶液制冷的新型冷藏车，冷板安装在车棚下，并装有温度调节设施，车内温度能达到－10～6 ℃，是一种能耗少、制冷成本低、冷藏效果好的新型冷藏车。三种冷藏车的制冷成本和能源消耗比较见表 3-8。

表 3-8 三种冷藏车的制冷成本和能源消耗比较

车型	冷冻板冷藏车	加冰冷藏车	机械冷藏车
制冷成本	1.0	7.1	2.0
能源消耗	1.0	2.7	5.8

(2) 冷藏集装箱。冷藏集装箱是在原有集装箱的基础上增加良好隔热车、制冷设备和加温设施而成，确保集装箱内温度能满足枣果实运输过程中所需要的温度。利用冷藏集装箱运输鲜枣，可以利用大型拖车直接开到枣生产基地，在产地采收、包装，设定箱内的环境温度，确保运输质量。枣装箱后利用汽车、火车、轮船等运输方式，借助机械化的集装箱装卸设备，进行长距离运输。冷藏集装箱还能做到从产地装箱车间到销地批发市场的门对门运输，果品完好无损的到达目的地。

(3) 通风隔热车。隔热车是一种仅具有隔热功能的车体，车内无任何制冷和加温设施。在枣采后运输过程中主要依靠隔热性能良好的车体来减少车内外热交换，以保证果品在运输期间温度的波动不超过允许的范围。该种车辆投资少、造价低，适用于枣果实的短途运输。

(四) 温度监控系统

冷链运输的核心是要全程控制温度，以确保果实的损耗小，最大限度地保证果品品质，满足消费者需求。在发达国家如日本、美国等，果品采后已实现了冷链运输系统，使果品采后运输、贮藏和销售，直至消费的全部过程中，均处于适宜的温度条件下。目前，最常用的冷链物流温度控制技术由基于无线射频识别技术（RFID）的温湿度监控系统，GPRS 无线温度监测仪等。

1. 基于无线射频识别技术的温湿度监控系统 基于无线射频识别技术的温湿度监控系统由三部分组成，第一，温湿度实时监管系统核心硬件（包括全向读写器、高精度温湿度传感标签）；第二，冷链物流温湿度实时监管系统平台；第三，硬件中间件（包括GPRS 无线模块、GPS 模块、工业级交换机、PC 机、服务器、不间断电源等）。该系统具有以下优点：一是在枣冷链运输过程中对温湿度信息进行实时自动检测和记录，有效防范贮运过程中可能发生的影响产品质量安全的各类风险，确保储存和运输过程的产品质量；二是对运输过程中温湿度进行记录，方便及时查询数据信息，为整个冷链物流提供数据分析决策的依据；三是建立冷链物流温湿度实时监控系统，建立预警机制，设定监控温湿度上下限，超过设定值，进行报警，规避风险。

2. GPRS 无线温度监测仪 冷链运输车内安装 GPRS 无线温度监测仪，自动记录和实时监测冷链温度，根据实际情况设置预警模型并即时自动启动，系统通过短信预警平台向预设管理人员发送报警短信，实现枣冷链运输过程中温度的监控及预警。

鲜枣对温度的变化特别敏感，适宜低温可降低鲜枣的呼吸强度，延长贮藏寿命，高温不仅会增加呼吸强度，加快成熟，而且降低抗腐能力，还可能会发生斑点和变色。因此，为保证枣果实到达消费者手中的质量，一定要做好流通过程的保鲜管理工作，主要包括运输过程中温度的保持、装卸货时温度控制和温度的记录与跟踪。

（1）运输中温度的保持。运输过程中，冷藏运输车车厢的温度控制在枣适宜的流通温度范围内，以保证枣果实的质量。长途运输车辆要定时检查制冷机的工作情况，并查看车门关闭情况。城市配送车辆要采取适当措施，以减少车厢内温度的散失。要尽量减少卸货次数，以减少开门的次数。要尽量缩短接货时间，以减少热空气的进入。也可采取车厢内隔离或单元箱的方式，以减少热空气对产品的影响。

（2）装卸货时的温度控制。鲜枣装卸过程中易产生温度散失，因此一定要注意装卸过程中温度的控制。货品装载方法会影响冷藏箱内冷空气循环的效率，装货时由于没有车厢预冷，也会影响货品温度。所以，货品装车一定要按照装车指导，在货品的上下前后留下冷循环空间。车辆在装车之前要进行预冷，以防止接触车厢底板和侧壁的货品在短时间内发生过大的温度变化。

（王达　贾连文）

参考文献

陈祖钺，王如福，祁寿春，等，1983. 鲜枣贮藏的初步研究［J］. 山西农业大学学报，3（2）：48－53.

段志坤，2015. 湖南隆回红枣裂果病的发生及预防措施［J］. 果树实用技术与信息（9）：33－35.

韩海彪，张有林，沈效东，等，2007. 臭氧处理对灵武长枣品质的影响［J］. 河南农业大学学报，41（5）：519－521.

郝晶，王静，李璟琦，等，2017. 冬枣果实采后病害及保鲜技术研究进展 [J]. 陕西农业科学，63（1）：75-78.
郝晓玲，王如福，2013. 低压处理对冬枣贮藏品质及膜脂过氧化的影响 [J]. 核农学报，27（4）：467-472.
贺红霞，申江，朱宗升，2019. 果蔬预冷技术研究现状与发展趋势 [J]. 食品科技，44（2）：46-52.
康卫华，秦新建，闻宁丽，等，2011. 枣果常见病害症状鉴别及防治技术 [J]. 宁夏农林科技，52（7）：34，121.
李光宪，2017. 工业制冷集成新技术与应用 [M]. 北京：机械工业出版社.
李红卫，冯双庆，2003. ABA 和乙烯对冬枣果实成熟衰老的调控 [J]. 食品科学（2）：147-150.
李红卫，韩涛，晋彭辉，等，2014. 冬枣后熟软化过程中细胞壁多糖降解特性的研究 [J]. 中国食品学报，14（2）：109-117.
李梦钗，温秀军，王玉忠，等，2012. 冬枣采后臭氧去感染技术研究 [J]. 中国农学通报，28（28）：169-173.
刘玉冬，2007. 国内外冬枣贮藏方式和发展构想 [J]. 安徽农业科学，35（30）：9696-9698.
曲泽洲，李三凯，武元苏，等，1987. 枣贮藏保鲜技术研究 [J]. 中国农业科学，20（2）：86-91.
任玉锋，任贤，雷茜，2009. 灵武长枣采后生理及贮藏保鲜技术研究进展 [J]. 河北农业科学，13（1）：13-15.
沙娜良瓦尔·色买提，2016. 新疆干枣主要病害病原分析及物理防控技术探索 [D]. 乌鲁木齐：新疆农业大学.
生吉萍，2010. 果蔬安全保鲜新技术 [M]. 北京：化学工业出版社.
孙企达，2004. 真空冷却气调保鲜技术及应用 [M]. 北京：化学工业出版社.
王春生，李建华，赵猛，等，2000. 鲜枣采后处理及贮藏 [J]. 保鲜与加工（11）：31-33.
王春生，王永勤，赵猛，等，2004. 气调贮藏对鲜枣保鲜效果的影响 [J]. 保鲜与加工，4（4）：20-22.
王莉，2013. 生鲜果蔬采后商品化处理技术及装备 [M]. 北京：中国农业出版社.
王腾月，2014. 灵武长枣采后凹斑病发病规律与发病机理研究 [D]. 天津：天津科技大学.
魏天军，2005. 枣果采后生理特性与保鲜贮藏技术研究进展 [J]. 宁夏农林科技（4）：29-31.
魏天军，魏象廷，2006. 中国枣果实病害研究进展 [J]. 西北农业学报，15（1）：88-94.
吴锦涛，2001. 果蔬保鲜与加工 [M]. 北京：化学工业出版社.
吴兴梅，孙蕾，刘元铅，等，2003. 冬枣贮藏期主要病害的研究 [J]. 经济林研究，21（2）：19-22.
肖黎斌，韩军岐，张润光，等，2016. 鲜枣采后生理、贮期病害及保鲜技术研究进展 [J]. 陕西农业科学，62（4）：87-91.
薛梦林，张继澍，张平，等，2003. 减压对冬枣采后生理生化变化的影响 [J]. 中国农业科学，36（2）：196-200.
杨海波，周鹏程，孟利峰，2011. 冬枣主要病虫害及无公害防治技术研究 [J]. 现代园艺（13）：53-55.
杨天阳，田长青，刘树森，2021. 生鲜农产品冷链储运技术装备发展研究 [J]. 中国工程科学，23（4）：37-44.
张培正，王延，伏键民，1995. 大枣气调贮藏保鲜技术研究 [J]. 中国果品研究（1）：1-4.
张有林，陈锦屏，苏东华，2002. 葡萄、鲜枣采后贮期脱落酸（ABA）变化与呼吸非跃变性研究 [J]. 西北植物学报（5）：1197-1202.
郑永华，2006. 食品贮藏保鲜 [M]. 北京：中国计量出版社.
BROSNAN T，SUN D W，2001. Precooling techniques and applications for horticultural products - a review [J]. International Journal of Refrigeration，24（2）：154-170.

第四章 枣加工技术

第一节 枣汁加工技术

一、概述

（一）枣汁产业发展

俗话说：一日三枣，青春不老。红枣、酸枣都是重要的药食同源原料，含有丰富的维生素、矿物质等营养成分。枣汁加工是在干枣（红枣、酸枣、乌枣等）中加入一定量的水后，采用破碎、打浆、离心、浓缩等工艺制成浆液或汁液。此外，冬枣作为鲜果，可直接经破碎、打浆等工艺加工成原汁。不同类型的枣汁加工设备与工艺不尽相同，根据其果肉含量大致可分为枣清汁、枣浊汁、枣浆等。将这些干枣或鲜枣原料加工成果汁或饮料，再辅配其他药食同源或调整口感滋味的原料，一方面方便消费者食用与饮用，另一方面可以更好地促进营养成分的消化与吸收，实现功能的互补与增强。以枣为原料可开发成系列枣汁、枣浓浆亦可作为食品配料，广泛应用于酸奶、烘焙食品及饮料行业。

整体来说，目前枣加工主要仍以干制为主，用于枣汁加工的原料比例不高，主要是因为当前枣汁加工企业及生产线整体规模小，不能大量、有效地转化枣原料，同时，枣汁加工关键技术有待提升，如功能成分及风味保留等，影响了产品开发和市场销售，这些因素制约了枣汁产业的发展。枣汁的生产地区主要围绕枣的种植区域，如山东乐陵、沾化，河北沧州，河南新郑，山西，新疆等地区，主要的枣汁加工企业有好想你健康食品股份有限公司、山西汉波食品股份有限公司、乐陵市德润健康食品有限公司、山东沾化浩华果汁有限公司、山西天之润枣业有限公司、沧州恩际生物制品有限公司等，主要产品有红枣浓浆、红枣生姜浓浆、红枣浓缩汁、红枣汁饮料、红枣山楂饮料、冬枣汁及其饮料、酸枣提取液、酸枣汁饮料等。如红枣浓浆产品，采用小袋包装，方便携带食用；已开发的阿胶、生姜等复合浓浆，也可满足不同人群的营养功能需求。目前市面上的枣汁饮料大多辅以其他原料（如枸杞、山楂等）制成复配果汁或添加入酸奶、果酒中，单纯以枣为原料的清汁及浊汁饮料较少。

在枣汁加工技术方面，国内外学者及相关机构也进行了一系列研究。杜双奎等（2003）发现在红枣汁加工中采用传统的热水浸提法，会造成多酚、多糖等功能物质的损失，同时提取率较低，提取时间较长。诺和诺德公司创新采用果浆酶、果胶酶等酶法加工果汁，可以实现水果组织中的果胶、纤维等大分子物质分解，从而提高了提取得率和速度。韩玉杰等（2003）和王桐等（2005）进行相关实验发现，采用酶法的枣汁浸提率较传统热水浸提法分别提高了16.1%和16.9%。杨芙莲（2011）研究微波辅助浸提枣汁，枣汁浸提率达到65.05%，总糖提取率为53.693%，浸提时间短、效率高、营养成分损失少。代绍娟等（2011）应用膨润土澄清红枣汁，发现澄清后的红枣汁澄清透明，色泽亮丽。Chatterjee等（2004）比较了壳聚糖、膨润土和明胶对果汁的澄清效果，发现壳聚糖澄清效果最好，果汁混浊度下降明显。马闯等（2004）采用三效降膜式蒸发器浓缩枣汁，发现该浓缩方式的加工温度较低，可以减少营养物质的损失，而且浓缩效率大大提高。韩希凤等（2007）研究了浓缩金丝小枣汁在贮藏过程中的色泽变化，发现温度和糖度对其色泽有显著的影响，特别是贮藏温度影响极为显著。冀晓龙等（2015）研究了鲜枣加工技术，发现运用超高压技术对鲜枣汁进行杀菌处理并进行低温贮藏可保持鲜枣汁的风味、色泽和营养成分。姚婕等（2020）以黑枣为原料，研究其加工清汁的酶解技术和澄清技术，发现采用果胶酶与纤维素酶复合酶解处理可有效提高其出汁率，膜过滤处理的黑枣汁澄清度最佳。

（二）发展趋势

近年来，随着国家对环境保护提出了新的要求，煤改气造成了生产成本上升，污水排放要求也日渐提高，浓缩枣汁加工企业的生产成本也一直居高不下，产品竞争力减弱，因此，浓缩枣汁目前亟须建立提质增效和绿色节能的加工技术体系。一方面在加工过程中进行香气物质的回收与回填，提高枣汁产品的风味特征与产品质量；另一方面，探索蒸汽机械再压缩等新技术、新装备降低浓缩工段蒸汽使用量，达到降低能耗和绿色节能的目的。

对于NFC冬枣汁，重点是如何在加工过程中减少其风味和营养的损失。如采用低温或低氧加工技术，降低水果及微生物的酶活，抑制褐变及微生物的滋生，提高产品色泽，降低后续杀菌强度。目前，德国生产的真空榨汁系统可以实现在榨汁过程中隔绝氧气，减少物料褐变，但需要注意的是后端加工环节需在低氧条件下加工，否则果汁会迅速褐变。由于冬枣汁香气物质对温度敏感，因此在杀菌时可考虑采用非热杀菌或高温瞬时杀菌技术，如目前研究热度较高的超高压杀菌技术，可以通过高压效应达到杀死微生物和钝化酶的效果。

总体来说，枣汁加工技术仍需要科研人员投入时间与精力，对其产品品质及产业化应用技术与装备进行全面、系统的研究，满足消费者对天然、营养的新型果汁及饮料产品的需求，从而实现枣汁产业的发展。

二、枣汁加工过程中化学成分变化

枣汁加工过程中，由于经过预煮、破碎、酶解、澄清等不同工艺段，果汁会发生一系列的物理化学反应，使果汁的品质和营养成分发生变化。

（一）可溶性固形物

在枣汁中，可溶性固形物主要是蔗糖、葡萄糖和果糖等可溶性糖成分，其中有50%左右的还原糖，而还原糖的主要成分是葡萄糖和果糖，葡萄糖与果糖的比例为1∶1左右。通常热加工可以提高果汁中可溶性固形物的含量，在浓缩过程中通过蒸发果汁中的水分，使可溶性固形物含量有显著的提高。

加工中为使果肉软化、提升出汁效率，通常采用水煮或气蒸的软化工艺。气蒸处理使果汁内可溶性糖含量显著增加，可能是枣果实内的多糖迅速分解为可溶性糖，而使其含量迅速上升，但气蒸时间过长，导致水蒸气回流蒸发，使可溶性糖显著下降。可溶性糖含量受复水水煮的影响不显著，可能是水煮虽然可使枣果实内的多糖分解为可溶性糖，但其分解生成可溶性糖的速度与从果实中溶解到水中的可溶性糖的速度基本相同（陈国梁，2008）。果实软化温度对枣汁中还原糖含量有显著影响，且温度越高损失越大，90 ℃加热软化后枣汁还原糖含量降低约7%。除此之外，在高温浓缩和杀菌过程中还原糖含量也显著降低，原因是枣汁中的葡萄糖、果糖等还原糖是焦糖化褐变和美拉德反应的主要底物，在酸性条件下脱水分解形成5-HMF，造成果汁风味变化和颜色加深（刘静，2011）。

（二）有机酸

有机酸是影响枣风味的重要因素之一。酸枣作为枣的野生类型，其味极酸而甜度低，有机酸种类和含量最为丰富。酸枣有机酸类型以柠檬酸为主（平均含量为11.50 mg/g），同时含有较高的苹果酸（平均含量为9.09 mg/g），而枣果实平均有机酸含量仅为酸枣的1/4左右，枣有机酸类型以苹果酸为主（平均含量为2.38 mg/g），柠檬酸平均含量为0.45 mg/g（赵爱玲等，2016）。

冀晓龙（2014）研究了不同杀菌方式对枣汁有机酸含量的影响，发现不同杀菌处理对鲜枣汁中柠檬酸含量影响不存在显著性差异（$P>0.05$），鲜枣汁中草酸、酒石酸经非热处理影响不显著（$P>0.05$），热杀菌处理导致鲜枣汁中草酸和酒石酸含量显著下降（$P<0.05$），降幅依次为44.82%、22.70%。不同杀菌方式对鲜枣汁中苹果酸和琥珀酸含量存在显著性的影响（$P<0.05$），超高压杀菌处理可使鲜枣汁中苹果酸含量提高3.61%，超高压杀菌处理与微波杀菌处理对鲜枣汁中琥珀酸含量影响不显著，巴氏杀菌处理后的鲜枣汁中琥珀酸保留率仅为27.65%。

（三）维生素C

枣果实中维生素C含量较高，100 g鲜枣中维生素C含量高达200～800 mg，远超其他果实，是柑橘的7～10倍，苹果的70～80倍，有“天然维生素丸”之称。维生素C在增加酸感的同时又有很强的还原性，所以对热极不稳定，维生素C氧化产物为双羰基化合物，再通过氧化聚合形成红黄色素，氨基态氮与维生素C氧化聚合底物发生美拉德反应，导致枣汁发生褐变。

徐辉艳（2013）研究了温度和时间在加工过程中对红枣汁维生素C含量的影响，结果表明，维生素C含量随着加热温度的升高和时间的延长，维生素C损失的速度也越快。加热2 h时，60℃、80℃、100 ℃下维生素C损失率分别为46.2%、60.8%、89.7%；加热时间3 h时，60℃、80℃、100 ℃下维生素C损失率分别为61.9%、89.9%、100%；90 ℃加热4 h，维生素C几乎全部损失。李根等（2021）研究了不同杀菌强度对冬枣汁中维生素C含量的影响，结果表明与低温长时杀菌相比，高温短时杀菌可以更好地保留冬枣汁中的维生素C。在果汁贮藏过程中，一般情况下果汁中抗坏血酸的有氧降解反应速率高于无氧降解，即红枣汁在贮藏初期维生素C的损失速率显著大于后期。此时在金属离子和酶的催化下产生大量的脱氢抗坏血酸，进而参与美拉德反应最终导致枣汁发生褐变。

（四）酚类物质

酚类物质是在正常生长条件下或机体发生氧化应激反应时产生的次级代谢产物，由于其既能提供电子，又能提供氢，所以能够清除多种自由基，具有很高的抗氧化活性。枣中主要的酚类化合物有儿茶素、咖啡酸、香草酸、表儿茶素、芦丁、丁香酸、绿原酸、阿魏酸、对羟基苯甲酸等。Zhang 等（2010）分析了枣果的果皮、果肉和核三种组织中的酚类化合物含量，结果表明枣核的总酚、总黄酮、绿原酸、没食子酸、咖啡酸以及原儿茶酸含量是最少的，其次是果肉，最高的是果皮。

枣在软化后的去皮和去核步骤都能够使枣汁中的酚类物质含量下降，因此在枣汁的实际生产过程中尽量进行全果的破碎打浆，降低酚类物质的损失。在保证出汁率的同时，尽量降低软化温度和软化时间，避免高温状态下酚类物质损失。酶解后枣汁总酚和总黄酮含量略有下降，但增加了部分特殊酚类化合物（如没食子酸、阿魏酸、咖啡酸等），出现此现象的原因可能是所用的复合果胶酶含有部分其他酶活性，能够降解部分酚类物质。如绿原酸含量降低，原因可能在于绿原酸被果胶酶降解，转化为咖啡酸和其他酚酸；p-香豆酸和阿魏酸含量的提高，有可能是果胶酶分解了枣汁中残留的木质素；槲皮素含量的升高，有可能是由槲皮素-3-半乳糖苷转化而来。超滤后枣汁酚类物质含量也显著降低，原因是一些低分子量酚酸氧化聚合，另一个原因可能是部分酚酸附着在一些大分子物质如蛋白质上，从而被超滤膜截留。浓缩和杀菌后酚类物质变化不明显。综上所述，枣汁加工过程中酚类物质变化较大，特别是超滤工段，总酚含量降低40%以上（黄微，2012）。

（五）氨基酸

枣果实中含有天冬氨酸、苏氨酸、丝氨酸等17种人体所必需的氨基酸。冬枣中的必需氨基酸含量最多。

在软化工艺中，枣果实在蒸煮的作用下，蛋白质发生水解，提高了游离氨基酸的含量；但随着时间的增加，游离氨基酸的含量随之下降，原因是水蒸气蒸发损失了部分游离氨基酸。而在水煮条件下，枣果实中的游离氨基酸含量均低于对照，虽然枣果中的蛋白质发生水解提高了游离氨基酸的含量，但是增加的量远远低于从果实中溶解到水中的游离氨基酸的量（陈国梁，2008）。

（六）香气成分

香气成分的保持在果蔬汁加工过程中至关重要。果实的品种、产地、成熟度以及加工过程都会对香气成分造成影响。

李其晔等（2012）研究了不同成熟期和加热对红枣中香气的影响，结果表明，红枣汁样品中共鉴定出挥发性成分77种，均含有醛类、酮类、羧酸类、烷烃类、醇类、酯类及少量其他成分。脆熟期红枣加工的红枣汁中香气成分种类较少，相对质量分数也低，其香气典型性不明显；而干枣特别是人工热风干制的红枣，由于在干制过程中生成了羟基化合物、芳香族化合物及一些热降解产物（如糠醛、吡啶和呋喃类等物质），制成的红枣汁含有较多的香气成分种类，相对质量分数也高，其中的酮、醛、酯类化合物相对质量分数最高，具有典型的红枣香味。

在枣浓缩清汁的制备过程中，不同的澄清、浓缩方式都给枣汁中香气成分带来了不同程度的影响。王静（2016）发现不同澄清方法下得到的红枣汁与原汁的香气成分明显不同。经过澄清工艺后，红枣汁中的香气成分的种类和相对含量都发生了明显的变化，大多数挥发性物质含量降低甚至不存在，而出现了一些新的香气成分。如原汁中存在的糠醛，在澄清汁中均未发现。在澄清汁中均出现的（E）-1-（2，6，6-三甲基-1，3-环已二烯-1-基）-2-丁烯-1-酮，在原汁中并未发现。其中硅藻土澄清汁中检测出的挥发性物质最少。壳聚糖澄清汁中检测到的挥发性物质均多于其他澄清汁，其中新出现的物质中不仅包含（E）-1-（2，6，6-三甲基-1，3-环己二烯-1-基）-2-丁烯-1-酮，还含有壳聚糖澄清汁所特有的具有菠萝香味的丙酸乙酯，它们对香气的呈现具有积极的作用。真空浓缩造成红枣汁的香气成分损失严重，检测到的挥发性物质种类最少，只有6种，与原汁相同的物质是（E）-1-（2，6，6-三甲基-1，3-环己二烯-1-基）-2-丁烯-1-酮。真空浓缩汁及其复原汁中均未检测出醛类和酸类物质。冷冻-解冻浓缩汁中的挥发性物质有23种，相对含量最高的是酸类物质。其中，2-甲基丁酸、己酸甲酯、1-辛烯-3-醇、桉叶油醇、糠醛、苯乙酮和（E）-2-辛烯醛是冷冻浓缩汁所特有的香气成分，这将构成冷冻-解冻浓缩汁良好的特殊风味。将冷冻-解冻浓缩汁复原后，共检测出11种挥发性物质，与浓缩汁相比香气成分明显减少，但复原汁仍能较好地保留原浓缩汁的主要香气物质苯乙酮。

三、枣汁关键加工技术与设备

(一) 清洗技术与设备

用于加工的枣原料多含有树叶灰尘等杂质，清洗加工前一般需要去杂除尘。枣去杂除尘设备主要采用风选去杂机（图4-1）清除原料中的树枝、树叶以及灰尘等，主要过程为枣原料由刮板提升机提升到风选机入口，靠自重作用垂直落下时经过水平方向的风吹，将混在枣原料中的树叶、枯枝、沙尘等杂质吹到收集装置中，而枣原料则垂直落下，从而进入下一段加工工序。

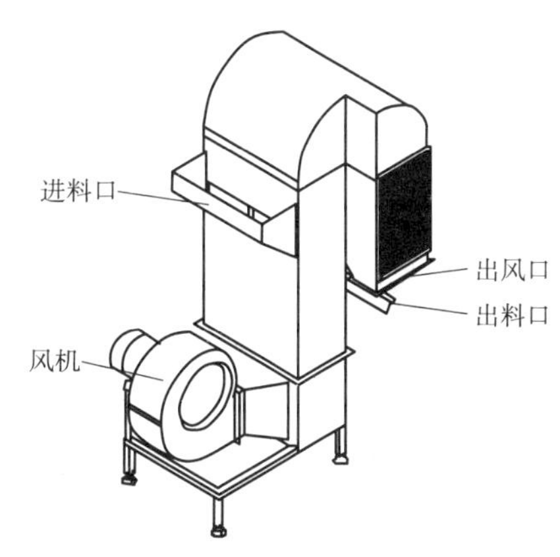

图4-1 枣风选去杂机

枣原料除杂后就进入清洗阶段，该步骤是枣汁生产的重要工序之一。清洗用水主要采用自来水或井水，并辅以毛刷、喷淋等外部机械力将枣表面的泥土等污染物、部分微生物及可能残留的农药等去除。通常采用的清洗方法有物理清洗、化学清洗和超声波清洗。物理清洗是最主要的清洗手段，常用的清洗方法有洗果槽浸泡清洗、摩擦清洗、喷淋清洗、桨叶搅拌清洗等。这些方法既可单独使用，也可组合使用。

1. 物理清洗

（1）浸泡清洗。浸泡清洗是枣清洗最常用的方法。通常采用鼓泡或冲浪清洗，将原料放入水槽中，通过一段时间的浸泡，将原料表面的污染物剥离，漂浮在水上，进而通过更换清洗水清洗干净。为了提高清洗效率和除菌效果，浸泡清洗会与化学清洗方法结合，在水槽中加入一定浓度的消毒剂如含氯消毒剂、臭氧等，浸泡一定时间后，清洗干净。

（2）摩擦清洗。该方法是在浸泡过程中采用搅拌器与枣接触摩擦，同时也借助枣互相接触摩擦，达到清洗除杂的效果，完成清洗过程。

（3）喷淋清洗。喷淋清洗一般与浸泡结合使用，在浸泡之后进行。当传送带上的枣通过时，喷头在物料上方进行喷淋（也可采用上下方向同时对枣进行喷淋，效果更优），进一步将枣表面的污染物冲洗干净。喷淋清洗的效果与水的压力、喷头的数量、喷头与物料的距离、用水量有直接的关系，通常高压、小水量效果更好。

（4）刷洗。该方法主要采用毛刷对枣表面的污染物直接进行刷洗。刷毛材料要求抗压、弹性好，但不能擦伤水果和蔬菜，通常采用食品级毛刷清洗，利用旋转刷配合喷淋，清洗效果更佳。

2. 清洗用消毒剂 水是清洗中使用量最大、最广泛的介质，仅采用生产用水进行清洗，对去除枣中的泥土等污染物效果较好，但是对微生物的清除效果不明显。为了进一步清除枣表面的微生物，通常在清洗中使用高效的杀菌消毒剂如次氯酸钠、臭氧等，这些杀菌剂若不能按照要求正确使用，也不会达到良好的效果。

含氯消毒剂通常是指溶于水后产生具有杀灭微生物活性的次氯酸的消毒剂，其杀灭微生物的有效成分常以有效氯表示。次氯酸分子量小，易扩散到细菌表面，并穿透细胞膜进入菌体内，使菌体蛋白氧化导致细菌死亡。含氯消毒剂是一种广泛应用的水果清洗杀菌剂，可杀灭各种微生物，包括细菌繁殖体、病毒、真菌、结核杆菌和抗力最强的细菌芽孢。含氯消毒剂包括无机氯化合物（如次氯酸钠、次氯酸钙）、有机氯化合物（如二氯异氰尿酸钠、三氯异氰尿酸等）。在枣中应用时，先将枣原料清洗干净，再用有效氯浓度为100～200 mg/L 的消毒液浸泡 5～10 min 后，用清水将残留的消毒剂冲洗干净（齐正等，2006）。

3. 清洗设备 清洗设备的选择主要是根据原料的形状、产能、比重、果皮和果肉的坚硬程度以及抗机械负荷能力等因素。其中枣清洗常用的设备为鼓泡清洗机、拨板浮洗机。

（1）鼓泡清洗机。鼓泡清洗机是枣果汁加工中常用的清洗设备，主要结构由机架、洗槽、鼓风机及鼓泡管、喷水装置、输送驱动装置等部分组成。其中输送装置由压轮、链条、物料承载体、驱动机构等部分组成。物料承载体结构可根据加工物料进行选择，枣常采用刮板输送式。鼓泡清洗机结构见图 4－2。

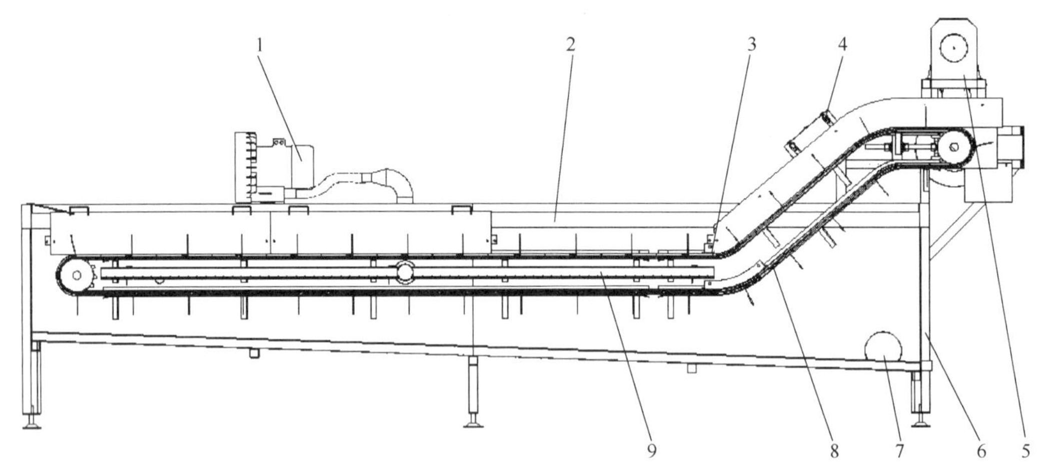

图 4－2 鼓泡清洗机结构图

1. 鼓风机 2. 洗槽 3. 压轮 4. 喷水装置 5. 驱动机 6. 机架 7. 排水管 8. 链条 9. 鼓泡管

清洗过程：在原料清洗时，洗果槽内原料由承载体承载，沿工作轨道从进料端向出料端移动，经斜面刮板提升到出料口处移出，脱离洗果槽。物料在洗果槽期间，由鼓风机引入压力为 0.2～0.3 MPa 的高压空气，通过鼓泡排管均匀分布的供气孔释放，带压空气剧烈运动搅动洗果槽中的清洗水呈沸腾状态，原料受到清洗水的冲击不断翻滚、擦磨、撞击，产生强化清洗的作用，使黏附在物料表面的污物脱离果实表面，达到原料清洗的目的。另外，原料在刮板提升段，也会经过喷淋水的再次喷淋冲洗，最终完成原料清洗。另外，由于原料是在水中完成的翻滚，能够有效减少物料之间、物料与设备之间的硬碰撞，从而减少物料的硬损伤。

(2) 拨板浮洗机（图 4 - 3）。拨板组转动，将枣果强行压入水中，使其完全浸泡，同时拨板组上的橡胶板迫使物料进行相对运动摩擦，使黏附在枣表面的泥土或其他污染物松离脱落，被喷洗水带走，达到清洗的目的。清洗后的枣原料在拨板及喷冲水的共同作用下，向前运行至下一工序。

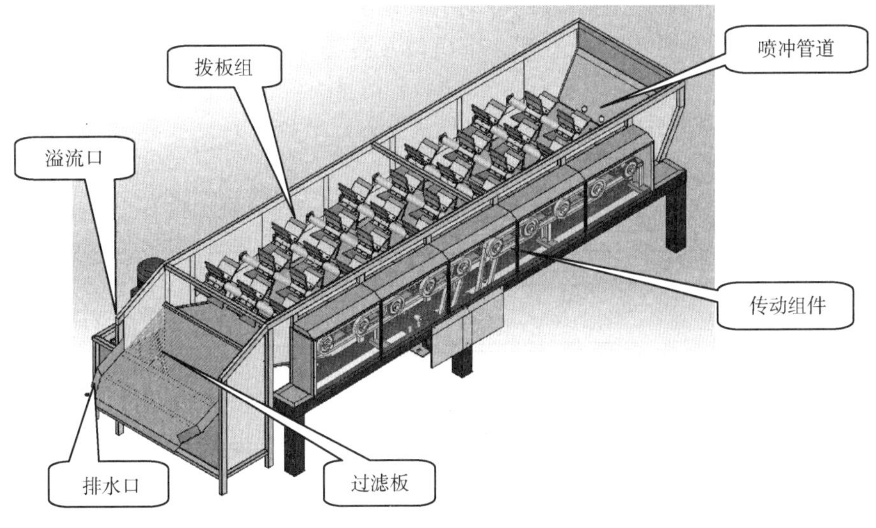

图 4 - 3　拨板浮洗机结构图

(二) 预煮软化技术及设备

由于红枣、酸枣等为干果，与新鲜水果制汁不同的是，需要进行预煮软化处理，使其达到复水的目的，从而进行后续的打浆与榨汁工序。枣软化通常有热水和蒸汽处理两种方法。

1. 热煮或漂烫的作用

(1) 具有杀菌与钝化酶活性的作用。

(2) 具有软化组织的作用。

(3) 具有稳定色泽的作用。

(4) 具有除去不良风味的作用。

2. 热煮或漂烫方法　枣热煮或漂烫加热温度应根据加工工艺要求来确定。热煮的优点是物料受热均匀，升温速度快，工艺简便。缺点是如物料表皮存在破损，可溶性固形物流失比较明显，其损失程度与物料形状、热煮方式有关。因此，在不影响枣外观效果的条件下不应频繁或大量更换热煮用水。采用蒸汽加热时，蒸汽的冷凝水会进入枣浆中，使可溶性固形物含量降低，因此，得到的枣汁已不是原汁。对用于直接加热枣浆的蒸汽有严格的要求，往往采用洁净蒸汽，蒸汽管道采用 304 不锈钢管道，符合食品卫生要求。

3. 热煮设备 在枣汁生产中，常用的热煮设备有刮板式连续预煮机、螺旋式连续预煮机和夹层锅。

（1）刮板式连续预煮机。刮板式连续预煮机主要适用于圆形或块状、规格相对均匀果蔬原料的预煮处理。预煮机主要是由预煮槽、蒸汽鼓泡管、带刮板的输送链带、压轮、刮板运行传动装置等部分组成。设备构造与充气擦摩清洗机大致相同，只是将进气鼓泡管更改为蒸汽加热管而已。为减少提升时刮板携带预煮水质量以降低刮板承载负荷，通常会在不锈钢输送带的刮板上打孔以利于快速排水。蒸汽进入管布置应能保证预煮用水加热均匀，在蒸汽管两侧开有圆孔，使蒸汽形成压力，有利于与预煮水充分混合。

在预煮机作业时，先用蒸汽加热预煮槽中的预煮水，然后由预煮热水加热枣原料；枣原料由进料口输入预煮槽中，在刮板的推动下移动到出料端，在此过程中完成枣物料的预煮。该类型预煮机能适合悬浮、半悬浮、下沉以及各类不规则形状的原料的预煮处理。刮板式连续预煮机的结构见图 4-4 所示。

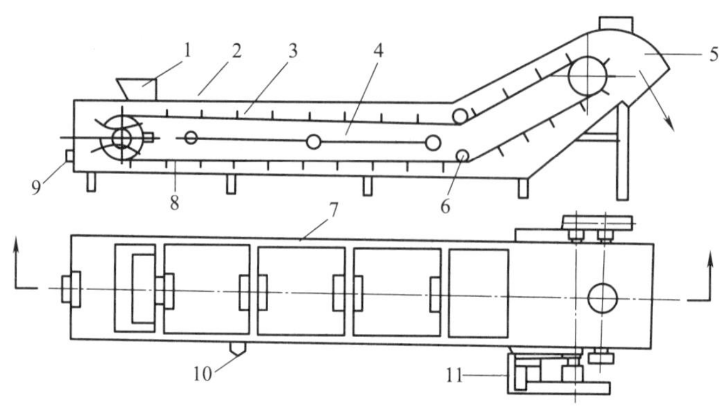

图 4-4 刮板式连续预煮机结构图

1. 进料斗 2. 预煮机上盖 3. 刮板 4. 蒸汽鼓泡管 5. 卸料斗 6. 压轮 7. 预煮槽 8. 刮板链带 9. 舱口 10. 溢流口 11. 调速电动机

（2）螺旋式连续预煮机。螺旋式连续预煮机是在枣加工制汁过程中较为常用的原料预处理设备之一，通过连续蒸煮可以使枣充分软化复水，抑制酶活性，防止褐变，并使枣的果肉细胞充分分解，提高出浆率。

工作原理及结构特点：主要由进料斗、出料转斗、内筒、外筒、螺旋、进气管、进水管、传动部分及机架等部分组成。典型的螺旋式预煮机如图 4-5 所示。工作时，物料加入进料口，进入螺旋式预煮机中，由输送螺旋带动在热水中向前行进，同时可以对物料进行翻动。蒸汽通过管路进入内外筒之间的夹套中，加热内筒物料。物料在螺旋推进器的传动下，按照时间调整推进速度，边加热边前进，达到工艺要求的温度及时间后，物料由出料口排出。为保证安全，每段筒体上备有安全阀及蒸汽压力表，可用于调整蒸汽压力，为检查加热的物料温度是否达到工艺要求，在设备上装有温度表。

传动系统为无级调速，根据各种物料可选择不同预煮时间及转速，可实现预煮温度、预煮时间的调整，适用于各种果蔬原料的加热蒸煮；设备可采用蒸汽加热、热水传热，加热温度低于 100 ℃。

（3）夹层锅。夹层锅是由半圆球形内外两层锅体焊接而成，内层为不锈钢材料，外层

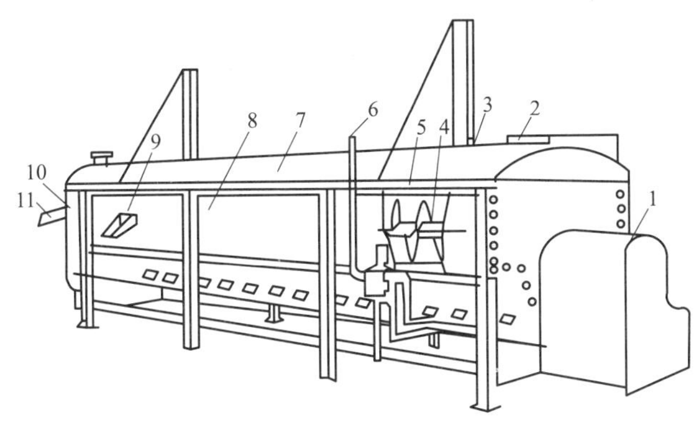

图 4-5 螺旋式预煮机结构图

1. 变速装置 2. 进料口 3. 提升装置 4. 螺旋 5. 筛筒 6. 进气管 7. 盖
8. 壳体 9. 溢水口 10. 出料转斗 11. 斜槽

可用普通钢板或不锈钢板制作。夹层锅蒸汽供给系统包括截止阀、泄水阀、安全阀、压力表等。锅体内外层之间的夹套为加热室，可通入蒸汽，蒸汽通过加热面与夹层锅内加热介质（常用水）进行热交换，加热介质再加热预煮物料达到枣原料预煮的目的。夹层锅除用于原料预煮外，还可用于砂糖、胶体物质溶化。对于小型果蔬饮料加工来讲，夹层锅还可用于瓶装、灌装果蔬汁产品的热杀菌和冷却。夹层锅结构见图 4-6 所示。

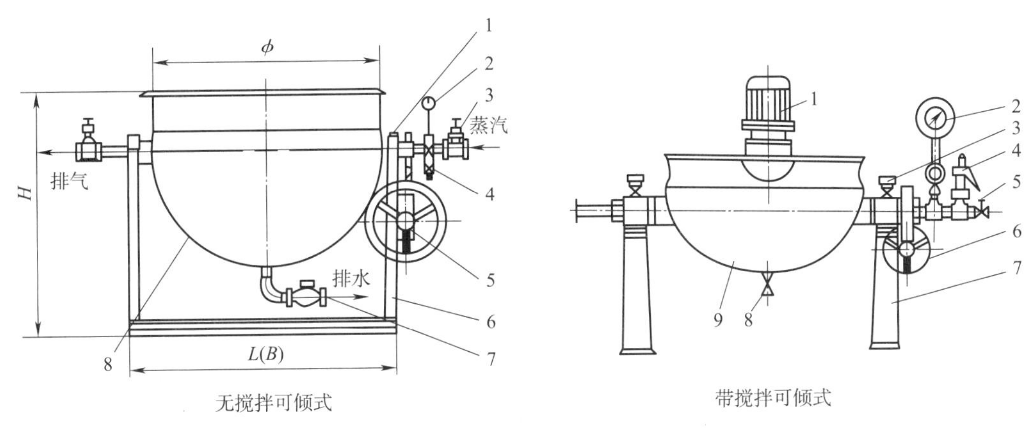

图 4-6 夹层锅结构图

1. 油环 2. 压力表 3. 截止阀 4. 安全阀
5. 手动倾斜装置 6. 支架
7. 泄水阀 8. 锅体

1. 减速电机 2. 压力表 3. 油环 4. 安全阀
5. 截止阀 6. 手轮 7. 支架
8. 泄水阀 9. 锅体

夹层锅结构形式可分为固定式和可倾式。固定式夹层锅的蒸汽直接从半球壳体进入夹套中，出料口在锅的底部，泄水阀在物料出口相邻位置。可倾式夹层锅具有倾复装置，夹套的最底部冷凝水由空芯轴径管在支架另一端引出，出料时锅体可倾料，其倾料度依靠涡轮涡杆机调节。夹层锅容量一般为 100～600 L，工作蒸汽压力一般＜0.4 MPa。当锅的容积大于 500L 或用于黏稠性物料加热时，一般要装有搅拌装置，防止粘壁或者糊锅。

（三）破碎、打浆技术与设备

破碎是依靠机械力对枣原料作用，将其转变成颗粒浆料。破碎所涉及的机械力包括挤压力、冲击力、剪切力等综合作用，以克服固体内部凝聚力，实现组织破裂以及破碎。破碎效果直接影响果汁出汁率的高低。

1. 针刺对辊式破碎机 针刺对辊式破碎机包括进料口、喷淋装置、防护罩、出料斗等部分。

如图4-7所示，工作时，原料由进料口进入，在压料机的辅助下，进入破碎齿1和破碎齿2之间，破碎齿辊上布满破碎刀盘，刀盘上布满细齿，随着带齿辊的转动，原料被挤压，刀盘的细齿插入枣中并产生摩擦破开果皮。枣经过带齿辊组下方，进入出料斗，下一步进入洗核机处理。考虑到果核的大小每批次不同，破碎辊的轴承安装螺钉孔被设计成腰形，可以有一定的调节距离。

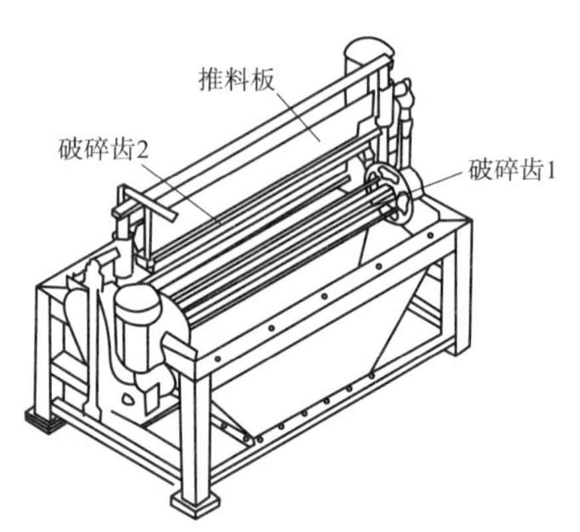

图4-7　针刺对辊式破碎机原理示意图

2. 打浆机 打浆机分为单道打浆机和双道打浆机，枣打浆精制通常选择双道打浆机，适用于经过破碎预煮后的核果类及浆果类水果的浆渣分离。主要结构包括传动系统、轴承座、套轴、筒后盖、挡浆盘、筒身、花键轴、筛网、刮板（或打浆棒）、筒前盖、机架等，一道为粗打浆、二道为细打浆，两道筛网孔径可根据物料加工需求来选定。

由图4-8可知，其工作原理为：电动机通过皮带传动，使安装在花键轴上的刮板高速旋转，当经过破碎的枣通过进料口进入打浆机内时，挡浆盘把物料均匀地排发到刮板和筛网处。由于刮板的回转作用和导程角的存在，使物料沿着圆筒向出口端移动，移动的轨迹呈螺旋状，物料就在刮板和筛筒之间移动过程中受离心力的作用而被擦碎，汁液和肉质（已成浆状）从筛孔中通过送入下道工序，（双道打浆机为联动重复上列过程）皮和核等则从出渣斗排出，以达到枣核自动分离的目的。只要变换不同规格的筛网以及调整刮板导程角的大小，可改变不同的打浆速度，获得满意的效果。第二道物料筒结构与头道相同，但网眼直径更小，主轴转速更高，最终进一步将枣核和枣皮分离除去，得到枣原浆。

（四）榨汁技术与设备

榨汁是采用机械方式，将果汁从原料或果块中分离出来的工艺，在枣加工过程中，把枣制成枣汁，可采用卧螺离心机或榨汁工艺进行枣汁分离。

1. 榨汁技术 根据榨前果浆加热与否，榨汁工艺可分为热压榨和冷压榨两种形式。

热压榨技术是将物料破碎后果浆加热，然后再进行榨汁工序。热处理的作用主要有：钝化酶的活性，并抑制微生物的生长繁殖，提高产品质量，有利于稳定果浆的色香味；针对组织结构密实的原料，热处理可以改善物料黏度和质构，加快榨汁过程中汁液的释放，便于获取更高的出汁率；热处理还能避免产品后续浆液分层现象；果浆经过加热后，可添加合适的果浆酶制剂，以便于酶解提高出汁率。通常，破碎后果浆经管式加热器将温度提升至30～40℃，在果浆中加入适量的果浆酶进行酶解处理。果浆酶一般为果胶酶、纤维素酶和半纤维素酶的复合酶制剂，可降解细胞壁，水解水溶性果胶、纤维素和半纤维素，

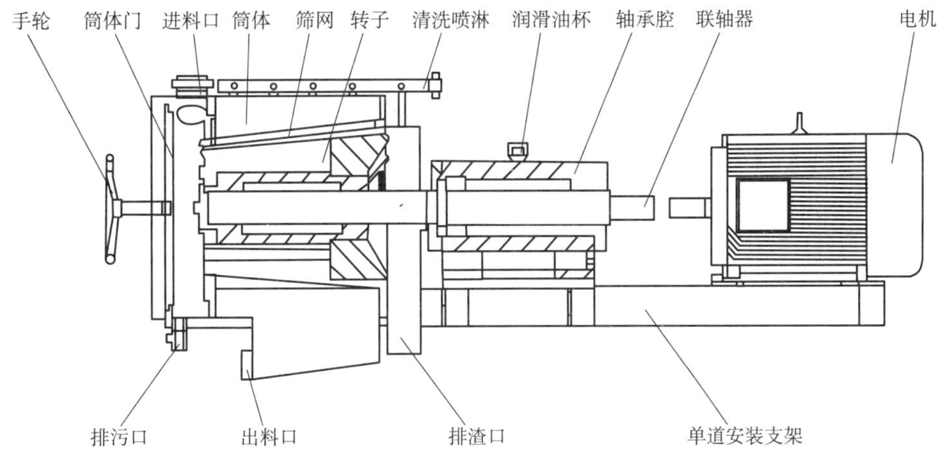

图 4-8 双道打浆机结构图

降低果浆黏度，有利于果汁的流出。对于经过预煮复水的枣原料，经打浆制成的枣浆可进行果浆酶解再取汁，可有效提高其出汁率。赵光远等（2013）通过单因素和正交试验研究了酶解法制备红枣澄清汁的工艺参数。结果表明，复合酶较单一酶能有效提高红枣汁的出汁率和可溶性固形物含量，枣汁浸提率达到 84.0%。

冷压榨技术是相对于热压榨而言的，冷压榨是指原料破碎后不经加热处理，在常温或低于常温条件下进行榨汁。一般在加工初始阶段将果皮、果柄、果核等影响果汁产品品质的不良成分分离出去。因此，在加工冬枣鲜榨汁产品时可采用该技术，以便获得更好的颜色以及风味。

2. 榨汁设备 榨汁设备与工艺的选择，对果汁质量、原料的消耗、榨汁作业进度、单位时间劳动效率等经济技术指标有着重要影响。在榨汁设备选择和采用榨汁工艺方案时，首先应充分考虑到原料特性以及果汁（浆）产品技术要求等相关条件的满足程度。常用的榨汁设备有带式榨汁机和螺旋榨汁机。

（1）带式榨汁机。主要由机架、驱动电机、L 型转动辊筒、多组压榨辊、布料辊、压滤带张紧装置、加压装置、自动纠偏装置、果汁收集槽构件等部分组成。带式榨汁机压榨作业是连续的，因此也称连续榨汁机。这类榨汁机早期由德国福乐伟（Flottweg）、贝尔玛（Bellmer）公司生产。随着国产化进程的加快，江苏楷益智能科技有限公司等多家国内企业均可制造带式榨汁机，并且在结构和性能方面也有良好的表现。榨汁机的辅助设备有滤带、滤带清洗系统、果汁收集容器和输送系统等。带式榨汁机结构见图 4-9 所示。

①滤带。每台榨汁机上都装配两条合成纤维（聚酯）压滤带，压滤带是最重要的汁液分离元件，同时又是果汁过滤和果浆（渣）输送的载体。值得注意的是：带式榨汁机上、下两条压滤带的长度是不同的，且不可相互替换；应按运行方向标示正确安装，切不可错误地将压滤带的正反面颠倒使用，不正确的安装将会导致滤带清洗不干净，甚至造成严重的果汁损失。

②滤带清洗系统。在果浆压榨过程中，压榨机上、下压滤带每进行一次压榨循环都会粘有果渣，残渣会堵塞履带网孔而影响果汁流出，造成果汁流失，因此，压滤带在每一次

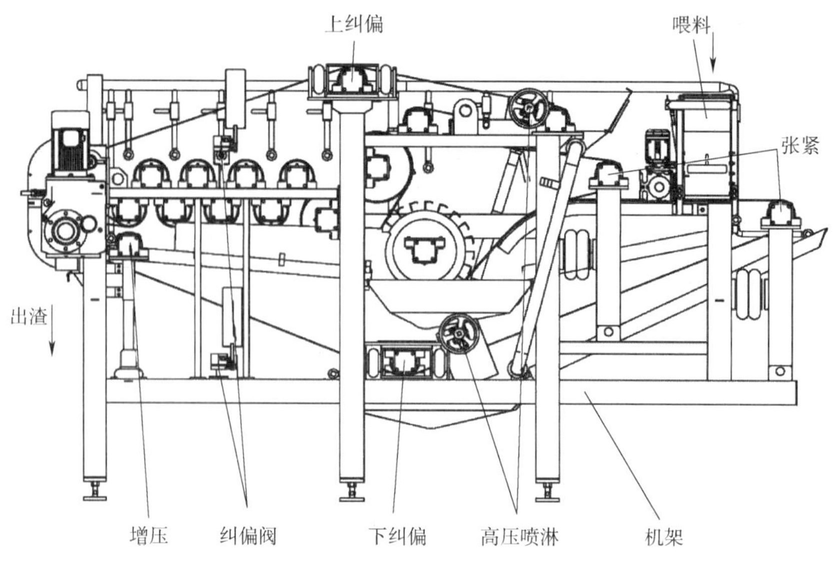

图 4-9 带式榨汁机结构图

压榨完成后都要进行一次清洗。滤带清洗系统是由高压清洗泵、清洗水过滤筛、高压清洗刷及清洗刷旋转手柄等部件组成。这些部件由管线、管件连接构成了压滤带清洗装置和清洗水循环系统。

滤带清洗过程：在榨汁机上、下压滤带的适当位置各自横向安装一组高压清洗刷，清洗刷带有特制的高压喷嘴，喷射出强力的雾状水柱穿透压滤带，将压滤带缝隙中的果渣带走，保持滤带清洁。通过旋转清洗刷旋转手柄，改变冲洗水喷射旋转钢丝刷角度，清除高压清洗喷嘴堵塞物，以此保证高压喷嘴保持较高的清洗压力。清洗工艺要求清洗刷喷嘴喷出的水柱呈扇面状分布，清洗喷嘴沿清洗刷长度方向排布，分布间距为 70～80 mm，清洗水泵保持清洗水压在 1.8 MPa 以上。

③压辊及传动系统。压辊传动系统是由电机、减速机、主动辊和若干从动辊等组成。所有辊轮安装在榨汁机的机架上，在电机及减速机的带动下，主动辊以适当的速度转动，并带动环状压滤带向前运行。上、下两条压榨滤带运行带动其他从动辊运转。保持榨汁机上、下压滤带同步移动是榨汁机能够正常运行的重点，即两条压滤带的线速度必须高度保持一致，否则上、下压滤带出现差速运动，在上、下压滤带之间产生相对运动，压滤带之间巨大摩擦力，将导致压滤带损坏，甚至损坏设备。

为了保证榨汁机上、下压滤带能够同步运行，榨汁机在设计上采用了专用的蜗杆减速箱，该减速箱是在主动轴上设有两个旋向相反、其他参数一致的蜗杆，两个蜗杆分别啮合两个蜗轮，每个蜗轮带动一个输出轴。减速箱由一根主动轴输入，经减速后产生两个旋向相反、旋转速度一致的输出轴，从而带动两个主动辊，两个主动辊再分别带动上、下两条压滤带同步运动。

④张紧装置。带式榨汁机的张紧装置，是利用压缩空气为动力，由张紧气囊、张紧辊和张紧摇臂构成。在榨汁作业时，张紧气囊充气并保持 0.5 MPa 左右压力，摇臂张开使张紧辊将滤带张紧，对上、下两条滤带之间的物料施加适当的压力，保证榨汁作业的连贯运行。滤带的张紧程度，在压滤带和榨汁机强度允许的条件下，张紧度越大果浆的出汁率

就越高。在榨汁作业结束时，排除气囊中的气体，摇臂收缩，压滤带恢复作业前松弛状态。

⑤自动纠偏装置。压滤带在运行过程中不可避免出现偏离中轴线的情形，在一定幅度范围内是允许的。但是，如果偏离幅度超出其限定范围就会导致压滤带张力不均，甚至会导致产生故障。因此，在榨汁机上、下滤带适当位置的边缘处分别配置纠偏装置，防止滤带跑偏。纠偏装置是由限位档板、纠偏气囊组成。当滤带出现偏离时，滤带边缘就会触碰到纠偏档板，纠偏档板受力出现一定角度的倾斜，使档板末端带有与压缩空气相通的进气调节装置发生位移，带动调整纠偏气囊进气孔开启，使得压缩空气进气量的大小和气压发生变化。由气压变化使调偏辊向前或向后移动位置，以达到滤带纠偏的目的。

⑥加压装置。所说的加压装置，实质是在榨汁机机架后端安装两个上、下相对的加压榨辊；在榨汁机两侧机架上安装气囊，一般气囊加压压力约 0.4 MPa，在气囊的上面安装竖立的一根不锈钢顶柱，在气囊加压时，气囊张开推动下榨辊向上施加挤压力；由于上面的榨辊升降位置是固定的，如此使上下对应的压榨辊之间形成加压运行区，以获得更高的出汁率。

榨汁工艺。带式榨汁主要依次经过预排汁区、弧形榨汁区、挤压区、加压区 4 个加工区。具体过程为通过螺杆泵和布料辊将果浆料均匀地分布在榨汁机的下压滤带上，随着压滤带的向前运动，下压滤带与上压滤带重合，并将果浆物料夹持在可透过汁液的上、下压滤带之间。由于压滤带张紧力的作用，部分果汁透过压滤带开始自流，此阶段称为预排汁区。当物料进入弧形压榨区时，L 型压辊对果浆物料施加压力，使得果汁迅速透过压滤带流出，此阶段称为弧形榨汁区。而后随着一系列压辊的直径递减，压力和剪切力不断增加，继续对果浆物料施加压力同时获得更多的汁液，此阶段称为挤压区。最后，经过 2 个加压辊（上下方向加压）挤榨，完成榨汁过程，此阶段称为加压区。从压榨开始到结束所产生的全部果汁，通过下压滤带下方斜面收集盘收集，最后流入果汁收集槽中，然后通过物料泵输送到下道工序。以带式榨汁机压榨枣汁为例，在各压榨阶段获得的果汁比率为：在预排汁阶段获得果汁量约 20%，在弧形榨汁区获得果汁量约 30%左右，在挤压区阶段获得果汁量约 40%，在加压区获得果汁量约 10%。而在上、下压滤带之间的浆料随着压榨的进行，大量果汁缓缓被榨出而逐渐形成渣饼，最后从榨汁机末端被塑料刮板从滤带上刮下，落入收渣槽，通过螺旋输送机送出进行二次浸提或排出室外另作他用。

二次浸提。利用第一次压榨后的果渣进行浸提后再次进行榨汁的工艺。但并不是所有的原料都采用二次榨汁工艺，对于出汁状态比较理想的原料，仅经过一道压榨就能够获得大部分有效成分，压榨后的皮渣直接排放。二次榨汁的主要工艺过程是将一榨的果渣在 80℃以下热水中按照料液（1∶1）～（1∶2）比例复水后，浸提 20～40 min，然后再进行二次压榨，一般二次压榨出汁率可达 5%～10%。二次压榨要求浸提后溶液的可溶性固形物含量不低于 4°～5 °Brix，否则会大大增加后续浓缩成本，且影响产品风味。

（2）螺旋榨汁机。工作原理是启动螺旋榨汁机，螺旋轴转动，具体结构见图 4 - 10。当破碎后的果肉、果汁及果皮混合物通过进料斗 3 进入螺旋榨汁机，螺旋轴 5 的底径随物料运动方向由小逐渐变大，而螺距则相应地逐渐由大变小。当物料被螺旋推进时，因螺旋腔容积的逐渐缩小，从而形成对物料的递进压榨。果汁通过过滤网 6 汇集到集汁斗 8 内，较粗的纤维颗粒则通过螺旋轴 5 末端与调压头 9 锥形部分形成的环状空隙排至出渣斗 14。

转动手轮轴承座13，即可改变调压头与螺旋锥面间隙的大小。调整此处的间隙，可改变出汁率。如果间隙过小，在强力挤压下，部分果渣的颗粒会和果汁一起通过过滤网被挤出，尽管增加了出汁量，但果汁的品质会相应下降。所以，此间隙的大小应根据原料的具体工艺要求来调整。

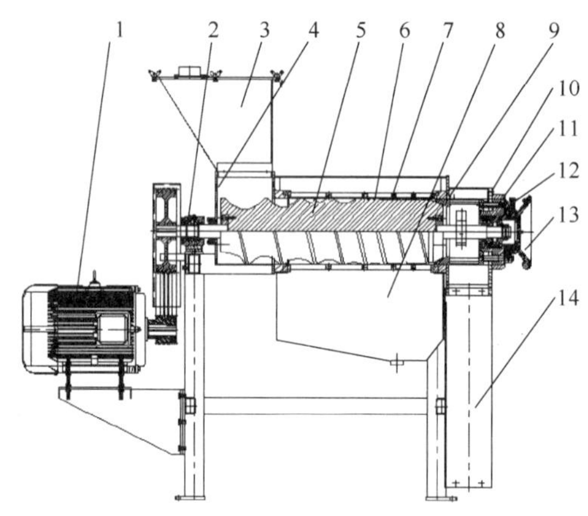

图4-10　螺旋榨汁机外观图及结构图

1. 电机　2. 轴承座　3. 进料斗　4. 前支座　5. 螺旋轴　6. 过滤网　7. 骨架　8. 集汁斗　9. 调压头　10. 后支座　11. 压紧座　12. 制动销　13. 手轮轴承座　14. 出渣斗

（五）酶解、澄清技术

1. 酶解技术

在果汁加工技术中，生物酶具有非常重要的作用。目前，生物酶解技术在枣汁生产中普遍应用，以实现提高出汁率、果汁澄清等目的。20世纪80年代初，酶制剂公司率先将果浆酶应用于破碎后的果浆中，显著提高了出汁率和榨汁效率，这是生物酶制剂在果汁加工产业规模化应用的标志（仇农学等，2006）。20世纪90年代，中华全国供销合作总社济南果品研究所将诺维信酶制剂及酶解技术引入中国，开展相关应用技术培训及产业应用，拉开了我国果汁行业生物酶解技术发展的序幕。

在枣汁加工中常用的生物酶种类有果浆酶、果胶酶。

（1）果浆酶。果浆酶是一种复合酶，除果胶酶外，还含有纤维素酶、半纤维素酶等其他酶。目的是通过分解果胶、纤维素等，降低果浆黏度、改善果浆的压榨性能，从而提高果汁出汁率。通过应用果浆酶酶解，可有效降解水果的细胞壁结构，缩短压榨时间，提高设备生产效能，提高自流汁比例，方便压榨，果渣含水率更低，便于运输，降低果汁中的果胶含量，有利于果汁澄清与过滤，提高储藏稳定性。

目前，常用的进口果浆酶主要为诺维信、英联、帝斯曼等公司生产的果浆酶制剂。重点介绍诺维信公司生产的YieldMash果浆酶，不但含有三种主要的果胶酶活性，还含有一定的半纤维素酶（鼠李聚半乳糖醛酸酶、木聚糖酶等），除分解果胶主链条外，还能水解果胶链条上的甲基半乳糖酸，更多地裂解细胞壁，便于果汁的释放。同时，该果浆酶的适用范围较广，在20～60 ℃范围内均具有良好的生物酶活性，这样就减少了破碎后果浆的加热，降低了加工能耗，且作用时间短，一般作用30 min即可。其添加量在30～100 mg/kg，根据原料特性不同需进行酶添加量的小试试验以确定合适的添加量。总体来说，果浆酶制剂成本投入小，使用方便，出汁率提高效果明显，在果汁的加工中是必不可少的步骤。

（2）果胶酶。果汁中通常含有 0.2%～0.5%的果胶物质。果胶酶是专门分解果胶物质的一种酶制剂。果胶酶广泛分布于高等植物和微生物中，根据其作用底物的不同，可以分为两类，一类能催化果胶解聚，另一类能催化果胶分子中的酯水解。其中催化果胶物质解聚的酶分为作用于果胶的酶（聚甲基半乳糖、醛酸酶、醛酸裂解酶或者果胶裂解酶）和作用于果胶酸的酶（聚半乳糖醛酸酶、聚半乳糖醛酸裂解酶或者果胶酸裂解酶）。催化果胶分子中酯水解的酶有果胶酯酶和果胶酰基水解酶（王小明，2013）。

果胶酶是水果加工中最重要的酶，应用果胶酶处理破碎果实，可加速果汁过滤，促进澄清等。果胶酶作用于果胶中 D-半乳糖醛酸残基之间的糖苷键，可以打破果胶分子，软化果肉组织中的果胶质，使高分子的半乳糖醛酸降解为半乳糖醛酸和果胶酸小分子物质，并且果胶的多糖链也被降解，果胶的连续降解使果汁黏度下降，原来存在果汁中的固形物沉降下来，增强了澄清效果，提高果汁的可滤性，加快了果汁的过滤速度。

果胶酶的作用温度一般为 10～55℃，一般在 50～55℃活性最高。当温度超过 65℃时，果胶酶容易失去活性。果胶酶的添加量应视不同的生产厂家、不同的原料特性，通过小试试验而定。作用时间方面，果胶酶的作用时间取决于酶的添加量和反应温度，如果胶酶的用量降低，则反应时间须适当加长。果胶酶的作用效果均随作用时间的增加而增加，但并不等于作用时间越长越好，生产时可通过果胶的定性实验来确定酶解效果，还要综合考虑作用温度的高低、工艺的连续性等因素。

2. 澄清技术

（1）生物酶澄清。生物酶制剂除可以提高出汁率外，还可以进行果汁澄清，提高果汁在贮藏期间的稳定性。这是由于果胶酶直接作用于果胶分子链条后果胶降解，使得果汁中原有的胶体系统瓦解，一部分带正电荷的蛋白质暴露出来，随着混浊粒子之间的静电排斥力降低，果胶、蛋白质等大分子物质会聚合在一起形成大颗粒物质，并最终沉降下来。

应用生物酶制剂澄清果汁，其澄清过程分为三个阶段：第一阶段是果胶水解，在酶的作用下可将部分不溶于水的原果胶转变为可溶性果胶，随着原果胶数量的降低以及水溶性果胶数量的增加，最后水溶性果胶被分解，使得果汁的黏度下降，原来果汁的混浊体系失去了稳定性。第二阶段是自澄清，即混浊物与颗粒物带负电荷，这些负电荷是由果胶和其他多糖提供的。在果胶等构成的保护层里面则是带正电的蛋白质，果胶水解后使带正电的蛋白质暴露出来，与其他带负电荷的粒子相互碰撞，产生絮凝现象。当果汁黏度降到一定数值时，悬浮胶体发生絮凝，果汁原来的混浊状态骤然被破坏。第三阶段是悬浮胶体发生絮凝后沉淀，最终实现果汁的澄清。果胶是否酶解完全，可采用《浓缩苹果汁》（GB/T 18963—2012）中果胶的检测方法来进行判断，以酸化酒精做果胶检测，显阴性时表示酶解过程结束。果胶分解完全后，需要对果胶酶进行灭活处理即加热处理，避免后续沉淀的产生。

在清汁加工中，通常生物酶解和澄清同时进行，即加入一定量的果胶酶制剂，搅拌均匀后，既可以分解果汁中的果胶大分子，又能起到澄清的目的。影响生物酶澄清效果的因素包括酶添加量、澄清温度及澄清时间。以红枣汁为例，通常果胶酶添加量分别为 50～100 mg/kg，50 ℃条件下作用时间 2 h 左右。

（2）物理澄清。

①明胶。明胶是动物胶原蛋白经部分水解衍生的分子量为 10 000～70 000 Da 的水溶性蛋白质（非均匀的多肽混合物）。根据用酸性或碱性溶液制备明胶的工艺不同，可分为酸性明胶和碱性明胶。对于果汁的处理，一般选用酸性明胶，在低 pH 下酸性明胶溶液带有较高正电荷，可与果汁中带负电荷的多酚、单宁等物质形成絮状沉淀物，使果汁中的悬浮颗粒被絮凝沉降，实现果汁澄清。明胶的用量因果汁的种类和明胶的种类而不同，澄清不同的果汁需要在使用前进行澄清试验，确定其使用量。明胶用量要适当，用量过多，不仅妨碍凝聚过程，反而不能保护和稳定胶体，影响果汁的透明度。

②硅溶胶。硅溶胶是二氧化硅的透明溶液，其固形物含量为 15%～30%，在果汁中，带负电荷的硅溶胶与带正电荷的明胶反应，从而达到絮凝和澄清的目的。一般硅溶胶不需要前处理就可直接加入果汁中，其加入量要依据明胶需要量而定。当硅溶胶浓度为 15%时，需要添加明胶用量的 5～10 倍；浓度为 30%时，则需要 3～5 倍的明胶用量，最适添加量需试验确定。

③膨润土。也称皂土，是天然膨润土精制而成的无机矿物凝胶，其主要成分是蒙脱土，一种水合硅酸盐。早在 20 世纪 30 年代初，膨润土已应用在葡萄酒的澄清中。直到 60 年代初，膨润土才与明胶结合使用。除沉淀蛋白质外，膨润土还可以去除果汁中的单宁。

为了提高沉降速率和澄清效果，在枣清汁生产中，酶解澄清和传统澄清技术通常结合使用，枣汁中加入适量果胶酶和淀粉酶进行酶解澄清，待果胶和淀粉酶解完成后，添加复合澄清剂（如明胶、硅溶胶、膨润土等）进一步将果汁的大颗粒物质吸附沉降，以提高果汁的澄清度及过滤速率。但随着过滤技术及装备的提升，物理澄清工段可以省略，避免大量加工助剂的使用及污水的处理。但也有研究表明，传统的物理澄清技术可以提高果汁储藏期间色值的稳定性。因此，在工艺的选择中，可根据实际的产品需求和设备投资预算，进行加工工艺与技术参数的筛选。

④壳聚糖。壳聚糖是氨基葡萄糖的直链多聚糖，是由甲壳素脱去乙酰基得到，脱乙酰程度不同导致壳聚糖性质差异显著。壳聚糖是一种高分子碱性多糖，可结合酸或酸性化合物的氢原子（与其所含有的氨基上氮原子上有一自由电子对导致），最终变成带正电荷电解质，这种电解质可中和果汁中带有负电荷的多酚、果胶等大分子等物质，使其絮凝最终沉降。由于甲壳素是自然界中最丰富的有机化合物之一，近 20 年来，人们对甲壳素和壳聚糖的研究广泛。研究人员对比了不同澄清剂（壳聚糖、膨润土、硅藻土、果胶酶等）对红枣汁的澄清效果，普遍发现壳聚糖的澄清效果显著优于其他澄清剂，壳聚糖的添加量为 0.4～1.0 g/L，在 50 ℃下作用 30～60 min，枣汁的透光率可以达到 95%以上，达到了良好的澄清效果（艾克拜尔·艾海提等，2013；王桐等，2005）。但目前，由于壳聚糖单价较高，主要局限在科学研究上，实际生产应用不多。

影响果汁澄清效果的因素很多，如果汁温度、黏度、pH、处理步骤、搅拌器、混合时间等。应注意为了确定不同条件下的澄清剂用量，必须预先进行实验。为了便于观察和计算，一般取 10 支盛有一定量果汁的量筒，加入不同量的澄清剂，充分搅拌后，静置 48 h 即可判断澄清效果，或采用浊度计等检测仪器辅助检测。为了避免澄清剂加入过量，不以澄清最快为标准，而是选取澄清剂加入量最少且效果好为标准。在实际生产中，要选择合适的澄清剂与澄清工艺，可以几种澄清剂结合使用。但只有操作简单，周期短，费用低，才能在实际生产中广泛应用。

（六）分离技术与设备

在果汁及其饮料加工中，对于果肉型果汁（果浆、鲜榨汁）的加工，需要通过离心分离去除部分果肉，以调节果汁中的果肉（不溶性固形物）含量。在混浊果汁加工中，为了提高其稳定性，可以通过更高转速的离心分离进一步去除果汁中的悬浮颗粒、残渣和部分果肉、凝聚沉淀物等微小固体颗粒。

常见的分离设备有卧式离心机、碟片式离心机等。两种离心机对果浆中果肉含量要求不同，一般卧式离心机处理的果浆中果肉含量较高，而碟片离心机则在果肉含量小于5%时处理效果更佳，因此可根据进料果肉含量选择不同的离心方式。

1. 卧式离心机 主要是利用离心沉降原理分离果肉与果汁的设备，物料经加速后进入转鼓，在离心力场的作用下，较重的固相沉积在鼓壁上形成沉渣，较轻的液相则由排液口排出。

工作原理：转鼓与螺旋以一定差速同向高速旋转，物料由进料管连续引入螺旋推料器内筒，加速后进入转鼓，在离心力场作用下，较重的固相物沉积在转鼓壁上形成沉渣层。螺旋推料器将沉积的固相物连续不断地推至转鼓锥端，经排渣口排出机外。较轻的液相物则形成内层液环，由转鼓大端溢流口连续溢出转鼓，经排液口排出机外。卧式离心机能在全速运转下，连续进料、分离、洗涤和卸料。具有结构紧凑、连续操作、运转平稳、适应性强、生产能力大、维修方便等特点。适合分离含固相物粒度大于0.005 mm，浓度范围为2%～40%的悬浮液。

枣加工中常用卧式离心机来分离果浆中的果肉等不溶性固形物，达到降低枣汁中不溶性固形物及提高浊汁稳定性的效果，也可以通过卧式离心机进行果肉的初步脱除，为生产枣清汁做准备。卧式离心机结构示意图和工作原理图如图4-11、图4-12所示。

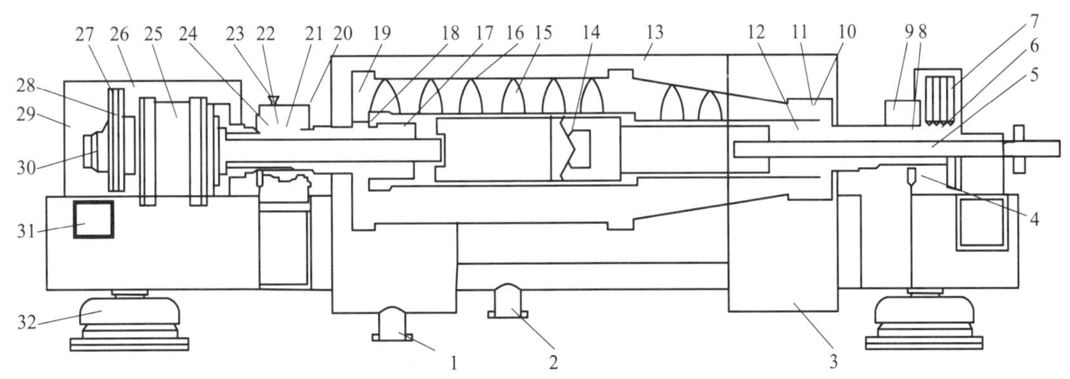

图4-11 卧式离心机结构示意图

1. 母液排口 2. 残液排口 3. 滤渣出口 4. 主电动机 5. 进料管 6. 主电机从动轮 7. 主电机主动轮 8. 前主轴承 9. 前轴承座 10. 排渣耐磨套 11. 螺旋前轴承密封 12. 螺旋前轴承 13. 外壳 14. 布料器 15. 螺旋推料器 16. 转鼓组件 17. 螺旋后轴承 18. 螺旋后轴承密封 19. 溢流板 20. 后轴承座 21. 后主轴承 22. 温度传感器 23. 注油杯 24. 后主轴承密封 25. 差速器 26. 差速电机 27. 主差速带轮 28. 从差速带轮 29. 皮带保护罩 30. 扭矩保护装置 31. 机座 32. 减震器

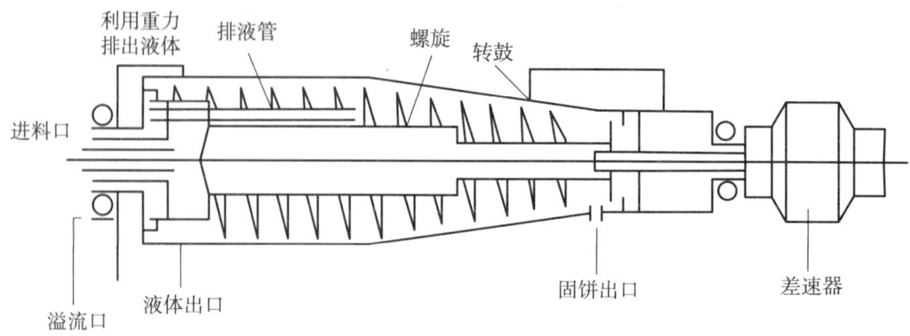

图 4－12　卧式离心机工作原理图

2. 碟片式离心机　碟片离心机是立式离心机的一种，如图 4－13 所示，转鼓装在立轴上端，通过传动装置由电动机驱动而高速旋转，转鼓内有一组互相套叠在一起的碟形零件——碟片，碟片与碟片之间留有很小的间隙。悬浮液（或乳浊液）由位于转鼓中心的进料管加入转鼓。当悬浮液（或乳浊液）流过碟片之间的间隙时，固体颗粒（或液滴）在离心机作用下沉降到碟片上形成沉渣（或液层）。沉渣沿碟片表面滑动而脱离碟片并积聚在转鼓内直径最大的部位，分离后的液体从出液口排出转鼓。

碟片的作用是缩短固体颗粒（或液滴）的沉降距离、扩大转鼓的沉降面积，转鼓中由于安装了碟片而大大提高了分离机的生产能力。积聚在转鼓内的固体可在分离机停机后拆开转鼓由人工清除，也可通过排渣机构在不停机的情况下从转鼓中排出。主要用于固形物在 1%～15%之间（一般不宜超过 10%）固相颗粒分离。在枣汁加工过程中可采用碟片离心机进行果肉脱除，脱除后的枣汁不溶性固形物可达到 1%以内，可以有效降低枣清汁后续超滤过程中通量下降的速率。

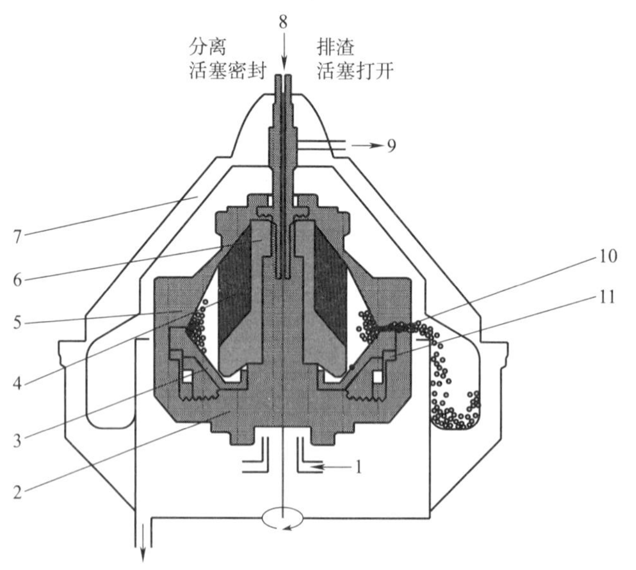

图 4－13　碟式分离机剖面图

1. 操作水　2. 转鼓　3. 大活塞　4. 碟片　5. 密封环　6. 碟片架　7. 机盖　8. 进料　9. 澄清液　10. 渣　11. 活塞环

（七）过滤技术与设备

过滤是一种机械过程，通过使液体流经多孔屏障去除不溶性固体来进行澄清。压榨得到的果汁或经酶解处理后的果汁中仍含有较多颗粒，包括果肉碎屑、多酚、蛋白质、果胶等，在后续的储藏中会发生聚合沉淀而影响产品品质，因此为得到更加稳定的清汁产品，在酶解和澄清工段后，过滤是非常必需的。常用的过滤方法有压力过滤、纸板过滤、真空转鼓过滤以及超滤。

1. 压力过滤 其优点是所获得的滤渣水分含量低，可以通过再循环滤液或通过预涂来产生干净的滤液。压力过滤时需要使用助滤剂和预涂层。当果汁中果肉含量较多或较为混浊，带有难以过滤的细小颗粒时，可以使用助滤剂。预涂层是在滤板上形成具有已知渗透率的厚介质，形成过滤屏障截留固体颗粒。食品工业中最常用的助滤剂和预涂层材料是硅藻土、珍珠岩、纤维素等，常用设备有硅藻土过滤机。

2. 纸板过滤机 常与硅藻土过滤剂配套使用。经过硅藻土过滤后在过滤液中残留的悬浮固体物已经不多，所以不需要容纳大量滤饼的滤框。滤板的正反两面均有沟纹用于导流汁液，在两板之间夹持滤纸片。滤纸一般厚 2～3 mm，通常是用纸浆纤维和石棉纤维混合物制成，兼有筛分和吸附两种作用。纸板过滤机过滤通常是串联在硅藻土过滤机之后，料液进入进料通道，然后流入过滤板进料侧，在纸板的截留和吸附作用下，各类悬浮物或固形物沉积在纸板上，澄清液则透过纸板由出口通道流出。为确保能精密过滤，纸板两边的压力差不应超过 0.15 MPa，以免过滤纸板结构发生变化而影响过滤质量。纸板过滤机单位面积过滤能力为 0.1～0.16 m^3/（m^2 · h）。

3. 真空转鼓过滤 是以负压作为过滤推动力的一种连续式过滤方法，可连续性生产，机械化程度高，具有分离固相浓度很低、粒度极细、易堵滤布的难分离悬浮液分离的特点。由于枣汁糖度高、黏度大，经过酶解、澄清处理后直接进行超滤，容易堵塞滤膜，超滤通量下降较快，因此，在超滤前首先用真空转鼓过滤除掉枣汁中黏性物质，对于提高超滤通量具有非常重要的实践意义。

转鼓真空过滤机是由转鼓、气源分配头、传动控制等几个部分组成。转鼓是一个水平的旋转圆筒，其主体直径 0.3～4.5 m、长度 3～6 m。圆筒的外表面为多孔筛板，在筛板外面覆盖一层滤布。在转鼓内部沿转鼓长度方向焊接扇形格板（筋板），将转鼓径向分隔成若干（10～30）扇形隔室。每个扇形隔室有单独孔道与空心轴内的孔道相同。而空心轴内的孔道则沿轴向通往位于转鼓轴端并随转动轴旋转的转动盘上。转动盘和固定盘端面紧密分配，构成一种特殊结构的气源分配阀，也称气源分配头。气源分配阀的固定盘上分成若干个弧形空隙，分别与减压管、洗液储槽以及压缩空气管路相通。当过滤机转鼓旋转时，借助气源分配阀动作，依据每个扇形格室传动时所处不同位置进行真空和加压气源切换，使得过滤机转鼓持续地吸滤、洗涤、脱水、卸料循环操作。

转鼓转速控制系统采用二级齿轮减速装置，为实现稳定过滤由交流变频器无级调速控制转鼓转速，通常转鼓转速为 0.1～2 r/min，以此获得稳定的真空过滤效果。在转鼓的整个过滤面上，过滤区约占圆周的 1/3、洗渣和吸干区占 1/2、卸渣区占 1/6，各区之间有过渡段。转鼓真空过滤机结构及原理见图 4－14 所示。

在过滤前，需要在滚筒隔板上预涂适当的助滤剂，如珍珠岩、硅藻土。刮刀朝着滚筒缓慢移动，并刮掉一层含分离固体的预涂层材料。这种操作使分离出的不溶物质持续地被

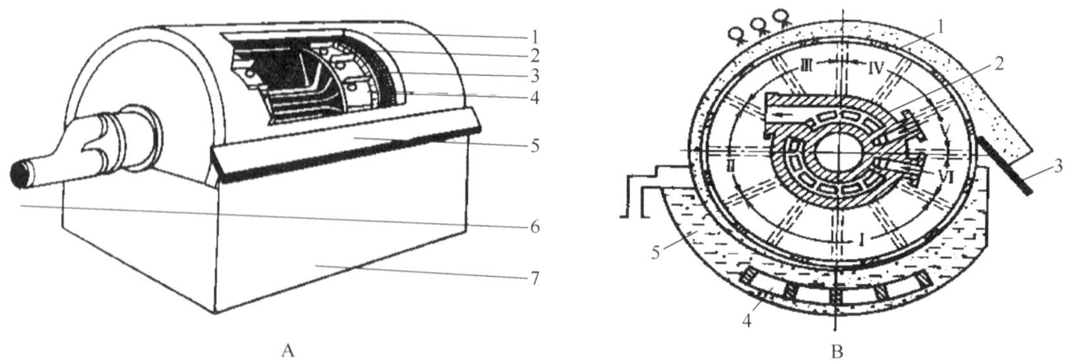

图 4-14　转鼓真空过滤机结构图与原理图

A：1. 预涂层　2. 隔板　3. 隔板支撑　4. 滤器板　5. 刮刀　6. 出口　7. 滤槽

B：1. 转鼓　2. 分配头　3. 刮刀　4. 搅拌器　5. 滤浆槽

清理，干净的预涂层使过滤可以连续运转。在预涂层过滤器中，整个鼓面都处于真空状态。

在过滤作业时，转鼓有一部分浸没在下面的滤槽中滤浆内并缓慢旋转。通常保持浸没率为 25%～37%。对固形物含量较少以及滤饼形成速度慢的料浆，浸没率可高达 60%。沉没在悬浮液内的转鼓过滤室与真空系统连通，在真空的作用下滤液透过滤层被吸出过滤机的扇形格滤室中，固体颗粒则被吸附在过滤面上形成过滤截留层。滤室随转鼓旋转离开悬浮液后，继续吸取滤渣中饱含的液体。当需要除去滤渣中残留的滤液时，在滤室旋转到转鼓上部时喷射洗涤水。这时滤室与另一真空系统接通，洗涤水透过滤渣层置换滤渣层之间残存的滤液。滤液被吸入滤室，并单独排出，然后卸除已经吸干的滤渣层。这时滤室与压缩空气系统连通，反吹滤布松动滤渣层，再由刮刀刮下滤渣。压缩空气（或蒸汽）继续反吹滤布再生，清除过滤介质上残存的料渣颗粒。

4. 超滤　以膜两侧的压力差为驱动力，当分离介质流经超滤膜表面时，在压力的作用下超滤膜允许水、无机盐及小分子物质通过，截留分离液中悬浮物、胶体、蛋白质和微生物、大分子有机物等成分，以达到溶液的分离、净化、浓缩的目的。所谓超滤是一种介于微滤和纳滤之间的一种膜过滤方式，超滤膜孔径为 5～100 nm。但在实际应用中一般不以孔径表征超滤膜分离特性，而是用截留分子量来表征的，用于表征超滤膜的切割分子量一般介于 1 000～100 000 Da（任建新，2003）。

（1）超滤技术。随着近年来膜孔材料的发展，超滤技术在果汁生产中基本成为必需工艺。膜由多种材料制成，包括烧结金属、陶瓷和聚合物。为了排除小于 0.1 mm 的物质，使用聚合物膜是迄今为止果汁加工行业中最流行的过滤方法。每单位膜面积上有数百万个小孔，可使水和低分子物质通过，而大颗粒物质则被阻隔。

超滤膜的物理结构可以看作是由两层过滤层和一层支撑层组成的，其工作原理图如图 4-15 所示。过滤层其中的一层是超薄、具有一定孔径的膜活性过滤层，膜孔径为 5～100 nm，在传质中具有选择性的筛分特性，对溶液的分离起主要作用；而另一层是相对较厚具有海绵状过滤层（孔径约 0.4 μm）；最外层为支撑层，起到活性层的载体作用，基本上不影响膜的分离性能。

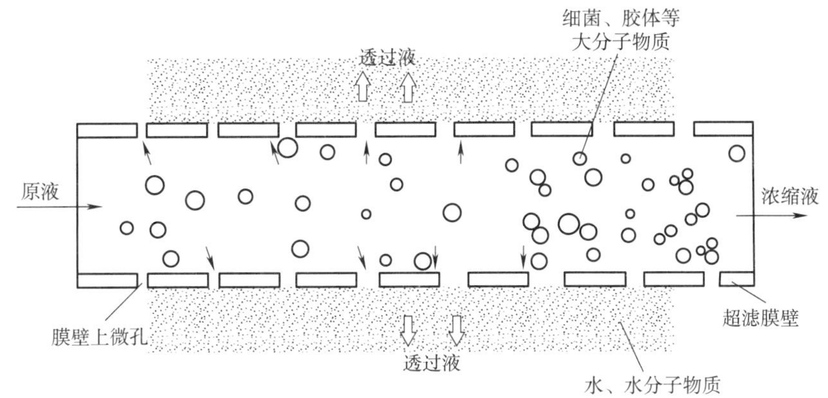

图 4-15 膜超滤工作原理图

目前，在果汁制取清汁生产中使用的膜多是管式膜，管式膜组件因料液通道截面大，无需严格的前处理就可直接分离固形物含量较高的果汁。膜组件材料为聚砜或聚偏氟乙烯，膜的规格为单管内径 12.5 mm、长 3 050 mm 或 3 500 mm，每支组件由 19 根膜管组成，膜面积 2.25～2.5 m^2。美国 Koch 公司的一种膜组件管内径仍然是 12.5 mm，膜组件有 19 根膜管和 37 根膜管两种形式，由 37 根膜管组成的组件单支膜面积 5.21 m^2。聚砜或聚偏氟乙烯膜组件可在 pH 1.5～10.5、温度 1～55 ℃、压力 0.62 MPa 条件下工作。目前用于制取清汁的超滤装置过滤面积最大可达 500～600 m^2。

（2）超滤装置。管式膜超滤装置包括由机架、膜组件构成的分离系统；由循环泵、产品泵以及相应管路构成的物料输送系统；由物料循环罐、清汁储罐、清汁平衡罐等构成的存储容器；由软化水罐、清洗罐以及清洗泵构成的 CIP 系统；由热交换、动力设备构成的附属系统；由压力、温度、动力、自动保护、程序控制构成的控制系统等若干单元。

超滤膜组件水平安放在超滤装置上，并且膜组件与分离液的流向是平行的。通常，在超滤装置前配备一个容积约为 20 m^3 或 30 m^3 的物料循环罐储备待处理料液。在果汁超滤操作中，原果汁在泵的作用下进入到超滤装置中。由于料液在膜组件内流动产生压力差，下膜管内料液在压力推动下，料液中的小分子溶质、汁液、糖分、有机酸等透过膜与原果汁分离进入超滤膜管外侧管壳中，随后被收集形成过滤果汁流，澄清果汁由产品泵输送到清汁储罐中。而料液中大分子或微粒物质被超滤膜截留形成浓溶液，如此，使得原果汁分离成超滤膜透过液和截留液两部分。超滤膜截留液在循环泵的压力作用下仍作高速连续流动，最后从超滤装置中移出返回到原汁储罐（也称循环罐）中。超滤工艺过程见图 4-16 所示。

为了减少超滤膜的膜污染和膜劣化，首先，需要正确选择超滤膜，例如选择亲水性膜，荷电性相同的膜，膜孔径或截留分子量适当的膜，不对称结构的膜；其次，在选择膜组件时，根据分离溶液情况及工艺目的，例如用超滤分离制取清汁，则应选择过滤面积更大一些的膜组件。在对超滤原料进行预处理时，在超滤前首先采用 80～120 目筛网粗过滤分离果汁中悬浮物；通过巴氏杀菌处理，防止料液中微生物对超滤膜构成的生物性劣化；果汁料液必须是经过充分的酶解处理，以提高物料的流动性和膜的渗透通量。另外也可以通过添加物提高超滤效果，例如活性炭吸附与超滤相结合工艺。

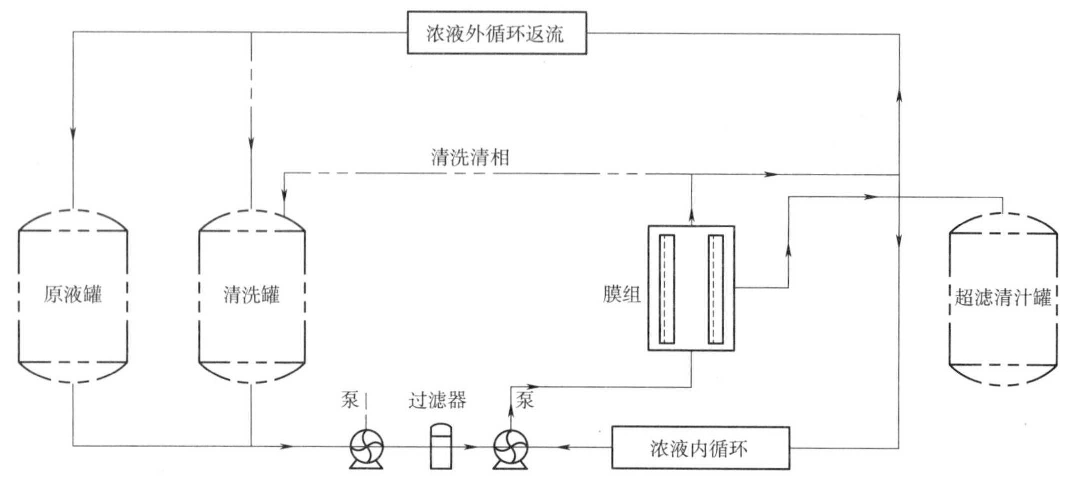

图 4－16　超滤工艺过程示意图

超滤膜的使用需要清洗和养护。一般清洗可采用物理清洗、化学剂清洗和生物酶清洗。在养护方面，一般短时间停机时采取定期换水的方式抑制微生物繁殖，换水频次为夏季每 2～3 d 1 次，冬季每 4～5 d 1 次；若长时间停机，可采用焦亚硫酸钠溶液进行防护，更换周期为每月 1 次。

（八）树脂吸附技术

在清汁生产中，通常采用超滤技术与吸附技术相结合，可有效提高果汁的澄清度和稳定性。果汁经过超滤处理后，再进入装有吸附树脂的树脂塔，吸附树脂可以针对性地去除果汁中色素等物质，进一步提高果汁的透光率、色值和浊度，达到产品品质要求。同时，吸附树脂对果汁的糖、酸、pH、香气物质等没有明显影响。为了提高浓缩清汁在储藏期的色值等品质稳定性，吸附和离子交换技术在果汁加工业中应用日益广泛。用于果汁吸附的树脂是一种专用的树脂，树脂是一种化学惰性、多孔、球形状体，具有很大的比表面积，一般每克干树脂比表面积可达 560～700 m^2，具有很好的吸附和再生性能。树脂吸附多酚类化合物是纯粹的物理现象，对果汁的风味没有明显影响。果汁中的疏水性化合物如多酚物质及色素化合物，通过范德华力的作用被物理吸附并保持在树脂的骨架上，在树脂结构上多酚类物质不断积累，使果汁中原有的多酚物质含量不断下降，由此可去除果汁中的多酚物质，提高果汁的色值。随着吸附作业时间延长，树脂吸附多酚物质不断增加，当吸附能力达到饱和时，色值不再继续增加，需要进行再生处理。树脂的再生是通过提高树脂周围环境的 pH，增加疏水性化合物的溶解度，多酚物质与树脂分离，通过水洗使多酚物质从树脂柱内移出，树脂的吸附能力通过再生处理得到恢复。

根据是否含有离子交换功能团，可将树脂分为大孔吸附树脂和离子交换树脂。

1. 大孔吸附树脂　大孔吸附树脂是在离子交换吸附剂的基础上发展而来的，与离子交换剂不同的是，其在合成过程中没有引入离子交换功能团，只有多孔的骨架，其性质和活性炭、硅胶等吸附剂相似，所以简称大孔吸附树脂或吸附树脂。

大孔吸附树脂是以苯乙烯和丙酸酯为单体，加入乙烯苯为交联剂，甲苯、二甲苯为致孔剂，它们相互交联聚合形成了多孔骨架结构。它的理化性质稳定，不溶于酸、碱及有机溶剂，不受无机盐类及强离子低分子化合物的影响。大孔吸附树脂的吸附量与比表面积成正比，比表面积增大，表面张力加大，吸附量随之增大。孔径越大，越有助于样品中被吸附物在孔隙中的扩散速率，以充分发挥比表面积的功能。若平均孔径较小，则扩散速度慢，达不到理想的杂质分离效果。同时，大孔树脂的吸附能力还与温度相关。因大孔吸附树脂含有孔状结构，比表面积大，温度过高或过低均可改变树脂结构，降低有机物的吸附分离效果。同时吸附过程是一个释放部分热量的过程，实际应用中需要控制操作温度，以使大孔吸附树脂在最佳的温度条件下解吸或吸附。

大孔吸附树脂的应用范围比离子交换树脂广，主要表现在：许多生物活性物质对 pH 较为敏感，易受酸碱作用而失去活性，限制了离子交换法的应用，而采用大孔吸附树脂既能选择性吸附，又便于溶剂洗脱，且能保持整个过程 pH 不变。此外，大孔树脂稳定性高、机械强度好，经久耐用，同时其对有机物的选择性良好、分离效能高，且脱色能力强，效果与活性炭吸附效果相当。同时，大孔吸附树脂再生容易，一般采用水、稀酸/碱或有机溶剂如低浓度乙醇对树脂进行反复清洗后即可再生。吸附树脂一般直径在 0.2～0.8 mm 之间，不污染环境，使用方便。不足之处在于吸附树脂与活性炭相比价格高，吸附效果容易受流速和溶质浓度等因素影响。

2. 离子交换树脂 离子交换树脂是一种在聚合物骨架上含有离子交换基团的功能高分子材料。树脂骨架上所带的离子基团可以与不同的反离子通过静电引力发生作用。

离子交换树脂作为吸附剂，可以将溶液中的物质依靠库仑力吸附在树脂上，然后用合适的洗脱剂将吸附物质从树脂上洗脱下来，达到分离、浓缩、提纯的目的。带电粒子与离子交换树脂间的作用力是静电力，它们结合是可逆的，即在一定的条件下能够结合，条件改变后也可释放出来。

离子交换树脂的结构主要包括两部分，一部分为高分子骨架，高分子骨架的作用是担载离子交换基团和为离子交换过程提供必要的动力学条件。制备离子交换树脂的原料非常广泛，常用的聚合物骨架包括聚苯乙烯、聚丙烯酸衍生物、酚醛树脂、环氧树脂等。为了保证树脂在使用时不被溶解，这些骨架多数情况下经过一定程度的交联。结构的另外一部分为交换基团，通常为在介质中具有一定解离常数的酸性或碱性基团（即可交换离子，如 H^+、OH^-），离子交换基团的性质决定了离子交换能力和吸附选择性。

离子交换树脂的主要功能是对相应的离子进行离子交换，交换次序依据离子交换基团对被交换离子的亲和能力差异。这些差异往往取决于多种因素，其中最重要的是离子半径、价态、化学组成和立体结构。

离子交换树脂在果汁中还可用于果糖的生产（高振鹏，2008）。利用果汁生产果糖，需要分离出果汁中的色素、氨基酸、果酸等物质。在生产中交换时可选择弱碱阴离子交换树脂。果汁以 2～5 m^3/（m^3 · h）的流速流入阴离子交换柱中，开始流出液的 pH 较高，当 pH 降至 5.0 左右时，停止吸附交换。流出液用强酸阳离子交换树脂处理后，除去流出液中的氨基酸、蛋白质等含氮化合物以及 OH^- 阴离子，然后将流出液浓缩、杀菌、灌装，得到果糖。

（九）浓缩技术与设备

经复水后制取的枣汁的含水量很高，通常在 85%以上。为了降低果汁包装、储存与运输成本，通常采用浓缩技术将果汁中的大部分水分去除，保留其可溶性物质，缩小体积和质量，通过浓缩后果汁的化学稳定性和微生物稳定性也显著提高。通过浓缩，枣清汁的可溶性固形物为 70 °Brix 以上，浓缩枣浆的可溶性固形物在 40°Brix 以上，浓缩倍数分别为 7～10 倍、4～5 倍。

真空蒸发浓缩是果汁浓缩应用最广泛的一种方式。常用的真空浓缩装置主要有以下几种分类：①按照蒸汽利用次数可分为单效浓缩、多效浓缩及机械式蒸汽浓缩（MVR）；②按照料液流程可分为单程、循环（自然循环和强制循环）；③按照加热器结构常见分类有板式蒸发器、管式真空蒸发器（包括升、降膜蒸发器）、盘管式、刮板式等。除了这几种浓缩方式分类外，果汁中常见的新型浓缩技术还有膜分离浓缩和冷冻浓缩。在浓缩红枣汁加工过程中，由于红枣汁的初始糖度较高，而膜分离浓缩主要应用于初始糖度（≤8°Brix）较低的果汁，因此并不适用；而冷冻浓缩因为加工成本较高，尤其适用于热敏性、加工附加值较高的果汁产品，在浓缩枣汁加工过程中鲜见使用，因此，在本书中对这两种技术暂不做介绍。

1. 管式真空蒸发器 分为升膜蒸发和降膜蒸发两种类型。管式蒸发主要特点是膜管管束长，一般为 6～8 m，膜管截面积小，传热效率高，热交换充分。在真空状态下低温连续蒸发，料液沿管壁成膜状流动，物料受到热作用时间短，仅数秒至十几秒，蒸发器热作用对果汁品质产生的影响很小。

（1）管式升膜蒸发器。管式升膜蒸发器具体结构如图 4－17 所示。在减压情况下二次蒸汽流速为 80～200 m/s，所以蒸发时间很短仅为数秒至十余秒，适用于热敏性溶液的浓缩；由于二次蒸汽流速快，具有良好的破坏泡沫作用，因此升膜式蒸发器适合用于易产生泡沫物料的蒸发；在二次蒸汽高速上升时，要使料液被拉成膜状上升，就必须克服它的重力和它与膜壁之间的摩擦力，因而升膜式蒸发器不适用于黏度较大料液的浓缩。另外，由于传热温差较大，一般在 20～30 ℃，液膜侧传热系数大，单位传热面积上料液占有量很小，因而容易在膜管内造成结晶、结垢。在传热温差过大，而加热管长径比（L/d）较大时，两种因素叠加有可能发生焦化现象。因此，升膜式蒸发器不宜用于有结晶或有易结垢倾向料液的蒸发。

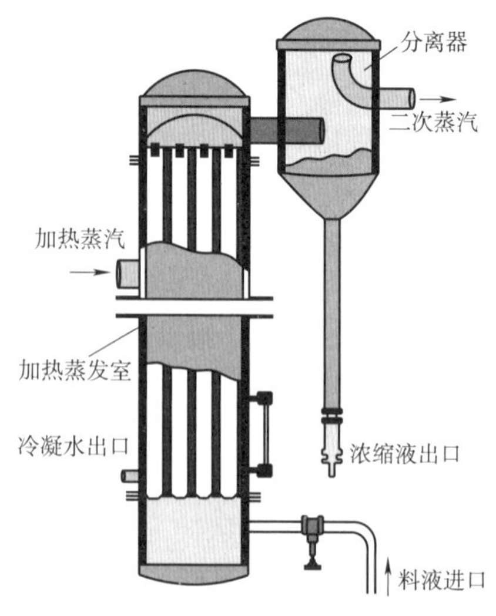

图 4－17　管式升膜蒸发器结构图

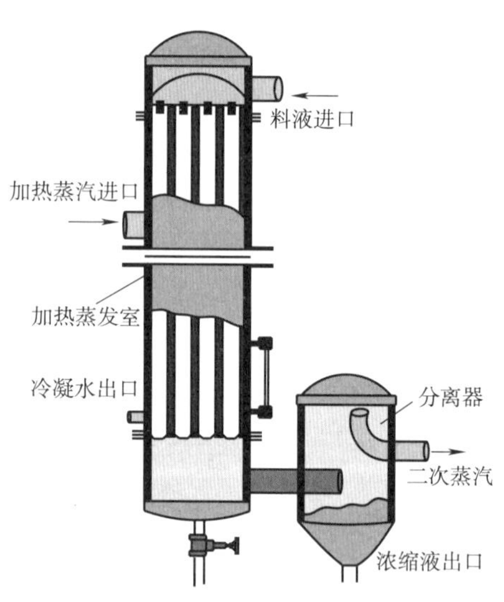

图 4－18　管式降膜蒸发器结构图

在蒸发浓缩操作时果汁料液从管束下部进入蒸发器，当料液进入加热管后受热沸腾迅速汽化，生成的二次蒸汽在加热膜管内迅速上升，料液则被上升的气流沿膜管内壁撕拉成薄膜状由下向上运动，由此得名升膜式。膜液继续蒸发与蒸汽形成汽-液混合物，当这种汽-液混合物继续上升进入离心分离器内时，在离心力作用下进行汽-液分离，浓缩液从分离器底部排出即为产品，而二次蒸汽从分离器顶端排出冷凝或作为下一级蒸发浓缩效体的热源。

（2）降膜式蒸发器系统。降膜蒸发是将料液自降膜蒸发器加热室上管箱加入，经液体分布及成膜装置，均匀分配到各换热管内，在重力和真空诱导及气流作用下，成均匀膜状自上而下流动，如图 4－18 所示。流动过程中，被壳程加热介质加热汽化，产生的蒸汽与液相共同进入蒸发器的分离室，汽液经充分分离，蒸汽进入冷凝器冷凝或进入下一效蒸发器作为加热介质，从而实现多效操作，液相则由分离室排出。尤其是适用于热敏性物料，该设备在真空低温条件下进行连续操作，具有蒸发能力高、节能降耗、运行费用低、且能保证物料在蒸发过程中不变性。

主要结构包括设备主体由Ⅰ、Ⅱ、Ⅲ效加热器、分离器、热压泵、冷凝器、杀菌器、保温管、料泵、水泵及仪表柜组成。

降膜蒸发工艺，其原理如图 4－19 所示。需蒸发的物料通过进料泵从降膜蒸发器顶部进入，流经蒸发管内（管程），物料通过布膜器以膜状分布到换热管内，物料在凭借引力流下管腔时被管外的蒸汽加热，达到蒸发温度后产生蒸发，物料连同二次蒸汽从管内流下以薄膜的形式蒸发。二次蒸汽被蒸汽压缩机压缩后，送入降膜加热室壳程作为加热蒸汽。降膜加热室壳程有板块，引导二次蒸汽，冷凝和排出不可以冷凝的气体。而在过程中把本身热能经过管壁从外传到管内蒸发中的物料，通过换热后二次蒸汽冷凝成水排出降膜蒸发器外。

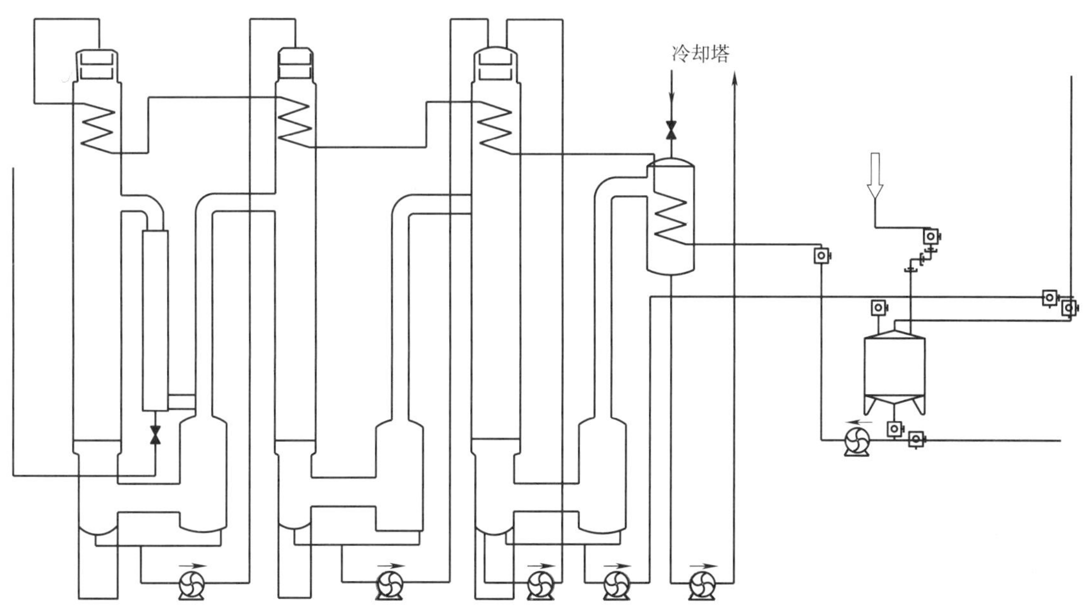

图 4－19 降膜蒸发器原理图

2. 强制循环蒸发器 强制循环蒸发器是依靠外加力——循环泵使液体进行循环。它的加热室有卧式和立式两种结构，液体循环速度大小由泵调节。根据分离室循环料液进出口的位置不同，它又可以分为正循环强制蒸发器及逆循环强制蒸发器，循环料液进口位置在出口位置上部的称为正循环，反之为逆循环。强制循环蒸发器的特点是可用于避免在加热面上沸腾的产品而形成结垢或产生结晶。为此，管中的流动速度必须高。当循环液体流过热交换器时被加热，然后在分离器的压力降低时部分蒸发，从而将液体冷却至对应该压力下的沸点温度。由于循环泵的原因，蒸发器的操作与温差基本无关。物料的再循环速度可以精确调节。蒸发速率设定在一定的范围内。设备采用泵强制循环，具有蒸发速率高，浓缩比重大，特别适用于浓度或黏度较高物料如枣浆的蒸发。

强制循环蒸发器的工作原理，如图 4－20 所示，是溶液在设备内的循环主要依靠外加动力所产生的强制流动。循环速度一般可达 1.5～3.5 m/s。传热效率和生产能力较大。原料液由循环泵自下而上打入，沿加热室的管内向上流动。蒸汽和液沫混合物进入蒸发室后分开，蒸气由上部排出，流体受阻落下，经圆锥形底部被循环泵吸入，再进入加热管，继续循环。

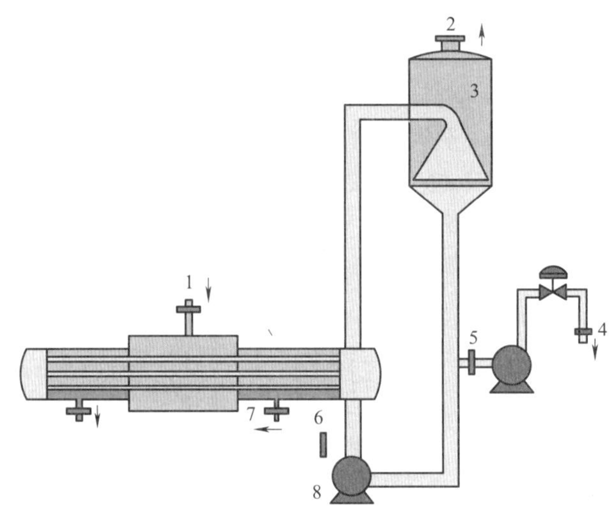

图 4－20 强制循环蒸发器工作原理图

1. 加热蒸汽 2. 蒸汽 3. 分离器 4. 成品 5. 浓缩液泵 6. 原料 7. 冷凝液 8. 循环泵

3. 机械式蒸汽压缩（MVR）装置 其原理是利用高能效蒸汽压缩机压缩蒸发产生的二次蒸汽，提高二次蒸汽的压力和温度，被提高热能的二次蒸汽打入加热器对原液再进行加热，受热的原液继续蒸发产生二次蒸汽，从而实现持续的蒸发状态。由于蒸发是一个非常耗能的过程，因此能源的可用性和相对成本决定了蒸发设备的设计，越来越多的蒸发设备设计来尽可能高效地利用能源，MVR 蒸发器应运而生。由于本系统循环利用二次蒸汽已有的热能，从而可以不需要外部新鲜蒸汽，大大节省了蒸发系统的能耗。从理论上来看，使用 MVR 蒸发器比传蒸发器节省 60％以上的能源，节省 95％以上的冷却水，减少 50％以上的占地面积。

4. 芳香物质回收装置 枣汁在浓缩蒸发过程中产生的水蒸气中含有枣汁特有的芳香物质，随着蒸发的进行，这部分芳香物质会随着水蒸气的冷凝进入冷凝水中。芳香物质是枣汁的特有典型物质，需对其进行回收，进行回填或作为天然香精使用。

芳香物质回收过程：果汁通过加热器预热后进入蒸发器，由加热蒸汽加热、闪蒸，产生有挥发香气的二次蒸汽。二次蒸汽由挡板导向进入冷凝器，通过与换热器中冷却水交换冷凝成香液。香液相继进入二级、三级芳香物回收器，通过再蒸发、再冷凝提取，由此获得高浓度的香液。提香过后的果汁和冷凝水分别从芳香回收器的下部排出，果汁送往蒸发器进行浓缩。

带芳香物质回收装置的多效真空浓缩蒸发系统是由洗涤塔、精馏塔、蒸发器、热压泵、冷凝器、冷凝水泵、果汁泵、无香水泵、冷却分离器、芳香液泵等部分组成。在枣汁加工中，通常采用带芳香物质回收装置的多效真空浓缩系统回收果汁中的芳香物质，这是一项非常成熟的技术，此装置设备造价低且回收芳香物质效果理想，因此，应用比较普遍。关于芳香物质提取浓缩倍数，通常是指浓缩原果汁质量与获得的香液质量的比例，每100～200 L枣原汁可以回收1～2 L芳香物质浓缩液，香精浓缩倍数100～200倍。

（十）杀菌技术与设备

杀菌工段是果汁加工中的十分重要的关键控制点之一，在果汁杀菌的过程中，要注意两个方面：一是杀死果汁中的致病菌、腐败菌，使果汁中的酶受热失活，从而延长果汁产品保存期；二是杀菌过程中应尽可能保留果汁中的营养和风味。在果汁加工中，常用的杀菌设备按其结构形式分为板式杀菌器、管式换热器两种类型。

因为热杀菌技术会造成果汁营养、香气等的损失，近年来新型非热杀菌技术一直是研究热点。常见的非热杀菌技术有超高压（HPP）、脉冲电场（PEF）、紫外线（UV）和二氧化碳（CO_2）等。超高压灭菌法是通过高压下微生物细胞膜通透性改变而造成其死亡。研究表明，橙汁在300～400 MPa下加压10 min足以对营养性微生物细胞进行灭菌，但芽孢杆菌的芽孢没有被杀死。加压处理可保留风味、味道和天然营养，但无法完全杀死细菌孢子。因此，超高压灭菌后的果汁仍需要冷藏运输。由于目前非热杀菌设备与使用成本较高，在一些高端NFC果汁中已有部分应用，但还未广泛应用与推广。

1. 板式杀菌器 板式杀菌设备的关键部件是板式换热器，而板式换热器由许多冲压成型的金属薄板组合而成。板式杀菌器有以下优点：

（1）传热效率高。由于板与板之间的空隙小，换热流体可获得较高的流速，且传热板上压有一定形状的凸凹沟纹，流体通过时形成急剧的湍流现象，因而获得较高的传热效率。

（2）结构紧凑。设备占地面积小，与其他换热设备相比，相同的占地面积，它可以有几倍以上的传热面积或填充系数。

（3）适宜于热敏性物料的杀菌。热流体高速在薄层通过，实现高温或超高温瞬时杀菌，对热敏性物料如牛奶、果汁等食品的杀菌尤为理想，不会产生过热现象。

（4）有较大的适应性。只要改变传热板的片数或板间的排列和组合，则可满足多种工艺的不同要求，且实现自动控制，故在乳品和饮料中应用广泛。

（5）操作安全，卫生，容易清洗。在完全密闭的条件下操作，能防止污染；结构上的特点，保证两种流体不会相混；即使发生泄漏也只会外泄，易于发现；板式换热器直观性强，装拆简单，便于清洗。

如图4-21所示，主体由热交换板片、密封垫片和压紧装置三个部分组成。在板式交换器体导杆上，前端是固定端板，后端是压紧端板，在两端板之间悬挂若干数量的热交换板片，通过旋紧后支架上的压紧螺杆，将固定端板、热交换板片以及压紧端板叠合在一起。板片与板片之间依靠周边的橡胶垫圈密封，并使两板片之间保持适当的空隙，便于液体的流动。通过调节垫圈的厚度可改变板片间通道间隙的大小。每块板片的四角位置各开1个圆孔，借圆环垫圈的密封作用，使冷流体与热流体分别在薄板的两侧逆向流动进行热交换。在热交换器中，交换器的能力取决于金属板片面和液体流动形式。金属板片面积越大，厚度越薄，液体流动的液层越薄，其热交换效果就会越好。

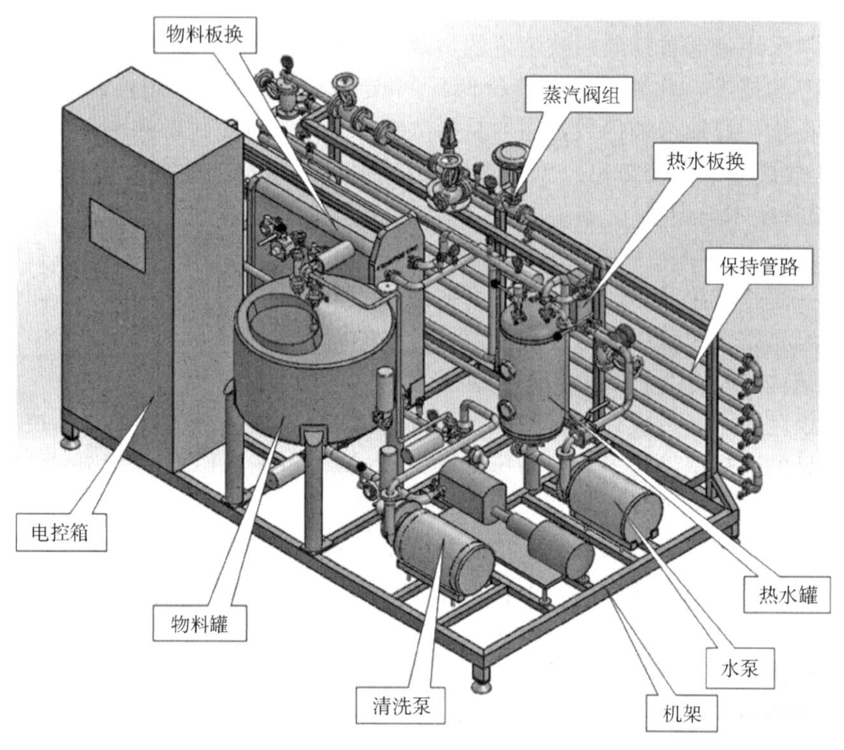

图4-21　板式杀菌器

在杀菌操作过程中，若出现物料温度未能达到杀菌要求时，由自动控制系统控制物料转向阀转换，使物料进入自动循环状态，在温度恢复正常后重新开启作业；在杀菌器中加热器水分损失是由自动蓄水器补充的；物料和热水的输送由泵、阀、管线和自动控制系统完成；当遇到突发停机状况时，为避免在加热段物料长时间处于高温状态引起焦灼，可用自来水对高温区域进行局部冷却降温。在设备操作中保持加热介质与物料同步进入换热器系统，防止单项进入在热交换系统中形成压差，造成热交换板片变形。

2. 管式杀菌器　一种以管壁为热交换传导面进行热交换的设备。由于物料通道宽松，特别适用于低黏度和中等黏度的均质产品的热交换处理，多用于混浊果汁、果浆、浓缩果汁的杀菌、灭酶等加热与冷却，浓缩果汁（浆）的预热、杀菌。

管式杀菌器的结构特点：

（1）加热器由无缝不锈钢管制成，没有密封圈和死角，因而可以承受较高的压力。

（2）在较高的压力下可以产生强烈的湍流，保证制品的均匀性和具有较长的运行周期。

（3）在密封情况下操作，可以减少杀菌产品受污染的可能性。

（4）其缺点是换热器内管内外温度不同，以致管束与壳体的热膨胀程度有差别，从而产生应力，使管子易弯曲变形。管式杀菌器采用不锈钢套管代替板式杀菌器的不锈钢板片，与板式热交换器不同的是物料在套管的内层管中流动，热交换介质在内、外管之间的夹套中流动。管式杀菌器其他附属设备配置，包括水加热器、物料输送泵、阀、管路、恒温保持管、杀菌温度自动控制、加热器、自动（补水）蓄水器等，虽然管式杀菌器设备构造与板式杀菌器设备构造不同，但设备杀菌原理是一致的，所以附属配套设备、设施相接近。一般采用两根直径不同的同心圆套制成，再将多段套管连接起来构成管束，将其中排布相同位置的组或段，称为一程。各程的内管用U形管相连接，而外部套管则用圆形管连接形成加热介质通道。这种换热器的程数较多，一般都是将上、下排列固定于支架上。若所需换热面积较大，则可将套管加热器组成数排上、下平行排管组，各分支排套管与总管连接。图4-22为管式杀菌器。

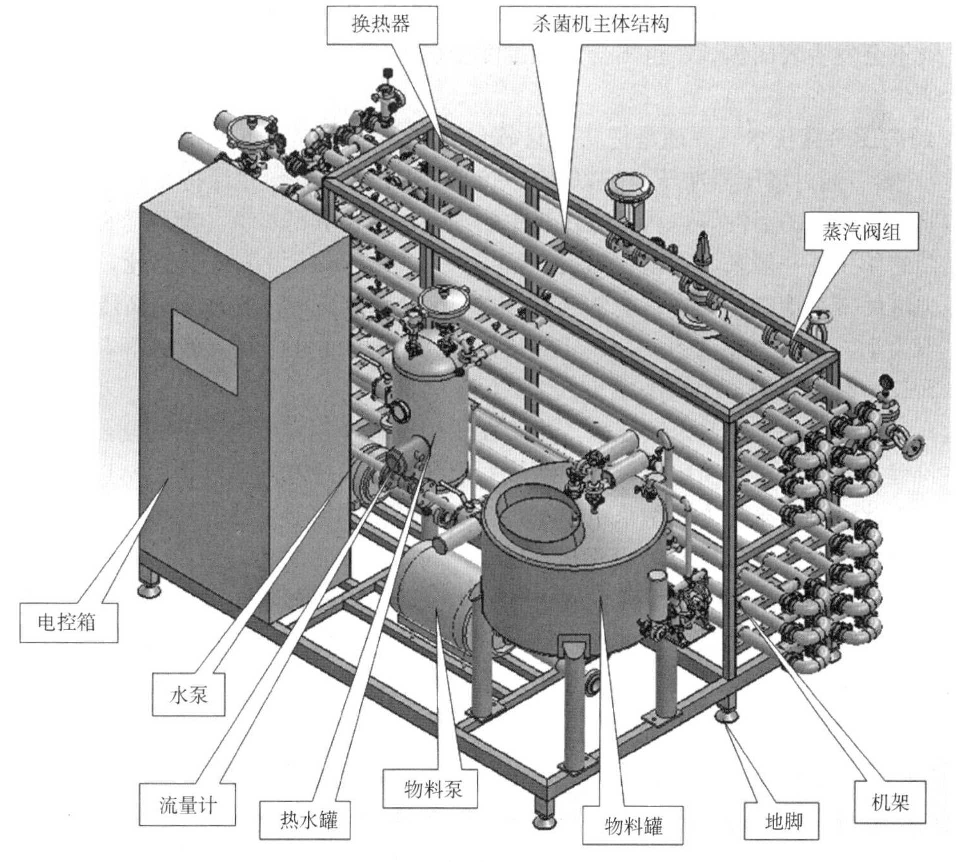

图4-22 管式杀菌器

管式杀菌器杀菌操作步骤：

（1）预热。物料进入换热器下排层的两支套管内管中，在此阶段中，刚进入杀菌器的冷物料与套管外已完成杀菌的物料进行热交换完成预热，同时对于已完成杀菌的物料而言，在此阶段通过热交换实现杀菌后的物料冷却。

(2) 加热与杀菌。当物料进入上排层的两支套管时，利用完成杀菌的热水介质对物料进行加热，加热后的热水从加热套管末端排到热水回收罐中，再用蒸汽加热及循环。当物料进入换热器上排层的另外套管时，再与热水介质进行热交换进行杀菌（热水升温是由蒸汽加热器完成的），杀菌温度为 88～96 ℃、时间 30 s。

(3) 保温杀菌。杀菌后的物料进入热交换器附加的高温保持管中，延续杀菌 15～20 s。

(4) 冷却。从保持管排出物料进入换热器下排层套管，与新进入的冷物料进行热交换预冷却，最后再进入下排层的另外两支套管中，在这两支套管中通入冷却水，物料温度冷却至 12～15 ℃，最后输送出杀菌系统。

杀菌过程：料液从杀菌设备的一端进入，在杀菌器中，在刮板的作用下物料由进入端向另一端移动，物料在流动期间，电动装置驱动内转筒以 500 r/min 的转速转动，安装在转筒上的刮刀在离心力作用下紧贴中间圆筒内表面，持续清洁传热面，以提高杀菌器热交换效率，在物料完成杀菌后从杀菌设备的另一端排出。刮板的作用不仅可以提高杀菌设备的热传导系数，同时还具有一定的乳化、混合等功能。在用于处理热敏性强、黏度高的食品时，既不会发生表面焦煳，也不会出现过度受热现象，在国外已广泛用在带肉果汁及柑橘酱生产中。

3. 超高压杀菌技术 原理是把防水且软包装好的食品置于不锈钢压力容器内（以水为介质），然后通过增压器加压，施以 100～600 MPa 的压力，并保持几秒到几分钟，破坏细胞膜、抑制酶的活性等，从而杀死其中的细菌、霉菌和酵母菌，起到杀菌、保鲜、延长保质期的作用。一般来说细菌、霉菌、酵母在 300 MPa 压力下可被杀死，600 MPa 以上的压力可使带芽孢细菌死亡；酶的钝化需要 400 MPa 以上的压力。超高压设备的压力介质一般为水，当压力超过 600 MPa 以上时，需要采用油性压媒（米璐等，2022；刘兴静等，2012；高婧昕等，2020）。

超高压技术是一种非热杀菌技术，由于在杀菌过程中物料没有温度的剧烈变化，不会破坏共价键，对小分子物质影响较小，能较好地保持食品原有的色、香、味以及功能和营养成分。因此，近年来作为新型杀菌技术，在国际科学领域研究热点较高。在设备研发方面，国外超高压食品处理设备的研究开发较早，国际上知名的超高压加工设备制造企业有美国 Avure、瑞典 Quintus 和西班牙 NC Hyperbaric 公司。我国这几年在超高压设备的研究上也投入大量的研究力量，目前国内已有厂家可生产试验及生产用超高压设备。但目前由于超高压设备整体造价高，且一次加工产品量有限，因此在实际产业应用中还存在一定限制，仍需改进与探索（廖小军等，2021）。

超高压装置是由承压容器、加压装置以及附属装置等部分构成。超高压通常要求采用的压力达到数百兆帕，所以压力容器制造是超高压装置核心。通常压力容器为高强度不锈钢板制作成的圆筒形，为达到必需的耐压强度，容器的器壁增厚，这样使得整套装置结构庞大、形体笨重。新的改进工艺是在高压容器外部加装线圈进行结构强化。这与原来的单层器壁结构相比，不仅增强了设备的安全可靠性，也实现了超高压装置结构轻量化。超高压杀菌装置见图 4-23 所示。

高压装置按加压方式划分，可分直接加压式和间接加压式两种类型。直接加压式超高

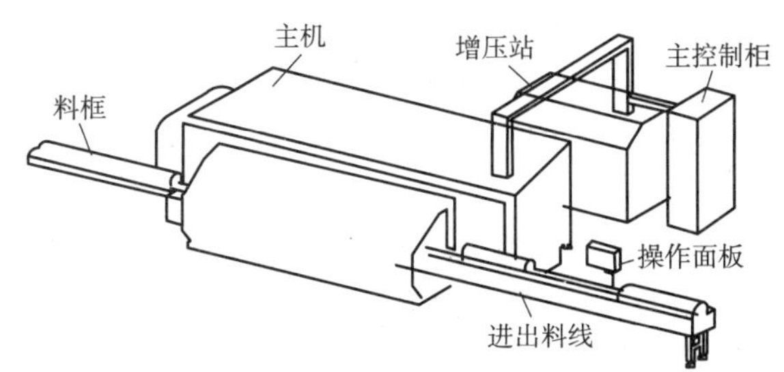

图 4-23 超高压杀菌装置示意图

压装置，高压容器与加压装置是分离的，先用增压机产生高压水，然后再通过高压配管将高压水送至高压容器，使物料受到高压处理。间接加压式超高压装置，高压容器与加压气缸呈上下配置，在加压气缸向上冲程运动中，活塞将容器内的压力介质进行压缩产生高压，使物料受到高压处理。

（十一）灌装技术与设备

枣汁的灌装方法有热灌装、冷灌装等。热灌装是将枣汁加热杀菌后立即灌入清洗过的容器内，密封后将瓶子倒置 10～30 min，对瓶盖进行杀菌，然后迅速冷却至室温。使用玻璃瓶时要注意对瓶子进行预热。冷灌装是指将枣汁冷却后，再进行灌装。热灌装比较简单，但由于灌装过程中长时间高温条件，对果汁的维生素 C、风味物质及色泽影响较大。红枣汁及其饮料可采用热灌装方式，而冬枣汁对杀菌温度较为敏感，温度过高或时间太长，冬枣汁典型的风味会劣变为蒸煮味，因此冬枣汁及其饮料建议采用无菌冷灌装。

1. 热灌装 指将果汁饮料通过热交换器或冷热缸迅速加热至规定的温度完成杀菌，物料在保温状态下进行灌装的一种包装方式。热灌装果汁应满足以下三个条件：一是对果汁饮料进行杀菌，使产品达到商业无菌要求。果汁饮料属于低酸或酸性食品，一般 pH 在 4.5 以下，使饮料中的菌孢难以生长。因此果汁饮料均采用常压加热杀菌，一般杀菌温度 90～95 ℃，保温时间数秒至十几秒。二是在灌装过程中整个灌装系统保持巴氏杀菌温度，防止来自物料罐、管道、阀门以及灌装设备等处的微生物对果汁饮料造成二次污染。三是包装材料或包装容器（包括盖）单独进行杀菌。根据以上要求，果汁饮料的热灌装温度应该在 85 ℃以上。待饮料灌装密封后应将容器倒置 3～5 min，使容器顶隙部分和盖能够充分接触高温物料，利用饮料的热量对容器内灌装顶隙部位及盖进行杀菌，然后进行再冷却。

热灌装具备以下特点：采用热灌装在果汁中氧气残存量低，有益于保持果汁色泽，减缓保藏期间产品褐变；在热灌装时灌装容器顶隙要比冷灌装的小，在冷却后饮料包装体积收缩，既保证一定的顶隙度，又在容器内形成适当的真空，有利于果汁的保存；在热灌装过程中果汁的酶体系活性被钝化，可使包装的果汁长期保持无菌状态，产品密封冷却至 25～30 ℃后可以在自然环境中储存。但是，在热灌装时由于果汁饮料处于高温状态下，与脱气、杀菌过程一样，挥发性芳香成分会有一定程度的损失。

2. 无菌冷灌装 是指经过杀菌处理过的果汁快速冷却后，在无菌环境条件下，将无菌的产品充填到无菌容器中并进行有效密封。对于像冬枣这样的热敏性果汁饮料，无菌冷灌装是最有效的方式。无菌冷灌装需要满足三个条件：一是果汁必须采用无菌处理；二是包装环境必须无菌；三是包装容器必须无菌。果汁无菌冷灌装通常是由无菌灌装系统来完成的，通过该系统可完成对灌装环境和包装容器的消毒以满足无菌的要求。

果汁无菌包装常用的包材有无菌袋、PET 瓶、无菌纸盒、盒中袋等，下面分别介绍这几种包装形式的无菌灌装要求。

（1）无菌袋。材料为铝塑复合无菌袋，容量一般为 10～1 000 L，通常浓缩枣汁采用 250 L 的无菌袋、双头无菌灌装机进行无菌灌装。通过电脑程序控制，在无菌灌装室内由机械手完成自动换袋动作。在灌装工作时只需将无菌袋放入无菌室内的指定位置，由机械手自动完成夹紧、杀菌、开盖、灌装、封盖、送出等各项动作。由于整个灌装过程都是在密封的无菌室中完成，能够保证整个灌装过程无微生物污染。在无菌灌装或包装过程中，果汁杀菌作业与无菌灌装进度保持相对平衡，灌装物料输送流量大于灌装流量，剩余的流量回到无菌平衡罐中进行循环。在灌装过程中一旦出现杀菌蒸汽下降或杀菌温度低于设定参数，灌装系统会自动停止灌装作业，无法启动二次灌装。无菌灌装使用的无菌包装袋在出厂前均进行了杀菌处理，能够保证包装达到无菌要求。图 4－24 为一种无菌袋灌装机的结构图。

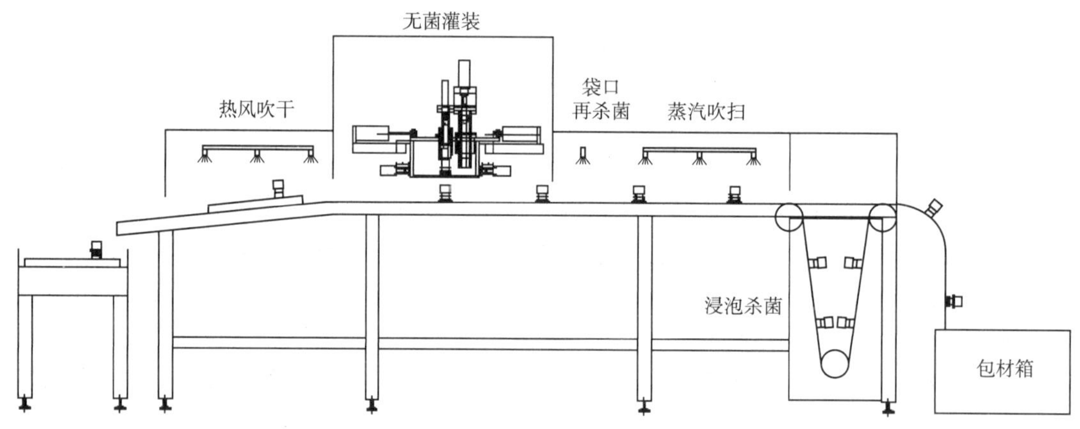

图 4－24　无菌袋灌装机结构图

无菌包装袋的开盖、灌装以及扣盖动作，均是在无菌室中进行的，确保无菌灌装室能达到无菌状态；产品灌装量是通过质量流量计来测定和控制的。气动系统通过气缸驱动灌装头精确运动；在电控柜内装有控制盘和可编程序控制器、气动、电气和电子元件；由触摸屏控制操作模式，具有自动化程度高和操作方便的特点。具有完备的自诊断、自我检测和自动记录等功能。

（2）PET 瓶。PET 瓶无菌冷灌装优势：与热灌装相比，整个过程物料受热时间短，灌装操作均在无菌环境下进行，灌装设备和灌装区也都经过严格消毒处理，产品的安全性能够得到保证；采用高温瞬时杀菌技术，最大限度地保证了产品的口感和色泽，并最大限度地保护了物料中的营养素以及维生素（热敏性物质）免遭损失；灌装操作均在无菌、常温环境下进行，产品中不需要添加防腐剂，从而保证了产品的安全性；提高了生产能力，同时大幅度降低包材和能耗成本。

图 4－25 为常见的 PET 瓶灌装生产线布局图。主要包括上瓶单元、灌装单元、输送单元、贴标单元、装箱单元等。加工完成的物料经高位罐输送至灌装机处，上瓶单元会将

待灌装的瓶子输送至灌装机接口处，完成灌装后，旋盖后的产品经输送线输送至下一单元，在输送过程中还会对灌装产品进行灯检等操作，有些产品根据需要进行水浴式杀菌，干燥后根据客户包装要求进行贴标或套标加工，最后进入装箱单元装箱，完成整个灌装包装单元的工作。灌装生产线的输送路径主要是根据加工产能和具体车间布局进行设计。

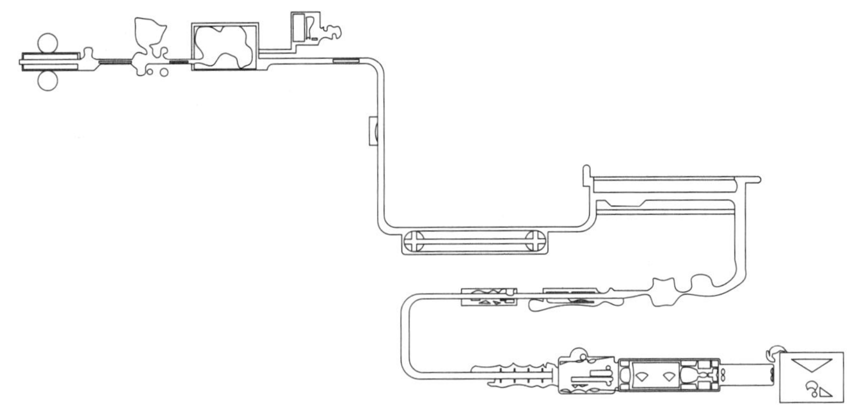

图 4－25　PET 瓶灌装生产线

（3）无菌纸盒。采用纸、塑料薄膜和铝箔等 7～8 层复合材料制作的。在灌装机上可一次性完成包装材料的成型、杀菌、灌装、封口和切断等操作。在灌装作业时，整卷的包装材料安装在卷纸支架上，纸带经过一系列滚轮传送到灌装机顶部；采用过氧化氢（H_2O_2）对包装材料与内容物接触面喷淋或浸渍杀菌，通过挤压轮挤压去除纸带表面的 H_2O_2；纸带在经过封条和拉舌器时在其一侧边缘纵向粘贴封条（用于纸带制成圆筒时搭接纸带的黏合），随后包装机将平面纸带制成圆筒形状，同时采用清洁热空气喷入纸筒内吹干 H_2O_2；纵向热封器沿纸筒纵向封合纸筒；随后果汁通过浮动不锈钢进料管进入到纸筒内，此时进料管位于纸筒中心部位；在果汁灌装至一定的水平位置后进料管移出，横向热封器热封包装容器，使容器内充满果汁不留空隙。最后，在两水平密封缝隙之间切断纸带，经过制方成形后便成为独立的长方体纸盒包装产品。这种包装形式节省材料，占用空间小方便储存和运输。

在果汁加工中，除上述一些基本包装形式之外，还有一些其他类型的包装形式，例如液体袋包装用制袋-灌装一体机、无菌包装盒中袋包装机、复合纸盒/箱包装机等，使果汁产品的包装形式多元化。

四、枣汁加工工艺

根据《果蔬汁类及其饮料》（GB/T 31121—2014）分类要求，果汁主要包括果汁（浆）、浓缩果汁（浆）、果汁（浆）类饮料这几类产品。目前市场上份额较大、较受欢迎的枣汁产品主要包括以下 4 大类：

1. 浓缩枣汁　浓缩枣汁是以枣（红枣、酸枣、黑枣、冬枣等）为原料，经复水取汁后，采用机械方式获取的可以发酵但未发酵，通过物理方法去除一定比例的水分获得的浓缩液，在加工过程中不得添加食用糖、果葡糖浆等原料。浓缩枣汁包括浓缩枣清汁和浓缩枣浊汁两种产品类型。果汁浓缩后不仅可以减小果汁的体积，降低运输成本；同时，浓缩枣汁由于含有较高的可溶性固形物，具有较高的渗透压，使其不易滋生微生物，可以达到长期保存的目的。由于浓缩枣汁风味典型，在饮料等市场中需求较多，可作为配料生产复合型果汁与饮料。

2. 浓缩枣浆 与浊汁相比，枣浆含有更多的果肉，也因此更加富含果胶、蛋白和纤维素等营养物质。如汉波公司生产的红枣浓浆，打破了传统的食用方式，小袋包装，直接冲调，让消费者对枣浆有了更加健康的认知，同时，可复配如姜汁、枸杞汁等开发复合枣浆类产品，满足不同人群的需要。除了直接饮用外，枣浓浆还可应用于烘焙（如蛋糕、枣糕等）食品的加工中，应用范围广阔。

3. 红枣复合饮料 复合枣汁饮料是以上述浓缩枣汁、枣浆其中的一种或几种为原料，添加或不添加其他果汁、植物提取液和（或）食品添加剂，经加工制成的制品。由于枣风味典型，易于与大多数水果果汁复配而生产复合汁饮料产品。

4. NFC 冬枣汁 NFC 果汁，中文为“非浓缩还原果汁”，意思为非浓缩汁加水还原而成的果汁，是水果经压榨后直接经杀菌进行包装的产品。冬枣作为鲜果，可直接经破碎、榨汁、离心、杀菌等方式制成新鲜果汁，能够保留冬枣的色泽与风味，是目前新型、高端果汁饮料市场的发展趋势。

根据枣汁不同产品的质量要求，需要选择适宜的加工技术和装备。这里简要介绍几种枣汁产品的加工工艺流程及操作要点，供生产、试验参考。

（一）浓缩枣清汁加工技术

1. 工艺流程 枣→原料挑选→清洗→预煮→打浆→果浆酶解→离心→果汁酶解→灭酶→澄清→过滤→杀菌→浓缩→灌装→成品。

2. 操作要点

（1）原料选择。为保证所生产的枣汁枣香浓郁且有较高品质，其生产原料应选择色泽均一、枣肉质密的干枣，并且应严格去除霉变腐烂、有虫害的干枣，以提高红枣汁的产量和品质，其设备可选用枣风选机或滚杠式拣选机去完成。

（2）清洗。原料干净是果汁加工的要求，枣的清洗通常采用毛刷清洗机和鼓泡清洗机，两种清洗方式的配合，可大量节省劳动力，并可有效保证物料的洁净度。

（3）预煮。将枣中加入一定比例的水，可根据后续的生产工艺进行比例控制，加水量太多，所得的枣汁量多，但可溶性固形物含量会降低，对后续的浓缩汁加工不利，造成蒸发过程的能耗浪费；加水量太少，枣不能充分吸水软化，枣中的可溶性固形物不能完全被提取，影响产量和生产效率。通常采用料液比（1∶2）～（1∶3），在螺旋预煮机中进行预煮，使枣充分复水软化。

（4）打浆。待枣果肉充分软化后，可将物料转入双道打浆机中打浆，筛网孔径的大小依次为 2～3 mm 和 0.5～1 mm，通过第一道筛网可将枣中坚硬的枣核除去，通过第二道筛网可去除枣中的枣皮，得到枣肉颗粒大小均一的枣浆。

（5）果浆酶解。通过加入适量的果浆酶进行初次酶解，可有效提高枣果汁的出汁率，降低生产成本。为了保证果浆酶的生物活性，需将枣浆液温度控制为 45～50 ℃，果浆酶的添加量需根据原料和酶活来确定，通常为 50～100 mg/kg，酶解时间大约 60 min。

（6）离心。由于枣浆中还有较多的枣皮和果肉，为后续的超滤带来难度，需先采用离心的方式将枣皮和大部分果肉除去，离心机大多采用卧螺离心机。需根据物料特性与分离效果调整转鼓转速与差转速，转鼓转速在 3 000～4 500 r/min 以上，差转速在 80 r/min 以内，分离后的枣浆中不溶性固形物含量在 3%以下。

（7）果汁酶解。根据枣物料特性和酶活特性，果胶酶的添加量通常为 50～100 mg/kg，淀粉酶的添加量为 50～100 mg/kg，酶解温度为 45～50 ℃，酶解时间约为 1 h。由于枣浆黏度较高且含有大量果胶，在工业化生产超滤过程中，常常出现超滤堵膜和通量快速下降现象，大大影响工业化连续化生产。因此在果汁酶解中一般加入其他功能性酶进行复合酶解，如蛋白酶、超滤酶等，可有效减缓后续超滤通量下降速度，提高生产效率。

（8）粗过滤。由于枣本身多糖及果胶含量高，经果汁酶解后，再进超滤前需要先进行粗过滤，以除去可能的果肉大颗粒或其他杂质。操作时，采用酶解罐至超滤之间孔径为 60～80 目的管道过滤器，对酶解后的果汁进行过滤。

（9）超滤。采用超滤可以除去果汁中水不溶性物质和大分子的物质，提高枣汁在贮藏期的稳定性。若超滤设备停留时间超过 3 h，必须进行化学清洗，不到 3 h 要进行漂洗。

（10）杀菌。为了控制浓缩枣清汁的微生物含量，可采用超高温瞬时杀菌法，利用超高温瞬时灭菌机进行红枣清汁的灭菌处理，通常在 120～130 ℃条件下处理 2～6 s；也可采用高温短时杀菌法，利用板式热交换器进行杀菌处理，95 ℃下处理 15～20 s。

（11）浓缩。澄清的枣汁由于其中含有较多的糖分和营养物质，需考虑贮存方便、降低储运成本，通常加工成浓缩枣清汁。浓缩过程可采用多效真空浓缩设备进行，将枣清汁浓缩至可溶性固形物达 60°～70 °Brix 后，灌装密封即可。在浓缩枣清汁的储藏过程中，也会出现相应的质量问题，如变味、色值下降、透光率降低、混浊沉淀等，因此必须严格控制生产和储藏条件，尽量在低温条件下或冷冻储藏，以保证其品质。

（12）灌装。浓缩枣清汁作为生产原料使用，一般采用无菌大袋包装机进行灌装和包装，浓缩枣清汁经杀菌、冷却后，在无菌条件下灌装在无菌的铝塑复合袋中，以达到长期保存的目的，便于包装和运输。

3. 浓缩枣清汁加工中存在的问题 要获得高质量的浓缩枣清汁，必须注意以下问题：

（1）严格控制澄清工艺。枣清汁在储藏过程中经常出现后混浊，导致出现后混浊原因很多，主要原因是澄清工艺处理不当，澄清后果汁中残留的果胶、淀粉、多酚类物质、蛋白质等，都会引起沉淀和混浊；如果澄清不彻底还会影响后续工艺中过滤的通量。因此生产中应针对这些因素进行系列检验，如混浊检验、果胶检验、淀粉检验等，筛选和优化澄清方法和条件，防止后混浊现象的发生和过滤通量下降过快等问题。

（2）微生物控制。微生物是导致枣清汁发生变味和后混浊的关键因素，如杀菌不彻底，微生物在其中生长繁殖引起腐败，导致枣汁的风味发生变化，如产生酸味、酒精味、臭味和霉味等，在变味的同时，常伴随着出现分层混浊、黏稠长霉等现象。因此，在生产加工过程中需要严格控制原料和生产环境，并采用合理的杀菌工艺来保障。

（二）浓缩红枣浆加工技术

1. 工艺流程 枣→原料挑选→清洗→预煮→打浆→离心→均质→脱气→杀菌→浓缩→灌装→成品。

2. 操作要点

（1）枣的拣选、清洗、预煮、打浆、离心生产工艺同浓缩红枣清汁加工工艺。

（2）均质。生产枣浆时，为了防止果汁中的悬浮颗粒与水分离，为增进产品的细腻感，常进行均质处理；先将枣浆加热至 60 ℃左右，以降低其黏度，然后采用胶体磨进行初细磨处理，再用高压均质机在 10～25 MPa 条件下均质。

（3）脱气。在常规均质过程中，胶体磨粉碎和高压均质机均质容易向料液中带入大量的空气，这些空气不仅容易影响杀菌效果，而且在浓缩过程中容易沸腾，不利于杀菌和浓缩。因此需采用真空脱气机脱气，先将枣浆预热到 40～50 ℃，在真空度 90 kPa 左右进行脱气。在脱气的过程中容易造成芳香物质损失，如对产品品质要求较高，可安装芳香物质回收装置，将回收的芳香物质冷凝后再加入产品中。

（4）杀菌、浓缩、灌装工艺同枣浓缩清汁生产工艺。

3. 浓缩枣浆加工过程中存在的问题 枣浆要求产品均匀混浊，贮藏过程避免出现分层及沉淀。贮藏期内稳定性问题一直是困扰生产者的一大难题，在生产过程中除了严格控制枣浆中的微生物外，还应严格进行均质过程，保证枣浆中的悬浮粒子细微化来提高其稳定性。

（三）枣复合饮料加工技术

1. 枣枸杞复合果汁饮料加工

（1）工艺流程。

浓缩枣清汁
↓
干枸杞→清洗→预煮→护色→破碎→取汁→过滤→枸杞汁→复合果汁→调配→均质→杀菌→灌装→成品

（2）参考配比。枸杞汁 40 kg，浓缩枣清汁 15 kg，蔗糖 50 kg，柠檬酸 0.3 kg，羧甲基纤维素钠 0.1 kg，水 800 kg。枸杞复水预煮加水比为 1∶5；产品具有酸甜适中、补气养血等特点。

2. 枣银耳保健饮料加工

（1）工艺流程。

浓缩枣清汁
↓
银耳→去杂→浸泡→清洗→切碎→浸提→过滤→银耳汁→复合饮料→调配→均质→杀菌→灌装→成品

（2）参考配比。银耳汁 20 kg，浓缩枣清汁 15 kg，蔗糖 60 kg，柠檬酸 0.4 kg，复合稳定剂 0.15 kg，水 1 000 kg。银耳加水比为 1∶4；复合稳定剂配比为琼脂∶海藻酸钠＝2∶1，产品色泽红润、口感清新淡雅、营养丰富的高档饮品，非常适合中老年人群饮用。

3. 枣菊花保健饮料加工

（1）工艺流程。

浓缩枣清汁
↓
菊花→清洗→预煮→取汁→过滤→菊花汁→复合饮料→调配→均质→杀菌→灌装→成品

（2）参考配比。菊花汁 5 kg，浓缩枣清汁 20 kg，蔗糖 60 kg，柠檬酸 0.2 kg，水 1 000 kg，菊花加水比为 1∶4。产品色泽：金黄色或琥珀色、鲜亮，香气：清新自然，协调，有明显的菊花和红枣的香气，口味：酸甜适口，清新爽口，有明显的枣香味和菊花味，无其他异味。

（四）NFC冬枣汁加工工艺流程及要点

1. 工艺流程 原料接收→果槽暂存→水流输送→一级提升→拣选→清洗→二级提升→二级清洗→冷打浆→螺旋压榨→果汁暂存→巴氏杀菌→冷却→管道过滤→无菌灌装→封盖贴标→储存。

2. 操作要点

（1）原料果接收。由品管部负责对原料验收检验，品管部实验室采样后进行原料验收检测，检验冬枣的腐烂率等基础指标并记录，要求腐烂率≤0.5%。当基础指标符合原料接收指标后，方可验收入冷库。不合格的原料果拒收。

（2）清洗、上料。打开自动洗果机清洗水进水阀，待清洗水注满至溢水口后，关闭阀门至1/2流量。开启自动洗果上料机，将冷库出库后的原料果投入皮带传送机，并进行投料量记录，遵循先进先出的原则正确投料。使用自来水通过冲浪清洗将原料果充分的浸泡、清洗，清洗池水面需没过原料，以保证原料果得到充分清洗，同时去除比重大的一些杂质（泥沙、石块、金属等）；清洗完成后由提升机传送至拣选平台。车间生产时，洗果机及周边环境卫生和空筐的整理堆放由装卸工负责，以保证洗果区环境干净卫生；清洗水每4～8 h更换一次，当班生产负责人落实。

（3）拣选。拣选台两侧工位不低于2个，需将腐烂果、病虫害果、杂质等拣选挑出，保证拣选之后烂果、病虫害果率为零，且无明显肉眼可见的杂质。

（4）提升。由提升机将清洗、拣选后的原料果提升至打浆机，提升过程开启纯水喷淋阀进行原料清洗，保证原料进一步清洗干净。

（5）打浆。经过打浆机进行打浆处理，得到冬枣原浆。

（6）压榨。开启螺旋榨汁机，待转速稳定后，开始对冬枣果浆进行螺旋榨汁，果汁经螺旋榨机下部的暂存罐储存后，经螺杆泵泵出，果渣由收集槽收集后，由出渣口运出。

（7）巴氏杀菌。开启杀菌机，向平衡罐加入纯水，进行原位杀菌，杀菌温度120 ℃，杀菌时长20 min，杀菌完成后，开始降温，管路温度降至80 ℃，待杀菌机降温完毕后，开启杀菌机进料阀门，并启动螺杆泵开始进行果汁输送，同时开启冷水塔及冰水机，对杀菌机冷却段进行循环降温。冬枣汁泵入杀菌机后进行巴氏杀菌，杀菌温度为80～90 ℃，杀菌时间15～30 s，果汁经冷却段后，出口温度不高于10 ℃。

（8）无菌灌装。为保证NFC冬果汁的口感与风味，建议采用无菌冷灌装。包装材料可选用PET瓶、无菌纸盒、无菌袋、玻璃瓶等，在进行灌装室前需保证包装材料已清洗消毒完成，达到无菌要求。在灌装前后灌装头腔室的高温蒸汽喷洒对灌装口进行消毒，冷却后的NFC冬枣汁经无菌灌装机全自动灌装灌入袋/瓶中。灌装后的果汁需及时进行外包装、打码生产日期。

（9）储存。将包装好的NFC冬枣汁成品进行批次标记并记录，统一运送至冷藏库中进行存放。

（初乐　李岩　李根　孙芳　马寅斐　顾翠琴）

第二节　枣发酵技术

一、概述

随着人们对枣营养价值的深入了解以及工业化和机械化水平的逐步提高，枣采后加工受到越来越多的重视。当前枣加工产品呈现多元化发展趋势，除枣干、果脯外，枣汁、枣醋、枣酒、枣白兰地、枣粉、益生菌发酵枣汁等产品也出现在大众的视野中（毕金峰等，2010），越来越受到消费者的喜爱。

（一）枣酒

枣酒是以枣为原料生产的一种酿造酒，可以较好地保留枣的原有风味和营养成分。早在西周时期我国人民就开始利用枣发酵酿造枣酒，作为上乘贡品，宴请宾朋。以枣为主要原料酿造酒类饮品，作为枣深加工的一条途径，可以进一步提高枣产品的附加值，对促进农业和社会经济发展都大有益处。

1. 枣酒的功效　枣酒是以枣为原料，经分选、破碎、低温发酵、陈酿而成的一种营养健康的低酒精度饮品。枣中的多种营养成分在经过发酵后进一步溶出，既保留了枣原有的风味和补中益气、养血安神的药理特性，又通过发酵产生了新的物质成分，进一步提高了枣酒的营养价值。枣酒酒质褐红透亮，既有枣的果香，又有怡人的酒香，饮之口感柔和、绵柔细腻。枣酒保留了枣原有的营养成分，其中检测到 17 种氨基酸，包括 7 种人体必需氨基酸（王晨，2011）；含有葡萄糖、蔗糖、果糖、低聚糖及半乳甘露聚糖等糖类物质，还含有大量核黄素、烟酸、维生素 C、胡萝卜素、硫胺素等维生素，营养价值很高，可以提高机体免疫力；枣中富含铁元素，具有补血的作用，可用于治疗气血两虚、体质虚弱等症状；饮用枣酒有利于治疗脾胃虚弱引起的腹泻、乏力、胀气、呕吐等症状（吴孔阳等，2018）。

2. 枣酒的分类　枣的品种有很多、发酵方法也各不相同，所以有各种不同种类的枣酒。按照生产工艺主要可以分为配置型枣酒、发酵型枣酒和枣白兰地（罗莹，2010）。

（1）配制型枣酒。配制型枣酒多为食用酒精浸泡枣后，再加入白砂糖或其他原辅料配制而成。配制型枣酒的生产工艺简单、成本低，枣风味也较为明显，但产品口感不柔和，风味也不及发酵型枣酒。

（2）发酵型枣酒。发酵型枣酒是将枣加工制备成枣汁后，再将枣汁进行液态发酵后制得的一种低度酒。发酵型枣酒口感柔和细腻、枣香浓郁、酒性温和、醇柔甜润，且保留了枣的营养成分和药用价值，是一种典型的低度果酒。

（3）枣白兰地。枣白兰地是一种蒸馏酒，是发酵型枣酒通过蒸馏制成，挥发性的香气成分和乙醇等被提取出来，一般酒精度较高，具有枣的芳香味。

3. 枣酒的产业现状　枣酒在我国由来已久，现如今，枣酒在市场上也小有规模，但还无法与白酒等谷物酿制酒匹敌，主要是因为枣酒的生产还存在发酵菌种不专一、蒸馏酒甲醇含量超标、生产过程中会产生大量絮状物以及枣易变质导致枣酒质量下降等问题，此外，当前枣酒生产工艺相对单一，且大多参照了葡萄酒的生产方式，不能充分体现枣的特殊性，因口感不理想而未能形成规模。目前，对发酵枣酒研究集中于发酵工艺，对枣酒发酵专用酵母的研究不多，酿造枣酒酵母的选择仍然以葡萄酒酵母为主，对于选育枣酒发酵专用酵母有待更深入的研究（杨智刚，2019）。复合果酒的开发有利于丰富果酒的种类，强化营养功效，将会成为果酒行业的新发展趋势。

自20世纪80年代起，我国酿酒行业逐步由“高度酒向低度酒转变，蒸馏酒向酿造酒转变，一般酒向优质酒转变”。此外，随着生活水平不断提高，人们开始重视保健养生，逐步倾向于消费低度、营养、健康的酒类，对营养价值极高的枣发酵酒需求量将日益增多。由此可见，果酒的发展是酿酒行业发展的必然趋势，符合消费者现代饮酒消费的潮流。枣含有极其丰富的营养成分，而且保健功效显著，用其酿制的枣酒枣香浓郁、酒性温和、醇柔甜润，且保留了枣的营养价值和药用价值。同时，枣酒的加工还能提高当地枣资源的开发利用水平，推动农业向产业化方向迈进，符合国家“三农”发展相关政策，有利于提升农民经济收入，市场前景广阔。

（二）枣醋

果醋产品多种多样，包括果醋调味品、饮品等，自20世纪90年代起，果醋就已经在欧美、日本等地区和国家广泛销售，有强劲的竞争力和较大的市场份额，市场前景引人注目。2004年，意大利PONTI公司生产的葡萄醋年产量达3 400万t，市场份额超过56%，在意大利市场占主导地位；美国亨氏（H. J. Heinz Company）公司生产的苹果醋已遍布全球市场；意大利OLITALIA和VARVELLO公司的苹果醋在欧洲市场有很大的影响力。

中国的果醋文化是由欧洲传入，也有近千年的历史。但在20世纪90年代末果醋才真正作为一种商品来销售，我国现代的果醋酿造技术引自日本。在21世纪初的“非典”时期，因为醋对流感病毒的杀灭作用和对流感杆菌的抑制作用，果醋才在我国被广泛认知，醋酸饮料也被誉为是继饮用水、碳酸饮料、茶饮料和果汁之后的“第四代”饮料。

1. 枣醋的功效 经酒精发酵、醋酸发酵后酿制的枣醋，既保留了枣中的营养成分，又兼具食醋的保健功效。枣醋中的维生素、矿物质、氨基酸、白藜芦醇等具有较强的抗氧化性，可以减少血管壁沉积物、促进血液流通。经常食用枣醋可以预防感冒、增强食欲、软化血管以及降低血压、血脂等。

（1）解酒护肝。枣醋中的醋酸能够同酒精结合生成醋酸乙酯，进而减少酒精对机体的伤害。

（2）预防感冒。枣醋具有较强的杀菌和抑制病毒的效果，经常饮用能够预防病毒性感冒等。

（3）改善肠胃。枣醋可以促进食物中铁、磷、钙等元素的溶解和吸收，改善人体肠胃功能，增进食欲。

（4）美容养颜。枣醋中含有的乳酸、醋酸、氨基酸、醛类化合物和甘油等成分对皮肤有柔和的刺激作用，可以促使血管扩张，增强营养供应，令肌肤滋润白皙。

（5）消脂健身。枣醋中含有大量的氨基酸和有机酸，氨基酸能促进体内剩余脂肪消耗，还能促进蛋白质在体内的消化和吸收，进而促进新陈代谢。适当饮用枣醋能够促进营养素在体内燃烧，提升热能利用率，保持身体健康（吕瑛等，2015）。

2. 枣醋的分类 根据发酵原料的不同，枣醋可分为5种：①鲜果原醋：直接利用鲜枣制汁发酵制醋，具有酿造方便、酸度高、成本低等优点，适合酿造风味原醋。②果汁制醋：采用枣汁发酵，具有酸度高、生产效率高等优点，适合用来酿造调味醋。③浸泡枣制醋：指将枣在一定浓度的食醋或酒精溶液中浸泡，从而使枣中的有机酸、香气成分以及大部分营养成分析出至溶液中，然后开始醋酸发酵。这种方法酿造的果醋具有浓郁的果香气味，且酸度高，适合用来酿造风味醋饮或调味醋。④勾兑制醋：即将粮食醋与枣汁等各种辅料及食品添加剂进行混合勾兑，经过滤、杀菌、灌装后制得枣醋。该方法操作简便、酸甜可口、营养丰富，但对生产环境有较高的要求，适合制备果醋饮品。⑤果醋再勾兑：向酿造果醋中加入果汁或食品添加剂进行勾兑，令其口感柔和，适合制备果醋饮品（罗莹，2010）。

枣醋的发酵工艺有 3 种：①固态发酵。将级外枣如裂枣、落枣等有缺陷的残次枣混合到麸皮、小麦等粮食加工原料中，接种酵母和醋酸菌进行传统固态发酵。②液体发酵。分为两种方式：静态表面发酵和液体深层发酵。枣汁经过酒精发酵和醋酸发酵后酿制成枣醋。③前液后固发酵法。即枣汁先接入酵母菌进行液态酒精发酵，再加入稻壳、麸皮等谷物原料，继续进行传统固态醋酸发酵，是前述两种发酵工艺的巧妙结合（胡丽红，2009）。

3. 枣醋的产业现状 果醋酿造对原料的要求较低，残次果或加工厂的下脚料均可用于果醋酿造。如果以残次枣为原料制备枣醋，不但提升了级外枣的价值，提高了农民收入，还能丰富枣加工产品种类，满足消费者多样化的产品需求（沈裕生，2003）。

当前国外苹果发酵果醋的工艺已经比较成熟，而鲜少有关于枣醋的研究报道。国内果醋酿造采用的原料集中在苹果、猕猴桃、芒果、柑橘等水果酿造果醋及其生产工艺上，其中苹果醋生产已经形成一定的规模，关于枣醋的生产工艺尚不成熟。目前，我国的果醋系列产品刚刚进入市场，苹果醋在市场上已占据了一席之地并出台了相关国家标准，而其他类果醋生产还未制定出统一的国家标准，使得产品质量相差悬殊，有些产品质量很好，有些产品则粗制滥造，极大地影响了果醋行业的发展（吕瑛，2015）。

（三）益生菌发酵枣汁

益生菌发酵枣汁，是在不添加任何外来成分的情况下对鲜枣提取的枣汁进行发酵，从而最大限度地保留枣本身的营养和风味成分。随着现代食品行业的快速发展，人们对饮食结构的要求逐步提高，发酵饮料在中国有巨大的需求空间和市场机遇（郝心，2019）。

1. 益生菌发酵枣汁的功效

（1）调节胃肠道菌群。发酵枣汁最突出的特性是具有调节胃肠道菌群、抑制有害菌繁殖的功能特性。益生菌发酵的枣饮品，其活菌数的含量一般都在 1×10^6 cfu/mL 以上。人体食用后，大量益生菌可以促进人体胃和肠道的蠕动，促进胃分泌胃蛋白酶，同时减少肠道中有害菌的数量，从而维持肠内的菌群种类和数量的稳定。

（2）增强抗氧化能力。枣汁饮料中含有丰富的类黄酮化合物和其他酚类衍生物，这些物质被看作是对健康有益的主要生物活性物质。当采用益生菌发酵枣汁时，生成的酚酸酯酶可以水解结合态的酚类物质，释放出游离态的酚。同时益生菌发酵产生的酸类成分能够降低 pH，从而防止酚类成分降解，增强枣汁的抗氧化能力。

（3）调节新陈代谢。益生菌的代谢过程中可以产生多种营养物质，包括能够被人体充分吸收的氨基酸、维生素和 L-乳糖等，从而达到调节新陈代谢的作用。

乳酸菌作为一种肠道益生菌，具有多种保健功效，如降低胆固醇、缓解乳糖不耐症、提高免疫力、降低血压等。发酵后产生的芳香物质还可以改善枣汁的口味，大大丰富了枣制品的种类（胡贝多等，2020）。

2. 益生菌发酵枣汁菌种概述 菌种是发酵制品的关键，可以单一菌种发酵，也可以多菌种混合发酵。益生菌最早来源于希腊，是人体肠道中的生理菌，能够改善肠道菌群结构，从而发挥作用。2001 年，联合国粮食及农业组织和世界卫生组织定义益生菌为摄取适量能够对食用者身体产生有益效果的活菌。当前，益生菌仍以乳酸菌为主，一般情况下益生菌就是指乳酸菌。乳酸菌已经达到 23 个属，主要包括乳杆菌属（*Lactobacillus*）、链球菌属（*Streptococcus*）、明串珠菌属（*Leuconostoc*）、片球菌属（*Pediococcus*）和双歧杆菌属（*Bifidobacterium*）。

（1）植物乳杆菌。植物乳杆菌（*Lactobacillus plantarum*）为革兰氏阳性、厌氧或兼性厌氧细菌，适宜生长温度范围为 30～35 ℃，pH 6.5 左右，菌种呈直杆或弯杆状，也有的成对或呈链状，属于同型发酵乳酸菌。植物乳杆菌在自然界中分布广泛，可以从植物、肉类、鱼类、乳制品、人类和动物肠道中分离得到。植物乳杆菌可以代谢葡萄糖、蔗糖、麦芽糖、乳糖、木糖、纤维二糖、果糖等产酸。植物乳杆菌比其他菌种具有更好地转化乳清中乳糖的能力，既能高效地将乳糖转化成乳酸，又能代谢乳清中的残留蛋白质，还可以和其他的乳酸菌协同作用。

（2）干酪乳杆菌。干酪乳杆菌（*Lactobacillus casei*）为革兰氏阳性菌，无鞭毛，不运动，不产芽孢，兼性异型发酵乳糖，适宜培养温度为 37 ℃；菌体两端呈方形，长短不一，常为链状；菌落粗糙，呈微黄或灰白色，可以发酵多种糖。干酪乳杆菌既存在于人体口腔、肠道、大便和阴道中，也存在于乳制品、饲料中。

（3）副干酪乳杆菌。副干酪乳杆菌（*Lactobacillus paracasei*）是从干酪乳杆菌中分离出的一个亚种，广泛存在于人体口腔和肠道中，也存在于乳制品、泡菜和饲料等中。副干酪乳杆菌能够调节肠道功能、增强免疫力，代谢生成的细菌素抑菌性能优良，在食品和保健品领域发挥着重要作用（马培珏，2021）。

3. 益生菌发酵枣汁的产业现状 2017 年全球益生菌产品市场规模已经达到 360 亿美元，每年增速 15%～20%，日本、美国、德国等国家在果蔬汁的发酵研发方面也都处在努力尝试阶段，特别是日本，近几年在着力发展蔬菜饮料市场，并形成了良好的发展形势（王毕妮等，2012）。虽然益生菌已被大家熟知并引起重视，但国内外对益生菌的相关研究仍需继续深入，尤其是益生机理方面。当前益生菌发酵产品的 70%左右为酸奶及发酵乳品饮料，然而这一类产品不适于乳糖不耐受的人群食用。益生菌发酵枣汁不但具有良好的风味和口感，还保留了枣中的营养成分，具有调节人体生理功能的作用，并且不含有导致一些人群过敏的乳糖，所以益生菌发酵枣产品可以成为这些人摄入益生菌的适宜替代品。因而益生菌发酵枣汁产品越来越受到人们的欢迎。

随着食品科学的发展，国内的益生菌发酵枣产品不断拓展完善。益生菌对人体带来的健康功能已经得到了公众的一致认可，比如调节人体肠道微环境和免疫功能的作用，这些功能为益生菌的快速发展提供了良好的契机，而且随着益生菌发酵市场逐渐壮大，其作用范围也越来越广，越来越多的益生菌被用于发酵枣饮料的制作。但目前为止，能用于枣发酵的功能性益生菌发酵剂产品很少，而且活性相对较低。还需研究制备发酵剂的核心技术，进一步开发出低成本、高活性的枣发酵专用菌剂。除此之外，如何提高发酵枣产品的稳定性也是极为关键的研究。只有对发酵枣产品进行强有力的宣传，这样才可以使其更稳定的进入市场。

二、枣发酵过程中营养成分变化

(一) 枣酒

与枣汁相比，枣酒对口感的醇厚度有一定要求，所以在枣酒加工时会关注原料的糖、酸等组分含量。据此可知，在枣酒加工过程中，需对所用的枣原料进行检测分析，对发酵制备的枣汁进行成分调整。酿造枣酒用的枣要求成熟度高、含糖量高、品质好、无霉变腐烂，制备的枣汁糖度一般要求高于 20 °Brix，酸度为 0.1%～0.5%。

1. 生物化学变化 在枣酒的酿造过程中最主要的生物化学变化是发酵，包含两个方面：一是酒精的发酵（alcoholic fermentation，AF），二是苹果酸-乳酸的发酵（malolactic fermentation，MLF）。酒精发酵能将枣汁中的糖分转化为乙醇和二氧化碳；苹果酸-乳酸的发酵不仅能降低酸度，还能改善生酒的口感，使生青味、苦涩感降低，喝起来更加柔和圆润。结合以上两方面，在枣酒酿造过程中最主要的任务就是加快酒精发酵速率，使其发酵更为彻底，且能够在酒精发酵后迅速进行苹果酸-乳酸的发酵，同时醋酸方向的发酵代谢也得到控制。但需注意的是这两方面不能交叉进行，乳酸菌除了能分解苹果酸外，还能分解糖，进而生成乳酸、醋酸及甘露糖醇，从而造成乳酸病。

(1) 酒精发酵。酒精发酵是枣酒酿造中最主要的生物化学变化过程，是酵母菌在厌氧环境中使枣汁的糖分发酵，产生乙醇和二氧化碳，在这个过程中，芳香物质也同时形成，约为酒精量的 1%，对香气的形成起到了至关重要的作用。

酒精发酵的化学反应式可以简化为 $C_6H_{12}O_6 \rightarrow 2C_2H_5OH + 2CO_2 + 2ATP$。

酒精发酵的生化过程可以分为两个阶段：第一个阶段是已糖经过糖酵解后形成丙酮酸，第二个阶段是丙酮酸在脱羧酶的催化下形成乙醛及二氧化碳，乙醛则在乙醇脱氢酶的催化下被还原成乙醇。酒精的发酵是个非常复杂的过程，需要在一系列相关酶的参与下才能完成，前后经过的连续化学反应达三十多个，会生成诸多代谢产物，如异戊醇、高级醇、琥珀酸、甘油及酯类和醛类等。琥珀酸的味略苦略咸，保留少量会使枣酒有爽口感，甘油则能给枣酒带来甜的味感，异戊醇大多是氨基酸形成的，有极其特别的臭味，会造成辣喉感，高级醇和酯类是芳香的主要成分，会给枣酒带来特殊的芳香。在酒精发酵过程中要特别注意甲醇的产生，甲醇对人体危害极大，枣果中的果胶水解后会产生较多的甲醇。另外，理论上 1 mol 葡萄糖会分解产生 2 mol 酒精和 2 mol 二氧化碳，酒精得率为 47%左右，但由于酵母菌自身生长要消耗葡萄糖，以及葡萄糖的化学反应代谢物中还有其他有机酸、甘油、酯、醛及醇油等，这使得酒精得率远不及理论值。

(2) 有机酸。枣酒中的有机酸种类及含量是决定产品品质的重要指标。枣酒中有机酸主要来源于三个途径：枣原料本身、外源有机酸的添加和酿酒酵母的代谢（孙惠烨，2015）。枣酒中有机酸种类的含量受枣品种、发酵工艺和陈酿过程等多方面的影响（Zeravik et al，2016）。枣中的有机酸是枣酒中主要的有机酸，不同枣品种的差异也会在有机酸比例方面表现出显著的差异。选用酸度较低的枣时，一般会选择添加柠檬酸来调整总酸（马永强等，2017），不但能够实现枣酒风味的调整，而且可通过枣酒 pH 的降低来抑制杂菌生长，实现产品稳定性的提升。

枣酒中有机酸的种类一般会多于枣本身的有机酸种类，其原因主要归结于枣酒发酵过程中涉及的酒精发酵、三羧酸循环和苹果酸-乳酸发酵等代谢会产生乙酸、乳酸和琥珀酸等代谢有机酸（Zorenc et al.，2016）。枣酒的整个发酵过程包括有氧发酵和无氧发酵（Pawel et al.，2014），有氧发酵主要存在于发酵的初始阶段，三羧酸循环过程中会生成柠檬酸等物质进入发酵液（郑娇等，2017）。当枣汁中存在的氧气消耗殆尽时，氧化支路的酶活性被抑制，三羧酸循环过程的中间产物合成速率和消耗速率减缓，发酵液中的有机酸得到一定的积累（Pinu et al.，2014）。枣酒中最终有机酸的种类及含量主要受酒精发酵和苹乳发酵过程的影响。乳酸菌能将苹果酸转化为乳酸，也可以将酒石酸分解成乳酸和乙酸。在酒精发酵过程中形成的柠檬酸会在乳酸发酵阶段被消耗掉，如果发酵过程中污染杂菌会增加枣酒中的挥发性酸含量，进而影响枣酒品质。

（3）氨基酸。氨基酸是枣酒中重要的风味成分，对枣酒的品质具有直接的影响，氨基酸除了本身呈现甜、鲜、苦、咸等多种味感，赋予枣酒丰富饱满的味觉外，还与枣酒中的有机酸、酯类、醇类、萜类等化合物协同构成了枣酒特有的风味，使枣酒具有较高的营养价值。枣酒中的氨基酸主要来源于枣中蛋白质的酶解、枣酒发酵过程中酿酒酵母的代谢产物及酵母细胞的自溶。

（4）多酚类物质。多酚类物质具有多元酚结构，以多羟基取代为特征，主要有原花色素或缩合单宁、黄酮等（王修杰等，2005）。植物多酚酚羟基结构中的邻位酚羟基易被氧化成醛类结构，消耗掉环境中的氧，同时捕捉活性氧等自由基。多酚能够降低枣酒的氧化还原电位以及乙醛含量，进而缓解枣酒氧化。多酚是植物中的天然抗氧化剂，其自身的抗氧化性和分解产生的风味成分有利于果酒香气的形成，另外单宁作为抗氧化剂对枣酒中原果香的保留也起到重要作用（李从发等，1999）。

2. 化学变化 在枣酒的发酵和贮存中，会发生许多化学变化，主要是酯化反应和氧化反应。酯化反应指的是在后续发酵和贮存中，酒中的醇和有机酸发生化学反应生成酯类物质，这类酯类物质是酒的芳香成分的主要组成。枣酒中含有大量的有机酸和各种醇，它们大都能相互化合，生成相应的酯类物质。氧化反应是指糖苷和酚类被氧化并聚合，使沉淀加速，降低枣酒的苦涩口感，能使颜色越来越深，增加枣酒颜色的厚重感。

3. 物理变化 正常枣酒的外观品质应澄清透明，即使出现很小程度的浑浊，都被认为是质量不好、变坏的特征。因而在酿造枣酒时，力求澄清透明。枣酒的沉降澄清是一种典型的物理变化。枣酒中含有诸多成分，如果胶、蛋白质等，将枣酒置于密闭的容器中，长时间地保持静止的状态，可使悬浮物沉淀。在此期间，果胶物质逐渐水解而沉淀，这些杂质沉淀会使酒液慢慢变得稳定澄清，把枣酒定期从沉淀中倾析（换桶）出来，可得到澄清透明的枣酒。枣酒中的酒精分子与水分子之间，有机酸、醇与水分子之间，有机酸分子本身之间会相互缔合，增加酒的柔和度，提高酒的口感舒适度。

上述的各种化学变化和物理变化，在自然环境下是非常缓慢的，需要一段相当长的陈酿期，但可以通过各种手段，改变控制条件，来大大加速各种变化的进程。

（二）枣醋

枣醋中的挥发性香气物质是赋予枣醋独特风味的关键物质。对枣醋中的挥发性香气物质进行分析有助于明确常规发酵工艺参数和特征物质间的联系，为枣醋工业化生产提供一定的理论指导，提升枣醋的品质。枣醋中的香气成分主要为芳香类物质和酸类物质，包括酯、醇、醛、内酯和酚类物质。这些物质间相互作用，构成枣醋独有的风味和品质特征，这些特征也能够作为检验产品真假的重要指标。

枣醋酿造的整个过程中伴随着物理、化学以及生物化学变化，表现为能量的吸收与释放、新物质的合成与转化等。物质的变化主要体现在糖的消耗、酒精的生成与转化、醋酸的生成与积累、挥发性风味物质的生成与分解以及一些活性物质的生成，如酚类成分、黄酮类成分、多糖等物质的溶出、合成及分解等。

（1）使糖转变成酒精的酒化作用。酵母细胞吸收了大多数葡萄糖后，在酵母细胞中经过己糖激酶、己糖异构酶、醛缩酶、磷酸三碳糖异构酶、磷酸三碳糖脱氢酶、辅酶 A、甘油酸激酶、醇化酶等一系列酶的作用，开始酒精发酵。

酒精发酵是可发酵糖在酵母细胞中经过一系列酶的作用，产生酒精及 CO_2，并同时释放热量的反应过程。在液体发酵工艺中，正常的发酵醪中酵母的细胞个数大概是 $1\times10^8\sim1.5\times10^8$ 个/mL，酵母细胞的总表面积达到 7 m^2/L。由此可见，发酵中参加代谢过程的细胞表面积如此庞大，其发酵作用是非常剧烈的（金凤燮等，2003）。

在发酵过程中，生成的 CO_2 因为溶解度小，不断地逸出液面，而产生的酒精能够以任意比例溶解到水中。

酒精发酵主要通过糖酵解（Embden - Meyerhof - Parnas pathway，EMP）途径进行，可以将其分为三个不同阶段。

①发酵前期。接入酵母后，发酵醪中的初始酵母数量较少，但醪液中含适量营养成分和少量溶解氧，因此酵母会快速繁殖，并根据醪液体积达到一定数量。从外部看，发酵效果不强，发酵醪表面相对平静，糖分消耗也相对缓慢。前发酵阶段的周期与酵母接种量相关（徐怀德等，2006）。酵母接种量越大，前发酵期越短，反之亦然。同时，由于前发酵过程中酵母数量少，发酵弱，产品温度上升缓慢，接种温度以 26～28 ℃为宜，一般要低于 30 ℃。在发酵初期，应注意预防杂菌污染，因为在这个阶段，酵母的数量很少，不会成为发酵醪中的优势菌群，容易受到杂菌污染的抑制。因此，应加强车间的污染预防措施和卫生管理。

②主发酵期。在此阶段，发酵醪中的氧气几乎耗尽，酵母基本停止生长繁殖，因此主要以无氧呼吸进行酒精发酵。在此阶段，酵母数量达到最高值，细胞数量可达到 1×10^8 cfu/mL。在主发酵期间，由于酵母的厌氧呼吸，醪液中的含糖量快速大幅下降，同时产生大量酒精和 CO_2。此外，在此期间，发酵醪温度以较快速度上升，在产业化中需要加强对此阶段温度的调控。特别是在生产中，应当依据不同酵母的发酵性能，将主发酵温度控制在 28～30 ℃之间。若是温度过高，很容易使酵母在早期老化，从而降低酵母发酵能力。此外，较高的发酵温度也容易产生杂菌污染。主发酵期的周期主要由发酵醪中的营养成分含量决定，若是糖含量较高，发酵周期就会比较长，否则发酵周期较短（刘明华等，2011）。

③后发酵期。伴随着酒精的积累和糖含量的降低，酵母代谢活动和发酵能力逐渐减弱，进入发酵后期。在这一时期，大部分糖分被酵母消耗掉，发酵过程也非常缓慢，接近尾声。这时，产品温度逐步降低，温度应控制在 26～30 ℃之间（张艳荣等，2008）。

上述三个阶段不能完全分开，一般来说，当接种与发酵温度较高时，发酵时间较短。当然，发酵时间还受到接种量、酵母性能等因素的影响。连续发酵比分批发酵所需时间短，因为连续发酵在开始时便处于主发酵阶段，所以在枣醋产业中可以考虑采用连续发酵的方式。

不同酵母品种具有不同的耐酒精能力。一般来说，当酒精浓度为8.5%（体积分数）时，会显著阻碍酵母的繁殖能力，而10%的酒精则会使酵母繁殖完全停止。在液体中，酵母种类、温度、糖含量等条件不同，酒精的产量也不同。一般酒精酵母可发酵至12%～14%的酒精度，经过低温慢酵可发酵至15%～16%的酒精度。酒精发酵时，发酵醪中的酒精浓度一般达到7%～8%，但固态发酵中，因为填料的存在，可以稀释酒精含量，减弱对酵母的危害，同时，固态发酵能够防止料液和酒精流失（杨官荣，1999）。

（2）酒精发酵成醋酸的氧化作用。酒精氧化生成醋酸是枣醋生产过程中的主要环节，会直接影响枣醋的产量和口感。醋酸发酵阶段是依靠醋酸菌分泌的氧化酶将酒精氧化成醋酸的过程。在醋酸发酵过程中，1分子的酒精可以产生1分子醋酸并释放481.5 J热量，但实际上，其值往往低于理论值。理论上，1份酒精能够产生1.304份醋酸，但实际上，1份酒精只能产生约1份醋酸。减少的原因：在生产过程中部分醋酸挥发；部分乙酸由于再氧化而转化为二氧化碳和水；另一部分作为碳源被醋酸菌消耗掉（吴志显等，2009）；此外，一小部分酒精与有机酸结合生成酯。若是进一步深入掌握生产规律，提高产量，还有很大的潜力。

（3）有机酸与醇类结合生成芳香酯类的酯化作用。酒精发酵时，酵母能够通过其他代谢途径生成一些酸类物质。醋酸发酵过程中，醋酸菌也可以氧化葡萄糖酸，将谷氨酸分解成琥珀酸。这些酸类物质与醇类物质反应生成芳香酯，令醋具有丰富的香气成分，特别是陈醋，有机酸和醇的作用缓慢，酯类增加更多。此外，醋酸菌可以氧化甘油生成酮，而酮有淡甜味，使醋的味道更浓。

（三）益生菌发酵枣汁

根据枣含糖量高的特点，利用益生菌将其中一部分糖发酵转化成乳酸。控制好发酵程度，既能起到防腐的作用，又可改善枣汁风味、提升营养价值，得到酸甜适口的发酵枣汁（胡贝多等，2020）。不同益生菌发酵枣汁特性不同，总体来说，益生菌发酵对枣汁中活性物质的影响主要体现在酚类物质、胞外多糖、维生素等诸多方面。

（1）释放枣中的酚类物质。酚类物质具有维持枣的色泽、抗菌、抗真菌的作用，以及在贡献电子后其能产生稳定的中间体，能有效地在细胞和生理水平上防止氧化，这与枣的生理功能有着密切联系。酚类物质在枣中主要以游离态和结合态两种形式存在，以游离酚为主，结合酚平均占到总多酚含量的24%。目前对益生菌发酵果蔬中酚类物质的研究主要集中于游离酚，并且能够对酚类物质产生影响的益生菌主要包括植物乳杆菌、戊糖片球菌、明串珠菌等。

酚类物质是一种易被氧化的物质，随着保藏时间的延长，枣中的酚类物质会逐渐下降。益生菌在发酵时，能产生某些酚酸酯酶（如阿魏酸酯酶）水解一些结合酚，释放枣中的游离酚，并且释放大量的有机酸，防止酚类物质的降解；某些益生菌（如植物乳杆菌）在发酵过程中，也将产生一些酚酸脱羧酶，能使酚类物质之间实现相互转化，从而改变其抗氧化活性。

（2）合成多种维生素。枣中富含维生素，如枣富含维生素A。目前研究已经证明，乳杆菌属及乳酸链球菌属对枣中维生素种类及含量影响较大。乳酸菌主要通过糖酵解和戊糖磷酸两个途径进行发酵产生大量乳酸，为维持维生素不被氧化提供了一个酸性环境。乳酸菌发酵不仅为维生素的保存提供了有利环境，而且乳酸菌自身也能产生一定量的维生素，以增加枣中维生素的含量，提高其调节新陈代谢的能力。

（3）产生胞外多糖。益生菌发酵枣汁过程中，由于利用枣汁中的碳源而对其糖含量、种类及生理功能都会产生较大的影响。已有报道指出，益生菌如德氏乳杆菌保加利亚种、干酪乳杆菌、乳酸乳球菌乳脂亚种等，在适合的培养条件下能产生大量的胞外多糖。枣汁中的单糖以碳源的形式被乳酸菌利用后，产生胞外多糖。益生菌产生的胞外多糖由数百甚至数千个结构重复单元组成，成分主要有葡萄糖、D-半乳糖和L-鼠李糖等，一般来说它们不再被益生菌所利用。而不同的益生菌对合成胞外多糖的最优碳源不同，如Petronellaj等（2012）对乳酸乳球菌研究发现，葡萄糖比果糖更适合作为此益生菌的碳源。其原因是，催化果糖-1，6-二磷酸转化为果糖-6-磷酸的果糖二磷酸酶活性低，益生菌从果糖生物合成糖类核苷酸的必须阶段受到限制。此外，这些由益生菌发酵产生的胞外多糖具有抗肿瘤的作用。益生菌发酵能够产生一些糖苷酶和纤维素酶分解果蔬中结构较简单的植物多糖生成葡萄糖、D-半乳糖等单糖，并利用这些单糖合成胞外多糖，从而将植物多糖转化成胞外多糖，增强了果蔬的抗肿瘤能力。

（4）产生γ-氨基丁酸。许多研究者已经证明，γ-氨基丁酸是中枢神经系统中有效的抑制性神经递质，具有降低血脂、预防高血压的作用，但果蔬中其含量几乎为零。益生菌发酵过程中能产生谷氨酸脱羧酶，催化L-谷氨酸生成γ-氨基丁酸（赖婷等，2015）。

三、枣发酵关键技术与设备

（一）枣酒

1. 发酵型枣酒 发酵型枣酒是枣经过清洗、浸煮、破碎打浆、发酵、调配等工艺酿造成的低度饮料果酒（齐习超等，2022）。枣酒的生产工艺要根据原料品种和枣酒的种类做适当的调整，通常的枣酒生产工艺流程如图4-26所示。

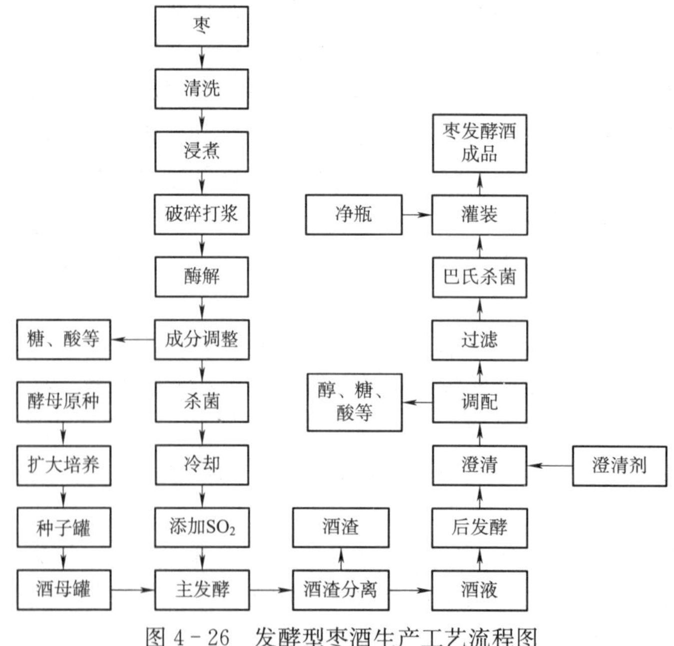

图4-26 发酵型枣酒生产工艺流程图

（1）枣酒酵母培养。枣酒是枣浆经过酵母菌发酵酿制而成，所以菌种的选择在枣酒的生产中十分重要。

当前生产企业进行枣酒酒精发酵时大多使用葡萄酒酵母，加工企业、科研院所、高校的科研人员也在针对枣酒发酵的特点，开展枣酒专用酵母的筛选工作。

葡萄酒酵母为子囊菌纲、酵母属、啤酒酵母种，形状为椭圆形、卵圆形、柠檬形。该属较多变种和亚种都可以进行酒精发酵，在酿酒、面包、酒精的生产中得以广泛应用。因不同葡萄酒酵母生理特性不同，它的应用要根据生产的产品进行选择。葡萄酒酵母不仅在葡萄酒发酵上应用，而且在其他果酒的发酵上也得以推广应用。

酿酒酵母以无性繁殖为主，主要表现为出芽繁殖，但也有少数表现为横分裂繁殖。在外界条件较为恶劣时，会形成 1～4 个子囊孢子，子囊孢子表面光滑，其形状同显微镜（400 倍）下观测到的酿酒酵母形状一样，为圆形或椭圆形，细胞丰满，大小一般为 (3～10)μm×（5～15）μm。酿酒酵母在 YPD 培养基（yeast extract peptone dextrose medium）上于 25 ℃条件下培养 3 d，产生乳白色、表面光滑、边缘整齐、中部略突起的圆形菌落，该菌落较容易被接种针（环）挑起，不会引起培养基颜色的变化。

葡萄糖、蔗糖、果糖、麦芽糖、半乳糖等为酿酒酵母可利用糖，较优的枣酒酵母种子在枣酒发酵时具备以下特性：①产生良好的果香和酒香。②能够充分利用发酵液中的糖分，使残糖含量在 4 g/L 以下。③能够较好地抵抗发酵液中的 SO_2。④具有较好的发酵能力，能使酒精含量在 16%以上。⑤在较低温度时，能保持较好的果香和清爽的酒香。

酿酒酵母在发酵生产前必须进行扩大培养，以达到生产对酵母数量和质量的要求，酿酒酵母扩培的流程如图 4-27 所示。

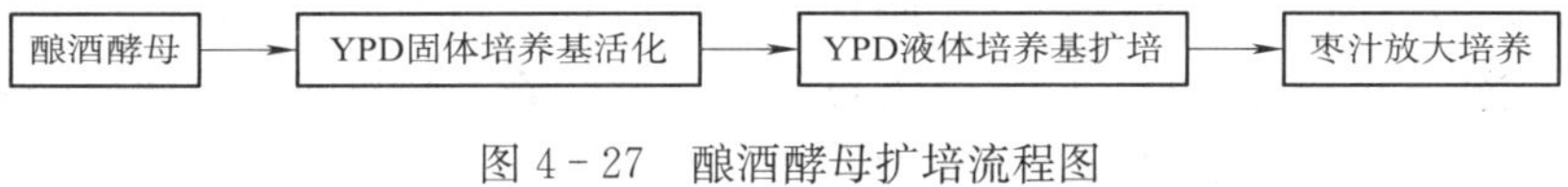

图 4-27　酿酒酵母扩培流程图

企业在连续生产情况下，酿酒酵母的扩培没有必要从保藏的菌种开始，可以循环使用扩培好的酵母液进行扩大培养。但要对扩培的酵母进行严格镜检，如果发现杂菌，要停止对扩培后液体菌种的循环使用，将设备进行充分消毒、杀菌，并重新开始培养菌种（罗莹，2010）。

活性干酵母活化。目前，世界上普遍使用活性干酵母进行果酒的酿造，在使用前需要对干酵母进行活化。活性干酵母的水分含量一般为 4.5%～5.5%，酵母细胞处于休眠状态，在使用前需进行复水，以保证其达到恢复生理活性的需求。活性干酵母复水活化的好坏对酒精发酵具有较大的影响。一般采用 2%的蔗糖溶液或 10 °Brix 枣汁作为活化液，使用量为活性干酵母质量的 20～50 倍，活化温度为 32～35 ℃，活化时间为 45～90 min。

在进行枣酒发酵时，活化酵母的添加量和果酒的发酵时间有很大的相关性。酵母添加量少，则发酵慢，耗时长，皮渣中的不良成分易溶出，影响酒的品质。酵母添加量大，则发酵快，耗时短，色素和果香物质不能充分浸出，也会影响酒的品质。枣酒生产过程中酵母的添加量可通过活性酵母添加量单因素实验来确定，实验过程中注意记录发酵所需时间和最终酒精的生成量，同时对枣酒的色泽、香气和风味进行感官评价，选择发酵实验较短、发酵效率较高、枣酒品质较优的酵母添加量。

酵母的扩大培养。采用活性干酵母进行枣酒发酵比较方便，但会增加生产成本，所以，大型枣酒企业一般采用扩培的酵母进行枣酒发酵。加入发酵枣浆（汁）的酵母菌生产上需经 2 次扩培后才可接入发酵液中。下面简单介绍其培养方法。

①斜面试管菌种。保藏的斜面菌种长期处于低温状态，菌种处于沉睡、衰老状态，需转接于 5 °Brix 麦芽汁斜面培养基或 YPD 斜面培养基上，于 25 ℃条件下活化培养 2～3 d。

②一级种子培养。将枣汁装于三角瓶内，装液量一般控制在三角瓶容积的三分之一。装好瓶，将带有纱布的三角瓶于 115 ℃条件下灭菌 30 min，冷却至室温，在无菌室内接入活性干酵母菌种，在 25～28 ℃条件下恒温培养 36 h，待其发酵旺盛时可作为下级种子。

③二级种子培养。将培养好的一级种子培养液接入盛有枣汁同样灭菌条件的大三角瓶或种子罐中，于 25～28 ℃恒温条件下培养 24 h。

④酒母罐培养。有些小的枣酒生产企业选用 200～300 L 的带盖木桶或不锈钢桶培养酒母。将洗净的木桶用硫黄烟熏进行杀菌，4 h 后向桶内注入灭菌的枣浆或枣汁，添加量为桶容量的 70%，并添加适量的亚硫酸（添加量一般为 100～150 mg/L），搅拌均匀，接种扩培后的酒母，25 ℃培养，每天搅拌 1～2 次，增加枣醪中氧气的溶解，促进酵母的生长繁殖。经过 2～3 d，酿酒酵母处于生长旺盛阶段时即可使用。可以通过循环使用的方法，加快酒母的培养。

⑤酒母使用。为了减轻游离二氧化硫对酵母细胞的伤害，培养好的酵母一般应在枣醪添加二氧化硫后 4～8 h 再加入，酒母的添加量为 1%～10%，具体的添加量要通过实验来确定。

(2) 枣酒发酵用果汁（浆）的调整。枣品种较多，各品种都具有独特的风味，且受栽培管理、气候等条件、采收时成熟度及制浆的果浆成分等影响，即便是同一品种也存在差异。所以在发酵前对枣汁（浆）的成分进行调整十分必要，其目的是：使成品枣酒品质接近；防止发酵的不正常；使酿成的酒质量较好。

枣酒的改良一般指糖度和酸度的调整。

糖分的调整：以 1.7g 糖转化为 1%（*V*/*V*）的酒进行计算，一般干枣酒的酒精度为 11%Vol 左右，甜酒的酒精度为 15%Vol 左右，若枣汁（浆）中的含糖量低于所需酒精度所对应的含糖量，则需对枣浆（汁）的含糖量进行调整。

①添加白砂糖。用于提高潜在酒精含量的糖必须是蔗糖，通常使用 98%～99.5%的白砂糖。

加糖操作的要点：加糖前应掌握准确的枣汁（浆）的体积；加糖时先用枣汁（浆）将糖溶解成糖浆；用冷汁溶解，不要加热，更不要先用水将糖溶解成糖浆；加糖后要充分搅拌，使糖完全溶解；溶解后的体积要有记录，作为发酵起始的体积；最好在酒精发酵刚开始时加糖。

②添加枣浓缩汁。世界很多果酒生产厂家，不允许加糖发酵或对加糖量有一定的限制，在枣浆（汁）含糖量较低时，只采取添加浓缩汁的办法。采用低温真空浓缩技术制得的枣浓缩汁可最大限度保留枣的风味，提高枣酒的品质。

在添加枣浓缩汁前，应分析枣浓缩汁的含糖量，然后计算出添加枣浓缩汁的添加量。使用浓缩枣汁来提高糖分，一般在主发酵后期添加，发酵前期枣汁（浆）糖分太高，对酵母的酒精发酵产生抑制。同时，在添加浓缩汁时要注意浓缩汁的酸度，若酸度太高，可通过添加碳酸钙的方式对浓缩汁的酸度进行调整。

酸度调整。为了使枣汁发酵正常以及成品酒口感适宜，应添加柠檬酸将酸度调至0.8%，一般枣浆（汁）pH 高于 3.6 或可滴定酸低于 0.65%时需对枣浆（汁）进行调酸。

柠檬酸和酒石酸的添加：在使用酒石酸或柠檬酸调节枣浆（汁）酸度时，最好在酒精发酵开始时添加。因为若枣酒的酸度较低，即 pH 较高时，游离 SO_2 的比例较低，枣酒易被细菌侵害和氧化。

计算举例：假如制得的枣浆（汁）总酸经测定为 5.5 g/L，若要提高到 8.0 g/L，每升中需添加酒石酸或柠檬酸为多少？

$$8.0\ g/L - 5.5\ g/L = 2.5\ g/L$$

即每升枣浆（汁）中需添加酒石酸为 2.5 g。

1 g 酒石酸相当于 0.935 g 柠檬酸，即需添加柠檬酸为 2.5 g×0.935=2.337 5 g。

（3）SO_2 的应用。在枣醪或枣酒中添加适量的 SO_2，有利于发酵的顺利进行和枣酒的存贮。

SO_2 的作用：①杀菌作用。SO_2 具有杀菌作用，对各种微生物的生长和繁殖具有抑制作用。但是各种微生物对 SO_2 的抵抗能力不同，以细菌最为敏感，其次为尖端酵母，果酒酵母对 SO_2 的抵抗能力较强（250 mg/L），通过添加适量的 SO_2 保证枣酒发酵的顺利进行。②澄清作用。通过添加适量的 SO_2，对果酒酵母的发酵起到一定的抑制作用，延长了发酵时间，有利于枣发酵醪中悬浮物的沉淀，促进了果酒的澄清。③抗氧化作用。SO_2 可防止枣酒被氧化，能够阻碍和破坏枣浆（汁）中的多酚氧化酶，减少色素的氧化，稳定枣酒的色值。④溶解作用。亚硫酸对于枣皮中无机盐、色素等成分的溶出具有促进作用，从而增加枣酒中浸出物的含量和枣酒的色泽。⑤增酸作用。首先 SO_2 可以抑制分解酒石酸和苹果酸的细菌活动；其次亚硫酸能够氧化为硫酸，与苹果酸和酒石酸的钾、钙等盐类作用，令酸游离出来，继而提高不挥发酸含量。

SO_2 添加方式有气体、液体、固体三种添加方式。①通过燃烧硫黄绳、硫黄块等，产生 SO_2 气体，在过去常常用于发酵桶的消毒，现在使用较少。②液体一般常用亚硫酸试剂，使用浓度为 5%～6%。具有使用方便，添加量准确的优点。③固体通常使用偏重亚硫酸钠（$Na_2S_2O_5$）或偏重亚硫酸钾（$K_2S_2O_5$），加入酒中产生 SO_2。

在使用 $Na_2S_2O_5$ 或 $K_2S_2O_5$ 时，应配制成 10%的溶液使用。

（4）枣酒发酵。枣酒的发酵分为前发酵（主发酵）和后发酵。

①主发酵。枣酒发酵有开放式发酵和密闭式发酵两种方式，为了防止发酵产生的芳香物质挥发，枣酒一般采取密闭式发酵。

将制备好的枣浆（汁）输送至已消毒的密闭式发酵罐或发酵池，装入量一般为发酵罐容积的 70%为佳，接种酵母，也可以先和酵母菌种混合均匀后送浆。

发酵初期主要为酵母菌的增殖阶段，温度控制在 25～28 ℃的条件下发酵 1～2 d。随后进入酒精的主要生成阶段，此阶段应控制温度在 20～25 ℃。此阶段有大量 CO_2 产生，发酵醪液中的糖度不断降低，酒精含量不断增加，皮渣上浮在液面形成酒帽。发酵后期，醪液中生成的 CO_2 减少，发酵作用慢慢减弱，皮渣和酵母菌下沉，酒液变得清晰。该阶段发酵的温度一般控制在 20～22 ℃，一方面可以避免酒精的挥发，另一方面阻止醪液中醋酸菌的活动。当发酵液中残糖含量降到 8～10 g/L 时，主发酵结束。整个主发酵过程一般为 7～10 d。

②分离。主发酵结束后，应及时除渣，将底部大量的沉淀和酒液分离，避免酒渣中不良物质过多的渗出和酵母细胞的破裂，影响枣酒的风味。

③后发酵。分离出的酒液含有一定的残糖，通过后酵可以进一步降低酒液中的残糖量。适宜的后发酵温度条件能够促进酒中蛋白质、色素、果胶、死酵母等物质析出，同时促进芳香物质形成，使口味柔和，显著改善酒质。后发酵的温度一般为 15～20 ℃。

（5）枣酒的贮存管理。采用新鲜枣浆（汁）发酵酿制的枣酒为原酒。原酒不具备成品酒的质量水平，需进一步陈酿和适当的工艺处理，以消除生酒味、苦涩味和酵母味等，实现酒质澄清透明、酒体醇香柔和，提升酒质，达到成品酒的要求（纪庆柱，2008）。陈酿一般在 10～15 ℃的温度下贮藏 6 个月以上。其间需要用虹吸的方法换桶若干次，以除去酒脚。由于地下酒窖温度较低、湿度大，比较适合果酒的陈酿，所以一般都选择在地下酒窖中陈酿。陈酿方法有自然陈酿和人工陈酿两种：自然陈酿的周期较长，而且产品的品质有所差异；人工陈酿结合了现代技术，采用微波、超声波及综合处理等方法加速枣酒的成熟，缩短陈酿周期，保证产品品质的稳定性。枣酒的陈酿一般分为成熟阶段、老化阶段和衰老阶段。

①成熟阶段。这一阶段枣酒经过氧化还原反应和聚合沉淀等化学反应，可以增加酒体中的芳香物质，减少酒体中的不良风味物质，同时可以使酒中的果胶、蛋白质等物质聚集沉淀，提高酒的风味、柔和性和澄清度。

②老化阶段。这一阶段与成熟阶段相反，需在无氧条件下完成。该阶段主要增加枣酒的香气（陈酒香），使枣酒的口感更加绵柔。

③衰老阶段。该阶段是枣酒陈酿努力避免的阶段，该阶段容易造成枣酒果香味的损失，苹果酸和酒石酸含量的降低及乳酸含量的增加，导致枣酒品质有所降低。

（6）枣酒的澄清。枣酒成品的外观品质需要澄清透明，即使出现很小程度的混浊现象也被认为不合格，因此，在存储和加工后要保证制得的枣酒清澈透明。枣酒不能在外界条件下保持无限期的澄清透明，其间会发生物理、化学和生物学特性的变化，透明度会受到影响，采用人工下胶的方法能够加速枣酒的澄清，使枣酒在较长的时间内保持稳定。

对陈酿后的枣酒下胶，目的是解决酒中的悬浮物质（色素、果胶、酵母及果肉粒子等）因相互排斥而难以沉淀的问题。在生产过程中，皂土、壳聚糖、单宁、明胶等可以用作枣酒的下胶材料，一般用明胶来进行澄清处理。用少量枣酒将单宁（每 100 L 酒加单宁 8～10 g）溶解，加入枣酒中搅匀；再把明胶（100 L 酒加 10～16 g 明胶）置于冷水中浸泡 12 h，去除腥味；随后倒掉浸泡水，重新加水，并用微火加热，其间不断搅拌，使其溶解后倒入少量酒中搅匀；再将明胶和酒液的混合液倒入酒中，搅匀，静置 2～3 周待沉淀完全，最后采用虹吸法吸上层酒液进行过滤。

（7）枣酒的调配和灌装。

①调配。由于不同批次陈酿后枣酒品质存在一定的差异性，所以出厂前需要按照枣酒的品质要求进行调配，保证酒体醇厚浓郁、口感协调、果香清新等，主要通过勾兑和调整的方式来调配枣酒。勾兑酒需要以某种酒作为原酒，选择另外的一种或几种酒进行勾兑，勾兑后需要进行感官评价和化学分析，最终确定最佳的添加比例。调整一般是针对枣酒的酸度、酒精度和糖度等指标，一般使用柠檬酸或酒石酸钾来调整酸度；使用浓缩枣汁、白

砂糖、果葡糖浆等来调整糖度；使用枣白兰地或食用酒精调整酒精度。调配后的酒有很明显的不协调生味，也容易产生沉淀，需储存 1 个月以上才能装瓶。

②过滤、杀菌、装瓶。硅藻土和薄板过滤是过去比较传统的枣酒过滤方法，微孔膜过滤是现在应用较多的枣酒过滤方法。过滤后的枣酒澄清透明、呈棕黄色。

枣酒在酒精度较高的情况下，若为甜型酒，则需要进行无菌处理。若在灌装前已经进行了杀菌，则灌装后无须再进行杀菌，反之，灌装后还要再杀菌。

（8）产品质量要求。

①感官指标。

A. 香气。枣香味浓郁。

B. 色泽。呈棕黄色。

C. 风味。酒体丰满、柔和醇厚，具有枣特有的香味。

D. 组织形态。无悬浮物、澄清透明、无沉淀。

②理化指标。

A. 酒精度（V/V，20 ℃）。10%～15%。

B. 总糖。可根据葡萄酒的划分来定义含糖量，也可根据制定的企业标准来规定含糖量；一般来说，总糖含量≤4 g/L 为干型枣酒，≤12 g/L 为半干型枣酒，≤45 g/L 为半甜型枣酒，>45 g/L 为甜型枣酒。

C. 干浸出物。≥15 g/L。

D. 总酸。<6.5 g/L。

③微生物指标。执行 GB 2758—2012《食品安全国家标准 发酵酒及其配制酒》。

2. 配制型枣酒 生产上配制型枣酒多以食用酒精浸泡枣或食用酒精复配枣汁，并添加白砂糖、果葡糖浆及其他材料（枸杞汁、桂圆汁等）复合而成。配制型枣酒与发酵型枣酒相比，生产方法简单，产品中能够较好地保留枣中的营养成分，生产成本较低。但产品香气寡淡，缺少发酵型枣酒的醇厚柔和感。

（1）工艺流程。

①脱臭酒精制备。食用酒精→降低酒精度→活性炭脱臭→静置→过滤→脱臭酒精。

②枣汁制备。枣→拣选除杂→清洗→浸煮→打浆→酶解→榨汁过滤→调整糖度→枣汁。

③枣浸泡酒制备。干枣→拣选除杂→清洗→烘制→破碎→（脱臭酒精）浸泡→过滤→枣浸泡酒。

④枣酒成品制备。枣汁、枣浸泡酒混合→调配→陈酿→澄清→过滤→灌装→杀菌→成品。

（2）操作要点。

①降低酒精度。优质 95%vol 的食用酒精加水处理降至 50%vol 的酒精。

②脱臭。50%vol 酒精中加入高锰酸钾 0.001%～0.005%和粉末活性炭 0.09%～0.11%，静置 5 d 以上。

③过滤。用过滤机将酒中沉淀物和活性炭滤除，得到略带甜味、醇和、酒味淡的澄清脱臭酒精，其质量符合国标 GB 31640—2016《食品安全国家标准 食用酒精》标准。

④枣汁的制备。本书中前面章节 4.1 已经对枣汁的制作进行了详细的介绍。

⑤枣浸泡酒的制备。将精选的枣洗净后，烘制焦香，破碎，用 3 倍量 50%的脱臭酒精

浸泡 10 d 以上，滤取酒液，并采用蒸馏法回收枣果中的酒精。

⑥调配。将枣浸泡酒与枣汁以 1∶2 的比例混合，再用白砂糖、果葡糖浆、柠檬酸、酒石酸钾、食用酒精、枣白兰地等调整其酒度、酸度和糖度。

⑦陈酿。调制后的酒应在酒窖中存储 2 个月以上，使酒中的酸、甜、香充分柔和，提高枣酒的醇厚柔和感。

⑧澄清、灌装、杀菌方法同发酵酒。

（3）成品酒质量指标。

①感官指标。酒体澄清、呈枣红色、有光泽、无沉淀和悬浮物等杂质，有枣香味，酒香协调，无杂味。酒体丰满、柔和纯正、余味悠长。

②理化指标。酒精含量 10%～22%（V/V），糖度≤15%，总酸 3.0～6.0 g/L，总酯（以乙酸乙酯计）≥0.2%，维生素 C≥100 mg/L，砷≤0.5 mg/kg，铅≤1.0 mg/kg，铜≤10.0 mg/kg。

③卫生指标。执行国家卫生标准 GB 2758—2012《食品安全国家标准 发酵酒及其配制酒》。

3. 枣白兰地 白兰地是以水果为原料，经过发酵、蒸馏、贮藏、陈酿而成的一种蒸馏酒。枣白兰地即为一种水果白兰地，具有独特优雅的枣原料品种香味、蒸馏香及陈酿香。

（1）工艺流程。枣白兰地是一种蒸馏酒，其工艺流程如图 4－28。

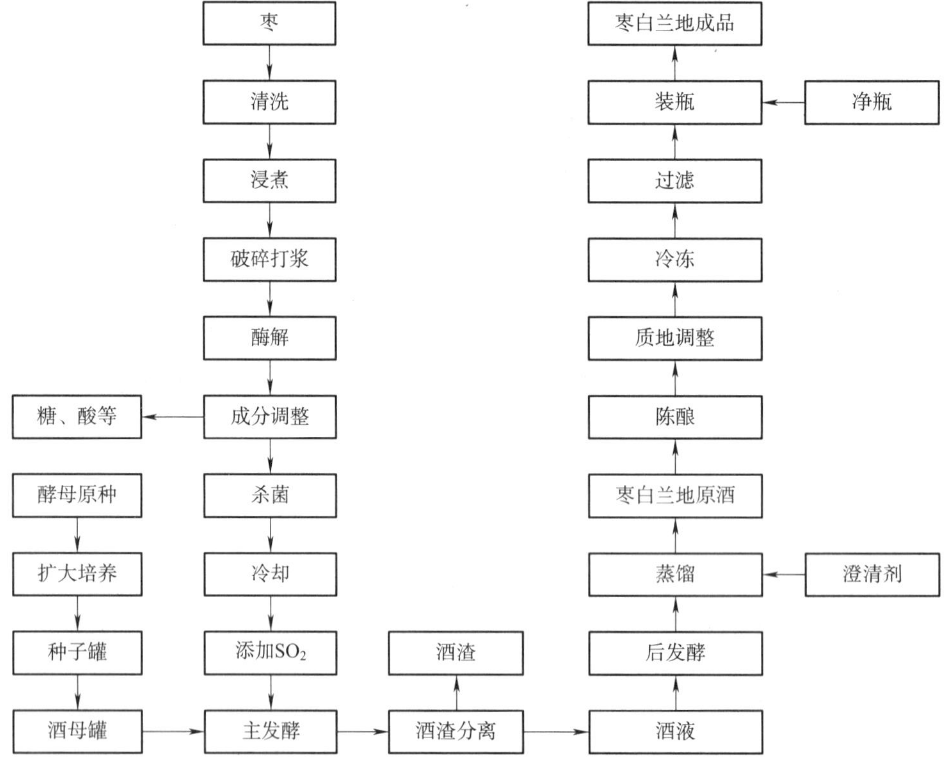

图 4－28 枣白兰地工艺流程图

（2）发酵工艺。枣白兰地的发酵工艺与枣果酒的发酵工艺基本相同，但要注意以下事项。

①在主发酵结束后可进行一次倒池，可以除去大部分的重质酒脚，保留轻质酒脚，满罐贮藏，在高温季节，可以采用酒精封顶的方法来阻止原料酒变质。

②在枣浆（汁）的制备及枣酒的发酵、存贮期间不能添加 SO_2、焦亚硫酸钾等防腐剂，因为 SO_2 的气味能够经过蒸馏带入枣白兰地中，使酒体具有硫臭味。

（3）蒸馏工艺。蒸馏工艺在白兰地的生产中十分重要，它可以将枣品种原有的香气以及发酵过程产生的香气以最优的比例保留，从而使枣白兰地具有一种特有的香气。枣酒蒸馏出的酒精度一般在 68%～72%（V/V），此时可以最大限度地保留原料酒中的芳香物质。

酯类、醛类、高级醇类及其他物质均是原料酒中的挥发性成分，是否能将这些成分蒸馏出来，不仅取决于沸点，与蒸馏系数也有一定相关性。

蒸馏系数是指酒精中挥发性物质的蒸发系数与乙醇蒸发系数的比率。通常情况下认为酒精的蒸馏系数为 1，在蒸馏过程中，若馏出物中的挥发物质含量高于原料酒中的含量，则其蒸馏系数大于 1；反之，则小于 1。这样就会造成部分挥发性成分富集在酒头，部分挥发性物质富集在酒尾的情况。大部分酯类物质在蒸馏后期出现，这些酯类物质对于枣白兰地的香气成分的构成具有非常重要的作用，在后期陈酿过程中，氧化和水解反应参与香气的形成。

当前普遍采用夏朗德式蒸馏器（又叫壶式蒸馏器）、带分流盘的蒸馏器和塔式蒸馏器进行枣白兰地的生产。夏朗德式蒸馏器，需要两次蒸馏，第一次蒸馏获得粗馏原白兰地，随后将粗馏原白兰地进行复蒸，并掐去酒头、酒尾，取中馏分，即原白兰地，其无色透明、酒性较烈。而带分流盘的蒸馏器和塔式蒸馏器都是一次蒸馏就能够获得原白兰地；且塔式蒸馏器可以连续生产，提高生产效率。

对具有一定规模的枣白兰地生产厂家来说，白兰地产品必须高中低档并举，保质保量。生产企业往往通过不同的蒸馏方式来划分不同档次的产品，夏朗德式蒸馏和塔式蒸馏的区别在于：

①生产方式不同：夏朗德式蒸馏是间断式蒸馏，而塔式蒸馏是连续式蒸馏。

②热源不同：夏朗德式蒸馏采用的是直接火加热（但现在工业化生产，部分企业也选用了蒸汽加热），塔式蒸馏则采用的是蒸汽加热。

③夏朗德式蒸馏产品芳香物质较为丰富，塔式蒸馏产品呈中性，乙醇纯度高。

（4）贮存工艺。

①枣白兰地的自然陈酿。枣白兰地需在橡木桶中进行多年自然陈酿，目的是改善其色、香、味。在储藏时，橡木桶里的单宁、色素等成分溶到酒中，令酒色逐步变成金黄色。另外，因为储藏时空气渗过橡木桶进入酒中，造成缓慢的氧化作用，使酸和酯含量提高，产生强烈香气。酸来源于橡木桶中单宁酸的溶出和酒精的缓慢氧化。储藏时间长，发生蒸发作用，致使枣白兰地的酒精含量减少，体积下降，为防止酒精含量减少到 40%以下，可以在储藏开始时适量提升酒精含量。

储藏过程中储存容器的管理以及存放条件对陈酿过程影响很大。储存期限取决于枣白兰地品质。储存时间越长，枣白兰地的品质越好，但通常储存4～5年就能够获得优良的枣白兰地。

②贮藏期间管理。在储存过程中，小木桶上下叠放或排成行，大木桶多采用立式，新旧木桶和大小木桶应交替储藏，以达到完美的陈酿效果。

储存枣白兰地时，桶中应留1%～1.5%的空间，一方面可以防止温度影响发生溢桶，此外还可以保留一部分空气在桶中以加速陈酿，每年添桶2～3次，添桶必须用同品种、同质量的枣白兰地。

原白兰地储存时，通常处理酒度的方式有两类：一是原白兰地不稀释，直接储存，达到等级储藏期限后再勾兑调配，经后序处理后出厂，这一方法通常用于生产中低档产品。二是原白兰地不稀释，储存到一定年限（根据产品档次和调酒师经验）后将酒度调整到约40%（V/V）再二次储藏，到年限后，对成分进行调整并进行稳定性处理，之后封装出厂。最后一种是法国的优质白兰地常采用的储藏工艺，即原白兰地原度贮藏，之后进行几次分阶段降度储藏，至酒精度达50%（V/V），专家认为50%（V/V）最利于陈酿，不仅除去了原白兰地的辣喉感，提升了枣白兰地的柔和性，还可降低对酒体的刺激，令白兰地在平稳的状态下熟化，最后将酒度调至40%（V/V）装瓶出厂，这样陈酿的酒不仅酒质优异，而且由于贮藏期长，相对来讲提高了木桶的利用率。在降酒度前要先制备低度枣白兰地，即把同品种的枣白兰地加水稀释到25%～27%（V/V），然后储存，在枣白兰地需要降度时加入，缓减直接加水对枣白兰地的刺激。

储存期间要有专人负责定期取样，监测色泽、口味、香气的变化，一旦酒体出现异常，要及时补救，及时将熟化的酒液倒入大桶径、大容积的木桶中，防止酒液过老化。储存期间应随时检查木桶的渗漏状况及桶箍的磨损情况，桶箍应为不锈钢材质。

储藏时新木桶应用清水先浸泡以去除过量的可溶性单宁，将木桶清洗干净后在65%～70%（V/V）的酒精中浸泡10～15 d，以去除粗质单宁，浸泡时间不应过长，否则会降低新桶的使用价值。

缺陷木桶要进行处理，生霉的木桶要先用清水清洗刷净，随后用50～60 ℃的热水洗刷，再在酒精中浸泡几日；有异味的木桶要用2%的热苏打水、清水、1%～1.5%的硫酸水轮流浸泡，刷洗；使用期在一年以上的木桶，酒倒出后或换品种储藏时，应用清水刷洗干净，再用抹布将水擦干；木桶顶部和桶的表面要保持干净，特别是桶板缝隙间有酒液渗出时，会带出一些糖分，更要注意将木桶表面擦干净，防止长霉。

（5）枣白兰地的调配和勾兑。勾兑是用不同品种、不同桶号的成熟白兰地进行勾调，再经过加工，即可出厂。我国的白兰地以配成白兰地贮藏为主。原白兰地只经过短时间的储藏就勾兑、调配成白兰地。配成的白兰地要在橡木桶中经历多年储藏，成熟以后再进行勾兑和加工处理，才能装瓶出厂。

无论以哪种方式储藏，都要经过两次勾兑，即在配制前勾兑和装瓶前勾兑。

①浓度稀释。国际上白兰地的标准酒精含量是42%～43%（V/V），我国一般为40%～43%（V/V）。原白兰地酒精含量较成品白兰地高，因此要加水稀释，加水时速度要慢，边加水边搅拌。

②加糖。目的是增加白兰地醇厚的味道。加糖量应根据口味的需要确定，一般控制白

兰地含糖范围在 0.7%～1.5%。糖可用蔗糖或葡萄糖浆，其中以葡萄糖浆为最好。

③脱色。白兰地在橡木桶中贮存过久，或储存在用幼树木料制造的木桶中，会有过深的色泽和过多的单宁，此时白兰地发涩、发苦，必须进行脱色。如果色泽轻微过深，可用骨胶或鱼胶处理，除下胶以外，还得用最纯的活性炭进行处理。经下胶或活性炭处理的白兰地，应在处理后 12 h 过滤。

④加香。高档白兰地是不加香的，但酒精含量高的白兰地，其香味往往欠缺，需采用加香法提高香味。白兰地调香可采用天然的香料、浸膏、酊汁。凡是有芳香的植物的根、茎、叶、花、果，都可以用酒精浸泡成酊，或浓缩成浸膏，用于白兰地调香。

4. 枣酒发酵设备 发酵型枣酒、枣白兰地、配置型枣酒的设备主要包括取汁设备、发酵设备、过滤澄清设备、蒸馏设备等，取汁设备与枣汁主要加工技术与设备介绍的枣汁的制备设备较为相近，不再进行赘述。

（1）发酵罐。枣酒生产中最为重要的反应设备是发酵罐。良好的枣酒发酵罐应满足以下要求：①结构严密，内壁光滑，耐腐蚀性能好，内部附件尽可能少，以减少金属离子对食品的影响；②因为发酵过程中酵母代谢产生大量的热量，发酵罐应具备良好的热交换性能；③附有必要和精确可靠的检测及控制仪表；④配有呼吸阀等排气装置。

（2）离心澄清设备。离心澄清是采用高速离心机分离沉淀及悬浮物以实现澄清的目的。高速离心机产生的离心力能克服重力沉降时存在的阻力，使沉降力增加几百倍乃至几千倍，从而大大增加沉降速度，缩短沉降时间，获得稳定的澄清效果。用于枣酒澄清的高速离心机常见的有碟式离心机和卧式螺旋离心机。

碟式离心机。料液从进料管进入转鼓的中心轴后，向下降落，进入转鼓下部碟片间的空隙外，在离心力的作用下，被分离后的液体沿碟片间隙向上流动，从排出口排出；而固体则沉积在碟片的下侧并被甩出到转鼓壁处，当转鼓被固体颗粒充满时，就必须停止，清除固体沉淀物。碟式离心机一般可用于混浊物含量小于 10%的枣酒澄清处理，但不能实现连续澄清排渣。

卧式螺旋离心机。卧式螺旋离心机的转鼓内装有一个带螺旋叶片的空心轴，螺旋叶片的外径略小于转鼓内径，转鼓和空心轴以相同方向、不同速度前进。料液从空心轴进入，在离心力、叶片、滚筒、料液之间摩擦力的作用下，料液中的颗粒沉积在转鼓内表面，并被相对运动的螺旋叶片刮下，以淤泥状排出机外，澄清的料液从转鼓另一端出口流出。这种离心机实现了连续操作，可以用于混浊物含量高达 12%～20%的液体澄清处理。

（3）过滤澄清设备。枣酒经过下胶、离心等操作后，将能够大大改善枣酒的澄清度，但是酒体中时常还有一些很小的悬浮微粒存在，因此必须在装瓶前进一步过滤。通过过滤介质的孔径大小和吸附，截留微粒和杂质，使固相和液相物质分离。常用的过滤方法有硅藻土过滤、滤板过滤、薄膜过滤、错滤过滤等。为了得到透明、澄清、稳定性好的枣酒，一般需要多次过滤。

硅藻土过滤，是用硅藻土作为助滤剂的压力式过滤，主要适用于粗过滤，可以滤除 0.1～1 μm 的固体颗粒。水平叶片和垂直叶片式是硅藻土过滤机常用的两种形式，一般包括筒身、滤板、中空轴、检视瓶、滤网、放气阀、压力表等结构。料液通过筒身从进液口进入，然后通过滤网、滤板和中心轴，由出液口流出，可以通过透明玻璃检视瓶来观察滤液的澄清状况。过滤时盖子要紧闭，用泵将枣酒与硅藻土混合液压入过滤器，悬浮液中的硅藻土被截留在滤叶表面的细金属丝网上，而枣酒则通过硅藻土层及金属细网进入滤叶的内腔，从金属细网中流出，经过几次回流得到澄清的枣酒。过滤结束后，反向压入清水，使滤饼疏松，打开顶盖卸除滤饼。

滤板过滤是用精制棉纤维、木材纤维、石棉和硅藻土等压制成的滤板作为过滤介质，所用纤维宽一般为 30～50 pm，形成骨架结构包括石棉和硅藻土。滤板需要具备良好的强度和抗腐蚀能力，石棉能起到吸附作用，硅藻土起到提高通透性的作用。滤板过滤一般用作精滤，即枣酒先经过离心机或者硅藻土粗滤后再进行滤板精滤。高级板式过滤机可以滤除微生物，得到无菌的枣酒，结合采用无菌包装系统可以省去巴氏杀菌。

微孔薄膜过滤是利用内装有微孔薄膜的过滤机进行过滤。微孔薄膜是用生物和化学稳定性很强的合成纤维和塑料制成的多孔膜，抗浓酸、浓碱，可以耐 125～200 ℃的高温。圆筒形滤膜常用的孔径大小为 0.1～2.0 μm，通过过滤可以得到无菌枣酒。除去酵母菌细胞需要孔径 0.65 μm，除去细菌细胞需要孔径 0.45 pm，一般是在精滤过后再进行微孔薄膜过滤。滤膜使用前要用 95 ℃的热水杀菌 20 min，然后用无菌水冲洗。微孔薄膜过滤的优点是可以通过过滤直接得到无菌的新鲜枣酒，配合无菌包装无须巴氏灭菌即可生产出生物稳定性可靠的成品酒，有利于保持枣酒的新鲜口感。

错滤过滤是目前最新型的一种过滤方法，液流的主要部分在过滤介质的表面以一定角度流过，形成湍流，其中只有一小部分液体透过过滤介质，未透过过滤层的保留液再进入循环，多次“错流过”过滤层表面。错滤过滤大大减弱了悬浮固体堵塞滤孔和降低过滤速度的作用，因为滤渣被连续的液流不断带走，不会在滤层表面积累而形成滤饼。错滤过滤可分为微滤、超滤和反渗透，在枣酒工业中主要用于酵母菌和细菌的分离，以及固定化酶的回收，甚至可以除去分子水平的溶质。错滤过滤最大的缺点是过滤速度慢，因此目前未能在枣酒工业中得到广泛应用。

（4）蒸馏设备。

①固态醪蒸馏器。该设备（图 4－29）是蒸馏发酵后的果渣或其他固态醪的专用蒸馏器。与物料接触的部分组件，选用高纯度紫铜板制作，采用蒸汽直接加热蒸馏。如对发酵后的葡萄皮渣进行蒸馏，可获得 65%～70%（V/V）的皮渣酒精。皮渣酒精的典型特征，是具有浓郁的原料香气，例如意大利人利用葡萄皮渣经这类设备蒸馏生产的“格拉巴（Grappa）”酒，就是一种著名的商品酒。同时，这种蒸馏酒精也可用于枣酒调酒加香，是凸显产品特性的绝佳原料。

这类设备与我国传统白酒的谷物固态醪蒸馏甑，都是用于固态醪的蒸馏，但该设备具有可机械化、自动化装、卸锅，可实现多锅串接连续蒸馏，极大地简化了我国传统蒸馏甑对装锅和蒸馏技能的苛刻要求，降低了劳动强度，提高了蒸馏效率；同时，还可用于露酒（如金酒的谷物串香及玫瑰露酒的花、果串香）的串香蒸馏。

②夏朗德式蒸馏器。该设备（图 4－30）是生产高档白兰地和威士忌的必备蒸馏器，选用高纯度紫铜板制作。采用燃气、燃煤加热蒸馏或蒸汽间接加热蒸馏。如果加工枣发酵酒，需经两次蒸馏，可获得浓度为 68%～70%（V/V）的原白兰地。该设备无法进行连续蒸馏。

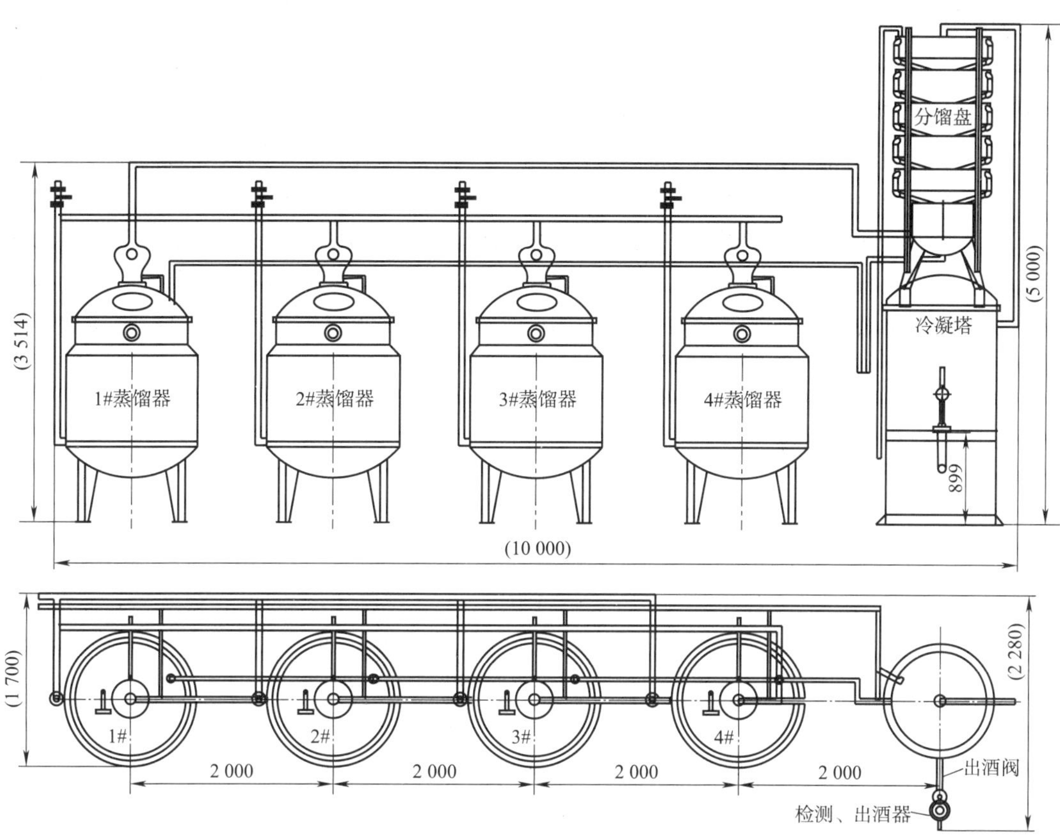

图 4-29　固态醪蒸馏器正视图及俯视图

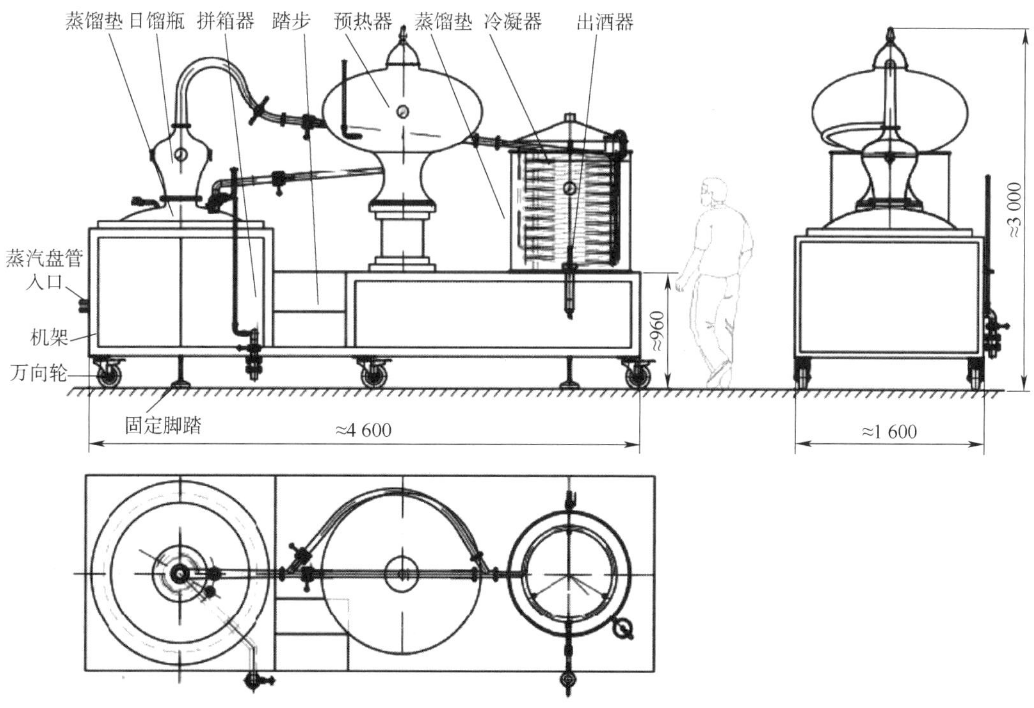

图 4-30　夏朗德式蒸馏器

夏朗德式蒸馏机组在蒸馏过程中，因酒的蒸汽接触蒸馏机组回流甑、鹅颈管和冷却蛇管的内壁，酒气中的脂肪酸与铜离子化合，形成“铜皂”被分离出来并进入原酒中。铜和铜的化合物“铜皂”，能使原白兰地中各种有利组分加速转化生成，起到化学催化剂的作用，使成品酒中的酒质变的丰满细腻，这是白兰地酒质的一个重要构成要素。

③阿尔玛涅克蒸馏器。该设备（图 4-31）是源自法国阿尔马涅克地区传统的从液态原酒中提取酒精的专用蒸馏设备。该机组主要由高纯度紫铜板制作的蒸馏锅、优质 304 不锈钢加工而成的分馏塔、冷凝器等组成。采用电加热或蒸汽间接加热方式蒸馏，在蒸馏过程中，借助泡罩或填料传质换热的精馏作用，达到热分离提取富含丰富芳香物质酒精的目的。

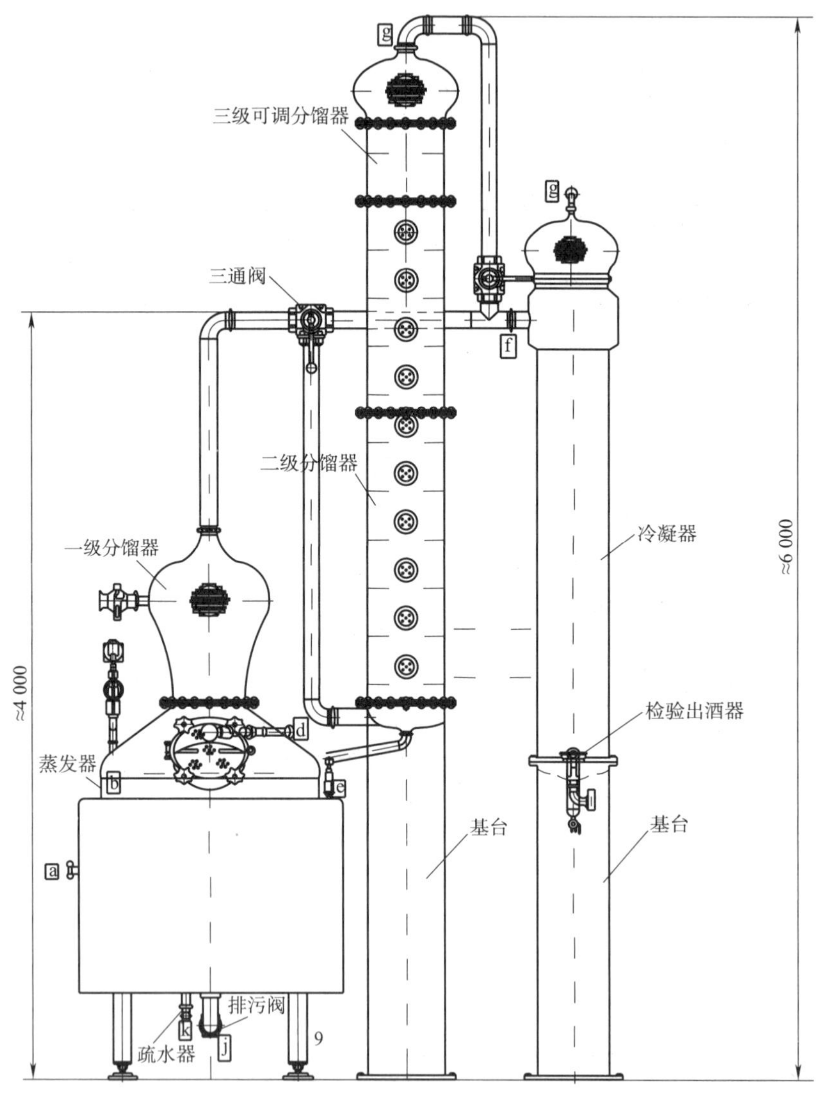

图 4-31 阿尔玛涅克蒸馏器

该设备进行一次蒸馏，即可获得浓度为 52%～65%（V/V）酒精和比较复杂的有益组分，但不易分离出蒸馏的二次产物，而使酒体具有较强易挥发的不理想成分和有粗糙感的刺激味。即使使用同一种醪液蒸馏，其蒸馏出的酒精，与采用夏朗德式蒸馏器蒸馏的酒精也会有明显的差异。

该设备生产效率较高，适合于大产量情况下使用。在法国阿尔玛涅克地区和德国的大部地区，多采用该设备用于葡萄发酵醪的蒸馏。

由于枣酒酒精蒸馏不是单纯的酒精提纯，而是要保持一定的枣品种及发酵所产酯香，因而一般采用单塔蒸馏，塔内分成两段，下段为粗馏塔，上段为精馏塔，选用塔板时应考虑处理能力大、效率高、压降低、费用小、满足工艺要求、抗腐蚀、不容易堵塔等特性。蒸馏塔塔板一般为泡盖、浮阀式。

（二）枣醋

1. 枣醋发酵生产菌种

（1）枣醋酿造常用酵母菌。目前我国果醋酿造中大都使用生产酒精、白酒和黄酒的酿酒酵母，该酵母大都属于啤酒酵母属。在枣醋酿造过程中，还可添加使用产香酵母进行偶联发酵，以增加枣醋的香气。

（2）枣醋工业常用醋酸菌。目前我国常用于食醋生产的菌株有两种：AS1.41 和沪酿 1.01。AS1.41：是中国科学院微生物研究所筛选、分离保藏的菌种，该菌种在食醋的生产中已经使用多年，具有产酸率高、质量好的特点，是比较优良的菌种。沪酿 1.01：该菌种有上海市酿造科学研究所和上海醋厂在 1972 年筛选分离得到的菌种，在生产上已经使用多年，产酸率高，性能稳定。

酿醋厂选用的菌种具有氧化酒精速率快、能力强，分解醋酸能力弱，耐酸能力强，产品风味好的特点。当前国外有些食醋生产企业通过混合菌种发酵，生产的食醋酯香物质含量明显高于单一菌种发酵，果醋的香气和可溶性固形物含量也明显增加。

2. 醋酸菌的分离、保藏

（1）富集培养。将酒曲粉碎后称取 20 g，放入装有 100 mL 无菌水的 250 mL 三角瓶中于 25～30 ℃条件下培养，待其液面生膜后，镜检培养物中有除酵母菌外的革兰氏阳性菌（形状为杆状、线状、棒状、弯曲或分支的细胞）即可进行平板分离。分离培养基中加入 1 g 的 $CaCO_3$，使用划线分离法进行分离。在这种培养基上，酵母菌的菌落大，杆菌的菌落小，且周围有透明圈。

（2）斜面菌种的保存。常用的两种培养基配方：

①6%的酒精溶液 100 mL、葡萄糖 0.3 g、酵母膏 1 g、琼脂 2.5 g、$CaCO_3$ 1 g。

②酒精 2 mL（灭菌后加入）、葡萄糖 1 g、酵母膏 1 g、琼脂 2.5 g、$CaCO_3$ 1 g、水 100 mL。

斜面培养基按常规灭菌，将选出的菌种接种于斜面培养基上，于 30～32 ℃条件下培养 24 h。培养好的斜面菌种应保存在 0～4 ℃的冰箱内，使其处于休眠状态，醋酸菌产生的醋酸与 $CaCO_3$ 中和，延长其保存期限。

（3）复壮筛选。

①路线流程。菌种→增殖培养→稀释分离→单菌落→试管斜面→液体试管→液体三角瓶→酸度测定→菌株确定。

②培养基。液体试管和液体三角瓶培养基（测酸培养基）：酵母膏 1%，葡萄糖 1%，pH 4.5，于 115 ℃灭菌 30 min，酒精根据所需在灭菌后添加。

③操作方法。

初筛：将醋酸菌种接种于液体试管培养基内培养 2 d，分别稀释 10^{-6}～10^{-4}，各取 0.2 mL，涂布于平板分离培养基，于 30 ℃培养 48 h，挑选透明圈大、菌膜丰满、边缘整齐的单菌落，接种于斜面试管培养基，供液体三角瓶筛选使用。

复筛：将初筛试管斜面菌种接种于液体试管培养基，于 30 ℃培养 24 h 后接种于液体三角瓶内，液体三角瓶内培养基的酒精度为 6%，于 30 ℃，200 r/min 的摇床内培养 4 d，分别测定其酸度，并做醋酸的定性检测，筛选出产醋酸高的菌种。

（4）菌种的保藏。菌种保藏的目的在于延长菌种的保存时间，稳定菌种的生理特性，以保证生产的稳定性。常用的菌种保藏方法见表 4-1。

表 4-1　常见的醋酸菌保藏方法

保藏方法	保护剂	保藏时间
定期移植法		每月移植一次
冻结法（−28 ℃）	10%蜂蜜	5 年
冻结法（−53 ℃）	10%甘油	1.5 年
液体石蜡法（5 ℃）		2 年
冷冻干燥法	血清（马或牛血清）	6 年
梭氏真空干燥法		6 年

3. 全液态发酵法生产枣醋

（1）枣汁的制备。整个过程操作方法同发酵枣酒的操作，另外可以使用烘制焦香味的枣，以提高枣醋的枣香味。枣和水应按照（1∶3）～（1∶4）的混合比例进行混合。

（2）液态酒精发酵。生产者可结合生产设备条件，选择合理的发酵工艺，其发酵原料可以选择枣汁或枣浆发酵果酒，也可以选择发酵后酒精度为 6%～8%的枣酒发酵枣醋。

用白砂糖将枣汁或枣浆糖度调整达到 15%，在 90 ℃的条件下杀菌 10 min，冷却至 32 ℃，然后接种 3%的酵母菌，于 26～30 ℃的条件下发酵 5～7 d，发酵基本结束。发酵枣醋用枣酒的酒精度一般为 6%～8%。

（3）液态醋酸发酵。将枣酒巴氏灭菌后，以 5%的接种量接种活化的醋酸菌菌种，第一天，10 L 自吸式发酵罐的通风量为 0.5 L/min，发酵温度 30～34 ℃。1～2 d 自吸式发酵罐的通风量提高到 0.5～1.0 L/min。最后自吸式发酵罐的通风量降为 0.5 L/min，直至发酵结束。

醋酸菌斜面培养基：2%葡萄糖、1%酵母膏、2%碳酸钙、2%琼脂，灭菌结束后添加 3%的无水乙醇。

液体培养基：1%葡萄糖、1.5%酵母膏、0.05%硫酸镁、0.05%磷酸二氢钾，灭菌结束后添加 3%的无水乙醇。

（4）陈酿、过滤、灭菌。枣醋的陈酿与枣酒相同，枣醋通过陈酿会变得更加澄清、风味更佳醇厚、香气更加浓郁。枣醋的陈酿时间要多于 1 个月。枣醋多采用硅藻土进行过滤，然后杀菌、装瓶（王毕妮，2012）。

4. 固态发酵法生产枣醋

（1）工艺流程。枣→拣选除杂→清洗→烘烤→破碎→添加稻壳、高粱壳→蒸料→冷却→接种酵母菌→固态酒精发酵→拌糠→接种醋酸菌→加盐陈酿→淋醋→过滤→巴氏杀菌→灌装→成品。

（2）操作要点。

①原料选择。果醋发酵对原料要求较低，可以利用果品加工厂的下脚料，因此酿造果醋能使水果资源得到充分的利用，变废为宝，减少环境的污染。枣果醋的发酵原料，可以选用枣产区的裂枣、落枣、小枣、色差枣等级外枣，能够显著提高级外枣的利用率，提高市场价值，增加农民的收入，为枣精深加工新产品的开发开辟一条新路。

②烘烤。利用烘烤的枣发酵出的枣醋，枣香味和焦香味更加浓郁。原因是枣在烘制过程中，枣中的糖和蛋白质在较高的温度下发生美拉德反应，生成具有焦香味的物质和棕色物质。微波烘制和热风烘制是较常用的方法，但是微波烘制枣的效率显著高于热风烘制。

③破碎、添加稻壳（高粱壳）、蒸煮。将枣用破碎机破碎，破碎粒径一般为 3～8 mm，将破碎的枣与稻壳混合，稻壳主要起支撑蓬松的作用。然后对其进行蒸煮，蒸煮时间大于 30 min。

④固态酒精发酵。蒸煮后的原料冷却至室温后，接入活化的酿酒酵母，于 30 ℃下发酵 5～7 d，其间每天要保证足够的搅拌次数，一般为 3～4 次，现在工业上生产可以使用固体发酵罐。

⑤固态醋酸发酵。将灭菌的麸皮、稻壳等原料与酒精发酵后的枣以 1∶2 混合，再接入活化好的醋酸菌种，充分的搅拌均匀，控制发酵温度稳定在 32～34 ℃，供给充足的空气，并定期搅拌，一般醋酸发酵经过 10 d 后才会逐渐减弱，在醋酸发酵接近结束时需添加一定的食用盐，添加量为 2%～3%，搅拌均匀后将醋醅存储于醋缸中并压实，加盖封严，进行枣醋的后陈酿。

⑥陈酿。枣醋的陈酿可以与枣酒陈酿一样，通过陈酿可使枣酒澄清透明、风味纯正、香气浓郁，陈酿的时间要在 1 个月以上。也可以在醋醅成熟后就淋醋，然后将醋液存储于缸（罐）中，封存 1～2 个月，可得到香味醇厚，色泽鲜艳的陈醋。

⑦淋醋。将陈酿后的醋醅松散的装于淋醋缸（池）中，缸（池）的底部会有预先凿好的小孔，在距离缸底部 6～10 cm 放置滤板和滤布。从装满淋醋池的上面缓缓淋入与所装醋醅等量的水（也可以用二醋浸泡），并浸泡 8 h。打开缸池底部的孔塞，流出的醋是头醋，剩下的头渣用三醋浸泡，淋出的是二醋，剩下的二渣再用清水浸泡，得到三醋。头淋醋套头淋醋称为老醋；二淋醋套二淋醋三次称之为双醋，其质量优于一般的单淋醋。

⑧配兑、过滤、灭菌。陈酿醋和新淋的头醋还只是半成品，头醋需要进入沉淀池沉淀，调整其成分、浓度，使其符合国家质量标准。然后过滤、杀菌、装瓶。

5. 前液后固发酵法生产枣醋

（1）工艺流程。枣→拣选除杂→清洗→烘烤→浸煮→打浆冷却→接种酵母菌→酒精发酵→拌糠→接种醋酸菌→加盐陈酿→淋醋→过滤→巴氏杀菌→灌装→成品。

（2）操作要点。

①原料到酒精发酵。该过程的操作方法同液态法生产枣醋一样，但是该过程不需要枣浆的酶解、枣渣的去除和成分的调整。

②醋酸发酵到枣醋成品。该阶段同枣醋的固态发酵。

前液后固发酵法与全固态发酵法相比，提高了原料的利用率，提高了酒精发酵效率，固态发酵的枣醋风味优于纯液态发酵的枣醋（胡丽红，2009）。

6. 质量标准

（1）感官指标。有枣特有的色泽，棕黄色或琥珀色；具有枣特有的香味和醋香味，无不良刺激性气味；酸味纯正柔和、枣香浓郁；无悬浮物、澄清透明、无沉淀。

（2）理化指标。总酸≥3.5 g/100 mL，可溶性无盐固形物≥0.5 g/100 mL（若以枣酒为原料，则不要求），不得检出游离矿酸，砷≤0.5 mg/kg，铅≤1.0 mg/kg，黄曲霉毒素≤5 μg/L。

（3）卫生指标。严格执行国家标准 GB 2719—2018《食品安全国家标准　食醋》。

7. 枣醋发酵设备　自吸式发酵罐。自吸式发酵罐是一种不需另行通入压缩空气的发酵罐（图 4 - 32），其最关键的部件是带有中央吸气口的搅拌器，目前使用最为广泛的搅拌器是具有固定导轮的三棱中心叶轮，在叶轮上下分布的有三棱形的平板，叶片夹在旋转方向的前侧。当叶片向前旋转时，其与三棱形平板之间的液面被甩出而形成局部真空，于是将罐外的空气通过搅拌器中心的吸管吸入罐内，并与高速流动的液体密切接触形成细小的气泡分布在液体之中，在搅拌器外周，还有固定的导轮。导轮由 16 块一定曲率的翼片组成，排列于搅拌器的外围，翼片上下有固定圈予以固定。

自吸式发酵罐的搅拌轴大都由罐底伸入，因此要求采用性能良好的双端面机械密封装置，抽气管与搅拌器之间也应采用滑动轴套或端面轴封，以免漏气。为保证发酵罐有足够的吸气量，搅拌器的转速应比一般通用式高，虽然自吸式发酵罐搅拌消耗的动力较大，但因不需另行通入压缩空气，因此总的动力消耗比较经济，一般为通用式发酵罐的搅拌功率和压缩空气动力消耗之和的 2/3。自吸式发酵罐气—液混合情况较好，气泡分散较细，能在较低的通气量情况下，使氧的吸收系数达到通用式发酵罐的水平。

在自吸式发酵罐的操作过程中，泡沫情况较为严重，因此装料系数不能太大，最好能配合离心式除沫器。

（三）益生菌发酵枣汁

1. 工艺流程　益生菌发酵枣汁是将枣和乳酸菌二者的保健价值结合在一起的一种新型营养饮品，其工艺流程如图 4 - 33 所示（王毕妮等，2012）。

2. 操作要点

（1）预煮与蒸煮。预煮可以消除枣的苦味，改善其风味，同时使枣软化，提高出浆率，但也会造成可溶性成分的损失。预煮 10 min 后再蒸煮 10 min 可以达到良好的效果。

（2）打浆与过滤。发酵前的打浆与过滤主要是为发酵提供良好的条件，打浆时要保证枣肉充分打碎，以便后续的过滤和枣汁发酵。实验室条件下采用一层纱布进行过滤，以除去打浆后的枣皮等。

（3）调配与胶磨。调配是此工艺的关键控制点，调配时加入乳糖 2%、蔗糖 10%，为发酵提供必要的物质条件。同时要添加稳定剂，其添加量为黄原胶 0.09%，海藻酸钠 0.06%，羧甲基纤维素钠（CMC - Na）0.15%。调配后过胶体磨，使枣汁保持一定的颗粒度，既有利于发酵，也有利于发酵后的均质。

（4）调配。为了改善饮料的口味，调整饮料的糖酸比，使之适应多数人的口味和嗜

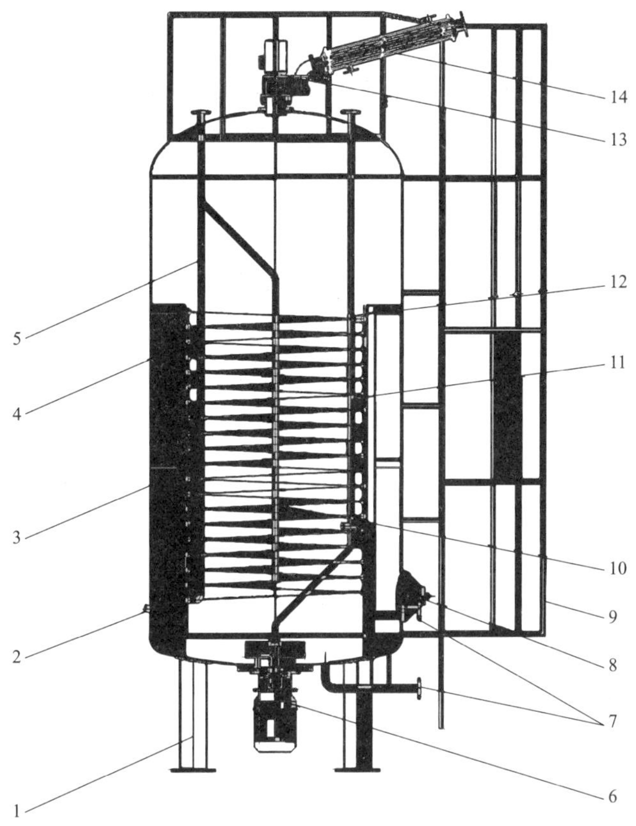

图 4-32　自吸式发酵罐结构图

1. 支腿　2. 酒精在线监测探头　3. 罐体　4. 冷却盘管　5. 冷却进水管　6. 自吸装置　7. 出料及排污口　8. 下人孔　9. 爬梯　10. 进料管　11. 进气管　12. 冷却回水管　13. 消泡装置　14. 尾气冷凝器

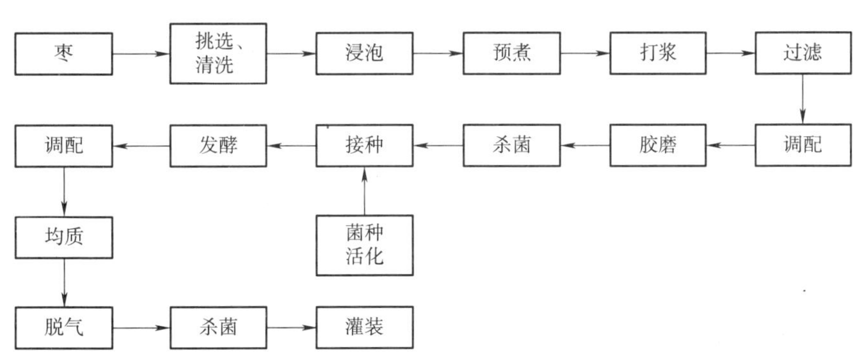

图 4-33　益生菌发酵枣汁工艺流程图

好，试验以发酵枣浆作为基料，用柠檬酸调 pH 至 3.7，然后加入 1%的蜂蜜，达到改善饮料风味的目的。

(5) 均质。为了确保枣乳酸饮料更长时间稳定，产品质地均匀细腻，需进行均质，本试验采用的均质条件为：压力 25 MPa，温度 60～70 ℃。

(6) 装瓶、最后杀菌：饮料杀菌工艺直接影响到产品的保藏性和产品的质量。在

85 ℃条件下处理10 min，既能达到杀死微生物的目的，又可降低对产品品质的不良影响。

3. 产品指标

（1）感官指标。色泽具有枣乳酸发酵饮料应有的枣红色，酸甜适口、质地细腻，有枣经乳酸发酵后应该产生的特有的芳香味，但不是十分浓郁，纯枣浆原有的枣香味保持良好。组织均匀细腻，无分层现象。

（2）理化指标。可溶性固形物含量为15%～17%，总酸（柠檬酸计）为0.2%～0.3%，pH为3～4。

（3）微生物指标。细菌总数<50个/mL，大肠杆菌<3个/mL，致病菌不得检出。

4. 益生菌发酵枣汁设备 益生菌发酵枣汁一般采用通用式发酵罐进行发酵。

通用式发酵罐的结构具体见图4-34，发酵罐通常是一个长筒型密闭容器，具有椭圆形或蝶形的盖和底。发酵罐一般应以不锈钢或低碳钢制作。为了防止染菌，罐的内壁应光滑无死角，要保证焊接质量，使之至少能够耐受0.45 MPa的水压。

①罐的外形及几何尺寸。通用式发酵罐是指常用的具有机械搅拌及空气分布装置的发酵罐。

②搅拌装置。在发酵罐内设置机械搅拌有利于液体本身的混合、气—液及液—固的混合，以及质量和热量的传递，特别对氧的溶解具有重要意义，因为它可以加强气—液间的湍动，增加气—液接触面积及延长气—液接触时间。搅拌器的形式很多，它与被搅拌液体的流动状态和物性有关，一般可以根据工艺要求来选用。

③通气装置。通气装置是指将无菌空气导入罐内的装置，最简单的装置是单孔管。单孔管的出口位于最下面的搅拌器的正下方，开口往下，避免培养液中固体物质在开口处堆积和罐底固体物质沉淀。由于在发酵过程中通气量较大，气泡直径仅与通气量有关而与分布器孔径无关，且在强烈机械搅拌条件下，多孔分布器对氧的传递效果并不比单孔效果好，相反还会造成不必要的压力损失，且易出现物料堵塞小孔而引起物料灭菌不彻底问题，故很少采用。

④传热装置。在发酵过程中，由生物氧化作用及机械搅拌产生的热量必须及时去除，以保持发酵在适宜的温度下进行。

⑤机械消泡装置。发酵过程中由于发酵液中含有大量蛋白质，在强烈的通气搅拌下将产生大量的泡沫。严重的泡沫将导致发酵液的外溢和污染机会的增加，需通过加入消沫剂的方法去除。当泡沫的机械强度较差和泡沫量较小时采用机械法消沫装置也有一定的消沫作用。消沫器可分为两大类：一类置于罐内，目的是防止泡沫外溢，它是在搅拌轴或罐顶另外引入的轴上装上消沫桨；另一类置于罐外，目的是从排气中分离已溢出的泡沫使之破碎后将液体部分返回罐内。

（四）益生菌剂发酵枣粉

1. 喷雾干燥益生菌发酵枣粉工艺流程及操作要点 采用喷雾干燥制备益生菌发酵枣粉，物料接触热风时间短，蒸发速度快，从而保持了物料的营养成分及色泽；干燥后的颗粒尺寸均匀，流动性和溶解性较好，广泛用作固体饮料配料。喷雾干燥流程简单，大型生产设备自动化程度较高，但设备占地较大，投资高，同时加工能耗较高。

（1）工艺流程。枣→验收→清洗、挑选→预煮→打浆→超细粉碎→杀菌→发酵→配料→均质→喷雾干燥→成品→包装。

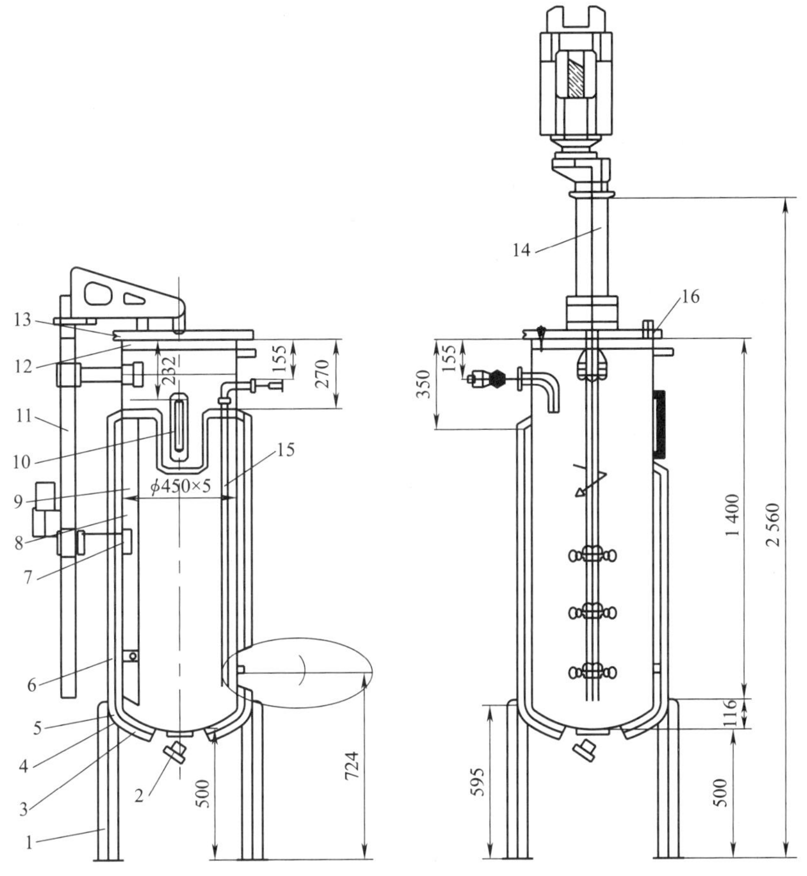

图 4-34 通用生物发酵罐结构图

1. 底脚 2. 罐底阀 3. 保温夹套蝶形封头 4. 控温夹套蝶形封头 5. 筒体蝶形封头 6. 保温夹套筒体 7. 控温夹套筒体 8. 罐体筒体 9. 挡板组件 10. 侧视镜 11. 升降系统 12. 罐体法兰 13. 罐体顶盖 14. 上搅拌机构 15. 气管组合 16. O 型卷

(2) 操作要点。

①原料验收。枣大小规格不限，杜绝虫害、腐烂，没有枣叶、枣梗等外来杂质。

②清洗、挑选、输送。清洗过程中挑出残留异物、腐烂枣。适当调整传送带速度。保证进料均匀，及时观察清理输送线上积压滞留的枣。

③预煮。按照 1∶3 枣和水比例进行预煮，水温 90～95 ℃，当预煮槽温度达到 90 ℃以上，开始进料。

④打浆。采用两道打浆，第一道打浆网眼 5 mm 去除枣核，第二道打浆网眼 1.2 mm 去皮。

⑤超细粉碎。采用超细粉碎设备将枣浆进行超细粉碎。

⑥杀菌。采用瞬时杀菌设备对枣浆进行杀菌，杀菌温度 115～135 ℃，杀菌时间 15～60 s。

⑦发酵。将益生菌，经活化、扩培后，按适当的接种量接种于灭菌后的枣浆中，37 ℃条件下发酵 18～48 h。

⑧配料、喷雾干燥

添加枣汁 20%～25%的麦芽糊精包埋，均质。然后通过螺杆泵打到喷雾塔。50 ℃进料温度，喷雾进风温度 180 ℃，出风温度 70 ℃，雾化器转速 20 000 r/min。结合 40 ℃洁净冷风输送粉料。

⑨收粉。包装间需要恒温恒湿，温度为 25 ℃左右，湿度 40%；包装采用复合牛皮袋。根据顾客要求，包装到不同的规格。

2. 滚筒干燥发酵枣粉工艺流程及操作要点 在众多干燥方式中，滚筒干燥装置干燥速率高，操作成本低，可连续作业，所添加的辅料量少，能保持原料原有的营养成分，产品溶解度好。但设备占地较大，热量利用率低。

（1）工艺流程。枣→验收→清洗、挑选→预煮→打浆→胶体磨研磨→发酵→配料→干燥→粉碎→包装。

（2）操作要点。

①原料验收。枣大小规格不限，杜绝虫害、腐烂，没有枣叶、枣梗等外来杂质。

②清洗、挑选、输送。清洗过程中挑出残留异物、腐烂枣。适当调整传送带速度。保证进料均匀，及时观察清理输送线上积压滞留的枣。

③预煮。按照 1∶3 枣和水比例进行预煮，水温 90～95 ℃，当预煮槽温度达到 90 ℃以上，开始进料。

④打浆。采用两道打浆，第一道打浆网眼 5 mm 去除枣核，第二道打浆网眼 1.2 mm 去皮。

⑤湿法粉碎。通过胶体磨研磨或者超细湿法粉碎机对枣浆进一步细化，使枣肉粒度达到微米级，有助于与配料的混合。

⑥杀菌。采用瞬时杀菌设备对枣浆进行杀菌，杀菌温度 115～135 ℃，杀菌时间 15～60 s。

⑦发酵。将益生菌活化、扩培后，按适当的接种量接种于灭菌后的枣浆中，37 ℃条件下发酵 18～48 h。

⑧滚筒干燥。采用滚筒干燥工艺进行枣浆干燥。在干燥过程中，添加枣浆规格 20%的淀粉为辅料，滚筒表面温度 130 ℃，滚筒转速 3.0 r/min。

⑨粉碎。料斗中的枣片，通过低温气流粉碎机粉碎，根据顾客要求，粉碎到不同目数。

⑩包装。枣粉由于含糖量高，包装间需要恒温恒湿，温度为 25 ℃左右，湿度 40%；包装采用复合牛皮袋。根据顾客要求，包装到不同的规格。

3. 益生菌发酵枣粉设备 益生菌发酵枣粉相关设备参见益生菌发酵枣汁及枣粉制备的相关设备。

（刘光鹏　马艳蕊　李学震　孟园　石磊　陆奎荣）

第三节　枣干制技术

一、概述

我国是枣的原产地，中国枣树种类达 700 多种（唐秋菊，2020），全国有 20 多个省（直辖市、自治区）种植枣树（王文生等，2022），枣产区覆盖人口达 2 500 万，种植面积约 150 万 hm^2，产量达 800 余万 t（徐怀德等，2022），枣产量占世界的 95%以上（汪景彦等，2021）。枣营养价值高，但鲜枣不耐贮藏易腐烂，货架期短，因此多直接加工成干枣或作为原料进一步加工成其他产品（张有林等，2000）。通过干制，可以延长枣保质期，同时使枣中的化学物质发生美拉德反应，生成特殊的香气成分（李雁琴等，2020；关东，2022）。枣干制后，广泛应用于休闲食品、烘焙、茶饮、保健食品等领域。目前枣干制品形式主要包括干枣、枣片、枣粉等。

（一）干枣

干枣是传统的枣制品，2017 年全国干枣产量 562.47 万 t（王文生等，2022）。研究表明，干枣的粗蛋白含量为 2.28%～3.78%，粗纤维含量为 1.95%～3.10%，总糖含量为 51.4%～66.5%，粗脂肪含量为 0.6%～1.4%（王元熠等，2019）。干枣不仅营养价值、药用价值极高，还具有水分含量低、保存时间长、风味浓郁、便于携带等优点，既可作为干果直接食用，也可作泡茶、煮粥、煲汤等配料，市场前景广阔。

20 世纪 80 年代以前，干枣加工通常采用自然晾晒的方式。近年来，随着果蔬加工技术的不断发展，烘房干燥、带式干燥、微波干燥及远红外干燥等干燥技术迅速发展，并在枣干制中得到了广泛应用，这不仅提高了枣干制效率，还保持了干枣的优良品质，枣经干制后，颜色鲜艳、营养成分损失小、干净卫生。

（二）枣片

枣片是将枣去核、切片后，采用气流压差膨化或低温真空油浴等干燥方式制备。

枣片是一种新型的休闲食品，具有口感酥脆、香气浓郁、营养丰富等优点。枣片不仅保持了原有枣的营养和风味，且使一些营养和功能组分更有利于被人体消化吸收，备受消费者的喜爱。

（三）枣粉

枣粉中富含大枣多糖、三萜类、皂苷类、黄酮类、生物碱和环磷酸腺苷等多种生物活性物质（王跃强，2018），是食品加工的重要配料，可以改善产品的色泽、风味，提升产品保健功效，广泛用于方便调料、饮料、冰激凌、乳制品及烘焙食品等。枣粉食用方便、营养丰富，对原料枣利用率高，是一种新型加工产品，既丰富了枣产品的种类，又提高了枣的附加值，枣粉产品的开发具有很好的经济效益，应用前景十分广阔（杨雯，2012）。

目前枣粉的加工方法主要有两种：一是将枣干制后通过机械粉碎的方式制备枣粉；二是以枣浆为原料，配以一定辅料，通过滚筒干燥或喷雾干燥等方式制备枣粉。

二、枣干制过程中理化性质变化

枣果干燥脱除水分过程中，除了伴随着复杂的热质传递，自身也会有实质性改变，包括物理变化及化学变化等。物理变化诸如体积缩小、质量减轻、硬化等；化学变化包括色泽变化、风味变化和营养功能成分含量的变化等。

（一）物理变化

1. 体积缩小、质量减轻 枣果的干燥过程中，始终伴随着水分蒸发散失，随着水分含量降低，物料呈线性均匀收缩和质量减轻，收缩比例与枣果原料初始含水率和干燥过程中的失水率息息相关。根据产品质量要求不同，枣果干燥后的体积收缩量在 15%～30% 之间，质量减轻 30%～40%（韦玉龙等，2015）。通过干燥手段处理后的枣果干燥品，体积大大缩小且质量减轻，不仅具有便携性，同时产品包装、储藏和运输的成本大大降低。

2. 硬化现象 枣果在干燥过程中，随着物料持续失水，物料表面会产生收缩、封闭等现象，这就是硬化现象。枣果不同干燥方式中，热风干燥制备的枣果硬度较高，产生这种现象的主要原因是由于枣果干燥过程中，环境温度大于枣果内部温度，枣的表面温度高于内部，于是温度由枣果外向内传递，但枣果内部水分迁移至表面的速率不及表面水分蒸发速率，随着表面水分的蒸发迁移，枣果表皮细胞迅速收缩并形成干硬膜。当枣果中心干燥和收缩时，又会出现内裂空隙，从而形成表皮起皱和干瘪坚硬等现象，表现为口感坚硬，酥脆度差（于静静等，2011）。

（二）化学变化

1. 色泽 枣果在干燥过程中易发生褐变，主要原因在于加热干燥过程中，枣果羰基化合物和氨基化合物发生美拉德反应生成深色物质，枣果颜色变暗呈现深褐色，除此之外还存在焦糖化反应、抗坏血酸氧化等非酶褐变（郑晓冬等，2020）。

2. 风味 影响枣果干燥过程中风味变化的主要因素，在于干燥条件如温度、时间等，过高的干燥温度和过长的干燥时间均会导致枣果中醇类、醛类、萜类等小分子芳香物质分解损失（郑晓冬等，2020）。

研究表明，枣在 50～70 ℃恒温热风条件下进行干燥，可检测鉴定到香气成分 50 余种，包含羧酸类、醛酮类、酯类、醇类、烷烃类及少量其他物质。在温度不超过 70℃情况下，枣芳香物质会随着干燥温度升高和干燥时间延长而逐渐增多（郑晓冬等，2020）。

3. 可溶性糖 枣果中含量最高的营养成分是糖类，远高于其他水果，其中成熟鲜枣可溶性糖含量在 30%左右，干枣中则高达 60%～70%，主要以果糖、葡萄糖、蔗糖等为主，三者含量总和占所测可溶性糖的 80%～90%。除此之外，还检测到鼠李糖、半乳糖、麦芽糖和甘露糖等，但含量相对较少（赵爱玲等，2016）。

不同干燥工艺和参数对枣果糖含量影响显著，自然干燥枣果的可溶性糖含量高于热风干燥的枣果（Gao et al.，2012）；热风干燥条件下，较低的干燥温度有利于保持枣中糖的含量（李焕荣等，2008）。

除加工工艺外，枣果干燥前不同品种原料选择，也是影响干枣产品糖含量的重要因素。如同样栽培条件下的完熟期新郑灰枣鲜枣的总糖含量达 393.68 g/kg FW，而交城骏枣仅为 200.65 g/kg FW，前者约为后者的 2 倍；滕州长枣中蔗糖含量最高，占总糖含量的 62.02%，而北京鸡蛋枣则是果糖含量最高，占总糖含量的 42.73%（赵爱玲等，2016）。在尖枣、骏枣、牙枣、龙枣、玲玲枣、婆婆枣、三变红、金丝小枣、清涧木枣等干枣中，果糖含量一般在 14～35 g/100 g DW，占总糖的 20%～48%，平均为 31.5%，与蜂蜜中果糖含量接近（王向红等，2002）。蔗糖含量在不同品种间差别很大，如尖枣中蔗糖含量仅为 0.21%，而骏枣中则高达 17.4%（Li et al.，2007）。

此外，枣中可溶性糖的组成与含量还受产地、种植方式等因素的影响。一般西部地区特别是新疆地区光热资源丰富，日照充足，气候干旱，昼夜温差大，有利于糖分的积累，因此西部地区生产的枣含糖量显著高于其他地区。例如，新疆若羌所产灰枣的总糖含量较河南新郑所产灰枣的总糖含量高 25.58%（张艳红，2007）；新疆产区大枣样品蔗糖平均含量远高于全国其他产区，而葡萄糖及果糖平均含量显著低于全国其他产区（张颖等，2016），相同栽培品种（如骏枣、梨枣），产自新疆产区其蔗糖含量显著高于其他产区。不同等级的枣中，低等级的枣由于坐果晚、发育时间短，含糖量一般低于高等级枣（王向红等，2002）。在日常栽培管理中，增施钾肥、有机肥和钙、镁等微肥有助于提高枣果糖含量（张兆斌等，2009）。

4. 有机酸 枣中含有较丰富的有机酸，按含量高低依次排序为苹果酸、琥珀酸、奎尼酸、柠檬酸和酒石酸等，含量占枣果总酸比分别约为40%、25%、15%、10%和2%。其中成熟期枣果肉中苹果酸平均值可达3 000 μg/g 。除此之外还有比较典型的有机酸为山楂酸、桦木酸、齐墩果酸和熊果酸，四种酸之和仅占总酸的3%（赵爱玲等，2016）。

枣加工对于有机酸含量影响显著，经过干燥后，枣果总酸含量降低，采用低温干燥方式可有效降低枣果有机酸损失率（张宝善等，2004；李焕荣等，2008；Gao et al.，2012）。除加工对有机酸含量影响外，原料选择对枣果产品有机酸也有一定影响，研究表明低等级枣的总酸含量高于高等级枣（王向红等，2002）。

5. 蛋白质和氨基酸 枣果中蛋白质和氨基酸是第二大营养物质，含量仅次于碳水化合物。研究表面枣果蛋白质和氨基酸含量分别在4～8 g/100 g DW、3～5 g/100 g DW之间（王向红等，2002；张艳红等，2008）。其中包括八种人体必需和两种儿童必需氨基酸：苯丙氨酸、苏氨酸、色氨酸、蛋氨酸、赖氨酸、异亮氨酸、亮氨酸、缬氨酸、组氨酸和精氨酸（张艳红等，2008；Guo et al.，2013），同时存在具有一定特殊功效的氨基酸，如天冬氨酸、亮氨酸、酪氨酸、甘氨酸、蛋氨酸、谷氨酸等（陈宗礼等，2012）。热风干燥、微波干燥、冷冻干燥等方式加工的干枣蛋白质含量差异不显著，但真空干燥的干枣蛋白质含量较高（于静静等，2011）。

6. 脂质 枣果中脂类物质含量较低，主要是一些饱和烃、不饱和烃、不饱和脂肪酸、饱和脂肪酸及脂肪酸酯、酰胺类物质，总量在0.3～1.5 g/100 g DW之间。研究表明不同品种、不同等级枣果间存在较大差异（王向红等，2002；Li et al.，2007）。干燥方式及温度均可对枣中脂类物质的组成与含量产生影响（李焕荣等，2008；穆启运，2001）。

枣果脂类物质中较为特殊的成分角鲨烯，具有较强的生物活性和功效，如抗氧化、抗肿瘤、调控胆固醇的代谢、和抑制微生物生长等（刘纯友等，2015），其分别占枣果皮和果肉脂溶性成分的13.91%和4.53%（游风等，2013）。

7. 维生素 枣果中含有丰富的维生素，包括维生素A、B族维生素、维生素C等，其中含量最高的是维生素C。鲜枣中维生素C含量一般在200 mg/100g FW以上，最高的可达到600 mg/100g FW以上（石东里等，2003；贾君等，2004；赵京芬等，2011；唐敏等，2014；刘杰超等，2015；马倩倩等，2016）。

维生素易氧化分解，故枣干燥后维生素C含量降低显著，低温条件下的干燥如真空冷冻干燥有助于减少枣干燥过程中维生素C的损失（张宝善等，2004）。此外，陕西木枣含有一定维生素E，对比鲜枣和不同干燥方式加工枣的数据显示，鲜枣、热风干燥干枣、真空冷冻干燥干枣中的含量分别为1.7 mg/kg DW、3.2 mg/kg DW和3.1 mg/kg DW，而在微波干燥干枣和自然晒干干枣中却没有检测到（Gao et al.，2012）。

8. 微量元素 枣中的微量元素，钙、钾、镁、磷的含量较高，特别是钙和铁相对其他水果较高，此外其他一些矿质元素如钠、锶、硒、钼等在部分枣样品中也有检测到。（Li et al.，2007；张福维等，2009；薛晓芳等，2016）。

研究显示热风干燥对于原料的微量元素也有一定的破坏，而冷冻干燥、真空干燥等能够减少微量元素的损失（于静静等，2011）。

9. 多酚类物质 多酚类物质在水果中广泛存在，是水果保健功能的重要物质基础。据测定，成熟鲜枣果实中含有总多酚 0.558～2.520 mg GAE/g FW、原花青素 0.511～0.977 mg CE/g FW（Kou et al.，2015），其多酚含量与苹果、红葡萄、李、荔枝等相当，远优于桃、梨、樱桃、杏、柑橘、龙眼、芒果、菠萝、枇杷等水果。

枣果中的多酚类，主要有儿茶素、表儿茶素、绿原酸、原儿茶酸、咖啡酸、对羟基苯甲酸、对香豆酸、阿魏酸、肉桂酸等，以游离态或结合态存在于枣果肉、果皮、果核中。不同枣品种、成熟度以及水肥管理、干燥方式等均会对枣果中多酚类物质的组成与含量产生影响。一般未成熟枣中多酚含量高于成熟枣，施用有机肥和钾肥有利于多酚物质的积累。枣热风干燥或自然晾晒后多酚含量降低，真空冷冻干燥、微波干燥或膨化干燥有利于保持或提高枣中的多酚含量（于静静等，2011；Kou et al.，2015）。

10. 多糖 多糖是枣中含量最高、最重要的生物活性成分，枣的多种保健功能与生理功效都与其含有的活性多糖有关，成熟鲜枣中水溶性多糖含量为 3.103～21.815 mg/g FW（Kou et al.，2015），干枣中水溶性多糖的提取得率一般为 0.8%～10%，不同原料品种、成熟度及产地等都可对枣中的多糖含量产生影响。

枣多糖是以溶解性的中性多糖和酸性多糖为主，一般为 *L*-阿拉伯糖、*D*-半乳糖、*D*-葡萄糖、*L*-鼠李糖、*D*-甘露糖和 *D*-半乳糖醛酸等单糖单元通过糖苷键结合在一起而形成，其结构以果胶类多糖为主。

和其他的植物多糖一样，枣多糖还具备许多生物活性的功能。经过体内动物试验及体外研究表明，枣多糖具备调节人体免疫功能、抗氧化、补气补血、抑制癌细胞生长、缓解高血压、降低胆固醇、抗凝血等作用，另外还可抑制 α-淀粉酶、α-葡萄糖苷酶、透明质酸酶和酪氨酸酶活力。

11. 环核苷酸 环核苷酸是细胞内的调控生物新陈代谢和生物学调节作用的关键化学物质，主要包括环磷酸腺苷和环磷酸鸟苷，有促进人体内的微循环系统、提高大脑和冠状脉的供血量、减少心脏耗氧指数、产生抗败血素和血栓素、增加高密度脂蛋白、促进神经再生和抑制人体中亚硝酸盐类物质的产生等功能。

枣中环磷酸腺苷含量是所有已调查高等植物中最高的，最高含量近 0.05 g/100 g DW，但不同品种间存在较大差别。干燥过程也可对枣中环磷酸腺苷含量产生影响。此外，枣中还含有环磷酸鸟苷，但其含量通常低于环磷酸腺苷，一般在 0.03 g/100 g DW 以下。

12. 三萜类化合物 三萜类物质是药用植物中最常用的生物学活性成分之一，有抑瘤、抗氧化、耐病毒、抵抗炎症反应、降胆固醇、保肝护肝等各种生理功能，所以在医疗和保健品中都有着很广泛的应用。

从枣中分离到的三萜类化合物主要为五环三萜类化合物，有羽扇豆烷型、齐墩果烷型、美洲茶烷型、坡模醇酸型和乌索烷型等，主要以游离型三萜酸和三萜酸酯形式存在。枣中总三萜酸的含量为 3.99～15.73 mg/g DW（赵爱玲等，2010）。各种三萜类化合物的组成与含量不仅受品种的影响，还受土壤、气候、环境等生长条件的影响，加工过程也可造成枣中三萜类化合物组成与含量发生变化。

三、枣干制关键技术与设备

1. 前处理技术与设备 原料的清洗步骤是干枣生产的重要工序之一。清洗用水主要采用自来水，并辅助以毛刷、喷淋等外部机械力将枣表面的泥土等污染物、部分微生物及可能残留的农药物质去除。通常采用的清洗方法有物理清洗、化学清洗和超声波清洗。物理清洗是最主要的清洗手段，常用的清洗方法有洗果槽浸泡清洗、摩擦清洗、喷淋刷洗清洗、桨叶搅拌清洗等。这些方法既可单独清洗，也可组合使用。

目前，枣休闲食品多以枣片为主，其前处理技术比较简单，要去除枣核和切片，切片的大小可根据客户需求进行调整，一般为 3～5 mm。其去核、切片工艺已实现了自动化的生产。

（1）清洗设备。枣清洗常采用毛刷气泡物理清洗方法，对应的设备为鼓泡清洗机和毛刷清洗机，详见第四章第一节枣汁加工技术与设备部分。

（2）枣去核机。现阶段，枣去核机（图 4－35）设备较简易，主要有输送装置和去核装置。操作过程：在料斗中倒入经过筛选的枣，输送到传送链上，下传送链通过中间的滚轮的转动将枣顺位，顺位后的枣继续运行到上定位链下部，通过上下定位链将枣四位定点，每当传送链运动到设定的滚轮间距时，传送链停止运动，此时冲杆托架带动冲杆向前运动，将被输送到上定位链下方的枣的核冲出去，完成一个冲程后返回，此时带有冲针的冲针托架停止运动，传动链再次运动，如此周而复始，便不断将枣核冲出。这种枣去核机加工能力为 2 400 颗/min，破损率为 0.5%。

该机器的另一个关键结构是定位装置。在整个冲压过程中需要保证枣的位置精度，但由于枣个体之间存在尺寸差异使得其定位十分困难。这个问题是去核工艺的主要难点，因此在去核加工前要先经过分级加工。

枣去核机采用转盘式自动给料。执行装置是一个小型冲压机，该冲压机是一个回转导杆结构，将回转运动转化为直线运动。冲压机有液压和机械两种设计方式，食品加工业不宜使用液压冲压机，虽然它工作稳定，但是液压机使用的液压油对食品质量有影响，一旦液压油泄露将对加工的食品造成污染，因此选择机械冲压机。

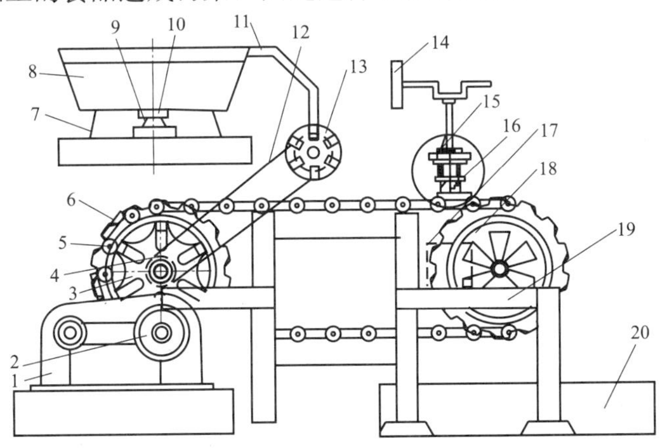

图 4－35 履带式枣去核机示意图

1. 减速器 2. 槽轮曲柄 3. 槽轮 4. 小链轮 5. 滚轮 6. 链板 7. 支撑板弹簧 8. 料斗 9. 衔铁 10. 电磁铁 11. 给料管 12. 链条 13. 转盘式上料器 14. 小型冲压机 15. 上模 16. 下模 17. 枣核收集斗 18. 输送机链条 19. 机架 20. 枣肉收集斗

（3）枣切片机。枣切片机（图 4-36）主要由机架、电动机、链轮和带轮组成。枣果由皮带带动，输送到动刀处，动刀是一排互相间隔的，边缘带有凹槽的圆盘形刀具，固定在动刀轴上。动刀轴通过齿轮传动带动，输送轴上的齿轮与动刀轴上的齿轮齿合，两个齿轮形成等速传动，这样能使输送轴与动刀轴的转速相同，钢丝固定在机架上，相切在动刀轴的边缘上。当动刀把枣输送至于钢丝相接处时，在钢丝压力的作用下，枣被切成片状，随着动刀轴带动枣转动，最后被切成若干片，切片厚度一般为 3～5 mm，加工能力为 300 kg/h。

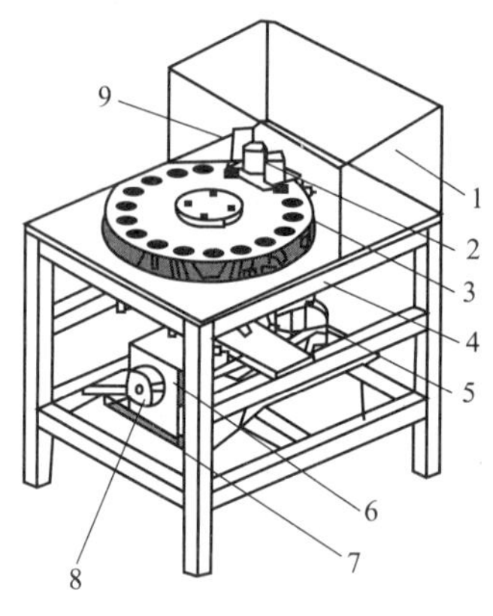

图 4-36　枣切片机示意图

1. 罩子　2. 电磁卸料器　3. 枣盘　4. 机架　5. 电动机　6. 减速机　7. 步进结构　8. 接近开关　9. 切刀

2. 枣果干制技术与设备　干制枣果是枣主要的加工品种和市场流通产品。传统的人工晒干法时间长，对干制环境的卫生要求不严格，产品质量较差。随着干燥技术及设备的不断发展，热风烘房干制、多层履带式干制在枣干制上的运用越来越多。不仅缩短了干燥时间，还保证了干燥环境的卫生。另外，近年来新发展起来的微波干燥法、远红外、太阳能干燥法等也在枣干制加工中慢慢运用，同时采用联合干燥方式，降低生产能耗，提高产品品质。目前灰枣干制品市场份额大，流通较多，因此本节以灰枣干制品为例，介绍其加工工艺和装备。

（1）烘房干制技术与设备。烘房干制是比较传统的干制方式，属于热风对流干燥。干制用的烘房一般有两部分组成，一部分为热风加热室，另一部分为烘干房。物料放置在盛料车上的多层相隔的盛料盘中，推入烘干房进行烘干（由于物料在烘干时属静止状态，故俗称静止式烘干）。

其原理为通过加热设备对进风空气进行加热除湿，由风机输送到烘房，一般热风从顶部向下回转，对物料进行烘干，物料一般放到多层不锈钢物料车上。循环后的空气被风机从烘房的底部传送到加热室再次加热除湿后被输送到烘房内对枣进行干燥，反复循环至烘干结束。与此同时，在烘干过程中物料水分不断排出到空气当中，当热风湿度较大并达到一定值后，则通过设置在烘干房两侧的排湿门将湿气排出，同时开启补气门补充新鲜空气。热风温度的控制和烘干房的排湿及补充空气的操作，目前已实现自动化控制，如果使用燃煤加热炉的操作仍然需要人工进行。

由于这类烘房采用盛料盘盛载物料，属静止式烘干方式，故可以适应多种物料烘干，但干燥温度不宜太高。房体可用带保温层的金属材料制作也可用砖混结构砌建，具有投资成本少、工艺简单易操作、维修方便、经济效益好等特点。由于单机生产能力不大，又可用于多种农产品烘干，故特别适合于产地农户和专业合作社使用。缺点是这类车载托盘式烘干方式装卸物料耗费的人工比较多，劳动强度大，能耗利用率较低。

①传统烘房（分批式干燥方式）。传统烘房主要由烘房主体、升温设备、通风排湿设备和物料车组成，采用热风传导进行干制。传统烘房设施和操作工艺简单，可就地取材建设，造价低、生产成本低、对物料适应性强。但生产环境卫生条件不容易管理。

②现代热风循环多功能烘房（分批式干燥方式）。目前在农产品产地加工中，使用最多的干燥设备是从烤烟行业移植过来的分批式"热风循环烘干房"，这种烘房的特点非常明显，可以烘干多种物料，配有程序控制系统，可以控制温度和排湿，能实现变温控湿干燥，烘干效果比较好，热风可以循环利用，比较节能。

缺点是单台规模小，劳动强度大，属于传热干燥，在不同空间区域存在干燥不均匀现象，且大部分采用煤作为加热热源，污染较为严重；其次是标准化程度低，还有相当一些设备是自行建造的。

（2）带式连续干燥技术与设备。带式干燥是一种较自动化的干制方式，其原理也是热风对流干燥，通过热风的热量传递进行物料脱水，物料可以跟随履带的运转在干燥室内移动。目前带式干燥机多为多层不锈钢履带设置，可以加大枣的处理量。

多层带式干燥机（图 4－37）分别有加料器、干燥床、热交换器及排湿风机等主要部件组成。干燥机工作时，冷空气通过热交换器进行加热，采用科学合理的循环方式，使热空气穿流通过床面上的被干燥物料进行均匀的热质交换，机体各单元内热气流在循环风机的作用下进行热风循环，排出低温高湿度的空气，热源基本靠电力转换。

枣物料经过不锈钢钢网输送带输送至烘干区，随着输送带的运行物料的温度逐渐升至设定温度，能够有效去除果蔬等产品内部的水分，适宜流水作业，提高企业自动化程度，干燥风温一般为热温 40～70 ℃可调，有效保护物料本身的色泽和品质。

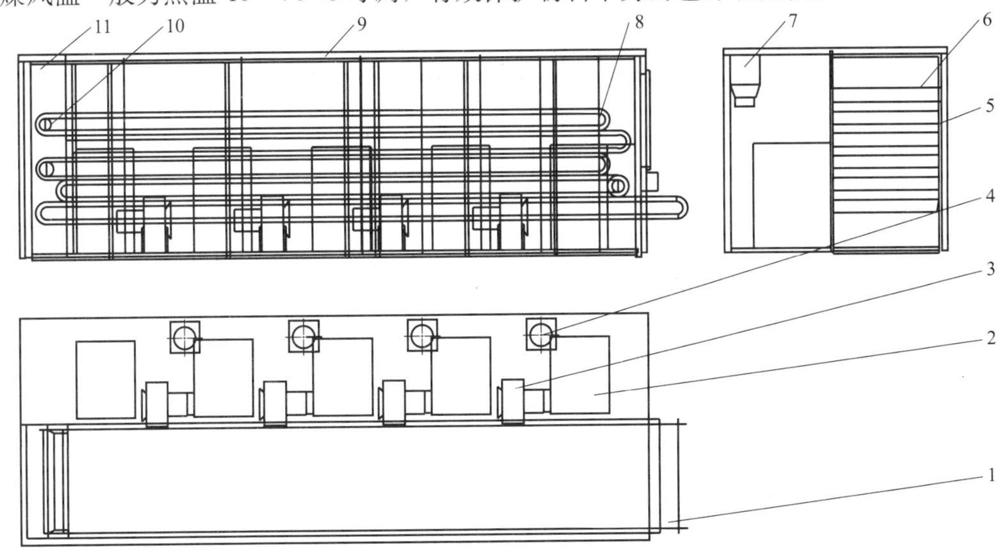

图 4－37　多层履带式热风干燥机

1. 出料口　2. 热源　3. 循环风机　4. 排湿风机　5. 传动链条　6. 输送网带　7. 热回收　8. 主轴承座　9. 保温板　10. 从动轴承座　11. 入料口

（3）微波带式干燥技术与设备。微波干燥机理（图 4－38）在于物料中的水分在微波的作用下，从内部加热升温，水蒸气能在短时间内蒸发。微波加热迅速、穿透性强、能量分布均匀，与传统加热方式完全不同。

微波加热产生的热力和生物效应，可使细菌蛋白质变性失去营养，结构功能紊乱，不能正常新陈代谢、繁殖而死亡，有杀菌的功效。其主要适用于食品、医药、化工、调味品、蔬菜、海洋生物等，块状、片状物料的干燥、灭菌，微波带式干燥机设备具有低能耗、连续、快速干燥、灭菌等特点，同时可根据物料要求对温度和速度进行设定和调节。但也存在微波辐射波动较大，使物料存在加热不均匀的问题。可用于枣脆片的加工，也可以联合热风干燥，用于枣干制。

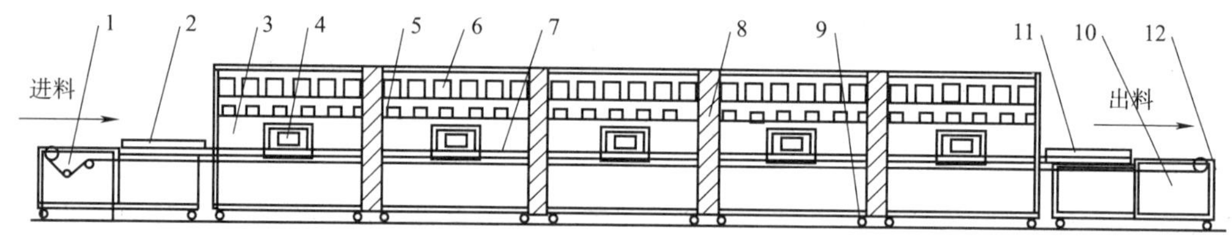

图 4－38　微波干燥机示意图

1. 自动纠偏系统　2. 进料皮带　3. 微波加热器　4. 观察窗口　5. 微波发生器　6. 特制驱动器　7. 传送带　8. 箱体连接处　9. 底部支撑轮滑　10. 机尾　11. 底部支撑轮滑　12. 物料下

（4）远红外干燥技术与设备。远红外干燥（图 4－39）通过电磁波，快速直线传播到被干燥的物料，然后转变为热能对物料从内部进行脱水，加速了水分内扩散的过程，从而加快了物料的脱水速度。远红外具有干燥速度快、热效率高、产品品质高等优点。但在远红外干燥设备运用方面，存在干燥过程中会出现物料干燥不均匀、远红外辐射距离不能调节等问题。目前在红枣干制中，以干燥枣片研究方面较多，主要研究枣片厚度、干燥温度、时间等对枣片品质的影响。

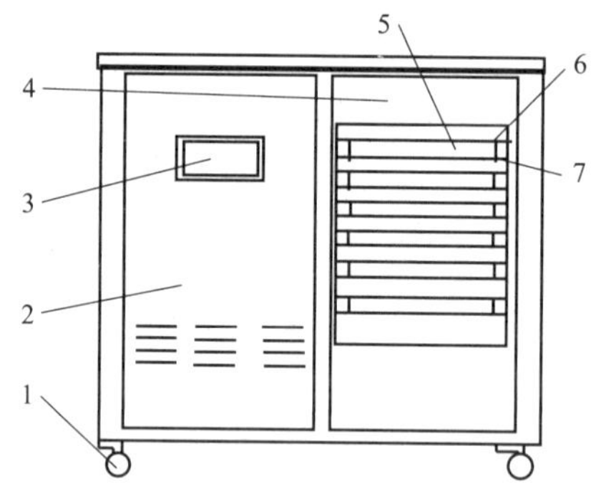

图 4－39　远红外干燥机示意图

1. 移动地轮　2. 配电柜　3. 人机交互界面　4. 干燥室　5. 料盘　6. 碳纤维远红外加热板　7. 料盘支架

3. 枣片加工技术与设备　枣脆片是枣深加工的一种产品，其不仅保留了原有枣的风味，还具有丰富的营养价值和功能性质，是一种高营养深加工产品，同时口感酥脆，携带方便，深受消费者的喜爱。目前市场上有非油炸和油炸两种枣脆片产品，其生产技术主要有低温真空油浴干燥、热风干燥、微波干燥及气流膨化干燥。同时，为了更好地保留枣中的营养成分和减少干燥时间，一些组合干燥技术应用到枣片的加工中，比如真空冷冻-远红外分段组合干燥、热风-远红外组合干燥、热风-真空冷冻组合干燥等。

(1) 果蔬气流压差膨化技术与设备。气流压差膨化又称变温闪蒸膨化，是继真空油浴脱水技术后的一种新型、环保、节能的果蔬脆片休闲食品加工技术。其原理为将预处理的果蔬原料放入压力罐，通过蒸气间接对果蔬进行加热，使果蔬内部水分不断蒸发，产生水蒸气，使罐内压力不断上升，达到一定的压力时，瞬间减压，使物料内部水分突然汽化、闪蒸，产生强大的蒸汽压差，从而使果蔬细胞、组织膨胀达到膨化的目的。采用气流压差膨化技术生产枣脆片，能够保持枣营养成分，同时口感酥脆、形态饱满。

果蔬膨化成套设备是由以下设备组成：真空罐、膨化罐、真空泵、空气压缩机、真空阀门、电器控制系统、仪表控制系统、管路控制系统等组成。如图 4-40 所示。

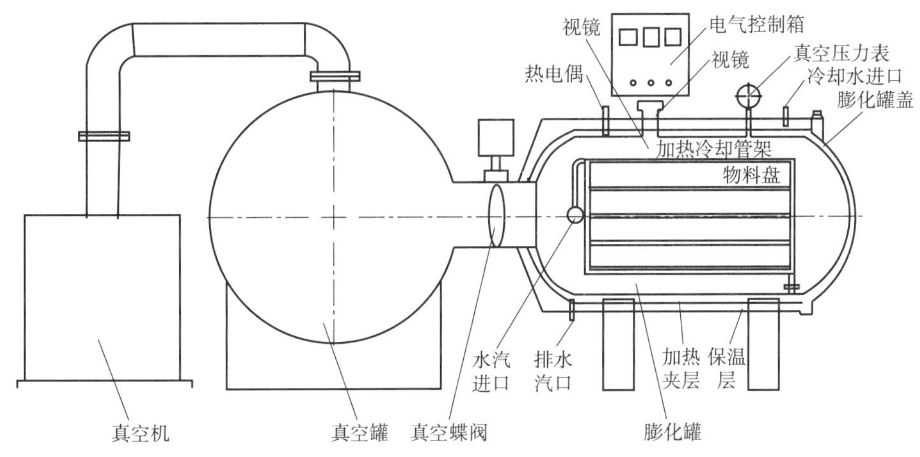

图 4-40 果蔬气流压差膨化干燥设备示意图

单个设备的功能：①真空罐的功能：储备真空能量，吸收果蔬中汽化的水蒸气并冷却排出。②膨化罐的功能：对所加工果蔬进行加热、膨化、脱水干燥、冷却固形。③真空泵的功能：向果蔬膨化系统提供真空，并抽出部分水蒸气。④空压机的功能：向果蔬膨化系统的气动设备提供气动能源。⑤真空阀门的功能：在真空罐和膨化罐之间起到开关气路的作用，能够瞬间对膨化罐减压。⑥电器控制系统的功能：对真空泵、空压机、电磁阀等用电设备进行控制和保护。⑦仪表系统的功能：对膨化罐的加热系统进行参数设置，设置加热、膨化、固形、恒温脱水、冷却等所需温度和时间。

(2) 低温真空油浴技术与设备。低温真空油浴（图 4-41）可在真空短时间内完成物料脱水干燥，含水率降至 7%左右，并形成果肉组织疏松多孔的结构。低温真空油浴工艺条件油温不超过 95 ℃，防止在加工过程中油脂变味，同时干燥时间短，速度快，产品品质较好。真空油浴还对产品有膨化效果，使产品口感酥脆。与常压油浴相比，真空油炸枣片的含油量低，颜色更好，营养成分保持效果更佳。缺点是产品有一定的残油，贮藏时间过长或者贮藏条件不佳会使产品油脂酸败，产生酸败的味道。

4. 枣粉加工技术与设备 将枣果加工成枣粉，对原料枣利用率高，同时可延长贮藏期，减少储藏保鲜及运输成本，降低原料的低值利用带来的巨大经济损失。另外，枣粉还是一种新型食品配料，可提高产品的营养成分、改善产品的色泽和风味、丰富产品的品种，可应用到大部分食品加工领域。一般枣粉制粉粉碎工艺有两种：一是干法粉碎，枣片经过干燥后采用机械力粉碎，其主要加工设备为不锈钢粉碎机；二是湿法粉碎，先将枣加工成枣汁或者枣浆，然后加入配料，采用喷雾干燥或滚筒干燥制粉。

（1）枣粉干法粉碎加工技术与设备。枣粉的干法工艺是先用热风干燥对枣或枣片进行脱水处理，使最终物料含水量7%以下，然后采用物理机械设备进行粉碎。干法粉碎技术可分为冲击式粉碎、磨介式粉碎、转辊式粉碎等。其中，冲击式粉碎又包括机械冲击式粉碎、气流式粉碎；磨介式粉碎包括球（棒）磨机、振动磨及搅拌磨等；转辊式粉碎包括盘辊研磨机、辊磨机等。

生产中常组合使用万能粉碎机和气流粉碎机这两种冲击式粉碎设备进行枣粉的制备。首先用万能粉碎机对干制后的枣片进行粗破碎，破碎后粒度可达0.5 mm以下，然后采用超微粉碎机制备粒度10～25 μm的枣粉。

①万能粉碎机。万能粉碎机（图4-42）是一种简单高效的粉碎设备。物料由进料斗进入粉碎室，利用旋转刀与固定刀冲击、剪切而获得粉碎，经旋转离心力的作用，物料自动流向出口处。

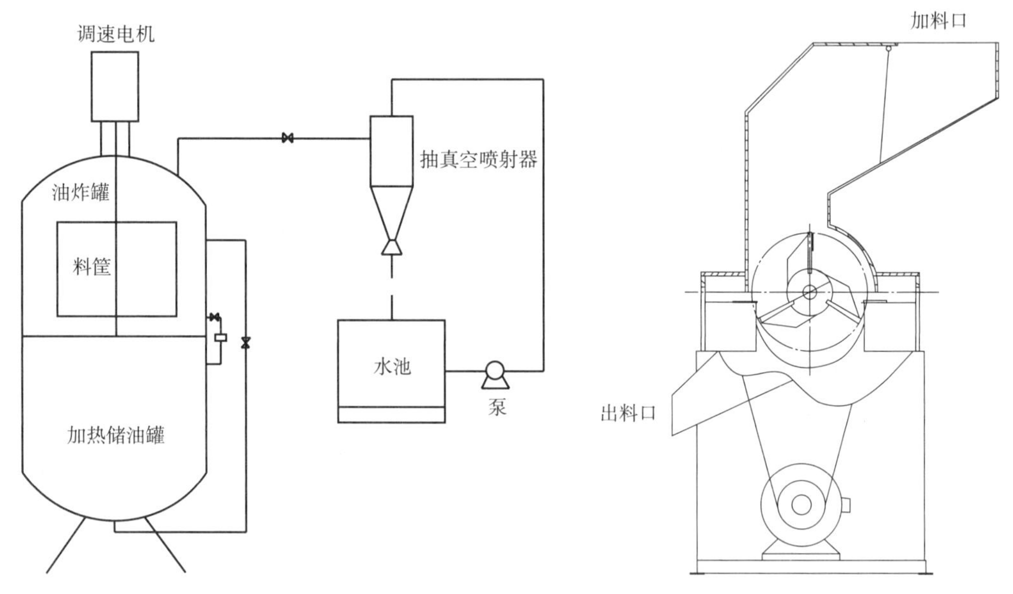

图4-41　低温真空油浴系统　　　图4-42　万能粉碎机构造图

②气流粉碎机（图4-43）。物料通过进料口螺旋送料器送入机体与导流圈之间的粉碎室，在粉碎室内，物料在高速旋转的刀片冲击下甩向固定在机体上的齿圈，造成撞击、剪切，以及物料与物料，物料与刀片、齿圈间的相互碰撞、摩擦、剪切，以此进行交替粉碎。粉碎后的枣粉物料，在负压气流的作用下，小粒度粉粒克服自重，随气流越过导流圈，进入分级室。分级叶轮由叶片组成，高速旋转的叶片产生与负压相反的离心力，沉入叶道内的粉粒同时受到负压气流的向心力和粉粒自重及叶轮产生的离心力的作用，粉粒中大于临界直径（分级粒径）的颗粒因质量大，被甩回粉碎室继续粉碎，小于临界直径的颗粒经排粉管进入旋风收集器经排料阀排出，得到粒度较细的枣粉。

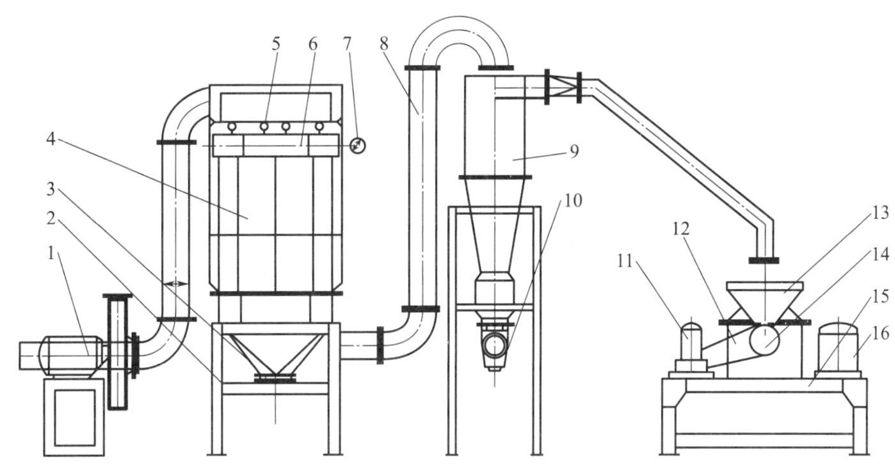

图 4－43 气流粉碎机

1. 引风机 2. 除尘箱支架 3. 除尘箱出料阀 4. 除尘箱 5. 脉冲阀 6. 储气泡 7. 压力表 8. 连接管道 9. 旋风下料器 10. 自动下料器 11. 电机 12. 粉碎机机腔 13. 粉碎机加料斗 14. 送料链轮 15. 粉碎机机架 16. 主电机

（2）枣粉湿法粉碎加工技术与设备。湿法制粉技术是先把枣加工成枣汁或者枣浆，然后添加一定的辅料，采用滚筒干燥技术或者喷雾干燥技术制备枣粉。枣汁及枣浆的加工技术与设备可见本章第一节。

①滚筒干燥技术与设备。滚筒干燥（图 4－44）的热传递过程是物料中的水分在滚筒表面受热蒸发。蒸汽通过进入滚筒，对滚筒表面进行加热，物料在滚筒转动过程中在其表面形成薄膜，脱水后通过刮刀落入收料筒中，后期通过粉碎成颗粒状产品。

现阶段，滚筒干燥机在食品中主要运用于淀粉的生产，由于淀粉黏性低，对干燥设备的要求不高，一般的滚筒干燥机都可以使用。对于枣等高黏度的物料，传统的滚筒干燥机由于没有冷却装置，影响了物料冷却速度，不利于产品最终质量。在传统加料装置的基础上，采用流动喷嘴式加料机，再加上电控系统，控制物料进料速度，进而更好地控制料膜的厚度。

传统的滚筒干燥装置，没有冷却装置，这是因为淀粉等物料黏性低，容易冷却，不容易粘连。对于枣等高黏度物料，由于滚筒温度较高，如果没有冷却装置，干燥后的物料降温慢，则物料容易粘连，成型性差，流动性差，因此增加冷风吹送系统，加快枣薄膜的快速冷却，防止产品粘连。

②喷雾干燥技术与设备。喷雾干燥（图 4－45）是目前生产果蔬粉体的主要干燥工艺，一般采用离心喷雾顺流干燥方式，物料和热风在干燥塔顶部通过雾化器和热风管道进入干燥室。离心雾化器通过高速离心把浆液转化成小液滴，液滴与热空气接触，水分快速蒸发，然后通过旋风分离进入收粉管道，从而得到固体粉体。在干燥过程中，液滴接触热风时间短，从而保持了物料的营养成分及色泽；干燥后的颗粒尺寸均匀，流动性和溶解性较好，广泛用于固体饮料配料。喷雾干燥流程简单，大型生产设备自动化程度较高，但设备占地较大，投资高，同时加工能耗较高。

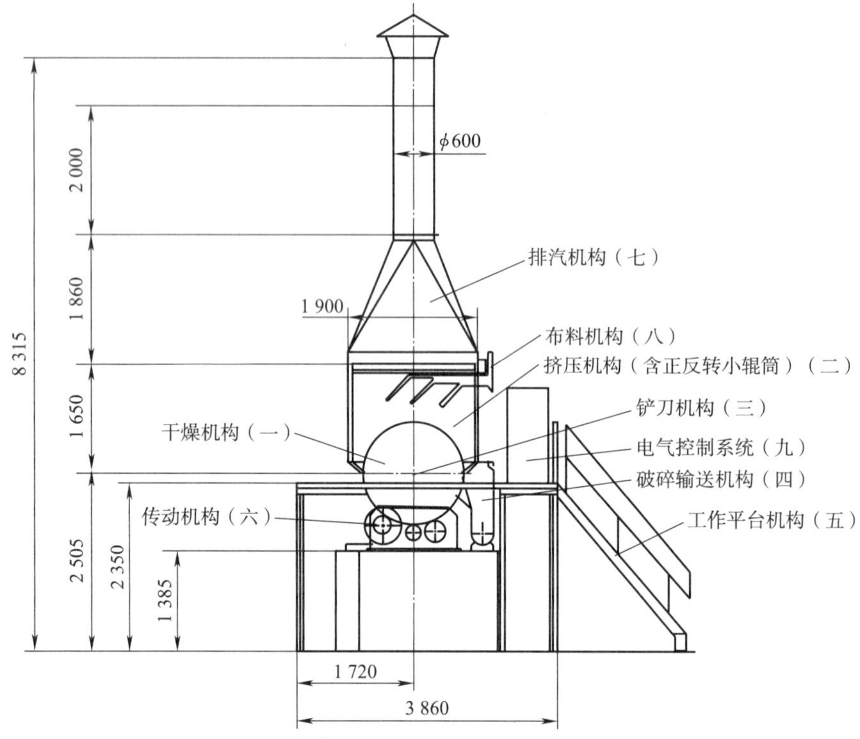

图 4－44　滚筒干燥机示意图

离心式喷雾干燥系统主要有干燥系统（干燥塔）、进料系统、空气加热系统及气固分离系统，其物料和热风均从干燥塔顶部进入干燥室。

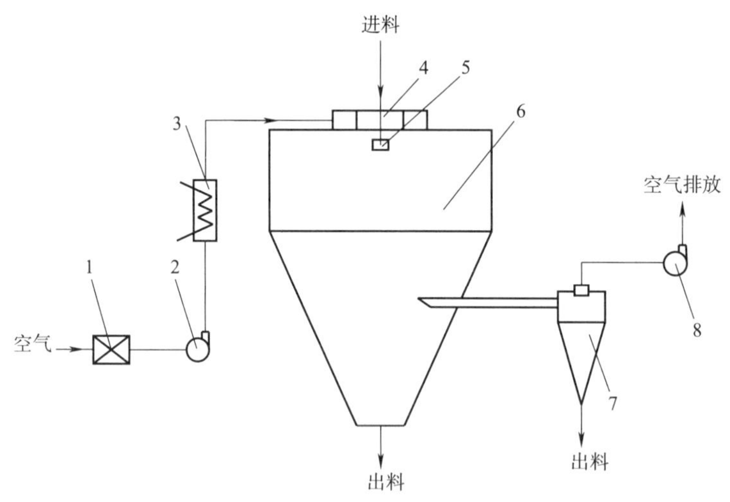

图 4－45　喷雾干燥系统图

1. 空气过滤器　2. 鼓风机　3. 空气加热器　4. 空气分布器　5. 雾化器　6. 干燥室　7. 旋风分离器　8. 引风机

5. 包装技术与设备　枣干制品的货架期受包装的影响比较大，合格的包装应满足以下要求：包装材料可以隔绝外部环境，如避光、隔氧，防止枣干制品吸湿回潮，避免产品变质；包装材料应符合食品卫生要求。

枣干制品的包装一般选用计量包装设备。图 4－46 为一台十头秤的计量包装机。该机组是由一台提升机、一台十头秤称量机、一台立式充填包装机、一台皮带输送机和一副支架平台组成，集物料提升、称量、制袋、充填、打印、封口、计数与成品输出于一体的机组。可以实现产品经提升进入计量秤的料仓，自动完成计量、制袋、充填、分切、封口、打印日期批号、计数与成品排出的整个过程。主要加工流程：物料→提升机至计量秤料仓→电子秤自动计量→自动制袋、充填→自动封口→成品排出。

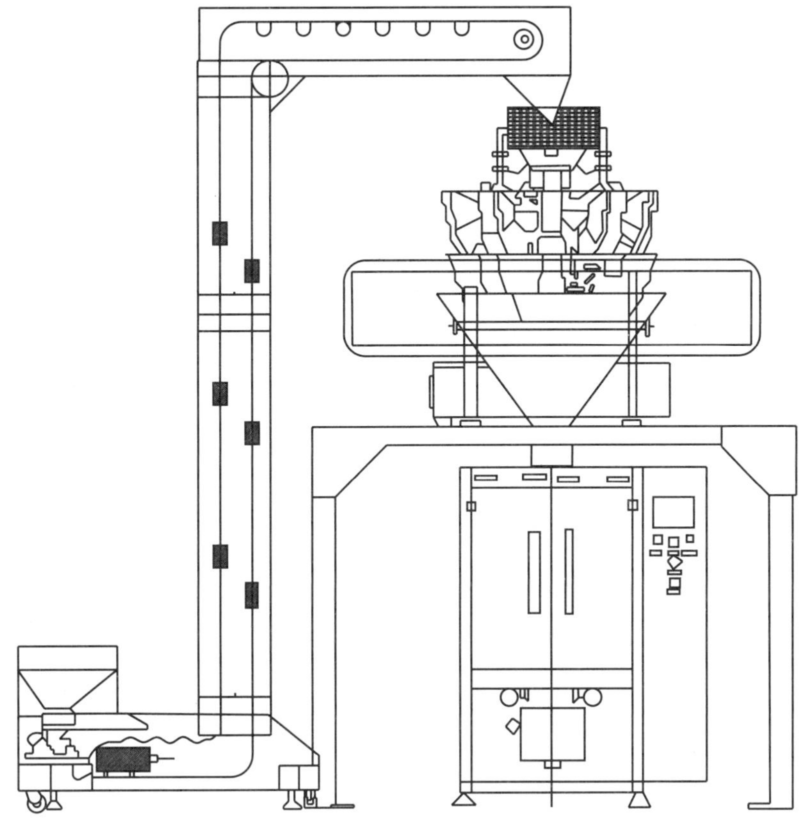

图 4－46 计量包装机

四、枣干制加工工艺

（一）干制枣加工工艺

目前灰枣干制品市场份额大，流通较多，因此本节以灰枣干制品为例，介绍其加工工艺和操作要点。

1. 烘房干制灰枣

（1）工艺流程。灰枣采收→挑选分级→清洗→装盘→预热→蒸发→干燥完成→散温→成品。

（2）操作要点。

①采收。根据烘房生产能力，按计划采收。

②挑选分级。清洗前，对灰枣进行挑选分级，剔除干枝、树叶，挑选出风落枣、病虫枣，按大小、成熟度进行分级。

③清洗。一般采用鼓泡连续式清洗机，清洗掉灰枣表面的灰尘等杂质。

④装枣。烘盘装枣量一般为 12～15 kg/m^2，装枣厚度两层。

⑤预热。当烘盘送至烘房内装妥后，关闭通风设备及门窗，打开烟囱底部闸板，预热温度 50～55 ℃，预热时间 4～6 h。

⑥干制。在 8～12 h 内，使烘房的温度上升至 60～65 ℃，不要超过 70 ℃。当温度达到 60 ℃，室内相对湿度达到 70%以上时，立即打开排湿筒，排气 10～15 min，室内相对湿度下降至 55%左右时，再关闭排气筒。整个烘烤期，一般排气 5～8 次。同时干制过程中，要进行倒盘，即将下层烤盘和中上层烤盘互相调换位置。倒盘时，使枣子在烤盘内翻动，使其受热均匀一致。在烘烤过程中，一般倒盘 2～3 次。

⑦干制完成。目的是使枣体内水分含量都比较均匀一致，一般需要 6 h，烘房温度为 50 ℃。室内相对湿度达到 60%以上时，立即打开排湿筒，排气 5～10 min，一般排气 4～6 次。

⑧散温贮存。烘干后的枣必须注意通风散热，然后按照要求散装保存。

2. 多层带式干制灰枣

（1）工艺流程。枣采收→挑选分级→清洗→装盘→干燥→散温→成品。

（2）操作要点。

①采收。根据生产能力，按计划采收。

②挑选分级。烘干前，对枣进行挑选分级，剔除干枝、树叶，调选出风落枣、病虫枣，按大小、成熟度进行分级。

③清洗。一般采用鼓泡毛刷连续式清洗机，清洗掉枣表面的灰尘等杂质。

④装枣。采用链板式不锈钢运输带传送枣，装枣厚度一层，均匀分布在链板上。

⑤干制。升温阶段：枣烘干前期需要充分预热，逐步加温，为水分大量蒸发做准备。一般 45 ℃时保持 2～3 h。在烘干过程中，枣果若直接进入适宜糖分转化的高温环境，巨大温差使枣发生生物保护反应，表皮细胞孔收缩，结壳硬化，阻止枣内部水分蒸发。

干燥阶段：提高温度，在 3～5 h 内达到 65 ℃，并保持温度不要有大的变化，以便持续不停地蒸发水分。当枣果表面出现皱纹时，说明干燥正常。此阶段保持时间 6 h 左右。

除湿阶段：在干燥过程中，如干燥机内湿度高于 60%可稍加排湿，除湿温度以 50 ℃，在 6 h 内可完成此阶段工作。

⑥散温贮存。烘干后的枣必须注意通风散热，然后按照要求散装保存。

3. 微波＋热风联合干制灰枣

（1）工艺流程。原料挑选→清洗→微波干燥→热风干燥→包装→贮存。

（2）操作要点。

①挑选。原料色泽为红色或暗红色，表皮光滑，果肉饱满且较甜，并剔除烂果、病虫害果和机械伤果。

②微波干燥。采用连续式微波干燥机干燥，微波功率 100 kW，干燥时间 10 min 左右。

③热风干燥。分为两个低温阶段干燥：55 ℃干燥 6 h；50 ℃干燥 10 h。

④包装。将干燥后的枣进行包装，充入氮气包装更佳。

⑤贮存。将成品转至贮存车间，要求存放在室温低于 25 ℃干燥的库。

4. 即食枣 即食枣是以红枣为原料，经挑选、去核、清洗、烘干、包装而成可直接食用的即食枣，产品水分含量 25%左右。在即食枣干燥过程中存在微生物和水分不易控制的问题。干枣水分含量低，虽然可以抑制微生物生长，保证产品食用安全，但口感较硬；水分含量高，虽然改善了枣口感，但不利于控制微生物的生长。可采用超声波辅助电解水进行枣的清洗，降低枣表面农残和微生物，再采用微波组合热风干燥进行烘干。产品水分含量比普通干燥枣高，但微生物符合食用要求，并有助于贮藏期间抑制微生物的生长。这种即食枣表面色泽光亮，嚼劲适中，产品枣味浓郁。

(1) 工艺流程。枣采收→挑选分级→清洗→装盘→微波干燥→热风干燥→成品。

(2) 操作要点。

①采收。根据干燥生产能力，按计划采收。

②挑选分级。清洗前，对枣进行挑选分级，剔除干枝、树叶，调选出风落枣、病虫枣，按大小、成熟度进行分级。

③清洗。采用超声波辅助鼓泡连续式清洗机，配合电解水，清洗掉枣表面的灰尘等杂质及农残和部分微生物，超声波时间控制在 3min 以内。

④微波预处理。采用连续微波干燥机，功率 40 kW，时间 20～30 s。

⑤热风干燥。采用 50 ℃左右低温干燥，干燥时间 8h，产品水分 25%。

⑥散温贮存。烘干后的枣必须注意通风散热，然后 10 kg/袋散装保存。

(二) 干制枣片加工工艺

目前枣片主要有油浴与非油浴两种加工技术，其中非油浴技术主要有热风干燥、真空冷冻干燥、气流膨化干燥、热风组合其他干燥等技术；油浴技术主要是真空油浴技术。

1. 热风干燥枣片

(1) 工艺流程。枣果→挑选→去核→切片→热风干燥→冷却→分级包装。

(2) 操作要点。

①挑选。原料为半干枣，水分含量 30%左右，水分含量过多或者过少均对干燥过程产生不利影响。水分过少产品口味硬，不酥脆；水分过高，产品受热时间长，营养损失严重。原料色泽为红色或暗红色，表皮光滑，果肉饱满且较甜，并剔除烂果、病虫害果和机械伤果。

②去核、切片。采用机械去核、切片，切片厚度 3～5 mm。

③热风干燥。采用循环式热风干燥箱。将原料放入托盘上，通过蒸汽发生器产生的蒸汽对物料进行加热，烘干温度 80 ℃，烘干时间 4～5 h，水分降至 7%。

④分级、称重、包装。按产品的要求分级、包装，并充入氮气以防止氧化及贮运过程中的挤压损伤。

2. 气流压差膨化枣片

(1) 工艺流程。枣果→挑选→去核→切片→低温气流膨化干燥→冷却→分级包装。

(2) 操作要点。

①挑选。原料为半干枣，水分含量 30%左右，水分含量过多或者过少均对膨化过程

产生不利影响，水分过少产品口味硬，不酥脆，水分过高，产品受热时间长，营养损失严重。原料色泽为红色或暗红色，表皮光滑，果肉饱满且较甜，并剔除烂果、病虫害果和机械伤果。

②去核、切片。采用机械去核、切片，切片厚度 3～5 mm。

③气流压差膨化。将原料放入托盘上，通过蒸汽发生器产生的蒸汽对膨化罐内的物料进行加热，最终膨化温度为 90 ℃；启动真空泵对真空罐抽真空并达到设定值，当物料温度和膨化罐内压力达到设定值时，完全打开快开阀迅速释放压力，物料内水分发生“闪蒸”，使细胞发生扩张，形成均匀蜂窝状结构使物料实现膨化。然后继续抽真空，抽空温度为 60 ℃，抽空时间为 80 min，使物料干燥，水分降至 7%以下，当水分达到所需值时，打开冷却水进行降温定型。

④分级、称重、包装。按产品的要求分级、包装，并充入氮气以防止氧化及贮运过程中的挤压损伤。

3. 真空油浴枣片

（1）工艺流程。原料挑选→清洗→去核→预冻→低温真空油浴→包装→贮存。

（2）操作要点。

①原料挑选。选择无病害、无腐烂变质的枣，以晚熟或中熟品种为宜。

②清洗、去核、切片。用流动水将枣洗干净。采用自动或者半自动去核机去掉枣核。采用切片机切片，切片厚度 4 mm 左右。

③预冻。将枣片置于−35 ℃冷库，速冻过夜，将枣中的水分固化。

④低温真空油浴。加热油炸罐，在真空低温下油炸枣片脱水。油温在 90～92 ℃之间，真空度 0.09 MPa 左右，100 kg 投料量真油浴时间 1 h 左右。油炸后使料筐中的原料在真空状态下离心脱油 2 min 左右，再停止真空工作，产品出料，含水量降至 7%左右。

⑤包装。将干燥后的枣脆片进行包装，充入氮气包装更佳。

⑥贮存。将成品转至贮存车间，要求存放在室温低于 25 ℃干燥的库房。

4. 微波干燥枣片

（1）工艺流程。原料挑选→清洗→去核→微波干燥→包装→贮存。

（2）操作要点。

①挑选。原料为半干枣，水分含量 30%左右。水分含量过多或者过少均对微波干燥过程产生不利影响，水分过少产品口味硬，不酥脆；水分过高，产品受热时间长，营养损失严重。原料色泽为红色或暗红色，表皮光滑，果肉饱满且较甜，并剔除烂果、病虫害果和机械伤果。

②去核、切片。采用机械去核、切片，切片厚度 3～5 mm。

③微波干燥。采用连续式微波干燥机干燥微波功率 60 kW，干燥时间 1～1.5 min，产品水分 12%。

④包装。将干燥后的枣脆片进行包装，充入氮气包装更佳。

⑤贮存。将成品转至贮存车间，要求存放在室温低于 25 ℃干燥的库房。

5. 真空冷冻枣片

（1）工艺流程。原料挑选→清洗→去核→切片→真空冷冻干燥→包装→贮存。

（2）操作要点。

①挑选。原料为半干枣，水分含量30%左右。原料色泽为红色或暗红色，表皮光滑，果肉饱满且较甜，并剔除烂果、病虫害果和机械伤果。

②去核、切片。采用机械去核、切片，切片厚度3～5mm。

③预冻。将枣片置于−35 ℃冷库，速冻1 h，将枣片中的水分固化，以防在升华、解析过程中由于抽真空发生起泡、收缩等不良变化。速冻可以缩短冻结时间，而且速冻产生的冰晶小，干制品品质好。

④升华干燥。把预冻后的枣片放到干燥机内，开始对加热板升温，升温过程中，物料始终维持在低于而又接近共晶点温度，冻干机干燥仓压力控制在30～80 Pa，有利于热量传递和升华的进行，这一过程大概需要9～11 h。

⑤解析干燥。在该阶段，将板层温度迅速升到产品的最高允许温度，持续干燥到结束。该阶段干燥仓压力可控制在20～30 Pa，物料最高温度50～60 ℃。干燥至物料水分至6%，大概需要2～3 h。

⑥包装。干燥结束后，应立即进行充氮或真空称量包装。干燥后的红枣片吸水性强，为防止吸潮而变质，包装环境相对湿度控制在10%～20%。

⑦贮存。将成品转至贮存车间，要求存放在室温低于25 ℃干燥的库房。

6. 真空冷冻-远红外分段组合干燥枣片

（1）工艺流程。原料挑选→清洗→去核→切片→真空冷冻→远红外干燥→封装→成品。

（2）操作要点。

①挑选。原料为鲜枣，原料色泽为红色或暗红色，表皮光滑，果肉饱满且较甜，无烂果、病虫害果和机械伤果。

②去核、切片。采用机械去核、切片，切片厚度5 mm。

③真空冷冻干燥。将枣片置于−35 ℃冷库，速冻1 h，将枣片中的水分固化；升华干燥控制干燥仓压力控制在30～80 Pa，解析干燥控制压力可控制在20～30 Pa，物料最高温度50～60 ℃，干燥至物料水分至30%。

④远红外干燥。真空冷冻干燥后的红枣片转移到远红外干燥箱，远红外干燥温度65 ℃，干燥时间3.5 h，产品含水量6%左右。

⑤包装。干燥结束后，应立即进行充氮或真空称量包装。干燥后的红枣片吸水性强，为防止吸潮而变质，包装环境相对湿度控制在10%～20%。

⑥贮存。将成品转至贮存车间，要求存放在室温低于25 ℃干燥的库房。

7. 热风-远红外分段组合干燥枣片

（1）工艺流程。原料挑选→清洗→去核→切片→热风干燥→远红外干燥→封装→成品。

（2）操作要点。

①挑选。原料为鲜枣，原料色泽为红色或暗红色，表皮光滑，果肉饱满且较甜，无烂果、病虫害果和机械伤果。

②去核、切分。采用自动去核机去掉枣核。然后采用切片机切片，切片厚度3～5 mm。

③热风干燥。干燥温度60 ℃，干燥时间8h，红枣片水分含量32%左右。

④远红外干燥。干燥温度 65 ℃，干燥时间 4 h，红枣片水分含量 6%左右。

⑤包装。干燥结束后，应立即进行充氮或真空称量包装。干燥后的红枣片吸水性强，为防止吸潮而变质，包装环境相对湿度控制在 10%～20%。

⑥贮存。将成品转至贮存车间，要求存放在室温低于 25 ℃干燥的库房。

（三）枣粉

目前枣粉主要热风干燥后粉碎成粉和采用枣汁或者枣浆添加一定比例的辅料加工制粉。

1. 热风干燥枣粉 枣经热风干燥，采用机械粉碎，加工过程简单，可以得到枣纯粉。但由于枣含糖量较高，粉碎过程中如果不能防止机械摩擦产生的温度上升，枣粉易黏连成块，不易于进一步的粉碎。同时此种工艺生产的枣粉粒度较大，会影响产品的流动性、溶解性，还不利于后期的贮藏。

（1）工艺流程。原料→验收→清洗、挑选→去核→切片→干燥→粉碎→包装。

（2）操作要点。

①原料验收。枣果大小规格不限，杜绝虫害、腐烂，没有枣叶、枣梗等外来杂质。

②清洗、挑选。清洗过程中挑出残留异物、腐烂枣。调整适当传送带速度。保证进料均匀，及时观察清理输送线上积压滞留的枣。

③去核、切片。采用机械去核，机械切片，切片厚度 3～5 mm。

④干燥。采用热风循环干燥箱进行干燥，干燥后水分 7%左右。

⑤粉碎。采用气流粉碎机粉碎，目数 80 目左右。

⑥包装。包装间需要恒温恒湿，温度为 25 ℃左右，湿度 40%；包装采用复合牛皮袋。根据顾客要求，包装到不同的规格。

2. 喷雾干燥枣粉 采用喷雾干燥制备枣粉，物料接触热风时间短，蒸发速度快，从而保持了物料的营养成分及色泽；干燥后的颗粒尺寸均匀，流动性和溶解性较好，广泛用于固体饮料配料。但需要一定比例的辅料，影响产品的纯度。喷雾干燥流程简单，大型生产设备自动化程度较高，但设备占地较大，投资高，同时加工能耗较高。

（1）工艺流程。原料→验收→清洗、挑选→预煮→打浆→去皮去核→酶解→过滤→配料→均质→干燥→成品→包装。

（2）操作要点。

①原料验收。枣果大小规格不限，杜绝虫害、腐烂果，剔除枣叶、枣梗等外来杂质。

②清洗、挑选、输送。清洗过程中挑出残留异物、腐烂枣。调整适当传送带速度。保证进料均匀，及时观察清理输送线上积压滞留的枣。

③预煮。按照 1∶3 枣和水比例进行预煮，水温 90～95 ℃，当预煮槽温度达到 90 ℃以上，开始进料。

④打浆。采用两道打浆，第一道打浆网眼 5 mm 去除枣核，第二道打浆网眼 1.2 mm 去皮。

⑤酶解。采用枣浆质量 0.08%～0.1%的果浆酶酶解，温度 50 ℃，时间 50 min 左右。

⑥过滤。采用超滤可以除去果汁中水不溶性物质和大分子的物质。

⑦干燥。添加枣汁 20%～25%的麦芽糊精包埋，均质。然后通过螺杆泵打到喷雾塔。

50 ℃进料温度，喷雾进风温度 180 ℃，出风温度 70 ℃，雾化器转速 20 000 r/min。结合 40 ℃洁净冷风输送粉料。

⑧收粉。包装间需要恒温恒湿，温度为 25 ℃左右，湿度 40%；包装采用复合牛皮袋。根据顾客要求，包装到不同的规格。

3. 滚筒干燥枣粉 在众多干燥方式中，滚筒干燥装置干燥速率高，操作成本低，可连续作业，所添加的辅料量少，能保持原料原有的营养成分，产品溶解度好。但设备占地较大，热量利用率低。

（1）工艺流程。原料→验收→清洗、挑选→预煮→打浆→胶体磨研磨→配料→干燥→粉碎→包装。

（2）操作要点。

①原料验收。枣果大小规格不限，杜绝虫害、腐烂果，剔除枣叶、枣梗等外来杂质。

②清洗、挑选、输送。清洗过程中挑出残留异物、腐烂枣。适当调整传送带速度。保证进料均匀，及时观察清理输送线上积压滞留的枣果。

③预煮。按照 1∶3 枣和水比例进行预煮，水温 90～95 ℃，当预煮槽温度达到 90 ℃以上，开始进料。

④打浆。采用两道打浆，第一道打浆网眼 5 mm 去除枣核，第二道打浆网眼 1.2 mm 去皮。

⑤湿法粉碎。通过胶体磨研磨或者超细湿法粉碎机对枣浆进一步细化，使枣肉粒度达到微米级，有助于与配料的混合。

⑥滚筒干燥。采用滚筒干燥工艺进行枣浆干燥。在干燥过程中，添加枣浆规格的 20%的淀粉为辅料，滚筒表面温度 130 ℃，滚筒转速 3.0 r/min。料斗中的枣薄片，通过低温气流粉碎机粉碎，根据顾客要求，粉碎到不同目数。

⑦包装。枣粉由于含糖量高，包装间需要恒温恒湿，温度为 25 ℃左右，湿度 40%；包装采用复合牛皮袋。根据顾客要求，包装到不同的规格。

（四）以枣粉为原料的其他加工制品

枣粉在食品中应用广泛，以枣粉为原辅料制作的枣饼干、枣面包等休闲食品在枣加工制品市场中占有一定比例。以枣粉为原辅料加工的休闲食品，具有风味浓郁、营养丰富等特点，深受消费者喜爱。本部分对枣饼干、枣面包的主要工艺流程及操作要点进行介绍。

1. 工艺流程

枣饼干：枣粉→混料→搅拌→塑型→醒发→切块→焙烤→冷却→包装。

枣面包：枣粉→混料→搅拌→发酵→塑型→醒发→切块→焙烤→冷却→包装。

2. 操作要点

（1）混料。将枣粉混入水中，搅拌均匀，按照一定比例依次加入黄油、蛋液、白砂糖、食盐、面粉、酵母（枣面包）于混料桶中。

（2）搅拌。混合好的原辅料进行搅拌均匀 10～15 min 后成型。

（3）塑形。将面团进行揉面塑形，时间约为 10 min。

（4）醒发。将面团在室温下醒 20～30 min。

（5）发酵。将面团在温度 25～28 ℃，相对湿度为 80%～85%条件下发酵一定时间。

（6）切块。将醒好的面团放在冰箱中冷冻一定时间后取出切块。

（7）焙烤。枣饼干：待烤箱预热完成后，将饼干坯装入包锡箔纸的烤盘进行焙烤，焙烤温度 130～170 ℃，即得成品。

枣面包：将醒发完的面包坯在 150～180 ℃下焙烤一定时间，即得成品。

（葛邦国　高玲　和法涛　张一鸣　王文敏）

第四节　枣糖渍技术

一、概述

枣糖渍产品是比较流行的枣加工产品，主要的品种有蜜枣、枣脯等。鲜食枣果不能完全解决鲜果销售的问题，因此，把鲜枣果加工成金丝蜜枣，既解决了鲜枣市场过剩，同时也满足了消费者对多种枣类食品的需要。我国是世界上蜜枣产量最大的国家，在山西运城稷山县有 70 多家蜜枣公司，每个蜜枣加工公司平均每年的加工量是 3 000 t 左右，销往全国各地。

在蜜枣工艺的基础上，加入阿胶，即制成“阿胶枣”，阿胶枣是以金丝小枣和鸡心枣为主要原料，辅以名贵中药阿胶等天然原料进行营养强化，经科学方法加工而成。随着人们健康饮食意识的提高和食品技术的发展，逐渐出现了低糖蜜枣这一品种，低糖蜜枣一出现就受到人们的喜爱，也因此发展迅速。

果脯市场的发展由来已久，只不过因为各种各样的原因，发展速度一直都比较缓慢，但是近年来，果脯现代化生产工艺的引入，开创了果脯市场跨越性的飞跃。果脯以新鲜的水果、蔬菜为原料，富含各种维生素、纤维素，越来越受到消费者的追捧和喜爱。

新鲜水果去掉果皮和果核，切片或切块，经过糖炮制、烘干，形成半干状态的食品，即为果脯。我国绝大多数地区都生产果脯，广东、广西、浙江、江苏、上海、北京、山东等地区更为集中，一些品牌在一定范围内也具有不小的影响力。枣脯是利用一定糖浓度的溶液在一定温度下将枣果蒸煮，然后经过干燥而获得的，最后呈现一种琥珀色透明的枣脯，成品既营养又入口香甜，嚼起来比较有韧性，受到广大消费者的喜爱。

乌枣及其改良产品，以其美观的外形、美好的口感、独特的风味和丰富的营养价值深受广大消费者的青睐。紫晶枣是在乌枣加工的基础上经过改进而制成的新产品。此项加工技术与乌枣加工技术的主要区别是：加工设施由熏窑改为烘房或更先进的隧道式干制机，由间接烘烤代替了直接烟熏火烤。成品紫色、透明度提高；干净、纹理细致均匀；无烟味，枣香纯正，风味独特，并带有鲜枣之自然风味。既可直接食用，又可继续深加工。

二、枣糖渍加工过程中化学成分变化

枣糖渍加工过程主要有浸糖、干燥脱除水分等工艺，除了伴随着复杂的热质传递，同时自身也会有实质性改变，包括物理变化及化学变化等。物理变化诸如体积缩小、质量减轻、硬化等；化学变化包括色泽变化、风味变化和营养功能成分含量的变化等。

蜜枣烘制过程中色差呈现先下降后上升的趋势，褐变度和 5 - HMF 含量随烘制时间的延长而不断上升，抗坏血酸含量、总酚、游离氨基酸总量随烘制时间延长而不断下降，可滴定酸、叶绿素含量在烘制阶段变化趋势较不明显（朱莉莉等，2021），其他营养成分变化见前文红枣干制过程营养成分变化。

枣糖渍制品颜色变化主要是发生非酶褐变和酶褐变反应，导致成品色泽加深。非酶褐变包括脱氨反应和焦糖化反应，另外，还有少量维生素 C 由于加热褐变。这些反应主要发生在煮制和干燥过程中，尤其是在高温条件下煮制和烘烤最易发生，致使产品色泽加深。在糖渍和干燥过程中，适当降低温度，缩短时间，可有效阻止非酶褐变。采用低温真空糖制是一种最有效的浸糖技术，可降低糖渍的温度。

酶褐变主要是枣组织中酚类物质在多酚氧化酶的作用下氧化褐变，一般发生在加热糖制前。使用热烫和护色等处理方法，抑制引起褐变的酶活性，可有效抑制由酶引起的褐变反应。

三、枣糖渍关键技术与设备

目前，枣糖渍食品多以枣蜜枣、枣脯为主，其中有去核和不去核两种产品形式。去核枣糖渍产品前处理技术比较简单，要去除枣核。目前去枣核已经实现了自动化的生产。

1. 清洗设备 枣清洗常采用毛刷气泡物理清洗方法，对应的设备为鼓泡清洗机和毛刷清洗机，详见本章第一节内容。

2. 枣去核机 枣去核采用专用去核机，具体设备可见本章第三节内容。

3. 化糖设备 化糖设备主要是用于原料浸糖时糖液的准备，一般根据配方设计及工艺需要选择适宜的糖样，可以是固体颗粒也可以是浓缩糖液体。液体可以采用计量泵或隔膜泵＋流量计的方式计量输送进入化糖罐内。固体糖样可以通过计量螺旋输送或者人工称重后人工加入化糖罐中。

化糖的溶剂一般采用有一定温度的热纯水，即采用换热系统将纯水加热至设定温度后通过热水泵及流量计输入化糖罐。热水系统一般主要包括板式换热器、蒸汽阀组以及蒸汽仪表等。

化糖罐一般为双层保温罐，根据场地及工艺需要选择上搅拌或下搅拌方式。图 4－47 为容积为 3 000 L 的化糖罐。

4. 浸糖系统 在蜜枣、枣脯加工中一般都会有浸糖工序。目前浸糖常用的加工方式有间歇式的浸糖槽，通过人工将待浸糖的原料放入浸糖槽内，浸糖结束后，再人工取出原料。这种加工方式卫生条件差，且耗费人力，浸糖时间久。另外一种就是采用真空浸糖罐（图 4－48）浸糖，在负压状态下可以加快浸糖的速度和效率，还可以根据工艺需要采用不同梯度的糖液逐次浸渍，例如 30°、40°、50°、60° Brix 的糖液浸糖。该设备的主要工艺是将待浸糖的物料通过输送进入带计重功能的浸糖罐内，然后泵入第一梯度的糖液，抽去真空浸渍一段时间后，通过下端回收糖液，再泵入第二梯度的糖液，循环此操作直至第四梯度浸糖完成，最后将浸糖完成后的原料通过下端排料口排放至皮带输送机中输送至下道工序。回收的糖液通过糖度计检测后再次调配成适宜糖度待下次浸糖使用。整个工序仅需系统控制操作人员，无须其他人员的参与，节省人力物力，且整个过程密闭罐体、管道输送，干净卫生。

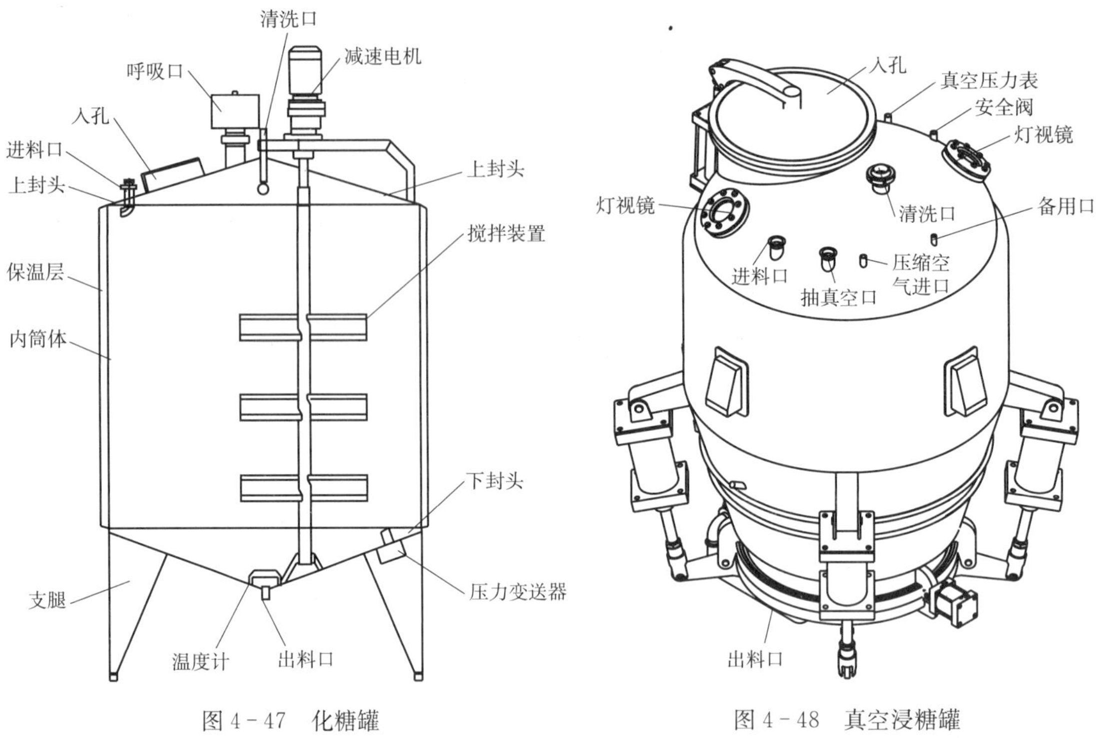

图 4 - 47　化糖罐　　　　图 4 - 48　真空浸糖罐

螺旋浸糖机（图 4 - 49）是另外一种常用到的浸糖设备。该设备通过夹层的加热系统，使设备一直保持一定的温度，然后通过内部的螺旋输送装置，输送原料前进，并通过变频电机调节输送速度，从而改变浸糖时间。浸糖用的糖液通过泵体先于原料输送至螺旋浸糖机中，浸糖过程中时时检测浸糖后的糖度变化，待糖度值低于要求值后糖液会经泵体回收至糖液回收罐，并通过液位检测装置及时补充糖液。

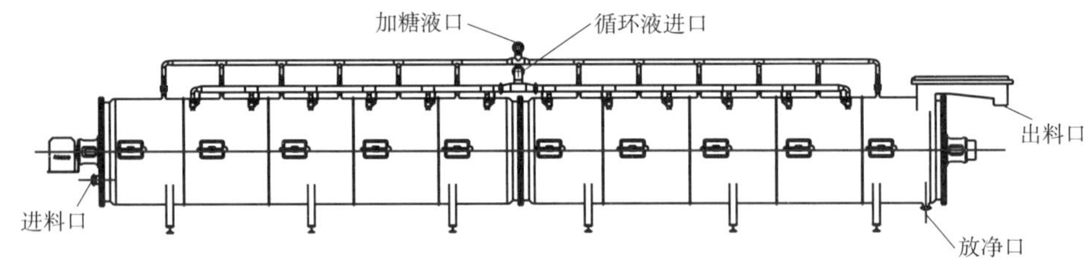

图 4 - 49　螺旋浸糖机

5. 干制设备　枣糖渍采用的干燥设备一般为烘房或者多层履带式干燥机，其具体内容可见本章第三节内容。

四、枣糖渍加工工艺

（一）蜜枣加工工艺

蜜枣是由枣经过糖渍制成的干果食品，对原料品种有一定的要求，一般选择长筒形的大果，果面平整，果核较小，皮薄，含水量相对较低，且肉质偏松软（陶卫民等，2009）。

其糖渍方式有浓缩式真空含浸、真空含浸和常压含浸。

1. 工艺流程 选料→去核→清洗→煮制→糖渍→洗糖→干制→包装→成品。

2. 操作要点

(1) 原料处理。一般选择长筒形的大果，果面完整、成熟、色泽鲜艳、没有破损和霉变、皮薄核小、肉质厚、颜色由青色转白色的果实作为原料。人工挑选，去除烂枣、坏枣后送入去杂机，去掉枣叶等杂质。筛枣按规格进行筛选，按规格筛选分清大小，不能有混杂现象。

(2) 去核。鲜冻枣要化透，将化冻完全的枣放入去核机，按规格选择不同孔径的冲盘、冲针，减少浪费。冲枣时枣要放正，避免将枣冲破，避免残核。去核率要达到大于等于 97%。落地枣及时拣起，回收处理。

将冲核后的枣送入清洗机内，按要求进行清洗．时间为 5～8 min。

(3) 糖渍。辅助添加要按量、按时，计量要准确。糖液浓度达 68°～72°Brix 时，将枣倒入煮锅，煮制过程中，平均每 1 kg 枣加入柠檬酸 0.001 kg，山梨酸钾添加量不得高于 0.5 g/kg，煮制 30 min，出锅，倒入浸泡池内。制备阿胶枣时，将阿胶清洗后，加入 3 倍的水进行煎制，待沸后改用小火慢煎 15～30 min，滤出药液，再加入 2.5 倍水，进行第二次煎制，20 min 后滤出药液，第三次煎制与第二次相同，将三次煎制得的药液混合，再与糖液按一定比例混合后进行糖渍。

(4) 浸泡。枣出锅后连同糖液一同倒入不锈钢糖浸池中，浸制两昼夜（48 h），至枣吸糖饱满，开始下沉。每班首先将本班池中枣及时检查翻动，并调整计量至距池沿 10 cm 左右。上盘前必须淋尽枣汁。拣出红头、烂枣及杂物。均匀装盘，不得出现过厚薄不一现象。

(5) 烘干。按不同物料和不同时期，调整烘制温度。时间 8～10 h，烘制温度 60～75 ℃（±10 ℃），烘干要按规定操作。然后降至室温烘制完毕，达到水分要求。烘干时注意以下几点：

①按时进行风机的运转。②落地枣及时拣起，回收处理。③掌握好烘制终点，及时出房，并根据季节和工艺要求掌握水分含量。④根据不同的物料要求，分别掌握出房时机，随时随出。⑤对烘盘中枣及时整理，保持均匀、平整。⑥分级。按照蜜枣大小、外观分级。⑦包装。包装制成产品。

3. 成品质量要求 合格的蜜枣呈现棕黄色或琥珀色，色泽基本一致，味甜，无异味，颗粒完整，大小基本均匀，质地软韧，不能有返砂、流糖现象，不得有破头、虫蛀枣，无肉眼可见外来杂质。

理化指标：总糖 70%～80%，含水量≤18%，铜≤2.0 mg/kg，砷≤0.5 mg/kg。

（二）枣脯加工工艺

1. 工艺流程 选料→清洗→去核、去皮→切半→硬化水硫处理→糖煮→浸渍→烘烤→整形→包装。

2. 操作要点

(1) 选料、清洗。选择个体较大的脆熟期果实，用清水冲洗。

(2) 去核、去皮。洗净的枣用去核机去核，然后倒入浓度为 5%、温度 100 ℃的氢氧化钠溶液中，轻轻翻动 30 s 左右，枣皮被腐蚀后立即捞出，放入冷水中，迅速搓去枣皮，将碱液冲洗干净。

(3) 切半。将枣坯切成两半。

(4) 硬化水硫处理。配制 0.1%氯化钙和 0.3%的亚硫酸钠混合液，将枣浸泡 30 min，捞出冲洗干净。

(5) 糖煮、浸渍。采用分次加糖一次煮成法。先将枣坯倒入浓度为 40%的沸腾糖液中，沸腾后再加入上次糖煮的剩余糖液，如此反复煮沸，补加剩余糖液共 3 次，历时 40 min,然后再进行 6 次加糖，完成糖煮。第 1、2 次加糖 28.6%，第 3、4 次加糖 31.4%，第 5、6 次加糖 40%，煮 20 min，整个煮制时间 1.5 h，煮制过程保持小火沸腾，如果大火沸腾翻滚，易造成枣破烂或焦锅。煮制完成后，糖液浓度达到 65%以上，枣呈半透明状，然后连枣带糖液倒入缸中，浸渍 48 h，充分吸收糖液。

在糖液的配制过程中，要注意还原糖的含量。当还原糖含量为 30%，占总糖的 50%以下时，干制后成品将会不同程度地出现返砂现象。返砂的枣脯，失去正常产品的光泽、容易破损，严重影响成品的外观和质量；当还原糖含量在 30%～40%之间时，成品干制后虽暂时不返砂，但经贮藏仍有可能产生轻微返砂现象，其返砂程度将随还原糖含量的增多而减低；当还原糖含量过高时，遇高温潮湿季节，易发生“返糖”现象。一般还原糖含量在 45%左右比较合适。

(6) 烘烤。将枣捞出，沥干后均匀地摊开，在 60～65 ℃下干燥，直到枣果不黏手，大约需要 36 h。

(7) 整形、包装。将烘干后的枣捏成扁圆形，去掉劣枣后，即可进行包装。

3. 成品质量要求

(1) 感官指标。

①色泽：呈半透明，琥珀色或棕褐色。

②滋味及风味：具有浓郁枣香，无异味。

③组织形态：大小均匀，肉质软绵。

(2) 理化指标。

①水分含量：15%～17%。

②总糖含量：75%以上。

(3) 微生物指标。各项卫生标准符合 GB 14884—2016《食品安全国家标准　蜜饯》的规定。

(三) 玉枣脯加工工艺

玉枣脯是在传统果脯工艺基础上研制的一种新产品。玉枣酸甜可口，深受消费者欢迎。

1. 工艺流程　原料选择→清洗→碱液去皮→去核→护色处理→糖渍→烘烤→回软→滚粉→包装。

2. 操作要点

(1) 原料要求。选用成熟或接近成熟的鲜枣，要求无伤、无虫、无病、个大、肉厚、核小。

(2) 去皮。采用碱液去皮法。配制 8%～9%的氢氧化钠（火碱），加热至沸腾，将枣果倒入碱锅内，保持沸腾 1～3 min，当枣皮一碰即与枣肉分离时迅速出锅，在清水中冲洗，并涮去枣皮。清洗要进行多次，直至将果面上的碱液洗净为止。

(3) 去核。可采用去核机去核，也可以手工去核。

(4) 糖煮。用白砂糖配成 30%～40%的糖液，煮沸。将去核的枣坯倒入沸糖液中，加温至糖液再次沸腾。加入适量浓糖液（50%以上）或干砂糖。再次煮沸后，如前法再加入浓糖液或干砂糖，反复多次，至枣坯透明、糖液浓度达到 55%～60%时即可出锅。整个煮制时间为 50～70 min。

(5) 浸渍。将完成煮制的枣坯捞入同浓度的冷糖液中，浸泡 12～15 h，使之充分渗糖。当枣坯全部沉入缸底部时即可捞出，沥干糖液后，将枣坯摆在烘盘上待烘。

玉枣脯在糖渍时的终点浓度为 55%～60%，基本符合国际上对果脯的低糖要求。

(6) 烘烤。将枣坯送入烘房进行烘烤干燥。初始温度为 60～70 ℃，最高不超过 75 ℃。当大部分水分被烘去时，进入后期烘烤，后期烘烤温度控制在 55～60 ℃，不低于 50 ℃。整个烘烤时间为 18～25 h。烘烤期间，玉枣的颜色随时间的延长和温度的升高而加深。湿度与产品颜色也有关系，排湿较差时，干制后期果肉颜色明显较深。因此，烘烤期间要特别注意做好排湿工作。烘制后期的温度应控制在 55 ℃左右。

(7) 拌粉。烘烤结束后，用（19～21）：1 的葡萄糖和柠檬酸粉进行拌粉，然后风干半天。

(8) 包装。包装要密封，否则制品容易产生褐变和干缩。

3. 产品质量要求 产品质量要求具体如下，产品卫生要求依据 GB 14884—2016《食品安全国家标准　蜜饯》；食品添加剂依据 GB 2760—2014《食品添加剂使用标准》。

(1) 感官指标。玉枣拌粉后，口味先酸后甜，酸甜适口，甜而不腻，枣香味浓郁；大小形态一致，色如美玉，无破碎，无杂质。

(2) 微生物指标。菌落总数≤1 000 cfu/g，大肠菌群≤10 cfu/g，霉菌≤50 cfu/g，致病菌不得检出。

(四) 乌枣加工工艺

1. 工艺流程 选料→分级→清洗→预煮→冷激→筛纹晾坯→烘烤→精选→包装→成品。

2. 操作要点

(1) 选料、分级。选果型大、果皮全红、肉质厚的优良干鲜枣，剔除残次果，按果实大小分级后分别加工。

(2) 清洗、预煮。将枣果洗净后倒入沸水锅中，加盖急煮，水开后稍加冷水，不断上下搅动，预煮 5～8 min，当果肉呈均匀的水渍状、色泽浅绿、质地稍软且具韧性时，预煮完毕。预煮时火力要适宜，过大果实会失去韧性，成品纹理较粗，质量较差。

(3) 冷激。将枣果捞出，随即投入冷水中，冷浸 5～8 min，保持水温 40～50 ℃，使果皮起皱。水温偏低，皱纹较粗；水温偏高，则不形成皱纹，两者均会影响产品的质量。

(4) 筛纹晾坯。将枣果捞出放入滤筛中轻晃 5～6 min，滤去浮水。果面经筛面的挤压可出现细小皱纹，下筛后停放 2～3 min，晾干果面水分。

(5) 烘烤。将枣坯在窑面上铺 15 cm 厚，点火烘烤。因枣坯受热不均，在烘烤过程中要进行 4～8 次翻倒，每次相隔 12 h，历经受热、蒸发和均湿 3 个阶段。受热阶段 1～2 h，箔面温度控制在 50～55 ℃。开始时枣坯用苫席覆盖保温，使果温缓慢升高。此期果面由干至凝露，再至露干。凝露后撤去苫席，以加速蒸发。果面凝露消失以后，进入下一阶段。蒸发阶段 5～6 h，箔面温度保持在 65～70 ℃，手摸有灼烫感。此期温度较高，要谨慎管理。均湿阶段，停火 5～6 h，使果内水分逐渐外渗，达到内外平衡。避免长时间烘烤，以防果实表面干燥过度而结壳焦煳。第 1 次均湿后，仔细翻倒上下层枣坯，开始第 2 次点火烘烤。第 2 次烘烤后，枣温略降，将其撤离炕面，摊于露天箔面上均湿 2～3 d，堆厚不超过 30 cm。如此反复 4～8 次，至果肉里外硬度一致、稍有弹性为止，果肉含水量在 23%以下。烘烤过程可以在性能良好的烘房内进行。烘烤用木材以榆木较适宜。

（6）成型。当产品干燥、果皮紫、果实有光泽、皱纹浅细而均匀、果肉稍有弹性、捏之不变形、不脱皮、风味甘甜、有韧性、枣香味浓郁时即可包装销售。

（葛邦国　姚旖旎　尤陈浩）

第五节　其他加工技术

一、概述

（一）枣类果冻

果冻出现于 20 世纪 80 年代，是来自欧美国家的一种甜食，呈固体或半固体状，由明胶、水、糖和果汁等混合制成。目前，我国已有 300 多家果冻生产企业，且仍然以每年两位数在不断增长。截止到 2020 年，果冻行业已经超过 300 亿规模。目前，我国果冻的品牌集中度较高，一线果冻品牌有喜之郎、蜡笔小新及亲亲等企业，占据 60%～80%的市场份额，还有徐福记、雅客和马大姐等品牌成为后起之秀。但市场上常见的果冻通常为水果类果冻，如橘子果冻、菠萝果冻、苹果果冻、樱桃果冻和葡萄果冻等，枣果冻的市场占有率很低。

果冻主要依靠明胶的凝胶作用凝固而成，但水果中的天然果胶也可以作为凝胶剂使果冻成型，在生产过程中使用不同包装，可生产出的产品风格和形态就大有不同。果冻生产技术简单，一般情况下经过果冻液调制、装模、冷藏等加工工序制作而成。因此，低价竞争就成为果冻行业中必不可免的趋势。不过随着市场需求的多样化，许多果冻厂家同样注重果冻产品的多样化发展。

（二）夹心枣

近几年夹心枣以枣夹核桃为代表，在市场上受到众多消费者青睐。枣夹核桃通常指红枣夹核桃，是将干枣剖开加入核桃仁的食品，有味道好、食用方便等特点。枣夹核桃最早源自山西吕梁核桃加工企业偶然发现核桃与枣一起食用会有特殊的口感。第一层口感是红枣的软糯香甜；第二层口感是红枣夹着核桃，让原本略带苦涩的核桃仁没有了苦味，只剩下香气。枣夹核桃的生产加工较为简单，通常需要大量人工操作完成。一般将干枣剖开去核，将去衣或不去衣的核桃仁夹在红枣中的制品。

二、枣果冻加工工艺

（一）加凝胶剂型

将新鲜优质的红枣加工成果冻类食品，不仅能丰富红枣加工产品，让红枣原料得到充分利用，将食品营养与功能性结合，促进人体健康。

1. 工艺流程

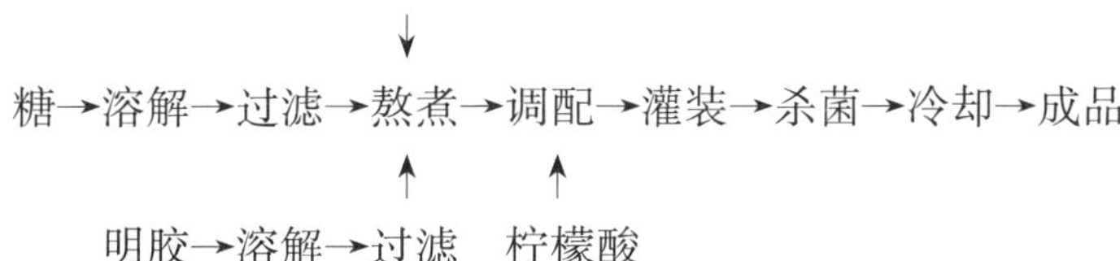

2. 操作要点

（1）枣汁的制备。选择色泽红亮、无褐变腐烂的干枣清洗去核，用破碎机将果肉破碎成粒装或成枣泥状，加入果肉质量 8～10 倍的水，在水温 70 ℃条件下加热浸提 40 min，然后将温度降低至 40 ℃，加入 0.4%的果胶酶，酶解 40 min，用纱布过滤自然冷却备用。

（2）糖液处理。选择结晶色白的精制砂糖，加适量水充分溶解，过滤杂质备用。

（3）凝胶剂的预处理。明胶倒入容器中，并加入质量 5 倍的水，不断搅拌均匀待充分吸水膨胀后，加热至 70 ℃溶解，加热过程中不断搅拌使其受热均匀。

（4）糖胶的熬煮。将过滤后的糖液缓慢升温，不断加入红枣汁，将溶解的明胶过滤加入，搅拌均匀熬煮 5 min。

（5）柠檬酸调整。柠檬酸先用少量水溶解，由于它溶于水时会释放 H^+，使糖胶的 pH 降低，产生水解作用，此时明胶易发生变稀，冷却后不成型等现象，影响果冻品质。在操作时，应现将枣汁糖胶液冷却至 70 ℃左右，然后加入柠檬酸搅拌均匀，以免造成局部酸度偏高，发生水解现象。

（6）装模灭菌。将调配好的糖胶液装入果冻杯中并封口，放入 85 ℃热水中灭菌 5～10 min。

（7）冷却。自然冷却或喷淋冷却，使之凝冻即得成品。

（二）自然凝胶型

由于枣中有一定的果胶，在水中加热可以使果胶充分溶解，作为天然凝胶剂。

1. 工艺流程 干枣→清洗→浸泡→软化→滤汁→加糖→浓缩→灌装→密封→杀菌→冷却→成品。

2. 操作要点

（1）枣汁预制备。选择无破损褐变的优质干枣，去核破碎或切成粒装，倒入锅中，加入与果肉相同质量的水，不断搅拌加热煮沸 10～20 min，使枣果实中的还原糖、有机酸、果胶、维生素 C、色素等成分充分溶出，然后用纱布过滤出汁液。

（2）浓缩。过滤后的枣汁进行均质，之后在夹层锅中不断加热搅拌浓缩。加入白砂糖的时间点：待枣汁温度升高到 101 ℃时，或浓缩至原枣汁质量的 1/2～3/5 时，加糖量为原枣汁质量的 40%～60%，继续加热浓缩，在浓缩过程中要不断去除液面出现的泡沫。

停止浓缩的依据：①加糖后浓缩至枣汁沸点达 105～106 ℃；②取出少许浓缩后的红枣汁，置于空气中，其表面很快形成一层薄膜；③浓缩至红枣汁可溶性固形物达 65%～68%；④取一些红枣汁，滴入凉水中结块下沉而不分散溶化。

（3）灌装、密封。枣汁浓缩完毕后，停止加热，待汁降温到 85 ℃时，立即装入模具中封口，再经杀菌冷却即为成品。

三、其他枣加工技术

（一）枣夹核桃加工工艺

1. 工艺流程

核桃→分选→剥壳→核桃仁

↓

枣→分选→清洗→去核→填充→烘烤→加光上色→焦化→包装→成品

2. 操作要点

①分选。选取个大、肉厚、核小成熟度高的干枣为原料。

②清洗、去核。用清水将枣洗干净，用去核机沿纵向去掉枣核。

③夹心。根据枣的大小，选取合适的核桃仁塞入去核后的枣中。

④烘烤。将夹心枣倒入烘烤笼内，占总容积的70%～75%；烤笼转速为40 r/min，烘烤30 min。

⑤加光上色。在制成成品前15～20 min进行加光上色。将带有少量枣肉的枣核，按照1∶1的比例加水煮沸，取得枣水。每20 kg烘烤后的枣加0.5 kg的枣核水，之后再烘烤15～20 min，枣的外果皮由无光的褐色变成具有金属光泽的红褐色。

⑥焦化。烘烤后的夹心枣，置于干燥室内自然冷却，使之变得酥焦。

（二）夹心枣加工工艺

1. 工艺流程

干枣→分级、优选→清洗→去核→填充→蒸煮→烘烤→包装

配料

2. 操作要点

①选料。选择干制后的大中型优质枣为原料，表面无微生物污染、褐变，色泽明亮。

②清洗、去核。用清水将枣冲洗干净、沥干，然后用顶核机去掉枣核，不破坏枣外皮。

③配料。配料为核桃仁1 kg，花生仁2 kg，芝麻1 kg，白糖2 kg，猪油0.5 kg，淀粉3.5 kg。核桃、花生、芝麻分别用140～150 ℃烘烤30 min、25 min、15 min，烘干表面水分，装入在粉碎机中粉碎为直径2～3 mm的细粒，然后将各种配料混合，加水6 kg，调匀。

④填充。将调好的配料按照一定比例填充在去核后的枣胚中，填充不宜过量以免撑破枣胚。

⑤煮制。填充后的枣果在夹层锅中加水用文火煮透，煮制时间约为20 min即可捞出沥干。

⑥烘烤。沥干后的枣胚，均匀地铺在烘箱中，60～65 ℃烘干24 h左右，烘干至不黏手为宜。

（三）奶枣加工工艺

（1）工艺流程

棉花糖→炒制

↓

选料→清洗→去核→填充→挂衣→包装

(2) 操作要点

①选料。选择大小适中的优质干枣，无褐变腐烂。

②清洗、去核。用清水洗去枣表面杂质，然后用顶核机去掉枣核。

③填充。将去壳的巴旦木果实塞入枣中。

④挂衣。将枣置于炒制好的糖衣中，翻拌使之均匀挂在枣表面，之后置于奶粉中充分混合，使糖衣表面充分粘上奶粉。

糖衣的制作：将少量黄油加热融化，倒入白色棉花糖，文火使棉花糖融化，炒制可以拉成丝状，倒入少量奶粉搅拌均匀，停止加热。

⑤包装。采用避光的铝箔袋进行包装。

（李学震　江水泉）

第六节　枣加工工厂设计

一、厂址选择

枣加工工厂的建设选址需与周边原料资源、交通和基础配套相结合。其选址大多会直接影响当地的城乡关系、工农关系，有时还会影响到产品质量、卫生条件和工人的工作环境。选址还与工厂建设进度、投资成本和生产条件以及生产完成后的经济效益相互影响。

工厂选址应在当地城市建设部门和责任单位的总体规划安排下选择，并应与主管部门，如建设部门、城市规划部门、地区、乡镇（镇）等相关单位，深入讨论和比较后，选择最具优势的厂址。设计单位也应为厂址的选择提供指导性建议。

(一) 厂址选择的原则

(1) 工厂选址应适应当地发展的统一规划，为了节约土地，尽量不占用或少占用优质土地。需要征用的土地，可以根据基本建设的需要分期征收。枣加工工厂作为食品生产工厂应选在环境干净、绿化条件好、水源干净的地区。

(2) 工厂一般都建在大中型城市中靠近原料产地的郊区。既要保证选址附近有充足、新鲜的枣原料，又要有助于加强企业间的指导和联系原料基地，同时还要便于收购辅助材料和包装材料、产品销售，减少各项运输成本。

(3) 所选场地应具备可靠的地质条件，避免厂区内有流沙、粉土、土壤崩裂层。任何工厂都不应该建在矿井的表面。场地应有一定的地面耐力。建冷库的地方，地下水位不宜过高。

(4) 厂房，尤其是厂房主仓标高的选择，应考虑历史水位线，原则上建议高于当地历史最高洪水位。

(5) 场地面积要充分考虑企业的发展需求，不仅要满足生产要求、枣原料堆放要求、车辆周转区要求等，还要预留后期发展的空间，如厂房的增建和仓储增加等备用空间。

(6) 所选场地区域应具备良好环境，尤其在工矿企业的上风向区域，污染往往比较严重，应注意不能使其影响枣加工工厂的生产。同时，应避开受污染河流的下游以及文物古迹、古墓葬、风景名胜区、机场、国防防线、高压线路等通过工厂。

(7) 选址应具备便利的交通条件。若需修建公路或专用铁路，应选择最短的距离，以减少物资消耗。

（8）选址应具备供电条件。要与供电部门沟通，保证工厂的供电距离和供电容量。

（9）选址要有充足、达到国家颁布的饮用水水质标准的水源。如果使用江水、湖水，则需要进行处理。若要使用地下水，应得到当地政府的允许。应就近处理内部废渣，废水应在处理后排放，废渣、废水尽量做到再次利用。

（10）如选址附近有居民区，则可以适度减少宿舍、商超等工人的生活设施，有利于节省厂区建造成本。

（二）厂址选择报告

在进行厂址选择时，应先多选出几个点，再根据厂址选择的原则进行分析比较，然后向上级汇报。厂址选择报告内容如下：

（1）场地的位置、周围环境、地质、相关自然条件。厂区范围、征地面积、开发规划、建设期间土方工程、房屋拆迁等情况，并绘制 1/1 000 地形图。

（2）原料供应情况。

（3）水、电、燃料、交通和职工福利设施的供应。

（4）三废排放情况。

（5）经济分析。一次性投资估算及生产经济成本综合分析。

（6）厂址选择参考意见与结论。通过多方对比分析和经济性核算，提出符合要求的建议厂址。

二、总平面设计

（一）总平面设计的内容

总平面设计作为枣加工工厂设计的重要环节，根据整个生产过程中不同使用功能的厂房结构，结合土地条件合理的布局，使建筑群构成一个有机的整体，这有利于生产组织和企业管理。

在枣加工工厂的总平面设计中，我们应该根据组成和功能要求，并结合土地条件和建筑之间的关系，做一个综合分析。正确处理所有建筑物和构筑物、厂区建设布局、管线排布、交通运输及绿化之间的关系。合理充分利用地形，划分区域与占地面积，应做统筹一体化考虑，与周围环境设施和建筑群相协调。

枣厂总平面设计内容包括平面布置和垂直布置两个部分。

平面布置是指建筑物、构筑物等工程设施在水平方向上的合理布置。平面布置图中的工程设施包括以下几个内容：

1. 交通运输设计 注意防止交叉污染，应注意将人流与货物分开。

2. 管线综合设计 整个枣工厂的供排水、电缆、蒸汽、天然气等工程管线网要统一规划。

3. 绿化布置和环保设计 绿化布置不仅可以美化厂区，还可以美化环境、净化空气，同时有减少噪声的功效。绿化面积的增加会增加建设投资，因此绿化面积应适当。工厂四周特别是路边，应具备一定宽度的树木，形成防护林。种植的树木花卉要严格挑选，植物中不能含产絮状物、种子和散发特殊异味的花草，以免影响所加工产品的质量。工业“三废”和噪声，会污染环境，所以，在加工工厂的总平面设计中，要充分考虑到环保问题。

4. 功能分区布置设计 办公生活区与生产及仓储区尽可能分区布置，以实现动静分离为目的，做出合理的规划设计。

垂直布置就是在平面设计的垂直方向进行设计，即对枣加工工厂各部分的地形标高进行设计。它的主要目的是改善地形因素，若地形高度差较小，可不做该方面的设计。垂直设计时，应结合综合地形因素考虑。为节约投资，缩小工程量，应尽量保持原有自然地形。综上，所谓的总平面设计，就是从生产工艺出发，研究和处理建筑物、构筑物、道路和各种管线及绿化等方面的关系，并在一幅或几幅图纸上用设计语言表达出来。

（二）总平面设计的基本原则

枣加工工厂总平面设计的基本原则包括以下几点：

1. 枣加工工厂总平面设计应紧凑合理，节约土地。

2. 总平面设计应与枣加工工艺的要求相符。

（1）生产车间和仓库应根据枣加工工艺需要排布，尽可能缩短距离。

（2）全厂的货流、人流、原料、管道等各个通道应尽可能分开，避免交叉，管道布置应避免影响人流、货流通道，尽可能架空或埋地。

（3）规避原料、半成品、产品等往返运输。

（4）能源供应设施应尽可能靠近加工车间。

3. 枣加工工厂的总平面设计应满足食品相关法规中对卫生和安全的要求。

（1）生产区域与生活区域要进行分离，厂前区（接待室、实验室、办公室等）与生产区域相互分开，使主车间具备良好的卫生条件。

（2）生产车间要注意朝向，通常是南北朝向，应保证充足的日照和良好的通风。

（3）生产车间与城市道路之间必须有一定的隔离区，一般宽 30～50 m，中间最好有绿化地面，防止灰尘。

（4）根据生产性质的不同，各部门要分别规划设计。

（5）公厕应与主车间、仓库保持一定距离，但不易过远，需保持厕所清洁卫生。

（6）应有适当的绿化面积。

4. 枣加工工厂内道路的宽度应根据货物装载量、高峰车辆通行数量进行设计。厂区内道路材料应选用水泥或沥青。道路与车间应有一定距离。

5. 如有特殊的运输需要，应协调考虑是否需要修建铁路专线、货运码头等交通设施。

6. 枣加工工厂内建筑物间距应按当地厂区建筑规范设计。在符合规范的条件下，为节约成本与面积，建筑之间的距离应尽可能缩小。

7. 为合理利用自然条件，厂区内各建筑的布局应在符合规划要求的基础上，进行合理的布局。

（1）确定合理的建筑物和道路标高，不能受洪水影响且应排水通畅。

（2）在边坡、山体施工时，可以采用不同的标高布置道路和建筑物，进行合理的垂直布置，但一定要注意设置护坡和防洪通道，防止山体洪涝灾害。

8. 相互影响的车间尽量避免放在同一栋建筑内，但为了提高场地利用率，类似的车间应尽量放在一起。

（三）总平面设计的实施

1. 初步设计 对于工艺简单的枣加工工厂总平面设计，应包括总平面布置图和设计说明书，通常包括总平面布置图、建筑物图、构筑物图、管路图和道路图，有时还需要附有区域位置图。总平面布置图和设计说明书内容要求如下：

总平面布置图比例为1∶500或1∶1 000。图纸中应包括原建筑物、构筑物和规划建筑物，以及构筑物的位置、水平、楼层标高、绿化位置、道路台阶、管线、排水沟、排水方向等方面。同时在一个角落或适当的位置应具备风向玫瑰图和区域位置地图。

总平面设计说明书主要包括以下部分：设计依据、布局特点、主要技术经济指标和概算。

$$建筑系数/\% = \frac{建筑物、构筑物占地面积+堆场、露天场地作业场地占地面积}{厂区占地面积} \times 100$$

$$土地利用系数/\% = \frac{建筑物构筑物+堆场露天场地、作业场地+辅助工程占地面积}{厂区占地面积} \times 100$$

辅助工程占地面积包括道路、管线、绿化占地等面积。

土地利用系数则能充分反映工厂的场地利用是否经济合理，但建筑系数不能充分反映工厂的土地利用是否经济合理。

2. 具体施工图设计 初步设计经批准后，需要进行施工图设计，目的是对初步设计进行深化和拓展，落实设计意图和技术细节，并绘制便于施工的全部施工图纸。

枣加工工厂设计施工图，一般主要包括工厂的总平面布置图，竖向布置图、厂区综合管网、交通运输道路等，其他详图需根据需要来设计，图的具体要求如下。

(1) 建筑总平面布置图比例为1∶500或1∶1 000。图中应标示有等高线。红色细实线代表原有的建筑和结构，黑色粗实线代表新设计的建筑物、构筑物。图纸按《建筑图纸标准》绘制，明确标识出每幢建筑物、构筑物的定位尺寸，同时为了满足生产发展的需要，留出发展空间。

(2) 垂直布局是否单独绘制，视工程项目数量和地形复杂程度而定。一般来说，对于工程项目少、地形变化小的场地，可以在总平面施工图中放置垂直布置图，并说明面积、层数、室内楼层标高、道路转弯处标高、坡度方向、距离和坡度等。

(3) 管道的布局。一般简单的枣加工工厂总平面设计，管道类型较多，包括供气、供水、排水、电力、消防等管道，有时合并在总平面施工图。但当管道比较复杂时，往往由设计各种类型管道的专业设计师进行布置。一般总平面设计师往往会对管道进行全面的布置，绘制管道布局图并标明管道间距、纵向坡度、转折点标高、阀门、检查井的位置以及各种管道等图例符号。图纸比例尺与总平面施工图一致。

(4) 总平面布置施工图说明。一般没有单独的说明书，通常用文字附在总平面施工图的一个角落上。描述了设计意图，施工应注意的问题，各种各样的技术和经济指标和工程数量。有时还将总平面图内建筑物、构筑物的编号也列表说明，放在图内适宜的地方。

为了保证设计质量，施工图纸必须经过设计、校对、审核、认证后才能送到施工单位，作为施工的依据。

三、生产工艺及车间设计

枣加工工厂工艺设计主要包括：产品方案、班产量确定；主要产品的工艺流程的确定；物料衡算；生产车间设备选型；人力资源配置；生产车间工艺布局及设备布置。

(一) 产品方案及班产量的确定

1. 制订产品方案的意义和要求 产品方案是枣加工工厂准备全年生产的产品、数量、生产周期、生产班次时间表，在安排产品方案时，努力实现产品产量与原材料供应、生产季节性与劳动力需求、生产班次、设备生产能力、水、电、蒸汽负荷等各个方面的平衡。

在安排产品计划时，应根据原料、辅料等材料的供应情况统一规划。每月 25 d 用于枣产品的生产（其他时间员工可以自由部署）。全年生产日为 300 d，生产班次 1～2 班/d。

2. 班产量的确定 班产量是枣加工工厂工艺设计中最重要的计算基准，班产量直接影响到设备、车间布置及占地面积、公共设施及辅助设施规格及劳动力配置。原材料供应和市场销售情况是制约班产量的主要因素。

(二) 主要产品工艺流程的确定

1. 工艺流程的选择 不同类型的食品，其生产工艺有很大的不同，不同的加工工厂生产的产品和工艺流程也各不相同，各有特点，如果汁加工工厂，不同品种的水果具有相似的特点，基本的主要工艺流程和核心设备相似，部分设备可以共用。因此，工艺流程设计的合理性可以保证产品质量并提高设备利用率，有效缩减生产成本，为企业提质增效。

工艺流程的合理性直接关系到产品的质量、竞争力和工厂的经济效益，是初步设计审定主要审查内容。因此需结合各个方面的因素综合分析和比较，从理论的合理性和实际的可行性，证明工艺流程的选择符合设计方案任务的要求。

2. 工艺流程图的绘制 确定工艺流程后绘制工艺流程图。通常工艺流程图有两种，即生产工艺流程图和生产设备布置图。生产工艺流程图主要用工艺步骤来标示，应清晰、醒目、易懂。生产设备布置图则根据实际设备的布置标示，需要标示生产设备的位置、大小等，可直观地看到生产车间的设备布置。

(三) 物料衡算

该部分是为确定采购和运输各种物料及仓库的存放、劳动力大小以及包装材料等提供依据。材料计算主要包括产品的原辅材料和包装材料的计算。材料计算的基础数据为“技术经济指标”，通常为各工厂在生产实践中积累的经验数据。在计算用料时，要将原辅料的用量与加工后的成品用量及损耗量进行平衡。辅助材料计算为正值，材料损耗计算为负值，可以计算出原辅材料的消耗定额，并绘制出原辅材料的消耗表和材料平衡图，为接下来的设备计算、热量计算、管道设计提供了依据和条件，也为人工数量、生产班次、成本核算提供了计算依据。

(四) 设备选型

设备选型应满足工艺要求，是影响产品质量的关键，可以反映生产水平的标准，同时也是配电、水、汽耗计算和工艺布置的依据。

设备数量要根据物料衡算和每个品种单位时间设备生产能力来确定。对于几个产品所需的设备，即使在不同的时间使用，也应根据加工能力最大的品种所需的数量来确定。对于生产中的关键设备，除实际生产能力外，还应考虑配有备用设备，以防止设备故障带来的物料堆积。

（五）人力资源配置

根据拟建工厂的工艺与生产需求，确定各类人员的数量和配置计划，包括生产工人、管理人员和其他人员等。

1. 人力资源配置的目的 为了确保正确使用设备和人员，人力资源应合理规划枣加工工厂人员配置、生活设施面积的计算、用水、用气以及产品产量的计算、定额指标的制定和工资福利的估算。

2. 人力资源配置的依据

（1）有关法律、法规及规章。

（2）工厂建设规模。

（3）生产工艺设计与装备自动化水平。

（4）劳动生产率要求。

（5）组织机构设置与生产管理制度。

（6）国内外同类工厂的情况。

3. 人力资源配置的内容

（1）需要根据当地的工人工作习惯等，制订合理的工作制度和运转班次。

（2）员工配置数量，依照精简、高效的原则定额。

（3）对各岗位人员应具备的劳动技能和文化素质提出明确要求。

（4）分析测算职工工资和福利等费用。

（5）分析测算劳动生产率。

（6）提出员工选聘方案。

（六）生产车间的工艺布置

枣加工工厂生产车间的工艺布置至关重要，在设计过程中必须综合考虑。将车间的所有加工设备按一定的建筑面积、比例设定，从俯视视角画出生产车间的设备布置图。为了解决重要设备与建筑标高之间无法在平面图中体现的问题，可以画出生产车间的剖视图。在管道设计中，应有管道平面、管道标高、管道透视图等。生产车间工艺布置的原则有以下几点：

（1）要有全局视野，符合设计要求。

（2）在车间设备的布置上，设备应灵活适应各种生产，并留出适当的设备更换空间、设备之间的距离以及设备与建筑物之间的安全维护距离，以保证操作、维护、装卸和清洁的方便。

（3）除部分特殊设备外，其余设备尽量按工艺路线安排。

（4）使用的运输空间、生产车间在每个流程都应该相互合作，确保材料的顺利运输，避免重复往返，合理安排生产车间垃圾排放口，人员进出口，做到避免交叉污染。

（5）空压机室、空调室、真空泵等应尽量隔开并靠近使用点，以缩短输送管路及减少损失。

（6）车间内采光、通风、供热、制冷等设施的布置，必须考虑生产卫生和劳动保护。可放置在室外的设备要放置在室外，并尽可能用简单的棚子覆盖。

四、辅助部门

(一) 仓库

枣加工工厂的仓库包括：材料库、工具库、成品库等，还可根据需要增加原料池。其中仓库面积的确定取决于以下几个方面：物料的包装方式、堆放方法、地面的承载能力。其中，要做到能防鼠、防蝇、防尘、防潮，部分储存库要配有调湿、恒温等装置。总之，设计仓库时要全面考虑，以便满足生产要求。

(二) 机修车间

由于设备的零件在一段时间的使用之后会出现不同程度的损坏，所以机修车间不可或缺。用作设备的维修与保养，以便维护车间的正常运营。

(三) 化验室

化验室一般由感官检验室、理化检验室、微生物实验室等组成。对产品和有关原料进行卫生监督和质量检查，确保最终产品符合国家卫生法的质量标准。常用仪器有：手持糖度计、比色计、生物显微镜等。

(四) 生活设施

1. 办公楼 办公楼面积的设计应依据枣加工工厂实际规模的大小、生产和管理人员数来确定，且应该靠近人流出入口附近。

2. 食堂 食堂应安排在靠近工人出入口或者人流密集处，远离有害因素。

3. 宿舍 应根据人力资源配置情况，确定宿舍的大小。

4. 医务室 医务室周围应确保环境良好，具备基本的医疗设施，提供各类常用医用药品且能治疗一些常见的疾病。

5. 浴室 为了保证生产卫生，浴室建议设在距离生产车间与更衣室较近的位置。

6. 厕所 厕所的位置应该设在对产品无污染的地方，其中车间厕所最好与更衣室相连，且应保持清洁，厕所门窗不能直接开向车间，厕所应配备洗手消毒设施及换气、防蝇虫等的设施。

(五) 用水系统

1. 给水系统 水源的选择，应根据当地的具体情况进行技术经济比较后再确定。通常水的来源有三种：自来水、地下水和地面水。虽水源广泛，但各有缺陷。例如：

(1) 自来水投资较省，但水价较高。

(2) 地下水可直接就地取用，费用小，但水中矿物质和硬度较高，容易导致纯水处理成本上升。

(3) 地面水虽日常费用较低，但净水系统技术较复杂，且投资费用高。

综上考虑，最好采用自来水与地下水相结合的方式，以降低投资费用。

2. 排水系统

(1) 生产车间的室内排水应采用带水封的地漏，或使用无盖板的明沟。

(2) 生产车间的对外排水口应设置防鼠装置。

(3) 厂区污水排放不采用明沟，而是用埋地暗管。

五、设计案例：年产 1.8 万 t 浓缩枣汁的工厂设计

（一）厂址选择

本工厂拟选择建在新疆维吾尔自治区图木舒克市。依据工厂周围无污染、有着丰富的水源、交通便利的原则建立枣加工工厂。新疆红枣产量占我国红枣产量的 50%左右，位列第一，有着丰富的红枣资源，而且以香甜的风味受到国内外消费者的欢迎。图木舒克市也是红枣的主要产区，且周围交通便捷，供电、供气、排水等设施较为完善。因此，厂址宜选择在该市的工业规划园区。

（二）总平面设计

根据枣加工工厂总平面设计的各项基本原则，综合考虑园区的交通、功能便利，管线合理等因素，进行厂区总平面设计规划如图 4－50 所示。

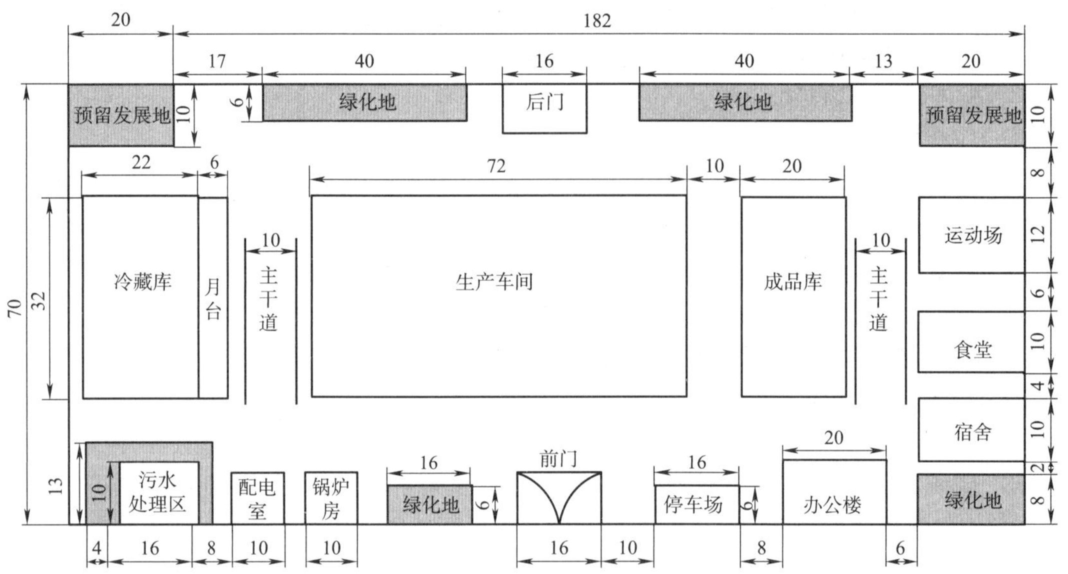

图 4－50　枣加工工厂总平面设计

（三）生产工艺设计

工艺流程设计：

原料→上料→洗果→拣选→预煮→打浆→果浆酶解→离心→果汁酶解→灭酶→澄清→超滤→杀菌→浓缩→灌装→成品储存。

本设计为年产 1.8 万 t 的浓缩枣汁的工厂，根据实际情况估算，全年的生产日为 300 d，每天按照 12 h 生产计算，则每日为 2 班制，每班实际工作时间为 12 h，处理能力按 5 t/h 枣计算。

1. 物料衡算　物料衡算包括该产品的原辅料和包装材料的计算。物料计算的基本资料是“技术经济定额指标”，而技术经济额指标又是各工厂在生产实践中积累起来的经验数据。这些数据因具体条件而异，一般认为枣复水比为（1∶2）～（1∶3），本例中采用复水比 1∶2 计算，浓缩倍数按 4 倍浓缩计算。

(1) 班产量方案 浓缩枣汁日产量：5×2×24÷4=60 t/d。

(2) 浓缩枣汁班产量：60 t÷2 班=30 t/班。

(3) 原料果的日收购量方案，计算如下：5×24=120 t/d。

2. 设备选型的依据 根据物料衡算来进行设备选型，以下四点是设备选型时应该注意的：

(1) 根据产品单位时间产量、物料平衡情况和设备生产能力来确定所需设备台数；

(2) 根据实际生产能力选择所需核心设备，同时应考虑到备用设备；

(3) 后道工序的生产能力要比前道大，避免生产能力不够，导致物料积压；

(4) 在选择设备时应考虑到下列因素：

①满足工艺要求的同时，尽量保证产品的质量和产量；

②选用机械化程度较高的先进设备；

③充分利用原料，选用能源消耗少，生产效率高，体积小，能一机多用的机械；

④生产材料要符合相关卫生要求，因此材质多用不锈钢材料。

生产所需的主要设备见表 4-2。

表 4-2 主要生产设备一览表

编号	设备名称	规格	技术参数	数量
1	刮板提升机	5 t/h	机架 SUS304，食品级滤带刮板，带积水盘，防倒挂；减速电机，变频调速	1
2	鼓泡清洗机	5 t/h	SUS304，增压鼓风机，冲浪水泵，鼓泡式清洗，干净彻底，配置过滤水箱，循环利用	1
3	刮板提升机	5 t/h	机架 SUS304，食品级滤带刮板，带积水盘，防倒挂；减速电机，变频调速	1
4	毛刷清洗机	5 t/h	SUS304，轴向毛刷，顶部喷淋，喷淋水回流至前段；减速电机：变频调速	1
5	螺旋预煮机	5 t/h	SUS304，轴向毛刷，顶部带盖板，预煮温度可调，温控范围 60～95 ℃；减速电机：变频调速	1
6	打浆机	5 t/h	SUS304，破碎电机，推料减速电机，可接清洗喷淋，可填充氮气	2
7	果浆罐	10 000 L	SUS304，单层罐，密闭人孔，呼吸帽，取样阀，可调支脚，防漩涡板，压力变送器，数显温度表	2
8	卧式离心机	5 t/h	SUS304，转鼓直径 360 mm，分离因数>3 500，不锈钢机架，差转速 0.5～50 r/min 可调	1
9	酶解罐	10 000 L	SUS304，单层罐，密闭人孔，呼吸帽，取样阀，可调支脚，防漩涡板，压力变送器，数显温度表	3
10	缓冲斗	300 L	SUS304，密封料斗，带液位传感器	1
11	离心泵	5 t/h	SUS304，机械密封，扬程 24 m，ABB 电机	3
12	有机膜超滤		SUS304，防滑花纹板，集中排水	1

（续）

编号	设备名称	规格	技术参数	数量
13	清汁罐	10 000 L	SUS304，单层罐，密闭人孔，呼吸帽，取样阀，可调支脚，防漩涡板，压力变送器，数显温度表	2
14	多效蒸发器	10 t/h	蒸发水量 6 000 L/H，全自动 PLC 控制	
15	管道过滤器	10 t/h	SUS304，绕网型，100 目	1
16	批次罐	10 000 L	SUS304，三层罐，米勒板夹套，保温，压力变送器，温度传感器，密闭人孔，可调支腿，清洗喷淋球，可填充氮气，搅拌	2
17	杀菌机	3 t/h	SUS304，进料温度 10 ℃，物料缓冲罐，供料泵，杀菌温度 95 ℃，杀菌时间 30 s，塔水冰水两段冷却，出口温度≤25 ℃，热水循环系统，提供蒸汽压力 0.5～0.6 MPa，带独立控制柜	1
18	转子泵	3 t/h	SUS304，双凸轮转子泵，变频调速，转速 220 r/min	1
19	无菌袋灌装机	3 t/h	一寸无菌袋灌装口，规格 220 L，自动控制运动部件加蒸汽屏障，带自清洗系统，压缩空气 6～8 bar，18 NL/min，蒸汽 6～8 bar	1
20	CIP 站	3 000 L×3	罐体材质 SUS304，半自动单回路，碱罐和热水罐为双层保温；浓酸碱添加系统：化碱罐：100 L 带搅拌，隔膜泵 2 台；温度控制系统：温度传感器，板式换热器蒸汽阀组；电柜内电器元件为施耐德或德力西品牌，电导率仪，能够实现罐内温度和出料温度的自动控制，酸碱浓度的自动控制	1
21	回程泵	20 t/h	SUS304，机械密封，扬程 24 m，吸程 4～8 m	3
22	反渗透 RO 水系统	5 t/h	石英砂＋活性炭＋一级反渗透（美国陶氏膜），不锈钢管道连接，客户提供 3 bar 压力原水，并提供水质报告	1
23	RO 水罐	10 000 L	材质：SUS304，壁厚：3 mm，高低液位传感器，密闭人孔，呼吸器，防漩涡板，温度表	1
24	恒压变频离心泵	20 t/h	SUS304，扬程 36 m，恒压变频压力变送器，变频调速	1
25	空压机组	1.8 Nm³/m	螺杆式空压机，油水分离器，1 m³ 储气罐，冷冻式干燥机，QSP 精密高效过滤器，功率 11 kW	1
26	冷却水塔		逆流式圆形冷却塔，冷却水循环量 40 m³/h，进水温度/出水温度：43 ℃/33 ℃	1

3. 工艺车间分区与布置 根据生产工艺设计及设计要求，规划布置了生产车间布局图及设备布置图（图 4－51），重点考虑人流物流的走向和车间功能分区的合理性，实际设计过程中，应重点考虑车间的使用便捷和合理性。

4. 劳动组织的估算 由于食品厂人员的多少与其经济效益密不可分，所以在做此次设计时借鉴了相关规模的枣加工工厂来确定适合的人员数量。此次设计定为每月工作天数为 25 d，平均年工作日为 300 d，每天生产 1 个班次。其中，车间的机械设备维修和保养时间安排在淡季。人员人数及各岗位安排见下表 4－3、表 4－4、表 4－5。

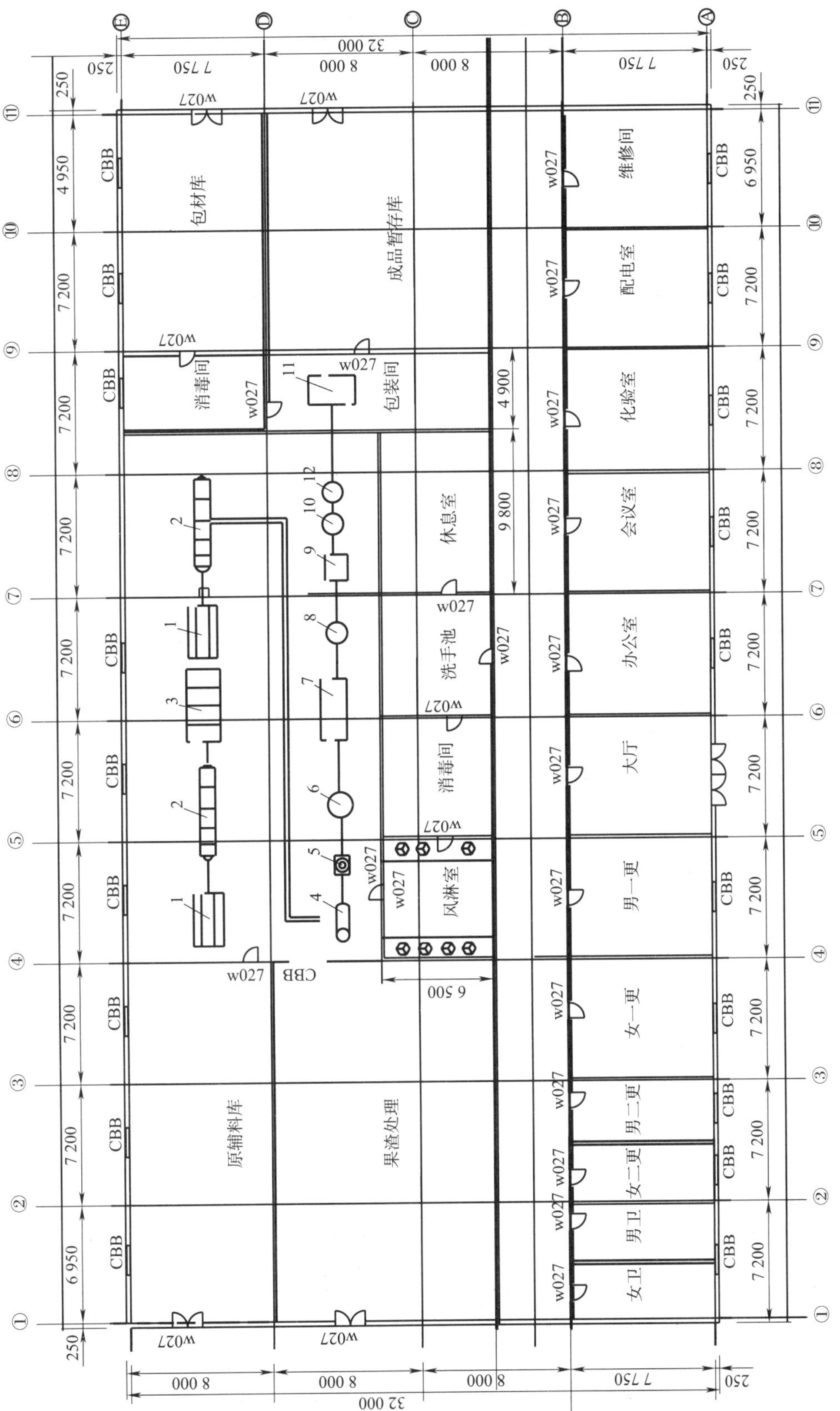

图 4-51 生产车间布局及设备布置图

表 4-3 管理人员数

职　　务	人数/人
厂长	1
副厂长	1
技术经理	1
财务经理	1
行政部经理	1
生产部经理	1
生产部副经理	1
销售部经理	1
销售部副经理	1
出纳	2
会计	2
销售人员	4
行政人员	2
采购员	2
品控员	3
化验员	4
合计	28

表 4-4 生产车间工人数

工　　种	工位人数/人
卸料	4
拣选	4
清洗	1
打浆	1
离心	1
酶解	1
超滤	1
浓缩	1
杀菌	1
灌装	3
运输	2
班长	1
车间主任	1
共计	22

表 4-5 辅助部门生产工人数

工　　种	每 班 人 数	合　　计
锅炉房	2	2
机修车间	2	2

（续）

工　种	每班人数	合　计
成品库	2	2
配电房	1	1
磅房	2	2
冷机房	1	1
水泵房	1	1
辅料库	1	1
污水处理	2	2
合计	14	14

注：全厂定员人数合计 64 人。

（四）辅助部门

1. 办公楼 办公楼面积的设计应依据工厂实际规模的大小、生产和管理人员数来确定，且应该靠近人流出入口附近。

2. 食堂 食堂在厂区中的位置，应安排在靠近工人出入口或者人流密集处，远离有害因素。本次设定食堂面积的大小为 240 m^2。

3. 宿舍 参照相关规模食品企业宿舍的大小，确定为 240 m^2左右。

4. 医务室 医务室周围环境良好，具备基本的医疗设施，提供各类常用医药且能治疗一些常见的疾病。其面积为 30～40 m^2。

5. 浴室 按照食品卫生的角度来说，从事直接生产食品的工人上班前应先淋浴。因此，大部分设在能够使生产车间与更衣室、厕所等三者形成一体的位置。其中，面积应按照每个淋浴器的 5～6 m^2估算。

6. 厕所 厕所的位置应该设在对产品无污染的地方，其中车间厕所最好与更衣室相连，且应保持清洁，厕所门窗不直接开向车间，厕所应配备洗手消毒设施及换气、防蝇虫设施。

7. 用水系统 给水系统，水源的选择，应根据当地的具体情况进行技术经济比较后再确定。本次设定工厂生产及生活用水为自来水。

8. 排水系统

（1）生产车间的室内排水宜采用带水封的地漏，或使用无盖板的明沟，明沟的宽度为 220 mm，深度为 200 mm，车间地坪的排水坡度为 1.8%。

（2）生产车间的对外排水口应设置防鼠装置，采用水封窨井。

（3）厂区污水排放不采用明沟，而是用埋地暗管。

（4）厂区下水管采用混凝土管，管顶埋设深度一般不小于 0.7 m。

（马寅斐　江水泉　吕绪强）

参考文献

艾克拜尔·艾海提，许艳顺，姜启兴，等，2013. 红枣汁澄清工艺研究［J］. 食品与机械，29（1）：209-212.

毕金峰，于静静，白沙沙，等，2010. 国内外枣加工技术研究现状 [J]. 农产品加工（2）：52-55.
陈国梁，刘长海，刘卫虎，等，2008. 不同处理方法对红枣基本营养成分含量的影响 [J]. 安徽农业科学（12）：4959，4963.
陈宗礼，贺晓龙，张向前，等，2012. 陕北红枣的氨基酸分析 [J]. 中国农学通报，28（34）：296-303.
代绍娟，李琳，邹圣冬，等，2011. 不同的处理方法对红枣汁澄清效果影响的研究 [J]. 饮料工业（8）：18-20.
高婧昕，刘旭，丁皓玥，等，2020. 超高压处理对复合果汁微生物和品质的影响 [J]. 中国食品学报，20（9）：118-130.
高振鹏，2008. 源于苹果汁的液态果糖生产技术研究 [D]. 杨陵：西北农林科技大学.
耿楠，2018. 低糖山楂-红枣复合果酱的研制及品质分析 [D]. 合肥：安徽农业大学.
关东，2022. 基于热处理的灰枣品质变化及风味修饰研究 [D]. 杨陵：西北农林科技大学.
郭淼，2004. 低糖果脯的起源、现状及加工前景 [J]. 江苏调味副食品（2）：30-31.
郭卫强，1986. 果脯生产新工艺—介绍国内外果脯加工技术 [J]. 食品科学（5）：59-62.
韩浩浩，苗雨，2018. 沙果果酱产品市场营销策略研究 [J]. 河北企业（1）：87-88.
韩希凤，王成荣，朱永宝，等，2007. 贮藏过程中温度和糖度对金丝小枣浓缩汁色泽的影响 [J]. 食品工业科技（5）：78-80.
韩玉杰，李志西，杜双奎，2003. 红枣酶解法提汁工艺研究 [J]. 食品科学（4）：85-87.
郝心，2019. 益生菌发酵沾化冬枣饮料的加工工艺研究 [D]. 泰安：山东农业大学.
胡贝多，刘鑫磊，战相君，等，2020. 益生菌发酵对红枣汁抗氧化活性，营养品质及香气的影响 [J]. 中国酿造，39（2）：44-50.
胡丽红，2009. 红枣醋及枣醋饮料生产工艺的研究 [D]. 乌鲁木齐：新疆农业大学.
黄微，2012. 加工和贮藏对红枣浓缩汁酚类物质的影响 [D]. 西安：西北大学.
纪庆柱，2008. 发酵型红枣酒加工工艺的研究 [D]. 泰安：山东农业大学.
冀晓龙，2014. 杀菌方式对鲜枣汁品质及抗氧化活性的影响研究 [D]. 杨陵：西北农林科技大学.
贾君，2004. 5 种水果中维生素 C 含量的测定研究 [J]. 冷饮与速冻食品工业，10（2）：33-34.
焦文月，2012. 红枣果酱加工工艺研究 [D]. 杨陵：西北农林科技大学.
金凤燮，安家彦，2003. 酿酒工艺与设备选用手册 [M]. 北京：化学工业出版社.
敬思群，刘盼君，2013. 王德萍. 红枣泥的研制 [J]. 食品科技，38（12）：125-129.
赖婷，刘汉伟，张名位，等，2015. 乳酸菌发酵对果蔬中主要活性物质及其生理功能的影响研究进展 [J]. 中国酿造，34（3）：1-4.
李从发，李枚秋，彭黎旭，1999. 腰果梨酒的果香保持作用研究 [J]. 热带作物学报（3）：21-24.
李根，路遥，马寅斐，等，2021. 热杀菌条件对 NFC 冬枣汁成分及抗氧化活性的影响研究 [J]. 中国果菜，41（3）：7-12.
李焕荣，徐晓伟，许森，2008. 干燥方式对红枣部分营养成分和香气成分的影响 [J]. 食品科学，29（10）：330-333.
李其晔，鲁周民，化志秀，等，2012. 成熟度和干燥方法对红枣汁香气成分的影响 [J]. 食品科学，33（24）：234-238.
李雁琴，宋丽军，张丽，等，2020. 不同品种红枣冻干片的理化品质及抗氧化性比较 [J]. 食品研究与开发，41（11）：28-33，65.
廖小军，饶雷，2021. 食品高压二氧化碳技术 [M]. 北京：中国轻工业出版社.
刘纯友，马美湖，靳国锋，等，2015. 角鲨烯及其生物活性研究进展 [J]. 中国食品学报，15（5）：147-156.
刘杰超，张春岭，陈大磊，等，2015. 不同品种枣果实发育过程中多酚类物质、VC 含量的变化及其抗

氧化活性 [J] 食品科学，36（17）：94-98.
刘静，2011. 红枣浓缩汁加工和贮藏过程中非酶褐变的研究 [D]. 西安：西北大学.
刘明华，全永亮，2011. 食品发酵与酿造技术 [M]. 武汉：武汉理工大学出版社.
刘兴静，刘斌，韩清华，等，2011. 超高压对苹果汁微生物和多酚氧化酶的影响 [J]. 食品研究与开发，33（9）：4-6.
罗莹，2010. 枣的保鲜与加工实用技术新编 [M]. 天津：天津科技翻译出版公司.
吕瑛，行培蕾，向珈慧，等，2015. 红枣醋功效及前景概况 [J]. 农产品加工（1）：3.
马闯，张新明，苏政波，等，2004. 低温浓缩红枣汁及速溶枣粉的研制 [J]. 山东食品发酵（3）：12-15.
马培珏，2021. 益生菌发酵枣汁工艺研究 [D]. 太原：山西大学.
马齐，李利军，2005. 酿造发酵产品质检化验技术 [M]. 西安：陕西科学技术出版社.
马倩倩，吴翠云，蒲小秋，2016. 高效液相色谱法同时测定枣果实中的有机酸和 VC 含量 [J]. 食品科学，37（14）：149-153.
马永强，戴传荣，王鑫，等，2017. 抑制剂对蓝莓果汁加工过程的酶促褐变研究 [J]. 中国食品添加剂（2）：124-129.
米璐，徐贞贞，刘鹏，等，2022. 食品超高压加工技术合规化历程与展望 [J]. 包装与食品机械，207（1）：99-105.
穆启运，陈锦屏，2001. 红枣挥发性物质在烘干过程中的变化研究 [J]. 农业工程学报，17（4）：99-101.
齐习超，吴现华，刘静，等，2022. 红枣酒发酵工艺，品质影响及香气成分研究进展 [J]. 中国酿造（2）：41.
齐正，李保国，孟祥，等，2006. 新鲜果蔬清洗杀菌技术与食用安全性分析 [J]. 食品工业科技（12）：148-151.
仇农学，罗仓学，易建华，2006. 现代果汁加工技术与设备 [M]. 北京：化学工业出版社.
任建新，2003. 膜分离技术及其应用 [M]. 北京：化学工业出版社.
上海市酿造科学研究所，1999. 发酵调味品生产技术第 2 版（修订版）[M]. 北京：中国轻工业出版社.
沈裕生，2003. 枣食品加工技术 [J]. 果农之友（5）：3.
石东里，姚志刚，申保忠，2003. 枣品种抗坏血酸含量的测定与比较 [J]. 滨州师专学报，19（2）：90-92.
孙惠烨，2015. 不同方法降解苹果酒中有机酸的比较和优化 [D]. 杨陵：西北农林科技大学.
唐敏，赵健茗，张玉，等，2014. 三种水果中维生素 C 含量的 HPLC 法测定与比较 [J]. 食品与发酵科技，50（4）：53-55.
唐秋菊，2020. 红枣枸杞复合系列产品的研制 [D]. 石河子：石河子大学.
陶卫民，陈媛，2009. 徽州蜜枣加工技术 [J]. 农村新技术（2）：54.
汪景彦，袁继存，厉恩茂，等，2021. 木质化枣吊在枣树生产中的作用 [J]. 果农之友，233（10）：20-22.
王毕妮，高慧，2012. 红枣食品加工技术 [M]. 北京：化学工业出版社.
王晨，2011. 红枣酒发酵工艺及其功能性研究 [D]. 杨陵：西北农林科技大学.
王静，2016. 枣浓缩清汁加工工艺研究 [D]. 郑州：河南工业大学.
王俊华，2012. 红枣真空含浸调理技术研究 [D]. 西安：陕西科技大学.
王坤范，1986. 果脯蜜饯的加工方法 [J]. 农村实用工程技术（农业工程）（3）：25-26.
王桐，王海鸥，2005. 酶解法生产红枣汁的工艺研究 [J]. 食品与机械（1）：45-47.
王文生，李长云，2022. 中国枣知识集锦 260 条 [M]. 北京：中国农业科学技术出版社.

王小明，2013. 橙汁加工过程的酶解工艺优化与褐变控制研究［D］. 湛江：广东海洋大学.
王修杰，袁淑兰，魏于全，2005. 植物多酚的防癌抗癌作用［J］. 天然产物研究与开发（4）：508－517.
王元熠，陈国刚，2019. 红枣粉固体饮料配方的研制［J］. 食品研究与开发，49（17）：130－135.
王向红，崔同，刘孟军，等，2002. 不同品种枣的营养成分分析［J］. 营养学报，24（2）：206－208.
王跃强，2018. 红枣粉面包加工配方研究［J］. 现代食品（18）：138－141.
卫世乾，2016. 我国果脯行业现状、问题及对策［J］. 食品研究与开发，37（8）：212－215.
韦玉龙，2015. 热风干燥对哈密大枣组织结构的影响［D］. 乌鲁木齐：新疆农业大学.
吴孔阳，杜如月，刘红霞，等，2018. 红枣功能特性及其发酵酒研究进展［J］. 中国酿造，37（9）：5.
吴艳芳，侯红萍，2014. 红枣酒生产研究进展［J］. 酿酒科技（12）：4.
吴志显，闫晓燕，2009. 酱油和食醋发酵实训技术［M］. 牡丹江：黑龙江朝鲜民族出版社.
徐怀德，雷宏杰，李梅，等，2022. 我国红枣产业发展现状［J］. 中国农村科技，323（4）：49－52.
徐怀德，仇农学，2006. 苹果贮藏与加工［M］. 北京：化学工业出版社.
徐辉艳，2013. 温度和时间对红枣汁化学成分变化的影响［J］. 陕西学前师范学院学报，29（2）：55－59.
徐清萍，2008. 食醋生产技术［M］. 北京：化学工业出版社.
薛晓芳，赵爱玲，王永康，等，2016. 不同枣品种果实矿质元素含量分析［J］. 山西农业科学，44（6）：741－745.
杨芙莲，聂小伟，2011. 微波-超声波辅助浸提红枣汁工艺条件优化［J］. 食品科技，36（2）：96－100.
杨官荣，1999. 浅谈青梅酒的配制［J］. 酿酒科技（6）：59.
杨雯，2012. 红枣粉加工工艺及稳定性研究［D］. 西安：陕西科技大学.
杨智刚，2019. 发酵型红枣酒的工艺研究［D］. 杨陵：西北农林科技大学.
姚婕，2016. 黑枣汁加工技术及其多酚体外抗氧化活性研究［D］. 杨陵：西北农林科技大学.
游凤，黄立新，张彩虹，等，2013. 红枣不同部位的脂溶性成分分析［J］. 食品与发酵工业，39（11）：241－244.
于静静，毕金峰，丁媛媛，等，2011. 不同干燥方式对红枣品质特性的影响［J］. 现代食品科技，27（6）：610－615.
翟乐义，1988. 果脯加工业的现状和实现工艺改革的可能性［J］. 食品工业科技（2）：23－25.
张宝善，陈锦屏，李强，2004. 干燥方式对红枣 Vc. 还原糖和总酸变化的影响［J］. 西北农林科技大学学报（自然科学版），3211：117－121.
张福维，侯冬岩，回珊华，2009. 枣中微量硒的原子荧光光谱法分析［J］. 食品科学，30（12）：144－146.
张艳红，2007. 红枣中营养成分测定及质量评价［D］. 乌鲁木齐：新疆农业大学.
张艳红，陈兆慧，王德萍，等，2008. 红事中氨基酸和矿质元素含量的测定［J］. 食品科学，29（1）：263－266.
张艳荣，王大为，2008. 调味品工艺学［M］. 北京：科学出版社.
张颖，郭盛，严辉，等，2016. 不同产地不同品种大枣中可溶性糖类成分的分析［J］. 食品工业（8）：265－270.
张有林，陈锦屏，2000. 鲜枣贮期脱落酸与品质变化关系的研究［J］. 农业工程学报，16（5）：106－109.
张兆斌，赵学常，史作安，等，2009. 生态因子对冬枣果实品质的影响［J］. 中国生态农业学报，17（5）：923－928.
赵爱玲，李登科，王永康，等，2010. 枣品种资源的营养特性评价与种质筛选［J］. 植物遗传资源学报，11（6）：811－816.

赵爱玲，薛晓芳，王永康，等，2016. 枣和酸枣果实糖酸组分及含量特征分析 [J]. 塔里木大学学报，28（3）：29－36.

赵光远，常杨，2013. 复合酶法生产红枣澄清汁工艺研究 [J]. 郑州轻工业学院学报，28（3）：5－8.

赵京芬，郭一妹，朱京驹，等，2011. 北京地区 8 个枣品种果实主要营养成分分析 [J]. 河北林果研究，26（2）：170－173.

郑娇，俞月丽，彭强，等，2017. 不同酵母菌种对发酵海红果酒品质的影响研究 [J]. 现代食品科技，33（1）：9.

郑晓冬，宋烨，潘少香，等，2020. 干燥方法对红枣加工过程产品质量控制研究进展 [J]. 食品科技，45（7）：64－68.

朱莉莉，魏骊霏，杨芳，等，2021. 蜜枣在烘制过程中褐变相关因素分析 [J]. 食品工业科技，42（10）：55－61.

自晓秀，2013. 蜜枣加工技术 [J]. 河北果树（6）：52－53.

CHATTERJEE S，Chatterjee B P，et al.，2014. Clarification of fruit juice with chitosan [J]. Process Biochemistry，39（12）：2229－2232.

GUO S V，DUAN J A，QIAN D W，et al.，2013. Rapid determination of amino acids in fruits of *Ziziphus jujuba* by hydrophilic interaction ultra－hig－periormance liquid chromatography coupled with triple quadrupole mass spectrometry [J]. Journal of Agricultural and Food Chemitry，61：2709－2719.

KOU X H，CHEN Q，LI X H，et al.，2015. Quantitative assessment of bioactive compounds and the antioxidant activity of 15 jujube cultivars [J]. Food Chemistry，173：1037－1044.

LI JW，FAN L P，DING S D，et al.，2007. Nutritional composition of five cultivars of Chinese jujube [J]. Food Chemistry，103（2）：454－460.

PAWEL S，TOMASZ T，PAWEL S，et al.，2014. The influence of *Wickerhamomyces anomalus* killer yeast on the fermentation and chemical composition of apple wines [J]. Fems Yeast Research，14（5）：729－740.

PINU F R，EDWARDS P J，GARDNER R C，et al.，2014. Nitrogen and carbon assimilation by *Saccharomyces cerevisiae* during Sauvignon blanc juice fermentation [J]. Fems Yeast Research，14（8）：1206－1222.

ZERAVIK J，FOHLEROVA Z，MILOVANOVIC M，et al.，2016. Various instrumental approaches for determination of organic acids in wines [J]. Food Chemistry，194（1）：432－440.

ZHANG H，JIANG L，YE S，et al.，2010. Systematic evaluation of antioxidant capacities of the ethanolic extract of different tissues of jujube（*Ziziphus jujub*a Mill.）from China [J]. Food and Chemical Toxicology：An International Journal Published for the British Industrial Biological Research，6：48.

ZORENC Z，VEBERIC R，STAMPAR F，et al.，2016. Changes in berry quality of northern highbush blueberry（*Vaccinium corymbosum* L.）during the harvest season [J]. Turkish Journal of Agriculture and Forestry，40：855－864.

第五章　枣资源综合利用

枣原产于我国，至今已有 3 000 多年的栽培史，在我国的南北各地均有种植。目前，我国拥有世界 95%以上的枣资源及 90%以上的栽培面积和产量，在枣产品国际贸易中占有绝对主导地位。

随着我国枣产业的发展，大量枣副产物资源也伴随产生，其潜力价值尚待进一步挖掘。经过前期市场与产业调研，结合文献研究及产业应用实际，枣副产物资源主要由两部分组成，包括枣果种植采收流通过程中产生的枣叶、残次果及深加工过程中产生的下脚料、废弃物等。残次枣果资源主要由落果、级外果等品类组成。据统计，我国枣树种植面积由 2006 年的 130 万 hm^2扩大到 2017 年的 300 万 hm^2。在枣种植过程中，受气候、自然灾害及自身生理因素影响，产生大量未成熟的落果；在枣果上市销售及流通过程中，相当大比例的级外果被挑拣废弃。随着我国枣属植物资源产业链的延伸，以大枣和酸枣制成的休闲及保健食品等产品形式不断丰富，在产品生产及深加工过程中产生大量的下脚料及废弃物，最为典型的包括枣夹核桃、枣片等产品加工中产生的枣核；枣酒、枣汁及枣粉等产品产生的枣皮渣；在酸枣仁干制过程中产生的酸枣果肉及核壳废弃物等。由于应用途径的匮乏，当前除少量的级外果被开发用作饲料资源外，大部分的枣副产物未得到合理利用，有的被直接丢弃，不仅造成资源浪费，还导致环境承载压力加大。

当前枣资源的应用仍以鲜果或干果为主，枣系列饮品、枣糖制产品、枣发酵产品等品类的占比正在日益增长。此外，大枣和酸枣仁同被列入“药食同源名录”，一定比例的枣资源应用于医药领域，被制成传统药材、饮片或复方制剂，如酸枣仁和姜枣祛寒颗粒等。

近年来，关于枣副产物营养成分及活性物质的报道增多，对其制备活性炭等医药化工原料的研究也备受关注。如大枣弃果中主要有葡萄糖、果糖、蔗糖等糖类及游离氨基酸成分；酸枣仁加工产生的废弃果肉及核壳中分别富含五环三萜及木质素类成分；此外研究表明，枣叶及枣皮中富含环肽类生物碱、三萜酸及皂苷类等资源性化学成分。

第一节　枣功能成分提取与开发

一、概况

枣味甘，性温，是一种美味可口且营养丰富的食品，近年来逐渐成为我国果树中发展的新热点，在我国新疆维吾尔自治区、陕西、山西、河北、河南、山东等地均有种植（王荣珍等，2012）。据国家统计局数据显示，我国枣产量位居全球榜首，约占全世界大枣产量的90%以上。其中，2019年我国枣总产量达到746.40万t。对枣及其副产物中的功能性成分进行提取纯化，可应用于食品、保健品、畜牧饲料等领域，不仅可以实现枣的高值利用，还可以减少废弃物排放、资源浪费等。

二、枣膳食纤维制备技术及应用

膳食纤维主要是指存在于植物性膳食中不能被消化道内的消化酶消化分解的多糖类物质，主要包括纤维素、半纤维素、木质素、果胶和抗性淀粉等。膳食纤维根据水溶性可以分为可溶性膳食纤维（soluble dietary fiber，SDF）和不溶性膳食纤维（insoluble dietary fiber，IDF），其中SDF主要包括一些细胞内部的存储物质、细胞分泌物以及合成类多糖等，IDF主要为植物细胞壁的构成成分，如纤维素、木质素等。众多研究表明：膳食纤维具有降低血糖水平、改善便秘、减肥、降低胆固醇、抗肿瘤等多重功效（刘敏，2015）。苗利军（2006）分析了50余个枣品种的膳食纤维含量，结果表明，在所有分析的枣品种中，磨盘枣具有最高的膳食纤维含量，达到9.04%。其他膳食纤维含量较高的枣品种主要有太谷郎枣、永济蛤蟆枣、北京鸡蛋枣、山西辣椒枣、冬枣、襄汾官滩枣、献县酸枣、平陆尖枣和直社疙瘩枣等，膳食纤维含量在7.18%～7.89%之间。研究发现，级外果及枣渣等副产物中仍含有丰富的膳食纤维、多酚等功能成分，特别是膳食纤维，含量可达到14%，加工利用前景广阔（沈柯辰等，2022）。

1. 枣膳食纤维结构 枣及其枣副产物膳食纤维的构成组分主要包括纤维素、半纤维素、木质素、低聚糖和部分植物基质等，这些组分主要来源于细胞壁及其相连的部位。纤维素主要是由β-吡喃葡萄糖基通过β-1，4糖苷键连接形成的聚合物，通常聚合度可达数千，是构成植物细胞壁的主要成分，不溶于水及常规有机试剂。半纤维素主要是由不同类型的单糖连接起来形成的异质多聚体，这些单糖主要包括阿拉伯糖、半乳糖、木糖和甘露糖等。木质素主要是由对羟基肉桂醇、芥子醇及松柏醇等成分连接构成的复杂酚类聚合物，它主要存在于纤维素之间，通过在纤维素之间形成复杂交织网络结构来起到硬化细胞壁的作用（颜玲，2019）。此外研究人员还从枣中发现一种大枣果胶A，主要由L-阿拉伯糖、半乳糖醛酸、L-鼠李糖和D-木糖等单糖组成。

2. 枣膳食纤维功能

（1）抗氧化。现代医学研究表明，衰老、癌症等多种病症均与体内自由基的过量有关，而抗氧化物质能有效清除自由基，对机体起到良好的保护效果。多项研究表明，枣可溶性膳食纤维具有明显的抗氧化活性。张丽芬等（2017）研究表明红枣可溶性膳食纤维对亚油酸脂质过氧化等均具有较好的抑制作用。谢惠等（2017）研究发现红枣可溶性膳食纤维对DPPH·和H_2O_2具有较好的清除能力，可考虑作为功能配料开发各类功能健康食品。

（2）调节肠道健康。枣膳食纤维通过增加食物体积、刺激肠道蠕动、加速粪便排出等作用，能够有效降低便秘等肠道疾病的发生，调节肠道健康。白冰瑶等（2016）通过研究发现红枣膳食纤维能够明显提高小鼠小肠推进速率，缩短小鼠首粒黑便排出时间，同时增加排便粒数和质量，还可显著降低小鼠肠道内肠杆菌、肠球菌和产气荚膜梭菌的数量，促进双歧杆菌、乳杆菌等菌群的增殖，从而证明红枣膳食纤维具有改善小鼠功能性便秘、调节肠道菌群平衡的功效。邢晓圆（2017）研究发现以红枣膳食纤维为原料制备的红枣膳食纤维果冻，可以显著改善运动人员肠道中的益生菌数量，证明红枣膳食纤维果冻具有改善肠道功能的功效。

（3）降胆固醇及降血脂。研究发现，枣膳食纤维通过吸附等作用能够有效降低机体对胆固醇的吸收，进而降低血液中的胆固醇、甘油三酯水平。蔡兴航等（2018）开展了大枣及枣叶水提物对高脂血症模型小鼠降血脂效果的研究，结果发现大枣及枣叶水提醇沉物可以提高高脂血症模型小鼠体内高密度脂蛋白胆固醇含量，同时降低低密度脂蛋白胆固醇、总胆固醇以及甘油三酯等成分的含量，还可调节高、低密度脂蛋白胆固醇的比例，证明大枣及枣叶水提醇沉物具有良好的降血脂效果。

（4）其他活性。李晋等（2014）分析了红枣多糖在体外条件下对肝癌细胞 *HepG2* 增殖的抑制效果，结果表明红枣多糖对在体外条件下培养的肝癌细胞增殖具有抑制作用，它可以将肝癌细胞 *HepG2* 阻滞于 G1 期，并通过下调 *Bcl-2* 水平，从而上调 *caspase-3* 表达来诱导 *HepG2* 细胞凋亡。张钟等（2006）研究发现大枣多糖可以改善由氯仿引起的肝脏病变，同时还可以提高小鼠运动之后乳酸脱氢酶的活力，从而起到良好的抗疲劳作用。

（一）枣膳食纤维在制备过程中的变化

膳食纤维经过高温（一般在 100～130 ℃）、高压（一般在 1.2×10^5～2.4×10^5 Pa）等条件处理，可使不溶性膳食纤维大分子链发生断裂，产生较多的半纤维素等可溶性小分子物质，从而使 SDF 含量得到显著提升。而对于 IDF，较短时间的高温蒸煮处理只能使得膳食纤维中部分氢键发生断裂，且随着高温蒸煮时间的延长，膳食纤维结晶区中的氢键将被破坏，使结晶区结构变得更加松散，有利于水分子的快速渗透，从而使膳食纤维的水溶性增强，并使部分可溶性成分更好浸出，同时膳食纤维分子链中的分子内作用可能进一步被减弱，从而提高 SDF 的溶出率。但是高温蒸煮时间过长可能会导致 SDF 结构遭到破坏，醇沉时难以析出（周丽珍等，2011）。

一般来讲，采用酶解法提取的膳食纤维具有良好的理化特性，而化学法提取的膳食纤维通常其持水力、持油力和膨胀力等性能都相对较低。主要是由于经过酸碱条件处理会对枣纤维分子结构造成较大破坏，而酶解法生产过程相对温和，制得的膳食纤维具有更好的疏松多孔结构，对水及油脂具有更好的吸附能力。同时在生物酶解加工过程中，膳食纤维中的氢键及糖苷键可能会遭到破坏，进而被水解成较多的可溶性小分子物质，使颗粒比表面积增大，让更多的亲水、亲油基团得以暴露，因此酶解法制备的膳食纤维通常有较好的持水、持油和膨胀性能。

采用双螺杆挤压膨化技术处理枣渣膳食纤维，可以使其结构由鳞片状变为蜂窝状，同时提高其热稳定性能，降低纤维的结晶度和聚合度，使得其结构更加疏松、无规则，显著提高其油脂及有害物质吸附性能等理化品质（李宗泽等，2022）。

（二）枣膳食纤维制备技术

目前较为常见的膳食纤维提取方法主要包括物理法（如超微粉碎辅提法、超高压辅提法、挤压膨化辅提法等）、生物技术法（生物酶法、发酵法等）、化学法（酸碱法等）等。其中枣膳食纤维较为常用的提取方法主要有碱法提取、酶提取法、发酵法、化学试剂-酶结合法等。除提取技术外，在膳食纤维制备过程中脱色和改性技术也十分重要。各类技术均有其优缺点，生产者在实际应用过程中可结合生产成本、产品品质、环保要求等进行选择应用。

1. 枣膳食纤维提取技术

（1）碱法提取。碱法提取因具有操作简单、易于控制等优点，是膳食纤维提取较常用的方法。目前关于碱法提取膳食纤维的相关应用，主要是采用碱法单独提取 SDF 或 IDF，在提取两种膳食纤维过程中的主要区别在于碱液的质量浓度的不同。梁志宏等（2019）采用碱法提取膳食纤维，主要操作要点为以经过脱糖干燥处理后枣粉为原料，向其中添加质量浓度 20 g/L NaOH 溶液，枣粉与碱液的比例为 1∶15（g/mL），将其置于 60 ℃恒温条件下提取 40 min，冷却后于 4 000 r/min 离心 20 min，收集沉淀；对离心后的上清液进行真空浓缩处理，浓缩至原体积 1/3 以下，向其中加入 4 倍 95%（体积分数）乙醇，密封置于室温下静置醇沉 6 h，于 4 000 r/min 离心 20 min，收集沉淀。将 2 次沉淀混合，置于 60 ℃条件下烘干，干燥后粉碎过 80 目筛，得到枣膳食纤维，总膳食纤维提取率达到 35.25%。张严磊等（2015）创新采用碱法同时提取 SDF 和 IDF，主要操作要点为 NaOH 溶液质量分数 7%、料液比 1∶9（g/mL）、提取温度 80 ℃、提取时间 50 min，在此条件下，可溶性膳食纤维的得率可达 45.44%，不溶性膳食纤维的得率可达 28.30%。

（2）酶提取法。酶提取法的原理主要利用生物酶反应的专一性，将植物细胞壁等致密结构定向降解，降低 SDF 等可溶性成分从胞内向胞外溶出的阻力，可有效缩短提取时间，具有高效、无污染等优点，同时采用酶法制备的 SDF 与其他提取方式获得的 SDF 相比，具有较为明显的生理功能优势。酶法提取常用的酶制剂主要有 α-淀粉酶、蛋白酶、糖化酶和纤维素酶等。姚文华等（2007）采用纤维素酶提取枣渣中的膳食纤维，在纤维素酶添加量 0.7%、酶解提取温度 35 ℃、酶解提取时间 120 min 的最优条件下，SDF 得率较常规酸法提取可提高 28%，而 IDF 的持水性和溶胀性分别可达到 886%和 18.7 mL/g。王虎玄等（2022）采用超声波-酶法联合提取枣膳食纤维，主要工艺参数为超声功率 100 W、纤维素酶添加量 1 300 U/g、pH 7.0、酶解温度 60 ℃。此条件下枣 SDF 得率可达 21.37%，且其持水力、持油力和膨胀力分别为 4.8 g/g、1.48 g/g 和 2.3 mL/g。

（3）发酵法。发酵法主要利用微生物发酵作用，将枣渣中除膳食纤维以外的糖类、蛋白质等杂质进行降解，从而获得纯度较高的膳食纤维。发酵法制得的膳食纤维在色泽、质地、理化性质等方面均优于化学法制备的膳食纤维。梁志宏等（2019）采用发酵法制备枣膳食纤维，枣副产物与水的添加比例为 1∶10（g/mL），同时加入 2%的脱脂奶粉和 1%的白砂糖混匀后进行灭菌，灭菌完成后冷却进行接种，混合菌剂中保加利亚乳酸杆菌、嗜热链球菌、植物乳杆菌的添加比例为 1∶1∶1，总添加量为 5%，于 40 ℃恒温条件下发酵 15 h，总膳食纤维（TDF）和可溶性膳食纤维（SDF）得率分别可达 40.74%和 8.49%。

2. 枣膳食纤维脱色技术 通常制备的枣膳食纤维中会含有一些色素、蛋白质等杂质，色泽较深，影响其感官质量和销售。因此，脱色处理是枣渣膳食纤维加工过程中的重要步骤。通常采用 H_2O_2 对枣渣膳食纤维进行脱色处理，但该法存在脱色时间长、生产效率低等问题。可采用超声辅助脱色等技术进行膳食纤维的快速脱色。纵伟等（2014）采用超声辅助 H_2O_2 技术对枣渣水不溶性膳食纤维进行脱色，研究了 H_2O_2 脱色浓度、脱色温度、脱色时间和超声功率对枣渣膳食纤维白度的影响，优化确定了最佳脱色工艺，即 H_2O_2 浓度为 7%，超声功率 160 W，脱色温度 47 ℃，脱色时间 20 min，在此条件下枣渣不溶性膳食纤维的白度达到 62.3。

3. 枣膳食纤维改性技术 只有 SDF 含量≥10%的膳食纤维才符合高品质膳食纤维的

要求，但目前大部分果蔬膳食纤维含量难以达到规定要求。因此，需要采用物理、化学或生物等方法对膳食纤维进行适当的改性处理，以提高其 SDF 含量，改善其营养及加工品质，以扩大产品应用范围，提高附加值。

（1）超微粉碎-酶法改性。超微粉碎改性的原理主要是利用磨介高速振动或挤压产生的机械剪切作用，使枣不溶性膳食纤维部分键发生断裂，产生较多水溶性膳食纤维等小分子物质。超微粉碎改性在提高 SDF 含量的同时，还可增大膳食纤维的比表面积和孔隙率，提高产品的分散性、吸附性等功能特性，显著改善其功能活性。超微粉碎技术目前应用较为普遍，技术相对成熟，且具有操作简单、原料利用率高等优点。但在产业应用时需要注意不要过度粉碎，因为过度粉碎可能会造成细胞破坏，导致其持水、持油等功能特性降低。而采用生物酶法进行膳食纤维改性，具有专一性强、条件温和、用时短、资源利用率高等优点。多项研究表明，通过多种改性技术联合处理的效果要明显优于单一改性技术，因此可考虑多种技术的协同应用。邢珂慧等（2020）采用超微粉碎联合纤维素酶改性技术处理枣果渣膳食纤维，优化得到最佳改性工艺为超微粉碎 10 s，纤维素酶添加量 0.34%，料液比 1∶8（g/mL），pH 4.86，酶解温度 50 ℃，酶解时间 1.43 h，在此条件下，SDF 得率可达 15.47%，且其持水力、胆固醇吸附等理化功能特性较改性前均有显著提高。

（2）高温蒸煮-酶法改性。高温蒸煮法是指将膳食纤维置于一定高温（100～130 ℃）、高压（1.2×10^5～2.4×10^5 Pa）条件下，通过高温、高压处理，使不溶性膳食纤维分子链发生部分断裂，产生一些可溶性小分子物质，从而使 SDF 含量增加。将该方法与酶法联合应用，可以实现优势互补，避免单一改性方法的缺点，同时可降低膳食纤维的改性难度。孙静等（2017）采用高温蒸煮结合纤维素酶酶解改性枣渣水不溶性膳食纤维，以枣渣水不溶性膳食纤维为原料，经过 120 ℃高温蒸煮处理 60 min，冷却后进行酶解，料液比 1∶27（g/mL）、纤维素酶浓度 0.55%、pH 4.6、酶解温度 43 ℃、酶解时间 2.5 h，在此条件下 SDF 得率为 20.03%。

（3）挤压膨化改性。挤压膨化改性技术的原理主要是通过机械剪切和高温作用来破坏细胞壁结构，使分子间的共价键和非共价键被破坏，部分不溶性大分子物质如半纤维素等发生降解，形成一些可溶性小分子膳食纤维，从而达到改善膳食纤维理化特性的目的。李宗泽等（2022）采用双螺杆挤压处理进行灰枣枣渣膳食纤维的改性。将灰枣枣渣膳食纤维加水至质量分数为 27.5%，加入双螺杆挤压机，在主机频率 34 Hz、挤压温度 164 ℃条件下进行挤压改性，改性后粉碎过 120 目筛，得到枣渣改性膳食纤维。通过分析发现，经双螺杆挤压改性后灰枣枣渣膳食纤维持水能力由 7.10 g/g 增加到 10.22 g/g，膨胀能力由 6.05 mL/g 增加到 10.19 mL/g，不饱和脂肪酸吸附能力由 1.25 g/g 增加到 3.46 g/g，黏度由 1.51 cP 增加到 5.75 cP。膳食纤维由鳞片状结构变为蜂窝状多孔结构，结晶度由 32.65%下降为 30.57%。

（三）枣膳食纤维的应用

枣膳食纤维作为一种天然食品配料，可作为凝胶剂、增稠剂、稳定剂、营养补充剂等，广泛应用于饮料、乳制品、面制品等领域，在提高产品感官、理化及营养品质等方面效果突出。

将枣膳食纤维应用于面制品加工，可显著提高产品的营养及加工品质。刘世军等（2020）将枣渣膳食纤维用于馒头加工，优化得到最适工艺为物料加水量 70%、枣渣膳食纤维粉添加量 3%、发酵时间 80 min，采用此工艺制作的膳食纤维馒头具有较高的感官评分，且口感较好。孙欢欢等（2020）开展了枣膳食纤维面条的制备研究，通过工艺优化得到其主要加工参数为枣膳食纤维添加量 1.34%、加水量 56%、醒面 40 min，此条件制作出的面条色泽较好，适口性好，韧性、黏性适宜，且具有淡淡的枣香味。

枣膳食纤维还可应用于酸奶加工，通过向酸奶中添加适量枣膳食纤维，可有效延缓酸奶的后酸化现象，降低乳清析出量，同时可提高酸奶的黏度和持水力。刘敏等（2015）以脱脂乳粉、枣膳食纤维等为原料，向其中接种嗜热链球菌和保加利亚乳杆菌，通过原辅料的优化，研制出一种新型凝固型枣膳食纤维酸奶。主要工艺参数为枣膳食纤维添加量 1.5%、脱脂乳粉添加量 12%、木糖醇添加量 7%、嗜热链球菌和保加利亚乳杆菌添加比例 1∶1、菌种接种量 4%，经该工艺发酵得到的酸奶具有较好的感官品质，乳酸菌总数也较高。通过动物实验证实，其具有改善肠道菌群的作用。刑晓圆（2017）以枣膳食纤维为原料，制备了一种具有保护肠道健康的枣膳食纤维果冻新型运动食品，并开展了为期 40 d 的人体试服研究，结果证实，枣膳食纤维果冻能够显著改善运动人员的肠道益生菌数量，具有一定的产业应用价值。

三、枣多酚类物质制备技术及应用

枣富含多酚类化合物，主要分为 5 大类：酚酸、黄酮类、芪类、单宁类和木脂素类，其中酚酸和黄酮类占比较多。酚酸主要包括羟基肉桂酸和羟基苯甲酸类，黄酮类主要包括黄酮醇、黄酮、异黄酮类、黄烷醇、黄烷酮和花青素等。根据成键物质的不同将酚酸分为结合态酚酸（酯键合态酚酸、糖苷键合态酚酸）和不溶性键合态酚酸。枣酚酸类化合物在植物体内主要以 4 种形式存在：游离态、酯键合态、糖苷键合态和甲醇不溶性键合态。

枣皮、枣肉、枣核等不同部位的总酚含量存在显著性差异，目前，主要研究的是枣皮和枣肉中的总酚含量，枣皮是酚酸的主要分布部位，枣核和枣皮主要含甲醇不溶性键合态酚酸，枣肉主要含糖苷键合态酚酸，枣皮和枣肉中的总酚含量是枣核的 2 倍多。有研究表明，在整枣中对羟基苯甲酸和肉桂酸在所测酚酸中的含量最高，而阿魏酸含量最低。枣中总酚含量随产地、品种、部位不同而有所变化，常见的几种枣中多酚含量大小为芽枣＞团枣＞梨枣，不同部位总酚含量为枣皮＞枣肉＞枣核。在检测的 10 个样品中清涧芽枣皮中总酚含量最高，达 35.47 mg/g，佳县梨枣总酚含量最低为 6.68 mg/g（曹艳萍等，2008）。

（一）枣多酚在制备过程中的变化

枣在加工过程中主要采用自然风干、热风干燥和低温真空膨化等。研究表明，低温真空膨化和自然干制的枣之间的抗氧化能力存在显著性差异，低温真空膨化枣具有较强的清除自由基能力，低温真空膨化枣的抗氧化能力是与具有很强的抗氧化能力的非酶褐变有关（如美拉德反应）（杜丽娟等，2014）。此外，经自然风干或热风干燥处理后，枣中游离态酚类化合物的抗氧化能力均显著增强，热风干制枣＞自然干制枣；枣中 3 种键合态酚类化合物的总抗氧化能力均显著降低；酯键合态和糖苷键合态酚类化合物的抗氧化能力：热风干制枣＜自然干制枣；甲醇不溶性键合态酚类化合物的抗氧化能力：热风干制枣＞自然干制枣。经热风干制后的枣，粗提物的总抗氧化能力无明显变化，经自然干制的枣，粗提物的总抗氧化能力显著降低。由此得出，干制后的枣抗氧化能力下降，经热风干制的枣和自然干制的枣具有相似的抗氧化能力。此外，不同的处理方式对枣多酚抗氧化活性也具有影响，结果表明，经过常压蒸制处理的枣皮自由基清除能力和总抗氧化能力均较强，高压蒸制处理的枣肉自由基清除能力较强，常压煮制的枣肉总抗氧化能力也显著提高（朱怡霖等，2019）。

（二）枣多酚制备技术

当前枣多酚的提取方法主要有溶剂提取法和超声辅助提取法等。

目前，溶剂提取法常用的溶剂有丙酮、甲醇和乙醇等。植物多酚含有极性的酚羟基，因此可以通过调整有机溶剂中的溶解度和提取液的极性来溶解提取多酚。张瑞妮等（2013）通过单因素试验和正交试验对枣多酚的溶剂浸提工艺进行了研究，确定了溶剂提取枣多酚的最佳工艺条件为乙醇体积分数60%，料液比1∶40（W∶V），提取温度60℃，提取时间2.0 h，在此条件下枣多酚的得率为0.67%。

超声辅助提取法与溶剂提取法相比具有提取时间短、低温提取、提取率较高等优点。超声辅助提取的原理是通过高速、强烈的热效应、机械效应和空化效应作用于原料，使细胞破碎，加速有效成分溶出，从而提高植物多酚的提取率。张泽炎等（2013）采用超声波辅助提取工艺，得出超声波辅助提取枣多酚的最佳提取工艺条件为乙醇体积分数70%，料液比1∶16（W∶V），超声功率150 W，提取时间20 min，提取温度70℃，此时枣多酚的提取率为0.76%。

李霄等（2012）对比了枣多酚不同的提取方法。结果表明，最佳方法顺序为超声波提取＞索氏提取＞普通回流＞室温浸提，最佳提取溶剂为乙醇。提取陕北枣中多酚的最佳工艺条件组合为乙醇体积分数70%，料液比1∶40（g/mL），提取时间30 min，提取次数3次，此时多酚得率为0.44%。

（三）枣多酚的应用

枣自古以来就被作为一种保健食物，我国卫生健康委员会已将枣列为药食同源的典型，这对枣的开发利用具有深远影响。目前已有研究将枣多酚用于粮食制品中，如方便面、糖果、大米淀粉、饼干、蛋糕、月饼、奶粉等产品中加入枣多酚可以抑制细菌生长，延长货架期，还可以改善口味。枣多酚添加到饮料中，对增强饮料的稳定性和延长保质期有较好的效果。枣多酚添加到柠檬汁、苹果汁、橙汁、荔枝汁、梨汁等果汁饮料中，对饮料中的大肠杆菌、酵母菌和金黄色葡萄球菌均有显著的抑制作用。富含枣多酚的枣提取物添加到淀粉、面团、糕点等粮食制品中也能改善其性质。

四、枣环核苷酸类制备技术及应用

环核苷酸类是一种重要的生物活性物质，环核苷酸及其衍生物在生物体内有10多种。枣中的环核苷酸类物质主要有cAMP和cGMP 2种，为两性电解质，可溶于水，性质稳定，耐酸热，是枣中特色最为突出的重要生物活性物质之一，结构式如图5-1所示（薛晓芳等，2014）。三磷酸腺苷（ATP）在腺苷环化酶（AC）的催化下生成cAMP。cAMP可以使蛋白酶磷酸化，从而使之活化，进一步起到调节代谢的作用。乌苷三磷酸（GTP）在乌苷酸环化酶（GC）的催化下生成cGMP。

现代医学研究证明，cAMP和cGMP是第二信使物质，被认为具有反向调节作用。这两种物质共同参与多种生理生化过程的调节，参与基因转录，并依据中心法则影响蛋白

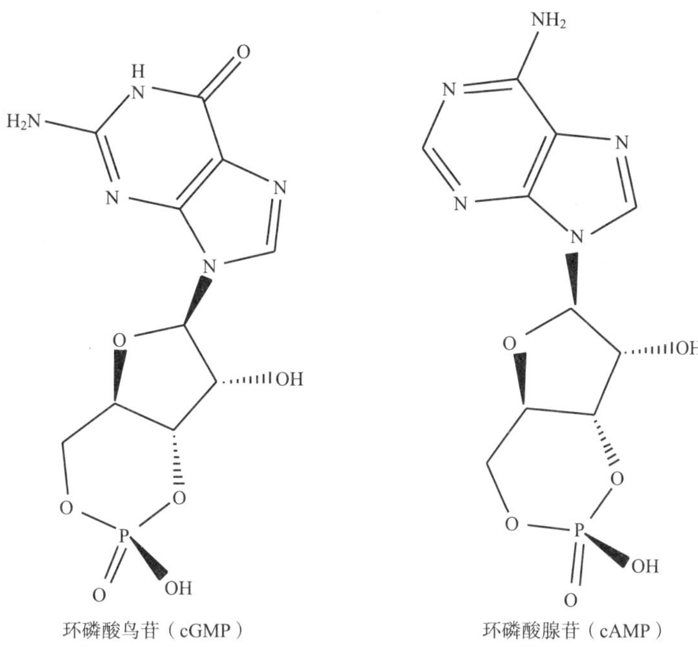

图 5-1 枣中环核苷酸类化合物的结构

质的合成。现代医学研究证明，人与哺乳动物体内的环核苷酸代谢与癌症、冠心病、心肌梗死、心源性休克、呼吸系统损伤等多种疾病有密切关联。据文献报道，枣和酸枣的果皮和果肉中均含有 cAMP 和 cGMP，且果皮中含量显著高于果肉。枣中环磷酸腺苷成分可达到 500 nmol/g·Fw，含量在高等植物中排在第一位（杨春等，2019）。

一项测定枣和酸枣等 14 种园艺植物中 cAMP 含量的研究表明，相较于梨、桃等果实，枣和酸枣成熟果肉 cAMP 含量最高，最大相差可达 2 000 多倍（刘孟军等，1991）。赵爱玲等（2009）的研究揭示了 cAMP 和 cGMP 在不同器官和发育期间的变化规律相似，并且在相同枣树品种及器官中 cAMP 的含量高于 cGMP 含量。

王向红等（2005）分析了金丝小枣中环核苷酸的全生长期动态变化，其在枣果的生长发育期间应用反相高效液相色谱分析方法研究发现，随着果实的不断成熟，cAMP 含量急剧增加，到枣果完全成熟后达到最大值。cGMP 的含量在生长发育期间呈现一定的波动，发育中期的枣果中 cGMP 含量较高，随着不断地成熟，其含量逐步降低，到成熟期时又达到最大值。

受枣的品种和地域影响，枣果中所含环核苷酸含量有所差异。一项通过 HPLC 法测定 276 个品种枣的果皮中 cAMP 含量和 264 个品种枣的果皮中 cGMP 含量的研究数据显示，枣中 cAMP 含量平均为 154.4 μg/g，区间范围为 4.79～622.51 μg/g；cGMP 含量为 4.2～220.9 μg/g，平均为 62.9 μg/g。此外，枣树不同部位的环核苷酸含量也有所差异。另一项采用 HPLC 法测定 cAMP 和 cGMP 含量的研究表明，在 26 个枣优良品种样品中不同成熟时期（白熟期、脆熟期和完熟期）的叶片、果梗和果实的果皮、果肉 4 个器官的样品中，不同发育时期的 cAMP 和 cGMP 含量均以完熟期最高、白熟期最低，不同器官的 cAMP 和 cGMP 含量均以果皮中最高，果肉、叶片次之，果梗中最低（赵爱玲等，2009）。

(一) 枣环核苷酸类在制备过程中的变化

在枣环核苷酸类提取过程中，加工方式及工艺条件均对枣中活性成分造成不同程度的影响。超声处理和微波处理是枣果常用的加工方式，由于枣环核苷酸类物质有一定的水溶性，大多采用水作为提取溶剂，而热处理、辅助提取等加工阶段的不同工艺条件都可能造成枣中营养组分的损失。

张娜等（2016）在烘干处理鲜骏枣过程中发现，70 ℃处理 40 min 时环核苷酸积累量达最大值，cAMP 和 cGMP 含量分别达 533.502 μg/g 和 250.761 μg/g，分别为处理前的 2.58 倍和 1.72 倍。在 60～90 ℃温度范围的热处理过程中，环核苷酸、总三萜和原花青素类物质含量均呈先上升后下降的趋势。

程晓雯等（2020）分析了 6 种不同提取方法对枣汁营养成分和抗氧化活性的影响。结果显示，与自然浸出相比，超声波协同微波法有效提高了枣中环核苷酸类物质得率，cAMP、cGMP 含量分别为 181.45 mg/L、1 404.58 mg/L。处理后的枣汁抗氧化活性得到了提高，但黄酮、多酚、维生素 C 等营养成分有一定程度的损失。

郭盛等（2012）探讨了干燥及蒸制过程对枣中化学成分及药用品质的影响，发现核苷酸类物质经干燥处理后成分含量呈递增趋势，三萜类化合物经干燥或蒸制后总量也显著增加。

(二) 枣环核苷酸类物质制备技术

枣中环核苷酸含量丰富而且十分稳定，具有极大的开发利用价值。检测枣环核苷酸类物质的方法主要有薄层色谱法、蛋白结合法、放射免疫法以及高效液相色谱法等。Hanabusa 等（1981）通过薄层色谱法首先发现了枣中环核苷酸类物质。此后，随着蛋白结合法和放射免疫法的发展与改进，这两项技术被大量应用于枣中 cAMP 和 cGMP 的鉴定。近年来，高效液相色谱法已成为分析识别枣中 cAMP 和 cGMP 的主流研究方法，具有快速、准确检测和分离枣中环核苷酸类物质的优势（王蓉珍等，2012）。

关于枣中环核苷酸类物质制备技术的研究，国内外相关科研者主要集中于提取工艺优化、分离纯化、成分含量检测等方面，关于复合处理条件下系统制备枣环核苷酸类技术的研究相对较少。研究表明，枣果肉中 cAMP 经微波热作用可以较快速的溶出，而相较于枣中其他物质经超声作用后制备效果显著，超声过程对 cAMP 制备率的影响效果较小。超声及微波处理均有利于 cGMP 的提取，但榨汁产生的机械作用可能对 cGMP 的结构产生了破坏。此外，研究中发现采用酶制法、吸附树脂法等制备技术，也可以在一定程度上提高枣中 cAMP 和 cGMP 得率。

①超声水浴法。张明娟等（2012）明确了料液比 1∶25，乙醇体积分数 15%，超声时间 20 min 为超声水浴提取环核苷酸类物质的最佳工艺方法，并发现料液比、超声时间、乙醇浓度均为影响 cAMP 提取率的主要因素。

②微波法。崔志强等（2007）利用微波辅助提取法对冬枣中环磷酸腺苷进行提取。采用正交试验考察了浸泡时间、处理时间、微波功率和料液比对提取冬枣中环苷酸类物质的影响，明确了料液比 1∶20，浸泡时间 6 h，微波功率 200 W，微波处理 3 min 为微波制备环核苷酸类物质的最佳工艺方法。

③酶制法。酶制法是一种广泛应用于食品、饲料工业以及天然产物中的提取方法。许牡丹等（2013）利用超声波辅助纤维素酶法提取木枣中的 cAMP，获得了较高的提取率，

并考察了酶用量、pH、酶解温度和酶解时间等因素对提取效果的影响。结果表明，最佳工艺条件为超声功率150 W、料液比1∶15、超声时间15 min、酶用量0.8%、酶解时间45 min、酶解pH为5和酶解温度为45 ℃。在此反应条件下的环磷酸腺苷的提取率为154.3 μg/g。

④吸附树脂法。吸附树脂的应用可改善和优化枣中cAMP的提取，并可获得高得率的cAMP。Hanabusa等（1981）将枣粉加入5 ℃的水中，搅拌1 h后离心去除沉淀，取上清液。上清液连续进2次Dowex Ix4型甲酸盐柱，以0.05 mol/L甲酸洗脱，洗脱液上氧化铝柱后，再进1次Dowex Ix4型柱后的液体合并，将合并后的组分冻干、纯化，最后可得到纯度为97%的cAMP。

（三）枣环核苷酸类物质的应用

目前，枣中环核苷酸资源正不断被开发利用中，主要是在医药和食品保健两个方面。在医药领域，环核苷酸作为一种机体能量代谢必需的活性物质，在人体内有许多复杂而特殊的生理活性（王欢等，2015）。cAMP的主要生物活性有抗肿瘤、抗疲劳等生物调节作用。胡晨旭等（2013）研究发现cAMP能够抑制肿瘤细胞生长、促进其分化，诱导肿瘤细胞凋亡。Ionta等（2012）发现cAMP可有效地抑制癌细胞增殖和端粒活性，同时可诱导肝癌细胞分化。刘庆春等（2015）研究发现cAMP可提高相关酶的生物活性，并参与神经介质的合成，对神经冲动和兴奋传递起到调节作用。任彦荣等（2018）通过提取新疆红枣cAMP进行小鼠游泳耐力试验，结果发现cAMP提取物可以提高小鼠力竭游泳时间，具有抗疲劳作用。在食品保健领域，主要通过对枣中环核苷酸的提取富集，开发具有增强人体免疫力、改善心血管、抗癌等保健作用的产品。当前应用方向为制备富含枣环核苷酸等功能成分的产品，主要包括枣糖浆液、干燥粉剂、枣果酒、枣蜡（枣油）等（刘孟军等，2004）。

五、枣多糖制备技术及应用

多糖作为枣中最具代表性的活性成分之一，具有免疫调节、抗肿瘤等多种生物活性。枣中多糖主要为酸性多糖（大多含有鼠李糖、葡萄糖醛酸和半乳糖醛酸等）和中性多糖（主要是由阿拉伯糖、半乳糖和葡萄糖组成）。其中多糖的组成及含量受种植环境和品种的影响。近年来，有研究人员对不同产地不同品种枣中可溶性多糖含量进行分析，结果表明枣中酸性多糖含量与中性多糖含量的比在（1∶3.97）～（1∶0.86）之间，可见酸性多糖是枣属植物果实多糖中的重要组成部分（张颖等，2016）。

生物体中多糖的存在形式分为游离态和结合态，多糖的提取方式取决于多糖的存在形式及其在原料中的部位。水提法是目前最常用的多糖提取方式，该方法在不改变多糖结构的基础上，破坏细胞壁，促进枣多糖的溶出。水提得到的粗多糖仍含有蛋白质、脂质、色素等杂质，因此需要进一步纯化。研究表明，多糖的结构对其生物活性有显著影响。目前有研究报道了一种从金丝小枣中分离得到的具有抗肿瘤活性的枣多糖的结构，如图5-2所示（Li J et al.，2011）。该多糖的主链由（1→4）-*α*-*D*-Gal*p* A和（1→2）-*α*-*L*-Rha*p*组成，鼠李糖残基常位于O-4位置上，支链结构由*α*-*L*-Ara*f*和*β*-*D*-Gal*p*构成。此外，从冬枣中提取的多糖通过结构解析发现，该多糖由阿拉伯糖残基（1→5）-和（1→3，5）-linked-Ara*f*，半乳糖残基（1→4）-和（1→2，4）-linked-Gal*p*，鼠李糖残基（1→4）-和（1→2，4）-linked-Rha*p*组成。

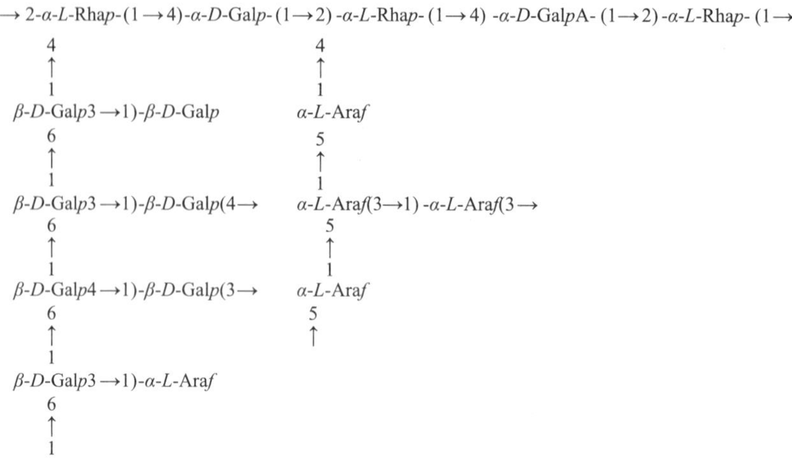

图 5-2　金丝小枣多糖的结构

近年来，随着科技的进步，人们生活方式的转变，枣的加工利用受到广泛关注，枣汁、枣酒、枣调味品等新产品不断涌现。但枣生产加工过程中会产生大量的废弃物，如次级果、枣泥、枣渣等。目前，生产过程中约有 80%的枣渣被废弃。研究发现枣渣中含有大量的膳食纤维、多糖、黄酮等生物活性物质，其中多糖约占 15.25%。因此，对枣渣中的功能营养成分，特别是多糖类成分进行再提取，不仅可以提高枣的利用价值，还可以减少废弃物排放和对环境的污染。

（一）枣多糖在制备过程中的变化

多糖是枣中含量最丰富的营养物质，具有多种功能特性，如抗氧化、抗衰老、免疫调节等。在加工过程中，枣中的多糖含量会随加工工序的不同而发生变化。初乐等（2014）研究了在枣清汁加工过程中枣多糖的含量的变化，结果表明，酶解可提高枣多糖含量，但经澄清、超滤、吸附后枣多糖含量明显降低。

（二）枣多糖提取方法

近年来，多糖因具有良好的生物活性受到广泛关注。但由于多糖结构复杂且难以人工合成，因此研究者多倾向于从天然物质中提取。目前常用的提取工艺多是利用乙醇、乙醚等有机溶剂对样品进行脱脂处理，随后根据样品性质，选择合适的方法进行多糖提取，以期获得纯度、含量更高的多糖（王晓琴，2016）。研究表明，常用的多糖提取方法有溶剂浸提法、物理方法辅助法、生物酶法、超临界流体萃取法、超高压提取法等，每种方法各有其优缺点，如表 5-1 所示（林夕梦，2020）。

表 5-1　枣多糖提取方法的优缺点

提取方法	优　点	缺　点
热水浸提法	简便，成本低，污染小	耗时，纯度低，后续除杂烦琐
酸、碱提取法	较热水浸提法省时	酸碱浓度、温度需控制；适用范围小
酶解法	专一性强，提取条件温和	成本高
超声波辅助提取法	高效，节能，省时	设备成本高
微波辅助提取法	高效，不引入新杂质	设备成本高

（续）

提取方法	优　　点	缺　　点
超高压提取法	纯度高，省时环保，提取条件温和	设备要求高
超临界流体萃取法	高效，节能，绿色环保	设备复杂，适用范围小
亚临界水提取法	高效，环保	设备成本高
超滤膜提取法	得率高，工艺简单，单次处理量大	受溶液黏性的影响较大

1. 溶剂浸提法　溶剂浸提法又称固液萃取法，是通过溶剂将原料中的多糖溶出到溶剂中，然后经过浓缩醇沉得到相应的多糖。目前，常用的溶剂提取法包括水提法、酸提法和碱提法，其中热水浸提法由于操作安全简便、成本低，广泛应用于工业生产。热水浸提法一般采用温度 60～100 ℃，提取 2～3 次，每次 2～3 h。采用热水浸提法提取拐枣多糖，以料液比为 1∶15（g/mL）、浸提温度 80 ℃、单次提取时间 120 min 条件下，提取 3 次，多糖得率为 1.03%。由于热水浸提法得到的多糖得率低，提取纯度较低且后续处理复杂，不适用于所有多糖的提取。因此，有研究采用稀酸或稀碱溶液代替水进行多糖提取，从而提高多糖得率，缩短提取周期。Lin 等（2019）采用碱提法提取了枣渣中的酸性多糖，测得粗多糖得率为 3.3%。但酸碱溶液会影响多糖的结构特性，其适用范围小、酸碱浓度和提取温度需严格控制，目前应用较少。

2. 生物酶法提取　生物酶法提取是近年来广泛应用于有效成分提取的一项生物技术，因其在较温和的条件下，能加速有效成分的溶出，提高提取效率。目前常用的生物酶包括蛋白酶、纤维素酶、果胶酶及复合酶等。在多糖提取过程中，蛋白酶的添加可以促进蛋白水解，破坏蛋白与多糖之间的结合力，从而达到去除蛋白、提高多糖纯度的目的。纤维素酶、果胶酶等酶制剂的使用，可以达到提高多糖得率，促进杂质分解的效果（丁霄霄等，2020）。采用果胶酶和酸性蛋白酶联合使用提取枣多糖，在料液比 1∶7、pH 5、酶解时间 1.5 h 的条件下，多糖得率为 4.56%。石勇等（2010）采用复合酶法，添加 1.0%的复合酶，提取温度 48 ℃，pH 为 5.2，时间为 2.2 h，枣多糖提取率较高，达到 4.61%。研究表明，酶法提取多糖的条件温和，专一性强，但由于酶制剂在使用过程中不稳定，生物酶保存及制备成本较高等因素，导致该方法在工业上应用较少。

3. 物理辅助提取法　物理辅助提取是利用超声或微波对植物细胞壁进行破坏，从而促进内容物溶出，提高多糖等活性物质提取率的有效手段。超声波是一类高频机械波，能够透过物料，使物料膨胀产生机械振动、空化和热效应等效果。在传统水提法的基础上加入超声辅助提取骏枣中粗多糖，当提取条件为料液比 1∶17（g/mL），提取温度 83 ℃提取 4 h，得到粗多糖提取率为 9.51%。Qu 等（2013）基于 Box－Behnken 统计分析研究了新疆大枣多糖超声提取的最佳工艺条件，结果表明超声功率 120 W，提取温度 55 ℃，提取时间 15 min，多糖得率为 4.47%。与传统水提法相比，该方法具有提取效率高、节能环保等优势。微波是一类频率在 300～300 GHz 之间的非电离电磁波。微波辅助提取技术是一种将微波与传统溶剂提取法相结合的提取方法。当微波通过溶剂并穿过细胞壁到达细胞内时，细胞内温度升高，压力增大，导致细胞破裂，从而释放出细胞内的多糖并溶于溶剂中，达到提取的目的。Rostami 等（2016）采用响应面法对微波辅助提取红枣多糖的工艺参数（微波功率、料液比、提取温度和时间）进行优化，确定最佳提取条件为微波功率

400 W、提取温度 75 ℃，提取时间 60 min，在该条件下枣多糖产率达到 9.02%。此法要求温度比较低，选择性好，可提高提取率，节省能源，有利于萃取热不稳定性物质。

4. 其他方法 近年来，随着工业技术的发展，多糖提取方式不断更新。超临界流体萃取法、超高压提取法、超滤膜分离法等提取方法逐渐应用于多糖的提取。超临界流体萃取法是一种以超临界流体（二氧化碳、乙烯、氨等）为萃取剂，从固体或液体中萃取出多糖的分离技术（彭国岗等，2014）。超高压提取法是指常温下，将 100～1 000 MPa 的流体作用于原料，在预定压力下保持一定的时间，使原料中的细胞内外压力达到平衡，待有效成分达到溶解平衡后快速卸压，致使细胞内外的渗透压力差陡增，引起细胞膜形变或破裂，细胞内多糖转移到溶剂中的一种新兴的提取方法（刘春娟等，2009）。以上两种方法均具有得率高、省时节能、有效保护提取物生物活性、对环境无污染等优点，但对设备要求很高，不利于工业化生产，因此未能广泛应用。超滤膜分离法属于膜分离技术，其是以压力为推动力，利用超滤膜不同孔径进行分离的物理筛分过程，从而对目标物进行富集（谢飞等，2010）。

多糖现有的提取方法有很多，针对不同的原料，同一提取方法的优劣也不同，但最常用、最经典、最简便、最经济的提取方法仍是水提法。

（三）枣多糖分离纯化方法

枣多糖经上述方法提取后得到的粗多糖含有较多杂质，如色素、蛋白质、脂溶性物质等。杂质的存在会增加多糖结构解析的难度，还会影响其生物活性的表达。目前，多糖分级纯化前进行除杂，后续利用色谱柱分离得到纯度更高的多糖。

1. 除杂方法 去除蛋白的方法有 Sevage 法、酶解法、盐析法、三氯乙酸法（TCA）、有机溶剂萃取法等，其中 Sevage 法、三氯乙酸法和酶解法是常用的脱蛋白方法。Sevage 法、三氯乙酸法的工作原理主要是利用蛋白质在有机溶剂中变性形成沉淀而析出的特点。酶解法是利用多糖中的蛋白质在蛋白酶的作用下被水解成氨基酸，以此达到脱除蛋白的目的。研究发现，将酶解法与 Sevage 法联合使用具有更好的蛋白质脱除效果。

经水提醇沉后的多糖一般都含有一定量的色素，色素一般是一类分子量较小的有机物，对多糖的纯度、性质及活性均有一定的影响。因此，研究人员往往会对提取的粗多糖进行脱色处理。常用的除色素的方法有过氧化氢法、金属络合物法、吸附法、离子交换树脂法等。过氧化氢脱色法是将提取液中的色素直接氧化，该方法耗时长，所需试剂浓度较高，同时高浓度的过氧化氢会破坏多糖结构，造成不利影响（李进伟等，2016）。活性炭脱色是利用活性炭的吸附功能，从而分离多糖中的色素，该方法脱色效果一般，且易造成多糖损失。近年来，大孔吸附树脂、纤维素树脂等因脱色效率高，处理量大，是目前最常用的多糖脱色方法。

2. 分级沉淀法 多糖是一类大分子化合物，水提后的粗多糖中存在分子量、分子极性及聚合度不同的多糖。乙醇分级沉淀法是利用在不同浓度乙醇中多糖的溶解度不同而达到沉淀分离的原理；季铵盐沉淀法根据季铵盐能与酸性多糖生成不溶于水的沉淀，通过离心分离，从而得到中性多糖和酸性多糖。蔡冰洁（2017）采用 DEAE - Cellulose 阴离子交换树脂对沸水浸提拐枣多糖 HDPS 进行初步分离，获得 HDPS1、HDPS2 和 HDPS3 三个组分，对得率最高的 HDPS1 组分采用乙醇分级沉淀，分别获得 3 个纯化拐枣多糖组分，即 HDPS1 - 1（40%乙醇）、HDPS1 - 2（60%乙醇）和 HDPS1 - 3（80%乙醇）。

3. 柱层析法 柱层析法主要是利用DEAE填料或葡聚糖凝胶（Sephadex）、琼脂糖凝胶（Sepharose），根据多糖分子的大小和极性不同来达到分离的目的。离子交换层析法根据多糖阴离子电荷密度的差异，使填料对其吸附。接着再通过不同浓度梯度的盐溶液（如氯化钠或氯化钠的磷酸缓冲液）或碱溶液进行洗脱，从而实现不同多糖组分的分离。凝胶柱层析法根据多糖分子量不同，当溶液流经多孔性凝胶时，小分子多糖扩散入孔中，而大分子多糖无法进入凝胶内部，只能存在于凝胶颗粒间的流动相中。因此在洗脱过程中，分子量大的多糖先被洗脱下来。有学者对提取的骏枣粗多糖经过了脱色、脱蛋白，DEAE-CL-6B离子交换柱层析分离，得到了5种粗多糖，随后利用凝胶柱层析对得率较高的组分进一步纯化，得到均一性组分。Li等（2011）用超声辅助法提取金丝小枣多糖，采用DEAE-Sepharose-CL-6B阴离子交换柱，以0～1.5 mol/L醋酸钠（pH 5.0）梯度洗脱，分离出四种多糖组分ZSP1、ZSP2、ZSP3和ZSP4。

(四) 枣多糖的应用

枣中所含的生物活性多糖具有明显的抗氧化、抗急性酒精肝损伤、降血糖、免疫调节等作用，可广泛应用于医药、保健品及功能食品的开发。有学者研究了100～400 g/kg剂量的枣多糖对小鼠化学性肝损伤的保护作用。结果表明，枣多糖能明显降低小鼠体内谷丙转氨酶（ALT）活力，改善肝脏组织的病理变化，对由CCl_4引起的肝损伤具有良好的保护作用。枣中的多糖成分可以提高衰老模型小鼠血清中超氧化物歧化酶（SOD）、过氧化氢酶（CAT）、谷胱甘肽过氧化物酶（GSP-Px）活力，对小鼠血虚模型、气血双虚模型均有较好的改善效果（张钟等，2006）。

近年来，枣多糖广泛应用于畜牧生产中。研究表明，枣多糖对蛋鸡和肉鸡生产性能产生影响（苑妞妞等，2021）。在基础日粮中添加1 000～1 500 mg/kg枣多糖能够显著提高蛋雏鸡生长性能。采用不同水平枣粉替代420日龄的海兰灰蛋鸡日粮中的玉米，发现枣中的枣多糖提高了饲料的适口性，显著提高了蛋鸡的采食量，改善了肠道环境，提高了蛋鸡的养分利用率。此外，枣多糖显著影响山羊肉的品质，对绵羊生产性能的影响较小。在饲料中添加枣多糖，不仅能有助于颗粒饲料的成形，还能提高羊的采食量。Xie等（2018）研究发现，枣多糖通过影响肌肉糖原浓度改变肌肉pH，从而改善山羊肉品质。

六、枣色素制备技术及应用

枣色素主要为类黄酮类或橙酮类物质，属水溶性色素，易溶于水、甲醇、乙醇等强极性溶剂中，不溶于丙酮、石油醚和乙酸乙酯等弱极性的溶剂。枣色素在强酸性环境下，色素液颜色为浅黄色，并且有沉淀产生。在弱酸性、中性及碱性环境下，色素液随pH增大逐渐加深，从橙红色至深红色。枣色素性质非常稳定，在20～70 ℃内，温度变化对其稳定性几乎没有影响，对Na^+、K^+、Ca^{2+}、Mg^{2+}、Zn^{2+}表现出较好的稳定性，而Cu^{2+}、Al^{3+}、Fe^{3+}对于枣红色素具有明显的破坏作用。目前对天然色素成分和结构的推断大都建立在色素产品紫外和红外特征谱图给出的信息上，天然色素的结构分析仍是一个难题。

目前在枣皮色素的提取方面，仍以传统的热水浸提为主，随着对枣色素开发力度的加强，一些新型的物理辅助手段如微波、超声波法也逐渐运用其中。近几年，研究人员又将生物活性酶用于枣色素的提取中。枣色素提取过程中的最大问题就是枣皮上黏附枣肉较多，这些物质不仅使枣色素产品色价降低，有异味，易变质及易吸潮，而且也为后期色素的干燥带来了更多问题，使总的产品品质下降。

枣皮色素是一种受各种因素作用仍具有良好稳定性的天然红色素，由于其水溶性良好且耐光耐热，不仅可以用于果味饮料中的调色，烹调食品调色还能给药丸做外衣着色。另外，由于当今人们对传统化工方式生产出的化妆品成分和功效提出了越来越多的质疑，特别是化妆品中用到的色素一般都是矿物来源色素或人工合成色素，它们对皮肤的伤害不容忽视，今后采用性能优良的天然色素取而代之是必然趋势。枣红色素可用于口红、胭脂、眼影和洗发水等化妆品中。此外，枣红色素的药用价值也应进一步开发。

（张明　范祺　王彬　倪立颖）

第二节　枣核综合利用技术及应用

一、概况

枣在我国种植面积大，分布广，产量大。枣在食用或加工过程中利用枣肉之后，枣核往往被丢弃，造成严重的资源浪费和环境污染。枣核质地坚硬，碳含量高，硫分和灰分含量较低，是制备活性炭的潜在原料。活性炭，又被称作活性炭黑，是一种具备比表面积较大、孔隙结构比较密集、吸附能力较强的非极性多孔吸附炭材料，含碳量为80%～90%。活性炭具有发达且复杂的孔隙结构、丰富的表面官能团等特点，广泛应用于化工、环保、食品等行业。利用枣核制备活性炭，不仅有利于减少废弃物枣核对环境的污染，还可以增加经济效益，达到变废为宝的目的（张越等，2015；崔纪成等，2016）。

按照国际纯化学与应用化学联盟（International Union of Pure and Applied Chemistry，IUPAC）的分类标准，根据不同孔结构大小将活性炭分为大孔（$r>50$ nm）、介孔（2 nm$<r<$50 nm）和微孔（$r<2$ nm）。随着科技的快速进步和人民生活水平的不断提高，活性炭已经成为各行各业和人民生活中不可或缺的炭质吸附材料。伴随技术的进步和应用领域的不断延伸，对活性炭的综合效能提出了更严苛的要求，促进了活性炭原料的筛选和制备方法的不断改进创新，也推动了不同性能活性炭的开发利用。寻找性价比高、产量更大的原材料和更适宜的加工工艺是目前降低活性炭成本的有效方法。

可用于活性炭制备的原料来源非常广泛，依据活性炭制备原料的不同，可将活性炭分为：①矿质来源活性炭（如各种煤炭、石油及其加工产物等）；②果蔬副产物来源活性炭（如枣核、核桃壳等）；③木质来源活性炭（如生物质秸秆、木屑等为原料）；④其他来源活性炭（如污泥、废橡胶、废塑料等）。为提高活性炭的吸附能力，满足不同应用场景的需要，亟须开发吸附能力强、杂质含量少、满足特定强度要求并且制备成本低的活性炭。基于环境、原料来源、成本等诸多因素影响，国内外业界专家一直致力于开发生物质来源、适用于不同领域的活性炭。

二、活性炭的主要物理化学结构组成

活性炭呈黑色，形状主要有蜂窝状、粉末状、颗粒状、块状等，具有排列整齐的晶体碳，其中的微晶晶格结构是二维排列有序的六角形。以上结构决定了活性炭具有复杂的孔隙结构和巨大的表面积。活性炭的成分主要由碳元素构成，所以活性炭归类为疏水性吸附剂。活性炭中除了碳元素这一主要成分外，还含有两类结合物：一类是以化学键结合的元素，主要是氢和氧；另一类是灰分，是组成活性炭的无机部分，由几种无机盐和氧化物组成。由于组成结构的不完整性以及其他元素的存在，使得活性炭的结构存在缺陷并形成不饱和键，导致不同活性炭的吸附性能存在差异（崔纪成等，2016）。

制备活性炭的工艺一般包括炭化和活化两个主要过程，这两个过程既可以相互独立，也可以同时进行。

1. 炭化 炭化又称为干馏，是固体有机物热解的热化学加工方法，该过程的最终产物是 1 600 K 下的纯碳固体。炭化的过程主要是去除原材料中的有机质和挥发成分，炭化过程与生物基质、木纤维素和木质素的分解同时进行。炭化后得到一定活化的孔隙结构和具有一定机械强度的炭化材料。炭化的本质是原材料中有机物的高温热解，包括分解反应和缩聚反应。

常规的活性炭炭化方式大多采用电炉加热热解，热解时间较长，一般长达数小时甚至数天。加热时间长，能耗增加，活性炭的制备成本也相应提高。电炉热解过程，由于热解原料只能从表面开始向内受热热解，原料整体受热不均匀，得到的活性炭品质难以保证；而采用微波技术进行热解处理，能够解决受热不均匀及热解时间长的问题。微波热解处理与常规的电炉热解相比优势明显，原料受热比较均匀、加热速率较快、热解过程易于控制、设备体积相对较小，但我国微波热解技术目前还处于实验室阶段，距离产业化还有一定距离。骆骏等（2008）以玉米秸秆为原料，采用氯化锌作为活化剂，利用微波热解法制备玉米秸秆活性炭，用于吸附水中化学需氧量（chemical oxygen demand，COD），吸附容量为 4.127 mg/g。Li 等（2009）以椰子壳为原料，采用 60 kW 的微波功率热解制备椰子壳活性炭，验证了微波制备活性炭工艺的可行性，但微波热解制备活性炭工艺还需要进一步研究探讨。

2. 活化 活化又称为激发，一般指炭材料内部的碳原子与活化剂发生氧化还原反应，产物以气态形式挥发，在原来碳原子位置上出现相应的“空洞”，形成孔隙。随着反应的进一步进行，大量碳原子参与反应，在材料内部形成了丰富的孔结构。常规的活化方法分为物理活化法、化学活化法和复合活化法。

（1）物理活化法。物理活化法一般指在制备工艺中以二氧化碳、水蒸气等氧化性气体为活化剂来制备活性炭的方法。在该方法活化过程中首先要去除反应过程中形成的非组织炭的中间物，然后再与石墨微晶的活性炭反应，进一步增加活性炭的孔隙结构。袁文辉等（1997）以聚氯乙烯为原料，采用水蒸气进行活化，利用氮气进行保护，得到比表面积高达 3 191.7 m^2/g、亚甲基蓝吸附值达 495 mL/g 的大比表面积活性炭。Isabel Lima 等（2005）以火鸡粪便为原料，采用物理活化法制备活性炭，通过控制水分的流失率和活化时间等关键参数，生产出高性价比的活性炭。但物理活化通常需要较高的活化温度，对加热的设备设施有较高要求。

（2）化学活化法。化学活化法一般指以化学试剂为活化剂并将其与原料混合浸泡，使活化剂与原材料发生一系列的交联或缩聚反应来制备活性炭的方法。该方法具有活化时间较短、产物比表面积较大，并可以定向改良其性能等优点。目前国内外常用的活化剂有 KOH、KCNS、H_3PO_4、H_2SO_4、$ZnCl_2$、NaOH 等。

与物理活化方法相比，化学法对热解温度要求相对较低，活化时间也相对较短，可定性改良对特定物质的吸附性能，可显著提高活性炭的比表面积。化学法通过控制工艺条件和选择适宜的活化剂可制备高比表面积的活性炭，是当前生产上主要采用的活性炭制备方法，但化学法制备活性炭也具有明显的局限性，如对设备设施具有较大的腐蚀性、反应副产物污染环境等，因此其应用受到很大的限制（徐淑艳等，2016；李炜等，2013）。

三、枣核活性炭制备及应用

枣核中富含木质素类及矿物质，是制备活性炭的优质原料之一（贺德留等，2014）。其制备的枣核活性炭在废水、气体吸附与储存以及作为功能性材料方面有显著的开发和应用价值。刘世军等（2018）通过煅烧法制备枣粉木质活性炭，测定其碘吸附值及亚甲基蓝脱色力，此法工艺简单，但吸附性能有待提高。杨晓霞等（2016）采用 $ZnCl_2$ 活化方法制备枣核活性炭，并研究其对阳离子杂环染料罗丹明 B 的吸附性能，结果证明制备的枣核活性炭孔隙结构发达，其比表面积达 1 223.25 m^2/g，中孔容为 0.92 cm^3/g，平均孔径为 3.17 nm。此外，枣核活性炭对罗丹明 B 的吸附过程为化学吸附协同颗粒内扩散作用。谢宇等（2021）以加工废弃的大枣枣核为原料，KOH 为活化剂，采用浓硝酸氧化改性制备枣核活性炭吸附剂，研究了该吸附剂对铀的吸附性能，并通过红外吸收光谱、比表面积测定、扫描电镜对吸附剂进行了表征，结果表明氧化枣核活性炭是一种多孔活性炭，在系列的优化制备条件下，所得的枣核活性炭对铀离子的吸附量高达 148 mg/g。

四、枣核其他综合利用途径

目前，枣核作为枣加工及食用后的下脚料绝大多数以废物的形式丢弃或作为燃料被燃烧掉，未能实现更高附加值的资源利用。同时现代医学研究表明，枣除果肉中含有多酚类物质、活性多糖、三萜类化合物、环磷酸腺苷和环磷酸鸟苷等多种生物活性物质外，在枣核中也含有大量的多酚类物质，可以在很多方面维持人体健康，为我们带来多种益处，具有较大的开发应用价值。以枣核为原料，来源广泛，使用成本低，采用微波破壁、超声波浸提等技术手段，提取副产物中的有效成分将对枣果的综合利用及精深加工提供巨大的市场空间，还为枣核的深加工利用开辟了新路径。

1. 枣核中多酚的提取 郝会芳等（2007）以金丝小枣枣核为原料，研究了枣核多酚的提取条件，以邻苯二酚为枣核多酚的标准对照。采用酒石酸铁比色法测定多酚含量。通过单因素试验、正交试验对影响枣核中多酚提取效果的各因素进行了研究。结果表明各因素对枣核多酚提取效果的影响程度从高到低依次为料液比＞pH＞浸提温度＞浸提时间。综合考虑提取效果与生产成本，对提取条件进行了优化，确定了适宜的提取条件为：料液比 1∶30（g/mL）、pH 为 3.0、以 80%乙醇为浸提溶剂、浸提温度 50 ℃、浸提时间 12 h，枣核中多酚的含量大约为 9.770 mg/g。多酚物质含量为金丝小枣含量最低，赞皇大枣枣核中的多酚含量最高，而阜平大枣的多酚含量居中。朱沛沛等（2013）主要研究枣核中多酚的最佳提取条件，在单因素试验的基础上，选取乙醇体积分数、微波时间和料液比为影响因子，枣核多酚提取率为响应值，采用 Box－Behnken 中心组合进行三因素三水平的优化实验，回归分析结果表明微波辅助提取枣核多酚的最佳工艺条件为乙醇体积分数 62%，微波时间 4 min，料液比 1∶27（g/mL），微波温度 60 ℃，微波功率 300 W。在此条件下，枣核中多酚的提取率为 9.298 mg/g。郝婕等（2008）发现金丝小枣枣核多酚提取物对小鼠具有抗炎、抗凝血、耐缺氧和提高体内抗氧化水平等作用。

2. 枣核中黄酮的提取 目前对枣核中黄酮的活性研究虽有报道，但研究不够深入，尚存在深入研究的空间。苑静等（2016）研究了微波辅助法提取新疆枣核总黄酮提取工艺。张吉祥等（2012）优化了沧州金丝小枣核黄酮最佳提取工艺条件并测定了粗品中黄酮含量，且采用微波和超声辅助的方法提取枣核中的黄酮类化合物，使提取效率得到进一步提高。焦中高等（2014）优化了新郑灰枣核多酚超临界萃取条件。但对枣核中黄酮与多酚具体成分间的含量差异研究报道较少，特别是对同一产地同一栽培模式下的不同品种枣核中黄酮和总酚含量差异报道较少。隋月红（2016）发现当料液比 1∶23（g/mL），超声功率 280 W，时间 41.0 min，温度 57.0 ℃，乙醇浓度 45.5%，枣核总黄酮提取率为 7.53 mg/g。影响因素从强到弱顺序为乙醇浓度＞料液比＞温度＞时间＞超声功率。张志国等（2007）证实红枣核类黄酮对 DPPH 自由基具有很强的清除活性。

这些研究为枣核多酚类物质的开发应用奠定了一定的基础。但由于枣核多酚的研究起步较晚，其研究深度和广度远落后于茶多酚、银杏黄酮等植物多酚。为实现对枣核多酚的高效利用，必须进一步拓宽枣核多酚的研究领域，在高新提取技术应用和生物活性发掘等方面取得突破。

（马超　倪立颖）

第三节　枣叶综合利用技术及应用

一、概况

枣属植物在全国各地广为栽培，资源丰富，枣树及酸枣树通常每年 5 月展叶，9—10 月落叶，据统计鲜枣叶每 667 m^2 平均产量为 200 kg。当前我国对枣叶的综合利用率较低，仅有少部分枣叶（含枣芽）于春夏季采收，鲜用或晒干，用于制作功能性茶饮或药用，而关于枣叶提取物或畜禽业饲料开发等应用途径尚处起步阶段，大多数枣叶在每年枣果收获后自然脱落，造成大量资源被浪费。近年来，围绕枣叶资源的研究逐渐增多，主要集中于种属资源分布、不同生长期化学成分分析鉴定、功能活性评价等方向（郭盛等，2019）。

枣叶中化学成分丰富，主要包括黄酮类、皂苷类、生物碱类物质。其中，黄酮类成分芦丁和山柰酚-3-O-芸香糖苷（Kaempferol-3-O-rutino-side）含量较高，达到干质量的 2%以上。皂苷类成分多以达玛烷型四环三萜为苷元，常见的有大枣皂苷Ⅰ～Ⅲ，该类成分多具甜味抑制作用，可作为天然甜味抑制剂使用。张富刚分析枣树不同器官中三萜酸类化合物含量发现，枣叶中总三萜酸含量高于花、枝等部位。此外，枣叶中含有核苷类成分，总含量高于果肉、种子及果核等部位。另有研究表明，枣叶片中矿质元素（N、P、K）、维生素、水溶性多糖、氨基酸含量丰富。现代医学研究表明，枣叶具备抗氧化、抑制肥胖、护肝、降低血脂等功效。

二、枣叶加工过程中营养品质变化

当前枣叶加工方向集中于活性成分提取及枣叶茶饮制作。当前对枣叶提取物中化学成分的制备主要包括黄酮类物质、三萜皂苷类物质、多糖类物质等。制备多采取热水、醇类溶剂浸提与超声、回流等手段结合的方式。依据种类的区别，调节不同工艺参数，实现不同种类化合物的富集。枣叶功能性茶饮主要分为枣叶绿茶与枣叶发酵茶。研究表明，枣叶绿茶和枣叶发酵茶的营养成分存在显著性差异，这与两者加工工艺的区别密切相关。在枣叶绿茶的加工初期，采摘的鲜枣叶经分级筛选、摊放处理后需先后经 200 ℃左右的高温杀青、110 ℃左右的低温杀青、40 ℃左右的炒干处理。枣叶失重率达 60%以上。经加工制得的枣叶中酶的活性被破坏，抑制了相关酶对多酚类物质的酶促氧化。枣叶中多酚及黄酮类成分、叶绿素、维生素及氨基酸等营养物质保留率较高。枣叶发酵茶根据发酵程度可为半发酵茶、全发酵茶及后发酵茶等。在制作过程中，枣叶中的多酚、叶绿素等成分在萎凋、揉捻、渥堆等工序中与被释出的多酚氧化酶等酶类物质反应变性，转化为茶黄素等物质。

三、枣叶综合利用技术

目前对于枣叶的综合利用技术研究主要集中于三萜、黄酮、多糖、皂苷类等活性成分的提取，以及枣叶茶等保健食品的开发。生产者可根据生产成本、能耗、产品附加值等综合因素考虑选择适宜的综合利用加工技术。

1. 枣叶功能成分提取技术

（1）枣叶黄酮类化合物提取技术。枣叶黄酮类化合物常用的提取方法主要有水提、微波辅提、超声波辅提等，尤以超声辅提方法提取得率较高。杨观兰等（2022）采用超声波辅助法提取酸枣叶中的总黄酮化合物。采用 45 ℃将酸枣叶恒温干燥进行烘干，烘干后进行粉碎处理。粉碎后采用石油醚在 80 ℃水浴条件下回流脱脂 2 次，脱脂后除去石油醚，得到酸枣叶粉，并进行超声波辅提处理。料液比为 1∶42（g/mL），超声功率 240 W，超声提取温度 60 ℃，超声提取时间 44.2 min，乙醇体积分数 58%，在该条件下，枣叶总黄酮的提取得率可达 4.56%。

（2）枣叶三萜皂苷类化合物提取技术。枣叶中富含三萜皂苷类活性成分，具有减肥、降血糖、安神的独特功效。刘子祯等（2016）研究了红枣叶中三萜皂苷类化合物的提取工艺和含量测定方法，得到三萜皂苷类化合物最适提取工艺为乙醇浓度 50%，液料比 1∶10（g/mL），回流提取时间 1.5 h，在此条件下，枣叶三萜皂苷提取得率达到 9.208%。

（3）枣叶多糖提取技术。目前植物多糖的提取方法主要包括热水浸提法、微波辅提法、超声波辅提法和生物酶法等。这些方法各有优缺点，生产者可根据实际应用场景加以选择。张强等（2021）采用热水浸提法提取酸枣叶多糖，通过响应面优化得到最佳提取工艺条件为液料比 1∶110（g/mL）、热水浸提温度 86 ℃、浸提时间 3.90 h。在此条件下，多糖得率可达 4.41%。

2. 枣叶茶制备技术　枣叶总三萜含量是枣果的 3.15 倍，cAMP 含量也明显高于枣果。将枣叶加工成枣叶茶市场潜力巨大。枣叶茶的加工工艺与绿茶类似，主要经过热烫、炒制、揉捻等工序加工而成。同时还可以采用微生物发酵等技术，加工微生物发酵茶（周建华等，2001）。

（1）枣叶茶制备技术。传统枣叶茶的制备主要包括精选、清洗、热烫、炒制、揉捻等工序。具体加工方法为选取嫩枣叶，先放置在室温条件下萎凋 4～5 h，以利于枣叶香气的形成。然后洗净，沥干水分，置于沸水中热烫 5～6 s，捞出冷却放入 130 ℃左右的炒锅中，不停翻炒约 5 min，置于揉板上，趁热均匀揉捻 3～5 min，使其形状变为条索形，冷却后包装即可。

（2）枣叶发酵茶制备技术。杨金凤等（2019）以灵芝为发酵菌种，制备枣叶发酵茶。通过工艺优化分别得到具有高黄酮、三萜和多糖含量的最适发酵工艺。黄酮含量最高的制备条件为 5 g 酸枣叶添加 2 g 小麦米、接种灵芝菌液量为 5 mL、28 ℃发酵 3 d，在此条件下黄酮含量为 3.50 mg/g。三萜含量最高的制备条件为 5 g 酸枣叶添加 2 g 薏仁，接种灵芝菌液量为 15 mL，28 ℃发酵 9 d。在此条件下三萜含量为 16.90 mg/g。多糖含量最高的制备条件为 5 g 酸枣叶添加 2 g 薏仁，接种灵芝菌液量为 10 mL，28 ℃发酵 9 d。在此条件下多糖含量为 172.99 mg/g。

四、枣叶其他典型应用

枣叶营养丰富，是较好的营养保健资源，可以通过精深加工制备枣叶提取物、枣叶粉功能配料，广泛应用于饮料、乳制品、保健食品、烘焙食品、休闲食品等诸多领域，也可加工成枣叶茶等传统食品，提高产品附加值。

刘晓光等（2019）以酸枣叶粉为原料研发出新型酸枣叶保健饼干，具体配方及工艺要点为酸枣叶粉 3 g、低筋面粉 100 g、绵白糖 35 g、鸡蛋 50 g、碳酸氢钠 0.8 g、泡打粉 2 g、淀粉 3 g，烘烤温度 145 ℃，烘烤时间 17 min。在此条件下制得的酸枣叶保健饼干质地细腻，甜度适中，色泽均匀，并具有酸枣叶独特的风味。

酸枣叶富含黄酮、三萜等多种活性成分，具有安神宁心等多种功效，与猴头菇、小米等药食兼用资源可复合开发各类养生保健粥饮。刘晓光等（2019）以酸枣叶粉为原料，科学搭配小米粉、猴头菇粉等药食兼用食材，制备酸枣叶速食粥。具体配方为酸枣叶粉 0.05 g、小米粉 4.0 g、猴头菇粉 1.5 g、麦芽糊精 1.0 g、白砂糖 3.0 g，通过该方法制得的酸枣叶速食粥风味独特茶、速溶性好、感官品质佳。

（张明）

第四节　酸枣综合利用技术及应用

一、概况

酸枣是一种药用价值及营养价值极高的药食两用的植物，在我国北方如河北、河南、山东等省份广泛分布，资源蕴藏量巨大。其中酸枣仁是鼠李科植物枣属酸枣［（*Ziziphus jujube* Mill. var. spinose (Bunge) Huex H. F. Chou)］的干燥成熟种仁，亦名枣仁、山枣仁、酸枣核，可生用，也可熟用。古代医家李时珍在《本草纲目》载："熟用疗胆虚不得眠，烦渴虚汗之症；生用疗胆热好眠，皆足厥阴少阳药也。"随着现代科学技术的发展，人们对酸枣仁的认识也不断深入、精细。

酸枣仁具有养心补肝、宁心安神、敛汗生津的功效，是中医临床上治疗失眠的首选药物，也是卫生部颁布的首批药食两用品种。酸枣仁药理活性丰富，除具备镇静催眠，养心安神的功能特性外，还有降血糖、抗抑郁、抗焦虑、抗氧化、抗肿瘤等作用。目前已有大量学者对其功能成分做了许多研究，结果发现其功效成分包括脂肪油、皂苷类、黄酮类、三萜类、生物碱类、阿魏酸类、多糖、蛋白质、氨基酸及多种无机元素等。通过现代的方法，对这些有效成分进行研究，能够对其功能性食品开发起到良好的指导作用。因此本节基于前人大量的科研工作对酸枣仁化学成分、生产工艺及应用方面的研究进行综述，以利于该资源的综合开发。

二、酸枣仁油制备技术及应用

酸枣仁油作为天然产物，无毒、无致突变作用，可应用于食品、药品、化妆品等领域。国内外专家学者报道了大量的关于酸枣仁油化学成分和药理作用的研究，已发现酸枣仁油中含酸类、酯类、醇类、烷烃类等化学成分，具有镇静安神、抗抑郁、抗肿瘤、降血脂、抗氧化等药理活性。

（一）酸枣仁油加工过程中营养品质变化

酸枣仁的出油率、化学成分数量及相对含量受多种因素影响。除制备方式外，还受提取溶剂、产地、采收期、炮制等影响。在相同制备条件下，使用石油醚和乙醚两种溶剂对酸枣仁油进行提取制备，酸枣仁平均出油率为23.24%、17.29%，石油醚的制油率明显高于乙醚（张雪等，2012）。因沸点的缘故，脂肪酸需衍生化后进样分析，郭秀兰等（1990）采用盐酸-甲醇法测定出9种脂肪酸成分，杜晨晖等（2018）采用氢氧化钠-甲醇法鉴定出脂肪酸类成分24种，申晨曦（2020）采用三甲基氯硅烷衍生化试剂鉴定出28种脂肪酸成分。

炮制素有“逢子必炒，见仁必捣”之说，炒制能促进有效成分溶出或促使其他成分向这些成分转化，酸枣仁炒制后出油率提高约22%，化合物数目增加4个。不同提取方法制备酸枣仁油的化学成分和出油率见表5-2。

表5-2 不同提取方法制备酸枣仁油的化学成分和出油率

提取方式	成分数/种	主要化学成分及含量	出油率/%
回流提取法	8	棕榈酸（3.283%）、硬脂酸（2.053%）、油酸（24.46%）、亚油酸（10.026%）	29.28
索氏提取法	89	棕榈酸（9.69%～26.42%）、硬脂酸（31.36%）、油酸（36.73%～56.375%）、亚油酸（12.77%～29.73%）、维生素E（139.01 mg/kg）	20.48～34.60
微波辅助提取法	19	油酸（37.5%～49.11%）、亚油酸（25.95%～26.10%）、角鲨烯（39.21%）、叶绿醇（19.86%）、豆甾烷（10.76%）	20.61～39.51
超声辅助提取法	10	油酸（36.89%）、亚油酸（31.09%）、肉豆蔻酸（0.5%）、十六碳烯酸（0.87%）、二十碳五烯酸（0.38%）	24.45～24.78
超临界萃取法	41	油酸（38.73%～40.38%）、亚油酸（7.68%～40.57%）、11，14-二十碳二烯酸（0.05%）、4-羟苯基吡咯烷基硫酮（2.86%）	19.55～36.54
亚临界萃取法	11	油酸（41.65%）、亚油酸（27.97%）、花生酸（1.46%）、花生烯酸（3.29%）	26.73～26.77

（二）酸枣仁油制备技术

酸枣仁油的制备方法有压榨法、溶剂提取法、超临界CO_2萃取法、亚临界萃取法等。不同制备方式在科研和生产中使用频率不同，在出油率、化学成分和相对含量方面也存在一定的差异。

1. 传统制备技术 压榨法工艺简单、安全性高，但出油率仅有14%～15%，后续油料综合利用率也较低，限制了它在酸枣仁油提取研究中的应用（顾宜等，2014）。

溶剂提取法是油脂加工最广泛采用的方法，具有工艺成熟、提油率高、残留粕粉品质好等特点。酸枣仁油的提取溶剂有石油醚、正己烷、乙醚、环己烷等，以石油醚最为常用。此类方法不足之处是溶剂消耗量大、萃取时间过长、油及粕中有溶剂残留等，因而衍生出了微波辅助提取法、超声波辅助提取法。

在同等时间下，超声波辅助提取的出油率比回流提取出油率高约14%（陶冶等，2018）。在同种提取溶剂下，使用100 mL石油醚在40 ℃下超声提取15 min和使用40 mL石油醚在550 W功率下微波提取5 min的酸枣油提取率均略高于使用120 mL石油醚索氏提取4 h时的酸枣仁油提取率（王力川等，2015）。微波和超声辅助提取可起到降低反应温度，缩短反应时间，减少溶剂用量等效果。

2. 新型提取工艺 超临界CO_2萃取法因高效节能、绿色环保、无溶剂残留而成为油脂提取领域的研究热点。相比于溶剂提取法，超临界萃取出油率更高，脂肪酸成分检出更多。此外，超临界萃取的酸枣仁油过氧化值低，抗过氧化活性高，总不饱和脂肪酸含量高，具有传统工艺难以达到的效果。

亚临界萃取法是一项新兴萃取分离技术，采取低温工艺，可选溶剂多，与超临界萃取技术相比生产成本低、更适合工业化。陶冶等（2018）利用亚临界丁烷萃取法、索氏抽提法，超声波辅助3种方式提取酸枣仁油，亚临界流体萃取的油脂纯度高、不饱和脂肪酸含量高、油中抗氧化物质维生素E含量高，且提取速度快、安全性佳，更适宜酸枣仁油的提取。

（三）酸枣仁油的应用

1. 镇静催眠作用及机制 酸枣仁油能够缩短睡眠潜伏期，延长睡眠时间。压榨与超临界萃取两种工艺提取的酸枣仁油在镇静催眠作用方面具有等效性。作为主效应成分，酸枣仁油与栀子油、柏子仁油配伍可起到协同增效的作用，随用药时间延长镇静作用逐渐增强。失眠与γ-氨基丁酸（GABA）、谷氨酸（Glu）、5-羟色胺（5-HT）等神经递质有关，其中GABA具有镇静、催眠等作用，是中枢神经系统最重要的抑制性神经递质。李佳虹等（2016）基于受体配体理论，结合HPLC和HPLC-MS分析技术研究酸枣仁中镇静催眠活性成分，结果表明酸枣仁中的脂肪酸类物质棕榈酸、三萜类化合物麦珠子酸和斯皮诺素可能是有效的镇静催眠成分。酸枣油中反-9-十八碳烯酸甲酯、棕榈酸甲酯等物质可在体内酰化生成内源性睡眠诱导物—油酰胺（OLA），OLA可促进生理性睡眠（贾颖等，2018）。经尿素法分离的酸枣仁油不饱和脂肪酸类部分同样有明显的镇静催眠作用，酸枣仁油的饱和脂肪酸与不饱和脂肪酸成分均具有镇静催眠作用。

2. 抗焦虑、抗抑郁作用及机制 焦虑症与抑郁症二者密不可分，常互相转化。王欢欢等（2020）研究证实高剂量的酸枣仁油具有抗焦虑作用，以酸枣仁油软胶囊高剂量连续给药14 d，可明显增加焦虑模型大鼠的开臂次数和开臂次数比例，开臂时间和开臂时间比例。赵启铎等（2011）证实酸枣仁油具有良好的抗实验性抑郁作用后，基于复方协同作用理念，对酸枣仁3种抗抑郁组分（酸枣仁油、酸枣仁总黄酮、酸枣仁总皂苷）进行最佳配伍研究，发现其最佳配伍组合抗抑郁效果优于原药材。经脂肪酸分析发现，抑郁样行为小鼠体内棕榈酸、油酸、亚油酸、花生四烯酸水平与抑郁样行为显著相关。OLA除镇静催眠作用外，对急性应激模型和慢性温和应激抑郁模型均表现出抗抑郁活性，OLA 抗抑郁作用机制可能与抑制氧化应激、调节能量代谢和信号传导等有关（GE L，2015）。

3. 抗肿瘤作用及机制 王清莲等（1995）证实酸枣仁油对艾氏腹水癌小鼠有明显的抗癌作用。杜远东等（2011）发现酸枣仁油大剂量组对荷 S180 小鼠的抑瘤率为 58.21%，证实酸枣仁油对荷 S180 小鼠的实体瘤的生长具有一定的抑制作用。其抗肿瘤作用机制可能是增强了机体的非特异性吞噬及特异性体液和细胞免疫功能，也可能是酸枣仁油中含有的白桦脂酸和 γ-亚麻酸起到了抗肿瘤的作用。

4. 降血脂作用及机制 口服酸枣仁油具有降血脂作用。吴树勋（1991）研究得出每天加喂 2.5 mL/kg 酸枣仁油能显著降低高血脂模型鹌鹑的总胆固醇（TC）、甘油三酯（TG）、低密度脂蛋白（LDL）水平。刘琼（2002）以酸枣仁油灌胃大耳白家兔 60 d 后进行耳缘静脉采血，与对照组相比，TC、TG、LDL 的平均降幅达 53%，HDL 增幅达 198%。酸枣仁油中降血脂的物质基础可能是多不饱和脂肪酸（PUFA）如亚油酸、单不饱和脂肪酸如棕榈油酸等。亚油酸和亚麻酸本身具有一定的调节血脂作用，后者还可在体内经转化、代谢产生 PGE1，呈现调节血脂的效应。单不饱和脂肪酸能够通过对血脂、凝血和纤溶系统及 LDL 氧化敏感性的调节，正向调节血脂，降低心血管疾病发生的概率。

5. 抗氧化作用及机制 吴璟等（2007）研究测定了高血脂大鼠的 CAT、SOD 及 MDA 的活性，不同剂量酸枣仁油组大鼠血清 SOD 含量及全血 CAT 含量均明显高于生理盐水组和单纯高脂组，血清 MDA 含量显著降低。张雪等（2014）研究以 D-半乳糖氧化模型小鼠血液和肝脏中的 MDA 含量和 GSH-Px 活力为指标检测酸枣仁油的抗氧化作用，低剂量组与高剂量组小鼠血液与肝脏中 MDA 含量明显小于模型组，高、中、低三个剂量组的小鼠肝脏中 GSH-Px 活力明显高于模型组，不同浓度的酸枣仁油均有较好的体内抗氧化作用。

体外抗氧化活性方面，在相同浓度下，酸枣仁油的总抗氧化能力与维生素 E 相当，酸枣仁油清除 DPPH 自由基、超氧阴离子自由基能力和抗脂质过氧化作用都优于维生素 E。

6. 改善学习记忆功能及机制 一项研究利用昆明种封闭群小鼠研究 0.175 mL/kg、0.35 mL/kg、0.70 mL/kg 酸枣仁油对正常小鼠和地西泮造成记忆损伤的小鼠学习记忆的影响，证明酸枣仁油有良好的改善学习记忆功能，推测其机理可能与对抗中枢 GABA 系统有关。

7. 其他作用 酸枣仁油对离体蟾蜍心脏具有强心、抗心衰作用，在 $5\times10^{-3}\sim2\times10^{-2}$mL/10 mL 的浓度范围内，随酸枣仁油浓度的升高，其增强心肌收缩力的作用明显提升，强心机制为促使细胞外钙离子内流。李宝莉等（2012）研究发现由酸枣仁油、栀子油、柏子油以 3∶3∶1 压制而成的酸柏栀油软胶囊，具有改善血液流变性的作用，其作用可能与增加雌激素水平和/或富含多不饱和脂肪酸有关。将酸枣仁油作为热应激肉仔鸡的中草药饲料添加剂，能够显著改善其生产性能和胴体品质，作用效果强于常规热应激饲料添加剂。

2020 年版《中华人民共和国药典》中记录有枣仁安神颗粒、解郁安神颗粒、柏子养心丸等以酸枣仁为主要组分的处方超过 30 张，酸枣仁油的应用已具有一定规模，以酸枣仁油为主要成分的药品、保健食品制剂类型丰富，包括滴丸、凝胶、软胶囊、微胶囊等已经逐渐面市。此外，还有以酸枣仁油为原料开发的护肤精油、润唇膏、卸妆油等化妆产品。随着人们对酸枣仁油药食两用价值认识的深入，酸枣仁油的市场发展前景日渐广阔。

三、酸枣仁皂苷制备技术及应用

目前许多研究学者发现酸枣仁中发挥催眠、镇静、抗惊厥、抗脑缺血、抗心肌缺血、抗脂质过氧化、抗动脉粥样硬化、降血脂等药理作用的主要有效成分是酸枣仁皂苷类化合物（宫丽，2012），其镇静催眠作用明显强于酸枣仁黄酮。如图 5－3 所示，酸枣仁皂苷是一种四环三萜类皂苷，又可以分为达玛烷型三萜类化合物和羽扇豆烷型三萜类化合物，包含了酸枣仁皂苷 A、酸枣仁皂苷 B、酸枣仁皂苷 B_1、酸枣仁皂苷 E、酸枣仁皂苷 D、酸枣仁皂苷 H 等十余种化合物。其中酸枣仁皂苷 A 和酸枣仁皂苷 B 是酸枣仁皂苷中的主要成分，并且不同产地的酸枣仁中二者含量差别很大。酸枣仁皂苷 A 的提取工艺是目前生物研究热点。

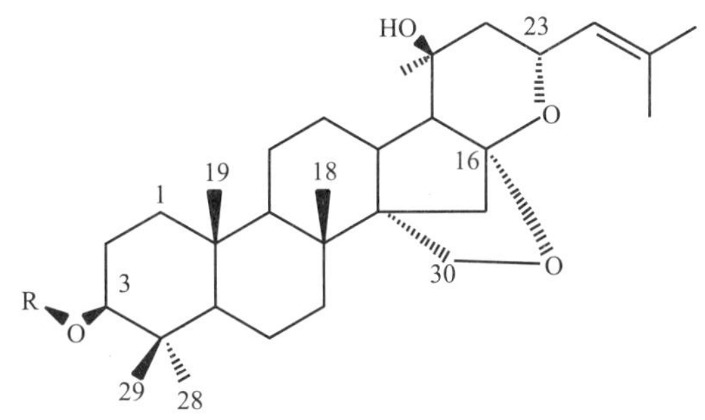

图 5－3　酸枣仁皂苷结构

（一）酸枣仁皂苷加工过程中营养品质变化

目前酸枣仁作为一种中药材，炮制是必不可少的加工过程。酸枣仁皂苷的提取受到炮制过程的影响，对于含皂苷的酸枣仁炮制就是炒制，即加热。炮制可以增强方剂中药物对病变部位的作用，提升药效。在酸枣仁的加工过程中，加热炮制对酸枣仁化学成分的保留及药效的增强十分重要。富含皂苷类的酸枣仁经常用烘、炒、蒸和暴晒等方法抑制或破坏相应酶的活性，以确保药物有效成分不被酶解，保持药效。对于含油脂类的酸枣仁，经加热炮制后可除去部分油脂类成分，可有效降低毒副作用，同时避免滑肠致泄，保证临床用药安全有效等。现实生活中，药房会通过加热炮制的方法，减少或除去酸枣仁中的挥发油，以此降低毒性并保持疗效。此外，酸枣仁经过加热炮制后，细胞壁破损，更容易被溶剂萃取，提高提取率。但酸枣仁中的有效成分在高温下容易被分解，并且高温会加速溶质的渗出，导致提取液杂质含量增多，影响药材的药效作用。总之，加热炮制处理对酸枣仁中所含各类成分均有不同的影响，可能会导致其生物活性成分结构及含量发生变化，从而会影响其生物疗效。

（二）酸枣仁皂苷制备技术

目前，传统提取法是酸枣仁皂苷最常用的提取方法。简而言之，将研磨后的酸枣仁粉末颗粒浸渍在有机萃取溶剂中，直至体系平衡后收集其活性组分。为了进一步提高萃取溶剂的提取率，一般需要在酸枣仁粗皂苷的提取过程中引入半仿生提取、复合酶提取、微波辅助提取、超声辅助提取或超高压提取及负压空化等辅助提取技术。这些非传统的活性成分的提取工艺，因为效率高，提取纯度高等优点，已经逐渐的代替了传统提取技术。因此，酸枣仁皂苷的提取纯化技术就成为其得以安全、广泛推广应用的关键。酸枣仁各类皂苷的提取方法汇总如表 5-3 所示。

酸枣仁是鼠李科植物酸枣的干燥种子，由各种不同的植物细胞组成，而植物细胞又由细胞壁及原生质体组成。影响酸枣仁皂苷提取中的另一重要因素是酸枣仁细胞壁的破损程度。在酸枣仁皂苷的提取过程中，引入了一些酸枣仁细胞壁破损的辅助方法，提取方法的演变过程如图 5-4 所示。

表 5-3 酸枣仁皂苷提取方法汇总

提取方法	操作技术	特征	提取机理
传统提取法	溶剂提取	溶剂极性	渗透与扩散
半仿生提取法	人工胃液和人工肠液中提取	酸碱水溶液	酸碱破壁
复合酶法	复合酶辅助提取	复合酶	酶解破壁
微波辅助提取法	微波辅助提取	微波加热	微波破壁
超高压提取法	超高压辅助提取	超高压	高压破壁
超声辅助提取法	超声辅助提取	超声辐射	超声破壁
负压空化提取法	负压辅助提取	负压	负压破壁
超临界-CO_2提取法	超临界流体	超临界	强溶解能力
三效逆流提取法	三次热溶剂提取	热溶剂	渗透与扩散

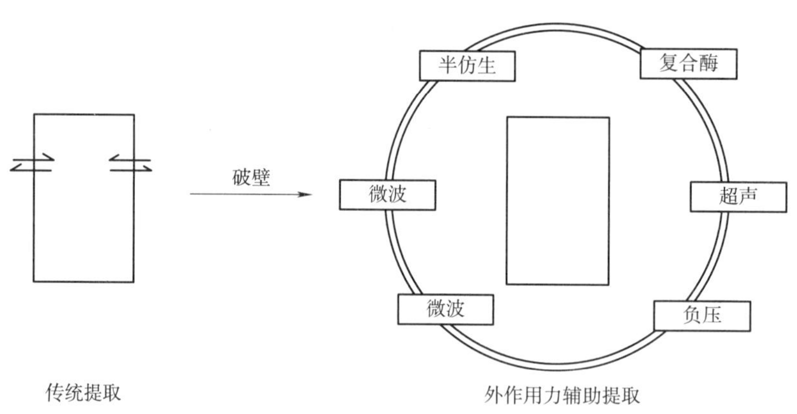

图 5-4 酸枣仁皂苷提取方法演变史

1. 传统提取法 传统提取酸枣仁皂苷的方法有热回流法、水煎煮法、渗透法、浸渍法、改良明胶法等，其中最为常用的方法是热回流法和水煎煮法。传统提取法是以水为媒介，而脂溶性的酸枣仁皂苷在提取过程中会有较多的损失，所以皂苷提取率会有所降低。依据相似相溶的化学原理，皂苷类化合物更容易溶解在乙醇水溶液中，并且乙醇是一种安全无毒的廉价有机试剂，因此，热回流提取法中常用乙醇溶液作为溶剂。在提取过程中，酸枣仁皂苷浓度变化曲线如图 5-5 所示。由图 5-5 可知，传统的酸枣仁皂苷提取法需要经历两个过程，首先是渗透，其次是扩散（Chan et al.，2014）。渗透是一个缓慢的过程，是指酸枣仁皂苷透过细胞壁，从细胞内到细胞外的一个过程；扩散则是一个快速的过程，是指酸枣仁皂苷从细胞外分布到提取溶剂中的一个过程。酸枣仁皂苷的提取率就是由渗透和扩散这两个过程共同决定的，而提取溶剂的极性、提取时间和酸枣仁细胞壁的破损程度是决定渗透与扩散效率的根本原因。在吴玉兰等（2005）的研究中，从炒制酸枣仁中提取酸枣仁皂苷，运用正交设计优化酸枣仁皂苷 A 的乙醇提取工艺，得到其最佳醇提工艺条件。具体而言，通过 6 倍体积的 80%乙醇回流提取 3 次，每次回流 30 min，在此醇提工艺条件下，酸枣仁样品中提取出的酸枣仁皂苷 A 含量为（0.321 1±0.006 2）mg/mL。同时，张巾英等（2008）研究发现，酸枣仁皂苷 A 的最佳醇提工艺条件为 8 倍体积的 70%乙醇回流提取 30 min。在此醇提工艺条件下，20 g 去脂酸枣仁粉末中测得酸枣仁总皂苷含量为 359.3 mg，其提取率比传统的水提法总皂苷量（283.85 mg）增加了 27%。乙醇溶液作为皂苷类化合物的提取溶剂，在提取皂苷类化合物的同时也会与糖类发生醇沉反应，从而简化了皂苷类化合物的提取过程。传统提取方法的特点是提取时间长，使用的溶剂量大，并且只能得到产量、选择性较低的生物活性物质（Laroze L，et al.，2008），为了克服这种传统提取技术的局限性，特引入了安全无毒的非常规溶剂提取技术。

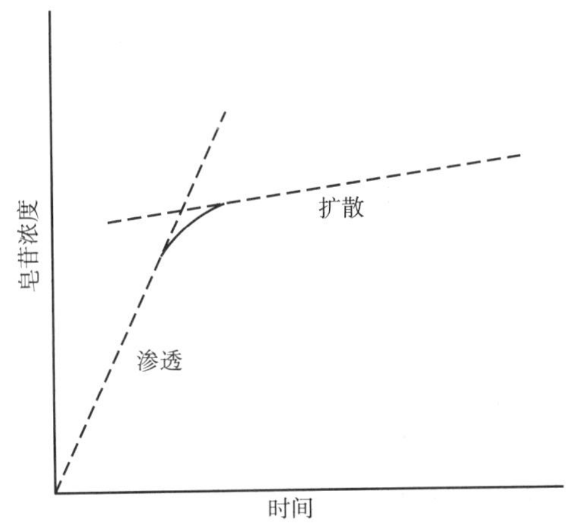

图 5－5　酸枣仁皂苷在传统提取过程中不同时刻浓度变化曲线图

2. 半仿生提取法　在王丽娟等（2010）的研究中通过比较酸枣仁醇提物与半仿生提取物对睡眠的改善效果，结果表明半仿生法提取物的作用效果明显优于醇提取物的作用效果。然而在张巾英（2008）的研究中，结果却发现采用半仿生法提取酸枣仁皂苷时，其提取率却为 0。究其原因，可能是由于酸枣仁皂苷被酸碱水解了。由此可见，半仿生提取法的技术仍然不够全面，还需进一步完善，使其在酸枣仁皂苷及其他皂苷类化合物的提取的应用中发挥更好的效果。此外，提取工艺条件的优化可以避免活性组分进一步转化，提高活性物质的提取率。

3. 复合酶法　张明春等（2008）通过正交设计优化复合酶法的提取工艺，获得了最佳提取工艺条件。纤维素酶与果胶酶的最适比例为 1∶1，pH 4.5，温度 45 ℃，酶解 5 h。经 t 检验，两种工艺的酸枣仁皂苷的提取率具有显著的差异（$P<0.001$），与传统回流提取工艺相比，复合酶法提取工艺的酸枣仁皂苷提取率提高了 1.78 倍。张巾英（2008）也通过实验确定了复合酶法提取酸枣仁皂苷的最佳工艺条件：温度 40 ℃，pH 4.5，纤维素

酶与果胶酶用量均为 30 U/g 生药，酶解 5 h。在此条件下提取 20 g 酸枣仁，得到酸枣仁皂苷 514.11 mg，提取率较传统工艺提高了 81%，较醇提工艺提高了 43%。

4. 微波辅助提取法 微波辅助提取法具有许多优点，例如提取效率高、加热均匀、节约能源、选择性好、操作简单等。房信胜等（2010）的研究表明，5 g 酸枣仁粉末按照固液比值 1∶16，通过每 8 min 一次，800 W 的微波辅助作用下，60 ℃，用 70%乙醇提取 2 次，酸枣仁皂苷 A 的提取率最高。

5. 超高压提取法 朱俊洁（2004）首次运用高压技术提取药用植物有效成分，使活性组分的提取率从 6.14% 提高到了 9.67%，与常规的醇提法相比，提取率高出了 57.5%。陈瑞战等（2005）运用超高压提取法对人参皂苷（与酸枣仁皂苷同属达玛烷型三萜皂苷）进行提取，实验采用均匀设计法来优化提取工艺，确定了常温下超高压提取法提取皂苷的最优工艺条件为使用 50%的乙醇溶剂，固液比 1∶100，在压力 200 MPa 的环境中，提取 1 min。该条件下皂苷的提取率为 7.32%。

6. 超声辅助提取法 丁轲等（2010）通过比较传统热回流法和超声提取法对酸枣仁皂苷提取率的影响，发现超声提取法的最佳工艺提取条件为 50%乙醇，固液比 1∶25，50 ℃的提取温度下，设置超声功率 750 W，提取 0.5 h。结果表明酸枣仁皂苷 A 和皂苷 B 的平均提取率分别为 1.176 mg/g 和 0.401 mg/g，与传统回流法相比，提取率分别提高了 19.6%和 7.7%。

7. 负压空化提取法 负压空化提取法是在室温下进行的，能够减少热敏化合物的损失，具有许多技术优势，比如成本要求低，提取效率高，程序简单且环保等，在酸枣仁皂苷提取的技术中具有巨大潜能（Roohinejad S，et al.，2008）。

8. 超临界-CO_2提取法 杨军宣等（2015）的研究中，以酸枣仁皂苷 A 的回收率为评价指标优化了超临界-CO_2提取工艺。研究结果表明，超临界-CO_2萃取酸枣仁皂苷时，在萃取温度 45 ℃，萃取压力 35.0 MPa，以 95%乙醇为夹带剂，固液比为 1∶1（W/V），CO_2体积流量 6 L/min，循环萃取时间 3.0 h 的条件下，酸枣仁皂苷的提取率达到最大，此条件为最佳工艺。超临界 CO_2提取法萃取酸枣仁中皂苷类成分时具有高效、快速、产量高等优点，提取效果明显优于传统提取方法。

9. 三效逆流提取法 滕腾等（2016）的研究采用三效逆流提取法来制备酸枣仁中的总皂苷，得到最佳提取条件为 70 ℃，70%乙醇提取 30 min，固液比 1∶8（g/mL），最终酸枣仁总皂苷的提取量为 0.902 mg/g。与常规热回流技术相比，三效逆流提取法具有生产成本低，提取液药效成分稳定，生产效率高等优点。

以上就是酸枣仁皂苷各类提取方法。另外，不同因素对酸枣仁皂苷提取工艺的影响结果显示，酸枣仁的颗粒半径越小，单位质量的表面积越大，更能促进溶剂向酸枣仁表面及内部的渗透；在酸枣仁提取过程中，温度升高有利于大多数物质的溶解，加快溶质的质量传递过程。因此，酸枣仁皂苷的提取还需要选取适当的颗粒半径、提取温度等外界条件。

（三）酸枣仁皂苷的应用

酸枣仁作为具有镇静催眠的中药，其研究相关报道颇多。皂苷类、黄酮类、酸枣仁油及生物碱等活性成分在酸枣仁改善睡眠等功效中发挥巨大的作用，主要是改变了大脑中神经递质 GABA、5-HT 等的含量从而提高睡眠质量，并确认了酸枣仁中与睡眠相关的药效物质。截至目前，我国有 20%～30%的人群患有不同程度的睡眠疾病，如失眠症、抑郁症，这些直接由睡眠引起的疾病不断威胁着人类的健康。而治疗这些疾病的西药主要有三大类，分别是：①苯二氮卓类，如安定等；②巴比妥类，如苯巴比妥钠等；③其他类。这三类药物均具有镇静、安眠的作用，属于精神类药物，使用不当则会加重病情，而且长期服用还会产生强烈的赖药性。酸枣仁是地道的镇静安眠中药材，酸枣仁中的皂苷是镇静安眠的药用有效成分。孙燕（2014）将酸枣仁中的生物碱与酸枣仁皂苷配伍使用，结果发现两者合用后的安神作用明显强于两者单独使用。酸枣仁皂苷在相关专利中已有研究，如酸枣仁皂苷 A 在治疗肺癌药物的制作方法（刘中秋等，2019）；一种酸枣仁皂苷及其制备与在制备降血糖药物中的应用（姜建国等，2022）；酸枣仁皂苷 A 制备抗焦虑滴丸的方法（黄海英等，2014）等。综上所述，酸枣仁皂苷具有潜在的药用价值，其市场前景巨大，可直接促进酸枣资源的综合开发利用，间接带动农民致富，促进地方经济发展。

四、酸枣仁其他功能成分综合利用

随着现代科学技术的发展，人们对酸枣仁的认识也不断深入、精准。已有大量学者对其功能成分做了许多研究，结果发现其功效成分包括脂肪油、皂苷类、黄酮类、三萜类、生物碱类、阿魏酸类、多糖、蛋白质、氨基酸及多种无机元素等。

人是一个有机的整体，药物作用于人体也是周运全身而发挥作用的，亦是中医整体观念的体现。化学成分是药理作用的基础，而临床应用又是药理作用的直接体现，三者环环相扣，层层递进，缺一不可。对酸枣仁的研究，化学成分方面，主要有皂苷及三萜类化合物、生物碱类化合物、黄酮类化合物、脂肪酸类化合物等；在药理作用方面，酸枣仁对中枢神经系统、心血管系统有很好的作用等；通过现代的方法，对这些有效成分进行研究，能够为酸枣仁及酸枣仁的有效成分的精准应用且能更好的适用于现代疾病提供参佐，此亦是古为今用的体现。同样的，作为药食同源的酸枣仁原料，通过研究，能够对其功能性食品的研究开发起到很好的指导作用。

前面的章节已经对酸枣仁的脂肪油类、皂苷类功能成分进行了相应的研究，本章将对其他功能成分，如黄酮类、氨基酸类、生物碱类等，进行综合利用研究。

①黄酮类成分。到现在为止，通过研究，从酸枣仁水提物中分离、鉴定出了 14 个黄酮类化合物，这些化合物均属于黄酮糖苷。主要有酸枣黄素、当药素、斯皮诺素、6-阿魏酰斯皮诺素、葛根素、6-芥子酰斯皮诺素、6-对香豆酰斯皮诺素、2-o-葡萄糖基异当药素、6、8-二碳葡萄糖基芹菜素、芹菜素-6-c-［(6-o-对羟基苯甲酰)-β-D-吡喃葡萄糖-(1→2)］-β-D-吡喃葡萄糖、异斯皮诺素，还有异牡荆黄素及斯皮诺素鼠李糖苷。

②氨基酸类成分。酸枣仁中含有多种氨基酸的成分，很多研究者对其有效成分进行了分离提取，经分离提取研究得出：酸枣仁中含有 17 种游离氨基酸，其中包括 8 种人体必需氨基酸，有甲硫氨酸、赖氨酸、苏氨酸、缬氨酸、亮氨酸、色氨酸等。

③生物碱类成分。酸枣仁中的生物碱类成分含量较多，Sun 等（2011）研究表明酸枣中总生物碱含量为（20.31±8.47）mg/100 g。酸枣仁中主要含有异喹啉生物碱和环肽生物碱两种。目前酸枣仁中已经分离出的生物碱包括有荷叶碱、原荷叶碱、欧鼠李叶碱、酸李碱、去甲荷叶碱、阿朴菲类生物碱、去甲异紫堇定、枣仁碱、安木非宾碱、木兰花碱、N-甲基巴婆碱、右旋衡州乌药碱、酸枣仁环肽、5-羟基-6-甲氧基去甲阿朴啡、环肽类

生物碱以及具有多种药理活性的木兰碱。

④其他成分。酸枣仁中还含有维生素C、植物甾醇及罗珠子酸甲酯；酸枣多糖、胡萝卜苷；白桦脂酸、白桦酯醇、美洲茶酸、麦珠子酸等三萜化合物；K、Na、Ca、Zn、Fe、Cu、Mn、Ni、Mo、Se、Cd等微量元素；磷脂酰胆碱、LPC、PC、PE及PA等磷脂类成分，重要的生物信息cAMP及cGMP。

（一）功能成分加工过程中营养品质变化

目前酸枣仁的加工工艺还停留在中医药传统炮制工艺，有研究认为，生、炒加工后的酸枣仁其有效成分会有不同，生、炒酸枣仁其水提物、乙醚提取物、乙醇提取物的含量不同。生酸枣仁的水提物含量较高，而相反乙醇提取物含量较低。炒酸枣仁中的酸枣仁总皂苷的含量明显高于生酸枣仁。其中酸枣仁皂苷A含量差别最大，酸枣仁皂苷B差别较小。炒酸枣仁没有引起油脂、皂苷和黄酮等化合物的变化。但是蛋白质氨基酸含量，生酸枣仁含量较多，同时其他成分的含量几乎影响不大。

酸枣仁活性成分的提取传统方法是加热回流提取法、溶剂提取法和煎煮法，通常需先脱脂后提取，操作烦琐、费时且提取率低下，存在高温提取导致部分受热易分解的风险。新技术如超声提取法、微波辅助提取法、超临界CO_2萃取法等，提取率高且提取时间短。在浓缩时，皂苷类成分易引起严重的泡沫。酸枣仁中总黄酮的质量分数可达9.1 mg/g，提取工艺多以极性较大的醇类、水等作为溶剂，主要富集黄酮碳苷类成分，但极性较低、含量丰富的游离三萜类成分依然残存于药渣中。张静姝等（2018）系统比较了提取、纯化工艺对酸枣仁皂苷收率和纯度的影响，发现回流法出膏率高于微波提取法，但微波提取物的最终纯度较高。硅胶色谱法纯化效果优于氨洗法，纯度可达65.10%。酸枣仁中含有大量的脂肪油，适合作为提取油脂的原料。现代毒理学研究表明酸枣仁油无毒性，可作为安全的保健食品。王力川等（2015）系统比较了索氏提取法、微波辅助提取法、超声辅助法对酸枣仁油的提取率，发现出油率可达33.37%～39.51%，且微波辅助提取法选择性和重复性较好，更加省时省料。值得注意的是，在提取酸枣仁油后的酸枣仁饼粕中，含有丰富的酸枣仁皂苷和酸枣仁黄酮等活性成分，值得对其进一步开发与利用。Lin等（2018）利用响应面法优化酸枣仁多糖的超声提取工艺，经纯化后，提取得率可达1.05%。

（二）功能成分制备技术

1. 黄酮类成分提取制备工艺 天然黄酮类物质的提取一般包括水提法、碱性水或碱性烯醇提取法、有机溶剂提取法、微波法、超声波法、酶解法、大孔树脂吸附法、超滤法、超临界萃取法等。酸枣仁中黄酮类成分的提取制备方法包括以下方法：

赵启铎等（2014）利用超声辅助提取探究酸枣仁中总黄酮和总皂苷的制备工艺，采用的方法为：先将酸枣仁粉碎过筛，然后用4倍量乙醇超声提取3次，每次40 min，再将提取液浓缩成浸膏，浸膏加水搅拌，混悬，依次用石油醚、氯仿、正丁醇萃取。正丁醇萃取液经D101型大孔树脂吸附，再依次用不同浓度的乙醇溶液洗脱，收集35%乙醇洗脱液浓缩后真空干燥，就得到总黄酮粉末。最后通过含量测定得到总黄酮的含量为60.86%。

任燕萍等（2011）采用正交试验考察酸枣仁中黄酮成分的提取工艺，具体方法为：将60 ℃干燥后的酸枣仁粉碎后过滤，然后用10倍量的石油醚（60－90）60～65 ℃回流脱脂3 h，过滤，将石油醚提取液抛弃，将滤渣进行干燥，最终为黄酮提取用样品，收率为77.25%。采用正交方法设计试验：以相当于药材8倍量80%乙醇回流4 h。得到的总黄酮的含量最高为 9.27 mg/g。该方法选用的对照是芦丁溶液，用氯化铝和醋酸钾显色，紫外可见分光光度计测定。

贺一新等（2010）以炒制后的酸枣仁为原料，先捣碎，后用 8 倍量 80%乙醇回流提取，过滤，滤液合并，浓缩回收乙醇，浓缩物用水混悬后经石油醚萃取脱脂，弃石油醚层（上层），再用正丁醇萃取下层中的有效成分，后经浓缩回收正丁醇处理，减压干燥得到粗提样品。该样品中的总黄酮含量较高，高达 66.4%（占固体物的比例）。

王勇等（2011）以乙醇浓度、乙醇用量、提取次数、提取试剂 4 个因素作为考察指标，每个因素设计 3 个水平，以浸膏收率、总黄酮含量作为考察指标，优化酸枣仁中总黄酮的醇提取工艺条件。结果表明最佳提取工艺为 9 倍量 60%乙醇提取 2 次，每次 1.5 h。乙醇用量和提取次数对试验结果有显著性影响（$P<0.05$），乙醇浓度和提取时间对结果影响不大（$P>0.05$）。

李游等（2009）运用星点设计-效应面法，采用超声提取总黄酮，最佳条件为：料液比 1∶40（g/mL），84%乙醇，70 ℃提取 35 min。采用亚硝酸钠-硝酸铝法制备芦丁标准曲线，经测定，酸枣仁总黄酮的平均含量为 6.53 mg/g，与模型得到的预测值 6.69 mg/g 相比较提取率达到 95.05%。

黄酮含量的检测方法主要采用的是紫外法，标准品为芦丁，但其过程却各不相同，主要有氯化铝和醋酸钾显色法、亚硝酸钠-硝酸铝显色法，还有聚乙酰胺粉吸附洗脱法等，不同的检测方法，其测定结果也往往差别很大，因此，在实际生产中，应对测定方法的适用性进行研究。

2. 多糖类成分的提取制备工艺 因为酸枣仁中含有脂肪酸、皂苷、黄酮类等脂溶性成分，因此在提取多糖时应进行脱脂或除杂，以防止这些物质对提取率的影响。

任燕萍（2011）先用 10 倍量的石油醚（60－90）在较低的温度（约 60 ℃）下回流脱脂，将滤渣（收率 77.25%）烘干作为试验品提取多糖成分。利用多糖在酒精中不溶的特性，采用水煎法再用乙醇沉淀得到纯度较高的多糖。测定过程中采用硫酸-苯酚显色法，用分光光度计测定，结果表明，提取枣籽多糖的最佳工艺为 15 倍水浸 1.5 h，75%乙醇沉淀多糖含量最高。

黄晓娟等（2018）提取多糖成分的预处理方法与任艳萍等基本相同。不同的是，脱脂处理后，皂角苷、黄酮等杂质在高温（85～90 ℃）下用 25 倍量 70%乙醇回流水浴去除。两步预处理（脱脂除杂）得到的残渣加入 30 倍水，在低温（60～65 ℃）水浴中提取 2 次，每次 0.5 h。滤液在 60～65 ℃减压浓缩后，用 95%乙醇沉淀 3 次，得到絮凝沉淀。干燥后得到含量为 13.3%的黄褐色多糖样品。

3. 其他有效成分的提取制备工艺 酸枣仁中还包含有机酸、无机酸等功能成分，赖玲（2006）对红枣仁中白桦酸的提取工艺进行了研究，发现乙醇体积分数对白桦酸的提取有显著影响，而其他因素对白桦酸的提取无显著影响。最佳提取条件为 95%乙醇热回流 3 次，每次 3 h。

（三）酸枣仁中其他功能成分的应用

1. 其他功效成分的药理作用 目前主要利用的物质包括酸枣仁黄酮、酸枣仁皂苷、酸枣仁多糖和酸枣仁油。其中酸枣仁油、酸枣仁皂苷和酸枣仁黄酮，这些均是公认的具有镇静催眠作用的物质。另外，相关研究发现酸枣仁中酸枣仁油、皂苷、黄酮也具有改善学习和记忆的能力，在阿尔茨海默病等认知障碍疾病中具有潜在的治疗价值。此外，酸枣仁油含有 17 种脂肪酸，主要以油酸和亚油酸为主，有抗抑郁、抗氧化、降血脂、心肌保护等功能。酸枣仁皂苷有抗焦虑、降血脂、抗抑郁、防治动脉粥样硬化、抗氧化等作用。酸枣仁黄酮具有抗抑郁、抗炎、抗氧化等作用；酸枣仁多糖具有调节肠道菌群、抗氧化、抗肿瘤、保肝、降血糖和免疫调节等活性。综上分析，酸枣仁在药品、食品及保健食品等方面具有广阔的开发与应用前景。

2. 功效成分的综合利用

（1）用于医药产品开发。目前，已上市大量含酸枣仁的中成药，如酸枣仁糖浆、酸枣仁合剂、酸枣仁油滴丸、枣仁安神液、枣仁安神颗粒、天王补心丹、强心丸、养心宁神丸、人参归脾丸等，多具有养心安神、改善睡眠的作用，且无明显毒副作用和依赖性，临床用药安全性高。

酸枣仁相关的新药研究逐渐增多，主要集中在以不同有效成分为原料进行新剂型开发，以期提高疗效、增加给药途径。由于酸枣仁黄酮碳苷的水溶性较好、脂溶性较差、生物利用度低，故对酸枣仁黄酮用药新剂型的开发主要定位在酸枣仁黄酮滴丸、酸枣仁黄酮固体脂质纳米粒、斯皮诺素磷脂复合物自微乳制剂等，以期能够改善药物的水溶性和脂溶性，从而提高药物在体内的膜渗透性和生物利用度，降低副作用。此外，酸枣仁中不同有效成分也可配伍使用，以增加疗效，减少用药量，如以酸枣仁生物碱和黄酮配伍制成配伍胶囊剂，其抗抑郁、镇静催眠效果尤为显著。酸枣仁还被开发为酸枣仁单方注射液等中药注射剂和人工抗原，迪更妮等（2016）采用高碘酸钠氧化法成功合成了酸枣仁皂苷 A 人工抗原，其血清抗体检测范围为 0.01～10 000 μg/L，产生了达 1∶4 000 的高效价。

（2）用于保健食品开发。酸枣仁因富含多种功效性成分和营养成分，在我国已将其广泛用于保健食品中。酸枣仁通常与其他中药联合使用，被开发为具有改善睡眠、增强免疫力、辅助降血压、抗疲劳等保健功能的保健食品，其中以发挥改善睡眠功能的保健食品为主。如酸枣仁与远志、茯苓等配伍研制的三圣宝牌得美片有改善睡眠的保健功能。以大枣、酸枣仁为主要原料制备的产品大枣酸枣仁口服液有增强免疫力的功能。以天麻提取物、罗布麻叶提取物、酸枣仁提取物为主要成分制备的合辉安泰粉具有辅助降血压、改善睡眠的作用。

（3）用于普通食品开发。酸枣仁的安全性较高，也常用于食品中，多为各类饮料产品，例如以酸枣仁、酸牛奶为主要原料，经保加利亚乳杆菌和嗜热链球菌混合发酵，最终研发出具有保健功能的酸性植物蛋白饮料。用净化水提取酸枣仁的有效成分，然后与牛奶混合，经均质杀菌生产出辅助治疗失眠的功能性乳饮料。酸枣仁还可以用于煮粥，其中以酸枣仁提取液与传统八宝粥原料中的小米、糯米、薏苡仁等结合，可开发为具有改善睡眠功能的酸枣仁助眠八宝粥。此外，酸枣仁可以制茶，如人参酸枣仁茶、酸枣仁莲子茶、酸枣仁茯苓百合茶等。

（4）其他应用。酸枣仁还可以添加到其他配方中，发挥酸枣仁的功效。如在现有牙膏配方的基础上添加酸枣仁提取液、甜味剂等，将其开发为一种能够促进睡眠的环保助眠型牙膏，该牙膏对睡眠不宁、难以入睡、烦躁易怒、心悸方面有效；适当添加酸枣仁、薰衣草、茉莉花等中药材，可制作一种散发安神气味的环保塑料。酸枣果、酸枣叶和酸枣仁提取物已被用作化妆品原料，酸枣仁油具有皮肤亲和性好、不发黏、有滋润感、易渗透吸收等优点，已被开发为美容按摩用油。

（张博华　孙梦雪）

第五节　枣综合利用加工设备

近年来，世界果蔬加工技术越来越先进，加工新技术及设备的研究应用发展迅速。国内外企业相继开发了一系列枣类的高附加值产品，达到了精细加工与综合利用。综合利用相关装备主要包括前处理设备、功能成分提取设备及纯化装备等，现简要介绍几种较为新颖的枣综合利用加工装备。

一、代表性前处理设备

（一）振动式超微粉碎改性设备（图 5－6）

超微粉碎技术相关设备类型较多，应用范围和粉碎效果各不相同，如气流粉碎机、研磨粉碎机、液流粉碎机等。对于果蔬类原料超微粉碎改性较为常用的是振动磨，其工作原理是将物料和磨介质装于由弹簧支承的粉碎筒体内，电机通过挠性联轴器驱动偏心激振器产生扰动力，驱动粉碎筒体高频振动，使筒体内的物料和磨介质产生抛射、冲击、剪切、摩擦和旋转运动而使物料被粉碎。粉碎筒体内装的磨介质可为不同尺寸的棒状或球状。偏心激振器安装于主轴上，振动磨的工作振幅通过激振器进行调节。

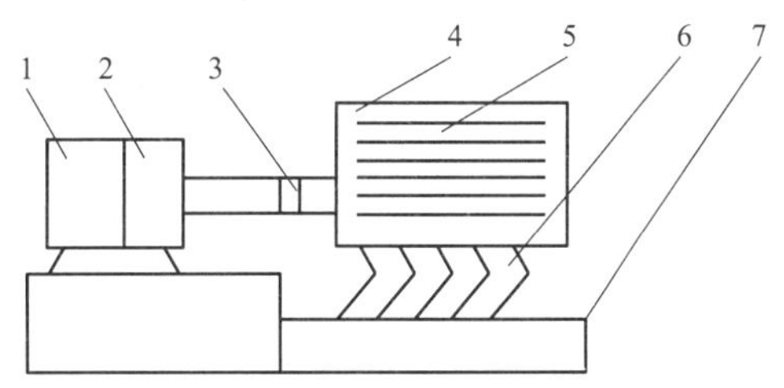

图 5－6　振动磨粉碎设备结构图

1. 电机　2. 联轴器　3. 偏心激振器　4. 粉碎筒体　5. 磨介（棒）　6. 支承簧片　7. 底座

（二）湿法超微粉碎改性设备（图 5－7）

湿法超微粉碎是流体或半流体物料通过高速相对连动的定齿与动齿之间，使物料受到强大的剪切力、摩擦力及高频振动等作用，有效地实现超微粉碎的方法。湿法超微粉碎有效解决了果蔬残渣因含水量高且富含韧皮纤维和胶原蛋白所造成的难粉碎，粉碎后颗粒大、粒径不均一的问题。超微粉碎技术操作简单，能耗低，易保持物料特性，广泛应用于食品加工等领域。采用湿法超微粉碎技术加工全枣果浆，可显著降低物料粒度及大分子物质分子质量，提高物料溶解性、分散性和吸收性，实现物料全利用。

（三）双螺杆挤压膨化改性设备

挤压改性作为一种物理改性方法，是近年来应用较为广泛的膳食纤维改性技术。其主要原理是物料在挤压改性过程中，受高温、高压和高剪切等作用影响，分子结构产生裂解及极性反应，将不溶性膳食纤维转化为可溶性膳食纤维，达到提高膳食纤维品质的目的。

目前产业化应用最为广泛的挤压设备是螺杆挤压机，同时尤以双螺杆挤压机性能最为优越，如图 5－8 所示。双螺杆挤压机基本构造主要包括控制装置、喂料器、挤压装置（机筒、螺杆）、配套模口以及一些压力、温度和扭矩传感器等。设备主要工作参数包括挤压温度、物料含水率、喂料速度和螺杆转速等。

图 5-7 湿法超微粉碎设备示意图

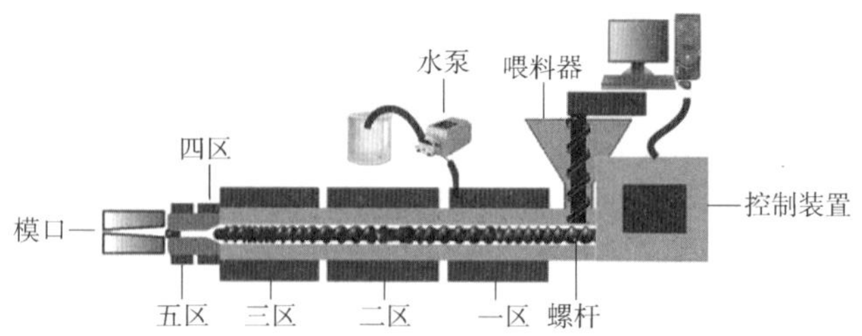

图 5-8 双螺杆挤压设备结构图

(四) 蒸汽爆破设备（图 5-9）

蒸汽爆破技术起源于 20 世纪 30 年代，起初主要应用于人造纤维板的生产。20 世纪 70 年代以后逐渐在生物饲料加工、化学品提取及造纸等领域应用，进入 21 世纪应用范围更是拓展到食品工业、制药工业、生物能源、材料、环境保护等领域。其主要原理是将原料置于高温、高压的环境中，使其孔隙中充满蒸汽，当瞬间解除高压时，原料空隙中的过热蒸汽迅速汽化，体积急剧膨胀而使细胞"爆破"，在机械力的作用下，将固体物料结构破坏。细胞壁破裂形成多孔，小分子物质从细胞内释放出来。具有作用时间短、耗能低、高效无污染及适应工业化等优点，被认为是生物质资源转换最具发展前景的预处理方法。蒸汽爆破技术设备主要分为间歇式和连续式两种，处理过程可分为高温蒸煮和瞬时减压爆炸两个阶段。可作为枣功能成分提取及质构改性预处理技术，提高枣及副产物的附加值。贺怡等（2021）采用蒸汽爆破技术对灰枣进行预处理，结果表明蒸汽爆破预处理对灰枣的营养及香气品质具有显著影响。在一定范围内随着蒸汽爆破压强及保压时间的增加，其总糖、糖酸比和色差值等随之增加。在预处理条件 0.3 MPa、20 s 时，总糖、总酸、松密度达到最佳，分别为 46.129 g/100 g、4.06 g/kg、0.5 g/mL。从不同汽爆预处理条件下的灰枣片中鉴定出 88 种香味物质，包括醇类、酸类、醛类、酮类、酯类、烃类和芳香族类 7 类化合物，在 0.2 MPa 处理条件下检测的挥发性化合物种类最多有 62 种，其中酸类化合物是主要香气成分，证明了蒸汽爆破技术是一种有效的改善灰枣品质的预处理方法。

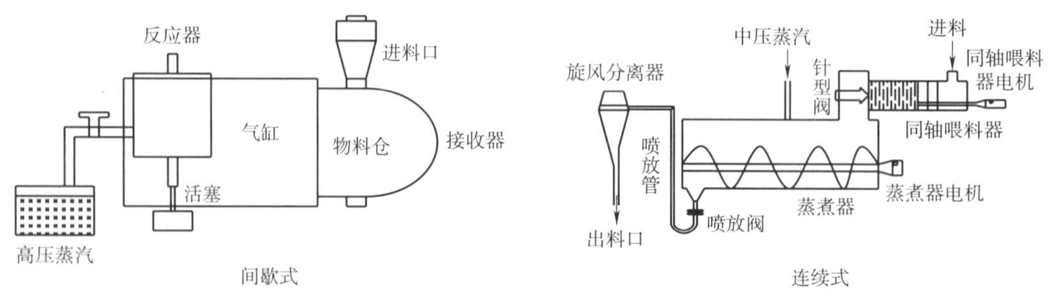

图 5-9 蒸汽爆破设备结构示意图（何晓琴等，2019）

二、代表性提取设备

（一）超声提取设备（图 5－10）

超声提取法是利用超声波的空化作用、机械效应和热效应等加速胞内有效物质的释放、扩散和溶解，显著提高提取效率的提取方法。当大能量的超声波作用于介质时，介质被撕裂成许多小空穴，这些小空穴瞬时闭合，并产生高达几千个大气压的瞬间压力，即空化现象。超声空化中微小气泡的爆裂会产生极大的压力，使植物细胞壁及整个生物体的破裂在瞬间完成，缩短了破碎时间，同时超声波产生的振动作用加强了胞内物质的释放、扩散和溶解，从而显著提高提取效率。

图 5－10　超声提取设备示意图

（二）浓缩水提设备（图 5－11）

浓缩水提方法适用于植物活性成分的浸出提取。提取罐是医药化工中常用的浸出提取设备。罐体内轴向位置装置的螺旋推进器或旋桨推进器，与罐体外的转动轴盘连接，其特征是具有一组斜卧的连续逆流浸出提取单罐，相互之间出料口与进料口相连接构成一连通器，每一个单罐体的低端上部具有进料口，下部具有残液排出口，罐体高端上部具有进液口或排气口，下部具出料口。

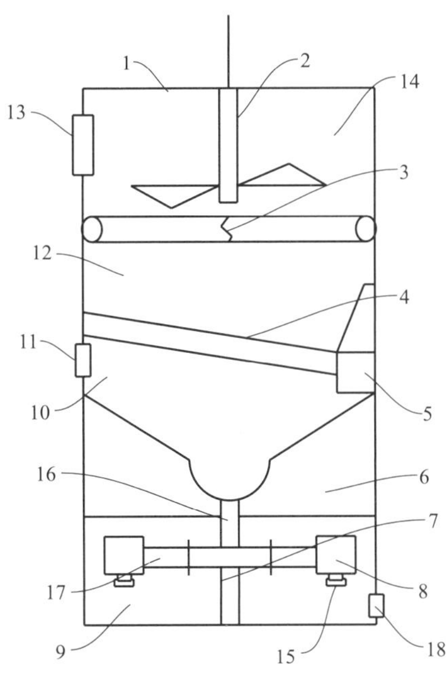

图 5－11　浓缩水提设备示意图及实物图

1. 箱体　2. 粉碎机　3. 活动阀门　4. 加热板　5. 过滤器　6. 超声机设备　7. 离心机　8. 离心杯　9. 枣胶收集层　10. 浓缩加料层　11. 第二进料口　12. 煮沸静置层　13. 第一进料口　14. 粉碎层　15. 出料口　16. 第二管道　17. 第一管道　18. 排料口

（三）逆流提取设备（图 5－12）

逆流提取是指在提取的过程中，物料和溶剂同时连续运动，但运动方向相反，通过机械传输，连续定量加料，使物料和溶媒充分接触，设备内溶剂不断更新，是一个固相原料向低浓度液相浸出的传质过程。逆流提取设备主要由投料斗、提取筒、出渣螺旋输送器等组成，原料经粗粉碎、浸润后从投料斗投入，同时固定在提取筒内壁上的螺旋带将物料从机组前端向后缓慢推进，提取溶剂从机组末端的进液管进入提取筒内，由筒后端穿过移动的物料向前端流动，固液两相物质在这种逆向运动中充分接触，从而将物料中有效成分提取出来。刘新华（2006）等以德州金丝小枣为原料，以乙醇为浸提液，采用逆流工艺提取枣汁。确定工艺条件为酒精浓度 95%，二级逆流提取方式，提取时间 38 min，原料质量与浸提液体积之比为 1∶3.7（g/mL）。用此工艺提取的枣汁较其他方法具有提取时间短、枣汁香味好和生产过程中物料不易被杂菌污染等优点。

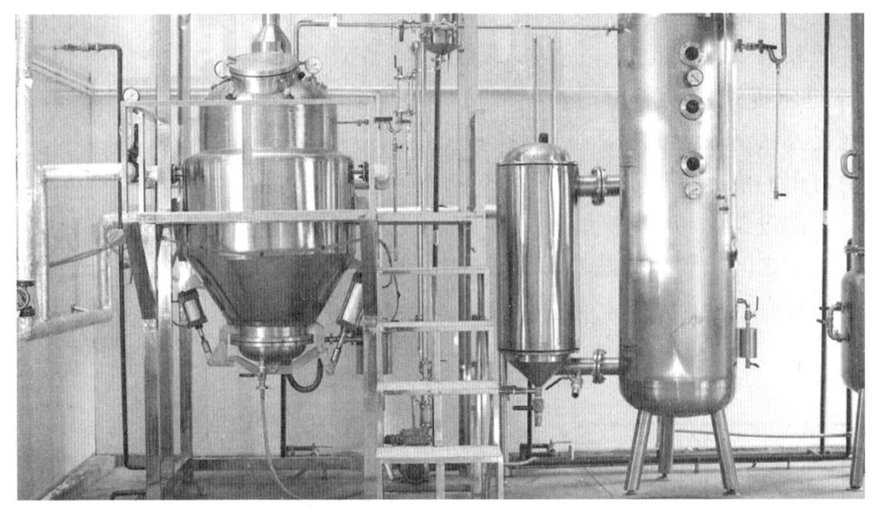

图 5-12　逆流提取设备

（四）亚临界提取设备（图 5-13）

亚临界萃取（sub-critical fluid extraction technology）是利用亚临界流体作为萃取剂，在密闭、无氧、低压的压力容器内，依据有机物相似相溶的原理，通过萃取物料与萃取剂在浸泡过程中的分子扩散过程，达到固体物料中的脂溶性成分转移到液态的萃取剂中，再通过减压蒸发的过程将萃取剂与目的产物分离，最终得到目的产物的一种新型萃取与分离技术。亚临界流体萃取相比其他分离方法有许多优点：无毒、无害、环保、无污染、非热加工、保留提取物的活性成分不破坏、不氧化，产能大、可工业化大规模生产，节能、运行成本低及易于产物分离。

（五）超临界提取设备（图 5-14）

超临界-CO_2流体萃取技术以 CO_2 为溶剂，改变超临界状态下 CO_2 的临界压力或温度，从提取物中提取生物活性物质。谢新华等（2009）利用超临界 CO_2 技术萃取冬枣香精油，在萃取压力 30 MPa、萃取温度 40 ℃，萃取时间 2.0 h 的最佳萃取工艺条件下，得率可达 1.293 5%，较水蒸气蒸馏技术提高了 3.2 倍，外观品质较水蒸气蒸馏法更优，并且克服了有机溶剂萃取工艺带来的产品颜色深、杂质含量高、溶解性差、香气不纯，有机溶剂残留等缺陷。

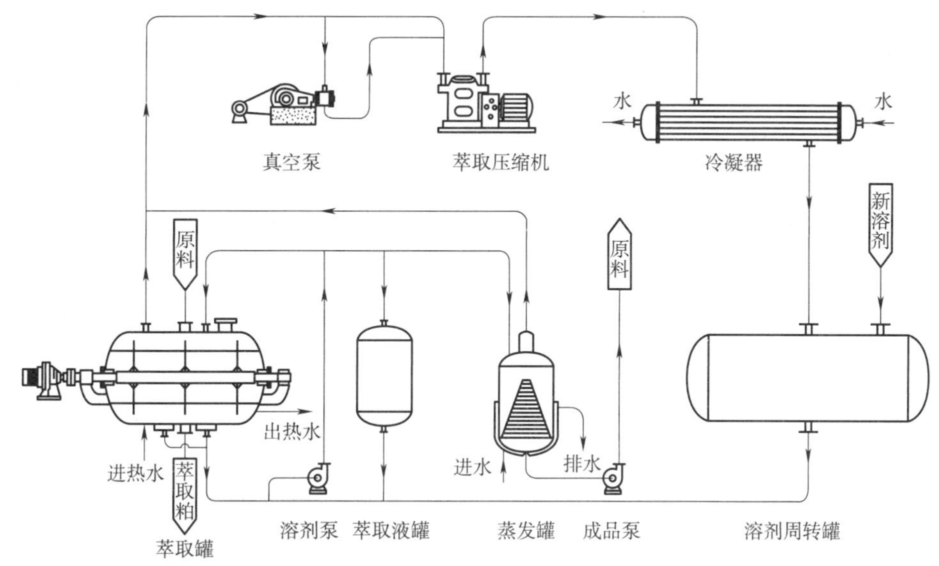

图 5－13　亚临界萃取设备原理图

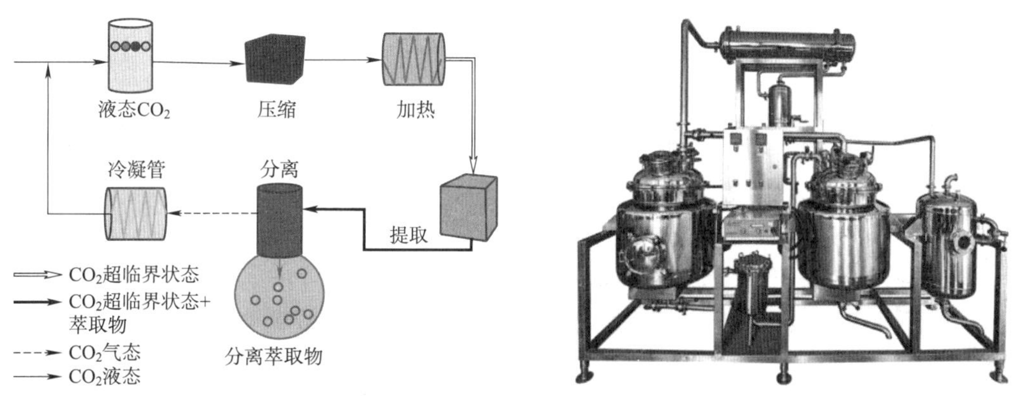

图 5－14　超临界提取设备示意图及实物图

三、代表性纯化设备

(一) 超滤设备（图 5－15）

超滤（Ultra－filtration，UF）属于膜分离技术的一种，其通过加压的方式让溶液流经多孔膜，使得溶剂与小分子溶质可以顺利通过，到达膜的低压侧，而大分子溶质以及大于膜孔的微粒则被截留，以实现不同物质的分离。超滤是一种介于微滤与纳滤之间的膜过滤技术，其过滤精度为 0.01～0.10 μm，操作压力的设定范围为 0.1～0.5 MPa。

超滤技术具有操作简便、能耗低、生产周期短的特点。使用超滤技术不仅可以有效降低企业的生产成本，而且不需要加入化学试剂，也无须改变溶液的温度，因此溶液的 pH、温度等不会发生变化，溶液中的生物大分子也就不会发生变性、失活与自溶。在生物大分子的制备技术中，超滤主要用于生物大分子的脱盐、浓缩、分离等。

(二) 树脂分离纯化设备 (图 5-16)

大孔树脂由于其独特的多孔结构及材料性质，常被应用于黄酮、多酚、多糖等功能活性成分的分离纯化。大孔吸附树脂的吸附实质为一种物体高度分散或表面分子受作用力不均等而产生的表面吸附现象，这种吸附性能是由于范德华引力或生成氢键的结果。同时由于大孔吸附树脂的多孔结构使其对分子大小不同的物质具有筛选作用。通过上述这种吸附和筛选原理，有机化合物根据吸附力的不同及分子量的大小，在大孔吸附树脂上经一定溶剂洗脱而达到分离、纯化、除杂、浓缩等不同目的。李嘉滢等（2013）发现通过大孔吸附树脂富集方法可较好的纯化酸枣仁皂苷，工艺稳定可行。刘世军等（2017）考察了大孔吸附树脂对大枣多糖的纯化条件，筛选出最佳树脂（AB-8）纯化大枣多糖。此外最佳参数为上样量 30 mL，室温 20 ℃，洗脱流速 2.0 mL/min，这个条件下大枣多糖纯化可以获得较高的纯化率。该工艺稳定、合理，可为工业化生产提供依据。

图 5-15　超滤设备实物图

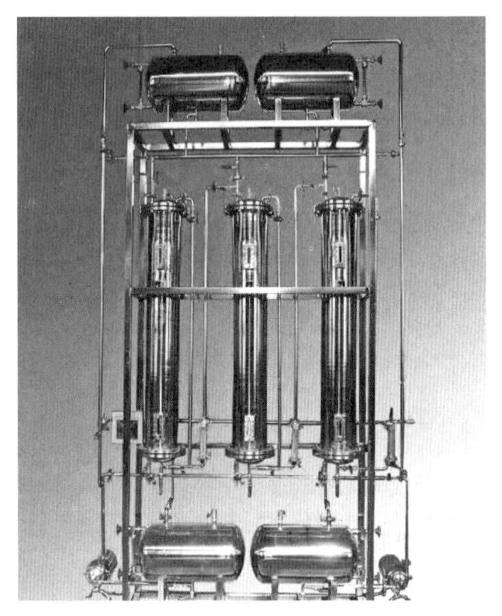

图 5-16　树脂分离纯化设备实物图

（王崇队　张明　范祺　张博华　王丽　倪立颖　孙梦雪）

参考文献

白冰瑶，刘新愚，周茜，等，2016. 红枣膳食纤维改善小鼠功能性便秘及调节肠道菌群功能［J］. 食品科学，37（23）：254-259.

蔡冰洁，2017. 枳椇多糖的理化性质及生物活性研究［D］. 合肥：合肥工业大学.

蔡兴航，刘世军，韩玲，等，2018. 大枣及大枣叶水提醇沉物对高脂血症模型小鼠降脂作用初探［J］. 陕西农业科学，64（8）：1-3.

曹艳萍，代宏哲，曹炜，等，2008. Folin-Ciocaileu 比色法测定红枣总酚［J］. 安徽农业科学（4）：1299，1302.

陈丛瑾，黎跃，胡华宇，2008. 微波辐照毛竹梢制备活性炭［J］. 林产化学与工业（3）：86-90.

陈科先，赵丽梅，嵇长久，等，2015. 酸枣仁中的黄酮碳苷类成分研究［J］. 中国中药杂志，40（8）：

1503 - 1507.
陈朋，隋月红，刘丹，等，2015. 大孔树脂纯化枣叶中三萜类化合物的研究 [J]. 食品工业，36 (6)：212 - 215.
陈瑞战，张守勤，王长征，2005. 常温超高压提取人参总皂苷 [J]. 化工学报 5：911 - 914.
程晓雯，于有伟，张晨星，等，2020. 超声波协同微波处理对枣汁营养成分和抗氧化活性的影响 [J]. 中国果菜，40 (5)：50 - 56.
初乐，刘雪梅，赵岩，等，2014. 红枣多糖在加工过程中的变化研究 [J]. 中国果菜，34 (12)：17 - 20.
崔纪成，杨瑛，2016. 活性炭制备技术发展现状的研究 [J]. 林业机械与木工设备，44 (9)：8 - 12.
崔志强，孟宪军，2007. 微波辅助萃取冬枣环磷酸腺苷工艺研究 [J]. 食品科学，28 (4)：163 - 166.
迪更妮，张维库，乔灏祎，等，2016. 酸枣仁皂苷 A 人工抗原的制备及鉴定 [J]. 中国中药杂志，41 (10)：1880 - 1883.
丁轲，茅琪婧，卢文静，等，2010. 酸枣仁皂苷 A、B 提取纯化工艺的研究 [J]. 中国食品学报，10 (3)：40 - 46.
丁霄霄，李凤伟，商曰玲，等，2020. 灵芝多糖的复合酶法提取工艺优化 [J]. 食品研究与开发，41 (5)：34 - 39，53.
杜晨晖，闫艳，朱羽尧，等，2018. 山西不同产地酸枣仁中脂肪酸类成分的 GC - MS 分析 [J]. 中国实验方剂学杂志，24 (24)：19 - 25.
杜丽娟，冀晓龙，许芳溢，等，2014. 低温真空膨化与自然干制对红枣抗氧化活性的影响 [J]. 食品科学，35 (13)：81 - 86.
杜远东，胡锐，刘继平，2011. 酸枣仁油对小鼠荷 S180 肉瘤的抑制作用 [J]. 现代中医药，31 (1)：53 - 55.
房信胜，王建华，祝丽香，等，2010. 微波辅助提取酸枣仁皂苷 A 的工艺优化 [J]. 林产化学与工业，30 (1)：92 - 96.
傅成诚，梅凡民，周亮，等，2009. NaOH 改性活性炭的表面特征及吸附甲醛的性能 [J]. 化工环保，29 (4)：381 - 384.
高忠青，2016. 一种散发安神气味的环保塑料：中国，10533093 A [P]. 2016 - 02 - 17.
高剑锋，徐万玉，2008. 酸枣仁皂苷的研究综述 [J]. 中国药师，11 (11)：1376 - 1378.
耿欣，李廷利，2016. 酸枣仁主要化学成分及药理作用研究进展 [J]. 中医药学报，44 (5)：84 - 86.
宫丽，解军波，赖长江生，等，2021. 酸枣仁及其副产物综合利用的研究进展 [J]. 中国实验方剂学，27 (3)：222 - 230.
龚频，王佩佩，同美霖，等，2022. 红枣多糖的提取工艺及药理活性研究 [J]. 食品工业科技，43 (13)：198 - 207.
顾宜，王晓娟，千珂，2014. 酸枣仁提取物的制备方法：中国，CN103623081 A [P]. 2014 - 03 - 12.
郭盛，段金廒，钱大玮，等，2012. 大枣加工过程中化学成分变化及不同加工规格大枣药用品质比较研究 [C] //海峡两岸暨 CSNR 全国第十届中药及天然药物资源学术研讨会论文集：416.
郭盛，严辉，钱大玮，等，2019. 枣属药用植物资源产业化过程副产物及废弃物的资源价值发现与循环利用策略构建 [J]. 南京中医药大学学报，35 (5)：579 - 584.
郭秀兰，吴英敏，葛全庭，1990. 酸枣仁油中脂肪酸的色谱分析 [J]. 色谱，8 (6)：396 - 397.
韩鹏，李冀，胡晓阳，等，2021. 酸枣仁的化学成分、药理作用及临床应用研究进展 [J]. 中医药学报，49 (2)：110 - 114.
郝会芳，王艳辉，苗笑阳，等，2007. 枣核中多酚物质提取条件的初步研究 [J]. 华北农学报 (S2)：48 - 52.
郝婕，王艳辉，董金皋，等，2008. 金丝小枣多酚提取物的生理功效研究 [J]. 中国食品 (5)：22 - 27.

何晓琴，李苇舟，李富华，等，2019. 蒸汽爆破预处理在农产品加工副产物综合利用中的应用 [J]. 食品与发酵工业，45 (8)：252-257.

贺怡，张明，马超，等，2021. 汽爆预处理对灰枣品质及香气物质的影响 [J]. 食品科技，46 (2)：59-66.

苑静，李孟娟，2016. 微波辅助法提取枣核总黄酮 [J]. 凯里学院学报，34 (6)：38-41.

贺德留，马永涛，2014. 山枣（核）壳为原料制造汽油回收活性炭的研究 [J]. 河南林业科技，34 (3)：1-4.

贺一新，赵素霞，崔瑛，2010. 酸枣仁抗焦虑活性物质分析 [J]. 中药材，33 (2)：229-231.

胡晨旭，张晶蓉，黄丽华，等，2013. 环磷酸腺苷在肿瘤临床治疗中的应用研究进展 [J]. 天津药学，25 (6)：49-52.

黄海英，关延彬，贾永艳，等，2014. 酸枣仁皂苷 A 制备抗焦虑滴丸的方法：中国，CN103655498 A [P]. 2014-03-26.

黄云鸿，2017. 一种环保助眠型牙膏以及制备方法：中国，106265249 A [P]. 2017-01-04.

姜建国，谢红，钟瑞芳，等，2022. 一种酸枣仁皂苷及其制备与在制备降血糖药物中的应用：CN113214349B [P]. 2022-07-26.

贾颖，郭亚菲，孙胜杰，等，2018. 超临界 CO_2 萃取生酸枣仁挥发油的镇静催眠作用研究 [J]. 中华中医药杂志，33 (9)：4181-4183.

焦中高，张春岭，刘杰超，等，2014. 枣核多酚提取物对体外蛋白质非酶糖化的抑制作用 [J]. 中国食品添加剂，71 (6)：71-76.

解云惠，2022. 乡村振兴背景下数字经济驱动传统产业转型升级的路径研究——以红枣产业为例 [J]. 农村经济与科技，33 (6)：129-131，150.

赖玲，杨昕，杨光，等，2006. 正交试验法优选酸枣仁中白桦脂酸的提取工艺 [J]. 中草药 (4)：532-534.

李宝莉，陈雅慧，张正祥，等，2010. 复方酸枣仁油栀子油对小鼠学习记忆的影响 [J]. 西安交通大学学报：医学版，31 (6)：673-676，707.

李宝莉，谷秀娟，陈雅慧，等，2012. 酸柏栀油软胶囊对去势大鼠血液流变性的影响及其降血脂作用 [J]. 吉林大学学报（医学版），38 (5)：927-931.

李海朝，张小祥，徐贵钰，2009. 牛粪磷酸法制备粉状活性炭研究 [J]. 应用化工，38 (10)：1395-1397.

李海庆，姜伟强，牛文欢，等，2021. 一种全自动红枣去核机：中国，110037313 B [P]. 2021-05-07.

李佳虹，唐旗羚，郭纪全，等，2016. 基于受体配体结合技术研究酸枣仁镇静催眠活性成分 [J]. 中国药理学通报，32 (4)：508-513.

李嘉滢，吕晶森，干丽，等，2013. 大孔吸附树脂纯化酸枣仁皂苷工艺研究 [J]. 中国现代药物应用，7 (22)：237.

李进伟，丁霄霖，2006. 金丝小枣多糖的提取及脱色研究 [J]. 食品科学，27 (4)：150-154.

李晋，徐尚福，殷国海，等，2014. 红枣多糖对人肝癌 HepG2 细胞的抑制作用 [J]. 贵州医药，38 (6)：506-508.

李炜，2013. 磷酸法活化栀子壳制备活性炭及其性能分析 [J]. 林业机械与木工设备，41 (8)：44-46.

李霄，曹艳萍，马向荣，等，2012. 陕北红枣多酚抗氧化性研究与比较 [J]. 应用化工，41 (8)：1368-1371.

李游，靳爱仙，梁宗锁，等，2009. 酸枣仁总黄酮提取工艺及其预测模型研究 [J]. 西北农林科技大学学报（自然科学版），37 (10)：193-198.

李忠新，杨莉玲，崔宽波，等，2011. 红枣加工工艺及成套设备研制 [J]. 新疆农机化 (3)：39-40.

李宗泽，靳学远，段君，等，2022. 双螺杆挤压对灰枣枣渣膳食纤维理化及结构特性的影响［J］. 中国食品添加剂，33（10）：47-51.
梁志宏，尹蓉，张倩茹，等，2019. 不同提取工艺对残次裂枣膳食纤维品质的影响［J］. 山西农业大学学报（自然科学版），39（6）：53-61.
林夕梦，2020. 碱提枣渣多糖的结构表征及抗氧化活性研究［D］. 杨陵：西北农林科技大学.
刘春娟，张守勤，张劲松，等，2009. 超高压技术提取黄芪多糖的研究［J］. 中成药，31（9）：1359-1363.
刘魁，戎欣玉，王荣耕，等，2007. 酸枣仁乳饮料的研制［J］. 食品研究与开发，28（10）：92-94.
刘孟军，王向红，崔同，2004. 一种从枣中分离提取环核苷酸糖浆、膳食纤维和枣蜡的方法：中国，CN1175758C［P］. 2004-11-17.
刘孟军，王永蕙，1991. 枣和酸枣等 14 种园艺植物 cAMP 含量的研究［J］. 河北农业大学学报（4）：20-23.
刘敏，2015. 红枣膳食纤维酸奶的研制［D］. 保定：河北农业大学.
刘庆春，毕珣，刘爱兵，等，2015. 枣环磷酸腺苷提取液对小鼠抗疲劳作用的药效学研究［J］. 肠外与肠内营养，22（1）：46-48.
刘世军，冯丹，唐志书，等，2020. 大枣膳食纤维馒头的制备工艺研究［J］. 陕西农业科学，66（2）：31-36.
刘世军，高森，唐志书，等，2018. 煅法制备枣核活性炭研究［J］. 西部中医药，2018，31（1）：22-24.
刘世军，李瑞，杨旭，等，2017. 大枣多糖的纯化工艺研究［J］. 西部中医药，30（3）：36-38.
刘喜前，2014. 浅析红枣产品加工现状和发展策略［J］. 农业技术与装备（24）：30-31，34.
刘晓光，高悦，徐兆翮，等，2020. 酸枣叶速食粥的研制［J］. 赤峰学院学报（自然科学版），36（10）：3.
刘晓光，苗校勋，朱毓永，2019. 酸枣叶保健饼干的研制［J］. 保鲜与加工，19（5）：109-114.
刘新华，李新民，张存兰，等，2006. 乙醇逆流法提取枣汁的工艺优化［J］. 德州学院学报（1）：75-77.
刘中秋，卢琳琳，王文晟，等，2019. 酸枣仁皂苷 A 在制备治疗肺癌药物中的应用：中国，CN107028967B［P］. 2019-10-01.
刘子祯，姜蕊，刘伟锐，等，2016. 红枣叶中三萜皂苷的提取工艺和含量测定研究［J］. 食品研究与开发，37（1）：57-59.
陆晶晶，马琦，苏亮，等，2012. 酸枣仁油的提取与抗氧化活性组分的研究［J］. 卫生研究，41（6）：1016-1018.
骆骏，2008. 微波法玉米秸秆活性炭制备与应用研究［D］. 昆明：昆明理工大学.
苗利军，2006. 枣果中三萜酸等功能性成分分析［D］. 保定：河北农业大学.
彭国岗，龚荣岗，白晓莉，等，2014. 超临界 CO_2 萃取淫羊藿多糖及其在卷烟中的应用［J］. 食品工业，35（5）：65-68.
乔龙东，2016. 酸枣仁黄酮固体脂质纳米粒制备与代谢动力学研究［D］. 天津：天津商业大学.
任彦荣，张忠明，谢跃杰，等，2018. 微波辅助水酶法优化红枣中环磷酸腺苷（cAMP）提取工艺及其抗疲劳作用［J］. 食品科学，39（2）：260-266.
任燕萍，2011. 酸枣仁有效成分的提取及其药理作用研究［J］. 海峡药学，23（12）：89-91.
申晨曦，2020. 酸枣仁和理枣仁化学成分系统表征及对比研究［D］. 太原：山西大学.
沈柯辰，吴现华，刘静，等，2022. 枣渣中功效成分提取及综合利用研究进展［J］. 保鲜与加工，22（5）：96-100.

石勇，王会晓，纵伟，等，2010. 复合酶法提取红枣多糖工艺研究 [J]. 食品工程（4）：31-33.
宋方芹，杨金荣，侯暄，等，2018. 酸枣仁抗抑郁有效部位配伍胶囊剂研制与质量分析 [J]. 时珍国医国药，29（11）：2648-2650.
隋月红，2016. 南疆金昌枣化学成分及其生物活性的初步研究 [D]. 阿拉尔：塔里木大学.
孙欢欢，刘世军，唐志书，等，2020. 大枣膳食纤维面条的制作工艺研究 [J]. 陕西农业科学，66（3）：30-35.
孙静，邵佩兰，徐明，等，2017. 高温蒸煮结合酶解改性枣渣膳食纤维 [J]. 食品工业科技，38（23）：137-142.
孙燕，2014. 酸枣仁生物碱和皂苷部位配伍指纹图谱及解郁安神作用机制的研究 [D]. 天津：天津医科大学.
陶冶，程铭，焦文佳，等，2018. 不同提取方法对酸枣仁油成分与品质的影响 [J]. 食品工业科技（14）：165-170，176.
滕腾，刘砚墨，2016. 酸枣仁皂苷逆流提取工艺研究 [J]. 浙江中医杂志，51（10）：771-772.
田勇，李俊霞，孙晓瑞，2022. 一种红枣加工用切片装置：中国，216030980U [P]. 2022-03-15.
王虎玄，赵天添，王聪，等，2022. 陕北狗头红枣可溶性膳食纤维提取工艺优化及其理化特性与抗氧化活性研究 [J]. 陕西科技大学学报，40（5）：54-62，99.
王欢，车凤斌，郑素慧，等，2015. 充氮处理对骏枣干枣贮期品质和活性成分的影响 [J]. 新疆农业科学，52（8）：1454-1459.
王欢欢，王琪，于爽，等，2020. 酸枣仁油软胶囊对大鼠觉醒-睡眠时相及焦虑样行为的影响 [C] //中国睡眠研究会第十二届全国学术年会论文汇编.
王力川，于玲，董丽丽，等，2015 . 酸枣仁油的提取工艺比较及酸枣仁作为油料作物的可行性研究 [J]. 邢台学院学报（4）：187-188，192.
王丽娟，张明春，李彬，等，2010. 酸枣仁半仿生提取物和醇提取物对睡眠的改善作用 [J]. 时珍国医国药，21（12）：3397-3398.
王丽娟，张彦青，王勇，等，2014. 酸枣仁黄酮对记忆障碍小鼠学习记忆能力的影响 [J]. 中国中医药信息杂志，21（5）：53-55，60.
王清莲，袁秉祥，高其铭，等，1995. 酸枣仁油对艾氏腹水癌小鼠生存期和体重的影响 [J]. 西安医科大学学报，16（3）：295-297.
王蓉珍，赵子青，林勤保，等，2012. 大枣功效成分检测的研究进展 [J]. 食品工业科技，33（4）：423-426.
王文凯，2014. 生、炒酸枣仁相伍抗抑郁作用机制及相伍后化学成分变化研究 [D]. 哈尔滨：黑龙江中医药大学.
王文龙，云月英，2009. 药食同源之酸枣仁 [J]. 农产品加工（学刊）（2）：67-70.
王向红，桑亚新，崔同，等，2005. 高效液相色谱法测定枣果中的环核苷酸 [J]. 中国食品学报（3）：115-119.
王晓琴，2016. 木枣多糖的理化特性及诱导 MKN-45 细胞凋亡作用研究 [D]. 杨陵：西北农林科技大学.
王勇，魏娜，朱智云，2011. 酸枣仁药材总黄酮提取工艺研究 [J]. 海南医学院学报，17（7）：882-885.
王自善，田春雨，张国伟，等，2020. 酸枣仁的化学成分、药理作用及开发利用 [J]. 亚太传统医药，16（7）：202-205.
吴璟，陈健茂，杨卫东，等，2007. 酸枣仁脂肪油提取物对大鼠血脂及 SOD、CAT 活性的影响 [J]. 宁夏医学院学报，29（1）：19-20.
吴尚霖，袁秉祥，马志义，2001. 酸枣仁油对小鼠学习记忆的影响 [J]. 中草药（3）：56-57.

吴玉兰，丁安伟，包贝华，2005. 炒酸枣仁中酸枣仁皂苷的提取纯化工艺研究［J］. 中药材（3）：219 - 223.
谢飞，叶晓，2010. 均匀设计法优选聚砜超滤膜分离姬松茸多糖工艺条件［J］. 食品科技，35（5）：120 - 124.
谢惠，韩娅婷，邵佩兰，等，2017. 红枣可溶性膳食纤维的抗氧化活性研究［J］. 食品工业科技，38（22）：37 - 41.
谢学军，金东艳，戴俊生，等，2021. 红枣产业发展情况调研报告［J］. 中国农村科技（10）：54 - 57.
谢宇，楚焕焕，李光英，等，2021. 枣核活性炭的制备及其铀吸附性能［J］. 西南科技大学学报，36（1）：1 - 8.
邢珂慧，鲁倩茹，邵佩兰，等，2020. 超微粉碎-酶法改性枣渣膳食纤维工艺优化［J］. 中国调味品，45（10）：49 - 53.
邢晓圆，2017. 红枣膳食纤维提取及肠道健康运动食品研制［J］. 食品研究与开发，38（24）：93 - 96.
徐怀德，雷宏杰，李梅，等，2022. 我国红枣产业发展现状［J］. 中国农村科技（4）：49 - 52.
徐淑艳，谢元仲，孟令馨，2016. 生物质基复合材料在食品包装中的应用［J］. 森林工程，32（3）：85 - 89.
许牡丹，邹继伟，史芳，2013. 超声波辅助酶法提取木枣环磷酸腺苷的工艺条件优化［J］. 食品科技，38（7）：220 - 224.
薛晓芳，赵爱玲，任海燕，等，2014. 枣果中的营养保健成分及其作用［J］. 山西果树（4）：46 - 48.
闫艳，付彩，杜晨晖，2018. 酸枣叶的营养成分、保健功能及产品开发研究进展［J］. 食品工业科技，39（20）：330 - 336，342.
颜玲，2019. 膳食纤维功能特性评价及纤维素分子量对肠道菌群影响的研究［D］. 合肥：合肥工业大学.
杨春，张玲，张江宁，等，2019. 枣果功效成分环核苷酸的研究进展［J］. 农产品加工（2）：71 - 73，77.
杨观兰，钟朝玲，张强，等，2022. 响应面优化南酸枣叶总黄酮的提取及其抗氧化活性研究［J］. 粮食与油脂，35（9）：133 - 137.
杨金凤，李洁，2019. 酸枣叶食用菌发酵茶的研制［J］. 食品研究与开发，40（12）：135 - 140.
杨军宣，张毅，吕姗珊，等，2015. 超临界-CO_2萃取酸枣仁皂苷类成分的研究［J］. 中成药，37（4）：899 - 902.
杨晓霞，郑小峰，郭延红，2016. 枣核活性炭对罗丹明B吸附性能的研究［J］. 离子交换与吸附，32（4）：341 - 350.
姚文华，胡玉宏，邱承军，等，2007. 酶法制备枣膳食纤维与应用的研究［J］. 食品科学，28（1）：139 - 142.
袁文辉，叶振华，1997. 高性能活性炭的制备及其性能研究［J］. 天然气化工（6）：32 - 35.
苑妞妞，王义翠，温梅兰，等，2021. 大枣多糖的生物学功能及其在畜牧业中的应用研究进展［J］. 中国畜牧杂志，57（12）：47 - 51.
云月英，王国泽，柳青，等，2011. 酸枣仁酸奶的研制［J］. 安徽农业科学，39（8）：4523 - 4525.
张吉祥，欧来良，2012. 枣核总黄酮的微波辅助提取工艺优化［J］. 食品科学，33（16）：45 - 49.
张巾英，2008. 酶法提取酸枣仁皂苷研究［D］. 天津：天津商业大学.
张丽芬，韩娅婷，邵佩兰，等，2017. 红枣可溶性膳食纤维的抗脂质过氧化作用［J］. 北方园艺（21）：50 - 56.
张明春，解军波，张巾英，等，2008. 复合酶法提取酸枣仁皂苷的工艺条件优化［J］. 上海中医药杂志（9）：76 - 78.
张明娟，李薇，庞晓明，2012. 枣果中环磷酸腺苷（CAMP）的提取工艺及含量测定［J］. 食品与发酵工业，38（5）：228-231.
张娜，陈卓，马娇，等，2016. 热处理对骏枣主要活性成分的影响［J］. 食品科技，41（5）：71-74.
张娜，杨保求，王倩，等，2010. 枣核黄酮类物质的抗氧化性研究［J］. 安徽农业科学，38（35）：20037-20039.
张泽炎，张瑞妮，张海生，等，2013. 二次回归旋转正交组合设计对红枣多酚提取工艺的优化［J］. 农产品加工（下），（18）：21-23，26.
张婷，解军波，张彦青，等，2013. 星点设计-效应面法优化酸枣仁黄酮滴丸的制备工艺［J］. 中国药学杂志，48（2）：123-128.
张婷，张华，沈宇燕，等，2012. 星点设计-效应面法优化酸枣仁黄酮滴丸处方［J］. 中国实验方剂学杂志，18（14）：26-31.
张婷，张岩，王文彤，等，2018. 酸枣仁中黄酮成分及其药理作用研究进展［J］. 天津药学，30（1）：69-74.
张雪，陈复生，张恒业，等，2015. 酸枣仁助眠八宝粥及助眠作用的研究［J］. 河南农业大学学报，49（6）：856-860.
张雪，陈复生，张红，2014. 酸枣仁油抗氧化活性研究［J］. 河南科学，32（3）：347-351.
张雪，李云芳，张晓根，等，2012. 酸枣仁油提取工艺优化研究［J］. 郑州牧业工程高等专科学校学报，32（4）：8-9，33.
张严磊，施欢贤，唐志书，等，2015. 碱法同时提取酸枣渣可溶性与不溶性膳食纤维及其性能研究［J］. 纤维素科学与技术，23（4）：43-48.
张颖，郭盛，严辉，等，2016. 不同产地不同品种大枣中可溶性糖类成分的分析［J］. 食品工业，37（8）：265-270.
张越，杨晓霞，徐家伟，等，2015. 化学活化法制枣核基活性炭研究［J］. 广州化工，43（6）：102-104.
张云亮，范洪臣，窦博鑫，等，2021. 红枣相关产品的研究进展［J］. 保鲜与加工，21（4）：146-150.
张志国，陈锦屏，邵秀芝，等，2007. 红枣核类黄酮清除 DPPH 自由基活性研究［J］. 食品科学，28（2）：67-70.
张钟，吴茂东，2006. 大枣多糖对小鼠化学性肝损伤的保护作用和抗疲劳作用［J］. 南京农业大学学报（1）：94-97.
赵爱玲，李登科，王永康，等，2009. 枣树不同品种、发育时期和器官的 cAMP 和 cGMP 含量研究［J］. 园艺学报，36（8）：1134-1139.
赵启铎，舒乐新，蔡广知，2014. 酸枣仁总黄酮和总皂苷部位制备工艺的稳定性考察［J］. 中国实验方剂学杂志，20（24）：27-29.
赵启铎，舒乐新，王颖，等，2011. 酸枣仁油对行为绝望小鼠模型的影响［J］. 中国实验方剂学杂志，17（18）：190-192.
周建华，于春玲，贾玉涛，2001. 保健系列叶茶的研制［J］. 饮料工业，4（1）：11-13.
周丽珍，刘冬，李艳，等，2011. 高温蒸煮结合酶解改性豆渣膳食纤维［J］. 食品研究与开发，32（1）：27-30.
朱俊洁，2004. 高压技术提取中药有效成分的工艺及机理研究［D］. 长春：吉林大学.
朱沛沛，郝欢，刘光智，等，2013. 枣核中多酚的微波辅助提取工艺研究［J］. 江西饲料，134（4）：3-6.
朱怡霖，付倩，2019. 红枣多酚的研究进展［J］. 农产品加工，481（11）：74-76，79.
纵伟，张薇薇，范运涛，等，2014. 枣渣水不溶性膳食纤维超声脱色工艺研究［J］. 中国食品添加剂（3）：65-68.
ANGIOLILLO L，NOBILE M A D，CONTE A，et al.，2015. The extraction of bioactive compounds

from food resides using microwaves [J]. Current Opinion in Food Science, 5: 93 - 98.

CHAN C H, YUSOFF R, NGOH G, et al., 2014. Modeling and kinetics study of conventional and assisted batch solvent extraction [J]. Chemical Engineering Research & Design, 92 (6): 1169 - 1186.

FU Q, MA Y, CHEN J, et al., 2017. Two new C - glucosyl flavonoids from *Ziziphus jujuba* and their antiinflammatory activity [J]. Journal of Asian Natural Products Research, 19 (5): 462 - 467.

GE L, ZHU M M, YANG J Y, et al., 2015. Differential proteomic analysis of the anti - depressive effects of oleamide in a rat chronic mild stress model of depression [J]. Pharmacology Biochemistry and Behavior, 131: 77 - 86.

HANABUSA K, CYONG J, TAKAHASHI M, 1981. High - level of cyclic AMP in the jujube plum [J]. Planta Medica, 8: 380 - 384.

HSISHENG T Tien - Sheng Y, Li - Yeh H, 1998. Preparation of activated carbon from bituminous coal with phosphoric acid activation [J]. Carbon, 36 (9): 1387 - 1395.

IONTA M, ROSA M C, ALMEIDA R B, et al., 2012. Retinoic acid and cAMP inhibit rat hepatocellular carcinoma cell proliferation and enhance cell differentiation [J]. Brazilian Journal of Medical & Biological Research, 45 (8): 721 - 729.

JI X L, PENG Q, YUAN Y P, et al., 2017. Isolation, structures and bioactivities of the polysaccharides from jujube fruit (*Ziziphus jujuba* Mill.): A review [J]. Food Chemistry, 227: 349 - 357.

JIANG J G, HUANG X J, CHEN J, et al., 2007. Comparison of the sedative and hypnotic effects of flavonoids, saponins, and polysaccharides extracted from Semen *Ziziphus jujube* [J]. Natural Product Research, 21 (4): 310 - 320.

JUNG I H, LEE H E, PARK S J, et al., 2014. Ameliorating effect of spinosin, a C - glycoside flavonoid, on scopolamine - induced memory impairment in mice [J]. Pharmacology Biochemistry and Behavior, 120 (5): 88 - 94.

LAROZE L, ZU' NIGA M E, SOTO C, et al., 2008. Raspberry phenolic antioxidants extraction [J]. Journal of Biotechnology, 136: S728 - S729.

LI J, FAN L, DING S, 2011. Isolation, purification and structure of a new water - soluble polysaccharide from *Zizyphus jujub*a cv. Jinsixiaozao [J]. Carbohydrate Polymers, 83 (2): 477 - 482.

LI W, PENG J, ZHANG L, et al., 2009. Preparation of activated carbon from coconut shell chars in pilot - scale microwave heating equipment at 60 kW [J]. Waste Management, 29 (2): 756 - 760.

LIMA I, MARSHALL W E, 2005. Utilization of turkey manure as granular activated carbon: Physical, chemical and adsorptive properties [J]. Waste Management, 25 (7): 726 - 732.

LIN T T, YAN L, LAI C J S, et al., 2018. The effect of ultrasound assisted extraction on structural composition, antioxidant activity and immunoregulation of polysaccharides from *Ziziphus jujuba* Mill var. spinosa seeds [J]. Industrial Crops and Products, 125: 150 - 159.

LIN X M, JI X L, WANG M, et al., 2019. An alkali - extracted polys - accharide from *Zizyphus jujuba* cv. Muzao: Structural chara - cterizations and antioxidant activities [J]. International Journal of Biological Macromolecules, 136: 607 - 615.

LIU C J, LI J, ZHU L D, et al., 2020. A sensitive two - step stacking by coupling field - enhanced sample injection and micelle to cyclodextrin stacking for the determination of neutral analytes [J]. Journal of Chromatography A, 1618: 460854.

LU Y, BAO T, MO J L, et al., 2021. Research advances in bioactive components and health benefits of jujube (*Ziziphus jujuba* Mill.) fruit [J]. Journal of Zhejiang University - Science B (Biomedicine &

Biotechnology), 22 (6): 431 - 449.

LIU Z, ZHAO X, LIU B, et al., 2014. Jujuboside A, aneuroprotective agent from Semen Ziziphi Spinosae ameliorates behavioral disorders of the dementia mouse model induced by Aβ1 - 42 [J]. European Journal of Pharmacology, 738: 206 - 213.

QU L, YU S C, LUO L, et al., 2013. Optimization of ultrasonic extraction of polysaccharides from *Ziziphus jujuba* Mill. by response surface methodology [J]. Chemistry Central Journal, 7: 160 - 167.

ROOHINEJAD S, KOUBAA M, BARBA F J, et al., 2016. Negative pressure cavitation extraction: A novel method for extraction of food bioactive compounds from plant materials [J]. Trends in Food Science & Technology, 52: 98 - 108.

ROSTAMI H, GHARIBZAHEDI S M T, et al., 2016. Microwave - assisted extraction of jujube polysaccharide: Optimization, purification and functional characterization [J]. Carbohydrate Polymers: Scientific and Technological Aspects of Industrially Important Polysaccharides, 143: 100 - 107.

SHIRSATH S R, SONAWANE S H, GOGATE P R, 2012. Intensification of extraction of natural products using ultrasonic irradiations - A review of current status [J]. Chemical Engineering and Processing - Process Intensification, 2012, 53: 10 - 23.

SONG P P, LAI C J S, XIE J B, et al., 2019. The preparation and investigation of spinosin - phospholipid complex self - microemulsifying drug delivery system based on the absorption characteristics of spinosin [J]. Journal of Pharmacy and Pharmacology, 71 (6): 898 - 909.

TAO Y, CHENG M, JIAO W J, et al., 2018. Effects on components and quality of jujube kernel oil extracted by different extraction methods [J]. Science and Technology of Food Industry (14): 165 - 170.

WENNERBERG A N, O'GRADY T M, 1978. Active carbon process and composition: U. S., 4082694 [P]. 2023 - 09 - 25.

XIE B, WANG P J, YAN Z W, et al., 2018. Growth performance, nutrient digestibility, carcass traits, body composition, and meat quality of goat fed Chinese jujube (*Ziziphus Jujuba* Mill) fruit as a replacement for maize in diet [J]. Animal Feed Science and Technology, 246: 127 - 136.

XIE J B, FENG H, ZHANG Y Q, et al., 2014. HPLCESI - MS/MS analysis of the water - soluble extract from Ziziphi Spinosae Semen and its ameliorating effect of learning and memory performance in mice [J]. Pharmacognosy Magazine, 10 (40): 509 - 516.

XIE J B, ZHANG Y Q, WANG L J, et al., 2012. Composition of fatty oils from Semen Ziziphi Spinosae and its cardiotonic effect on isolated toad hearts [J]. Natural Product Research, 26 (5): 479 - 483.

ZHOU Q H, ZHOU X L, XU M B, et al., 2018. Suanzaoren formulae for insomnia: updated clinical evidence and possible mechanisms [J]. Frontiers in Pharmacology, 9: 76.

ZHU X C, LIU X, PEI K, et al., 2018. Development of an analytical strategy to identify and classify the global chemical constituents of Ziziphi Spinosae Semen by using UHPLC with quadrupole time - of - flight mass spectrometry combined with multiple data - processing approaches [J]. Journal of Separation Science, 41 (17): 3389 - 3396.

第六章 枣质量安全控制

第一节 枣质量安全检测与评价

一、农药残留检测技术

随着枣种植面积逐渐扩大，集约化密植栽培、生态环境条件改变，枣果锈病、炭疽病、食心虫等病虫害种类不断增加，化学防治仍是目前枣病虫害防治的主要手段。由于枣农对喷洒农药停药期以及安全采摘期意识淡薄，导致枣果中农药残留检出率较高。2018年《小品种果品未登记农药使用调查与产品安全性评估》的结果表明，鲜食枣检出27种农药，检出率在22%～75%之间，其中仅有3种规定了最大残留限量值。李安等（2020）对我国河北、山东、河南、陕西、山西等枣主产区的102份枣果样品中82种常用农药和23种禁限用农药进行检测，102份样品中89份样品检出了农药残留，共检出37种农药，98%的样品农药残留量符合国家限量标准。总体来看，我国枣果中仍存在一定的农药残留污染风险，为了保证枣果的品质，从农产品质量安全风险控制的角度来说，对枣果中农药残留的监测和质量控制仍需要加强，检测设备和方法也在不断完善和更新中。

（一）检测设备和方法

为保障枣的食用安全性，国家相关科研机构、检测单位在枣农药残留的法规制定研究以及检测技术研究等方面做了大量工作。《食品安全国家标准 食品中农药最大残留限量》（GB 2763—2021）于2021年9月3日起正式实施，《食品安全国家标准 食品中2，4-滴丁酸钠盐等112种农药最大残留限量》（GB 2763.1—2022）作为GB 2763—2021的增补版于2023年5月11日起正式实施。相关标准中涉及鲜枣的农残限量项目共143种，其中，30种农药残留的限量值是针对枣，113种农药残留的限量值是针对核果类水果这一大类。该标准还涉及干枣的45种农残限量项目，是执行干制水果的限量要求。农残名称及限量要求等内容见附录A和附录B。

1. 大型精密仪器检测技术 农药残留检测分析以色谱、质谱类大型精密分析仪器设备为主。检测过程主要包括样品前处理和上机检测两个方面。样品前处理过程是中心环节，在整个分析过程中非常重要。

（1）样品前处理技术。枣中农药残留检测项目不同，枣的前处理方法也不尽相同，常见的几种前处理方法的原理及设备如图6-1，可以根据实际测定的农药种类以及实验室仪器条件等情况选择合理的前处理方法。

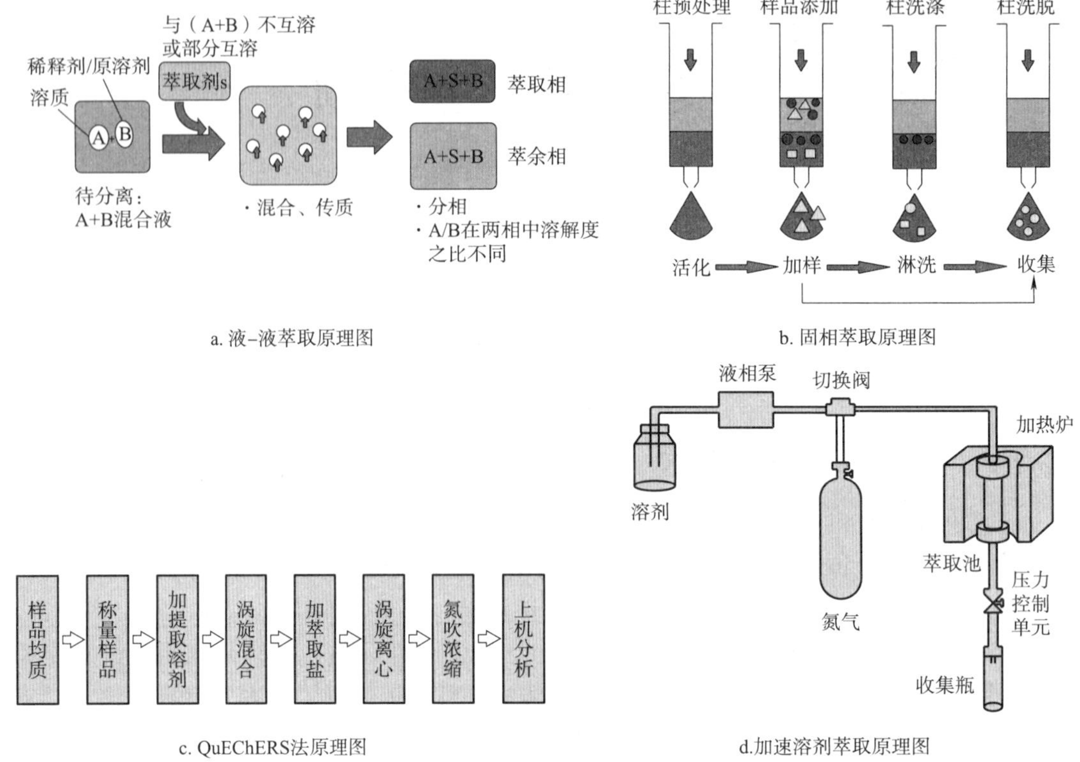

a. 液-液萃取原理图

b. 固相萃取原理图

c. QuEChERS法原理图

d.加速溶剂萃取原理图

图 6-1 样品前处理及原理图

液-液萃取和固相萃取相结合是枣农残检测中最常用的一种前处理方法，该方法主要采用乙腈来提取枣浆中待测农药及其代谢物，加入饱和的食盐水利用极性差异使乙腈与水分层，将得到的农残样液通过固相萃取柱，达到浓缩富集待测农药、去除干扰杂质的目的，氮吹浓缩以后用合适的溶剂溶解上机检测。因其萃取效率高、操作简便等优点被果蔬中农残检测标准方法所采纳，如《植物源性食品中 208 种农药及其代谢物残留量的测定 气相色谱-质谱联用法》(GB 23200.113—2018)、《食品安全国家标准 水果和蔬菜中500 种农药及相关化学品残留的测定 气相色谱-质谱法》（GB 23200.8—2016）、《水果和蔬菜中 450 种农药及相关化学品残留量的测定 液相色谱-串联质谱法》（GB/T 20769—2008）等标准的检测前处理。

（2）仪器分析检测技术。农残常用的仪器分析技术主要包括气相色谱法、高效液相色谱法以及色谱质谱联用法。

气相色谱法是利用物质的沸点不同、吸附性质差异的特点对试样中各组分进行分离、分析的方法。试样进入汽化室，在高温的作用下变成气体，被载气携带进入色谱柱中，由于试样中各组分在气相和固定相中的吸附系数不同，从色谱柱中流出的速度就不同，经过特定长度的色谱柱后，各组分得到分离，依次进入检测器，检测器可以将组分信息转化为电信号，电信号被记录下来也就是我们所说的色谱峰。我们可以根据色谱峰中各组分保留时间进行定性分析，根据色谱峰面积值进行定量分析。该方法适于分析可气化且热稳定性好的物质，可通过衍生的方法测定部分热不稳定或难以气化的物质。该方法具有方法成熟、适用范围广、分离效率高、检测速度快、灵敏度高等优点，其工作原理见图 6－2。靳增军等（2007）采用气相色谱法对枣中氯氰菊酯、氰戊菊酯和三唑酮的残留量进行了研究，使用乙腈作为提取溶剂，Florisil 层析柱净化处理，回收率和检出限均能满足试验要求。

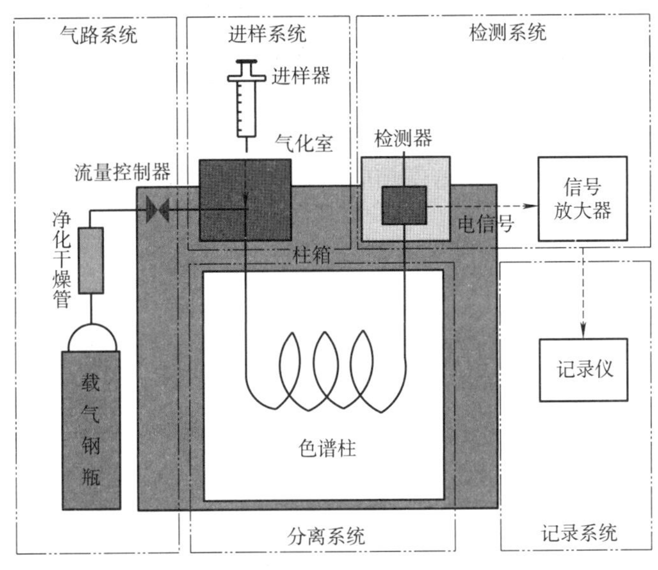

图 6－2　气相色谱仪工作原理图

高效液相色谱法是以液体为流动相，根据各组分在流动相和固定相间的分配系数不同的特性，达到分离不同类型的物质的目的。一些不能采用气相色谱法检测的高沸点不易挥发的物质可采用高效液相色谱法检测，具有柱效高、灵敏性高、选择性高、重复性好、分析速度快、应用范围广等优点，其工作原理见图 6－3。刘世军等（2019）采用外标法定量，提取后经 N－丙基乙二胺固相萃取柱净化后进入液相色谱仪测定。采用 BDS HYPERSIL C18 柱，紫外检测器检测大枣中溴氰菊酯农药残留，建立了一种灵敏度高且便捷高效的检测方法。

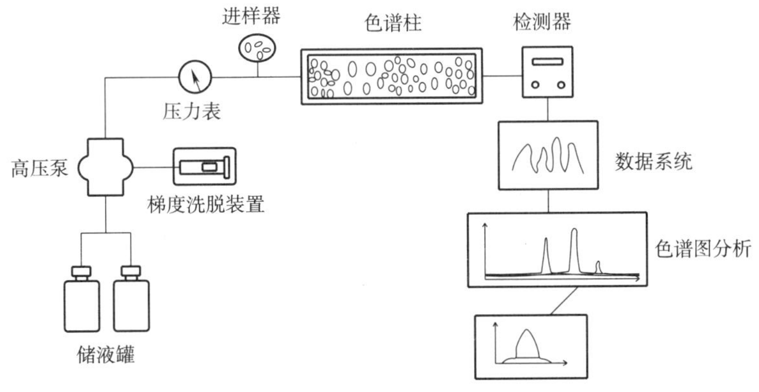

图 6－3　高效液相色谱仪工作原理图

近年来，随着色谱串联质谱方法研究越来越深入，色谱质谱联用法因其具有独特的鉴别能力、灵敏度高、抗干扰能力强、可实现农残多残留同时定性定量分析、检测时间短等优点逐渐成为农药残留检测分析的主流技术。色谱质谱联用法将色谱仪和质谱仪连接起来，以色谱作为分离系统，质谱作为检测系统，实现对复杂混合物更准确地定性和定量分析。待测物由色谱分离后进入质谱，各组分在离子源中被电离，产生带有一定电荷、质量数不同的离子。不同离子在电磁场中的运动行为不同，采用质量分析器按不同质荷比（m/z）把离子分开，得到按质荷比大小顺序排列的质谱图。其工作原理见图 6-4。色谱质谱联用法广泛应用于农药及代谢物多残留检测等领域。王蕾等（2017）建立了一种液相色谱-串联质谱联用法检测枣中的吡虫啉、啶虫脒等 8 种农药残留的方法，该方法前处理操作简单，加标回收率和最低检测浓度均能满足要求，具有较高的灵敏度和精密度。

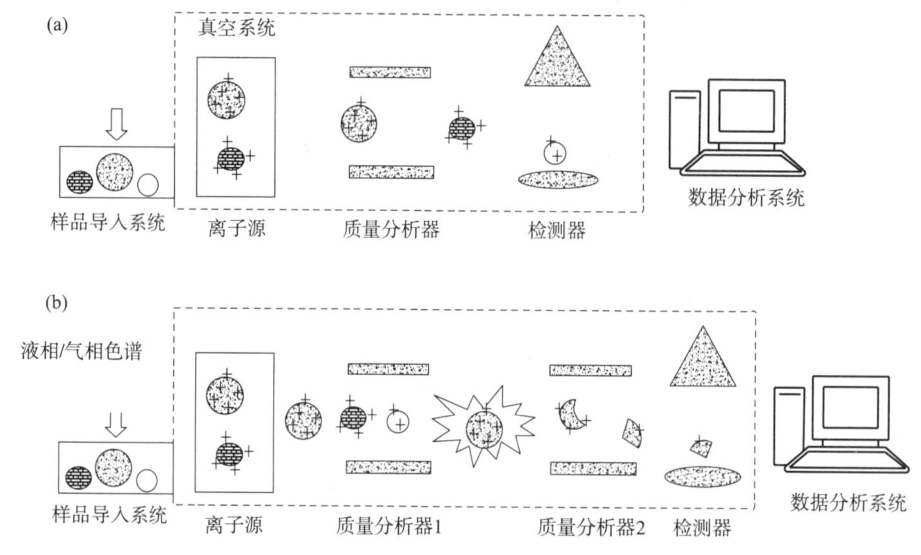

图 6-4 色谱质谱联用仪工作原理图

2. 快速检测技术 农残快速检测技术可在短时间内检测大量样本，降低检测成本，在一定程度上弥补了大型精密仪器检测的不足，可实现对农产品农药残留的快速检测。由于操作简单、检测效率高等优点，目前快检技术也成为基层监管的有力工具，同样也可应用于枣产业中农残安全评估领域。常用的农药残留快速检测技术方法主要有酶抑制率法、酶联免疫分析法以及拉曼光谱检测法。

（1）酶抑制率法。酶抑制率法主要包括胆碱酯酶抑制法、植物酯酶抑制法和有机磷水解酶抑制法。最常用的胆碱酯酶抑制法是根据有机磷和氨基甲酸酯类农药对胆碱酯酶的正常功能有抑制作用，且其抑制率和农药浓度呈正相关。其工作原理见图 6-5。胆碱酯酶能催化乙酰胆碱水解，水解产物与显色剂发生反应，产生的黄色物质在 412 nm 处有特征吸收，利用分光光度计测定吸光度，然后计算抑制率。该方法只适用于有机磷和氨基甲酸酯类农药的定性分析，可应用于枣中有机磷类农药残留广谱性快速筛查工作。

（2）酶联免疫分析法。酶联免疫分析法是一种以酶作为标记物的免疫分析方法，也是目前应用最为广泛的免疫分析方法。通过抗原和抗体之间的酶联免疫反应，使抗体和抗原进行结合，形成酶结合物，酶结合物作用于底物使其产生颜色，最后利用比色来确定农药残留量的一种检测方法。其工作原理见图 6-6。与常规大型精密仪器农残检测方法相比，

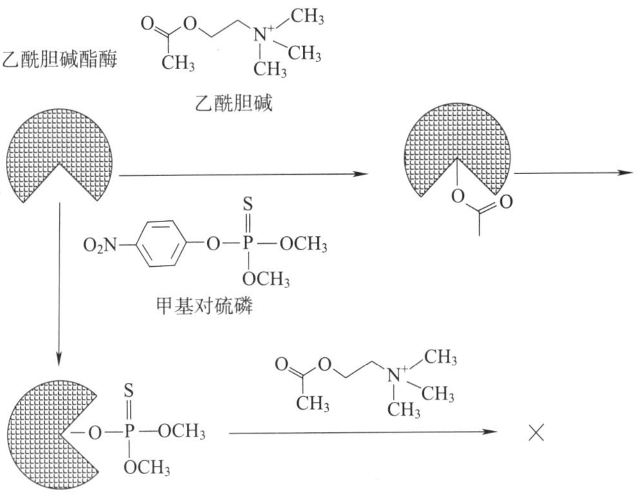

乙酰胆碱酯酶

乙酰胆碱

甲基对硫磷

乙酸

胆碱

图 6-5 酶抑制率法工作原理图

酶联免疫分析法具有高特异性、高灵敏性、便捷、安全、高效等特点，适用于大批量样品的筛选试验。但该方法对农药的选择性高，很难同时检测多种农药成分，对于结构相似的化合物也有一定的交叉反应，这在一定程度上限制了该方法的使用。夏敏等（2006）用酶联免疫分析法快速测定蔬菜和水果中杀螟硫磷残留量，检出限、相对标准偏差 RSD、回收率均在试验要求范围内。

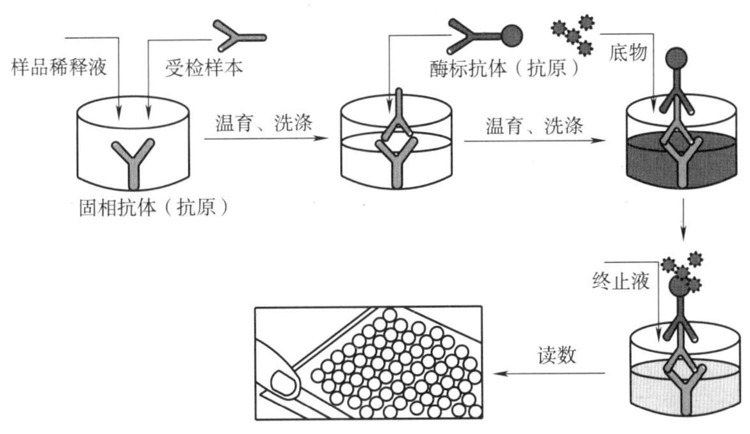

图 6-6 酶联免疫分析法工作原理图

（3）拉曼光谱检测法。表面增强拉曼光谱 SERS 是依据一定的激发光照射被测物表面会产生不同的分子振动从而获得被测物的分子结构，散射强度在有贵金属纳米材料的增强下，通过分析不同特征的峰对被测物进行定性定量分析。其检测方法可分为直接检测和间接检测如图 6-7 所示。刘磊等（2022）以金纳米溶胶作为增强基底，对中药材山药中倍硫磷、三唑磷、福美双农药残留进行了研究，结果倍硫磷和三唑磷的最低检出限达到 1 mg/L，福美双农药的最低检出限达到 0.1 mg/L。表面增强拉曼光谱 SERS 在农药多残留检测方面表现出了高灵敏度、快速检测的优点。通过设计具有灵活性、广泛的适应性和可大规模生产的 SERS 基底，来增强拉曼散射强度，从而在实际中进行农药残留检测。随着纳米技术的发展和仪器的改进，表面增强拉曼光谱 SERS 有望可以为枣中农药的多残留分析提供经济有效的检测方法。

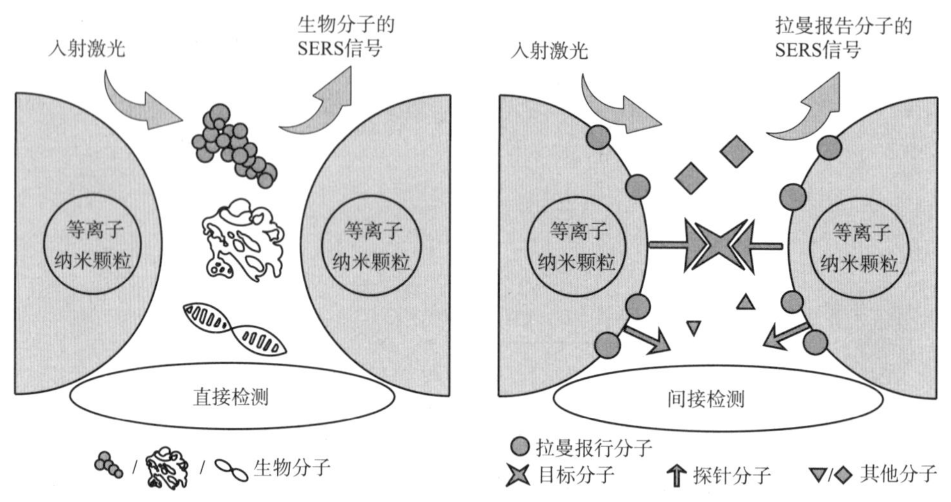

图 6－7　SERS 直接检测和间接检测的示意图

（二）农药残留风险评估方法

1. 慢性膳食暴露风险评估　主要针对消费者长期暴露引起的蓄积性健康风险，即对枣中农药残留对消费者身体健康产生潜在的慢性风险的整体性描述与分析，以%*ADI* 表示，具体计算方法见公式（1）。

$$\%ADI=\frac{STMR\times C}{bw}/ADI\times 100\% \tag{1}$$

式中，*STMR* 为规范试验残留中值，取平均残留值，mg/kg；*C* 为居民日均枣果消费量，kg；*ADI* 为每日允许摄入量，mg/kg；*bw* 为体质量，kg，按 60 kg 计。

%*ADI* 的数值越小，则风险越小。当 $\%ADI\leqslant 100\%$时，表示风险可以接受；当$\%ADI>100\%$时，表示风险不可以接受。李安等（2016）采集北方产区的 102 份枣果样品，共检出 37 种农药，通过计算得到慢性膳食暴露风险（用 %*ADI* 表示）介于 0～0.21 %之间，平均值为 0.03 %，表明慢性膳食暴露风险均处于较低水平。

2. 急性膳食暴露风险评估　主要针对急性或短期暴露引起的健康风险，对枣中农药残留急性摄入会对一般人群和特殊亚人群产生的风险进行评估，以%*ARfD* 表示，具体计算方法见公式（2）。

$$\%ARfD=\frac{LP\times HR}{bw}/ARfD\times 100 \tag{2}$$

式中，*LP* 为枣果大份餐数据，根据联合国粮农组织公布的数据，中国居民枣果消费大份餐数据 *LP* 为 0.2862 kg；*HR* 为最高残留量，取 99.9 百分位点值，mg/kg；*ARfD* 为急性参考剂量，mg/kg；*bw* 为体质量，kg，按 60 kg 计。

%*ARfD* 数值越小，则风险越小；当 $\%ARfD\leqslant 100\%$时，表示风险可以接受；当 $\%ARfD>100\%$时，表示有不可接受的风险。

二、重金属检测技术

枣中重金属污染主要包括砷、铅、汞、镉、铬、镍等有害金属元素，闫巧俐等（2020）、牛延菲等（2021）、马利平等（2020）、李丽梅等（2022）对灰枣、大枣、冬枣中重金属砷、镉、铬、铜、镍等进行了测定分析，对不同区域枣果主要危害重金属进行了研究，结果表明枣果中砷、镉、铬、铜、镍等金属检出率相对较高，汞检出率较低，依据GB 2762—2022《食品安全国家标准 食品中污染物限量》的要求，枣中砷、镉、铜、镍、铬等重金属超标情况极少。总体看来，我国枣果中重金属污染风险处于安全水平，但为了保证枣果的品质，从农产品质量安全风险控制的角度来说，仍需加强枣中重金属的监测和质量控制。

目前实际生产中枣中重金属的检测主要参照食品安全国家标准。枣中砷、铅、汞、镉、铬、镍等有害金属元素检测标准及常用检测方法见表6-1。

表6-1 枣中6种常见重金属元素检测国家标准及标准中常用检测方法

重金属类型	检测标准	常用检测方法
砷	GB 5009.11—2014《食品安全国家标准 食品中总砷及无机砷的测定》	电感耦合等离子体质谱法 氢化物发生原子荧光光谱法
铅	GB 5009.12—2017《食品安全国家标准 食品中铅的测定》	石墨炉原子吸收光谱法 电感耦合等离子体质谱法 火焰原子吸收光谱法
汞	GB 5009.17—2021《食品安全国家标准 食品中总汞及有机汞的测定》	原子荧光光谱法 直接进样测汞法 电感耦合等离子体质谱法
镉	GB 5009.15—2014《食品安全国家标准 食品中镉的测定》	石墨炉原子吸收光谱法
铬	GB 5009.123—2014《食品安全国家标准 食品中铬的测定》	石墨炉原子吸收光谱法
镍	GB 5009.138—2017《食品安全国家标准 食品中镍的测定》	石墨炉原子吸收光谱法

铅、镉、铬、镍等重金属的检测中最常用的是石墨炉原子吸收光谱法，重金属砷、汞主要利用氢化物发生原子荧光光谱法检测。电感耦合等离子体质谱法（ICP-MS）因灵敏度高、检测效率高，近年来被广泛应用，砷、铅、汞等重金属的检测国家标准中均列入了此法。枣果中最常用的三种检测方法具体介绍如下：

（一）石墨炉原子吸收光谱法（Graphite Atomic Absorption Spectroscopy，GFAAS）

GFAAS检测重金属含量的基本原理是元素在热解石墨炉中被加热原子化，成为基态原子蒸汽，选择性吸收空心阴极灯发射的特征辐射，在一定浓度范围内，其吸收强度与试液中的元素含量成正比，其工作原理见图6-8。与火焰原子吸收分光光度法相比，GFAAS法原子化效率高，灵敏度高，试样用量少，适用于难熔元素的测定。枣果中铅、镉、铬、镍的国家标准检测方法中均采用了GFAAS法。马利平等（2020）采用GFAAS法对山西运城、临汾、晋中、吕梁等地的100个红枣样品中的铅、镉、铬、镍进行了测试研究，检出率分别为10%、25%、100%和75%，其中，铬超标率为5%，其余3种超标率均为0。

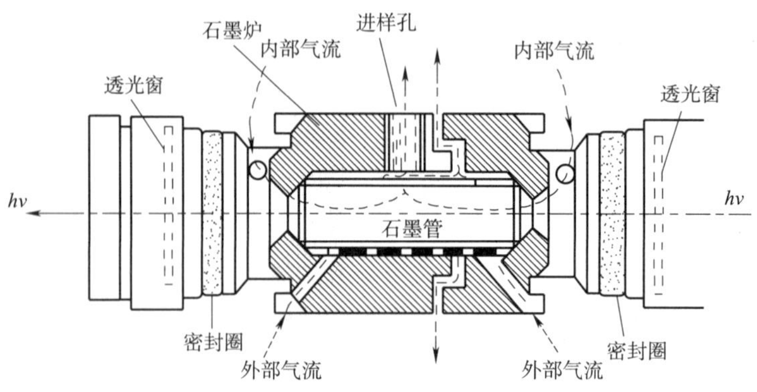

图 6-8 GFAAS 原理示意图

(二) 氢化物发生-原子荧光光谱法 (Hydride Generation - Atomic Fluorescence Spectroscopy, HG - AFS)

HG-AFS 法检测重金属的基本原理是样品溶液中的待测元素与硼氢化钾（钠）等还原剂反应，生成气态共价化合物，借助载气流进入原子化器中原子化为基态原子，吸收激发光源特定波长（频率）的能量（辐射）而被激发至高能态，而后，激发态原子在去激发过程中以光辐射的形式发射出特征波长的荧光，荧光强度与样品溶液中的待测元素浓度之间具有正比关系，据此进行待测元素的定量分析，其工作原理见图 6-9。HG-AFS 法与原子吸收光谱法密切相关，同时具备了原子发射和原子吸收的优点。因待测元素与可能引起干扰的样品基本分离消除了光谱干扰，谱线简单、灵敏度高、检出限低。目前，HG-AFS 法主要用于枣中砷、汞等元素的测定。隋月红等（2016）利用 HG-AFS 法对金丝小枣、义乌大枣、灰枣等 10 个枣果品种中砷和汞进行了检测分析，不同品种枣果中砷的含量在 0.001 7～0.029 1 μg/g 之间，汞的含量在 0.000 8～0.021 5 μg/g 之间。

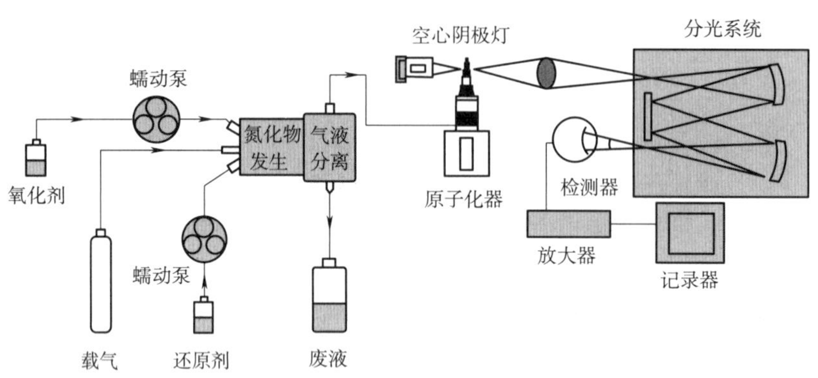

图 6-9 HG-AFS 原理示意图

(三) 电感耦合等离子体质谱法 (Inductively Coupled Plasma - Mass Spectrometry, ICP - MS)

ICP-MS 法检测元素的基本原理是被测元素溶液通过蠕动泵或自吸被吸入雾化器形成气溶胶，进入氩等离子体中心区后，等离子体中心通道的高温使试液气化、原子化和电离，部分等离子体进入真空系统，经过离子光学透镜聚焦后进入质谱分析器，按照荷质比和离子计数进行定性定量分析，其工作原理见图 6－10。ICP－MS 法可用于多种重金属元素的高通量测定，分析速度快、检出限低、灵敏度高、干扰少、准确度高，且能与其他色谱分析技术联用，几乎能分析所有的重金属元素。随着国家标准《食品安全国家标准 食品中多元素的测定》（GB 5009.268—2016）的发布实施，ICP－MS 法得到了更加广泛的应用。牛延菲等（2021）利用电感耦合等离子体质谱法同时测定山东乐陵、茌平，山西临县三个产区大枣中砷、铅、镉、铬、镍等多种重金属元素，并开展风险评估，检测结果表明 3 个产地大枣中镍、砷、镉、汞残留未检出或低于检出限，风险评估结果表明 3 个产地检出的重金属铬、铅含量对人体健康无明显影响。

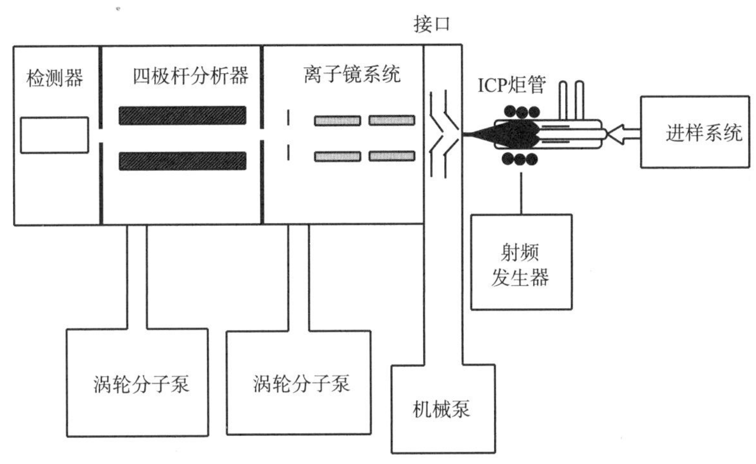

图 6－10 ICP－MS 原理示意简图

三、添加剂检测技术

（一）枣加工制品中允许使用的食品添加剂

表 6－2 列出了我国枣加工制品对应的国家标准和行业标准，枣制品中常用的食品添加剂主要是防腐剂、甜味剂和合成色素，《GB 2760—2014 食品安全国家标准食品添加剂使用标准》中规定了枣加工制品中允许使用的食品添加剂、检测标准和限量要求，见表 6－3。

表 6－2 枣制品产品质量标准

枣制品	产品标准名称	标准代号
枣浆	《食品安全国家标准 食品工业用浓缩液（汁、浆）》	GB 17325—2015
枣脯	《食品安全国家标准 蜜饯》	GB 14884—2016
	《蜜饯质量通则》	GB/T 10782—2021
枣汁	《果蔬汁类及其饮料》	GB/T 31121—2014
枣酒	《果酒通用技术要求》	QB/T 5476—2020
	《绿色食品果酒》	NY/T 1508—2017
枣片	《非油炸水果、蔬菜脆片》	GB/T 23787—2009
枣粉	《枣粉》	GH/T 1361—2021

表 6-3 枣制品中允许使用的食品添加剂检测方法及限量要求一览表

枣制品	检测项目	检测标准	限量/(g/kg)
枣脯(参照蜜饯)	苯甲酸及其钠盐(以苯甲酸计)	GB 5009.28—2016	0.5
	山梨酸及其钾盐(以山梨酸计)	GB 5009.28—2016	0.5
	糖精钠(以糖精计)	GB 5009.28—2016	1.0
	甜蜜素(以环己基氨基磺酸计)	GB 5009.97—2016	1.0
	二氧化硫残留量	GB 5009.34—2022	0.35
	柠檬黄及其铝色淀	GB 5009.35—2016	0.1
	日落黄及其铝色淀	GB 5009.35—2016	0.1
	苋菜红及其铝色淀	GB 5009.35—2016	0.05
	胭脂红及其铝色淀	GB 5009.35—2016	0.05
	乙二胺四乙酸二钠	GB 5009.278—2016	0.25
枣浆、枣汁(参照果蔬汁及其饮料)	苯甲酸及其钠盐(以苯甲酸计)	GB 5009.28—2016	1.0
	山梨酸及其钾盐(以山梨酸计)	GB 5009.28—2016	0.05
	脱氢乙酸及其钠盐(以脱氢乙酸计)	GB 5009.121—2016	0.3
	安赛蜜	GB/T 5009.140—2003	0.3
	甜蜜素(以环己基氨基磺酸计)	GB 5009.97—2016	0.65
	柠檬黄及其铝色淀	GB 5009.35—2016	0.1
	日落黄及其铝色淀	GB 5009.35—2016	0.1
枣酒(参照果酒(发酵型))	苯甲酸及其钠盐(以苯甲酸计)	GB 5009.28—2016	0.8
	山梨酸及其钾盐(以山梨酸计)	GB 5009.28—2016	0.6
枣片、枣粉(参照水果干制品	糖精钠(以糖精计)	GB 5009.28—2016	5.0
	二氧化硫残留量	GB 5009.34—2022	0.1

注:数据来源于《食品安全监督抽查实施细则》(2022 年版)及《食品安全国家标准 食品添加剂使用标准》(GB 2760—2014)。

(二)添加剂检测技术

1. 枣及制品中苯甲酸、山梨酸的检测技术 枣及制品中的山梨酸及其盐、苯甲酸及其盐通常依据国家标准《食品安全国家标准 食品中苯甲酸、山梨酸和糖精钠的测定》(GB/T 5009.28—2016)进行测定。国家标准中包含液相色谱法和气相色谱法,气相色谱法主要适用于枣汁、枣浆等产品的检测,液相色谱法适用于枣及所有枣制品的检测,液相色谱法是生产实际中最常用的一种检测方法。

枣及制品中苯甲酸的检测是目前研究的热点,《食品安全国家标准 食品添加剂使用标准》(GB 2760—2014)对各类食品中苯甲酸及其钠盐的最大添加量均作出了明确规定,干制枣中不允许添加苯甲酸及其钠盐。然而,个别企业在干制枣及加工产品中有苯甲酸检出,究竟是内源性物质还是外来添加物对枣加工企业及消费者都造成了一定的困扰。

苯甲酸(苯甲酸盐)天然存在于多种植物及发酵食品中,是植物生长过程中普遍存在的次级代谢产物,多数的浆果类水果中一般都含有 0.05%左右苯甲酸,如蔓越莓、越橘等越橘属果品中游离苯甲酸含量很高。多项研究表明红枣中本身也含有天然苯甲酸:孙屏等(2014)通过对新疆地区灰枣、骏枣、哈密大枣、鸡心枣等枣品种的分析,发现骏枣中苯甲酸含量最高，为 153 mg/kg，平均含量为 84 mg/kg，显著高于其他品种；李晓等（2022）通过对陕西产区 146 批次 12 个品种枣类进行苯甲酸含量的测定，结果表明除处于青枣期的冬枣外，其余枣果中均存在一定含量的内源性苯甲酸，含量一般在 50 mg/kg 以下，极少超过 150 mg/kg；古建宇（2018）对分布在晋中市太谷县、榆次区的 26 批次红枣干制品测试结果发现，壶瓶枣中苯甲酸含量最高，为 145 mg/kg，在 95％的可信区间内苯甲酸含量处于 55～102 mg/kg 之间。孙屏等（2014）、聂继云等（2015）、王群霞（2017）、李晓等（2022）多项研究表明红枣中天然苯甲酸含量主要受品种影响，受地域影响不显著，红枣中的内源性苯甲酸是在红枣果实生育期产生的，并随着果实成熟而逐渐增加，青枣和成熟度低的红枣基本上都检测不出苯甲酸。

研究表明干制红枣产品苯甲酸含量较低，一般低于 100 mg/kg，极少超过 150 mg/kg。美国食品药品监督管理局对食品中苯甲酸钠含量的要求是不得超过 0.1％，而干制红枣苯甲酸最高只有 153 mg/kg，折算为苯甲酸钠，远低于规定的限值，仅为规定限值的 0.18 倍。聂继云等（2015）、李晓等（2022）通过对苯甲酸含量风险评估发现，干制红枣中苯甲酸％*ADI* 远小于 100％，大部分样品都不足 50％，因此他们认为枣中虽然含有一定量的天然苯甲酸，但在正常食用量范围内，内源性苯甲酸的含量对人体的潜在影响很小，不会危及消费者健康，其风险完全可以接受。

2. 枣及制品中甜味剂检测技术 枣及制品中常用的甜味剂（甜蜜素、糖精钠、安赛蜜等）的检测方法主要包括高效液相色谱法、气相色谱法以及高效液相色谱质谱联用法。高效液相色谱法是一种比较常用的方法，但针对甜蜜素等没有紫外吸收基团的物质需要衍生化，操作比较烦琐。高效液相色谱-质谱联用法检出限低、灵敏度高且可以同时测定甜蜜素、糖精钠、安赛蜜 3 种甜味剂的含量。祝平（2021）利用超高效液相色谱-三重四级杆串联质谱联用法快速测定冬枣和红枣中的 3 种甜味剂，并获得了较高的灵敏度和回收率，满足该类食品中 3 种甜味剂分析的要求。

3. 枣及制品中着色剂检测技术 枣及制品中有限量要求的着色剂主要是苋菜红、胭脂红、柠檬黄、日落黄等合成着色剂。合成着色剂最常用的检测方法主要是高效液相色谱法，枣脯、枣汁及枣汁饮料等加工制品中合成着色剂一般采用聚酰胺吸附法提取、过滤后，采用反相高效液相色谱技术进行分离测定，外标法定量。蔡定建等（2008）利用液相色谱法同时测定了南酸枣糕中柠檬黄、苋菜红、日落黄、胭脂红、亮蓝等 5 种合成着色剂含量，结果均未检出。

（潘少香　王甜甜）

第二节　枣营养功能成分检测评价

一、基础营养成分分析

（一）营养成分检测标准方法及设备

目前枣中营养物质的检测分析已有较为成熟的技术方法，主要包括电感耦合等离子体质谱法、气相色谱法、液相色谱法、离子色谱法、紫外可见分光光度法、原子吸收分光光度法、滴定法等，详见表 6-4。

表 6-4　枣中营养成分检测标准方法

序号	检测内容	现行标准方法
1	抗坏血酸	《食品安全国家标准 食品中抗坏血酸的测定》(GB 5009.86—2016)
2	蛋白质	《食品安全国家标准 食品中蛋白质的测定》(GB 5009.5—2016)
3	氨基酸	《食品安全国家标准 食品中氨基酸的测定》(GB 5009.124—2016)
4	水分	《食品安全国家标准 食品中水分的测定》(GB 5009.3—2016)
5	粗纤维	《植物类食品中粗纤维的测定》(GB/T 5009.10—2003)
6	可溶性固形物	《水果和蔬菜可溶性固形物含量的测定 折射仪法》(NY/T 2637—2014)
7	灰分	《食品安全国家标准 食品中灰分的测定》(GB 5009.4—2016)
8	总酸	《食品安全国家标准 食品中总酸的测定》(GB 12456—2021)
9	膳食纤维（水溶性、水不溶性）	《食品安全国家标准 食品中膳食纤维的测定》(GB 5009.88—2014)
10	脂肪	《食品安全国家标准 食品中脂肪的测定》(GB/T 5009.6—2016)
11	淀粉	《食品安全国家标准 食品中淀粉的测定》(GB 5009.9—2016)
12	单宁	《水果、蔬菜及其制品中单宁含量的测定 分光光度法》(NY/T 1600—2008)
13	有机酸	《食品安全国家标准 食品有机酸的测定》(GB 5009.157—2016)
14	果胶	《水果及其制品中果胶含量的测定 分光光度法》(NY/T 2016—2011)
15	果糖、葡萄糖、蔗糖等	《食品安全国家标准 食品中果糖、葡萄糖、蔗糖、麦芽糖、乳糖的测定》(GB 5009.8—2016)
16	钾、钙、钠、镁、铁、硒等矿质元素	《食品安全国家标准 食品中多元素的测定》(GB 5009.268—2016) 《食品安全国家标准 食品中硒的测定》(GB 5009.93—2017) 《食品安全国家标准 食品中钙的测定》(GB 5009.92—2016) 等

通用大型仪器检测方法具有准确性高、针对性强的优势，在检测过程中能够避免一些不相关因素的干扰。例如 ICP-MS 是目前检测食品中微量元素最灵敏有效的方法，以电感耦合等离子体为离子化源，四极杆质谱仪进行定性定量分析，可进行多元素同时分析，可分析几乎所有的元素，且具有线性检测范围宽、检出限低、谱线简单的优点。

近年来，食品快速及自动化检测技术因其快速简便、效率高等特点已成为基层食品安全监管与大量分析研究工作的辅助技术手段，在日常检查、重大活动保障、批量筛查中发挥着相应作用。食品快速自动化检测技术已应用于红枣及其制品的快速筛查和现场检测，为消费者提供健康、营养丰富的产品保驾护航。目前国内市场出现的快速、自动化检测设备见表 6-5，能够极大地减少检测时间，提高工作效率，部分自动化检测新设备见图 6-11。

表 6-5　营养成分自动化检测设备

序号	检测项目	自动化检测设备	优　势
1	水分	全自动水分滴定仪	结果可靠，测定范围宽，易于操作，可实时监控
		红外水分检测仪	体积小，质量轻，检测速度快，操作简单，测试准确
2	糖度	N110 智能微型光谱仪	便携式漫反射光谱仪，可用于对各种各样的产品进行快速、无损，多组分分析

（续）

序号	检测项目	自动化检测设备	优势
3	可溶性固形物	智能微型光谱仪	便携式漫反射光谱仪，可用于对各种各样的产品进行快速、无损的多组分分析
4	总酸	全自动电位滴定仪	操作方便，可避免滴定干扰，完善数据管理功能
5	膳食纤维（水溶性、水不溶性）	全自动膳食纤维测定仪	可用于样品中总膳食纤维、可溶性膳食纤维和不溶性膳食纤维等指标的分别检测
6	蛋白质	全自动凯氏定氮仪	检测限值更低，分析时间更短，可实现在线滴定
7	淀粉	全自动旋光仪	通过对样品旋光度的测量，可以分析确定物质的浓度、含量及纯度

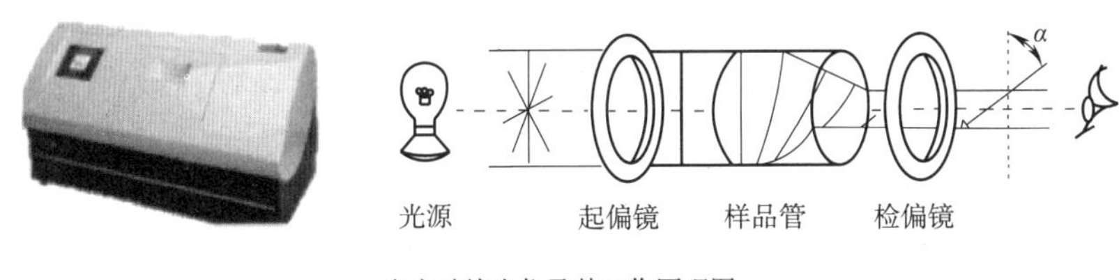

全自动旋光仪及其工作原理图

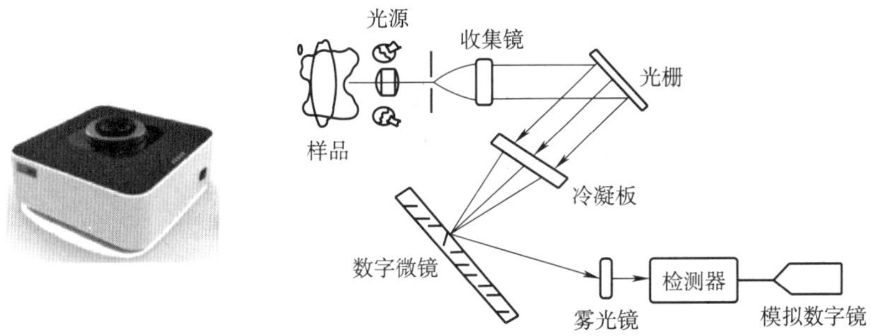

N110智能微型光谱仪工作原理

图 6-11 营养成分自动化检测设备

（二）营养成分分析

1. 基本营养成分评价方法 枣中含有丰富的碳水化合物、多种维生素、矿物质和纤维素，具有较好的营养保健功能，为了综合评价其营养价值，应选择适宜的评价方法。常用的基本营养成分评价方法主要有以下 4 种：

（1）平均营养价值估算法。“基本营养价值”的概念最初于 1965 年提出，后被更名为“平均营养价值”（average nutritive value，ANV），用以计算和评估水果的质量。根据每 100 g 水果可食部分中蛋白质、纤维素、钙、铁、胡萝卜素和维生素 C 6 种主要成分的含量，按公式计算出分数结果：

ANV=蛋白质(g)/5＋纤维素(g)＋钙(mg)/100＋铁(mg)/2＋胡萝卜素(mg)＋维生素 C(mg)/40。

（2）营养评分分类估算法。通过对水果每 100 g 可食部分中胡萝卜素、维生素 C、维生素 B_2、钙、铁、钾和食物纤维的含量，按照营养价值综合评分标准进行分析，并根据总分逐项比较得出分数。水果的营养价值可分为五个等级：非常高（10～22 分）、相当高

(5～9 分)、较高 (3～4 分)、稍高 (1～2 分)、一般 (<1 分)。与平均营养价值估算法同理，由于总分来自线性累加，可利用单一指标，如维生素 C 的测定值进行同一品种水果的营养等级求算。

(3) 营养综合评价指数法。以平均值为基础，对各营养指标进行两侧等距分级，分级距离≈(最大最小) /分级数，由高到低分为 4 级，各级指标值依次为 4、3、2、1，根据划分标准，计算出各品种营养指标对应的指标值，通过对指标值的累加，得到不同品种的综合评价指标，然后根据累加指标值的高低来表达果蔬营养品质好坏的一种方法。综合评价指标越高，水果营养品质越好。

(4) 营养质量指数法 (INQ)。通过以食品中营养素能满足人体营养需要的程度 (营养素密度，Nutrient Density) 对同一种食品能满足人体能量需要的程度 (热量密度) 之比来评定食物的营养价值。食物营养价值是评价食物中所含营养素和能量满足人体所需要的程度。INQ 法可以反映当某种食物满足人体热量需求时，该种食物所含的某种营养素是否也能够满足人体需求。当 INQ<1 时，说明该类营养素含量低于推荐供给量，长期食用可能引发这一类营养素摄入不足的危害；INQ>1，则表明该营养素含量高于或等于推荐供给量，并且说明其营养品质好；INQ>2，则表明某种食物可作为该类营养素的良好来源。

$$\text{INQ}=\frac{\text{一定食物中某营养素含量/该营养素推荐摄入量}}{\text{一定食物中提供的能量/能量推荐摄入量}}$$

2. 营养成分差异性分析评价 不同地区枣因温度、湿度、光照与品种的差异，其营养物质成分含量会有所差别。有关枣营养成分的研究报道很多，但由于枣栽培地域广泛，品种诸多，其营养成分及含量 (尤其是鲜枣) 相差很大。因此，对于不同产地不同品种的枣营养成分研究整理具有重要意义。

(1) 鲜枣营养成分差异性分析评价。不同品种的枣营养成分存在较大差异。李栋等 (2020) 以山西省内 8 种代表性枣品种 (稷山板枣、壶瓶枣、临猗梨枣、吕梁木枣、交城骏枣、官滩枣、保德油枣、郎枣) 为研究对象，通过探究其全红成熟期枣果的可溶性固形物、可滴定酸、维生素 C、总酚、总黄酮、可溶性糖、有机酸、β-胡萝卜素、三萜酸含量，发现 8 个品种枣全红果实的可溶性固形物含量在 29.5°～33.5 °Brix 之间，可溶性固形物含量最高的三个品种依次是稷山板枣、壶瓶枣、吕梁木枣，相应的，这三个品种枣甜度也高于其他品种；稷山板枣可溶性固形物、总酚、β-胡萝卜素、果糖、蔗糖、山梨醇、白桦脂酸、齐墩果酸含量较其他品种高；郎枣的可滴定酸、维生素 C、熊果酸含量最高；交城骏枣的葡萄糖含量最高；临猗梨枣的苹果酸、柠檬酸、琥珀酸含量最高；吕梁木枣的富马酸含量最高。通过比较，得出不同品种鲜枣的营养质量特征，在明确最终产品定位的前提下，可以有针对性地选择高含量营养物质的品种，将为枣果优良品种选育及新产品开发提供理论指导。

(2) 干枣营养成分差异性评价。研究表明，不同品种干枣的营养成分差异较大。罗宇鑫等 (2022) 分析了阿拉尔地区 8 个品种枣的营养组分。结果表明，8 种枣的灰分含量在 1.38%～2.13%之间，变异系数为 13.80%。其中金丝小枣的灰分含量最高 (>2%)，已经超出了《中国药典》对枣灰分含量要求 (<2%)，不适合作为药用红枣。灰枣、冀抗 2 号、赞皇大枣、骏枣、晋矮 3 号、骨头小枣、大白铃等 7 个品种枣的灰分含量均低于

2%。阿拉尔地区8个枣品种总糖含量在68.36～76.44 g/100 g DW之间，还原糖含量在27.33～43.41 g/100 g DW范围之间，多糖含量在29.69～6.68 g/100 g DW之间。综合评价发现，灰枣的内在品质最优，其次为赞皇大枣，再次为大白铃枣。

不同产地干枣的营养成分差异较大。枣品种不同，或同品种种植地点不同，营养物质含量也会不同。杨洁等（2010）研究表明不同品种和产地对枣中水分含量有显著影响，产地相同的若羌红枣和哈密大枣水分含量分别为7.1%和9.1%，品种不同的哈密大枣和河南新郑红枣水分含量分别为9.1%和22.6%，均存在显著性差异。马千里等（2014）以32种不同品种和产地的干、鲜红枣为研究对象，经过营养成分的检测，发现新疆地区干红枣在蛋白质含量上和山东、山西、河南、河北等枣主产地的干红枣相似，在新疆地区，尤其以哈密地区的干红枣，在糖酸比上具有较明显的优势。王小媛等（2019）以新疆、河南、山西、山东以及河北地区的红枣（干枣）作为研究对象，在相同的提取工艺下，对其理化性质、色泽、多糖、总酚、总黄酮以及抗氧化能力进行对比分析，发现与河南新郑大枣、山东金丝小枣相比，新疆若羌灰枣的蛋白质（6.27%）、总酚（16.34 mg/g DW）与铁离子还原能力（3.62 mg/100 g DW）等多种指标均为最高。

杨婧等（2021）以山西壶瓶枣、板枣、木枣为研究对象，利用氨基酸自动分析仪对枣果肉中的17种氨基酸进行含量测定，枣总氨酸含量最高的是木枣（45.88±2.11）mg/g，其次是板枣（39.78±3.17）mg/g，壶瓶枣最低为（39.76±1.63）mg/g。尹志欣等（2022）通过HPLC法对若羌红枣、河南新郑红枣、哈密大枣、吕梁红枣和交城骏枣5种枣中的氨基酸进行测定和分析，结果表明，5种枣中氨基酸含量最高的是交城骏枣（400 μg/g DW），氨基酸含量最低的为吕梁木枣（250 μg/g DW）。马莎等（2018）为评估新疆不同产地枣氨基酸组成差异，以新疆不同产地的枣为试样，对不同产地枣的氨基酸品质进行了综合评价；墨玉骏枣、二二四团骏枣、哈密大枣的氨基酸综合得分分别为1.128、1.020、0.600，高于其他样品；二二四团骏枣必需氨基酸含量占蛋白质总量的比例最高，达68.36%；洛浦骏枣药用氨基酸含量占总氨基酸比例最高，达53.72%；托克逊灰枣、阿克苏灰枣甜味、酸鲜味氨基酸总和与苦味氨基酸的比例较高，达6倍以上。不同产区枣氨基酸综合得分、模式谱、药效、风味均存在差异，可从氨基酸角度探讨新疆不同产区枣的营养品质特点。

二、生物活性物质分析

（一）生物活性检测技术

枣中生物活性物质的主要分析技术分类、用途、相关标准、优缺点见表6-6。

表6-6 枣中功能成分分析技术一览表

分析技术	用途	相关标准	优点	缺点
分光光度法	枣黄酮类、多酚类、多糖总量的检测	《出口食品中总黄酮的测定》(SN/T 4592—2016)	成本要远低于其他检测技术，操作简单，分析迅速	一般用于测定相关物质的总量，无法测定具体物质的含量，且实验干扰因素多
高效液相色谱法	枣多酚类、三萜类、环核苷酸类的检测	—	检测速度快，检测灵敏度高，紫外检测器可达0.01 ng，分离效率高	对其同分异构体和衍生物的分离效果较差，在枣功能性成分分析时需要借助质谱等其他方法

（续）

分析技术	用　途	相关标准	优　点	缺　点
液相色谱-质谱法	枣黄酮类、多酚类等的检测	《植物源性食品中10种黄酮类化合物的测定 高效液相色谱串联质谱法》（NY/T 3950—2021）	分离速度更快的同时具有更高的灵敏度和选择性	实验成本高，数据库覆盖不全面

1. 分光光度法 分光光度法是较为常用的检测枣中多糖、多酚、黄酮等营养物质总量的检测方法。李铭芳等（2009）利用紫外-可见分光光度法测定了5种枣总黄酮的含量，山东乐陵金丝小枣的总黄酮含量略高于其他红枣，有较好的开发利用价值。彭艳芳（2008）利用紫外分光光度法对枣中的三萜类化合物总量进行了测定，枣三萜酸以桦木酸含量最高，其次为熊果酸，再次为齐墩果酸。

2. 高效液相色谱法 高效液相色谱法常用于糖组分、酚类、黄酮及特征物质的具体化合物定性定量分析。袁辉等（2020）通过高效液相色谱法测定了新疆产区的50批次枣中cAMP及芦丁、槲皮素、绿原酸四种功能性活性物质的含量，通过检测发现，不同品种、不同产地枣中四种有效物质含量存在一定的差异，新疆红枣中环磷酸腺苷含量为50.48～357.28 mg/kg，绿原酸含量为0.44～2.16 mg/kg，芦丁含量为0.21～14.86 mg/kg，槲皮素含量为0.38～2.15 mg/kg。高娅等（2012）通过高效液相色谱法对枣中的白桦脂酸、齐墩果酸、熊果酸、cAMP和cGMP等活性物质进行了检测，均呈现出良好的线性关系。

3. 液相色谱-质谱法 液相色谱-质谱法被广泛用于功能活性物质的定量和定性分析。曾凤泽等（2020）利用液相色谱-质谱联用仪探究不同干燥条件下红枣中黄烷-3-醇、黄酮醇的种类及含量，共鉴定出7种黄烷-3-醇，2种黄酮醇。杨利军（2019）利用液相色谱-质谱技术对金丝小枣中三萜类物质的种类及含量进行了测量，共鉴定出7种三萜类物质，其中熊果酮酸和齐墩果酮酸含量相对较高，齐墩果酸和熊果酸的含量次之。杨云舒（2016）利用液相色谱串联质谱仪对广枣中的黄酮物质进行了定性分析，分别为牡荆素、异槲皮苷、槲皮苷、紫云英苷、异鼠李素。

4. 其他检测方法 除以上检测方法外，枣中的一些特征性成分如环核苷酸类物质等的检测方法还会采用纸cAMP色谱法、薄层色谱法、蛋白结合法、放射免疫法等一些新技术方法。刘孟军等（1991）用蛋白结合法成功检测了44个品种枣中cAMP的含量，山西木枣成熟果肉中cAMP含量为302.50 nmol/g・FW，是迄今已测高等植物中最高的。

5. 检测前处理提取技术 枣中生物活性成分检测过程前处理提取方法通常会采用以下几种方法或相结合的方式进行，见表6-7。

表6-7　枣中生物活性成分提取技术一览表

提取技术	用　途	优　点	缺　点
超声波法	枣黄酮类、三萜类、多糖、cAMP、多酚的提取	提取时间短，成本低，提取效率高，适应性广	受声波衰变因素限制，超声作用区域呈环状，若提取罐较大，将出现超声空白区
酶水解法	枣多糖、cAMP的提取	条件温和，杂质易除，安全性高	酶试剂较贵且不易保存

（续）

提取技术	用　途	优　点	缺　点
溶剂浸提法	枣黄酮类、多糖等的提取	工艺简单，操作容易	有机溶剂难以完全去除且热敏性物质容易发生裂解
微波辅助提取法	枣 cAMP、多糖等的提取	提取时间短	热敏性物质易发生裂解

（1）超声波辅助法。超声波提取的原理是利用超声波具有的空化效应、机械效应和热效应，通过增大介质分子的运动速度、增大介质的穿透力，从而加速被浸提成分从原料向溶剂中扩散，目前已被广泛地应用于功能成分的提取。刘秀敏等（2021）以氯化胆碱与尿素构建的低共熔溶剂体系为提取剂，采用超声波辅助技术，从枣中提取总黄酮，黄酮提取率达 5.79 mg/g。付亚玲（2021）以超声波作为辅助，从黑枣中提取到的三萜酸含量为 1.313±0.01 mg/g。龚频等（2022）利用超声波辅助提取红枣中的多糖，多糖得率为 6.58%。

（2）溶剂浸提法。溶剂浸提法是根据相似相溶原理，选择与预提取成分相当的溶剂进行提取，以获得较大的溶解度。在对红枣中黄酮类进行提取时，通常以低共熔溶剂作为提取剂，以超声波作为辅助。王小佳等（2022）采用低共熔溶剂协同超声波提取了红枣中的总黄酮，在此优化条件下，红枣中总黄酮的提取率为 3.32 mg/g。

（3）酶水解法。酶水解法是利用果胶酶、纤维素酶等对植物细胞壁等进行分解，从而加速功能成分的释放与提取。王俊钢等（2012）利用纤维素酶提取新疆红枣中的多糖，多糖提取率可达 7.71%。许牡丹等（2013）研究了在超声波辅助的条件下，利用纤维素酶提取红枣中的 cAMP，cAMP 的提取率为 154.3 μg/g，与常规提取方法相比，该方法对 cAMP 的提取率显著增高。

（4）微波辅助提取法。微波辅助提取法是利用微波辐射使细胞内的极性物质获取大量热量，引起细胞内温度上升，液体汽化产生压力使细胞破裂，胞内的物质从而被释放出来。崔志强等（2007）利用微波辅助提取红枣中的 cAMP，将红枣样品磨成粉末状，加入装有水的圆底烧瓶中，在冷凝回流状态下进行微波提取，采用正交优化法对实验条件进行优化，cAMP 的提取率为 239.30 μg/g。

（二）生物活性物质分析评价

1. 活性物质特性评价方法　活性物质评价一般通过对食品的功能特性评价来体现。对活性特性的评价通常分为两部分：毒理学评价和功能学评价。

（1）毒理学评价。毒理学评价是对功能性食品进行功能性评价的前提，毒理学评价有四个阶段见表 6-8，根据功能性食品原料或成分的不同，选择不同的毒性试验进行毒理学评价。

表 6-8　毒理学评价四个阶段

毒理学评价阶段	相关实验
第一阶段	经口急性毒性试验、联合急性毒性
第二阶段	遗传毒性试验、传统致畸实验、短期喂养实验
第三阶段	亚慢性毒性实验、繁殖实验、代谢实验
第四阶段	慢性毒性实验、致癌实验

第一阶段急性毒性试验：目的是了解受试物的毒性强度和性质，为蓄积性和亚慢性毒性试验的剂量选择提供依据。通常测定经口 LD_{50}，如剂量达 10 g/kg（体质量）仍不引起动物死亡，则不必继续测定。必要时尚需进行 7 d 喂养试验。结果判定：如 LD_{50} 或 7 d 喂养试验的最小有作用剂量，如大于 10 倍者，可进入下一阶段试验。

第二阶段蓄积毒性和致突变试验：凡急性毒性试验 LD_{50} 大于 10 g/kg（体质量）者，则可不进行蓄积毒性试验。蓄积试验可用蓄积系数法或 20 d 试验法。致突变试验的目的是对受试物是否具有致癌作用的可能性进行筛检。可根据需求从以下四类中任选三个实验进行后续研究。即细菌诱变试验、Ames 试验、枯草杆菌试验或大肠杆菌试验；微核试验和骨髓细胞染色体畸变分析试验；显性致死试验、睾丸生殖细胞染色体畸变分析试验和精子畸形试验；DNA 修复合成试验。如三项试验均为阳性，则无论蓄积毒性如何，均表示受试物很可能具有致癌作用，则应予以放弃。

第三阶段亚慢性毒性试验和代谢试验：亚慢性试验项目有四种，90d 喂养试验、喂养繁殖试验、喂养致畸试验和传统致畸试验。如以上试验中任何一项的最敏感指标的最大无作用剂量（以 mg/kg 体质量计）小于或等于人的可能摄入量的 100 倍者，表示毒性较强，应予以放弃；如大于 100 倍而小于 300 倍者，可进行慢性毒性试验；大于或等于 300 倍者，则不必进行慢性试验，即可进行评价。

第四阶段慢性毒性试验（包括致癌试验）：目的是发现仅长期接触受试物才出现的毒性作用，尤其是进行性或不可逆的毒性作用以及致癌作用，同时确定最大无作用剂量。如慢性毒性试验所得的最大无作用剂量小于或等于人的可能摄入量的 50 倍，表示毒性较强，应予以放弃；大于 50 倍而小于 100 倍者，需由有关专家共同评议；大于或等于 100 倍者，则可考虑允许使用于食品，并制定 ADI。

（2）功能学评价。功能性食品的功能学评价主要针对功能性食品所特有的生理功效进行动物学甚至人体实验。根据各项实验的需要合理选择实验动物，动物实验至少应设 3 组。对受试样品的剂量选择应合理，尽可能找出最低有效剂量。实验时间可根据实验需求设定，一般为 30 d。

2. 枣生物活性物质分析评价　枣的品种、产地、采收时间等因素均会影响枣中生物活性物质的种类及含量，因此可以通过对这些因素的研究来实现枣的生物活性物质评价。

（1）鲜枣生物活性物质评价。研究者对不同成熟度枣中功能物质进行了分析评价。李慧等（2022）研究了采收时间对灵武长枣果实品质的影响，随着采收时间的推移，灵武长枣中总黄酮的含量随之降低。刘鸣哲等（2022）选择了四个成熟期一致的鲜食枣品种为试验材料，研究了点红期、半红期、全红期不同成熟时期的枣果实中总黄酮的含量，研究发现在货架期后期，各品种枣果实黄酮含量均表现为：半红期＞全红期＞点红期。苟茜等（2014）研究了不同成熟度的灵武长枣中环核苷酸的含量，研究发现不同成熟度灵武长枣 cAMP 含量存在显著性差异，而 cAMP 含量不存在显著差异。

不同产地鲜枣中生物活性物质的含量有所不同。马莎等（2018）分析测定了新疆四大灰枣产区和新郑等五个灰枣产区 27 个样品中营养成分的含量，若羌灰枣样品中黄酮含量和功能性多糖含量最高，黄酮含量大于 500 mg/100 g，功能性多糖含量接近 25 g/100 g，远高于其他产地，含量最低的是新郑灰枣。刘晓芳等（2011）采用苯酚-硫酸显色-分光光度法测定 8 个不同产地大枣中的多糖含量，其差异很大，其中忻州大枣的多糖含量最高，为 1.37%；吕梁临县大枣的多糖含量最低，为 0.66%。

不同品种鲜枣中生物活性物质的含量有所不同。周晓凤等（2018）在对新疆引进的 10 个品种枣的研究中发现，10 个品种枣果实中总黄酮含量平均值为 3.07 mg/g，其中灰枣优株中总黄酮的含量最高，可达 5.63 mg/g。王蓉蓉（2017）采用高效液相色谱法对梨枣、灰枣、木枣、相枣、金丝小枣、哈密大枣 6 个品种枣果实中的环核苷酸含量进行了测定，哈密大枣中 cAMP 含量均显著高于其余枣果，金丝小枣中 cGMP 含量显著高于其余枣果。

（2）干枣生物活性物质评价。研究者对不同产地干枣中生物活性物质进行了分析评价。袁辉等（2020）选取了 50 批次新疆产区不同产地的红枣，将其放入到 100 ℃的烘箱内烘干，粉碎后利用高效液相色谱法对大枣中的芦丁、槲皮素、绿原酸的含量进行了测定，绿原酸的含量为 0.44～2.16 mg/kg，芦丁的含量为 0.21～14.86 mg/kg，槲皮素的含量为 0.38～2.15 mg/kg。该试验可为新疆红枣品质评价提供一定的理论依据。张颖等（2016）研究了不同产地不同品种的 49 批次样品中多糖的含量，枣属植物果实中酸性多糖与中性多糖含量的比在（1∶3.97）～（1∶0.86）之间，可见酸性多糖为枣属植物果实中总多糖的重要组成部分。

不同品种干枣中活性物质含量不同。吴小燕等（2017）采用超声法提取小米枣、药枣、糖枣三个品种枣中的黄酮类物质，研究发现小米枣中的黄酮含量明显高于其他两个品种，不同品种枣黄酮的抗氧化性均与浓度呈正相关。赵爱玲等（2009）选取了 26 个不同品种的枣，在 60 ℃的真空干燥箱烘干至恒质量后粉碎，采用高效液相色谱法分析测定了不同品种、不同器官、不同成熟期枣中环核苷酸的含量。所有的试验样品中，果皮中环核苷酸的含量最高，果肉次之；完熟期枣中环核苷酸的含量最高；不同品种的环核苷酸含量存在极显著差异，如南京鸭枣 cAMP 的含量约为灌阳长枣的 12 倍，彬县晋枣 cGMP 的含量约为山东梨枣的 23 倍。高娅等（2012）对收集的 15 个不同品种的大枣晒干后采用高效液相色谱法分析测定了枣中环核苷酸的含量，研究发现 15 个品种中环核苷酸含量差异显著。周晓凤等（2018）对不同品种枣中的萜类含量进行了测定，10 个品种中三萜含量的平均值为 39.45 mg/g，其中，赞新 2 号和骏枣 1 号枣果实中三萜、皂苷的含量均为最高，可作为开发枣保健品的优良品种。苗利军等（2011）通过对 53 个品种枣中的熊果酸进行了监测分析发现，不同种类的枣中熊果酸的含量有较大的差异，含量范围在 7.75～420.10 μg/g 之间。石浩等（2014）研究了湖南地区 16 个枣品种中多糖含量，不同品种之间多糖含量具有显著差异，在实验所研究的 16 个品种中，多糖含量最高的小米枣是光皮枣中多糖含量的 3.9 倍。

（杜文瑜　于素素　郑晓冬）

第三节　枣及制品特征香气分析

一、枣及制品香气成分研究概述

枣是我国的特色果品，富含维生素 C、多糖、环核苷酸等营养和功能成分，风味浓郁，具有传统消费习惯。随着规模和产量的增加，除少量品种鲜食外，大部分枣被制成各种加工品和系列产品进行销售。近年来，枣加工业迅速发展，除传统的干枣、熏枣、蜜枣、酒枣外，各种枣固态产品，如核桃枣、油枣、枣片、枣粉，液体饮料如枣酒、发酵饮料及儿童枣食品等新产品不断推向市场。

枣除了高营养价值外，其香气也十分独特，香气是决定消费者对食物接受程度非常重要的品质属性，通常消费者对食物的感知过程始于赋有特征香气的挥发性物质的释放。枣香是评价枣品质的重要指标，也是影响消费者购买意愿和增强市场竞争力的重要因素。近年来，越来越多的学者关注枣的香气品质，包括枣品种、遗传因子、栽培管理措施、灌溉条件、施肥方式、综合环境因素、采收成熟度对鲜枣香气的影响以及贮藏和加工技术对枣香气的形成和影响等。不同产地与品种对枣香气物质的影响较大，不同枣树生长环境的差异导致了香气物质组成的差异，与日照、气温、降水及土壤特性等环境因素高度相关，而且不同枣树品种的生长周期不一致，其香气物质的积累时间也会存在差异。在贮藏和加工过程中，枣中香气物质极易损失和转化，易产生苦辣味等劣变风味，导致产品枣香味不浓、不足、不纯正，甚至枣香丧失，严重影响产品质量。例如，枣酒因香气物质逸散导致风味寡淡、枣干制过程因温度和时间控制不当出现焦煳味等。研究枣在生产、贮藏、加工过程中香气成分的组成、变化规律、迁移转化机制、劣变风味形成的原因，将为面向不同群体和用途的枣产品开发提供参考，促进消费者对中国传统特色果品风味的认知，对深度开发枣产业具有重要意义。

二、枣及制品香气成分研究进展

（一）鲜枣香气分析研究进展

鲜枣香气组成方面的研究近年来越来越受到国内外学者的关注。据文献报道，已进行香气研究的鲜枣品种高达 20 多个（Hernandez et al.，2016），主要包括我国主栽的冬枣（沾化冬枣、大荔冬枣）、灰枣、骏枣、金丝小枣等品种，也包括国外的鲜食枣品种，如‘MSI’‘Grande de Albatera’‘DAT’‘PSI’等。Chen 等（2018）和 Wang 等（2017）分别研究了 10 个品种和 15 个品种的鲜枣的香气特征；Hernandez 等（2016）研究了 7 个品种的西班牙鲜枣的香气成分，共发现了 15 种挥发性化合物。

鲜枣中香气成分复杂，种类繁多，不同品种鲜枣香气成分差异显著。在不同品种鲜枣中检测出 50 多种香气成分，主要成分为醇类（1-戊烯-3-醇、1-辛烯-3-醇、苯甲醇等)、醛类（反式-2-己烯醛、己醛、苯甲醛等)、酯类（苯甲酸甲酯、己酸甲酯等)、酸类（辛酸、己酸、癸酸等）和酮类（6-甲基-5-庚烯-2-酮、2-壬酮等)，详见表 6-9。

表 6-9　鲜枣果实特征香气物质

香气种类	特征香气物质	味道描述	代表品种
醇类	苯甲醇	苦杏仁味	骏枣、梨枣
	1-戊烯-3-醇	果味	灵武长枣、冬枣
	1-辛烯-3-醇	蘑菇味、泥土味	骏枣、壶瓶枣
	2-乙基-1-己醇	甜香、花香	冬枣、金丝小枣
醛类	正己醛	青草香、苹果香	平顶大枣、灵武长枣
	反式-2-己烯醛	青草香、果香	相枣、板枣

（续）

香气种类	特征香气物质	味道描述	代表品种
醛类	苯甲醛	苦杏仁味	‘Rate’、骏枣
	2-己烯醛	青草香	冬枣、板枣
	壬醛	青草香、花香、果香	骏枣、灵武长枣
	反式-2-壬烯醛	纸板味、不愉悦的油脂味	木枣、油枣
	癸醛	青辛微辣、花香	相枣、骏枣
	反式-2-癸醛	油脂味、橙子香	油枣、骏枣
酸类	己酸	汗臭味	冬枣、‘Rate’
	辛酸	汗臭味	平顶大枣、圆铃枣
	癸酸	臭袜子味	骏枣、圆铃枣
	月桂酸	月桂油味、肥皂味	圆铃枣、骏枣
酯类	己酸甲酯	菠萝香	板枣、灵宝枣
	己酸乙酯	菠萝香	梨枣、壶瓶枣
	苯甲酸甲酯	樱桃香	骏枣、木枣
酮类	2-壬酮	油脂味、药草味	骏枣、平顶大枣
	2-十一酮	柑橘香、油脂味	骏枣、圆铃枣
	6-甲基-5-庚烯-2-酮	果香、青草味	灵武长枣、‘PSI’
	苯乙酮	金合欢香、甜香	冬枣、金丝小枣

醛类是鲜枣中重要的香气成分，目前，已在不同品种鲜枣中检测出近 20 种醛类香气成分，主要包括苯甲醛、反式-2-己烯醛、己醛、顺式-2-庚烯醛、壬醛和癸醛等。其中，鲜枣中特征的醛类物质是反式-2-己烯醛和己醛，呈现青香的香气。它们主要是鲜枣在成熟过程中由亚油酸和亚麻酸自动氧化产生，是鲜枣特征香气的重要组成成分。此外，辛醛、庚醛、壬醛等醛类也在不同品种鲜枣中检测到。

酯类物质是形成鲜枣特征香气的重要成分，一般呈现出花香和果香的愉悦气味。现有文献在不同品种鲜枣中共检测出 10 多种酯类香气成分。其中，在所有鲜枣中均有报道且含量相对较高的酯类是苯甲酸乙酯。此外，棕榈酸乙酯、癸酸乙酯、月桂酸乙酯等也普遍存在于多种鲜枣中。从酯类的含量来看，不同品种鲜枣中酯类的数量及其含量存在明显差异。

酸类也是鲜枣中重要的香气成分，已在鲜枣中发现 10 多种酸类物质，主要有辛酸、己酸、月桂酸、癸酸、棕榈酸等。不同品种鲜枣中酸类香气成分的种类和含量都存在明显差异，如骏枣中含有 9 种酸类香气成分，而板枣中仅含有 3 种；己酸在冬枣中的相对含量为 24.50%，而在灵武长枣中仅为 6.13%。且不同的酸类物质呈现出不同的香味特征，如月桂酸呈现脂肪香味，己酸在鲜枣中贡献出奶酪味，而癸酸则表现出令人不愉快的馊味。

酮类和醇类香气成分在鲜枣中的种类和含量均较少。苯甲醇是枣中最常见的醇类香气成分，呈现果仁和核桃香味，在沾化冬枣、灰枣和骏枣等多个鲜枣品种中均有报道。其中，呈现青香香气的 6-甲基-5-庚烯-2-酮，也是鲜枣中普遍存在的酮类香气物质，在灵武长枣、‘DAT’‘PSI’等鲜枣品种中也有检测到。

（二）干制枣香气分析研究进展

鲜枣含水量、含糖量较高，酶的活性也较强，导致鲜枣容易腐烂变质。为减少因鲜枣集中上市销售不及时导致的损失，90%的鲜枣都进行干制后销售，以延长货架期。由于枣含糖量大都在60%以上，高温干制成枣片时会发生美拉德反应，产生独特浓郁的风味。干制枣的香气成分主要产生于后熟及干制过程中，香气物质是评价其产品品质的重要指标，其感官特征取决于香气成分的种类、数量、感觉阈值及各成分间的相互协调作用。

近年来，很多学者都非常关注干制枣香气成分的研究，Wang等（2018）对4个不同品种（滩枣、木枣、梨枣、清涧红枣）的干制枣进行香气成分分析，研究表明不同品种干制枣中香气的含量差异明显，滩枣中关键香气成分为反式-2-己烯醛，木枣中关键成分为反式-2-己烯醛、3-羟基-2-丁酮。宋烨等研究了不同产地（新疆若羌、新疆图木舒克、新疆哈密、新疆阿拉尔、河南新郑）灰枣的香气成分，检出的香气物质含量酯类>醛类>醇类>酸类>酮类，苯甲醛、1-辛烯-3-醇、正癸酸是不同产地灰枣中含量均较高的3种挥发性成分。陈恺等（2017）研究表明，鲜枣中烃类物质的含量远高于干枣，但其对香气成分贡献不大，醛类、酯类、酸类和酮类物质才是影响枣果实香气成分的关键因素。

从干制枣中香气的成分种类来看，酸类物质和酯类物质是干制枣中的主要香气成分，其中酸类物质包括乙酸、戊酸、己酸、庚酸、辛酸、癸酸、月桂酸；醇类物质包括1-辛烯-3-醇、苯甲醇、1-戊烯-3-醇；酯类物质包括己酸乙酯、己酸甲酯、苯甲酸甲酯、δ-十二内酯、γ-庚内酯、γ-己内酯；酮类物质包括2-壬酮、2-丁酮等；醛类物质包括反式-2-己烯醛、己醛、苯甲醛等；呋喃类化合物包括2-乙基呋喃、2-戊基呋喃、2，3-二氢-3，5-二羟基-6-甲基-4（H）-吡喃-4-酮等，详见表6-10。

表6-10　干制枣特征香气

香气种类	特征香气物质	味道描述	代表品种
酸类	乙酸	醋味、刺激性酸味	骏枣、灰枣、滩枣
	戊酸	难闻的臭袜子味	金丝小枣、骏枣、婆枣
	己酸	汗臭味	金丝小枣、板枣、木枣
	庚酸	微有腐败的脂肪味	灰枣、骏枣、婆枣
	辛酸	汗臭	灰枣、板枣、清涧红枣
	癸酸	臭袜子味	骏枣、板枣
	月桂酸	月桂油味、肥皂味	和田玉枣、河北滩枣、板枣
醇类	苯甲醇	花香、果香	金丝小枣、板枣
	1-戊烯-3-醇	果香	泰山圆红、泰山长红
	1-辛烯-3-醇	蘑菇味、泥土味	金丝小枣、骏枣
酯类	己酸甲酯	菠萝味	金丝小枣、骏枣
	己酸乙酯	菠萝味	泰山长红、短红
	苯甲酸甲酯	樱桃味	骏枣、灰枣
	δ-十二内酯	奶油味、果香	灰枣、骏枣
	γ-庚内酯	焦糖味、椰子味	灰枣、骏枣
	γ-己内酯	奶香味、焦糖香	灰枣、骏枣

（续）

香气种类	特征香气物质	味道描述	代表品种
酮类	3-羟基-2-丁酮	奶香味	灰枣、清涧红枣、哈密大枣、木枣
	2-壬酮	油脂味、药草味	金丝小枣、临泽小枣
醛类	正己醛	青草香、苹果香	金丝小枣、灰枣
	反式-2-己烯醛	青草香、果香	清涧红枣、和田玉枣、滩枣
	苯甲醛	苦杏仁味	木枣、骏枣、金丝小枣
	十二醛	松叶油、脂肪味	金丝小枣、灰枣
呋喃类	2-乙基呋喃	焦香味、甜香、咖啡香	灰枣、骏枣
	2-戊基呋喃	果香、青草香	灰枣、骏枣
	2，3-二氢-3，5-二羟基-6-甲基-4（H）-吡喃-4-酮	焦糖香	灰枣、骏枣

酸类物质大多具有发酵酸味或者汗酸味等不愉快气味，在干制过程中含量减少更利于干枣香气的形成。酸类物质随着干制温度的增加呈下降趋势，某些酸类物质在高温下甚至消失。如 80～160 ℃热风干燥婆枣，正庚酸、正戊酸的含量随温度的升高皆呈下降趋势。不同品种红枣中酸类香气的含量差异明显，和田玉枣中月桂酸的含量占总香气的比例高达 67%，而在河北滩枣中仅为 1.41%。与鲜枣相比，干制枣中检测出乙酸，乙酸为低分子质量的羧酸，有助于枣的酸味及刺激性气味，其风味稀释因子较高，对干制枣的香气贡献较大，乙酸的生成是一些长链脂肪酸在干制中热氧化分解的结果。

醇类物质主要来源于氨基酸的转化、发酵及亚麻酸降解物氧化，由醛进一步分解形成，大部分都具有令人愉快和圆润的香气特征。吕珊（2017）发现枣在低温干燥时（<50 ℃），醇类物质相对含量低于鲜枣，而在高温干燥时（100～160 ℃），醇类物质相对含量高于鲜枣，160 ℃时醇类物质含量高达 7.65%。干制枣中的醇类物质主要有 1-戊烯-3-醇（果香味）、1-辛烯-3-醇（蘑菇味）、苯甲醇（果仁味）等，其中 1-辛烯-3-醇香气阈值相对较低，为 1 μg/kg，苯甲醇带来令人愉悦的花香和果香，具有微甜味，对干制枣的香气形成有一定的贡献。

酯类物质来源于脂肪氧合酶的代谢途径，小分子酯类可能是一些脂肪酸甲酯化的次级代谢产物，大多具有水果香气，对于干枣香气的形成具有重要作用，其中低级脂肪酸甲酯（己酸甲酯、苯甲酸甲酯等）在干枣中检测出。与鲜枣相比，干制枣中检测出了 2 种内酯类物质，内酯类物质是果香的重要贡献化合物，但其相对含量较低。

酮类物质作为枣干果香气中一类重要的呈香物质，易被红枣中的其他酶转化为醇类、酯类等香气物质。干制枣中酮类物质种类及含量相对较少，对枣香气的贡献不大，不同品种的枣中酮类物质也不一样。40 ℃干制哈密大枣中的酮类物质主要是 3-羟基-2-丁酮，具有令人愉快的奶香味。2-壬酮在鲜枣和自然阴干条件下干制枣共有的羰基挥发性化合物，呈现清新的水果味，是一种食用香料。

醛类由脂肪酸氧化和氨基酸代谢产生，C6～C9 的醛类物质是青香型化合物的代表，如正己醛、反式-2-己烯醛。醛类物质的香气强度还与烷烃链长及不饱和键有关，不饱和化合物的香气强于饱和化合物，双键或三键可以增强香气甚至出现刺激性气味，苯甲醛在鲜枣和干制枣中均有检出，主要呈现苦杏仁味。与鲜枣相比，干制枣中出现了饱和脂肪醛-十二醛，具有强烈的脂肪香气，其产生与月桂酸有关。

干制枣中含有呋喃类杂环化合物，主要包括 2-乙基呋喃（奶香味）、2-戊基呋喃（甜味、豆香）、2，3-二氢-3，5-二羟基-6-甲基-4（H）-吡喃-4-酮（焦甜、融熔黄油味）等，这些化合物在鲜枣中几乎未被发现，大多在干制过程中通过美拉德反应产生，可以赋予干枣独特的焦香味。

（三）枣加工产品香气分析研究进展

枣加工产品主要有枣片、蜜枣、枣泥、枣醋、枣饮料、口服液等，通过精深加工利润可提高 20%～30%。目前，枣的加工技术主要有脱水干燥、制粉、浓缩、发酵以及复配等。枣片是近几年市场上较为流行的加工产品，如“三只松鼠”“良品铺子”“好想你”等知名品牌均有销售枣片类产品；红枣酒既能保留红枣原有的风味和多种功能性成分及保健作用，又通过发酵产生了新的物质成分，进一步提高了红枣酒的营养价值；红枣果醋中挥发性香气成分不仅是红枣果醋风味物质的重要组成部分，同时也为评价红枣果醋的品质情况提供了重要的参考。因此开展枣产品香气成分的研究，对开发更多优质的红枣产品非常必要。

对枣片的研究主要集中在加工工艺选择与优化方面，工业上主要利用热风干燥、真空冷冻干燥、压差闪蒸干燥、微波真空干燥等手段制备红枣脆片。干燥方式的不同会对红枣脆片的水分和挥发性香气成分产生显著影响，采用热风干燥、真空冷冻干燥和微波真空干燥对红枣片进行干燥处理，发现真空冷冻干燥能够更好地保留红枣片色泽、风味，接近原样；但真空冷冻干燥时间长，能耗远高于热风干燥和微波真空干燥。在干燥温度一致（60 ℃）的情况下，微波真空干燥效率比热风干燥提高了 53.19%；微波真空干燥处理后红枣片的焦甜香突出，香气丰富感更强。宋烨等（2022）以热风干制过程中不同温度和时间下制备的 7 个红枣片样品为研究对象，对红枣片的特征香气活性化合物进行了感官评价和分析，感官评价表明，经过热风干制的红枣片中主要特征香气为焦糖香、烤甜香、焦苦味和焦煳味；通过 PLSR 明确了感官属性与香气化合物之间的相关性：2，3-丁二酮和 3-羟基-2-丁酮与烤甜香呈显著正相关；而γ-丁内酯、4-环戊烯-1，3-二酮和 2，5-二甲基-4-羟基-3（2H）-呋喃酮对焦糖香有显著贡献；5-甲基呋喃醛和 5-甲基-2（5H）-呋喃酮与焦苦味呈正相关；5-羟甲基呋喃醛是焦煳味特性的主要来源；3-羟基-2-甲基-4H-吡喃-4-酮、4H-吡喃-4-酮和 2，3-二氢-3，5-二羟基-6-甲基与焦煳味及焦苦味都呈正相关。

枣粉也是枣深加工的重要形式之一。目前，市场上比较常见的产品有调配枣粉、速溶枣粉及枣粉复配型产品。枣粉的香气主要受制粉方式和干燥方式的影响。周禹含等（2014）研究了超微粉碎对冬枣粉芳香成分的影响。结果表明，超微粉碎后枣粉香气成分种类明显增加，检测到 51 种香气成分，而在普通粉碎的枣粉中只检测到了 35 种香气成分。曹源等（2015）研究了不同干燥工艺对枣粉挥发性香气成分的影响，发现枣粉中的主要香气成分为芳香烃类、酸类和酯类物质，采用喷雾干燥方式制得的枣粉特征香气成分更多。关于枣粉香气的报道和研究依然较少，关于影响枣粉香气形成的各方面因素和深层次机理还有待更深入和系统的研究。

不同品种、处理方法、菌种和发酵控制条件酿造出不同特性枣醋产品，在口感、营养、香气及功能性方面有很大差异。对枣醋的研究多集中于工艺的开发与优化，发酵阶段各种成分含量和功能性成分的测定等。曹淼等（2014）研究了液态发酵枣醋在不同发酵阶段产物（初始枣汁、枣酒醪和枣醋）的香气成分，在枣醋发酵过程中，醋酸含量和乙酸乙酯含量极显著增加，乙酸乙酯具有清逸的果香，这赋予枣醋特殊的醋香，在醋酸发酵阶段还生成了丁二酸二乙酯（具有淡而舒适的葡萄香气）、乙酸苄酯（有浓郁的茉莉花香气，并带有果香香调）、苯乙酸乙酯（浓烈而甜的蜂蜜香气）、十二烷酸乙酯（带花生香气）、棕榈酸乙酯（微弱蜡香、果爵和奶油香气）等酯类，这些酯类共同赋予枣醋特殊的香气。任琪（2009）以徽州蜜枣为原料进行枣醋发酵，发现枣醋的主要香气物质包括醋酸、苯乙醇、丁酸乙酯、十六烯酸乙酯、棕榈酸乙酯、乙酸异丁酯、乙酸乙酯、葵酸乙酯、二十二烷酸乙酯等。枣醋的香气成分主要以有机酸、酯为主，其中酯香是果醋的特征性香气。

枣汁加工过程中需要进行杀菌热处理，热处理会促进枣汁发生美拉德反应、抗坏血酸氧化分解、焦糖化反应、多元酚氧化缩合反应等非酶褐变，对不同杀菌方式的 NFC 冬枣汁香气成分进行分析，结果表明 NFC 冬枣汁中主要的香气成分为醛类和酯类物质，其中 2-己烯醛和正己醛的含量最高，与低温长时灭菌相比，高温短时灭菌可以更好地保留冬枣汁原有的香气特征。

三、枣香气形成与影响因素

（一）枣香气物质的形成

枣香气物质的形成主要通过两种途径完成，一种是枣在生长成熟过程中碳水化合物、脂类、蛋白质及氨基酸等经过酶的催化作用，通过代谢合成风味物质的生物合成途径；另一种是枣在加工过程中，经过加热、烘烤或发酵，产生特征香气物质的化学反应途径。

枣香气物质是枣果实次级代谢的产物，其生物合成途径主要有脂肪酸途径、氨基酸代谢途径及碳水化合物降解途径。

脂肪酸途径产生的香气物质主要是以脂肪酸作为前体物质，在酶的作用下经过生物合成而来。许多脂肪族酯、酸及羰基化合物是由亚麻酸和亚油酸通过 LOX 途径氧化分解产生。LOX 特异性识别亚麻酸和亚油酸的 1，4-异二烯结构，并将其氧化成 9-/13-氢过氧化物，随后在氢过氧化物裂解酶（HPL）作用下进一步代谢生成 C6 或 C9 挥发性醛（如 3Z-己烯醛和 3Z，6Z-壬二烯醛），最后在乙醇脱氢酶（ADH）和 3Z，2E 烯醛异构酶作用下还原生成挥发性醇（2E，6Z-壬二烯醇）。己醛、(E)-2-己烯醛是枣果的特征香气物质，其合成的前体物质是亚油酸。(2E，4E)-2，4-癸二烯醛也是通过 LOX 途径生物合成，是鲁北冬枣的主要芳香成分，含量为 32.25%，具有强烈的青香味。

氨基酸代谢会产生脂肪族、芳香族，支链的醇、酸类，羰基化合物以及酯类物质。参与香气物质合成的氨基酸主要有丙氨酸、亮氨酸、半胱氨酸、异亮氨酸、苯丙氨酸和缬氨酸等。氨基酸代谢途径为氨基酸在脱羧酶或者转氨酶的作用下进行脱氨基或氨基转移，形成 α-酮酸，随后发生脱羧、还原、氧化或酯化反应产生醛、酸、醇和酯。酪氨酸和苯丙氨酸可形成一些香气化合物，其香气特征是酚味和香草味。缬氨酸可转化成异丙醛和异丙醇，苏氨酸可转化成氢化肉桂醛和对羟基苯甲醛。具有果香、花香味的苯乙醛的前体物质是苯丙氨酸，其香气阈值是 4 μg/kg，在骏枣中含量较高（32.13 μg/100 g FW）。

枣中含有较多的碳水化合物，如葡萄糖、果糖及蔗糖，这些糖类物质是有机酸（丙酮酸、乙酸等）、酯（乙酸酯、辛酸酯等）、醇（乙醇、丙醇等）、醛（己醛、辛醛等）、萜烯（单萜、柠檬烯等）类风味物质的重要前体物质。枣果实通过光合作用生成糖类物质，随后又可通过糖代谢途径生成脂类和氨基酸等物质，通过脂肪酸途径和氨基酸途径间接生成风味物质，因而大多风味物质可以追溯至碳水化合物代谢。萜烯类物质可直接由碳水化合物代谢产生。萜烯化合物的主要构成单元是二磷酸异戊烯酯（isopentenyl diphosphate，IPP）及其异构体二磷酸二甲基烯丙酯（dimethylallyl diphosphate，DMAPP），这 2 种物质是由乙酰辅酶 A、丙酮酸和甘油醛-3-磷酸分别经过甲羟戊酸（mevalonic acid，MVA）途径、2-C-甲基-D-赤藻糖醇-4-磷酸（2-methyl-D-erythritol-4-phosphate，MEP）途径转化而来。IPP 和 DMAPP 在异戊二烯转移酶的作用下相互结合形成二磷酸香叶酯（geranyl diphosphate，GPP）、二磷酸法呢酯（farnesyl diphosphate，FPP）和二磷酸香叶基香叶酯（geranylgeranyl diphosphate，GGPP），这 3 种物质是单萜烯、倍半萜烯及二萜烯等风味物质的直接前体物质。清润红枣和和田玉枣主要香气物质中含有具有柠檬香味的单萜类物质柠檬烯。除此之外，呋喃酮也是通过碳水化合代谢而形成的，如 6-脱氧-D-果糖是形成 2，5-二甲基-4-羟基-2-氢-呋喃-3-酮（2，5-dimethyl-4-hydroxy-3-（2H）-furanone，DMHF）的主要前体，鲜枣经高温（160℃）烘干后，DMHF 的含量是鲜枣的 3.6 倍，可赋予枣香甜味及焦糖味。

加工过程中枣香气形成途径主要来源于美拉德反应和发酵，其中美拉德反应是食品风味形成的重要途径，对食品的营养品质、安全性、感官特性以及消费者接受度有直接影响。枣中丰富的糖类物质和氨基酸在高温加工时会发生美拉德反应，是形成枣制品（干枣、枣粉等）特征风味的重要途径。美拉德反应分为 3 个阶段，在初始阶段羰基化合物与氨基化合物发生缩合反应生成席夫碱，然后经 Amadori 和 Heynes 重排生成反应活性的酮糖基胺，基本形成香味前体物质。第二阶段以香味前体物质为底物，进一步使糖裂解和氨基释放，形成各种风味物质。最后氨基化合物与醛类物质反应，或者呋喃、吡咯类的缩聚和 Heynes 反应生成类黑素。通过美拉德反应会产生一系列枣的特征香气成分，如 2-戊基呋喃、5-羟甲基糠醛、2-甲基吡嗪、2-乙酰基-1-吡咯啉等物质，热加工过程中形成的香气物质，决定了枣加工制品的风味品质特征。

枣经过发酵后可产生风味独特、营养丰富的枣酒、枣醋、枣酸奶、发酵枣汁。通过发酵产生风味物质是一个较为复杂的过程，酵母菌、醋酸菌、植物乳杆菌等微生物通过代谢枣中的糖类物质产生初级代谢产物（如乙醇、乙酸），在后熟阶段，还会发生复杂的生化反应而产生大量的次级代谢产物，如酯、醛、酮、醇等。枣酒和枣醋等特征风味正是由这些次级代谢产物共同构成，主要以酯类物质为主。

（二）枣香气物质的影响因素

枣香气组成复杂且受到多方面的因素影响，包括枣产区的自然条件、栽培管理、鲜食枣的品种、枣果实的成熟度和后熟过程以及采后的贮藏方式和加工方式等均会影响枣的香气品质，可分为外部因素和内部因素。

内部因素包括品种和成熟度。品种是决定鲜食枣特征香味最为重要的内部因素，取决于枣本身的基因，如金丝小枣、灰枣、骏枣和板枣因品种不同而具有各自独特的枣香味，这主要是由于不同品种间的挥发性物质的组成成分以及含量的不同，所以形成的香气特征也不同，如泰山圆红枣中醇类、酮类、酸类、烷烃类、烯类和其他类化合物相对含量高于泰山长红，而醛类、酯类则化合物相对含量低于泰山长红枣；泰山圆红枣香气组分比泰山长红枣多 12 种，因此泰山圆红枣比泰山长红枣香气更浓郁醇厚。清涧红枣的香气物质主要为庚酸、邻苯二甲酸二异丁酯、癸酸、（E）-2-辛烯醛；河北滩枣为乙酸、萘、7-辛烯酸、（Z）-十八碳烯酸；天津红枣为苯甲醛、（E）-2-（2-丙炔氧基）-环己醇、2-己烯醛、2-呋喃甲醛；和田玉枣为柠檬烯、2-丁酮、月桂酸、糠醛。另外，成熟度也是影响枣香气不同的一个非常重要的内部因素，枣果实中的香气物质也是随着果实的成熟而缓慢产生的。随着果实逐渐成熟，香气物质也不断产生、积累、释放以及部分新成分形成，通常从未成熟期青涩的“青香型气味”转变为成熟期令人愉悦的“甜香、花香、果香型气味”。在骏枣的绿熟期、黄熟期、半红熟期和红熟期分别检测得到 22 种、25 种、24 种和 27 种香气成分。醇类（2-乙基-1-己醇、苯甲醇），酸类（己酸、辛酸和癸酸）和醛类（己醛、反式-2-己烯醛、苯甲醛和壬醛）是鲜熟期骏枣中最为主要的香气成分。从香气的前体物质来看，葡萄糖和果糖在成熟过程中呈下降趋势；天门冬酰胺（下降趋势）和脯氨酸（上升趋势）是鲜熟期骏枣中的主要氨基酸。骏枣在半红熟期总醛香气含量最高（59.33%），表现出最佳的整体香气。

外部因素主要包括环境条件（产地、气候条件）、栽培技术、贮运情况、加工技术以及香气的提取、分离、萃取、检测技术等，这些外部因素也会显著影响枣的香气。枣品质变化与日照、气温、降水及土壤特性等环境因素高度相关，王超等（2021）通过对新疆、河南、山西 3 个产地红枣香气物质研究表明，红枣香气物质含量在不同产地间存在差异，尤其以酸类物质和酮类物质差异最显著，原产地红枣香气优于引栽地。贮运和加工过程也是导致枣风味变化的关键因素，无论是在贮藏还是加工过程中温度变化都会显著影响枣果实香味物质的形成、转化和释放。5-羟甲基糠（5-hydroxymethylfurfural，5-HMF），是引起枣及加工产品褐变和香气变化的关键成分之一，是枣贮藏和加工过程中质量评价的重要参考指标。5-HMF 主要是在食品长时间贮藏或加热过程中，通过美拉德反应或己糖脱水产生的。红枣中富含葡萄糖、果糖等碳水化合物及氨基酸，干制过程中不可避免的会产生 5-HMF。不同品种、不同干制工艺及贮藏时间等均会对枣中 5-HMF 的生成造成一定的影响。鲍涛等（2021）研究发现热风干制枣中 5-HMF 含量高于自然干制枣中 5-HMF 的含量，热风干制的温度与时间会加速美拉德反应产生 5-HMF 的速率，干制温度越高、时间越长，枣中 5-HMF 的含量就越高；同时，在常温贮藏条件下，5-HMF 的含量随着贮藏时间的延长而增加。即使是同一品种，同一产地的果实，由于提取方法、萃取方式及检测方式的不同，香气成分的种类和相对含量仍会有很大的差异。采用 GC-IMS 技术，对新疆南疆 3 个主要产地（阿克苏、和田、喀什）骏枣的香气物质进行分析，通过构建的指纹图谱可知：阿克苏地区骏枣特征香气物质为愈创木酚和苯乙酮；喀什地区骏枣特征香气物质为糠醛（单体和二聚体）、丙酸、壬醛；和田地区骏枣特征香气为乙酸异丙酯和异丁酸。用水蒸气蒸馏法、溶剂萃取法、同时蒸馏萃取法提取赞皇大枣果实中的香气成分，比较所得香气成分的异同，同时蒸馏法得到较高的酸类、醛类和酯类物质含量也高于其他两种方法，而这三类物质是枣香气的主要组成部分，从而确定同时蒸馏萃取法为提取枣果实香气成分比较理想的方法。

四、枣香气物质提取与检测分析技术

枣中香气物质主要有酯类、醛类、酮类、酸类、醇类等，香气成分的分离、分析技术和评价方法是研究鲜枣和加工品中香气成分的基础。

（一）枣香气物质提取方法

香气成分的提取方法有很多，不同的提取方法适合提取不同相对分子质量、沸点、极性的化合物，所以选择不同的提取方法提取红枣中的香气成分，结果也是千差万别的。枣中香气成分提取，常采用超临界流体萃取法（supercritical - fluid extraction，SPE）、水蒸气蒸馏法（water steam distillation，WDE）、同时蒸馏萃取法（simultaneous distillation extraction，SDE）、固相微萃取（solid phase microextraction，SPME）、溶剂萃取（solvent extraction，SE）等方法。每一种提取方法都有各自的优点和缺点，得到的枣香成分具有互补性，所以在提取枣香成分时可以采用不同的提取方法，使分析出来的结果更加详尽。表 6 - 11 列举了在枣香味成分提取过程中所用到的各种提取方法。

表 6 - 11　枣香气成分提取方法

提取方法	溶剂
超临界流体萃取法	超临界 CO_2
水蒸气蒸馏法	水 水蒸气蒸馏后用二氯甲烷 水蒸气蒸馏后用乙醚
同时蒸馏萃取法	水、无水乙醚 水、二氯甲烷
固相微萃取	无溶剂
溶剂萃取法	乙醚 二氯甲烷 乙醇提取后乙醚萃取 乙醇提取后二氯甲烷萃取

1. 超临界流体萃取法　超临界流体萃取技术（supercritical - fluid extraction，SPE）是近 30 年来发展起来的一种新型的萃取分离技术，超临界流体具有十分独特的物理性质，特别是对某些物质具有异乎寻常的溶解能力。其中 CO_2 是香料工业中最常见的超临界流体。超临界流体的密度接近于液体，但黏度和扩散系数却与气体相近，因此渗透性和传质性远远优于一般液体溶剂。超临界流体的溶解度与其密度密切相关，在临界点附近，温度和压力的微小变化都会导致流体密度的显著变化，从而导致化合物溶解度的变化。因此，对萃取的挥发性物质具有很高的渗透性，所以超临界流体更适用于从难以分离的组织结构中萃取所需的挥发性物质。

超临界 CO_2 萃取是以超临界状态下的 CO_2 作为萃取剂的分离技术，该方法具有以下优点：①传质性好，溶解性强，扩散快，后处理简单，萃取效率高；②萃取条件温和（CO_2 的临界温度接近室温），适于热敏性物质的萃取；③CO_2 无味、无臭、无毒、无害，萃取过程不会产生环境污染，萃取物无溶剂残留；④CO_2 化学惰性好，很少与其他物质发生化学反应，且不易燃；⑤CO_2 价廉易得；⑥萃取工艺简单，根据需要可实现选择性萃取。

超临界 CO_2 萃取的缺点是必须在高压环境下工作，对设备要求非常高。但因该方法具有快速、高效、温和、后处理简单等特点且萃取物具有高附加值，在枣香精提取及香气回收等方面仍受到人们的广泛关注和应用。通过单因素和正交试验优化骏枣精油的萃取工艺，超临界二氧化碳萃取骏枣精油最佳工艺为：乙醇作携带剂，萃取压力 25 MPa，萃取温度 32℃，夹带剂流速 0.3 mL/min，萃取时间 3 h，骏枣精油的萃取率可达 1.224%；与采用超临界 CO_2 萃取滩枣精油工艺得率 1.51%相比略少，但两者选用原料有所差异，夹带剂加入方式不同。滩枣精油最佳萃取条件为：乙醇作携带剂，萃取压力 35MPa，萃取温度 40℃，料液比 1∶0.9，在此条件下经过 0.5h 萃取，滩枣精油的萃取率可达 1.51%。

2. 水蒸气蒸馏法 水蒸气蒸馏法（water steam distillation，WDE）是指将枣与水共同蒸馏，使枣中的挥发性成分随水蒸气一起馏出，经冷凝进行提取的浸提方法。通常先馏出低沸点的化合物，后馏出高沸点的化合物。水蒸气蒸馏法具有以下优点：成本低，产量大，设备及操作简单；水蒸气蒸馏法的缺点：①蒸馏过程需将原料进行加热，不适用于提取化学性质不稳定的组分；②蒸馏次数不宜过多，避免枣挥发油中某些成分发生氧化或分解。用水蒸气蒸馏法、溶剂萃取法、同时蒸馏萃取法提取赞皇大枣成熟枣果实中的香气成分，并利用 GC/MS 技术进行了定性和定量分析，比较所得香气成分的异同，发现同时蒸馏法得到较高的酸类，醛类和酯类物质含量也高于其他两种方法，而这三类物质是枣香气的主要组成部分；水蒸气蒸馏法提取过程为开放的系统，容易使一些低沸点化合物散失及破坏热不稳定成分；溶剂萃取操作烦琐，溶剂的纯度和添加量影响试验的重现性；并且水蒸气蒸馏法和溶剂萃取法中都需要大量的二氯甲烷，成本高，脱除溶剂麻烦。同时蒸馏萃取法结合水蒸气蒸馏和溶剂提取技术，具有良好的重复性和较高的萃取量，操作简单、定性定量效果好。从而确定同时蒸馏萃取法为提取枣果实香气成分比较理想的方法。

3. 同时蒸馏萃取法 同时蒸馏萃取（simultaneous distillation extraction，SDE）是枣香味分析中较为常用的样品制备技术，具有将水蒸气蒸馏与溶剂萃取合二为一的优点，直接得到有机溶剂的萃取液，萃取液浓缩后得到挥发性成分混合物。SDE 的优点是：①对于中等至高沸点的成分萃取回收率较高，萃取液中无非挥发性成分，气相色谱分析时不会污染色谱柱及色谱管路；②在连续萃取过程中，枣的香味成分被浓缩，可以把枣中的痕量挥发性成分分离出来。缺点是：①样品用量大；②强极性或亲水性成分如酸性、醇溶性成分萃取效率很低，在萃取液中极少出现；③萃取液具有煮熟味，不适于鲜枣中的香气分离，易于出现氧化、水解等热降解反应，引入新的干扰物。王林祥等（1995）采用吸附捕集法和同时蒸馏萃取法提取天津红枣的挥发性香气成分，发现受溶剂的影响，利用同时蒸馏萃取法较低沸点的香气成分难以检出，但沸点在中等及较高的香味物质检出明显比吸附捕集法多。

4. 固相微萃取 固相微萃取（solid phase microextraction，SPME）是 20 世纪 80 年代末出现的绿色环保型样品分析前处理技术。SPME 有两种取样方式：直接取样和顶空取样，对于不均相枣样品，常用 HS－SPME 方法。SPME 是目前香味样品制备最有效的技术手段之一，具有敏感、快速、操作简便、样品用量少、不用溶剂，可实现选择性萃取，富集到的目标物能在气相色谱、气-质联用上直接分析的优点。SPME 可实现复杂样品检测的高通量、自动化。但影响萃取结果的因素较多，包括样品性质、采样方式、纤维涂层（种类、厚度）、取样温度、取样时间、搅拌情况等，只有在较佳的萃取条件下，才能获得较好的分析结果。Wang等人（2014）采用液-液萃取法、同时蒸馏萃取法、超声波辅助溶剂萃取法、顶空固相微萃取法提取了枣中的香气。结果表明：通过同时蒸馏萃取法、超声辅助溶剂提取法以及顶空固相微萃取法得到的香气化合物差异很大，液-液萃取和超声辅助溶剂萃取得到的挥发性化合物在种类和含量上均相似；超声辅助溶剂萃取法提取的乙酸相对峰面积远高于同时蒸馏萃取法。虽然顶空固相微萃取法的回收率和重现性普遍较低，但该方法比其他三种技术更敏感。因此在提取枣香成分时可以采用不同的提取方法，使分析出来的结果更加详尽。

5. 溶剂萃取法 溶剂萃取法（solvent extraction，SE）被广泛地应用于香气成分的提取浓缩，可直接从食品中萃取、分离挥发性物质，或从蒸馏的水溶液中萃取挥发性物质。由于挥发性物质在溶剂相和样品之间或溶剂相和蒸馏液之间的分配系数不同，通过溶剂的选择性萃取排除干扰组分，有选择的提取香气成分。对于枣中香气物质的萃取，通常采用冷浸法或热浸法。常用溶剂有乙醚、乙醇、甲醇、丙酮、苯、氯化烃类、石油醚、二硫化碳、乙酸乙酯、吡啶和四氢呋喃等。另外，在萃取时，适当地加入一些无机盐可以提高萃取效率。该方法的优点为操作迅速、分离效果好；缺点为萃取溶剂易挥发、有毒、易燃。卢愿（2012）用水蒸气蒸馏法、溶剂萃取法、同时蒸馏萃取法提取枣果实中的香气成分，并利用GC/MS技术进行了定性和定量分析，比较所得香气成分的异同，从而确定同时蒸馏萃取法为提取枣果实香气成分比较理想的方法。

（二）GC－MS检测技术在枣香气分析研究中应用

气相色谱（GC）是一种利用气体作为流动相的色层分离分析方法，汽化的被测样品被载气（流动相）带入色谱柱中，色谱柱中的固定相对试样中各组分吸附能力不同，继而各组分从色谱柱中流出时间不同，实现组分彼此分离，再由检测器检测出组分的技术，由于载气流动速度快，因此该方法具有高速和高效性。MS是一种测量样品的离子电荷-质量之比（即荷质比）的分析方法，具有识别未知化合物的独特能力。质谱法工作原理是在离子源中被测样品的组分离子化为不同荷质比的带正电荷的离子，在加速电场/磁场的作用下，形成离子束，进入质量分析器，利用质量分析器中相反的速度色散得到质谱图，并可以确定其质量。将GC与MS联用，通过共有的接口相连接，组合成一个分析仪器，将GC的高分离作用和MS的准确鉴别作用充分发挥，实现对被测样品组分的定性定量分析。

气相色谱定性方法有两种，分别是保留值对比定性和与其他仪器联用定性。通过GC－MS得到质谱图后，通过计算机检索标准谱库对未知化合物进行定性，常用的标准谱库有NIST、Wiley/NBS。通过化合物的匹配度实现化合物定性分析，一般匹配度比较好，达到90以上（最好为100），那么可认定这个化合物就是欲求的化合物。但是检索结果只能看作一种可能性，匹配度大小只表示可能性的大小，并不是绝对正确的，可根据初步结果，与标准品进行比对，确定化合物信息。

定量分析中由于GC－MS得到的总离子流图或质量色谱图的色谱峰面积与相应组分的含量成正比，可以采用面积归一化法、外标法、内标法等进行定量。

1. GC－MS检测技术在干枣香气研究中的应用 不同品种、不同产地、不同干燥方式的枣的香气差别很大。刘莎莎等（2015）采用分HS－SPME技术对不同产地、不同品种（山东乐陵金丝小枣、河南新郑灰枣、山西稷山板枣、陕西佳县木枣、新疆骏枣和甘肃临泽小枣）红枣样品的香味物质进行萃取，经 GC－MS 分离和检测，利用主成分分析和相关性分析法分析 6 个不同品种红枣样品香味物质的主要差异。鲁周民（2010）等采用 SPME－GC－MS 法测定不同温度（50 ℃、60 ℃、70 ℃）热风条件下干制红枣的香气成分差异，结果发现不同温度热风条件下的干制红枣挥发性物质中均含有羧酸类、酯类、醛酮类、醇类、烷烃类及少量其他物质，其中，70 ℃条件下干制的枣挥发性物质中羧酸类和醇类含量较高；60 ℃条件下干制的枣挥发性物质中含有较多的酯类、醛酮类和烷烃类物质。

2. GC－MS 检测技术在枣醋香气研究中的与应用 枣常采用浸泡与发酵工艺相结合加工成枣醋，大枣香醋具有香气优雅、饱满，酸味柔和回味悠长的特点。发酵过程发生一系列生化反应，如枣中的淀粉、糖类物质转化成有机酸类物质等，氨基酸、果胶、维生素、芳香物质等其他成分也发生一系列的生化反应，同时该过程还生成许多新的营养和香气物质。张骏松等（2007）采用 SDE 提取新郑大枣香醋的香味物质，利用 GC－MS 对新郑大枣香醋的挥发性香气成分进行检测，确认了其中的 45 种成分，占总质量分数的 92.64％，并用面积归一化法测定了各种成分的质量分数，其主要成分为醋酸（40.85％）、糠醛（10.72％）、异戊醇（9.05％）、β－苯乙醇（8.64％）、丁二酸二乙酯（1.74％），葵酸（1.61％）、辛酸（1.60％）、己酸（1.51％）等。

3. GC－MS 检测技术在枣酒香气研究中的应用 不同的枣品种决定了枣果酒独特的香气特征，而发酵期间形成的醇类、酯类等挥发物质构成了枣果酒的香气，对枣果酒香气的形成具有更重要的作用。李涛等（2014）采用 GC－MS 对黄河滩枣冰酒中的香气成分进行分析，并运用面积归一法确定各组分的相对百分含量。黄河滩枣冰酒中主要的香气成分为异戊醇（19.82％）、乙酸（18.56％）以及乙酸乙酯（9.41％），这些物质共同赋予了黄河滩枣冰酒特殊的香气和品质。

（三）气相色谱-嗅闻技术在枣香气分析研究中的应用

气相色谱-嗅闻法（gas chromatography－olfactometry，GC－O）是将人类嗅觉能力的灵敏性与气相色谱的分离功能相结合的香气分析方法，将复杂的挥发性混合物经色谱柱分离后流出的独立化合物的香气进行定性和定量评价，能确定特定香气成分在某一浓度下是否具有香气活性，香气活性的强度、持续时间及香型描述等香气信息。食品中许多化合物浓度极低，但对食品香气具有关键性和突出性贡献，这是由化合物本身的阈值性质造成的，气味的阈值越低越容易被感官感觉到。由于许多气味化学检测器不如人的鼻子灵敏，MS 检测器只有在挥发性香气化合物达到一定量时才能检测到。因此，化学检测器检测到的色谱峰峰面积大小并不能真实反映食品的香气描述。评价每种香气化合物对整体香气贡献的更好方法是将这些成分分开，进行单独的感官评价，从而确定哪些香气化合物对食品的香气具有贡献。在食品香气活性成分、生产过程中异味来源及调控等研究中具有广阔的应用前景。目前已有一些 GC－O 嗅闻检测技术可被用于鉴定气味活性成分，主要有三类：稀释法、强度法和检测频率法。稀释法与强度法和检测频率法相比，稀释法分析时间长，操作难度大；检测频率法与稀释法和强度法相比，操作简单，花费时间少，需要较多的嗅闻人员，重复次数与嗅闻人员数相当，使得评定结果具有较好的重复性，但检测频率法不是直接测定香气成分的香味强度，只要香气成分的浓度大于感官阈值，都能被检测到，因而，在香味强度的分析方面具有一定的局限性。选择检测方法时，应根据研究目的，嗅闻人员水平、分析对象的性质、分析时间等因素综合考虑。Xiao 等（2018）利用 GC－O 检测技术和 OAV 法对金丝小枣、油枣、玉枣中的主要成分进行表征，结果表明，正己醛（OAV：39－85）、（E）－2－辛醛（OAV：32－70）、β－大马士酮（OAV：14－49）、己酸乙酯（OAV：22－39）、3－乙酸巯基己酯（OAV：17－24）和 2，5－二甲基吡嗪（OAV：17－22）是上述枣的关键气味活性化合物。路遥等（2021）采用嗅闻强度法对不同杀菌方式 NFC 冬枣汁香气成分分析，发现冬枣汁中共嗅闻到 8 种香气物质，归纳其主要香气特征为果香、甜香、青草香 3 种，高温短时灭菌的冬枣汁中香气种类最多、强度最高，对照组次之，低温长时灭菌的冬枣汁最差，冬枣汁中呈现青草味的 2－己烯醛和正己醛香味较为明显，这与 GC－MS 的测定结果一致。

（四）离子迁移谱技术在枣香气研究中的应用

离子迁移谱（ion mobility spectrometry，IMS）是近几十年发展的一种用于检测、识别及监测不同样品中痕量化合物的技术。该技术在大气压或接近大气压的中性气相中，根据电场中不同的气相离子的迁移速度的差异来分离检测化学离子物质。由于离子迁移谱对高质子亲和力（proton affinity，PA）或高电负性（electronegativity，EN）的化合物具有很高的响应速度和灵敏度，而枣香气物质中有很多具有强质子亲和力或高电负性官能团结构的物质，如不饱和键结构的醛、酮、酯、醚等芳香族化合物和有机化合物，可实现不同样品的区分。

与现有常规检测技术相比，分离度较差是 IMS 的短板，尤其是在分析食品这类相对较复杂的体系时，IMS 的分析能力受到了制约，而当离子迁移谱（IMS）与气相色谱（GC）联用时，气相色谱的（GC）的优势恰好与离子迁移谱（IMS）的弱势相嵌合，两种仪器发挥了各自的优点，取长补短，IMS 所具有的高灵敏度、高检测速度、样品无须前处理等优点，再加以 GC 的高分离效率、选择性好等优势，配合强大的数据处理软件，达到了一加一等于三的效果。作为一种新兴的食品检测方法，GC－IMS 在食品领域具有无限的应用前景。杨智鹏等（2023）采用顶空气相离子迁移谱（gas chromatography－ion mobility spectroscopy，GC－IMS）技术对不同产地（新疆环塔里木盆地、河南新郑和山西临县）枣果特征风味成分进行分析构建不同产地、不同品种枣果 GC－IMS 风味指纹图谱，发现新疆各产地灰枣和骏枣与其原产地枣果挥发性风味物质差异明显。灰枣与骏枣相比，灰枣中对香气贡献最大的挥发性有机物主要有 1－辛烯－3－醇（D）、2－甲基丙酸、3－辛酮（D）、丁酸、羟基丙酮等物质；而骏枣中丙醛、丙酮、3－甲基丁醛、辛醛（M）、壬醛（M）等挥发性有机物质对香气贡献最大，可实现不同产地、不同品种枣果香气可视化分析。王越等（2022）利用 GC－IMS 技术和 HS－SPME－GC－MS 技术测定黑枣产品中的挥发性成分，分析不同处理对黑枣风味品质的影响。结果表明：不同处理方式得到的黑枣中主要挥发性香气成分各不相同，GC－MS 和 GC－IMS 两种检测方法检出的基础风味物质种类基本一致，可依据香气成分实现不同处理方式黑枣的快速分类鉴别。

（五）电子鼻技术在枣香气研究中的应用

电子鼻（electronic nose，E－nose）是一种基于被测目标物的挥发性成分，采用气体传感器快速识别被测目标物中气味组成的电子系统。电子鼻系统由样品处理、化学传感器阵列和模式识别三大系统组成。其工作原理是将被测样品的挥发性化合物转化为传感器阵列的电子信号，并将信号输出至数据处理单元以生成相应的图谱。电子鼻系统的核心是传感器，根据测量的信号不同，气敏传感器主要分为测量吸附气体后表面电阻变化的金属氧化物半导体传感器（MOS）、测量阻抗变化的导电聚合物气敏传感器（CP）、测量振荡频率变化的石英晶体微天平（QCM）和表面声波传感器（SAW）、测量电流变化的安培计传感器等。

在电子鼻系统中，气体传感器是感知气味的基本单元，也是关键因素。但是，由于气体传感器的选择性不高及检测样品不分离，每一电极都有干扰物质的存在，难以得到较高的检测和识别精度。该设备的优点是无须预处理，即可获得样品中挥发成分的整体指纹信息。电子鼻不仅可以对不同样品的气味信息进行分析和比较，还可以通过收集标准样品的指纹图谱建立数据库，然后利用统计分析方法对样品中的未知成分进行定性和定量分析。顶空-气相色谱技术用于嗅觉测定兴起后，将感官分析和气相色谱分析相结合的应用更加广泛。黄贵元等（2022）利用 HS－SPME－GC－MS 结合电子鼻技术对干枣及其加热回流和微波辅助热回流提取获得的浸膏和精油的挥发性成分进行研究，旨在探究干枣及其不同提取物的香气品质差异。发现由浸膏提取得到的 2 种枣精油的香气特征较为相似，载荷分析表明，W1S（对烷烃敏感的 CH_3 材料）、W1W（对萜类和含硫化物化合物敏感的 H_2S 材料）、W2S（对醇类、部分芳香族化合物敏感的 CO 材料）和 W2W（对芳香族化合物和有机硫化物敏感的 H_2S 材料）为干枣及其不同提取物香气成分的主要识别传感器。党昕等（2023）采用顶空固相微萃取结合气相色谱-质谱、GC－O 及电子鼻方法，探究了不同预处理方式（原果、烘焙、干燥及蒸、煮）对新疆大果沙枣挥发性香气成分的影响。发现经过不同预处理后，枣样品的多个感官属性的香气强度存在显著差异，利用电子鼻可以有效地区分不同预处理枣的香气强度。

（闫新焕　谭梦男）

参考文献

鲍涛，2021. 新疆骏枣中 5-羟甲基糠醛的毒性效应、形成机理及消减技术研究［D］. 杭州：浙江大学.

毕金峰，于静静，丁媛媛，等，2011. 固相微萃取 GC－MS 法测定不同干燥方式下枣产品的芳香成分［J］. 现代食品科技，27（3）：354－360，365.

蔡定建，谢志鹏，郭晟，2008. HPLC 法检测南酸枣糕中的合成色素、防腐剂、甜味剂、山梨酸、食品胶［J］. 中国调味品（1）：79－83.

曹淼，鲁周民，化志秀等，2014. 红枣醋不同发酵阶段香气成分的变化［J］. 现代食品科技，30（3）：233－238，107.

曹源，李建伟，李述刚，等，2015. 不同干燥工艺对枣粉挥发性香气成分的影响［J］. 保鲜与加工，15（2）：44－49.

曾凤泽，郭慧玲，李淑珍，2020. 不同干燥方法对红枣黄烷-3-醇、黄酮醇含量及抗氧化活性的影响［J］. 食品研究与开发，41（12）：147－152.

陈恺，李琼，周彤，等，2017. 不同干制方式对新疆哈密大枣香气成分的影响［J］. 食品科学，38（14）：158－163.

崔璨，2015. 红枣烘焙条件探索及烘焙后特征香气感官分析［D］. 保定：河北农业大学.

崔志强，孟宪军，2007. 微波辅助萃取冬枣环磷酸腺苷工艺研究［J］. 食品科学，28（4）：163－166.

党昕，刘军，姚凌云，等，2003. GC－MS 结合 GC－O、电子鼻评价不同预处理方式对沙枣风味的影响

[J/OL]. 食品科学：1－13 [2023－01－28]. https：//web03. cnki. net/KCMS/detail/detail. aspx?dbcode=SKAJ&dbname=SKATLKCAPJLAST&filename=SPKX20220728008&.

邓红，王玉珠，史乐伟，等，2013. 清涧红枣香气成分的分析鉴定 [J]. 食品研究与开发，34 (24)：201－205.

付亚玲，2021. 黑枣三萜酸的提取，分离纯化及抗氧化活性研究 [D]. 泰安：山东农业大学.

高娅，杨洁，杨迎春，2012. 不同品种红枣中三萜酸及环核苷酸的测定 [J]. 中成药，34 (10)：1961－1965.

龚频，王佩佩，同美霖，等，2022. 红枣多糖的提取工艺及药理活性研究 [J]. 食品工业科技，43 (13)：198－207.

苟茜，王敏，冀晓龙，等，2014. 不同成熟度灵武长枣食用及营养品质研究 [J]. 现代食品科技，30 (11)：98－104.

古建宇，巩丽青，2018. 晋中市 26 家红枣干制品生产企业原料及产品中苯甲酸含量的调查研究 [J]. 山西医药杂志，47 (12)：1473－1474.

黄岛平，江思华，林葵，等，2016. HPLC 法同时测定红枣及其制品中 3 种防腐剂 [J]. 食品研究与开发，37 (12)：129－134.

黄贵元，赵海娟，高阳，等，2022. 基于 HS－SPME－GC－MS 和电子鼻技术对干枣及其不同提取物挥发性成分分析 [J]. 食品科学，43 (10)：255－262.

靳增军，曹克强，2007. 冬枣、金丝小枣中氯氰菊酯、氰戊菊酯、三唑酮残留量测定 [J]. 现代农药，6 (2)：36－38.

李安，潘立刚，聂继云，等，2016. 北方地区枣果农药残留风险评估 [J]. 食品安全质量检测学报，7 (11)：4438－4446.

李栋，薛瑞婷，2020. 山西不同品种枣果品质特性及抗氧化活性研究 [J]. 食品研究与开发，41 (19)：46－50.

李慧，李百云，李超，2022. 不同时间采收的灵武长枣果实品质综合评价 [J]. 经济林研究，40 (3)：265－272.

李丽梅，李红艳，陈勇达，等，2022. 黄骅市冬枣和果园土壤中重金属元素分析与膳食暴露风险评估 [J]. 食品安全质量检测学报，13 (17)：5671－5678.

李铭芳，席峰，李清龙，等，2009. 红枣中生物黄酮的提取及分析方法研究 [J]. 江西农业大学学报，31 (6)：1156－1159.

李涛，冯俊敏，张佳，等，2014. 气质联用分析黄河滩枣冰酒中香气成分 [J]. 农产品加工（学刊）(22)：58－60.

李晓，李媛，安瑜，等，2020. 陕西红枣中天然苯甲酸的测定及研究 [J]. 食品与发酵工业，46 (19)：217－221.

刘磊，卞正兰，董作人，等，2022. 山药中有机农药残留的表面增强拉曼光谱检测 [J]. 激光与光电子学进展，59 (4)：355－362.

刘孟军，王永蕙，1991. 枣和酸枣等 14 种园艺植物 cAMP 含量的研究 [J]. 河北农业大学学报，14 (4)：20－23.

刘鸣哲，周晓凤，吴翠云，2022. 不同采收期对鲜食枣常温货架期品质的影响 [J]. 现代园艺，45 (17)：1－5，69.

刘莎莎，张宝善，孙肖园，等，2015. 红枣香味物质的主成分分析 [J]. 食品工业科技，36 (20)：72－76.

刘世军，唐绒绒，唐志书，等，2019. 高效液相色谱法检测大枣中溴氰菊酯残留 [J]. 陕西农业科学，65 (1)：67－68.

刘秀敏，单春会，张雪，等，2021. 超声波辅助提取红枣中黄酮类物质的研究 [J]. 食品研究与开发，

42（17）：107－113.
路遥，李根，马寅斐，等，2021. 热杀菌方式对NFC冬枣汁品质与香气特征的影响研究［J］. 中国果菜，41（9）：32－36，64.
卢愿，2012. 枣香气成分提取与含量研究［D］. 保定：河北农业大学.
鲁周民，闫忠心，刘坤，等，2010. 不同温度对干制红枣香气成分的影响［J］. 深圳大学学报（理工版），27（4）：490－496.
吕姗，凌敏，董浩爽，等，2017. 烘干温度对大枣香气成分及理化指标的影响［J］. 食品科学，38（2）：139－145.
罗宇鑫，金灵，马慧敏，等，2022. 阿拉尔地区不同品种红枣品质分析［J］. 食品工业，43（11）：331－335.
马利平，郝变青，秦曙，等，2020. 山西红枣质量安全风险因子检测与分析［J］. 山西农业科学，48（8）：1316－1320.
马千里，田英姿，英犁，等，2014. 利用隶属函数模型评价新疆红枣的品质［J］. 现代食品科技，30（1）：211－216.
马莎，朱靖蓉，孔令明，等，2018. 新疆不同产地红枣氨基酸的分析研究［J］. 保鲜与加工，18（2）：100－107.
苗志伟，刘玉平，李建华，等，2010. 酸枣粉中挥发性香气成分的提取与分析［J］. 精细化工（11）：1086－1093.
穆启运，陈锦屏，2001. 红枣挥发性物质在烘干过程中的变化研究［J］. 农业工程学报，17（4）：99－101.
聂继云，李静，徐国锋，等，2015. 红枣中的苯甲酸及其膳食暴露评估［J］. 农产品质量与安全（3）：47－50.
牛延菲，张晓南，徐怡，等，2021. 电感耦合等离子体质谱法同时测定大枣中7种重金属及有害元素及健康风险评估［J］. 食品安全质量检测学报，12（5）：1760－1765.
彭艳芳，2008. 枣主要活性成分分析及枣蜡提取工艺研究［J］. 保定：河北农业大学.
任琪，2009. 枣酒枣醋加工工艺研究及醋酸菌的筛选［D］. 合肥：安徽农业大学.
沈静，杜若曦，魏婷，等，2017. 干制方式对鲜食枣脆片香气品质的影响［J］. 食品科学，38（18）：131－137.
宋玲霞，陈义伦，马超，等，2014. 干燥方式对枣粉物理特性的影响［J］. 食品与发酵工业，40（12）：89－93.
隋月红，刘丹，吴翠云，等，2016. 嫁接一年生红枣中微量元素含量的差异性研究［J］. 食品工业，37（3）：282－286.
孙屏，吕岳文，刘超，等，2014. 新疆红枣中天然苯甲酸含量的调查研究［J］. 新疆农业科学，51（2）：235－240.
王军，李慧芸，张宝善，等，2011. 热处理对红枣汁5－HMF变化的影响［J］. 陕西师范大学学报（自然科学版），39（6）：91－95.
王俊钢，刘成江，吴洪斌，等，2012. 超声波协同纤维素酶提取骏枣多糖工艺优化［J］. 广东农业科学，39（1）：90－93.
王蕾，鞠易明，周力，2017. 冬枣上8种农药的分析方法和残留规律研究［J］. 农药科学与管理，38（10）：41－49.
王林祥，刘杨岷，袁身淑，等，1995. 天津红枣香气成分的分离与鉴定［J］. 无锡轻工业学院学报（1）：49－56.
王蓉蓉，丁胜华，胡小松，等，2017. 不同品种枣果活性成分及抗氧化特性比较［J］. 中国食品学报，

17 (9): 271 - 277.

王淑贞，赵峰，祝恩元，等，2009. 枣果实中香气成分的研究 [J]. 落叶果树，41 (6) : 6 - 9.

王淑贞，赵峰，祝恩元，等，2009. 白熟期冬枣果实中风味成分分析 [J]. 山东农业科学 (8): 46 - 48.

王小佳，于有伟，崔美林，等，2022. 低共熔溶剂协同超声波提取红枣中总黄酮的研究 [J]. 中国调味品，47 (1): 36 - 39.

王小媛，王爽爽，王文静，等，2019. 不同产地红枣的组成成分与抗氧化能力的分析 [J]. 食品研究与开发，40 (14): 182 - 187.

王越，王连，王愈，2022. 基于 GC - IMS 和 HS - SPME - GC - MS 的不同处理方式分析黑枣挥发性成分 [J]. 食品科学，43 (8): 247 - 254.

吴翠，刘超，巢志茂，2016. 大枣色泽与 5 -羟甲基糠醛含量相关性分析 [J]. 中国中医药信息杂志，23 (8): 83 - 86.

夏敏，王欣欣，杨文学，等，2006. 酶联免疫技术快速测定蔬菜和水果中的农残 [J]. 现代科学仪器 (1): 104 - 105.

许牡丹，邹继伟，史芳，2013. 超声波辅助酶法提取木枣环磷酸腺苷的工艺条件优化 [J]. 食品科技，38 (7): 220 - 224.

闫巧俐，华震宇，何伟忠，等，2020. 枣果中重金属镍来源途径探究 [J]. 食品与机械，36 (1): 95 - 99.

杨洁，张艳红，高峰林，2010. 产地与品种对红枣品质的影响及质量评价 [J]. 食品科技，35 (8): 143 - 145, 149.

杨婧，侯艳霞，常宁，2021. 山西红枣氨基酸含量测定及主成分分析 [J]. 食品研究与开发，42 (3): 141 - 145.

杨利军，2019. 金丝小枣三萜类化合物的提取和鉴定以及抗前列腺癌活性研究 [D]. 济南：山东大学.

杨云舒，2016. 广枣中黄酮类化合物的成分分析及抗氧化性研究 [D]. 天津：天津商业大学.

杨智鹏，赵文，魏喜喜，等，2023. 基于气相离子迁移谱的不同产地枣果挥发性有机物指纹图谱分析 [J/OL]. 食品科学：1 - 14 [2023 - 01 - 28]. https://web03.cnki.net/KCMS/detail/detail.aspx?dbcode=SKAJ&dbname=SKATLKCAPJLAST&filename=SPKX20220714003&.

尹志欣，贾琰，胡静，2022. 基于 HPLC 法研究红枣中氨基酸的含量及影响因素 [J]. 中国调味品，47 (3): 170 - 172.

袁辉，张煌涛，王建玲，2020. HPLC 法测定新疆地区红枣中黄酮类物质的含量 [J]. 食品工业，41 (8): 284 - 287.

张峻松，张文叶，谭宏祥，等，2007. 大枣香醋中香味成分的 GC - MS 分析 [J]. 中国酿造 (2): 61 - 63.

赵丽，2022. 红枣中 5 -羟甲基糠醛检测方法的优化及测定 [D]. 阿拉尔：塔里木大学.

周禹含，毕金峰，陈芹芹，等，2014. 超微粉碎对冬枣粉芳香成分的影响 [J]. 食品工业科技，35 (3): 52 - 58.

祝平，周华，吴香伦，等，2021. 超高效液相色谱-三重四级杆串联质谱联用法快速测定冬枣和红枣中的 3 种甜味剂 [J]. 中国卫生检验杂志，31 (6): 670 - 672, 677.

ABRAHAM K, GURTLER R, BERG K, et al., 2011. Toxicology and risk assessment of 5 - Hydroxymethylfurfural in food [J]. Molecular Nutrition & Food Research, 55 (5): 667 - 678.

CHEN Q, SONG J, BI J, et al., 2018. Characterization of volatile profile from ten different varieties of Chinese jujubes by HS - SPME/GC - MS coupled with E - nose [J]. Food Research International, 105: 605 - 615.

CHOU F, WILEY R C, SCHLIMME D V, 2006. Reverse osmosis and flavorretention in apple juice concentration [J]. Journal of Food Science, 56 (2): 484 - 487.

HERNÁNDEZ F, NOGUERA - ARTIAGA L, BURLÓ F, et al., 2016. Physico - chemical, nutritional, and volatile composition and sensory profile of Spanish jujube (*Ziziphus jujuba* Mill.) fruits [J]. Journal of the Science of Food and Agriculture, 96 (8): 2682 - 2691.

JOHNSON J R, BRADDOCK R J, CHEN C S, 2006. Flavor losses in orange juice during ultra filtration and subsequent evaporation [J]. Journal of Food Science, 21 (3): 540 - 543.

RECHE J, HERNÁNDEZ F, ALMANSA M S, et al., 2018. Physicochemical and nutritional composition, volatile profile and antioxidant activity differences in Spanish jujube fruits [J]. Lwt, 98: 1 - 8.

WANG L, 2017. Characterization of volatile and non - volatile compounds and classification of different cultivars of chinese *Ziziphus jujuba* Mill. Fruits [D]. Clemson University.

WANG L, ZHU J, WANG Y, et al., 2018. Characterization of aroma - impact compounds in dry jujubes (Ziziphus jujube Mill.) by aroma extract dilution analysis (AEDA) and gas chromatography - mass spectrometer (GC - MS) [J]. International Journal of Food Properties, 21 (1): 1844 - 1853.

XIAO Z B, ZHU J C, 2018. Characterization of the major odor - active compounds in dry jujubes cultivars by application of gas chromatography - olfactometry and odor activity value [J]. Journal of Agricultural and Food Chemistry, 66 (29): 7722 - 7734.

ZHU J, XIAO Z, 2018. Characterization of the major odor - active compounds in dry jujube cultivars by application of gas chromatography - olfactometry and odor activity value [J]. Journal of agricultural and food chemistry, 66 (29): 7722 - 7734.

第七章　枣质量安全控制体系

目前，枣质量安全控制体系主要采用 HACCP 管理体系。HACCP 是“Hazard Analysis and Critical Controlpoint”的缩写，即危害分析与关键点控制，国家标准《食品工业基本术语》(GB/T 15091—1994) 中对 HACCP 定义为：生产（加工）安全食品的一种控制手段；对原料、关键生产工序及影响安全的人为因素进行分析，确定加工工程中的关键环节，建立、完善监控程序和监控标准，采取规范的纠正措施。HACCP 是国际公认的生产安全食品有效的管理体系，其最大的优点是它使食品生产和供应厂把最终产品检验为主要基础的控制观念转变为在生产环境下鉴别并控制住潜在危害的预防性。它为食品生产者提供了一个比传统的最终产品检验更为安全的产品控制方法，企业建立起更为严格的食品质量管理体系。

第一节　HACCP 在枣干制中的应用

近年来，我国枣种植面积日趋增大，红枣产业区特别是新疆发展迅速，其中干制枣是我国传统的枣加工产品，也是流通最多的产品，其质量受枣果、各种操作条件的影响极大，为此，将 HACCP 系统应用于枣干制生产中，通过对枣干制的生产过程进行危害分析，可确定对枣干制生产过程中容易发生食品安全的环节和关键控制点，并建立相应的预防措施，降低或销售不合格产品的风险，提高质量安全的管理水平。

一、枣干制生产过程中的危害分析

1. 工艺流程　枣验收→挑选→清洗消毒→沥干装盘→干制→分检→包装→贮存。

2. 枣干制生产过程中的产品危害分析表　在枣干制生产中引入 HACCP 系统，首先要根据工艺流程，对其中有可能产生危害的步骤及任何可能引起消费者安全的因素进行分析描述。有效的 HACCP 需要考虑所有化学、物理和微生物的危害。

(1) 由物理和化学因素引起的危害。枣本身携带的微量泥沙及灰尘，加工人员的毛发、水泥块、昆虫尸体及其他有害杂质等；红枣干制生产中会受到温度、时间等物理因素的影响，包装材料不合卫生要求或人为因素等，可引起物理因素危害。枣产地环境受工业“三废”污染，农药使用不合理，以及生产过程中使用的化学试剂（如消毒剂）这些都可能导致产品化学危害的发生。

(2) 由生物因素引起的危害。种植过程中枣可能受到病原菌的污染；枣霉变果、虫蛀果、病果、微生物超标和生产过程中半成品的积压可能导致微生物生长繁殖。生产用水，车间环境卫生、操作人员卫生、操作工具、仪器设备卫生等，清洗消毒不严格都可能造成微生物的污染。

(3) 建立危害分析表。结合枣干制生产工艺流程，对生产过程中各工序的生物危害、化学危害和物理危害逐一进行详尽分析，提出防止显著危害发生的纠偏措施。干制枣的危害分析见表 7－1。

表 7－1 干制枣的危害分析表

加工步骤	危害种类	危害严重性判断依据	危害程度	纠偏措施	是否为关键控制点
枣验收	生物危害、化学危害、物理危害	植物病原菌微生物，细菌，霉菌，虫害；枣在种植过程中使用禁用农药或滥用农药导致枣内的农残超标，污染物如铅、砷等重金属超标；泥沙等杂质会附着到枣混入	高	剔除病腐、虫蚀枣；加强农药使用指导，检查农药残留量；调查枣产地是否有严重环境污染；通过洗涤去除杂质	是
挑选	物理危害	人工挑选不严格	中	加强工人操作规范，控制破损果率、虫蛀果率	否
清洗消毒	生物危害、化学危害	清洗水不符合卫生标准；消毒液浓度、时间不够时病原菌会存活，时间过久或消毒剂浓度使用不当	高	定期对水进行检查，控制消毒浓度和时间	是
干制	物理危害	干制的工艺参数	高	严格控制干制的温度和时间	是
分检	生物危害	人员、操作环境卫生失控时可能发生	中	通过卫生标准规范控制	否
包装	生物危害、化学危害	微生物污染、卫生指标不合格；称重是否标准	高	加强工人操作规范，加强车间卫生，采用真空包装，保证封口完整，重量标准	是
存放	生物危害	发霉	中	保证封口完整，置于阴凉干燥处	否

二、关键控制点监控及纠偏措施

1. 枣验收 干制枣品种要求大小均匀、皮薄、肉厚、核小、果肉含糖量高，果实充分成熟并及时采摘；加强对枣产地、农药使用情况及周围生态环境的了解和监督，加强对枣的检查、验收、保管，避免使用霉变、农药残留及有毒重金属超标的枣。枣质量必须符合食品国家标准及相关行业标准。

2. 清洗消毒 要求清洗水符合我国生活饮用水的卫生标准；清洗水道长度符合要求，采用食品级消毒剂对果实消毒，根据工艺要求严格控制消毒液的浓度和时间。

3. 干制 烘烤过程分为预热、蒸发、干制、冷却 4 个阶段。预热阶段要求温度 35 ℃左右，使果肉由内至外受热均匀，此期间温度不能升得过高、过快，以防结壳。蒸发阶段要求 8～10 h，将室温升至 65～68 ℃。另外，要倒盘翻枣两次。蒸发阶段结束以后，要求室温逐步降至 55 ℃，维持 6 h，刚烘干的枣，温度较高，应及时摊开散热。

4. 包装存放 包装车间要定期消毒。工作人员严格执行岗位卫生标准，操作人员的工作服、口罩、帽子必须清洁消毒，进入车间前双手必须消毒，包装材料卫生指标要符合国标规定，包装最好采用真空包装，并确保封口严密。非真空包装的干制红枣要求在冷库低温（0～5 ℃）环境下存放。

三、建立 HACCP 工作计划表

干制枣 HACCP 工作计划见表 7－2。

表 7－2　干制枣的 HACCP 工作计划表

关键控制点	显著危害	对每种预防措施的关键限值	监控				纠偏行动	记录	验证
			对象	方法	频率	人员			
CCP1 原料果接收	农药残留 重金属残留	农药残留、重金属残留复核合格证明；无腐烂、虫果	供应商	检查合格证明，控制烂、虫果数	每批	采购员、验收员	拒收不合格原料	原料果接收（CCP1）监控记录；关键限值纠偏记录；关键控制点验证记录；农残检测记录；重金属检测记录；原料果产地验证记录	每批枣进行抽查、每周审核记录、每天检查记录
CCP2 清洗	清洗用水余氯含量过低	符合生活饮用水卫生标准	清洗后水	质检员检测清洗水余氯含量	每班	班长、质检员	重新清洗、检测余氯含量	填写清洗（CCP2）记录卡及生产记录表	生产部负责人每周复查相关记录
CCP3 消毒	化学性危害	严格控制消毒剂的浓度和时间	消毒液	检测消毒液浓度	每班	当班班长	随时检测消毒液浓度	填写生产记录卡	每天检查记录
CCP4 干制	物理性危害	按照工艺要求确定烘干的温度和时间	干制过程	观察温度变化	每批	岗位操作工	监控烘干的温度和时间	填写干制生产记录卡	每天检查记录
CCP5 包装	生物性危害	包装完好、密闭性	包装袋	检查外包装的完好性	每批	岗位操作工	加强操作工操作规范，保证包装完好	填写包装生产记录卡	每天检查记录

四、HACCP 监控记录

HACCP 工作必须由一系列记录来体现，包括枣验收、清洗消毒、烘干、包装存放等关键工序记录；CCP 出现失控时的内容、场所、时间及处理方法记录；车间设备器具消毒、清洁的频率、过程，所用时间和当事人，蝇虫鼠害的防治，生产工人的卫生状态等一般管理记录。HACCP 记录至少保留 3 年。

（葛邦国）

第二节　HACCP 在枣粉生产中的应用

枣粉是枣深加工主要产品之一，加工方式主要有热风-粉碎、喷雾干燥、滚筒干燥等方式，本文以滚筒干燥红枣粉进行举例，进行过程质量控制的表述。

一、枣粉生产过程中的危害分析

1. 工艺流程　枣→验收→清洗、挑选→预煮→打浆→胶体磨研磨→配料→干燥→粉碎→包装→存放。

2. 枣粉生产过程中的产品危害分析表 在枣粉生产中引入 HACCP 系统，首先要根据工艺流程，对其中有可能产生危害的步骤及任何可能引起消费者安全的因素进行分析描述。有效的 HACCP 需要考虑所有化学、物理和微生物危害。

（1）由物理和化学因素引起的危害。枣本身携带的微量泥沙及灰尘，加工人员的毛发、水泥块、昆虫尸体及其他有害杂质等；枣干制生产中会受到温度、时间等物理因素的影响，包装材料不合卫生要求或人为因素等，可引起物理因素危害。枣产地环境受工业“三废”污染，农药使用不合理，以及生产过程使用的化学试剂（如消毒剂）这些都可能导致产品化学危害的发生。

（2）由生物因素引起的危害。种植过程中红枣可能受到病原菌的污染；枣霉变果、虫蛀果、病果、微生物超标和生产过程中半成品的积压可能导致微生物生长繁殖。生产用水，车间环境卫生、操作人员卫生、操作工具、仪器设备卫生等，清洗消毒不严格都可能造成微生物污染。

3. 建立危害分析表 结合枣粉生产工艺流程，对生产过程中各工序的生物危害、化学危害和物理危害逐一进行详尽分析，提出防止显著危害发生的纠偏措施。枣粉的危害分析见表 7－3。

表 7－3 枣粉的危害分析表

加工步骤	危害种类	危害严重性判断依据	危害程度	纠偏措施	是否为关键控制点
红枣验收	生物危害、化学危害、物理危害	植物病原菌，微生物，细菌，霉菌，虫害；红枣在种植过程中使用禁用农药或滥用农药导致红枣内的农残超标，污染物如铅、砷等重金属超标；泥沙等杂质会附着到红枣混入	高	剔除病腐、虫蚀红枣；加强农药使用指导，检查农药残留量；调查红枣产地是否有严重环境污染；通过洗涤去除杂质	是
挑选	物理危害	人工挑选不严格	中	加强工人操作规范，控制破损果率、虫蛀果率	否
预煮	生物危害、化学危害	清洗水不符合卫生标准；水与红枣比例；预煮时间不够时病原菌会存留	中	定期对水进行检查；确定预煮时间、红枣与水的比例	否
打浆	物理危害	浆液的浓度、去皮去核的情况	中	严格控制加水比例	否
胶体磨研磨	生物危害	人员、操作环境卫生失控时可能发生	中	通过卫生标准规范控制	否
配料	物理危害	配料比例是否合适；称重是否标准	高	加强工人操作规范，重量标准	是
干燥	物理危害	干制的工艺参数	高	严格控制干制的温度和时间	是
粉碎	生物危害	人员、操作环境卫生失控时可能发生	中	通过卫生标准规范控制	否
包装	生物危害、化学危害	微生物污染、卫生指标不合格；称重是否标准	高	加强工人操作规范，加强车间卫生，采用真空包装，保证封口完整，重量标准	是
存放	生物危害	发霉	高	保证封口完整，置于阴凉干燥处	否

二、关键控制点监控及纠偏措施

1. 枣验收 干制枣品种要求大小均匀、皮薄、肉厚、核小、果肉含糖量高，果实充分成熟并及时采摘；加强对枣产地、农药使用情况及周围生态环境的了解和监督，加强对枣的检查、验收、保管，避免使用霉变、农药残留及有毒重金属超标的枣。枣质量必须符合食品国家标准及相关行业标准。

2. 配料 核对料罐中浆料的总量，在搅拌的状态下，慢慢添加辅料（枣浆温度<70 ℃），按枣浆质量加入一定比例的淀粉，一人称量，一人核对，防止出现衡量误差。浆料始终处于搅拌的状态，直到进料结束。

3. 干燥 通过布料口进行枣浆布料，根据干燥后枣片状态，调整蒸汽压力和转筒的转速，待稳定后，控制蒸汽压力 6～7 kg，滚筒转速 120～150 r/min。当物料快要进完时，及时通知锅炉房，调整压力，降低转筒速度，保证剩余物料进料过程中，压力和转速协调，使干燥枣片成片。

4. 包装存放 包装车间要定期消毒。工作人员严格执行岗位卫生标准，操作人员的工作服、口罩、帽子必须清洁消毒，进入车间前双手必须消毒，包装材料卫生指标要符合国标规定，包装最好采用真空包装，并确保封口严密。非真空包装的枣粉要求在冷库低温（0～5 ℃）环境下存放。

三、建立 HACCP 工作计划表

枣粉 HACCP 工作计划见表 7－4。

表 7－4 枣粉的 HACCP 工作计划表

关键控制点	显著危害	对每种预防措施的关键限值	监控				纠偏行动	记录	验证
			对象	方法	频率	人员			
CCP1 原料果接收	农药残留 重金属残留	农药残留、重金属残留复核合格证明；无腐烂、虫果	供应商	检查合格证明，控制烂、虫果数	每批	采购员、验收员	拒收不合格原料	原料果接收（CCP1）监控记录；关键限值纠偏记录；关键控制点验证记录；农残检测记录；重金属检测记录；原料果产地验证记录	每批枣进行抽查，每周审核记录，每天检查记录
CCP2 配料	配料不准确影响后期制粉	严格按照配方进行配料	枣浆	检测枣浆的糖度	每批	班长、质检员	加强岗位工人的操作，严格按照配方进行配料	填写配料（CCP2）记录卡及生产记录表	生产部负责人每周复查相关记录
CCP3 干制	物理性危害	按工艺要求确定烘干的温度及时间，严格按照生产工艺操作	干制后枣粉	检测干制后的枣粉含水量	每批	当班班长	加强岗位操作工的操作，监控烘干的温度、压力，严格按照生产工艺操作	填写生产记录卡	每天检查记录
CCP4 包装	生物性危害	包装完好	包装袋	检查外包装的完好性	每批	岗位操作工	加强操作工操作规范，保证包装完好	填写包装生产记录卡	每天检查记录

四、HACCP 监控记录

HACCP 工作必须由一系列的记录来体现，包括红枣验收、调配、烘干、包装存放等关键工序记录；CCP 出现失控时的内容、场所、时间及处理方法记录；车间设备器具消毒、清洁频率、过程，清洗时间和当事人，蝇虫鼠害的防治，生产工人的卫生状态等一般管理记录。HACCP 记录至少保留 3 年。

（葛邦国）

第三节 HACCP 在枣浓缩汁生产中的应用

近年来，由于中国果蔬汁出口的快速增长，占有国际市场的份额越来越大，贸易摩擦越来越多，再加上技术壁垒，这就要求中国果蔬汁产业要以质取胜。根据行业卫生质量控制管理的最新发展与趋势，加快推行 HACCP 体系，有利于提高产品的安全信任度和市场竞争力，因此我国红枣浓缩汁行业贯彻 HACCP 并取得认证迫在眉睫。

一、枣浓缩汁生产过程中的危害分析

1. 生产工艺流程

枣→拣选→清洗→预煮→打浆→果浆酶解→离心→果汁酶解
↓
成品←罐装←浓缩←杀菌←过滤←澄清←灭酶

2. 危害分析 根据以上工艺流程，对红枣浓缩汁生产过程中各工序的生物危害、化学危害和物理危害逐一进行深层分析，并提出防止显著危害的预防措施，详见表 7－5。

表 7－5 红枣浓缩汁生产过程中危害分析表

加工步骤	危害种类	危害程度	危害严重性判断依据	纠偏措施	该步骤是关键控制点吗？（是/否）
无菌包装袋、内衬袋的接收与贮存	生物危害 致病菌、寄生虫的污染	中	无菌包装袋、内衬袋灭菌处理不彻底或密封性能不良	检查无菌袋的“密封性能鉴定合格证明”，检查内衬袋的产品质量合格证明，包装前逐个进行检查	否
	化学危害 辐射残留物质	中	无菌袋在辐射处理中辐射物残留贮存时与其他有害物质混放，导致包装材料污染	检查无菌袋的“辐照物残留合格证明”与其他物资分开存放，并与墙面、地面保持一定距离，消除污染	否
包装铁桶的接收	化学危害 化学物质残留	中	内涂层是否符合国家规定	查验“出境货物运输包装性能检验结果单”	否
	物理危害 毛刺等	中	在制造过程造成的毛刺损伤内衬袋	验收时质检员抽查，包装前包装员工检查	否
接收酶制剂	生物危害 致病性微生物	中	酶制剂残留的致病性微生物	通过清洗消毒、超滤和后巴氏杀菌消除	否
	化学危害 不利的化合物	中	在制作中是否混入不利的化合物	查验“产品质量合格证明”	否

（续）

加工步骤	危害种类	危害程度	危害严重性判断依据	纠偏措施	该步骤是关键控制点吗？（是/否）
酶解	生物危害 微生物滋生	中	前巴氏杀菌不彻底，残留致病性微生物，浊汁中微生物极易滋生、繁殖	a. 按规定进行清洗消毒； b. 通过超滤、后巴氏氏杀菌减灭	否
生产加工用水	生物危害 致病性微生物、寄生虫	中	井水和自来水在贮存期间可能使致病性微生物、寄生虫滋生	通过前巴氏杀菌减灭，通过超滤阻断	否
	化学危害 氯离子	中	加入次氯酸钠杀菌，氯离子可能超出标准	严格控制次氯酸钠浓度，每日检测	否
	物理危害 少量泥沙	中	井水和自来水中混有少量泥沙	部分泥沙沉淀于蓄水池底，部分随水进入输果道沉淀，粘于红枣上的泥沙经洗果机清洗及喷淋除去	否
原料果接收	生物危害 致病性微生物、寄生虫	中	原料果生长过程中存在微生物和寄生虫的滋生繁殖并被污染	超滤及两次巴氏杀减灭致病性微生物和寄生虫	否
	化学危害 农药残留、重金属残留 霉菌毒素	高	原料果在种植过程中使用的农药可能超标，从而导致危害；原料果在生长过程中从土壤中吸收的重金属可能超标；如果霉菌毒素未得到控制，超出常规操作标准，引起疾病或伤害	在非生产时期，采供部组织人员分组深入果区对果农进行培训，指导果农不要使用国家禁止使用的农药；供应商保证只接收来自农残留、重金属残留普查合格产地的原料果；通过拣选工序控制	是
	物理危害 玻璃碎片、金属碎片、杂质	中	原料果中可能混入金属碎片和玻璃碎片	在提升、拣选工序除去金属碎片和玻璃碎片	否
原料果贮存池	生物危害 致病性微生物、寄生虫	中	原料果在贮存过程中被微生物污染	卸果前对果库、果池的清洗	否
	化学危害 腐烂的产物	中	贮存过程中微生物的大量繁殖，会导致原料腐烂变质并产生腐败产物，加之本身呼吸作用引起的不利的生理、生化变化，也会产生一系列不利产物	适宜的贮存条件贮存，减少贮存时间，原料果先进先出	否
	物理危害 各种各样的异物	中	原料中会混有泥土、树叶等异物	通过拣选去除	否
一级输送清洗	生物危害 致病性微生物、寄生虫	中	原料果中的致病性微生物、寄生虫仍然存在	超滤及前、后巴氏杀菌消除	否
	化学危害 霉菌毒素	中	原料果中含有腐烂损伤霉变果	拣选予以除去	否
	物理危害 异物杂质	中	原料中的杂物	拣选予以除去	否

（续）

加工步骤	危害种类	危害程度	危害严重性判断依据	纠偏措施	该步骤是关键控制点吗？（是/否）
二级提升	生物危害 致病性微生物、寄生虫	中	原料果中的致病性微生物、寄生虫仍然存在	超滤及前、后巴氏杀菌消除	否
	化学危害 霉菌毒素	中	原料果中含有腐烂损伤霉变果	拣选予以除去	否
	物理危害 异物杂质	中	原料果中混入的杂物等	拣选予以除去	否
浮洗	生物危害 致病性微生物	中	清洗用水可能交叉	清洗用水经常更换，浮洗后利用输果辊空隙，阻断浮洗水，防止交叉	否
	化学危害 霉菌毒素	中	原料果中含有腐烂损伤霉变果	拣选予以除去	否
	物理危害 金属碎片	中	设备可能损伤、金属碎屑脱落等	通过超滤工序除去	否
喷淋	生物危害 致病性微生物、寄生虫	中	原料果带有致病性微生物、寄生虫，清洗用水可能污染	超滤及前、后巴氏杀菌消除，生产加工用水已经过处理	否
	化学危害 霉菌毒素	中	原料果中含有腐烂损伤霉变果	拣选予以除去	否
原料拣选	生物危害 致病性微生物、寄生虫	中	原料果中的致病性微生物、寄生虫仍然存在	超滤及前、后巴氏杀菌消除	否
	化学危害 霉菌毒素	高	烂果挑除不彻底	有效地拣除所有的腐烂损伤霉变果，使烂果率≤2%	是
	物理危害 异物杂质	中	原料中的杂物	拣选予以除去	否
破碎	生物危害 致病性微生物	中	原料果中的许多微生物会滋生并污染果汁，破碎设备污染	超滤及前、后巴氏杀菌消除	否
	物理危害 金属碎片	中	破碎时产生金属碎片	通过超滤除去	否
榨汁	生物危害 致病性微生物、寄生虫	中	果浆中的许多微生物会滋生并污染果汁，会加重微生物的污染程度	及时压榨，通过前巴氏减灭，超滤阻断	否
	化学危害 褐变产物、不利的水解产物	中		及时进行前巴氏灭菌，消灭或降低酶的活性	否
	物理危害 金属碎片	中	在破碎中可能混入金属碎片	通过超滤除去	否
果浆罐	生物危害 致病性微生物、寄生虫	中	果浆中的许多微生物会滋生并污染果汁，会加重微生物的污染程度	及时压榨，通过前巴氏减灭，超滤阻断	否

（续）

加工步骤	危害种类	危害程度	危害严重性判断依据	纠偏措施	该步骤是关键控制点吗？（是/否）
果浆罐	化学危害 褐变产物、不利的水解产物	中	褐变会产生褐变产物、从而降低产品质量，不利的水解（各项酶的活性未被钝化）会产生不理想的产物	及时进行前巴氏灭菌，消灭或降低酶的活性	否
	物理危害 金属碎片	中	在破碎中可能混入金属碎片	通过超滤除去	否
一级过滤	生物危害 致病性微生物、寄生虫	中	在过滤过程中致病性微生物仍然滋生，寄生虫仍然存活	通过前巴氏减灭，超滤阻断	否
	物理危害 金属碎片	中	果浆在过滤过程可能混入金属碎片	通过超滤除去	否
果肉	生物危害 致病性微生物、寄生虫	中	在果肉中致病性微生物仍然滋生，寄生虫仍然存活	通过前巴氏减灭，超滤阻断	否
	物理危害 金属碎片	中	果肉中可能混入金属碎片	通过超滤除去	否
果渣	生物危害 致病性微生物、寄生虫、霉菌、霉菌毒素、酵母菌等	中	果渣长时间存放会污染厂区环境	及时清运出厂，清除污染源	否
浊汁罐	生物危害 微生物	中	原料中原有的微生物会在浊汁罐中滋生繁殖	a. 按规定进行清洗消毒； b. 通过超滤； c. 后工序杀菌处理	否
	化学危害 不利的生化反应	中	浊汁罐中会发生褐变	缩短果汁在浊汁罐中停留的时间（浊汁罐液位不超过 3 t），尽快通过后序工序进行酶的钝化	否
前巴氏杀菌	生物危害 各种微生物残留	中	巴氏氏杀菌能杀灭大量微生物（耐高热型菌除外）	SSOP 控制	否
	化学危害 不利酶解		巴氏氏杀菌因为高温能钝化各种酶，控制各种不利酶化学反应进行	SSOP 控制	否
冷却	生物危害 致病性微生物	中	前巴氏杀菌不彻底，致病性微生物繁殖生长，污染设备	SSOP 控制，后巴氏杀菌消除	否
酶解	生物危害 微生物滋生	中	前巴氏杀菌不彻底，残留致病性微生物且浊汁中微生物极易滋生、繁殖	a. 按规定进行清洗消毒； b. 通过超滤； c. 后巴氏杀菌处理	否
	化学危害 不利化学反应的	中	酶解过程伴随有一些不利的反应	a. 适宜的酶解温度； b. 适量的酶制剂添加	否
二级过滤	生物危害 各种微生物	中	滤网残留致病性微生物，设备清洗造成微生物二次污染	超滤、后巴氏杀菌处理	否

（续）

加工步骤	危害种类	危害程度	危害严重性判断依据	纠偏措施	该步骤是关键控制点吗？（是/否）
超滤循环罐	生物危害 各种微生物	中	前巴氏杀菌不彻底，残留致病性微生物，设备清洗造成微生物二次污染	后巴氏杀菌处理	否
	化学危害 清洗剂的残留	中	超滤的清洗多以化学试剂为主，清洗剂残液一旦混入果汁会造成危害	严格控制清洗液浓度，按《清洗消毒计划》进行清洗，清洗剂的残留液进行检测	否
超滤	生物危害 各种微生物	中	前巴氏杀菌不彻底，残留致病性微生物，设备清洗造成微生物二次污染	后巴氏杀菌处理	否
	化学危害 清洗剂的残留	中	超滤的清洗多以化学试剂为主，清洗剂残液一旦混入果汁会造成危害	严格控制清洗液浓度，按《清洗消毒计划》进行清洗	否
分离罐	生物危害 各种微生物	中	循环过程滋生微生物，设备清洗造成微生物二次污染	前巴氏杀菌、后巴氏杀菌处理	否
	化学危害 清洗剂的残留	中	超滤的清洗多以化学试剂为主，清洗剂残液一旦混入果汁会造成危害	严格控制清洗液浓度，按《清洗消毒计划》进行清洗	否
离心分离	生物危害 各种微生物	中	循环过程滋生微生物，设备清洗造成微生物二次污染	前巴氏杀菌、后巴氏杀菌处理	否
	化学危害 清洗剂的残留	中	超滤的清洗多以化学试剂为主，清洗剂残液一旦混入果汁会造成危害	严格控制清洗液浓度，清洗按《清洗消毒计划》进行清洗	否
清汁罐	生物危害 微生物	中	在清汁的贮存过程中极易被微生物滋生繁殖	按《清洗消毒计划》清洗	否
	化学危害 清洗残留	中	清洗时残留液	SSOP 控制	否
浓缩	生物危害 各种微生物	中	残留或滋生的微生物	后巴氏杀菌处理	否
	化学危害 清洗残液	中	清洗过程中水冲时间太短造成的残液残留	按《清洗消毒计划》清洗	否
成品罐	生物危害 微生物	中	浓汁具有强的防腐性能，但也有部分因清洗不彻底而残留的微生物会污染产品	后巴氏杀菌处理	否
	化学危害 清洗残液	中	清洗水冲不充分，会导致清洗液残留进入产品	按《清洗消毒计划》清洗	否
后巴氏杀菌	生物危害 微生物	高	产品中可能存在各种有害微生物	保证适宜的杀菌温度和杀菌时间，杀灭有害微生物（温度≥91 ℃，泵频率≤45 Hz）	是
	化学危害 清洗残液	中	清洗液的残留会直接进入成品，造成二次污染	按《清洗消毒计划》清洗	否

（续）

加工步骤	危害种类	危害程度	危害严重性判断依据	纠偏措施	该步骤是关键控制点吗？（是/否）
后巴氏杀菌	物理危害 微滤设备破裂	中	微滤设备损伤产生杂异物	灌装完毕后打开检查，若发现其损伤将该批次进行返工	是
冷却	生物危害 致病性微生物	中	冷却设备污染	SSOP 控制	否
灌装	生物危害 致病菌污染	中	无菌灌装设备	无菌灌装机正常运行，灌装口温度达 125 ℃以上	否
	化学危害 辐射物残留	中	无菌袋辐射残留	检查无菌袋“辐射物残留合格证明”	否
	化学危害 化学腐蚀	中	主要为铁桶、箱的腐蚀，不会对质量造成直接影响，但会有潜在危害	贮存期间要采取防护措施进行保护	否
	物理危害 机械损伤	中	机械损伤会降低包装材料对产品的保护性能	a. 钢桶堆放最高三层； b. 防止钢桶、箱被车辆、尖锐物等撞击	否

注释：SSOP 全称是 Sanitation Standard Operation Procedure，指的是食品企业在卫生环境和加工要求等方面所需实施的具体程序，是食品企业明确在食品生产中如何做到清洗、消毒、卫生保持的指导性文件。

二、关键控制点监控及纠偏措施

根据对各环节的分析，建立了以下 5 个关键控制点，关键控制点的临界关键限值是根据生产的经验，经反复检验、修正而最终确定的。

1. 原料果接收 原料如果农药残留、重金属超标，则往往导致成品也超标，腐烂果中的霉菌毒素含量极高，是导致成品中的霉菌毒素超标的罪魁祸首，故收购时要严格把关，生产区农药残留、重金属普查合格证者，或者腐烂果大于 5%，虫害果大于 2%一律拒收。

2. 原料果拣选 通过原料果的拣选（挑选出腐烂、损伤、霉变果；控制烂果率≤2%）等方法将霉菌毒素的危害消除或降低到可接受水平；根据实践经验及产品检测结果，当原料果拣选之后控制烂果率≤2%，可控制红枣浓缩汁中霉菌毒素达到限定标准。

3. 后巴氏杀菌 致病性微生物和寄生虫在产品加工过程都属显著危害，这些危害可通过后巴氏杀菌将致病性微生物和寄生虫的危害消除或降低到可接受水平；根据 NFPA 的一项研究，在常压下，果汁经过 71.1 ℃和 3 s 可有效减灭（5－log）大肠杆菌 O157：H7、沙门氏菌和李斯特菌；其他的实验证明杀灭隐孢子虫需要的时间长一些，但 6 s 的时间可以足够达到有效减灭（5－log）；根据实践经验，后巴氏杀菌温度≥91 ℃，泵频率≤45 Hz 可满足有效消减致病菌到 5 - log 的要求，可有效控制致病性微生物和寄生虫的危害。

4. 五级过滤 金属碎片的危害控制参照美国 FDA（食品药品监督管理局）的健康危害评估委员会关于食品中玻璃碎片的大小，将五级管道过滤器的孔径设计为 0.074 mm，可以有效控制金属碎片及橡胶碎屑等危害。

5. 运输 为了防止产品在贮存、运输过程中受到人为外源性的生物和化学危害，在产品下线进行铅封，产品在装入集装箱时发货员通过检查铅封和外包装的完好性消除此危害的发生。

三、建立 HACCP 工作计划表

枣浓缩汁生产中的 HACCP 计划表，见表 7 - 6。

四、HACCP 监控记录

HACCP 工作必须由一系列记录来体现，包括红枣验收、挑选、杀菌、过滤、运输等关键工序记录；CCP 出现失控时的内容、场所、时间及处理方法记录；车间设备器具消毒、清洁的频率、过程，所用时间和当事人，蝇虫鼠害的防治，生产工人的卫生状态等一般管理记录。HACCP 记录至少保留 3 年。

（葛邦国）

第四节 HACCP 在枣醋、枣酒生产中的应用

利用新原料（水果）酿制的果醋、果酒给人一种促进人体健康的强烈意义，果醋已经成为当今社会的热门。枣醋、枣酒不仅具有人们喜爱的枣香味，而且含有丰富的功能成分，赋予人们保健作用的魅力，市场发展潜力巨大。为了保证产品的质量，提高其市场的竞争力，必须建立枣醋、枣酒的 HACCP 的质量保障体系，防止危害的发生。枣酒的发酵基本上等同于枣醋的酒精发酵，本文专门针对枣醋的 HACCP 的质量保障体系进行介绍。

一、枣醋生产过程中的危害分析

1. 工艺流程

枣→拣选除杂→清洗→烘烤→浸煮→打浆→酶解→汁渣分离→成分调整→灭菌→冷却→接种酵母菌→酒精发酵→接种醋酸菌→醋酸发酵→陈酿→过滤→瞬时杀菌→热灌装→包装→成品

2. 枣醋产品危害分析工作表 根据生产工艺流程，对枣醋生产过程中各工序的生物危害、化学危害和物理危害逐一进行了详细分析，表 7 - 7 列出了防止显著危害的预防措施。

表 7-6　枣浓缩汁生产中的 HACCP 计划表

关键控制点	显著危害	对每种预防措施的关键限值	监控				纠偏行动	记录	验证
			对象	方法	频率	人员			
CCP1 原料果接收	农药残留 重金属残留	供应商保证	供应商	检查合格证明，控制烂、虫果数	每批	监磅人员	拒绝不合格原料	原料果接收(CCP1)监控记录；关键限值纠偏记录；关键控制点验证记录；农残检测记录；重金属检测记录；原料果产地验证记录	每批枣进行抽查、每周审核记录、每天检查记录
CCP2 原料果拣选	霉曲毒素	烂果率≤2%	原料果拣选后的烂果率	拣选班长在破碎机入口抽样检测，控制烂果率≤2%	每 2 小时一次	拣选班长	当发现拣选后烂果率超过2%时，及时调整输果量使CCP2 恢复受控状态；对加工的产品进行隔离标识并保护，抽样检测，依据检测结果进行评估	原料果拣选(CCP2)监控记录；关键限值纠偏记录；关键控制点验证记录	拣选班长每日开产前校准台秤；每批产品检测霉曲毒素含量；生产部负责人每周复查相关记录
CCP3 后巴氏杀菌	致病菌	杀菌温度≥91 ℃，泵频率≤45 Hz	杀菌温度、泵频率	目检	每 2 h 一次	岗位操作工	当发现杀菌温度不符合要求时，立即调节蒸气阀使显示的温度≥91 ℃；当发现泵频率不符合要求时，调节变频器；并对包装的产品进行隔离和保存，检测卫生指标，合格者移入合格区存放，不合格者返工或销毁；并对后巴氏杀菌设备进行清洗和消毒	后巴氏杀菌(CCP3)监控记录；关键限值纠偏记录；关键控制点验证记录；变频器(后巴氏)校准记录；温度控制仪校准记录；微生物检测记录	当班操作工每周通过灌装量及速度对泵速进行校准，每周校准温度显示仪，后巴氏杀菌器上温度显示仪每天上班前对照表头温度计校准后使用，生产部当班操作工每周校准温度显示仪，生产部负责人每周复查
CCP4 五级过滤	金属、橡胶碎屑	过滤网完整无缺	五级过滤器的过滤网	目检	产品灌装前滤网完整性	岗位操作工	后巴氏工序操作人员发现过滤网破损时，立即隔离保护产品，更换过滤网，将过滤网破碎期间生产的产品进行重新过滤	五级过滤器(CCP4)监控记录；关键限值纠偏记录；关键控制点验证记录；顾客反馈信息记录	在每批产品灌装后检查过滤网的完整性；顾客接到产品时检测产品；生产部负责人每周复查记录；销售公司负责人每月审核顾客反馈信息记录
CCP5 运输	人为的外源性的生物、化学、物理危害	铅封和外包装完好	铅封和外包装	产品在装入集装箱时，发货员检查铅封和外包装的完好性	每桶	发货员	隔离、标识并保护产品以待处理(产品在厂区存放时，铅封损坏、遗失或外包装损坏，经过评估，因搬运导致的进行返工，原因不明者进行销毁；在租赁的库房中，铅封损坏、遗失或外包装损坏，进行销毁；顾客接到产品时，发现铅封或外包装损坏，进行销毁)	运输(CCP5)监控记录；关键限值纠偏记录；关键控制点验证记录；顾客反馈信息记录	产品在装入集装箱时发货员检查铅封和外包装的完好性；顾客接到产品时检查铅封和外包装的完好性；销售公司负责人每周复查记录

表 7-7 枣醋的危害分析表

加工步骤	危害种类	危害程度	危害严重性判断依据	纠偏措施	是否为关键控制点
原料验收	C：农药残留、重金属（铜、铅、砷） P：异物 B 微生物（红枣腐烂、病虫害）	高	原料生长过程中使用农药量超标，土壤和水中铅、砷、铜，红枣在采收晾晒季节腐烂、霉变，原料表面存在致病菌和寄生虫，可能存在金属、玻璃碎片和纤维绳等杂物	凭原料农药残留、重金属检测合格证明接收原料，控制腐烂果率在 5%以下，虫果在 2%以下，及时除去杂物	是
选果清洗	B：腐烂果、虫害果 BC：清洗水卫生不符合饮用水标准	中	烂果、虫果率超标，水中微生物超标、氯超标	严格控制霉变果率，定期检查使用水微生物、含氯情况	否
破碎、打浆、浆渣分离	B：榨汁机、破碎机、离心机清洗不足，造成微生物污染	中	榨汁机、破碎机、离心机表面微生物超标	根据 SSOP 标准进行清洗	否
酶解、静置、澄清、排渣	C：酶制剂的验收 B：酶制剂的量、设备清洗不足	中	辅料合格验收严把关，设备清洗	辅料验收合格，设备按照 SSOP 规范清洗	否
调整糖、酸、SO_2	B：辅料验收、发酵罐清洗不足 C：糖、酸、SO_2的用量	高	严格控制糖、酸、SO_2的用量，设备要清洗干净	辅料供应商的检验证明或者第三方的检验证明，设备按照 SSOP 规范进行清洗	是
酒精发酵	B：发酵罐清洗不充分，微生物污染 P：发酵温度 C：O_2进入 B：环境中果蝇、苍蝇、醋虱、环境中CO_2含量过高	高	温度、密闭、空气环境、设备清洗	调整介质温度，控制品温，按照 SSOP 规范清洗，发酵罐盖子密封性，室内定期杀菌，注意排风，保持室内空气新鲜	是
醋酸发酵	B：杂菌污染、异味、醋虱、醋鳗	高	温度、酒精、乙酸含量、时间、氧气、接种量	32～34 ℃发酵，接种时酒精含量为 7%左右，发酵时间为 3～4 d，以醋酸含量不再增加为发酵终点	是
陈酿、过滤	B：设备清洗不足	中	辅料检验、设备清洗	供应商或第三方合格检验，按 SSOP 规范清洗	否
灌装	B：致病菌	高	灌装瓶消毒	瓶按 SSOP 规范清洗并消毒	是

二、关键控制点监控及纠偏措施

1. 原料验收 对原料产地开展调查并对原料的农残、重金属、霉变果率和虫果率开展检验，不合格的，一律拒收。

2. 调整糖、酸、SO_2 辅料的验收一律按照进货合同或者验收标准进行检验，不合格的一律拒收。

3. 酒精发酵 室内空气消毒、罐的清洗按照 SSOP 操作规范，检查发酵罐的密闭性，合理控制发酵温度、时间。

4. 醋酸发酵 室内空气消毒、罐的清洗按照 SSOP 操作规范，醋酸发酵温度、时间、通氧情况进行记录，以便查验。

5. 枣醋灌装 瓶子的清洗、消毒、彻底没有异物。

三、HACCP 工作计划

枣醋 HACCP 工作计划见表 7-8。

表 7-8 枣醋 HACCP 工作计划表

关键控制点	显著危害	对每种预防措施的关键限值	监控				纠偏行动	记录	验证
			对象	方法	频率	人员			
CCP1 原料果接收	农药残留 重金属残留	农药残留、重金属残留复核合格证明；无腐烂、虫果	供应商	检查合格证明，控制烂、虫果数	每批	采购员、验收员	拒收不合格原料	原料果接收(CCP1)监控记录；关键限值纠偏记录；关键控制点验证记录；农残检测记录；重金属检测记录；原料果产地验证记录	每批枣进行抽查、每周审核记录、每天检查记录
CCP2 调整糖、酸、SO_2	微生物危害	辅料合格证明 SO_2 ≤100 mL/m^3	辅料微生物、SO_2量	供应商或第三方合格证明，控制 SO_2 添加量	每批	班长、质检员	拒收辅料检测不合格，严格 SO_2添加量	填写调整(CCP2)记录卡及生产记录表	生产部负责人每周复查相关记录
CCP3 酒精发酵	空气杂菌，发酵时间、温度、氧气、罐卫生	室内环境空气消毒，按 SSOP 规范清洗罐，罐密封，温度 28～30 ℃，发酵 4 d	空气杀菌、罐卫生，发酵温度、时间、罐密封性	空气消毒、罐清洗按照 SSOP 规范，温度、时间罐的密封性	每批	当班班长	监督空气消毒，严控温度、时间、密封性，严控罐的清洗	填写酒精发酵(CCP3)生产记录卡	每天检查记录
CCP4 醋酸发酵	空气消毒，通风杀菌增氧，通风时间	空气杀菌，醋酸菌发酵温度、氧气、时间控制	醋鳗、醋虱	空气过滤，按 SSOP 操作温度 32～34 ℃ 发酵 3～4 d	每批	岗位操作工	监督空气消毒，严控温度、时间通风溶氧	填写醋酸发酵(CCP4)生产记录卡	每天检查记录
CCP5 灌装	微生物污染	严格按照灌装工艺要求	成品	检查灌装的密闭性及含量	每批	岗位操作工	加强岗位操作工的操作，回收灌装不合格的产品	填写灌装(CCP5)生产记录卡	每天检查记录

四、HACCP 监控记录

HACCP 需要通过一些记录来体现，包括原料验收，调整糖、酸、SO_2，酒精发酵、醋酸发酵，果醋灌装等关键记录，CCP 出现失控时的内容、时间、场所原因及处理方法记录，车间设备清洗、消毒、消毒频率、所使用时间和当事人，发生蝇虫鼠的控制，工人的身体卫生状况等记录，HACCP 记录一般保留 3 年。

（刘光鹏）

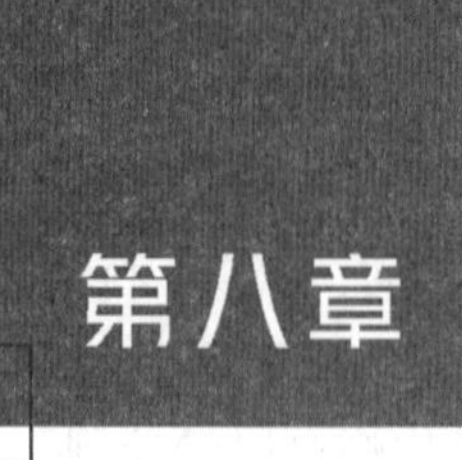

第八章 枣标准与品牌

第一节 枣产业标准体系

一、枣产业标准体系现状

近十多年来，我国果品产业在标准体系和质量安全监控方面取得了显著的进步和发展。枣作为近年快速发展的一种特色果品资源，在生产、贮藏、加工及检验检测等方面标准化程度逐步提升，枣产品品质及质量水平有了显著提高。然而，枣及其制品相关标准仍较少。截至 2023 年 1 月底，我国现行有效的枣及其制品国家标准 13 项、行业标准 25 项，共计 38 项。涉及领域包括产前种质资源、苗木要求，产中生产技术、管理技术、病虫害防治、气象，产后产品、等级规格、贮藏保鲜、加工技术、检测、检验检疫等方面（表 8－1）。

表 8－1 我国现行枣及其制品相关标准

标准分类	标准号	标准名称	标准类型	产业领域
国家标准	GB/Z 26579—2011	《冬枣生产技术规范》	生产技术	产中
	GB/T 40634—2021	《灰枣》	鲜果产品	产后
	GB/T 40492—2021	《骏枣》	鲜果产品	产后
	GB/T 26908—2011	《枣贮藏技术规程》	贮藏保鲜	产后
	GB/T 32714—2016	《冬枣》	鲜果产品	产后
	GB/T 22345—2008	《鲜枣质量等级》	等级规格	产后
	GB/T 22741—2008	《地理标志产品　灵宝大枣》	地理标志产品	产后
	GB/T 18846—2008	《地理标志产品　沾化冬枣》	地理标志产品	产后
	GB/T 18740—2008	《地理标志产品　黄骅冬枣》	地理标志产品	产后
	GB/T 23401—2009	《地理标志产品　延川红枣》	地理标志产品	产后
	GB/T 5835—2009	《干制红枣》	加工产品	产后
	GB/T 26150—2019	《免洗红枣》	加工产品	产后
	GB/T 18525.3—2001	《红枣辐照杀虫工艺》	加工技术	产后
行业标准	NY/T 2668.17—2020	《热带作物品种试验技术规程　第 17 部分：毛叶枣》	种质资源	产前
	NY/T 2667.17—2020	《热带作物品种审定规范　第 17 部分：毛叶枣》	种质资源	产前
	NY/T 1274—2007	《板枣苗木》	苗木	产前
	NY/T 2326—2013	《农作物种质资源鉴定评价技术规范　枣》	种质资源	产前

（续）

标准分类	标 准 号	标 准 名 称	标 准 类 型	产业领域
	NY/T 2927—2016	《枣种质资源描述规范》	种质资源	产前
	NY/T 3516—2019	《热带作物种质资源描述规范　毛叶枣》	种质资源	产前
	LY/T 2426—2015	《枣品种鉴定技术规程 SSR 分子标记法》	种质资源	产前
	NY/T 3814—2020	《热带作物主要病虫害防治技术规程　毛叶枣》	病虫害防治	产中
	NY/T 970—2006	《板枣生产技术规程》	生产技术	产中
	QX/T 572—2020	《农产品气候品质评价　青枣》	气象	产中
	LY/T 3095—2019	《大棚冬枣养护管理技术规程》	管理技术	产中
	LY/T 1497—2017	《枣优质丰产栽培技术规程》	生产技术	产中
	LY/T 2825—2017	《枣栽培技术规程》	生产技术	产中
	LY/T 2535—2015	《南方鲜食枣栽培技术规程》	生产技术	产中
行业标准	GH/T 1160—2020	《干制红枣贮存》	贮藏保鲜	产后
	GH/T 1361—2021	《枣粉》	加工产品	产后
	NY/T 871—2004	《哈密大枣》	鲜果产品	产后
	NY/T 2860—2015	《冬枣等级规格》	等级规格	产后
	NY/T 484—2018	《毛叶枣》	鲜果产品	产后
	LY/T 1920—2010	《梨枣》	鲜果产品	产后
	NY/T 700—2003	《板枣》	鲜果产品	产后
	LY/T 1780—2018	《干制红枣质量等级》	等级规格	产后
	SN/T 1042—2002	《出口焦枣检验规程》	检验检疫	产后
	SN/T 1803—2006	《进出境红枣检疫操作规程》	检验检疫	产后
	GH/T 1392—2022	《干制红枣片》	加工产品	产后

（一）国家标准、行业标准

从产业领域来看，产后标准数量最多，为 23 项，占 60.5%；其次为产中标准，为 8 项，占 21.1%；产前标准数量较少，为 7 项，占 18.4%（表 8-2）。

从国家标准来看，产中标准有 1 项，为涉及冬枣生产技术的指导性技术文件《冬枣生产技术规范》（GB/Z 26579—2011）；产后标准有 12 项（占比 92.3%），包括产品标准 9 项，等级规格标准 1 项，贮藏保鲜标准 1 项，加工技术标准 1 项，其中产品标准又包括鲜果产品标准（3 项）、加工产品标准（2 项）和地理标志产品标准（4 项）；加工产品标准均为红枣产品标准，包括《干制红枣》（GB/T 5835—2009）、《免洗红枣》（GB/T 26150—2010），这 2 项标准对红枣的等级规格、含水率、总糖含量等指标进行了规定，等级规格、含水率等指标多依赖于红枣的品种而被分为大红枣和小红枣，然后根据标准进行判定。国家标准中缺失如种植技术规程、种质资源、苗木等产前标准。

从行业标准来看，行业标准涉及农业、供销合作、林业及出入境检验检疫、气象 5 个领域，其中农业行业标准最多，为 12 项（占比 48.0%）；其次为林业行业标准为 7 项（占比 28.0%）；供销合作行业标准 3 项，出入境检验检疫行业标准 2 项，气象行业标准 1 项。从产业领域来看，产前标准 7 项（占比 28.0%），包括种质资源标准 6 项，苗木标准

1项；产中标准7项（占比28.0%），包括生产技术标准4项，管理技术标准1项，病虫害防治标准1项，气象标准1项；产后标准11项（占比44.0%），包括产品标准6项，等级规格标准2项，检验检疫标准2项，贮藏保鲜标准1项，其中产品标准又包括鲜果产品标准4项，分别为《哈密大枣》（NY/T 871—2004）、《毛叶枣》（NY/T 484—2018）、《梨枣》（LY/T 1920—2010）、《板枣》（NY/T 700—2003）；加工产品标准2项，分别为《枣粉》（GH/T 1361—2021）、《干制红枣片》（GH/T 1392—2022）。鲜果产品标准对鲜果的质量要求（感官要求、理化要求、安全卫生指标要求）、试验方法、检验规则、标志、包装、运输及贮存等方面进行了规定，加工产品标准对产品的质量要求（感官要求、理化要求、安全卫生指标要求、微生物限量要求）、检验方法、检验规则、标志、标签、包装、运输和贮存等内容进行了规定，其中加工产品标准在质量要求方面相比鲜果产品多规定了微生物限量要求。现有检测检疫方法的标准多为规范红枣及制品的进出口而制定，大部分由各地出入境检验检疫局制定，范围涉及新鲜红枣、干制红枣、焦枣等原材料及加工制品，为规范红枣进出口商贸活动提供了执行依据。

表8-2 我国现行枣及制品相关标准数量

单位：项

产业领域	类　别	GB	NY	GH	LY	QX	SN	合计
产前	种质资源		5		1			6
	苗木		1					1
产中	生产技术	1	1		3			5
	管理技术				1			1
	病虫害防治		1					1
	气象					1		1
产后	产品	9	3	2	1			15
	等级规格	1	1		1			3
	贮藏保鲜	1		1				2
	加工技术	1						1
	检验检疫						2	2
	合计	13	12	3	7	1	2	38

（二）红枣期货标准介绍

2019年4月30日，红枣期货在郑州商品交易所上市。红枣期货交割标准在充分考虑到产业调研与检验分析的基础上，采用《干制红枣》（GB/T 5835—2009）国家标准主要技术要求内容，并考虑了产地、年份、品种等因素对质量变化的影响，对水分、糖分、千克果粒数等指标进行了修订，并且新增了均匀度允差指标的考量。红枣期货交割标准分为基准交割品和替代交割品。

基准交割品要求符合国家标准《干制红枣》（GB/T 5835—2009）一等等级规格且均匀度允差≤60%、180个/kg＜每千克果粒数≤230个/kg的灰枣，干基总糖含量≥75%，15%≤含水率≤25%，一般杂质≤0.1%，要求表面清洁，总糖含量及浆头果、不熟果、病虫果、破头果、油头果单项占比不作要求。

替代交割品包括每千克果粒数替代品和含水率替代品。每千克果粒数：每千克果粒数

≤180 个/kg 或 230 个/kg＜每千克果粒数≤280 个/kg 的可替代交割。含水率：入库时，15%≤含水率≤25%的，足量入库；25%＜含水率≤26%的，以 25%为基准，含水率每超 0.1%，扣量 0.2%。出库时，15%≤含水率≤25%的，足量出库；25%＜含水率≤26%的，以 25%为基准，含水率每超 0.1%，补量 0.2%，由仓库承担。

二、枣产业标准体系存在的问题

（一）标准体系不完善

目前，我国枣行业虽然制定了一些标准，对枣的生产和流通起到了一定作用，但是仍然存在标准体系不完善的问题。比如冬枣个大、皮薄、汁多、清脆可口，含有丰富的维生素 C，近几年来深受广大消费者的青睐，但是目前关于冬枣保鲜的标准仍较为缺失。由于冬枣中含有丰富的水分和糖分含量，导致其极易受到贮藏环境和微生物的影响而发生腐败，造成大量营养物质流失、食物资源浪费和环境污染，严重影响了冬枣的货架期，也影响了种植户和零售商的收入，因此急需制定冬枣的保鲜标准（褚可心等，2022）。

（二）标准化和品牌化程度较低

在我国枣产业的发展进程中，对枣加工产品的标准化生产以及品牌化推广力度不够深入。目前枣的加工主要以初加工为主，例如枣粉、枣干、脆枣等，产品口味较为单一，经济利润比较低，不能为品牌化发展提供核心竞争力。随着消费者对枣多元化产品需求的增加，枣的精深加工产品和功能性产品越来越受消费者欢迎，市面上相关产品也越来越多。但是相关的标准较少，不能有效对生产过程进行规范，不利于生产企业的标准化生产，也对枣产业的品牌发展造成不利影响（李庆军等，2022）。

（三）枣农标准化意识不足，标准实施效果不理想

目前，我国枣产业的种植仍然以小农户和小型合作社为主，标准化种植基地面积较少，枣农盲从现象较为突出，农户获取相关标准信息的渠道不畅通，加之各标准起草部门对标准的宣贯形式较为单一、宣贯针对性较差等问题，导致标准实施效果不够理想（梁自胜，2021）。此外，部分枣农对组织化、规模化、标准化生产认识不到位，缺乏统一组织管理；且枣示范园区数量、规模仍然不足，示范带动能力较弱。

（四）高标准高质量发展缺乏技术支撑

目前枣产业中有关智能化、物联网等现代化新技术研发速度不快，技术力量相对薄弱，机械化程度不高，绿色可持续循环发展进程缓慢，绿色、有机及出口认证面积较小，枣农对有机肥替代化肥、生物有机农药、农业废弃物资源化利用等意识不强，枣产业高标准高质量发展缺乏技术支撑（张晓云等，2014）。

三、我国枣产业的标准化发展方向

农业产业标准化建设已成为我国农业供给侧结构性改革的主攻方向（支树平等，2016）。在国家推进乡村振兴战略背景下，我国枣产业迎来新的发展阶段，枣产业做大做强，必须牢牢把握“品种、品质、品牌”这些关键点，把握新发展机遇，推动我国枣产业高标准高质量发展。

（一）构建全产业链标准体系，引领高质量发展

构建涵盖产地环境、农业投入品、农产品包装、宣传、推介会等方面所涉及生产、加

工、贮存、销售等环节的全产业链标准体系，引领标准化生产。建设枣产业研发中心、研发基地，开发新品种、新技术、新模式，组装配套形成完整的标准化生产技术，建设标准化生产基地，以标准化推进规模化。

（二）实施品牌战略，强化品牌建设

品牌建设既是方便消费者识别的需要，也是标准化的具体实践，有利于促进农民增收和产业提质增效。枣产业的发展要坚持标准与品牌协调发展，以标准促品牌，以标准强品牌。一是实施品牌提升工程，强化品牌建设，加大品牌宣传力度，组织开展丰富多彩的品牌文化宣传活动，充分发挥现有品牌的优势，提升品牌价值。二是制定品牌管理办法，规范品牌商标、标识的使用，依法监管和保护公共品牌，严厉打击假冒伪劣品牌商标和标识的违法行为。三是鼓励支持大型龙头企业、专业合作社培育注册自主品牌，提高市场竞争力，增强企业核心价值。四是坚持标准与质量“两手抓”，将标准与质量追溯相结合，运用物联网手段建立起全产业链质量安全追溯系统，赋予每个枣“身份证”，实现从“农田”到“餐桌”全程标准统一、质量信息透明，保障枣产业质量安全和消费安全（安晓艳等，2022）。

（三）加强标准推广，推动标准落到实处

标准的生命力在于应用。基于我国枣产业生产主体的特点，引导各标准制定主体开展标准推广，推动标准宣贯落到实处。通过互联网、大数据和移动通信等工具拓宽标准宣贯渠道，有效利用视频直播、在线学习等方式开展丰富多彩的线上宣贯，此外还可以通过图文结合的方式制定标准应用宣传手册，配合线下培训，使标准使用者能够看得懂、学得透、用得好。通过线上线下相配合的方式，打造立体化标准宣贯模式（陈静等，2022）。

（四）加强标准化人才队伍建设

标准是技术转化的桥梁，随着当前科学技术的发展，企业产品的科技含量越来越高，标准及标准化工作与产品竞争优势之间的关系也越来越密切，这对标准化人才队伍建设提出了更高的要求。标准化事业的发展必须着眼于标准化人才总量增长和素质提高，建立一支规模较大、专业化水平较高、结构合理、适应标准化发展要求的人才队伍。如通过各地的人才引进激励政策和高薪诚聘等方式引进枣标准化研究方面的人才，制定各类标准化人才培养计划，实施标准技术人才知识能力提升工程，利用新媒体手段开发标准化网络课程，提高标准化人员的知识水平，从而达到提升专业水平的效果（许祥红，2022）。

（陈静）

第二节　枣产品品牌建设

一、枣品牌建设现状

随着我国经济的迅速发展，人们的生活水平不断提高，消费结构也有了新的变化。消费者对农产品的品质和营养卫生要求越来越高。吃得更优质、更安全，已成为新时期中国人民对美好生活的全新追求。品牌化是农业农村现代化的重要标志。发挥品牌引领作用，有利于优秀人才、先进技术、现代管理模式等优势资源要素向农业集聚；有利于激发农业创新活力，优化生产要素配置，推动农业从种养环节向农产品加工流通等二、三产业延伸；有利于健全产业链、打造供应链、提升价值链，提高农业产业体系、生产体系、经营体系等现代化水平。2021 年 2 月 21 日，《中共中央 国务院关于全面推进乡村振兴加快农业农村现代化的意见》（2021 年中央一号文件）中明确要求：深入推进农业结构调整，推动品种培优、品质提升、品牌打造和标准化生产。“产业兴旺”是乡村振兴的核心，农产品产业化、品牌化是解决问题的有效手段。巩固拓展脱贫攻坚成果、实现脱贫地区乡村振兴，要把增加脱贫群众收入作为根本措施，将促进脱贫县加快发展作为主攻方向，发挥产业增收带动作用，大力发展乡村产业，加快发展壮大县域经济。对脱贫地区产业帮扶还要继续，要补上技术、设施、营销等短板，促进产业提档升级。支持脱贫地区打造农业品牌，有助于引领脱贫地区特色产业提质增效，补齐要素短板，拓展产业增值空间，构建农民持续稳定增收长效机制，为巩固拓展脱贫攻坚成果、实现乡村产业振兴提供持久动力。

（一）农产品区域品牌概念

农产品区域品牌是指特定区域内相关机构、企业、农户等所共有的，在生产地域范围、品种品质管理、品牌使用许可、品牌行销与传播等方面具有共同诉求和行动，从联合提供区域内为消费者的评价，使用区域产品与区域形象共同发展的农产品品牌。区域品牌命名通常由区域（通常为地名）＋产品构成，如和田玉枣、沾化冬枣、太谷壶瓶枣等。区域品牌具有公共产品属性，表现在使用的广泛性和公共性。通过创建区域品牌，可以发挥众多经营者集体行为的合力，在较大范围内形成具有较高影响力的一种整体形象，从而形成共享持久的品牌效应。

（二）农产品区域品牌的建设与管理

2022 年 9 月 30 日农业农村部印发《关于实施农产品“三品一标”四大行动的通知》（以下简称《通知》）部署实施优质农产品生产基地建设行动、优质农产品品质提升行动、优质农产品消费促进行动和达标合格农产品亮证行动。《通知》指出，发展绿色、有机、地理标志和达标合格农产品（以下简称农产品“三品一标”）是供给适配需求的必然要求，是提高农产品质量品质的有效途径，是提高农业竞争力的重要载体，是提升农产品质量安全治理能力的创新举措。要立足新内涵新定位，发挥农产品“三品一标”在产品端的带动作用，不断提高农产品质量品质和全产业链拓展增值增效空间，打造高品质、有口碑的农业“金字招牌”。

（三）枣产品品牌建设

1. 无公害农产品 无公害农产品，指的是产地环境、生产过程和产品质量符合国家有关标准和规范的要求，经认定合格的未经加工或者初加工的食用农产品。无公害农产品认证执行的是无公害食品标准，认证的对象主要是百姓日常生活中离不开的“菜篮子”和“米袋子”产品。也就是说，无公害农产品认证的目的是保障基本安全，满足大众消费，是政府推动的公益性认证。自 2018 年 5 月将原无公害农产品产地认定和产品认证工作合二为一，实行产品认定的工作模式。由省级农业农村行政部门及其所属工作机构负责无公害农产品的认定审核、专家评审、颁发证书和证后监管等工作。截至 2022 年 11 月，根据中国绿色食品发展中心网站统计结果显示，目前我国申请认证无公害农产品的企业达到 24 996 个，如表 8－3 所示，与枣类相关的企业有 67 家，覆盖全国 12 个省份。如图 8－3 所示，山西省认证的枣类无公害农产品数量最多，其次是浙江省，分别为 17 家和 14 家，两省数量之和占全部数量的 46%。

表 8-3 枣类无公害农产品企业目录

序号	所在省/自治区	申请人全称	产品名称	年产量/t
1	浙江省	义乌市张枝喜农场	枣	20
2	浙江省	桐庐金土地农业科技开发有限公司	冬枣	60
3	福建省	东山县三辉种养家庭农场	毛叶枣	150
4	浙江省	东阳市巍山清华枣业专业合作社	枣	20
5	浙江省	义乌市华秀枣类研究所	枣	30
6	浙江省	杭州良哥农业科技有限公司	枣	50
7	浙江省	义乌市同心乐农庄	枣	70
8	云南省	宾川宽恳农副产品有限公司	枣	1 300
9	安徽省	太湖县香茗山生态果品科技园有限公司	枣	890
10	福建省	长泰县辉农农林专业合作社	毛叶枣	187
11	福建省	平和县鑫华源家庭农场	毛叶枣	301.5
12	福建省	漳浦县荔海家庭农场	毛叶枣	225
13	广西壮族自治区	合浦县高新科蔬果农民专业合作社	毛叶枣	1 350
14	广西壮族自治区	平南县明乐果蔬专业合作社	毛叶枣	510
15	安徽省	定远县高刘枣科技园	冬枣	100
16	安徽省	定远县高刘枣科技园	枣	300
17	福建省	莆田市荔城区集达果蔬农民专业合作社	枣	15
18	山东省	即墨市蓝村镇红玛瑙家庭农场	枣	15
19	广西壮族自治区	平南县杰宇水果种植专业合作社	毛叶枣	450
20	广西壮族自治区	平南县文龙种养专业合作社	毛叶枣	650
21	广西壮族自治区	平南县东华镇故乡味果蔬种植专业合作社	毛叶枣	1 250
22	福建省	漳州市上青农业开发有限公司	毛叶枣	325
23	浙江省	云和县田宝生态家庭农场有限公司	枣	75
24	浙江省	嘉兴九龙生态农场有限公司	枣	31
25	四川省	江安县金源农业科技服务有限责任公司	枣	22.5
26	山西省	高平市红喜庆种植专业合作社	枣	150
27	山西省	定襄县大龙山种植农民专业合作社	枣	160
28	山西省	永和县宝鑫家庭农场	枣	1 500
29	甘肃省	白银高原红林业农民专业合作社	枣	16 000
30	甘肃省	皋兰县农产品行业协会联合会	枣	3 785
31	福建省	云霄县源利农民专业合作社	毛叶枣	1 800
32	安徽省	来安县果殖鲜农业发展有限公司	枣	50
33	安徽省	黄山市歙县前半种植专业合作社	枣	107
34	西藏自治区	西藏荆杭农业科技有限公司	冬枣	5
35	广西壮族自治区	贵港市覃塘区东龙镇燕子家庭农场	毛叶枣	51
36	广西壮族自治区	扶绥县美祥果蔬专业合作社	毛叶枣	500

（续）

序号	所在省/自治区	申请人全称	产品名称	年产量/t
37	山西省	临猗县丰收鲜枣种植专业合作社	冬枣	3 600
38	山西省	临猗县丰收鲜枣种植专业合作社	冬枣	3 600
39	山西省	临猗县雨卓鲜枣种植专业合作社	冬枣	1 052.5
40	山西省	临猗县雨卓鲜枣种植专业合作社	冬枣	1 052.5
41	山西省	河津市丰裕种植专业合作社	冬枣	225
42	山西省	运城市张店农业开发有限公司	冬枣	750
43	山西省	运城市张店农业开发有限公司	冬枣	750
44	山西省	河津市丰裕种植专业合作社	冬枣	225
45	安徽省	来安县夹埂水果种植专业合作社	枣	150
46	江西省	浮梁县黄坛果木专业合作社	枣	112
47	江西省	江西吉香园生态农业综合开发有限公司	枣	50
48	四川省	德阳市旌阳区黄许镇长平果树专业合作社	枣	80
49	福建省	仙游县莆丰农业开发有限公司	枣	154.5
50	浙江省	义乌市蜜南枣子专业合作社	枣	50
51	浙江省	义乌市星凯家庭农场	枣	60
52	浙江省	义乌市清山农庄	枣	20
53	浙江省	义乌市白龙湾农业开发有限公司	枣	30
54	浙江省	义乌市溪源缘山庄	枣	50
55	浙江省	义乌市良民家庭农场	枣	20
56	甘肃省	靖远县御液香种养殖农民专业合作社	枣	1 600
57	甘肃省	甘肃文德农庄生态农业开发有限责任公司	枣	30.36
58	山西省	永和县浩民红枣加工专业合作社	枣	1 900
59	山西省	永和县宏兴红枣专业合作社	枣	3 000
60	山西省	柳林县红灵芝鲜枣开发专业合作社	枣	120
61	山西省	太谷县荣福红枣精杂粮专业合作社	枣	500
62	重庆市	重庆眺远农业开发有限公司	枣	80
63	重庆市	重庆青霄农林有限责任公司	枣	300
64	山西省	山西白鹅寨旅游开发有限公司	酸枣	200
65	山西省	山西昱欣源农业开发股份有限公司	冬枣	30
66	广西壮族自治区	贵港市港南区旭兴水果种植专业合作社	毛叶枣	300
67	四川省	江安县阳春镇福枣园蜜枣种植家庭农场	枣	75.5

注：按认证时间进行排序，序号数值越大，认证时间越早。

2. 农产品地理标志 农产品地理标志是指标示农产品来源于特定地域，产品品质和相关特征主要取决于自然生态环境和历史人文因素，并以地域名称冠名的特有农产品标志。农产品地理标志登记管理是一项服务于广大农产品生产者的公益行为，主要依托政府推动，通过注册农产品地理标志，打造区域品牌，实行统一的品牌设计包装、形象塑造、

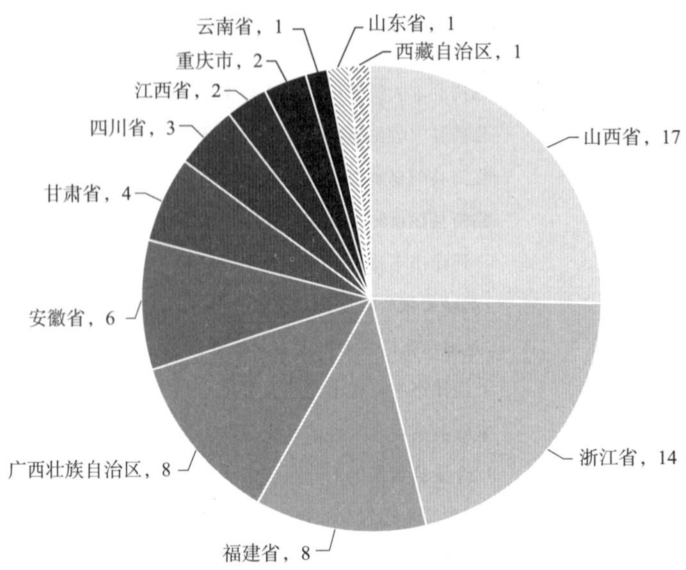

图8-1　枣类无公害农产品认证企业数量及分布

产业推广等。根据全国农产品地理标志查询系统统计，截至2022年2月，我国已登记认证的农产品地理标志数量为3 510项。如表8-4所示，与枣类相关的农产品地理标志有47项，覆盖全国14个省份/自治区。如图8-2所示，山西、新疆、陕西3个省（自治区）的农产品地理标志数量占全国的51%，分别为9、8、7项。

表8-4　枣类农产品地理标志目录

序号	所在地域	产品名称	证书持有人名称	登记证书编号	年份
1	山西省	交城骏枣	交城县农业技术推广中心	AGI00002	2008
2	山西省	交城梨枣	山西省交城县农业技术推广中心	AGI00074	2008
3	陕西省	阎良相枣	西安市阎良区林业科技中心	AGI00022	2008
4	陕西省	佳县红枣	佳县红枣产业办公室	AGI00084	2008
5	新疆维吾尔自治区	和田玉枣	新疆生产建设农十四师农业科技推广中心（南）	AGI00170	2009
6	江西省	南城麻姑仙枣	南城县盱江瓜果种植专业合作社	AGI00424	2010
7	辽宁省	朝阳大枣	朝阳市农业产业化企业协会	AGI00232	2010
8	山东省	香城长红枣	邹城市圣香果林果生产专业合作社	AGI00251	2010
9	山西省	柳林红枣	柳林县红枣产销协会	AGI00212	2010
10	山西省	官滩枣	襄汾县新城新茂干鲜果菜购销专业合作社	AGI00217	2010
11	四川省	罗江贵妃枣	罗江县园艺协会	AGI00228	2010
12	四川省	崭山米枣	四川省三台县崭山米枣专业合作社	AGI00521	2010
13	重庆市	武隆猪腰枣	武隆县林木种苗管理站	AGI00411	2010
14	山东省	宁阳大枣	宁阳县葛石镇大枣经济协会	AGI00621	2011
15	山西省	永和条枣	永和县打石腰红枣农民专业合作社	AGI00543	2011

（续）

序号	所在地域	产品名称	证书持有人名称	登记证书编号	年份
16	陕西省	彬州大晋枣	陕西省彬县农业技术推广站	AGI00824	2011
17	陕西省	大荔冬枣	大荔县农业技术推广中心	AGI00825	2011
18	天津市	大港冬枣	天津市滨海新区大港农业服务中心	AGI00754	2011
19	新疆维吾尔自治区	和田御枣	洛浦县农业技术推广中心	AGI00644	2011
20	新疆维吾尔自治区	柳树泉大枣	新疆生产建设农十三师柳树泉农场	AGI00707	2011
21	山西省	临县开阳大枣	临县曲峪镇绿色开阳红枣专业合作社	AGI00871	2012
22	山东省	灰埠大枣	邹城市大束镇大枣协会	AGI01301	2013
23	山西省	临县红枣	临县黄河红枣协会	AGI01253	2013
24	陕西省	吴堡红枣	吴堡县农产品质量检验检测中心	AGI01176	2013
25	天津市	静海金丝小枣	天津市静海县西翟庄小枣协会	AGI01049	2013
26	天津市	徐堡大枣	天津市徐堡枣种植专业合作社	AGI01050	2013
27	新疆维吾尔自治区	策勒红枣	策勒县农产品质量安全检测中心	AGI01233	2013
28	新疆维吾尔自治区	托克逊红枣	托克逊县红枣产业协会	AGI01368	2013
29	新疆维吾尔自治区	民丰大枣	民丰县农业技术推广站	AGI01370	2013
30	安徽省	枣树行玉铃铛枣	阜阳市颍泉区宁老庄镇枣树行枣业协会	AGI01463	2014
31	新疆维吾尔自治区	新疆维吾尔自治区四十八团红枣	新疆生产建设第三师四十八团	AGI01589	2014
32	宁夏回族自治区	南长滩大枣	中卫市梨枣协会	AGI01790	2015
33	山东省	乐陵金丝小枣	乐陵市小枣加工销售行业协会	AGI01617	2015
34	山西省	太谷壶瓶枣	山西省省太谷县木本粮油站	AGI01663	2015
35	山西省	芮城屯屯枣	芮城县农业技术推广站	AGI01937	2016
36	陕西省	旬阳拐枣	旬阳县林业开发绿化管理服务中心	AGI01991	2016
37	宁夏回族自治区	灵武长枣	灵武长枣协会	AGI02059	2017
38	陕西省	直社红枣	蒲城县直社红枣专业技术协会	AGI02155	2017
39	安徽省	水东蜜枣	宣城市宣州区文化旅游产业发展协会	AGI02281	2018
40	广东省	雷州青枣	雷州市农业技术推广中心	AGI02978	2020
41	山东省	商河魁王金丝小枣	商河县殷巷镇魁王金丝小枣种植协会	AGI02914	2020
42	山东省	沾化冬枣	沾化冬枣产业发展中心	AGI03176	2020
43	安徽省	西山焦枣	贵池区棠溪枣业协会	AGI03350	2021
44	河北省	阜平大枣	阜平县农产品服务协会	AGI03273	2021
45	山东省	店子长红枣	枣庄市长红枣产业协会	AGI03361	2021
46	浙江省	义乌南枣	义乌市枣业协会	AGI03337	2021
47	新疆维吾尔自治区	麦盖提灰枣	喀什农村合作经济组织协会	AGI03508	2022

注：按认证时间进行排序。

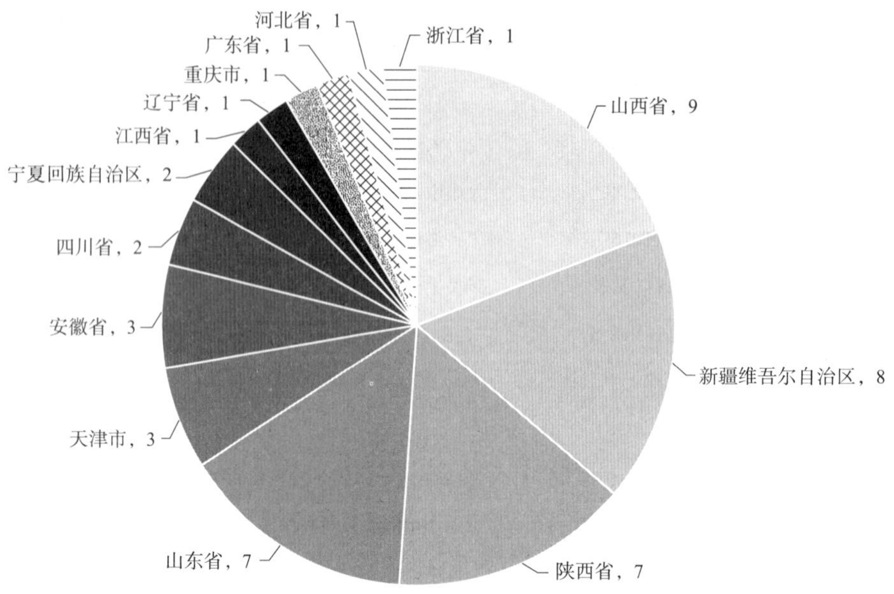

图 8-2　枣类地理标志农产品认证数量及省份分布

3. 名特优新农产品　“全国名特优新农产品”是经县级名特优新农产品产业主管部门申请，地市级、省级农业农村部门农产品质量安全与优质化业务技术工作机构审核，农业农村部农产品质量安全中心组织专家技术评审确认的农产品。根据中华人民共和国农业农村部官网统计，截至 2022 年 11 月，我国已登记认证的名特优新农产品数量为 2 806 项，与枣类相关的有 31 项，覆盖全国 10 个省份（图 8-3）。其中山西省最多，有 9 项，其次是新疆维吾尔自治区，有 5 项（表 8-5）。

表 8-5　枣类相关的名特优新农产品目录

序号	省　份	县域	产品名称	获 证 单 位	生产规模/hm²
1	山西省	灵石县	灵石壶瓶枣	灵石县农业农村局	110
2	新疆维吾尔自治区	洛浦县	和田红枣	新疆和田地区洛浦县农业园区管委会	300
3	新疆维吾尔自治区	策勒县	策勒红枣	策勒县农业农村局	10 464
4	河南省	内黄县	内黄红枣	内黄县农业农村局	5 078
5	新疆维吾尔自治区	墨玉县	墨玉灰枣	和田地区墨玉县农业局	510
6	新疆维吾尔自治区	墨玉县	墨玉骏枣	和田地区墨玉县农业局	510
7	内蒙古自治区	松山区	夏家店大枣	赤峰市松山区农产品质量监督管理站	210
8	陕西省	大荔县	大荔冬枣	大荔县农产品质量安全检验检测中心	28 000
9	山西省	稷山县	稷山板枣	稷山县枣业发展服务中心	10 200
10	广东省	雷州市	雷州青枣	雷州市农业农村局	2 800
11	重庆市	武隆区	武隆猪腰枣	重庆市武隆区农业农村委员会	1 333.33
12	陕西省	神木市	神木红枣	神木市农业农村局	1 408
13	河南省	新郑市	新郑灰枣	新郑市农产品质量监测中心	666

（续）

序号	省　份	县域	产品名称	获证单位	生产规模/hm^2
14	陕西省	大荔县	大荔红枣	大荔县农产品质量安全检验检测中心	8 000
15	宁夏回族自治区	同心县	同心圆枣	同心县农业技术推广服务中心	1 600
16	陕西省	米脂县	米脂红枣	米脂县农产品质量安全检验检测中心	2 000
17	陕西省	吴堡县	吴堡红枣	吴堡县农产品质量安全检测中心	13 333
18	宁夏回族自治区	灵武市	灵武长枣	灵武市农业农村局	4 533
19	山东省	费县	费县脆枣	费县农业农村局	1 100
20	山东省	沾化区	沾化冬枣	滨州市沾化区农业农村局	33 333
21	陕西省	佳县	佳县红枣	佳县农产品质量安全检验检测中心	55 000
22	广东省	阳春市	阳春蜜枣	阳春市农业农村局	333
23	四川省	旌阳区	旌阳枣	德阳市旌阳区农业农村局	187
24	陕西省	府谷县	府谷红枣	府谷县农产品质量安全检测中心	4 533
25	山西省	太谷县	太谷壶瓶枣	晋中市太谷区农业农村局	1 530
26	河南省	鄢陵县	鄢陵冬枣	鄢陵县农业农村局	110
27	河南省	郾城区	郾城蟠枣	漯河市郾城区农业农村局	200
28	陕西省	清涧县	清涧红枣	清涧县农产品质量安全中心	35 333
29	河南省	淇县	淇县无核枣	淇县农业农村局	850
30	陕西省	旬阳县	旬阳拐枣	旬阳县林业技术推广站	26 666.7
31	新疆维吾尔自治区	皮山县	皮山红枣	皮山县农业农村局	5 912.73

注：按认证时间进行排序，序号数值越大，认证时间越晚。

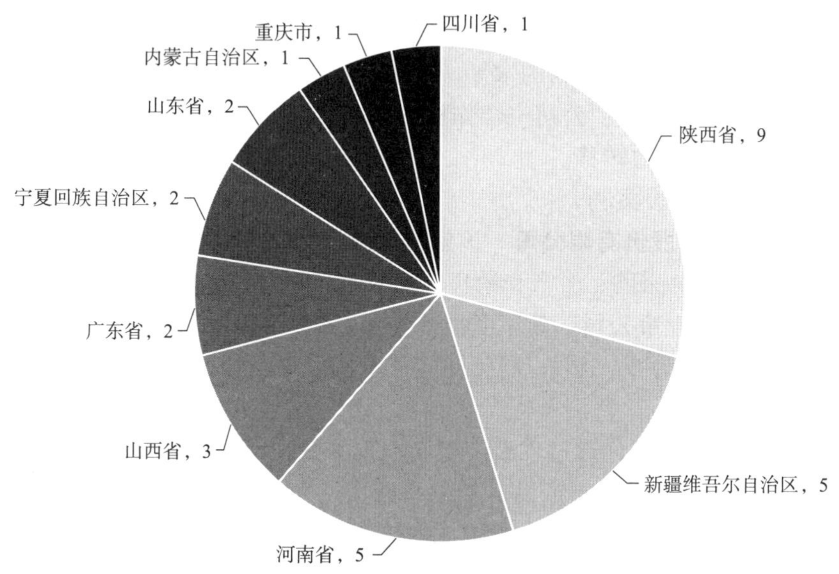

图 8-3　枣类名特优新农产品分布

（四）政策支持——以新疆红枣为例

近年来，新疆的红枣种植面积和产量增长迅猛，因其特殊的气候非常适宜红枣的种植。目前，新疆红枣种植面积与产量均居全国首位，新疆红枣产量占全国红枣产量的50%。新疆红枣主要分布在和田、喀什、阿克苏、巴州和东疆的吐鲁番、哈密等地，地方政府为扶持红枣产业特色、保障农业稳定发展和农民增收制定了多项相关政策。

巴州地区红枣栽培品种以灰枣为主，根据各县气候差异，灰枣从10月底至11月初开始采收。2021年，巴州地区红枣种植面积为3.82万 hm^2，已培育红枣新型经营主体208家，其中，红枣加工企业68家，合作社140家，红枣年加工能力达5万t。2019年6月，巴州市场监督管理局发布了《若羌红枣标准体系总则》，规划了若羌红枣20项地方标准；为了规范市场秩序，禁止滥用“若羌红枣”的标志标识和有机红枣标识，维护消费者合法权益，保护依法生产经营者的利益。2020年11月，巴州林草局发布《若羌且末地区红枣产业促进条例（草案）》规定：获准使用“若羌红枣”产地标志或证明商标的红枣及其产品，其红枣应当全部产自若羌红枣产区，不得在“若羌红枣”中掺杂非本产区的红枣销售。对有机红枣品牌也作了类似规定，2021年4月，巴音郭楞蒙古自治州制定了《巴音郭楞蒙古自治州红枣产业促进条例》制定促进红枣产业发展优惠政策，并在资金安排、土地使用、供水供电、品牌宣传等方面给予支持。支持优势红枣产区县级人民政府建设专业市场贸易集散中心和电子交易平台，完善仓储、运输、质量检测和信息管理等配套服务。

和田地区红枣种植面积约5.42万 hm^2，约占新疆红枣种植面积的10%，产量49.7万t，占新疆红枣总量的14%。2005年前，和田地区红枣种植面积只有3 000多 hm^2。2005年，和田政府发布《关于加快发展红枣产业的实施意见》，制定了红枣产业发展目标。2008年，“和田玉枣”获准注册原产地证明商标后，枣产业发展逐步实现种植规模化、生产标准化、管理规范化、销售品牌化和发展产业化。2009年以来，随着农业产业结构调整的不断深入，国家实施“西部大开发”战略，加大了对林业的投入，兵团十四师把枣作为特色林果大力发展，使枣种植业达到一个新的水平。2016年11月，和田政府发布了《和田地区大枣产业发展实施意见》，形成“公司＋合作社＋农户”的产销模式，以点带面，促进周边农牧民就近就地实现劳动力转移。

（五）枣企业品牌建设案例

1. 好想你健康食品股份有限公司 该公司创始于1992年，主要从事与枣相关的坚果、果干、冻干食品的研发、采购、生产和销售。于2011年在深圳证券交易所中小板上市，成为中国首个枣类行业的上市公司。其年度报告显示，2020年，好想你红枣及其相关产品营收达6.66亿元，毛利率为29.34%；同年建立了全国红枣行业首个院士工作站——好想你“陈坚院士工作指导站”。

在产品创新方面，好想你通过攻破红枣锁鲜技术壁垒，并利用专利套管去核技术，推出全产业链锁鲜枣去核枣高品质产品，如“小鲜肉”“轻颜脆”红枣等。在健康化方面，好想你以冻干技术打造的“小鲜脆”产品，主打“0油”概念；2021年推出的“清菲菲”产品则主打“0”蔗糖概念。在消费场景扩展方面，通过热门剧集中以场景植入方式实现品牌曝光，触达都市白领、资深中产等消费人群，挖掘产品文化内涵，将产品与办公、休闲、礼品馈赠等多元场景相关联，针对当下流行趋势，推出契合需求的产品。

2. 山西天之润枣业有限公司 该公司成立于2010年1月，是一家集红枣种植、产品研发、功能食品开发、深加工、营销为一体的农业产业化国家重点龙头企业、林业国家龙头重点企业。公司位于芮城县阳城镇南街，注册资本1.1亿元，总资产4亿元，占地面积210余亩，拥有国家级红枣种植标准化示范区，自有种植基地3万亩，已获得屯屯枣国家地理标志认证。

公司拥有国内先进的生产线5条，红枣年生产加工能力4万t，产品包括干制红枣、红枣休闲食品、饮品、食品工业原料、药食同源功能食品等五大系列50多种品类。产品远销澳大利亚、加拿大、日本、意大利等国家。其中，紫晶乌枣加工技艺被列入运城市非物质文化遗产名录，"天芝润"红枣饮料获得第十五届国际农产品交易会金奖。此外，公司也已获得无公害农产品及产地认证、ISO 2200食品卫生安全管理体系认证、HACCP食品安全体系认证、出口食品生产企业资质等相关荣誉资质。

在产品生产方面，天之润采取"公司＋基地＋农户＋合作社＋标准化"的农业产业化联合体模式，与枣农签订长期购销合作协议，调动枣农的种植积极性，从源头保障产品的质量与安全。在产品创新方面，天之润枣业先后与山西中医药大学中药与食品工程学院、澳大利亚南澳州食品安全与创新中心等机构建立了紧密的产学研合作关系。天之润的"药食同源"食品、红枣浓缩汁等多个产品品类已出口法国、英国、日本等国家和地区。出口的货品从原料、浓缩汁2类产品，拓展到了鲜枣、红枣浓缩汁、红枣汁饮品、红枣原浆、枣夹核桃等5大系列产品。其中，作为一种可代糖的甜味剂食品原料，引起国外多个大型食品企业的高度兴趣。此外，该公司的饮品及休闲食品两个系列于2022年3月得到美国FDA认证，展现出品牌独特的竞争力和巨大的市场空间。

3. 山东百枣纲目生物科技有限公司 该公司成立于2012年，是一家集红枣基地种植、管理、研发、生产、销售、旅游服务为一体的综合性企业。公司位于山东德州国家农业科技园区"金丝小枣研发加工区"内，注册资本9 000万元人民币。先后建设了400亩候鸟式产业园、中国金丝小枣文化博物馆、三大现代化生产车间、山东百枣枣产业技术研究院、30万亩红枣种植示范基地、红枣酵素车间，总投资2.6亿元。

百枣纲目以"家的营养枣粮"为核心，依靠精深加工推动小枣从低端市场走向高端市场。通过建立山东百枣枣产业技术研究院、改造升级生产线等措施，创新研发了保鲜枣、枣脯凰、夹心枣、枣茶、枣片等5大系列100多种枣产品。同时加大与高校院所的合作，与山东农业大学食品科学与工程学院签署战略框架协议，合作研发枣副产品精深加工项目，共同开发小枣高端产品。以富硒金丝小枣为主要原料，开发了枣茶、红枣酵素等一系列健康类食品。2018年，央视财经频道"魅力中国城"节目录制中，乐陵金丝小枣的营养价值及百枣纲目的枣茶、红枣酵素、枣酒等产品，赢得在场主持人以及评委的高度评价。线下销售网络齐全，涵盖上海、北京、无锡、南京、济南、青岛、石家庄等158个城市，经销商达到2 000余家。

4. 和田昆仑山枣业有限公司 该公司成立于2005年，公司成立时，注册资金206万元，目前注册资金1.15亿元，公司坐落于新疆和田皮墨开发区工业园区，是新疆生产建设兵团第十四师直属企业，公司拥有4项外观专利、5项新型实用专利、3项企业标准，是国家农业产业化重点龙头企业。公司专业从事红枣的生产、加工和销售。公司红枣原料基地位于昆仑山北麓、塔克拉玛干大沙漠南缘，是国内目前较大的采用以色列节水灌溉技术的红枣集中连片基地。公司在兵团和十四师的大力支持下，累计投资近 6 000 万元建成一期红枣工业园区，园区内建成 2 万 t 红枣烘干生产线和 1 000 t 红枣气调保鲜库，实现了年加工 2 万 t 鲜枣的生产能力。

为满足不同消费者的需求，避免产品在低端市场竞争，公司相继推出了“和田玉枣”“大漠玉枣”“昆仑山玉枣”等多个红枣品牌，其中“和田玉枣”品牌已通过了中国驰名商标、中国农产品地理标志认定。公司原枣生产质量控制严格，拥有 5 千亩中国有机产品认证的红枣基地，10 万亩中国绿色食品认证的和田玉枣种植区。公司生产管理规范，通过了 ISO 9001：2008 质量管理体系认证，产品通过 HACCP 危害分析与关键控制点体系认证，拥有独立的进出口权，市场认可度不断提高。

5. 新疆阿拉尔聚天红果业有限责任公司 该公司成立于 2012 年 9 月，注册资本 19 318 万元，是由新疆生产建设兵团农一师国资委与十六个团场处共同出资组建的，集生产、加工、销售、服务“四位一体”的国有果业集团公司。公司位于塔里木河源头三河交汇处的阿克苏地区阿拉尔市，下辖 20 个果品分公司，占地面积 20 万 m^2，年产值 50 亿元以上。拥有占地 332 亩的红枣交易市场 1 个，质检实验室以及产品研发团队 1 个，红枣加工厂 8 个，年加工量 3 万 t 以上，是兵团认定的“农业产业化重点龙头企业”，2019 年正式成为郑州商品交易所指定的首批全国十四家红枣期货交割库之一。

公司坚持产品加工标准化。投资 500 余万元升级改造 6 座红枣加工厂；投资 2 480 余万元对 3 座敞开式交易大棚进行升级改造；不断完善仓储冷链基础设施建设，新增冷库面积超过 1.2 万 m^2，新增库容 5 000 余 t；加强聚天红物流园运营，2022 年，新入驻顺丰、京东、捷达等 3 家物流公司，目前共有 8 家物流公司入驻。公司坚持质检团队专业化。2020 年 10 月，聚天红果业公司质检中心正式通过兵团市场监督管理局认证，获得 CMA 检验检测资质认定证书，为公司红枣期货交易、仓单质押工作提供了坚实保障，同时也为新疆各红枣生产企业推行标准化生产提供了良好基础。2021 年，完成 HACPP 质量管理体系和绿色食品认证，极大地提升师市乃至南疆地区的红枣质量安全监督检验检测能力。

二、枣品牌建设策略

枣的品牌建设是提高枣产品辨识度，提升产品形象，增强市场竞争力，使之与其他枣产品加以区别的重要手段。随着枣产业及市场经济的快速发展和人们生活水平的不断提高，品牌建设在枣产品市场竞争力、占有率及消费者选购方面发挥着越发重要的作用，实施品牌建设成为助力枣产业高质量发展的重要手段和措施。枣品牌因其主体和效应不同，主要分为企业品牌和区域品牌。区域品牌的主体是特定区域内的产业集群，具有一定区域内的公共性，而企业品牌是一个单独的特定企业所拥有，具有排他性；区域品牌有着比企业品牌更大的品牌效应，区域品牌的效应来自一系列复杂的推动区域向前发展的综合力量，企业品牌的发展推动力量单薄，企业品牌的发展主要依靠产品与服务，以及促销组合等，在一定程度上，往往区域品牌效应高于企业品牌效应。如河南新郑大枣、新疆和田大枣、河北沧州金丝小枣、山东乐陵金丝小枣、山东沾化冬枣、陕西大荔冬枣、山西稷山板枣、新疆若羌红枣等区域品牌享誉国内外，成为地方产业振兴的支柱；好想你、楼兰蜜语、良品铺子、百草味等企业品牌竞相推广，成为提升企业经济效益的重要因素。

无论是区域品牌还是企业品牌，其品牌的形成都是一个复杂、综合的过程，与种植地理资源、自然特征、风俗习惯、企业文化、产品特色等因素都密切相关，随着农业供给侧结构性改革的深入推进，以提高农业质量效益和竞争力为目标的品牌强农战略，促使农业品牌建设进程不断加速，尤其是2022年农业农村部印发了《农业品牌打造实施方案（2022—2025年）》，为枣在内的农产品品牌打造指明了方向。

（一）加强政府指引，推动品牌协同发展

2021年印发的《中共中央 国务院关于全面推进乡村振兴加快农业农村现代化的意见》强调，深入推进农业结构调整，推动品种培优、品质提升、品牌打造和标准化生产。2022年国务院印发的《“十四五”推进农业农村现代化规划》强调，深入推进农业科技创新，健全完善经营机制，推动品种培优、品质提升、品牌打造和标准化生产，提升农业质量效益和竞争力。《“十四五”全国种植业发展规划》《“十四五”全国农产品质量安全提升规划》《农业农村部关于拓展农业多种功能 促进乡村产业高质量发展的指导意见》等系列政策文件都提出了农业品牌打造的任务目标。2021年3月，农业农村部印发《农业“三品一标”提升行动实施方案》，从全产业链角度，系统谋划品种、品质、品牌和标准化生产，明确提出了农业品牌打造的重点任务和主要目标。

地方上，山东省通过了《共建共享“好品山东”推动高质量发展的若干措施》，力争到2025年，使“好品山东”竞争力位居全国区域品牌前列；到2030年，使“好品山东”成为具备国际竞争力的区域品牌。山西省印发《山西省人民政府办公厅关于印发设施农业发展2021年行动计划的通知》，加强品牌建设，培育壮大包括临猗冬枣在内的10个特色鲜明的产品品牌；2020年陕西省大荔县人民政府办公室印发了关于《大荔冬枣品牌保护管理办法（试行）》的通知，从生产、贮藏、包装、销售、品牌标识等10个方面开展产业全链条管理，维护和提升了“大荔冬枣”市场信誉度和影响力，有效保护了“大荔冬枣”区域公用品牌；2021年新疆维吾尔自治区第十三届人民代表大会常务委员会批准了《巴音郭楞蒙古自治州红枣产业促进条例》，条例指出，巴州人民政府应当建立红枣品牌发展、推介、保护和利用的运行机制，围绕发展红枣区域公用品牌，加强原产地保护和品牌建设，培育红枣区域各级各类子品牌，扶持企业产品品牌。

从中央到地方，支持农业品牌建设上不断加码。各地依托特色产业和资源优势，积极打造提升农产品区域公用品牌，构建农业品牌发展体系，带动企业品牌和产品品牌协同发展。2021年农业品牌摸底调研数据显示，全国省级农业农村部门重点培育的农业品牌中，农产品区域公用品牌约3 000个、企业品牌约5 100个、产品品牌约6 500个，做强区域品牌，做优企业品牌，发挥了很好的品牌协同发展效应。红枣品牌的建设同样需要政府的引领支持，一是通过成立红枣产业发展基金，进行技术示范推广、科研投入、市场开拓等方式加大政府对红枣产业的投入力度；二是制定产业发展配套的优惠支持政策，充分调动企业和枣农生产经营积极性；三是加强对枣农的培训服务，提高新技术的应用，提高枣农种植积极性，加强品牌建设的公共投入，做大做强枣品牌。

（二）聚焦质量提升，夯实品牌发展根基

无论是区域品牌还是企业品牌，其产品质量都是一个品牌的核心。实施枣产品源头质量提升工程，以地理资源优势为基础，以农产品品质提升为着力点，聚焦品种培优和引种栽培，从品种上确保优良品质；从种植栽培到施肥、浇水、病虫害防治都要做到无污染的绿色种植管理；加大规模化种植力度，更大程度上确保红枣产品质量的优质统一；加强提

炼枣产品质量、营养等特色品质指标，作为品牌打造核心指标；加快仓储保鲜冷链物流基础设施建设，增强产地贮藏保鲜和商品化处理能力，切实提升枣品牌产业链运作。

（三）聚焦文化挖掘，构建品牌核心价值体系

深入挖掘品牌文化，讲好品牌故事，实现品牌的差异化精准定位，打造品牌建设核心价值体系。品牌核心价值体系的打造分为产品自身定位、消费群体和市场定位、预期目标，融入地方和企业文化特色等。如陕西佳县红枣区域品牌价值体系的构建从品牌感性利益及产品理性利益两方面入手进行差异化精准定位。一是从产品物理属性方面挖掘特色，可打造有机健康、现代养生新概念等；二是从感性认识方面注入理念，佳县红枣区域品牌扎根陕北，带有浓厚的地域特色，黄土文化、农耕文化、黄河文化都是品牌的背书。佳县泥河沟村千年枣树的历史故事与现代农业品牌发展的结合，可构建独具特色的品牌价值体系，品牌扎根黄土高原腹地，深厚的地域文化可为该品牌提供源源不断的精神动力。

（四）聚焦标准建设，推动品牌规范发展

标准化是农业品牌打造、农产品走进国际市场的重要基础。2021 年农业农村部为推进农业品牌标准建设，率先建立了农产品区域公用品牌建设标准，制定《农产品区域公用品牌建设指南》。以标准化建设推动品牌建设，开展红枣种植、采收、流通、加工等标准体系打造，按照“有标采标、无标创标、全程贯标”的要求，加快构建红枣全产业链标准体系，保障红枣产品质量，提高产品社会公信力，促进品牌规范发展。

（五）聚焦组合营销，促进品牌产品消费

营销作为农业品牌打造的重要环节，将传统媒介与新型社会化媒介相结合、传统营销渠道与现代营销渠道相融合，强化现代信息技术在品牌营销领域的应用，突出品牌文化塑造，形成农业品牌相互促进带动的组合营销格局。以河北行唐红枣为例，依托河北行唐国家红枣公园，在组织兴办采摘节基础上，将行唐的红枣特色产业以文化节、红枣展会以及枣花节等方式呈现出来。挖掘许由植枣、枣神女英等行唐广为流传的红枣文化，加强剪纸《红枣熟了》、枣与雕刻、枣与摄影等红枣文化主题展示，强化行唐红枣的品牌知名度。乐陵则以金丝小枣文化节、红枣展会、枣花节等方式体现红枣文化特色旅游、会展活动吸引国内外游客，活跃红枣文化和旅游市场。

（六）聚焦基础研究，赋能品牌创新发展

2019 年以来，中国农业大学连续两年举办中国农业品牌政策研讨会，发布《中国农业品牌发展报告》，面向全国征集农业品牌创新发展典型案例，有力激发了农业品牌基础研究的热情。中国农业大学中国农业品牌研究中心持续跟踪全国农产品区域品牌建设，开展农业品牌标准、农业品牌影响力指数、农业品牌发展指数等研究。中国农业大学国家农业市场研究中心启动了农业品牌政策研究、脱贫地区品牌帮扶机制、农业品牌溢价、农业品牌价值评估等研究。中国知网（CNKI）数据显示，2010—2021 年，我国公开发表的农业品牌相关文章有 2 724 篇，年均增长 4.51%；其中，2021 年发表 247 篇，研究内容主要集中在农产品区域公用品牌建设、农业企业品牌发展战略、农业品牌建设与国家重大发展战略关系以及农业品牌数字化、标准绿色化和特色化等领域。

三、枣产业品牌建设特点及发展建议

枣产业品牌建设过程中不断夯实软硬件环境，延长产业链条，优化产业布局，壮大产

业规模，实现红枣产业规模化、标准化、专业化、现代化，以将枣打造为一流农产品产业链生态圈为战略目标，不断完善枣产业标准体系，以匠心精神打造独具特色的枣品牌名片，引领枣产业发展。

（一）加强品牌顶层设计，为品牌建设打牢基础

“品种、品质、品牌”是产业振兴的三大法宝，要始终坚持“人无我有，人有我优，人优我特”的发展思路。从政府层面，要制定有关政策，大力宣传枣产业，如开展文化宣传，提升品牌价值。组织开展多种形式的文化宣传活动，采取电视节目、形象广告、书刊报纸等形式，宣传枣的绿色种植环境、生态栽培模式、优良安全品质、丰富营养成分、良好保健价值等消费者最关心的内容；支持帮助龙头企业建立自己的市场网络，培育产品品牌。组织开展游园采摘等系列活动，打造生态旅游品牌。

1. 做好市场调查，明确品牌定位 枣是常见的农产品，消费者对红枣、冬枣印象深刻。为更准确地掌握市场情况、了解竞争对手情况、通过分析市场需求找到潜在的市场机会，明确品牌切入点。如大荔冬枣在鲜枣市场不占优势，通过市场调研，全国各地生产的冬枣采收时间都在9月，当地为使大荔冬枣提前上市，抢占销售先机，改变了大荔冬枣种植生产方式，开展设施冬枣示范建设，从此大荔冬枣的采收期从以前的2个月拉长到6个月的时间，日光温室大棚在5月底至7月底，钢架双膜大棚在8月初至9月底，设施防雨棚在9月初至10月中旬，3种模式的生产方式，拉长了大荔冬枣的货架期，使大荔冬枣成为全国上市最早、货架期最长的枣产品，提高了市场占有率，提升了品牌竞争力，平均售价每500 g从1～2元增长到6～7元，人均年收入达16 129元，占农民营业性收入的一半以上，实现了农业增效和农民增收。红枣加工企业可根据消费者的需求进行品牌规划、产品规划、市场规划和销售规划，大幅降低公司的品牌和产品营销风险，切实加强品牌建设，逐步提高产品销售量，扩大市场规模。根据消费人群差异化可以对老年人系列打造健康养生的消费理念，对妇女消费群体打造美容养颜理念，对儿童消费群体打造营养未来理念。

2. 理清定位思路，调整定位战略 品牌定位的核心是通过调研市场情况、消费者情况、竞争对手情况等因素，为产品找准核心消费群体，结合产业、企业等自身产品特征，建立规范的产品标准，找到市场准入点，逐渐立足市场，促进产业及企业发展。新疆和田是中国优质红枣核心产区，和田红枣的品种、气候、加工工艺等相比于其他地区具有明显优势，采用新疆和田红枣加工的企业可利用原材料品质特征作为产品优势，挖掘品牌基础，承载品牌文化，注入品牌灵魂。例如，近年来新增的奶枣产品将奶粉与红枣相融合，富含增强体质、美容养颜、保护心血管、补脑健脑等功效，增加了消费者购买产品的吸引力，同时也扩大了消费群体。企业应结合实际情况，对市场、消费者群体、竞争对手等进行持续性的调研、分析和关注，根据实际情况动态调整产品品牌，对现有品牌实行分层次管理的方式，突出重点建设品牌，实现企业现有资源的集中利用，使重点品牌发挥最大效能。

（二）多途径塑造品牌形象，提升品牌知名度和影响力

1. 从源头上保障产品质量，塑造品牌形象 农产品品牌建设，质量安全是关键。产品质量是维护品牌形象的基础和保障。随着市场经济的发展，人民生活水平的提高，消费者对产品的要求不断提高，现已进入品牌消费的阶段，这种转变使农产品加工企业的竞争

压力不断加强，因此，企业在品牌建设时更应该注重产品质量的保障，将品牌建设延伸到产品源头，在参与市场竞争时，从生产环境、安全监测、物联应用、产品存储、文创包装、整合营销等方面建设标准化体系，制定统一标准，全过程保障产品质量显得尤为重要。

2. 制定统一标准，提高市场准入门槛 高校、科研院所组建高质量的研发团队，凝心聚力，搞好新品种选育工作。研发团队要派出专门人员，搜集整理国内外枣树及系列加工产品，了解所有枣树品种的原产地，适宜生长环境，衍生产品及市场前景，建立品种最全、研发资源最丰富的枣树种质资源圃。同时，结合气候资源优势，筛选部分适应性强、研发价值大的优势品种，进行繁育和种植，进一步调整品种种植结构。大力实施标准化建设工程，进一步完善标准体系建设，在现有国家标准的基础上，组织相关人员，制定有关团体标准，并鼓励企业、专业合作社、家庭农场等单位制定各自的企业标准。大力实施枣品质提升工程，制定落实标准的一系列可复制、易推广的操作流程，让生产者有章可循，有据可依。

3. 挖掘文化内涵，讲好品牌故事 文化内涵是品牌文化的核心，精准地赋予品牌特有文化，是品牌建设成功的关键。企业在建设品牌时一定要全面深入挖掘符合产品及公司形象的品牌文化。在后期的品牌建设与维护过程中，不断挖掘企业及产品的地理文化、历史文化、企业文化等，为品牌赋予深刻的文化内涵，通过多途径的广泛宣传，使企业深入人心，并对公司品牌及产品产生依赖性及忠诚度。一是深入挖掘历史文化。例如新疆企业，新疆从西汉“丝绸之路”开通之后，历朝历代在此垦荒种田，红枣被逐步引进种植，约有上千年的历史，并逐步形成和田戈壁沙漠地区特有的红枣品种。二是深入挖掘地理文化。和田大枣属于沙漠治理“人进沙退”的产物，生长在塔克拉玛干沙漠内，用纯净无污染的6 000 m昆仑山雪山融化的雪水浇灌，昆仑山雪水具有天然纯净无污染、矿物质元素多样等优点，因此，可结合地理文化创建系列品牌。三是融入企业文化。良好的品牌故事能够赋予品牌情感，丰富品牌的文化内涵，用情感打动消费者，激发消费者的购买欲望。

（三）重视品牌宣传，推动品牌发展

利用互联网技术进行品牌推广是快速又有效的推广方式。政府在电商平台建设、品牌培育与推广、从业人员培训等方面提供政策支持与服务，通过组织举办商超洽谈会、电商大会等活动，积极引导中小微果品企业、种植大户、合作组织及市场经营主体，在淘宝网、京东商城、拼多多等第三方电子商务平台开设网点，鼓励广大枣农利用社交媒体进行线上销售，不断增加红枣电微商销售量，全面提高网销占比。企业在品牌宣传与推广过程中可综合运用以下几种宣传推广方式：一是利用新闻媒体和广告宣传。公司可以结合产业扶贫、乡村振兴等途径在电视投放公益广告，通过新闻报道介绍公司品牌及产品，特别是要充分利用好黄金段的公益性广告，深入满足受众群体需求。二是利用短视频平台进行宣传。在新兴的信息媒体时代，利用电脑网络对品牌进行传播，是近几年来一种全新的品牌传播方式。企业可以借助现有媒体，如抖音、快手、电商小镇、猪八戒网、今日头条等网络平台进行宣传，通过短视频的方式，面向众多潜在消费者群体，坚持长期宣传，使品牌逐渐深入人心，同时可以采用网红带货的方式，在增加销量的同时，还可以利用网红效应，拓宽品牌宣传途径。三是政府搭台，组织召开枣文化节等活动，充分利用政府资源开展活动进行宣传。利用活动时机，充分宣传企业产品品牌，扩大产品品牌知名度。四是利

用农产品展销会进行宣传。企业应重视全国各地乃至世界各国的农产品展销会，如科隆国际食品展览会、中国进出口商品交易会等，通过拓宽销售途径，更好地宣传推广产品品牌，扩大产品知名度，维持市场占有率。

（四）建立产品质量追溯系统，注重品牌维护，提升品牌价值

近年来，国内外食品安全问题频发，经分析，一个重要的原因就是产品生产过程缺乏监管。对农产品加工企业来说，产品质量就是企业生存的生命线，通过保障品牌产品质量能够带给消费者明明白白的信赖感，进而提高企业品牌的信誉度，带动企业产品的销量增长和利润点增长，从而实现公司不断壮大。企业在保障品牌产品质量的过程中应做到生产过程全程监管，特别是实现源头质量监管：一是建立红枣信息采集系统。根据红枣生长特点，建立红枣生长过程信息采集系统，包括地块位置、树龄、日常管理中农药使用情况、农家肥使用情况、病虫害防治情况、疏花疏果情况、气候情况、加工日期、加工流程等信息，实现红枣种植加工的可视化，方便消费者追溯产品信息，选购放心产品，保证饮食安全。二是建立产品物流管理系统。在物流环节中，管理员可以先将产品和运输车辆的相关信息进行及时录入，完成订单号与所需发货产品条码之间、产品与运输车辆之间的关联关系，最后将关联数据上传至系统数据中心，实现运输过程的可视化，做到产品运输车辆及时准确调度，从而提高运输效率，避免无效运输。三是建立产品仓储系统。企业可以通过感应器在农产品入库时进行感知，并实现公司仓库与生产加工点、代理商库存点的连接，动态掌握仓储的基本状态，作出相应控制，实现仓储条件的自动调节，提高作业管理效率。四是建立产品质量追溯系统。综合利用网络技术、无线传播技术，实现短信、二维码、条形码等多终端追溯产品质量，当产品出现质量问题时，通过协调相关部门，调度产品下架处理，实现宏观控制，消费者可以通过法律手段，维护自身权益。通过产品质量安全追溯体系的建立，实现产品生产、销售全过程透明，消费者全过程监督，利用产品品牌形象和信誉的维护，不断提升产品品牌效应。

（五）做好保障措施，为品牌升值保驾护航

良好的措施是品牌建设、推广和维护的基础保障。企业在品牌建设过程中应做好各项保障措施。一是加强专业人才队伍建设。统筹推进品牌建设专业人才队伍建设，引进急需人才，培养年轻人才。要多渠道引进培养专业人才，加强品牌建设研究学习，提升品牌管理服务能力。加快组建品牌建设队伍，通过专业培训，提升公司员工专业素养，培育一批技术型、管理型、营销型、复合型专业人才，进一步优化企业人员配置，激发人才活力。二是培育新型载体，实现组织化生产。壮大农业专业合作社，按照运行规范化、生产标准化、经营品牌化、社员技能化、产品安全化“五化”标准，帮助健全组织机构、完善规章制度、规范运作行为，切实提高生产、经营和市场销售组织化程度。以龙头企业、合作组织、大型超市为主体，发展现代农业示范园区，探索新的、更加灵活的经营模式，加强各项标准管理措施的落实和园区内新技术、新种植模式推广应用。三是培育龙头企业，拓展延伸产业链条。用工业化的理念谋划枣产业发展，用好政策，培育一批带动性强的枣贮藏、营销、深加工项目，支持龙头企业发展，通过更新改造、链条延伸、开发多元化产品，打造枣加工基地，培育枣浓缩汁、枣酒、枣酱、枣粉、冻干冬枣和脆冬枣等加工产业集群，放大规模效应。

（张鑫　李继兰　马迪）

第三节　枣市场与贸易

我国是全球最主要的枣生产国和消费国，全球98%以上的枣产于我国。近年来，由于下游市场低迷、供求关系转变等因素，我国枣种植面积及产量逐年下降，截至2019年，我国枣总产量746.4万t，此后2020年产量基本维持不变，2021年开始出现转折，新疆产区连续三年产量降低，最大环比降幅近40%。总体而言，我国枣产业主要呈现“新疆生产，内地中转，南北分销”的贸易格局。国内最主要的销区枣市场包含三个：河北沧州崔尔庄红枣交易市场、河南新郑红枣交易市场、广州如意坊红枣交易市场。其中，河北沧州崔尔庄红枣交易市场是全国最大的枣中转加工市场，新疆枣在沧州市场加工后，骏枣主要流向东北区域，而灰枣则主要流向南方区域。2017年以前沧州市场红枣加工产能全国占比高达70%。但近年来新疆红枣产业加工能力大幅提升，从产区直发销区的比例在逐年提升。按照自治区实施的特色林果产品市场开拓“走出去、走进去、走上去”三步走战略，依托北京、上海、广州、武汉、成都、长春等一级营销平台，分别向华北、华东、华南和华中、东北、西南地区辐射，在全国各地建起了1 000多家以红枣产品为主的新疆农产品专卖、代理、加盟店，销售网络逐步形成。

我国枣生产以自产自销为主，基本满足国内市场需求，出口也仅限于东亚及东南亚等深受中国文化影响的国家。从数据来看，随着我国人民生活品质的进一步提高，枣的消费需求也在逐渐攀升。据《中国统计年鉴》数据表明，2005年我国枣表观消费总量为248万t，人均消费量为1.9 kg；2018年表观消费总量达735万t，人均消费量5.3 kg。2017—2020年，我国枣产业处于供大于求和产业标准化过程中，供需缺口在3万～4万t之间。2021年，这种格局发生了变化，枣产量减少，使得市场供应紧张，需求跟进，供大于求。全球除中国和东亚、东南亚各国外，其他国家大都没有食用枣的习惯。参考中国人均消费枣4 kg左右，说明枣还有很大的市场消费潜力。特别是2017年以后，市场需求疲软，部分枣企业开始探索枣的深层次利用，加工和精深加工产业蓬勃发展，枣市场可挖掘的空间仍旧很大。

2019年4月30日，红枣期货在郑州商品交易所（以下简称郑商所）上市交易。3年来，红枣期货整体运行平稳，市场认可度逐步提升，产业客户参与积极性较高，企业风险管理手段更加丰富，“保险＋期货”模式惠及越来越多的枣农，可以说，红枣期货服务实体经济的能力越发凸显。

一是市场规模有所起伏，运行总体稳定。截至2022年10月31日，红枣期货共成交6 234.15万手，日均成交7.34万手，日均持仓5.47万手，市场运行平稳（图8－4）。红枣期货获得产业各相关主体的认可，服务实体经济作用初显，目前，中大型红枣产业企业都已基本参与和利用红枣期货进行风险管理，红枣期货明确的交割等级和权威的价格在助力枣农生产种植、企业经营销售、产业转型升级方面发挥了重要作用。

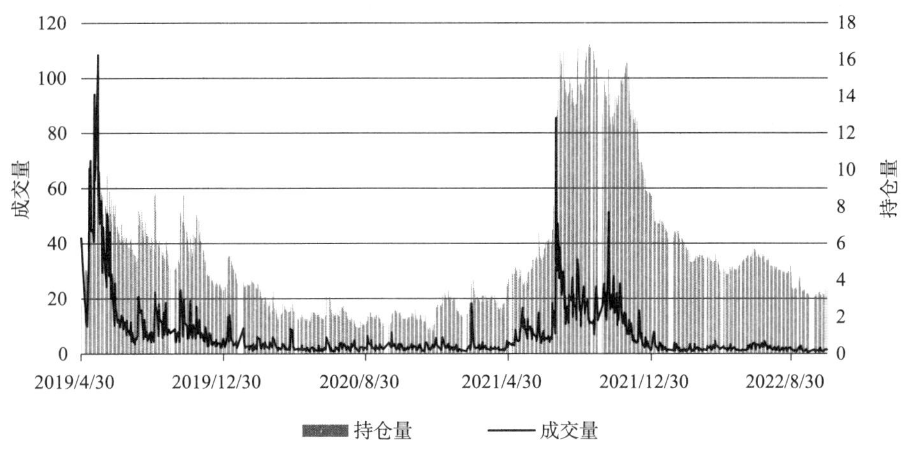

图 8-4　红枣期货上市以来成交、持仓情况（单位：万手）

二是价格发现作用凸显，期现货价格联系紧密。红枣期货上市三年来，期现相关性达 0.72[①] 较高水平。2021 年 7 月新疆高温天气引发新产季红枣减产，期价随之上涨，由于现货价格信息传导较为滞后，现货价格两个月后才逐步上涨与期价回归，期货价格为现货价格提供较好预期。2022 年 1—8 月，受新冠疫情、消费不振等因素影响，红枣期现货价格同步回落，期现价格相关性达 0.82，期价较好地反映了市场供需（图 8-5）。

图 8-5　红枣期货上市以来期现货走势（单位：元/t）

三是交割流程顺畅，仓单注册量创新高。红枣期货上市以来，仓单量与交割量稳步提升。截至 2022 年 10 月 31 日，累计交割 18 个合约，共计交割 8.02 万 t，产业企业交割顺畅。2021/22 产季经历了“大仓单”与“大交割”，共交割 1.4 万手（7.02 万 t），同比增长 970.43%，有效仓单量最高达 1.91 万张（9.54 万 t），同比增加 915.71%，创上市以来最高纪录。在交割量和仓单量成倍增长的情况下，仓单注册及交割流程平稳有序，表明红枣产业

① 红枣期货近月合约与新华（阿拉尔）红枣现货价格指数相关性。

链客户对红枣期货市场的熟练运用及期货交割规则设计十分贴近现货市场(图 8－6)。

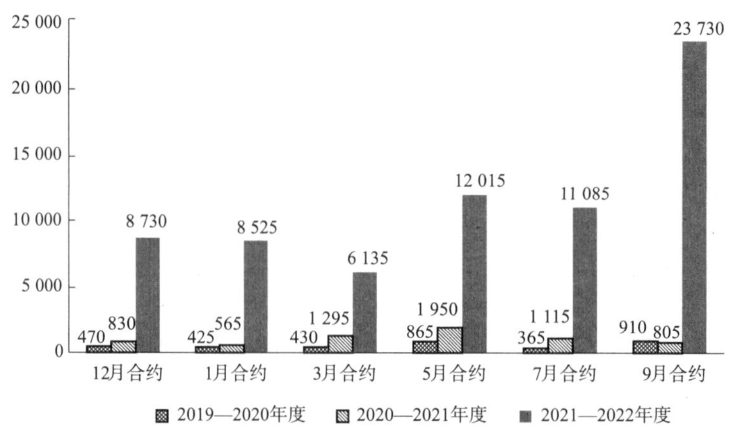

图 8－6　红枣期货上市以来交割情况（单位：t）

（郑晓冬　曹宁）

第四节　枣产业与中华文明

一、枣产业与古代农业科技

我国枣果产业的历史悠久，从采收到加工都有记载。因为鲜枣在自然条件下很容易变烂，不易储存与运输，从而导致采收时间相对固定、食用期较短、不能长途运输等局限。因此，我国古代便产生了多种枣加工技术，以便延长其保存、使用时间，扩大利用空间范围。最古老的枣果加工技术就是将鲜枣晾晒加工成干枣。后来，随着技术的发展，加工方式逐渐多样，加工水平也有较大提升，不仅仅局限于枣的干制，逐渐出现了熟制、液制等加工方法，出现了枣脯、蜜枣、枣糕、枣膏、枣酒、枣醋、枣油等一系列加工产品，种类多样的枣产品不但丰富了人们的物质生活，其加工技艺也为现代鲜枣加工与产品开发提供了宝贵经验（郑媛媛，2018）。

（一）枣的采收技术

枣果的采收是枣生产的最后环节，也是枣工业的开端。从时间来看，《诗经》中有“八月剥枣”的说法，指出了枣果的采收时间。从枣果的外观特征来看，《齐民要术》记载枣果应“全赤即收”，指出了枣果采收的外观特征，即在枣果全红的时候进行采收，另外，还对采收时机进行了详细解释，“半赤而收者，肉未充满，干则色黄而皮皱；将赤味亦不佳；全赤久不收，则皮硬，复有乌鸟之患。”半红的时候采收果肉不饱满，晒干后色黄且皮皱；将红时采收枣果的口感也不好；全红后长时间不采收的话，不仅会枣果皮硬，而且会有乌鸦等鸟类来吃。整体来看，半红和将全时采收会影响枣果品质，全红后长时间不采收不仅会影响品质，也会影响产量。《广群芳谱》中也有记载：“枣全赤即收，撼而落之为上，半赤而收者，肉未充满，干则色黄而皮皱，将赤味亦不佳，全赤久不收则皮破，复有乌雀之患。”从采收方法来看，《齐民要术》记载“日日撼而落之为上”，指出天天摇动枣树使枣果掉落为最佳，《广群芳谱》也认为摇晃枣树使枣果掉落为上策，“撼而落之为上”。

（二）枣的加工技术

1. 枣的干制技术 枣的干制就是将采收后的鲜枣晒干或鲜枣在树上自然风干形成干枣，这是最传统的加工方法。《食经》中最早记载了干枣的加工技术，但是该书已失传，《齐民要术》引用了其关于干枣加工的技术："作干枣法：新菰蒋，露于庭，以枣著上，厚三寸，复以新蒋覆之。凡三日三夜，撤覆露之，毕日曝，取干，内屋中。率一石，以酒一升，漱著器中，密泥之。经数年不败也。"意思是"干枣的做法：用新采的茭白叶子（菰蒋）铺在地上，放上枣，可以放三寸厚的枣，再铺一层茭白叶子。经过三天三夜，撤掉上层的叶子，露出枣果，整日暴晒，将其中的干枣收到屋内，按照一石枣一升酒的比例进行漱洒，然后用泥密封在容器中。可以存放好几年。"《农政全书》也记载了晒干枣的技术，"作干枣法，须治净地，铺菰箔之类承枣，日晒夜露，择去胖烂，曝干收之。"意思是"做干枣的方法，需要选一块干净的地方，铺上菰或者箔，将枣放在上面，剔除烂果，晒干后收起来。"

枣脯是枣果制成的果干。《史记·滑稽列传》曾记载了战国时期楚庄王用枣脯喂马的事情，"楚庄王之时，有所爱马，衣以文绣，置之华屋之下，席以露牀，啗以枣脯。"虽然是喂马，但可以看出早在先秦时期，人们就已经掌握了枣脯的制作方法。《齐民要术》记载了枣脯的做法，"枣脯法，切枣曝之，干如脯也。"将枣切开暴晒，晒干后就制成了枣脯。《农政全书》记载了宋朝时期枣脯的制作方法，其技术较前朝已有较大进步，"以枣去皮核焙干为枣脯"，是说将枣去皮、去核后焙干制成枣脯。

蜜枣属于枣果的深加工产品，其加工技术成熟较晚，在清代才成熟。蜜枣是将枣果摘下后加糖腌制而成的果品，即通过人工方法来增加枣果的糖分，从而改善其口感。清代何刚德的《抚郡农产考略》记载了蜜枣的加工方法，"俟枣赤时收取，就草地晒之，用无齿木扒摊开，不使成堆，夜间亦然使得露气间，日取回，用刀细划以釭分，贮一层枣盖一层糖，糖枣拌匀，旬日后，变成黑色即为蜜枣，味甘而实大。"意思是说，"制作蜜枣的方法：等枣变红的时候收取，将枣晒在草地上，用无齿木扒摊开，不使枣成堆，过几日取回，用刀细划，一层枣，铺一层糖，糖枣拌匀。几日后，变成黑色即为蜜枣，味甜且果实大。"可以看出，当时蜜枣加工技术已经很成熟。时至今日，蜜枣依然是人们经常食用的重要枣产品之一。

2. 枣的熟制技术 枣粉是以枣为原料，煮熟研磨而成。《齐民要术》记载了酸枣粉的做法，"多收红软者，箔上日曝令干。大釜中煮之，水仅自淹。一沸即漉出，盆研之。生布绞取浓汁，涂盘上或盆中。盛暑，日曝使干，渐以手摩挲，取为末。"意思是说，"将采收的红软酸枣果放箔上晒干，再放入大锅里煮，水没过枣子即可，水沸后立即就将枣漉出，放盆里研磨。然后用生布绞取枣汁，涂盘上或盆中，热天的时候将枣汁放外面暴晒使其变干，慢慢地用手摩挲，这就做成了酸枣粉。这一加工技术被后世的《树艺篇》《农桑辑要》《王祯农书》等众多农书所引用传承。

枣糕是一类糕点，制作历史悠久，制作方法多样。《事文类聚》记载了枣糕的做法，"以面为蒸饼样，团枣附之名曰枣糕"意思是，用面粉做成蒸饼，然后将枣放在上面，就成了枣糕。《岁时广记》记载了另一种做法，"以糯米煮稠粥杂枣为糕"，意思是在煮糯米稠粥的时候加入枣，就做成了枣糕。《遵生八笺》记载"以面裹枣蒸食为之枣糕"，意思是将枣裹在面粉内，蒸熟就是枣糕。《醒园录》中记载了制作南枣枣糕的方法，"用大南枣十个，蒸软去皮核，配人参一钱，用布包，寄米饭中蒸烂，同捣匀，作弹子丸收贮。”意思是将南枣蒸软去核后加人参，用布包起来放米饭中蒸烂，捣匀后，做成弹子丸形状。

枣膏是一种膏状物，将枣去核，加水煎煮，熬成膏状。枣膏多作药用，主要用于治疗病后体虚、脾胃虚弱、气血不足、咳嗽咳痰、气短乏力等。《金液神丹经》提到了枣膏的做法，“作枣膏法，一剂用三斗大干枣，六斗水煮之，令枣烂，又纳三斗水，又煮沸，合用九斗水，绞去滓、清澄之，令得三斗，乃纳驾羊髓六斗投汁中，微火更煎，如饴状止。无驾羊髓者，驾羊膏亦可用。”用大干枣，先用六斗水将枣煮烂，再加三斗水煮沸，滤去枣渣后得到干净的枣汁，再加入羊髓微火熬制，熬成浆状，就得到了枣膏。

3. 枣的液制技术 枣酒是采用浸泡或发酵相结合的工艺酿制而成的果酒。据史书记载，西晋时期已有枣酒，可见当时应该已经具备了成熟的枣酒酿制技术。清代丁宜曾在《农圃便览》中详细介绍了枣酒的酿制，“用红枣二斤，洗净炒胡，加小茴、五加皮各三钱，香附、当归各一钱，夏布袋盛，浸稀，熬六十斤。”意思是说用红枣、小茴、五加皮、香附、当归等熬制，可制作枣酒。《竹屿山房杂部》记载了胡桃烧酒的作法，其中也用到大量枣果：“烧酒四十斤，胡桃仁汤退皮一百枚，红枣子二百枚，炼熟蜜四斤。右三件入酒瘗倚厉切土中，七日去火毒”，将胡桃仁、红枣、蜜放入烧酒中，埋入土里七天而成。

枣醋以枣为原料，加上酒曲发酵酿造而成。明代刘基的《多能鄙事》记载了枣醋加工技术：“红枣煮烂，连汤放冷，入造酒曲醇少许，或用陈红米炊作饭投入，拌匀入瓮，瓮面留一小窍，晒日中，候香熟用之。”意思是说将红枣煮烂，冷却后加入酒曲，拌匀后放入瓮中，瓮面要留一个小口，等晒到有香味飘出即可。《竹屿山房杂部》记载了更详细的枣醋加工技术，“枣子醋，每鲜枣子百枚，蒸，生酒药五丸为率，注薄酒渍投之，常置煖处，醋成。”用鲜枣一百枚，蒸熟，加入生酒药五丸，再注入薄酒，放于暖和的地方，就制成了枣醋。

枣油是干燥的枣泥，因其形状像油脂，所以称为枣油，但其加工过程中有液化处理环节。据唐代李吉甫的《元和郡县图志》记载，早在战国时期就有枣油制作技术，“汉煮枣侯国城，六国时，于此煮枣油，后魏及齐以为故事，每煮枣油即于此城”，汉朝的时候有煮枣侯国城，六国的时候，在此地煮枣油，之后只要煮枣油，都在此地，说明此法已有两千多年的历史。《食经》中记载了枣油制作方法，“捣枣胶晒干者为枣油，其法取红软干枣入釜，以水仅淹平，煮沸漉出，砂盆研细，生布绞取汁，涂盘上晒干，其形如油，以手摩刮为末收之。”将红软干枣放入釜中，加水淹平，煮沸后漉出，用砂盆研细，再用生布绞取汁，枣汁涂盘上晒干，再用手摩刮为末收藏。

二、枣产业与药食同源文化

（一）枣是药食同源的滋补佳品

自古以来，我国就十分重视“药”和“食”的结合，早在周朝（公元前4世纪以前），朝廷所设立的医疗机构中就设有“食医”这一职位，主要负责君主的食疗养生。

红枣不仅是人们喜爱的果品，也是一味滋补脾胃、养血安神、治病强身的良药。春秋季节，乍暖乍寒，在红枣中加几片桑叶煎汤代茶，可预防伤风感冒；夏令炎热，红枣与荷叶同煮可利气消暑；冬日严寒，红枣汤加生姜和红糖，可驱寒暖胃。此外，红枣还有美容养颜、保肝护肝、补气养血、促进睡眠、防治心血管疾病的辅助功用。

2002 年，我国卫生部颁布《卫生部关于进一步规范保健食品原料管理的通知》印发了既是食品又是药品的物品名单，名单中共列 86 种物品，一直沿用至今。其中枣为药食同源食品之一。

（二）中医经典著作对枣的描述

1.《神农本草经》对枣的描述　《神农本草经》成书于汉代，是中医四大经典著作之一，是已知最早的中药学著作。全书分三卷，记载了 365 种中药，按三品分类法将药物分为上、中、下三品。书中，酸枣被列入《神农本草经·上品·木部》，大枣被列入《神农本草经·上品·果部》。记载如下：

①酸枣。味酸平。主心腹寒热，邪结气聚，四肢酸疼，湿痹。久服安五藏，轻身延年。生川泽。《名医别录》曰：生河东，八月采实，阴干，四十日成。案《说文》云：樲，酸枣也；《尔雅》云：樲，酸枣；郭璞云：味小实酢；孟子云：养其樲棘；赵岐云：樲棘，小棘，所谓酸枣是也。

②大枣。味甘平。主心腹邪气，安中养脾肋十二经，平胃气，通九窍，补少气，少津液，身中不足，大惊，四肢重，和百药。久服轻身长年，叶覆麻黄，能令出汗。生平泽。《吴普本草》曰：枣主调中，益脾气，令人好颜色，美志气。

《名医别录》曰：一名干枣，一名美枣，一名良枣，八月采，曝干，生河东。案《说文解字》云：枣，羊枣也。《尔雅》云：遵羊枣。郭璞云：实小而圆，紫黑色，今俗呼之为羊矢枣。郭璞云：今河东猗氏县，出大枣子，如鸡卵。

2.《本草纲目》对枣的描述　《本草纲目》由明代李时珍所著，共 52 卷，分为 16 部，枣列于“果部”。原文对枣的描述如下：气味：甘、辛、热、无毒。主治：调和胃气。用干枣去核，缓火烤燥，研为末，加少量生姜末，开水送服。反胃吐食。用大枣一枚去核，加斑蝥一个去头翅，一起煨熟，去斑蝥，空心服，开水送下。

伤寒病后，口干咽痛、喜唾。用大枣二十枚、乌梅十枚，捣烂，加蜜做成丸仓，口含咽汁，甚效。

妇女脏燥（悲伤欲器，精神不正常）。用大枣十枚、小麦一升、甘草二两、合并后每取一两小煎服。此方名“大枣汤”，亦补脾气。

大便燥塞。有大枣一枚去核，加轻粉半钱入枣中，煨熟服，枣汤送下。

烦闷不眠。用大枣十四枚、葱白七根，加水三程式煮成一升，一次服下。

上气咳嗽。用枣二十枚，去核，以酥四两，微火煎，倒入枣肉中渍尽酥，取枣收存。常含一枚，微微咽汁。

肺疽吐血。用红枣（连核烧存性）、面药煎（煅过），等分为还想。每服二钱，米汤送下。

耳聋鼻塞。取大枣十五枚（去皮、核）、蓖麻子三百枚（去皮），一起捣碎，棉裹塞耳鼻，一天一次，经一个多月，即可闻声音和辩香自。先治耳，后治鼻，不可并塞。

诸疮久溃。用枣膏三程式煎水频洗。

3.《伤寒杂病论》对枣的描述　《伤寒杂病论》由汉代张仲景所著，分《伤寒论》和《金匮要略》两部分，共 47 篇，包含药方 318 首。其中用到枣的共计 78 首。部分记载如下：

葛根汤方：葛根四两、麻黄三两（去节）、桂枝二两（去皮）、芍药二两、甘草二两

（炙）、生姜三两（切）、大枣十二枚（劈）。

葛根加半夏汤方：葛根四两、麻黄三两（去节）、桂枝三两（去皮）、芍药二两、甘草二两（炙）、生姜三两（切）、大枣十二枚（劈）、半夏半升（洗）。

小柴胡汤方：柴胡半斤、黄芩三两、人参三两、甘草三两（炙）、生姜三两（切）、大枣十二枚（劈）、半夏半升（洗）。

大青龙汤方：麻黄六两（去节）、桂枝二两（去皮）、甘草二两（炙）、杏仁四十枚（去皮尖）、生姜三两（切）、大枣十二枚（劈）、石膏如鸡子大（碎）。

小柴胡加黄连牡丹汤方：柴胡半斤、黄芩三两、人参三两、栝蒌根四两、黄连三两、牡丹皮四两、甘草三两（炙）、生姜三两、大枣十二枚（劈）。

桂枝去桂加黄芩牡丹汤方：芍药三两、甘草二两（炙）、生姜三两（切）、大枣十二枚（劈）、黄芩三两、牡丹皮三两。

防己黄芪汤方：防己二两、甘草一两（炙）、白术一两、黄芪二两、生姜一两、大枣十二枚（劈）。

（三）枣与食疗

俗话说："一日吃三枣，一辈子不显老。"枣由于其维生素含量高、营养物质含量丰富等特点，成为食疗的重要材料。中医也认为，枣能补中益气、养血生津。典型的以枣为原料的食疗做法如下：

1. 红枣泡水，养肝排毒 红枣泡水最好将红枣掰开冲泡。因为红枣果皮坚韧，不好消化，如果整颗冲泡，很难将其有效成分完全溶出。红枣冲泡最好选择干制红枣，因为新鲜的红枣维生素 C 含量非常高，用热水煮泡会严重破坏维生素 C，影响红枣的功效。

2. 红枣熬汤，止咳润肺 唐代孟诜所著《必效方》中记载了将红枣、银耳和冰糖一起煮汤，可止咳润肺的方子。

材料：银耳 20 g（大约半朵），红枣 20 颗，冰糖 60 g（可根据各人的口味添减分量）。

做法：把银耳放在清水中发开，摘去蒂头，撕成小块，与红枣、冰糖一起放到锅里，加水 6 碗，大火煮开后，改用文火再煮半个小时，即可熄火。

3. 红枣熬粥，安神助眠 中医上讲，女性有躁郁不安、心神不宁等症状，可用适量百合、莲子搭配红枣调理。若与小米同煮，可更好地发挥红枣安神的效用。

4. 红枣泡茶，补气护嗓 红枣炒黑后泡茶喝，可治疗胃寒、胃痛。如果再放入桂圆，就是补血补气护嗓茶了，适合教师、营业员等使用嗓子频率较高的人。

5. 红枣煮蛋，补血养颜 用红枣加桂圆煲红糖水，到枣烂桂圆绵时，打只鸡蛋，继续用小火焐熟鸡蛋。红枣、桂圆和红糖都有补血的功效，煮出的鸡蛋很滋补。

6. 红枣泡酒，血管通畅 红枣在浸泡过程中，有机物更容易在酒中溶出。对保持血管通畅有一定效果。

三、枣产业与中华民俗传承

（一）枣与俗语

1. "桃三李四梨五年，核桃柿子六七年，桑树七年能喂蚕，枣树栽上能卖钱"

解释：桃树三年结果，李树四年，梨树五年，核桃和柿子需要六到七年，桑树长七年才能用来喂蚕，而枣树只要一年就能结果、卖钱。这个俗语说明枣树生长发育快，周期短。虽然近年来随着农业技术的进步，许多新培育的果树品种，具有早果的特性，从栽种到挂果的时间比俗语所述有所缩短。但整体来讲，枣树是挂果最快的树种之一，一些品种确实可以当年开花或者挂果，三年后就有较高的产量。

2. “杨柳当年成活不算活，枣树当年不活不算死”

解释：杨柳定植后，当年发芽不一定就真的活了；而枣树定植后，当年不发芽也不一定就是死了。这是因为杨柳树存在“假活现象”，虽然枝干发芽，但土里并未生根，一段时间后可能会因为营养供给不上而死亡，这是“杨柳当年成活不算活”的原因。而枣树的外表粗糙，树身遍布疤痕，这种生理特点让枣树体内的水分不易蒸发，发芽的能力也不强。而且移栽后枣树体内的水分及养分都供给到根系，保证根系生长，发芽较慢，等到根系新根发生后，来年才会有嫩芽吐出。所以，会有“枣树当年不活不算死”这一说法。

3. “歪瓜裂枣甜”

解释：本意是长得丑的瓜和裂开的枣更甜、更好吃，也特指长得丑的水果更甜。这种说法是有一定科学依据的，通常情况下，裂枣是由于遇到自然逆境才产生。而研究表明枣在逆境下，体内丙烯快速释放，以加速枣的生长速度，使淀粉转化为糖分，从而使裂枣更甜。

4. “枣粮间作好，下收粮，上收枣”

解释：枣树和粮食作物间作，能充分利用土壤和光照，达到树上树下立体生产，提高土地利用率，增加收益。这种做法的科学依据主要体现在三个方面，一是利用枣树与间作的粮食作物生长的时间段不同，以充分利用肥水资源；二是利用枣树根系与间作的粮食作物根系在土壤中的空间分布不同，枣树根系较深，而粮食作物根系较浅，以充分利用肥水资源；三是利用枣树和间作粮食作物植株空间分布不同，枣树较高大，而粮食作物通常较矮，间作可同时满足二者对光照强度和采光量的需求，实现共生生长。

5. “酸枣接大枣，废物变成宝”

解释：以酸枣树为砧木，以大枣为接穗的嫁接容易成活，让本来经济价值不高的酸枣结出经济价值很高的大枣，实现了“变废为宝”。目前，这种方法经常用于枣树的苗木繁殖。由于酸枣根系发达，耐干旱、盐碱等逆性环境，适应性强，接上大枣后大枣叶片大，制造的光合产物多，为根系提供的有机营养多。因此，酸枣接大枣后，比新栽植的自根苗枣树生长快，抗性强（牛雅琼等，2010）。

6. “七月十五枣儿红衫，八月十五枣儿落杆”

解释：农历七月十五时，枣开始着色，穿上“红衫”，农历八月十五时，就可以用杆采收了。该俗语出自河北和河南，俗语中的“七月十五”“八月十五”适用于该地域多数枣品种，而其他地域的枣树生产情况则大多不与该俗语相吻合。

7. “天旱屹针收”

解释：屹针是指枣树上的刺，在这里特指枣。这句俗语是说枣树耐干旱，并且在干旱年份收成好。该俗语的科学依据是枣树耐干旱、耐瘠薄、耐盐碱、适应性强，是著名的“铁杆庄稼”。干旱条件下，枣树坐果率高，果实生长好，糖分沉淀多，相对于其他大多数农作物更容易丰收。而枣开花期遇到大雨或连续阴雨天气，会严重影响坐果率，也容易发生裂果和烂浆，严重影响产量和质量。

8. “有枣没枣打三杆”

解释：指秋季枣成熟后采收时，不管结枣没结枣，都要用杆把枣树打一遍。这里三杆并非实指，而是指打枣这个过程。这种做法的科学依据是一方面通过打枣树刺激枣树萌发新枝条和更新复壮，通过敲打，一部分老枝条被打掉了，利于来年通风和光照；另一方面有利于来年萌发新枝条，提高枣的坐果率和品质，起到修剪的效果。不过从保鲜贮藏的角度来看，打落的枣落到地上，肯定是不利于保鲜和贮藏的。

9. “一日食三枣，郎中不用找”

解释：指每天坚持吃适量的枣，有利于保持身体健康，不容易生病。类似的谚语有很多，比如，“五谷加红枣，胜似灵芝草”“要想皮肤好，粥里加红枣”“一日吃仨枣，活到八十不显老”“每日都吃三个枣，活到一百还嫌少”“一天吃三枣，身轻不易老”“宁可三日无肉，不可一日无枣”“门前一棵枣，红颜直到老”“姑娘若要皮肤好，煮粥莫忘加红枣”“一天一把枣，养颜又防老”“一天吃把枣，走路小步跑”“每天五个枣，气色的确好”“黄芪党参加红枣，男女永远不显老”“三颗红枣三片姜，一天更比一天强”“健脾胃祛湿寒，补气血美容颜”。这些俗语均说明了枣营养丰富，对于养生、保健有重要作用。

（二）枣与民俗

1. 蒸“枣山” “枣山”也叫枣山年馍。蒸“枣山”是我国很多地方春节前蒸夹枣年馍的习俗。

在我国不少地方有“蒸枣山，过大年”的习俗。以前人们只要一过小年（腊月二十三），就开始着手蒸“枣山”了，现在一般要等到腊月二十七、二十八。也有的地方出嫁的女儿三天回门时，娘家一定得陪送一座枣山，表示对婆家人的美好祝福。中原地区的农村一直有这样的风俗，每年的腊月，母亲要做个“枣山”，让新婚的女儿送给婆婆，寓意吉庆有余、和和美美。还有河南洛阳地区流传着这样的民谣：八月十五月儿圆，闺女娘家蒸枣山，枣山送到婆家去，儿孙兴旺日子喧。

枣馍的种类很多，有“枣花”“枣山”“枣卷”“枣团”等，人们根据馍的不同形状，给枣馍起了许多有趣的名字，“枣山”和“枣花”都属于枣馍。如过年谣中有“二十八，蒸枣花”，将发酵的麦面擀成圆片，用刀从中间切开，把切开的两个半圆相对，用筷子从中间一夹，一朵四瓣面花就出来了，然后在每个瓣上插上红枣，就做成了一个精致的“枣花”。如果把多个“枣花”组合，并做上底盘，加以造型，人们就称它为“枣山”。

不同的地区，“枣山”的做法也不完全相同。河南郑州一带是把一个个“枣花”叠放在一个大面饼上，从下至上，次第渐小，套成一个山形枣馍；河南新乡是把和好的面搓成长条，两条夹枣卷成“古万字如意”形，然后一个个对齐，垒成大圆团花或山形的大枣饼，取其形状“万字不到头”“如意”之意；豫北林县的“枣山”下有底盘，上用各种花案堆积而成，小的直径17cm左右，重2.5 kg，大的直径达33 cm，重5 kg左右，当地的“枣花”大多是莲花形，中间按一枚红枣，有单莲、双莲（双层）之分。总的来说，豫西的“枣山”“枣花”呈装饰型，富丽堂皇，精致细腻。豫东、豫北、豫南的“枣山”“枣花”呈实用型，工艺简朴，体积庞大。晋北的“枣山”用白面蒸制而成，也有用白面和玉米面混合蒸制，形状多为三角形；而山西阳曲、太原北郊一带的“枣山”则多为椭圆形。

总而言之，不少地方做的“枣山”非常讲究，层层叠叠，红白相间，再饰以面花，非常好看。

2. 传统节日食物中的枣 红枣除了给人们提供基本饮食功能外，还被人们注入了丰富的文化内涵，成为人们传统和喜庆节日中香甜可口、富有寓意的吉祥果。

在我国不少地区特别是北方枣区，过年过节都离不开红枣。端午节的传统食品粽子中要包枣，即以软米、红枣为主料，用苇叶包成锥形或三角形，拳头大，文火焖煮；中秋节时的枣泥馅月饼，馅料采用优质大红枣精制的枣泥，将独特的香甜口味彰显到极致；农历腊月初八是腊八节，家家户户都要吃腊八粥，粥的原料也离不开大枣；大年三十吃的年糕，不论是案糕还是油糕都需要红枣；过年用枣做面食，年糕、丝糕、花狸虎、豆包，总称“四大年吃”。

春节早餐，各地风俗不一。浙江天台城乡则是一律吃“五味粥”。天台素称“佛地”，居民多信佛教。“五味粥”就是甘薯、红枣、豆腐、赤豆、芋艿五种食物加大米合煮的粥。

在盛产红枣的陕北，过去每到腊月初一，孩子们胸前都要挂两串用甘草节、黑豆、红枣间隔串起来的“枣牌牌”，极为好看。按规矩，“枣牌牌”要挂到腊八这天才能吃，但嘴馋的孩子们往往等不及，零零碎碎的就偷吃光了。

每逢春节、元宵节，一些地方的居民在神台上供奉“枣山”等，用来祭祀诸神和先祖。山西柳林民间清明节还有蒸“燕燕”的习俗，即用白面捏成飞鸟燕雀及十二生肖等各种形状，等其出笼后以线串成串，间以一颗颗红枣悬挂屋内，以纪念春秋时期隐居的晋国人介子推。

3. 红枣是结婚时的吉祥食物 迄今我国许多地方结婚时，都要准备红枣、花生、桂圆和莲子四种食材，放在新人的床上寓意是“早生贵子”。另外，红枣也象征爱情红红火火，祝福新的生活红似火。红枣的数量也是有讲究的，最好是双数，象征着成双成对。由此可见，红枣往往象征着吉祥喜庆。

一些地方嫁女时，蒸的花馍馍上以布满红枣为喜庆，祈求早生贵子；新人进了洞房，男左女右在婚床上坐定，按照一定的方位顺序，将红枣、栗子、花生、桂圆、核桃等象征吉祥祝愿的食品，撒到新人身上和床上，象征“早生贵子”“儿女双全”“和睦体贴”，有些地方则是新婚夫妇的被褥四角内要包数颗大红枣，洞房炕角也要撒红枣。孩子过满月和生日时也要吃枣糕，希望孩子早点长高（糕），早日成材；母亲给外出的子女捎衣服时也要夹带一把红枣，盼孩子早日归来。

（三）枣的民间吃法

枣除具有药用价值外，还具备增进食欲、恢复健康的食补作用。在民间较传统的吃法有：

1. 醉枣 选择完全成熟、新鲜完好的枣，用白酒喷洒均匀，密封于缸或罐中储存两个月左右即成。此吃法鲜嫩、香脆、醇香诱人，招待客人、赠送亲友堪称佳品。

2. 枣粽子 粽子种类很多，《岁时广记》中把枣粽子列为众粽之首，乐陵制作的枣泥馅粽子，不但形状美观，香甜可口，而且还有滋养强身之效。

3. 雪里绣球 枣煮熟去核去皮，加入适量白糖搅拌成枣泥。将面粉和成硬面团后放入清水中搓成面筋，用面筋把枣泥包制成均匀的小球，炒勺放油，烧至六、七成熟时，将面筋球下勺炸透，鼓起时捞出装盘，撒上白糖即成。其特点是形似白绣球，白里透黄，外酥内软，香甜宜口，食而不腻。

4. 枣粘糕 以枣与黍子面或糯米面或粘高粱面、粘谷子面为主料蒸制而成，尤以黍子面和粘谷子面为佳。该食品色泽黄亮，红枣如颗颗玛瑙含露其中，鲜艳夺目。食之既香又甜又粘，别有风味，令人食欲大增。每逢春节家家户户蒸制枣粘糕，寓意是“年年甜、年年高”。

5. 枣米饭 用黍子米或糯米加枣、红小豆、绿豆、花生米、果仁等煮制而成。香甜可口，营养丰富，颇受欢迎。

6. 糗豆蜜 选用枣与红小豆、黄豆、小麦煮成稠米饭食用。此吃法多见于“腊八”或冬、春季。该食品香甜可口，长期食用，对体虚心衰、肝炎、贫血、营养性水肿等有较好疗效。

7. 枣发糕 用小麦粉、黄豆面、玉米面或者小米面按 2∶1∶1 的比例，将玉米面用八成开的水边搅边烫，晾凉后与面粉掺匀并加入鲜酵母，用温水和成稀面团发酵后掺入黄豆面揉匀。将枣洗净煮熟，青梅洗净去核，切成小条拌入揉匀的面团，待蒸锅内水开，在屉内上铺好白布，将面团倒入，用手蘸水拍匀，再用小刀蘸水割成小方块（便于串气），用旺火蒸熟即可食用。其特点是黄、红、绿相间，鲜艳夺目。食之松软、香甜、味美可口、营养价值高，对脾胃衰退、消化不良者，是一种较好的保健食品。

8. 枣糕点 以枣泥为馅，制成各种面食糕点。曾列为宫廷御膳。

9. 枣炸糕 将枣煮熟，除皮去核制成枣泥馅，用烫面包制油煎而成。该食品外酥内粘，香甜可口。

10. 枣泥包子 先把红枣洗净煮熟，去掉枣核焖煮至烂后取出搅拌成泥状，加进白糖炒至糖溶化，再加入香油拌成枣泥馅。将发酵好的面粉团，用枣泥制成包子，蒸熟即可食用，其特点是暄软宜口，味美香甜。

11. 枣花卷 用发酵面粉揉制成桃、杏、花、鸡、狗、兔、鱼等多种形态的花卷，点缀煮熟的枣蒸熟而成。除当主食外，还作为走亲贺喜的馈赠礼品。

（周大森　王文生　石守华　王永斌）

参考文献

安晓艳，成明，2022. 大荔冬枣产业发展现状、问题与对策［J］. 园艺学报（4）：3-6.

陈静，周大森，张鑫，等，2022. 我国果品产业标准化现状及发展对策［J］. 中国果菜，42（4）：68-71，79.

褚可心，赵雅慧，2022. 乡村振兴背景下黄骅冬枣产业发展 SWOT 分析及对策建议［J］. 农业与技术，42（6）：169-172.

李庆军，杜秀芹，王聪明，等，2022. 沾化冬枣产业现状及发展对策［J］. 果树资源学报，3（4）：81-84.

梁自胜，2021. 当前农产品品牌建设存在的问题与对策［J］. 山西农经（13）：167-168.

牛雅琼，牛俊义，2010. 野生酸枣改接大枣优质丰产栽培技术［J］. 中国果树（2）：3.

王文生，李长云，2021. 中国枣知识集锦 260 条［M］. 北京：中国农业科学技术出版社.

许祥红，2022. 论新形势下我国标准人才培养的重要性［C］//第十六届中国标准化论坛论文集，293-297.

张晓云，修文彦，常亮，等，2014. 对农业标准化生产和产业化经营结合发展的思考［J］. 农业标准化（4）：41-43.

郑媛媛，2018. 古代中国枣业研究［D］. 淮北：淮北师范大学.

支树平，2016. 发挥“标准化+”效应 服务供给侧结构性改革 在全国标准化工作会议上的讲话（摘要）［J］. 中国标准化（2）：10-12.

附　录

附录 A 《食品安全国家标准　食品中农药最大残留限量》(GB 2763—2021)、《食品安全国家标准　食品中 2，4-滴丁酸钠盐等 112 种农药最大残留限量》(GB 2763.1—2022) 中涉及鲜枣的农药残留项目及限量等要求

序号	农药中文名称	农药英文名称	分类	最大残留/(mg/kg)	每日允许摄入量 ADI/(mg/kg，bw)	推荐检测方法
1	阿维菌素	abamectin	杀虫剂	0.05	0.001	按照 GB 23200.19、GB 23200.20、NY/T 1379
2	吡虫啉	imidacloprid	杀虫剂	5	0.06	按照 GB/T 20769、GB/T 23379
3	吡唑醚菌酯	pyraclostrobin	杀菌剂	1	0.03	按照 GB 23200.8、GB/T 20769
4	丙环唑	propiconazole	杀菌剂	5	0.07	按照 GB 23200.8、GB 23200.113、GB/T 20769
5	草铵膦	Glufosinate-ammonium	除草剂	0.1	0.01	按照 GB 23200.108
6	代森锰锌	mancozeb	杀菌剂	2	0.03	按照 SN 0157
7	敌百虫	trichlorfon	杀虫剂	0.3	0.002	按照 GB/T 20769、NY/T 761
8	啶氧菌酯	picoxystrobin	杀菌剂	5	0.09	按照 GB 23200.8、GB/T 20769
9	多菌灵	carbendazim	杀菌剂	0.5	0.03	按照 GB/T 20769、NY/T 1453
10	二氰蒽醌	dithianon	杀菌剂	2*	0.01	/
11	呋虫胺	dinotefuran	杀虫剂	20	0.2	按照 GB 23200.37、GB/T 20769
12	氟氯氰菊酯和高效氟氯氰菊酯	Cyfluthrinandbeta-cyfluthrin	杀虫剂	0.3	0.04	按照 GB 23200.8、GB 23200.113、GB/T 25009.146、NY/T 761
13	甲氨基阿维菌素苯甲酸盐	emamectinbenzoate	杀虫剂	0.05	0.000 5	按照 GB/T 20769
14	抗蚜威	pirimicarb	杀虫剂	0.5	0.02	按照 GB 23200.8、GB 23200.113、GB/T 20769、NY/T 1379、SN/T 0134
15	螺虫乙酯	spirotetramat	杀虫剂	2*	0.05	/
16	螺螨酯	spirodiclofen	杀螨剂	2	0.01	按照 GB 23200.8、GB/T 20769
17	马拉硫磷	malathion	杀虫剂	6	0.3	按照 GB 23200.8、GB 23200.113、GB/T 20769、NY/T 761

（续）

序号	农药中文名称	农药英文名称	分类	最大残留/(mg/kg)	每日允许摄入量 ADI/(mg/kg，bw)	推荐检测方法
18	咪鲜胺和咪鲜胺锰盐	Prochlorazan dprochloraz-manganesec hloridecomplex	杀菌剂	3	0.01	按照 NY/T 1456
19	醚菌酯	kresoxim-methyl	杀菌剂	1	0.4	按照 GB 23200.8、GB 23200.113、GB/T 20769
20	嘧菌酯	azoxystrobin	杀菌剂	2	0.2	按照 GB 23200.46、GB 23200.54、NY/T 1453、SN/T 1976
21	噻苯隆	thidiazuron	植物生长调节剂	0.05	0.04	按照 SN/T 4586
22	噻螨酮	hexythiazox	杀螨剂	2	0.03	按照 GB 23200.8、GB/T 20769
23	三唑酮	triadimefon	杀菌剂	2	0.03	按照 GB 23200.8、GB 23200.113、GB/T 20769
24	四螨嗪	clofentezine	杀螨剂	1	0.02	按照 GB 23200.47、GB/T 20769
25	溴氰菊酯	deltamethrin	杀虫剂	0.05	0.01	按照 GB 23200.8、GB 23200.113、NY/T 761、SN/T 0217
26	异丙甲草胺和精异丙甲草胺	metolachlorandS-metolachlor	除草剂	0.05	0.1	按照 GB 23200.8、GB 23200.113、GB/T 20769
27	苯醚甲环唑	difenoconazole	杀菌剂	5	0.01	按照 GB 23200.113、GB 23200.121
28	苯肽胺酸	phthalanillic acid	植物生长调节剂	0.02*	0.024	/
29	噻虫胺	clothianidin	杀虫剂	1	0.1	按照 GB 23200.121、GB/T 20769
30	噻虫嗪	thiamethoxam	杀虫剂	1	0.08	按照 GB 23200.121、GB/T 20769
31	2，4-滴和2，4-滴钠盐	2，4-Dand 2，4-DNa	除草剂	0.05	0.01	按照 GB/T 5009.175
32	胺苯磺隆	ethametsulfuron	除草剂	0.01	0.2	参照 SN/T 2325
33	巴毒磷	crotoxyphos	杀虫剂	0.02*	/	按照 GB 23200.116
34	百草枯	paraquat	除草剂	0.01*	0.005	/
35	倍硫磷	fenthion	杀虫剂	0.05	0.007	按照 GB 23200.8、GB 23200.113、GB/T 20769
36	苯嘧磺草胺	saflufenacil	除草剂	0.01*	0.05	/
37	苯线磷	fenamiphos	杀虫剂	0.02	0.000 8	按照 GB 23200.8
38	吡氟禾草灵和精吡氟禾草灵	fluazifopand fluazifop-P-butyl	除草剂	0.01	0.004	按照 GB 23200.113、GB/T 5009.142
39	吡噻菌胺	penthiopyrad	杀菌剂	4*	0.1	/
40	吡唑萘菌胺	isopyrazam	杀菌剂	0.4*	0.06	/
41	丙炔氟草胺	flumioxazin	除草剂	0.02	0.02	按照 GB 23200.8、GB 23200.31

（续）

序号	农药中文名称	农药英文名称	分类	最大残留/(mg/kg)	每日允许摄入量 ADI/(mg/kg，bw)	推荐检测方法
42	丙森锌	propineb	杀菌剂	7	0.007	参照 SN 0139、SN 0157、SN/T 1541
43	丙酯杀螨醇	chloropropylate	杀虫剂	0.02*	/	按照 GB 23200.8
44	草甘膦	glyphosate	除草剂	0.1	1	按照 GB/T 23750、NY/T 1096、SN/T 1923
45	草枯醚	chlornitrofen	除草剂	0.01*	/	/
46	草芽畏	2，3，6-TBA	除草剂	0.01*	/	/
47	代森联	metiram	杀菌剂	7	0.03	按照 SN 0157
48	敌草快	diquat	除草剂	0.02	0.06	按照 SN/T 0293
49	敌敌畏	dichlorvos	杀虫剂	0.2	0.004	按照 GB 23200.8、GB 23200.113、GB/T 5009.20、NY/T 761
50	地虫硫磷	fonofos	杀虫剂	0.01	0.002	按照 GB 23200.8、GB 23200.113
51	丁硫克百威	carbosulfan	杀虫剂	0.01	0.01	按照 GB 23200.13
52	啶虫脒	acetamiprid	杀虫剂	2	0.07	按照 GB/T 20769、GB/T 235844
53	啶酰菌胺	boscalid	杀菌剂	3	0.04	按照 GB 23200.68、GB/T 20769
54	毒虫畏	chlorfenvinphos	杀虫剂	0.01	0.000 5	参照 SN/T2324
55	毒菌酚	hexachlorophene	杀菌剂	0.01*	0.000 3	/
56	对硫磷	parathion	杀虫剂	0.01	0.004	按照 GB 23200.113、GB/T 5009.145
57	多杀霉素	spinosad	杀虫剂	0.2*	0.02	/
58	二溴磷	naled	杀虫剂	0.01*	0.002	/
59	伏杀硫磷	phosalone	杀虫剂	2	0.02	按照 GB 23200.8、GB 23200.113、NY/T 761
60	氟苯虫酰胺	flubendiamide	杀虫剂	2*	0.02	/
61	氟吡甲禾灵和高效氟吡甲禾灵	haloxyfop-methyland haloxyfop-P-methyl	除草剂	0.02*	0.000 7	/
62	氟虫腈	fipronil	杀虫剂	0.02	0.000 2	按照 SN/T 1982
63	氟除草醚	fluoronitrofen	除草剂	0.01*	/	/
64	氟酰脲	novaluron	杀虫剂	7	0.1	参照 GB 23200.34
65	氟唑菌酰胺	fluxapyroxad	杀菌剂	2*	0.02	/
66	咯菌腈	fludioxonil	杀菌剂	5	0.4	按照 GB 23200.8、GB 23200.113、GB/T 20769
67	格螨酯	2，4-dichloropheny lbenzenesulfonate	杀螨剂	0.01*	/	/
68	庚烯磷	heptenophos	杀虫剂	0.01*	0.003	按照 GB/T 20769
69	环螨酯	cycloprate	杀螨剂	0.01*	/	/
70	甲胺磷	methamidophos	杀虫剂	0.05	0.004	按照 GB 23200.113、GB/T 5009.103、NY/T 761

（续）

序号	农药中文名称	农药英文名称	分类	最大残留/(mg/kg)	每日允许摄入量 ADI/(mg/kg，bw)	推荐检测方法
71	甲拌磷	phorate	杀虫剂	0.01	0.000 7	按照 GB 23200.113、GB 23200.116
72	甲磺隆	metsulfuron - methyl	除草剂	0.01	0.25	参照 SN/T 2325
73	甲基对硫磷	parathion - methyl	杀虫剂	0.02	0.003	按照 GB 23200.113、NY/T 761
74	甲基硫环磷	phosfolan - methyl	杀虫剂	0.03*	/	按照 NY/T 761
75	甲基异柳磷	isofenphos - methyl	杀虫剂	0.01*	0.003	按照 GB 23200.113、GB 23200.116、GB/T 5009.144
76	甲氰菊酯	fenpropathrin	杀虫剂	5	0.03	按照 GB 23200.8、GB 23200.113、NY/T 761、SN/T 2233
77	甲氧虫酰肼	methoxyfenozide	杀虫剂	2	0.1	按照 GB/T 20769
78	甲氧滴滴涕	methoxychlor	杀虫剂	0.01	0.005	按照 GB 23200.113
79	腈菌唑	myclobutanil	杀菌剂	2	0.03	按照 GB 23200.8、GB 23200.113、GB/T 20769、NY/T 1455
80	久效磷	monocrotophos	杀虫剂	0.03	0.000 6	按照 GB 23200.113、NY/T 761
81	克百威	carbofuran	杀虫剂	0.02	0.001	按照 GB 23200.112、NY/T 761
82	乐果	dimethoate	杀虫剂	0.01	0.002	按照 GB 23200.113、GB 23200.116、GB/T 5009.145、GB/T 20769、NY/T 761
83	乐杀螨	binapacryl	杀螨剂、杀菌剂	0.05*	/	按照 SN 0523
84	联苯肼酯	bifenazate	杀螨剂	2	0.01	按照 GB 23200.8、GB/T 20769
85	磷胺	phosphamidon	杀虫剂	0.05	0.000 5	按照 GB 23200.113、NY/T 761
86	硫丹	endosulfan	杀虫剂	0.05	0.006	按照 GB/T 5009.19
87	硫环磷	phosfolan	杀虫剂	0.03	0.005	按照 GB 23200.113、NY/T 761
88	硫线磷	cadusafos	杀虫剂	0.02	0.000 5	按照 GB/T 20769
89	氯苯甲醚	chloroneb	杀菌剂	0.01	0.013	按照 GB 23200.113
90	氯虫苯甲酰胺	chlorantraniliprole	杀虫剂	1*	2	/
91	氯磺隆	chlorsulfuron	除草剂	0.01	0.2	按照 GB/T 20769
92	氯菊酯	permethrin	杀虫剂	2	0.05	按照 GB 23200.8、GB 23200.113、NY/T 761
93	氯氰菊酯和高效氯氰菊酯	cypermethrinandbeta - cypermethrin	杀虫剂	2	0.02	按照 GB 23200.8、GB 23200.113、GB/T 5009.146、NY/T 761
94	氯酞酸	chlorthal	除草剂	0.01*	0.01	/
95	氯酞酸甲酯	chlorthal - dimethyl	除草剂	0.01	0.01	按照 SN/T 4138
96	氯唑磷	isazofos	杀虫剂	0.01	0.000 05	按照 GB 23200.113、GB/T 20769
97	茅草枯	dalapon	除草剂	0.01*	0.03	/
98	嘧菌环胺	cyprodinil	杀菌剂	2	0.03	按照 GB 23200.8、GB 23200.113、GB/T 20769、NY/T 1379

（续）

序号	农药中文名称	农药英文名称	分类	最大残留/（mg/kg）	每日允许摄入量 ADI/（mg/kg，bw）	推荐检测方法
99	灭草环	tridiphane	除草剂	0.05*	0.003*	按照 GB 23200.8
100	灭多威	methomyl	杀虫剂	0.2	0.02	按照 GB 23200.112、NY/T 761
101	灭螨醌	acequincyl	杀螨剂	0.01	0.023	按照 SN/T 4066
102	灭线磷	ethoprophos	杀线虫剂	0.02	0.000 4	按照 GB 23200.113、NY/T 761
103	内吸磷	demeton	杀虫/杀螨剂	0.02	0.000 04	按照 GB/T 20769
104	氰戊菊酯和 S-氰戊菊酯	fenvaleratean desfenvalerate	杀虫剂	0.2	0.02	按照 GB 23200.8、GB 23200.113、NY/T 761
105	噻草酮	cycloxydim	除草剂	0.09*	0.07	/
106	噻虫啉	thiacloprid	杀虫剂	0.5	0.01	按照 GB/T 20769
107	三氟硝草醚	fluorodifen	除草剂	0.01*	/	按照 GB 23200.113
108	三氯杀螨醇	dicofol	杀螨剂	0.01	0.002	按照 GB 23200.113、NY/T 761
109	杀草强	amitrole	除草剂	0.05	0.002	按照 GB 23200.6
110	杀虫脒	chlordimeform	杀虫剂	0.01	0.001	按照 GB/T 20769
111	杀虫畏	tetrachlorvinphos	杀虫剂	0.01	0.002 8	按照 GB 23200.113
112	杀螟硫磷	fenitrothion	杀虫剂	0.5	0.006	按照 GB 23200.113、GB/T 14553、GB/T 20769、NY/T 761；
113	杀扑磷	methidathion	杀虫剂	0.05	0.001	按照 GB 23200.8、GB 23200.113、GB 23200.116、GB/T 14553、NY/T 761
114	水胺硫磷	isocarbophos	杀虫剂	0.05	0.003	按照 GB 23200.113、GB/T 5009.20、NY/T 761
115	速灭磷	mevinphos	杀虫剂、杀螨剂	0.01	0.000 8	按照 GB 23200.113、GB 23200.116
116	特丁硫磷	terbufos	杀虫剂	0.01*	0.000 6	/
117	特乐酚	dinoterb	除草剂	0.01*	/	按照 SN/T 4591
118	涕灭威	aldicarb	杀虫剂	0.02	0.003	按照 GB 23200.112、NY/T 761
119	肟菌酯	trifloxystrobin	杀菌剂	3	0.04	按照 GB 23200.8、GB 23200.113、GB/T 20769
120	戊硝酚	dinosam	杀虫剂、除草剂	0.01*	/	/
121	烯虫炔酯	kinoprene	杀虫剂	0.01*	/	/
122	烯虫乙酯	hydroprene	杀虫剂	0.01*	0.1	/
123	消螨酚	dinex	杀螨剂、杀虫剂	0.01*	0.002	/
124	辛硫磷	phoxim	杀虫剂	0.05	0.004	按照 GB/T 5009.102、GB/T 20769
125	溴甲烷	methylbromide	熏蒸剂	0.02*	1	/

（续）

序号	农药中文名称	农药英文名称	分类	最大残留/(mg/kg)	每日允许摄入量 ADI/(mg/kg，bw)	推荐检测方法
126	氧乐果	omethoate	杀虫剂	0.02	0.000 3	按照 GB 23200.113、NY/T 761、NY/T 1379
127	乙酰甲胺磷	acephate	杀虫剂	0.02	0.03	按照 GB 23200.113、GB 23200.116、GB/T 5009.103、GB/T 5009.145、NY/T 761
128	乙酯杀螨醇	chlorobenzilate	杀螨剂	0.01	0.02	按照 GB 23200.113
129	抑草蓬	erbon	除草剂	0.05*	/	按照 GB 23200.8
130	茚草酮	indanofan	除草剂	0.01*	0.003 5	参照 SN/T 2915
131	茚虫威	indoxacarb	杀虫剂	1	0.01	按照 GB/T 20769
132	蝇毒磷	coumaphos	杀虫剂	0.05	0.000 3	按照 GB 23200.8、GB 23200.113
133	治螟磷	sulfotep	杀虫剂	0.01	0.001	按照 GB 23200.8、GB 23200.113、NY/T 761
134	唑螨酯	fenpyroximate	杀螨剂	0.4	0.01	按照 GB 23200.8、GB 23200.29、GB/T 20769
135	艾氏剂	aldrin	杀虫剂	0.05	0.000 1	按照 GB 23200.113、GB/T 5009.19、NY/T 761
136	滴滴涕	DDT	杀虫剂	0.05	0.01	按照 GB 23200.113、GB/T 5009.19、NY/T 761
137	狄氏剂	dieldrin	杀虫剂	0.02	0.000 1	按照 GB 23200.113、GB/T 5009.19、NY/T 761
138	毒杀芬	camphechlor	杀虫剂	0.05*	0.000 25	参照 YC/T 180
139	六六六	HCH	杀虫剂	0.05	0.005	按照 GB 23200.113、GB/T 5009.19、NY/T 761
140	氯丹	chlordane	杀虫剂	0.02	0.000 5	按照 GB/T 5009.19
141	灭蚁灵	mirex	杀虫剂	0.01	0.000 2	按照 GB/T 5009.19
142	七氯	heptachlor	杀虫剂	0.01	0.000 1	按照 GB/T 5009.19
143	异狄氏剂	endrin	杀虫剂	0.05	0.000 2	按照 GB/T 5009.19

注："*"表示该限量为临时限量，"/"表示标准中没有规定。

附录B 《食品安全国家标准　食品中农药最大残留限量》（GB 2763—2021）中涉及干枣的农药残留项目及限量等要求

序号	农药中文名称	农药英文名称	分类	最大残留/（mg/kg）	每日允许摄入量ADI/（mg/kg，bw）	推荐检测方法
1	胺苯磺隆	ethametsulfuron	除草剂	0.01	0.2	参照SN/T 2325
2	巴毒磷	crotoxyphos	杀虫剂	0.02*	/	按照GB 23200.116
3	丙酯杀螨醇	chloropropylate	杀虫剂	0.02*	/	按照GB 23200.8
4	草枯醚	chlornitrofen	除草剂	0.01*	/	/
5	除虫菊素	pyrethrins	杀虫剂	0.2	0.04	按照GB/T 20769
6	丁硫克百威	carbosulfan	杀虫剂	0.01	0.01	按照GB 23200.13
7	毒虫畏	chlorfenvinphos	杀虫剂	0.01	0.000 5	参照SN/T 2324
8	毒菌酚	hexachlorophene	杀菌剂	0.01*	0.000 3	/
9	二溴磷	naled	杀虫剂	0.01*	0.002	/
10	氟除草醚	fluoronitrofen	除草剂	0.01*	/	/
11	格螨酯	2，4-dichlorophenyl benzenesulfonate	杀螨剂	0.01*	/	/
12	庚烯磷	heptenophos	杀虫剂	0.01*	0.003	按照GB/T 20769
13	环螨酯	cycloprate	杀螨剂	0.01*	/	/
14	甲拌磷	phorate	杀虫剂	0.01	0.000 7	按照GB 23200.113、GB 23200.116
15	甲磺隆	metsulfuron-methyl	除草剂	0.01	0.25	参照SN/T 2325
16	甲基异柳磷	isofenphos-methyl	杀虫剂	0.01*	0.003	按照GB 23200.113、GB 23200.116、GB/T 5009.144
17	甲氧滴滴涕	methoxychlor	杀虫剂	0.01	0.005	按照GB 23200.113
18	乐果	dimethoate	杀虫剂	0.01	0.002	按照GB 23200.113、GB 23200.116、GB/T 5009.145、GB/T 20769、NY/T 761
19	乐杀螨	binapacryl	杀螨剂、杀菌剂	0.05*	/	按照SN 0523
20	磷化氢	hydrogenphosphide	杀虫剂	0.01	0.011	参照GB/T 5009.36
21	硫丹	endosulfan	杀虫剂	0.05	0.006	按照GB/T 5009.19
22	硫酰氟	sulfurylfluoride	杀虫剂	0.06*	0.01	/
23	氯苯甲醚	chloroneb	杀菌剂	0.01	0.013	按照GB 23200.113
24	氯磺隆	chlorsulfuron	除草剂	0.01	0.2	按照GB/T 20769
25	氯酞酸	chlorthal	除草剂	0.01*	0.01	/

（续）

序号	农药中文名称	农药英文名称	分类	最大残留/（mg/kg）	每日允许摄入量 ADI/（mg/kg，bw）	推荐检测方法
26	氯酞酸甲酯	chlorthal - dimethyl	除草剂	0.01	0.01	按照 SN/T 4138
27	茅草枯	dalapon	除草剂	0.01*	0.03	/
28	灭草环	tridiphane	除草剂	0.05*	0.003*	按照 GB 23200.8
29	灭螨醌	acequincyl	杀螨剂	0.01	0.023	按照 SN/T 4066
30	三氟硝草醚	fluorodifen	除草剂	0.01*	/	按照 GB 23200.113
31	三氯杀螨醇	dicofol	杀螨剂	0.01	0.002	按照 GB 23200.113、NY/T 761
32	杀虫畏	tetrachlorvinphos	杀虫剂	0.01	0.002 8	按照 GB 23200.113
33	杀扑磷	methidathion	杀虫剂	0.05	0.001	按照 GB 23200.8、GB 23200.113、GB 23200.116、GB/T 14553、NY/T 761
34	速灭磷	mevinphos	杀虫剂、杀螨剂	0.01	0.000 8	按照 GB 23200.113、GB 23200.116
35	特乐酚	dinoterb	除草剂	0.01*	/	按照 SN/T 4591
36	戊硝酚	dinosam	杀虫剂、除草剂	0.01*	/	/
37	烯虫炔酯	kinoprene	杀虫剂	0.01*	/	/
38	烯虫乙酯	hydroprene	杀虫剂	0.01*	0.1	/
39	消螨酚	dinex	杀虫剂	0.01*	0.002	/
40	溴甲烷	methylbromide	熏蒸剂	0.02*	1	/
41	乙酰甲胺磷	acephate	杀虫剂	0.02	0.03	按照 GB 23200.113、GB 23200.116、GB/T 5009.103、GB/T 5009.145、NY/T 761
42	乙酯杀螨醇	chlorobenzilate	杀螨剂	0.01	0.02	按照 GB 23200.113
43	抑草蓬	erbon	除草剂	0.05*	/	/
44	茚草酮	indanofan	除草剂	0.01*	0.003 5	参照 SN/T 2915
45	增效醚	piperonylbutoxide	增效剂	0.2	0.2	按照 GB 23200.8、GB 23200.113

注："*"表示该限量为临时限量，"/"表示标准中没有规定。